제5판

원가관리회계 연습

구순서 ㅣ 이남재

*공인회계사 및 세무사 2차 수험생을 위한 연습서

머리말

 최근 공인회계사, 세무사 2차 시험의 경향으로 봤을 때, 기본서만 완벽하게 습득한다면 합격할 수 있을 것으로 판단된다. 하지만, 기본서만으로 부족하다고 느끼는 수험생들을 위해 본 교재를 출간하게 되었다. 본서는 공인회계사 및 세무사 2차 수험생들을 위한 연습서로서, 2차 시험 난이도에 맞춰서 다양한 문제를 수록하였다. 원서와 최근 공인회계사 및 세무사 2차 기출문제를 최대한 반영하여 2차 수험생들에게는 필수적인 문제를 많이 수록하기 위해 노력하였다. 다만, 너무 어려운 문제만 풀어보는 것보다는 기본에 충실하도록 최근의 출제 경향을 반영하여 각 chapter마다 기본서의 문제 중 필수적이라고 생각되는 문제를 반영하여 기본기에도 충실할 수 있도록 하였다.

 본서의 집필과정에서 중점을 둔 사항은 다음과 같다.

 첫째, 원서에 나오는 문제들과 공인회계사, 세무사 2차시험에 최근까지 기출된 문제들을 중심으로 다양한 연습문제를 수록하여, 최근 시험출제경향을 반영하였다.

 둘째, 각 문제들의 풀이 방식은 최대한 기본서에서 사용하였던 방식을 그대로 사용함으로서 기본서를 가지고 열심히 공부한 학생이라면, 본서를 이해하는데 큰 무리가 없도록 하였다.

 셋째, 최근 2차시험의 추세는 출제위원들이 채점을 편하게 하기 위해서 한 문제 안에 여러개의 질문을 하는 방식으로 나오는 경향이 있다. 이러한 형태의 문제들은 어려운 문제라기 보다는 기본에 충실해야 한다. 따라서 기본서에 수록되어 있던 문제 중에서 가장 기본적이면서도 중요하다고 생각되는 문제를 chapter별로 1~2문제정도 반영하였다.

 넷째, 문제유형마다 풀이가 달랐던 기존 수험서와 차별화하여 단일의 해법을 제시함으로서, 혼란을 겪는 수험생에게 도움을 주고자 하였다. 다만, 문제의 특성에 따라 다양한 풀이 방식이 있는 경우에는, 이를 별해로 추가 설명하였다.

 다섯째, 2차 시험에서 출제빈도가 높은 부분(활동기준원가계산(ABC), 종합원가계산, CVP 분석, 관련원가분석, 목표원가계산, 표준원가계산 등)은 최대한 다양한 연습문제를 수록함으로서 실전에 빨리 익숙해질 수 있도록 하였다.

여섯째, 문제풀이를 간결화하여 실제 답안형식으로 작성하였으며, 이해하기 어렵다고 판단되는 부분은 상세한 해설을 추가하였다. 따라서 본서를 2~3회 이상 공부한 후에는 2차 시험에 어느 정도 자신감을 가질 수 있을 것으로 확신한다.

끝으로 본서가 나오기까지 많은 분들의 도움이 있었다. 원고의 내용 및 연습문제를 일일이 검토해준 마재현군과 고정은양에게 감사하며, 집필부터 탈고까지 물심양면으로 많은 도움을 주신 도서출판 어울림의 허병관사장님과 편집부 직원들 및 AIFA경영아카데미 관계자 모두에게 진심으로 감사드리며, 마지막으로 사랑하는 가족들에게 진심으로 감사를 드린다.

2024년 4월
구순서 · 이남재

차 례

Part 1 원가의 기본개념과 원가흐름

Chapter 4 ┃ 종합원가계산(Ⅰ) / 108

Chapter 5 ┃ 결합원가계산 / 156

Part 2 의사결정

Part 3 성과평가와 기타이론

Chapter 12 | 책임회계와 성과평가 / 437

Chapter 13 | 표준원가계산 / 475

부 록

원가의 기본개념과 원가흐름

원가의 기본개념과 원가흐름

1 chapter

1 원가관리회계란

원가관리회계란 외부보고용 재무제표를 작성(제품원가계산)을 하고, 경영자의 일상적인 경영활동을 위한 계획[1](의사결정)과 통제[2](성과평가)를 하는데 유용한 경제적 정보를 제공하는 서비스 활동을 말한다.

2 제품 원가 계산

분 류	구 분	개념 및 적용 환경
(1) 생산형태에 따른 분류	개별원가계산	다품종 소량생산, 주문생산 방식
	종합원가계산	소품종 대량생산 방식
(2) 측정시점에 따른 분류	실제원가계산	모든원가를 실제원가로 제품원가계산
	정상원가계산	제조간접비만 예정배부
	표준원가계산	모든원가를 표준원가로 제품원가계산
(3) 원가범위에 따른 분류	전부원가계산	제조관련 모든원가를 제품원가에 포함
	변동원가계산	고정제조간접비는 당기비용으로 처리
	초변동원가계산	직접재료비만 제품원가로 본다.

---

1) 계획(planning)이란 목표를 설정하고, 그 목표를 달성하기 위한 여러 대안의 결과를 예측하며, 원하는 목표를 어떻게 달성할 것인가를 결정하는 것이다.

2) 통제(control)란 계획을 실행하는 활동에 대한 의사결정과 행동, 미래 의사결정을 돕기 위한 피드백과 성과평가에 관한 의사결정으로 이루어진다.

3 원가의 분류

(1) 원가요소에 따른 분류

① 재료비(material costs) : 제품제조와 관련하여 투입된 재료의 사용액
② 노무비(labor costs) : 제품제조와 관련하여 사용된 노동력의 사용에 대한 댓가
③ 제조경비(manufacturing costs) : 재료비와 노무비를 제외한 모든 제조원가요소의 사용액

(2) 추적가능성에 따른 분류

① 직접원가 : 특정 원가대상과 관련된 원가로서, 특정 원가대상에 의해 소비되었음을 쉽게 추적할 수 있는 원가
② 간접원가 : 소비된 원가가 특정 원가대상에 의하여 소비되었음 쉽게 추적할 수 없거나, 추적하는 것이 비효율적인 경우, 이 때 소비된 원가

> **참고**
>
> 초과근무수당(overtime premium)은 직접노동시간당 임률을 초과해서 지급되는 임금을 말하며, 유휴시간급(idle time)은 주문의 부재, 기계고장, 재료부족, 잘못된 스케쥴링 등의 이유로 인한 비생산적 시간에 대하여 지급되는 임금을 나타낸다. 이러한 초과근무수당과 유휴시간급은 일반적으로 특정 작업과 관련되어 있지 않기 때문에 제조간접비로 분류하는 것이 일반적이다.

(3) 원가행태에 따른 분류

① 변동원가(variable costs) : 관련범위 내에서, 조업도(또는 생산량)의 변화에 따라 총원가가 비례적으로 변동하는 원가
② 고정원가(fixed costs) : 관련범위 내에서, 조업도(또는 생산량)가 변화해도 총원가가 변하지 않고 고정되어있는 원가
③ 준변동원가(semivariable cost) : 고정원가와 변동원가의 두 가지 요소를 모두 포함하고 있는 원가로서, 조업도 수준이 변화(증가)할 때 총원가가 변화(증가)하는 형태를 보인다. 통상 고저점법에 의하여 추정하게 되며, y절편은 고정비, 기울기는 단위당 변동비로 사용되는 경우가 많다.

④ 준고정원가(semifixed cost) : 고정원가와 변동원가의 두 가지 요소를 모두 포함하고
있으나, 고정원가가 원가동인의 다양한 범위별로 일정하지만 원가동인이 한 범위에서
다음 범위로 움직이면 불연속적(계단식)으로 증가하는 계단원가함수(step cost fuction)
의 형태를 보인다.

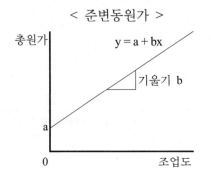
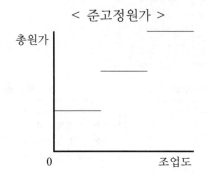

(4) 의사결정과 관련성에 따른 분류

① 관련원가(relevant costs) : 의사결정 대안별로 다르게 나타나게 될 미래의 기대되는
원가로서, 미래 의사결정과 관련성이 있는 원가를 말한다. 이러한 관련원가에는 기회
비용³)과 회피가능원가 등이 관련원가에 해당된다.
② 비관련원가(unrelevant costs) : 의사결정 대안별로 차이가 나지 않는 원가로서 미래
의사결정과 관련성이 없는 원가를 말한다. 이러한 비관련원가에는 매몰원가와 회피불
가능원가 등이 비관련원가에 해당된다.

---

3) 여러 선택 가능한 대안 중에서 선택되지 못한 대안 중 최선의 대안의 가치

4 원가의 흐름

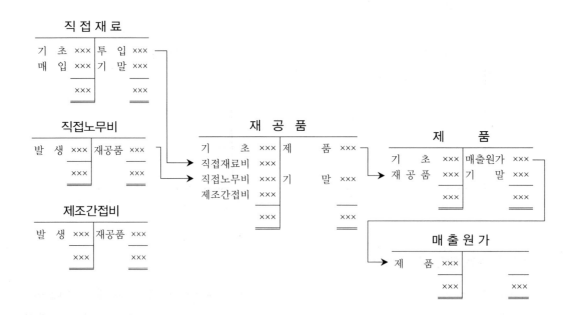

5 제조원가 명세서

제조원가명세서

20×2년 1월 1일부터 20×2년 12월 31일까지

(주)AIFA		(단위 : 원)
Ⅰ. 직 접 재 료 비		
1. 기초원재료재고액	×××	
2. 당기원재료매입액	×××	
3. 기말원재료재고액	×××	×××
Ⅱ. 직 접 노 무 비		×××
Ⅲ. 제 조 간 접 비		
1. 간 접 노 무 비	×××	
2. 수 도 광 열 비	×××	
3. 감 가 상 각 비	×××	×××
Ⅳ. 당 기 총 제 조 원 가		×××
Ⅴ. 기 초 재 공 품 원 가		×××
계		×××
Ⅵ. 기 말 재 공 품 원 가		×××
Ⅶ. 당 기 제 품 제 조 원 가		×××

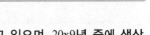

연습문제 1 **원가의 기본개념** horngren 수정

20x9년에 영업을 최초로 개시한 (주)LG는 전자제품을 생산·판매하고 있으며, 20x9년 중에 생산한 제품 1,000단위와 관련된 원가자료이다. 다음 요구사항에 답하시오.

직접재료비	₩700,000
직접노무비	340,000
공장감독자 급여	250,000 (고정비)
공장 전력비	180,000 (50%는 변동비)
공장 소모품비	120,000 (30%는 고정비)
공장건물 감가상각비	280,000 (고정비)
공장기계 감가상각비	160,000 (고정비)
공장 수선유지비	220,000 (60%는 고정비)
20x9년말 직접재료 재고	350 kg
20x9년말 제품 재고	189,000

20x9년도 회사의 매출액은 ₩2,748,000 이며, 판매관리비는 ₩1,114,500(이 중 변동판매관리비 ₩114,500, 고정판매관리비 ₩1,000,000)이 발생하였다. 회사는 제품 한 단위 생산에 직접재료 5kg이 투입되고, 기말재공품은 없으며 전부원가계산을 가정한다.

요구사항

1. 회사에서 발생하는 제조원가를 변동비와 고정비로 구분하시오.

2. 20×9년도 당기제품제조원가와 매출원가를 계산하시오.

3. 20×9년도 직접재료 기말재고는 얼마인가?

4. 20×9년도 기말제품 수량을 계산하시오.

5. 20×9년도 제품의 단위당 매출총이익은 얼마인가?

6. 만약 회사가 내년에 2,000대를 생산하여 전량 판매할 경우 회사의 영업이익은 얼마로 예상되는가? 단, 당기와 내년의 단위당 판매가격, 단위당 변동비, 총고정비는 동일할 것으로 예상되며, 기초재고는 없는 것으로 가정하고 답하시오.

→ 해설

1. 변동비와 고정비의 구분

	변동비	고정비	합계
직접재료비	₩700,000	-	₩700,000
직접노무비	340,000	-	340,000
공장감독자 급여	-	250,000	250,000
공장 전력비	90,000	90,000	180,000
공장 소모품비	84,000	36,000	120,000
공장건물 감가상각비	-	280,000	280,000
공장기계 감가상각비	-	160,000	160,000
공장 수선유지비	88,000	132,000	220,000
합 계	1,302,000	948,000	2,250,000

2. 당기제품제조원가와 매출원가

```
                    재 공 품
기    초          0  │ 제품 2,250,000 ──────┐
직접재료비    700,000 │                      │
직접노무비    340,000 │                      │          제    품
제조간접비  1,210,000*│ 기 말        0       │  기  초        0 │ 매출원가  2,061,000
          ─────────   ─────────             └→ 재공품  2,250,000 │ 기   말    189,000
          2,250,000   2,250,000                ─────────          ─────────
                                               2,250,000          2,250,000
```

* 공장감독자 급여	₩250,000
공장 전력비	180,000
공장소모품비	120,000
공장 건물 감가상각비	280,000
공장 기계 감가상각비	160,000
공장 수선유지비	220,000
합 계	₩1,210,000

(1) 당기제품제조원가 : ₩2,250,000

(2) 매출원가 : ₩2,061,000

3. 직접재료 기말재고

(1) 직접재료 kg당 원가 : $\dfrac{700,000}{1,000단위 \times 5kg} = ₩140$

(2) 기말직접재료 재고액 : 350kg×140 = ₩49,000

4. 기말제품재고 수량

(1) 제품 단위당 원가 : $\dfrac{2,250,000}{1,000단위} = ₩2,250$

(2) 기말제품 수량 : $\dfrac{189,000}{2,250} = 84단위$

5. 단위당 매출총이익

(1) 회사의 당기 판매수량 : 1,000단위 − 84단위 = 916단위

(2) 단위당 판매가격 : $\dfrac{매출액}{판매수량} = \dfrac{2,748,000}{916단위} = ₩3,000$

(3) 단위당 매출총이익 : 3,000 − 2,250 = ₩750

6. 내년도 예상 영업이익

매 출 액	: 2,000단위×3,000 =	₩6,000,000
매출원가	: 2,000단위×1,776[*1] =	3,552,000
매출총이익	:	2,448,000
판매관리비	:	1,250,000[*2]
영업이익	:	₩1,198,000

[*1] 단위당 변동제조원가 : $\dfrac{1,302,000}{1,000단위} = $ ₩1,302(매년 동일함)

단위당 고정제조원가 : $\dfrac{948,000}{2,000단위} = $ 474

단위당 제조원가 : ₩1,776

[*2] 단위당 변동판매관리비 : $\dfrac{114,500}{916단위} = $ ₩ 125(매년 동일함)

따라서, 판매관리비 = 2,000단위×125 + 1,000,000 = ₩1,250,000

연습문제 2   초과근무수당

(주)AIFA는 사무실 건물, 엘리베이터 및 기타 공공장소에 음악시스템을 장치하고 관리하는 회사이다. 회사의 판매담당자는 기본급에다가 그들이 각각 달성한 실제 매출총이익의 10%를 성과급으로 받는다. 직접노무원가의 시간당 임률은 ₩200이며, 초과근무수당의 임률은 50%가 더 높다. 각 주문의 원가계산에 있어서, 간접노무원가(초과시간수당 제외)는 직접노무원가의 90%로 배부된다. 만약 초과시간이 사용되면, 초과근무수당은 초과시간을 야기하는 급한 주문에 대해서 부과된다. 만약 초과시간이 전반적인 높은 생산조업도로 인해 발생하는 경우에는, 특정 급한 주문이 아니라 모든 주문들에 균등하게 배부된다. 2006년 1월과 2월 한달 동안에 회사는 세 회사에 각각 하나의 시스템을 판매하고 배달하였으며, 총 7,000노무시간이 소요되었다. 이 중 1,000시간은 초과근무시간이었다. 다음 표는 회사가 거래한 각 거래처별 수익과 원가를 요약한 것이다.

고객	(주)SM	(주)JYP	(주)헤라
판매담당자	마과장	고과장	허과장
매출액	₩1,560,000	₩1,680,000	₩1,440,000
직접재료비	₩ 230,000	₩ 260,000	₩ 200,000
직접노동시간	2,000시간	2,100시간	1,900시간
제조간접비		₩630,000	

회사는 제조간접비를 직접노동시간에 비례하여 배분하고 있다.

요구사항

1. 초과근무수당이 모두 (주)JYP의 급한 주문과 관련된 야간근무수당이었다고 가정할 경우 각 고객별 매출총이익과 판매담당자들의 성과급을 계산하시오.

2. 초과근무수당이 회사 전반적으로 높은 조업도로 인하여 발생한 것이라고 가정할 경우 각 고객별 매출총이익과 판매담당자들의 성과급을 계산하시오.

3. 초과근무수당의 적절한 처리방법에 대하여 5줄 이내로 설명하시오.

4. 매출액을 기준으로 성과급을 지급하는 방식에 비하여 매출총이익의 10%를 성과급으로 지급하는 회사의 방식이 더 좋은 방법이라 할 수 있는가?

➡ 해설

1. 초과근무수당이 모두 (주)JYP의 급한 주문과 관련된 초과근무수당인 경우

고객	(주)SM	(주)JYP	(주)헤라
매출액	₩ 1,560,000	₩ 1,680,000	₩ 1,440,000
직접재료비	₩ 230,000	₩ 260,000	₩ 200,000
직접노무비[*1]	400,000	420,000	380,000
간접노무비[*2]	360,000	378,000	342,000
초과근무수당	0	300,000[*3]	0
제조간접비[*4]	210,000	220,500	199,500
매출총이익	₩ 360,000	₩ 101,500	₩ 318,500
상여금	₩ 36,000	₩ 10,150	₩ 31,850

[*1] 직접노동시간 × ₩200

[*2] 직접노무비 × 90%

[*3] 1,000시간 × ₩200 × 150% = ₩300,000

[*4] ① 제조간접비 배부율 : $\frac{630,000}{6,000시간} = ₩105$

   ② 제조간접비 배부액 : 직접노동시간 × ₩105

2. 초과근무수당이 회사 전반적으로 높은 조업도로 인하여 발생한 경우

고객	(주)SM	(주)JYP	(주)헤라
매출액	₩ 1,560,000	₩ 1,680,000	₩ 1,440,000
직접재료비	₩ 230,000	₩ 260,000	₩ 200,000
직접노무비[*1]	400,000	420,000	380,000
간접노무비[*2]	360,000	378,000	342,000
제조간접비[*3]	310,000	325,500	294,500
매출총이익	₩ 260,000	₩ 296,500	₩ 223,500
상여금	₩ 26,000	₩ 29,650	₩ 22,350

[*1] 직접노동시간 × ₩200

[*2] 직접노무비 × 90%

[*3] ① 초과근무수당 : 1,000시간 × ₩200 × 150% = ₩300,000

   ② 제조간접비 배부율 : $\frac{630,000 + 300,000}{6,000시간} = ₩155$

   ② 제조간접비 배부액 : 직접노동시간 × ₩155

3. 초과근무수당의 처리방법

초과근무수당이 급한 주문에 의하여 발생할 경우에는 그 주문에 한하여 발생한 원가이므로 직접원가로 분류한다. 그러나 전반적으로 높은 조업도로 인하여 발생한 초과근무수당이라면 직접원가가 아니라 제조간접원가로 분류된다. 초과근무수당이 전체적인 작업량에 귀속되는 것으로 간주되어 모든 주문에서 발생되는 것으로 보기 때문이다.

4. 성과급 지급방식

매출액을 기준으로 성과급을 지급하는 경우에는 담당자들이 가격을 인하하여 매출액만을 증가시키고자하는 유인이 발생할 수 있다. 또한 매출액만 증가시키면서, 제품의 생산과 관련된 원가는 통제 않음으로서 수익성이 떨어지는 경우도 발생할 수 있다. 그러나 매출총이익을 기준으로 평가를 하는 경우에는 가격을 낮추어서 매출액만 증가시키는 방법으로는 매출총이익이 증가하기 어렵게 된다. 따라서 매출액보다는 매출총이익을 기준으로 평가하는 것이 더 효과적인 방법이라 할 수 있다.

연습문제 3 직접재료의 추정

다음은 (주)한송의 20×4년 제품 제조와 관련된 자료이다. 다음 요구사항에 답하시오.

	기초재고	기말재고
직접재료	₩ 250,000	₩ 800,000
재 공 품	?	?
제 품	1,500,000	900,000

(1) 기초원가는 ₩3,975,000이다.

(2) 전환원가는 ₩3,500,000이다.

(3) 당기총제조원가에서 직접노무비를 차감하면 ₩2,475,000이다.

(4) 기초재공품원가는 기말재공품원가의 80%이다.

(5) 당기 매출액은 ₩6,000,000이며, 매출원가는 매출총이익의 9배이다.

> 요구사항

1. 당기 직접재료 매입액은 얼마인가?

2. 재공품 기말재고액은 얼마인가?

3. 제조원가 명세서를 작성하시오.

➡ 해설

1~2. 재공품 기말재고 및 직접재료 매입액

① 매출원가가 매출총이익의 9배이므로, 매출총이익률은 10%이다. 따라서 매출원가는 매출액의 90%이며, 매출원가는 ₩5,400,000(=6,000,000×90%)이다.

② 당기제품제조원가를 x라 하면,

제 품			
기 초	1,500,000	매출원가	5,400,000
재 공 품	x	기 말	900,000
	6,300,000		6,300,000

→ x(당기제품제조원가) = ₩4,800,000

③ 직접재료비, 직접노무비, 제조간접비를 각각 a, b, c라고 하면,

$$a + b = ₩3,975,000$$
$$b + c = ₩3,500,000$$
$$+)\quad a + c = ₩2,475,000$$
$$2(a + b + c) = ₩9,950,000$$

따라서, 당기총제조원가(a + b + c)는 ₩4,975,000(=9,950,000÷2)이며, 당기 직접재료비(a)는 ₩1,475,000(=4,975,000 − 3,500,000)이다.

④ 직접재료 매입액을 x라 하면,

직 접 재 료			
기 초	250,000	투 입	1,475,000
매 입	x	기 말	800,000
	250,000+x		2,275,000

→ x(직접재료 매입액) = ₩2,025,000

⑤ 기말재공품을 x라 하면, 기초재고는 $0.8x$이므로,

재 공 품			
기 초	$0.8x$	제 품	4,800,000
당기총제조원가	4,975,000	기 말	x
	4,975,000+$0.8x$		4,800,000+x

→ x(기말재공품) = ₩875,000

3. 제조원가 명세서 작성

제조원가 명세서

I. 직접재료비		₩1,475,000
1. 기초원재료재고액	₩250,000	
2. 당기원재료매입액	2,025,000	
3. 기말원재료재고액	800,000	
II. 직접노무비		2,500,000
III. 제조간접비		1,000,000
IV. 당기총제조원가		4,975,000
V. 기초재공품		700,000
VI. 기말재공품		875,000
VII. 당기제품제조원가		4,800,000

연습문제 4　재고자산의 추정

(주)LG는 백색가전제품을 제조하여 판매하는 회사이다. 회사가 20×6년 기초에 보유하고 있는 재고자산이 다음과 같을 때, 회사와 관련된 아래의 추가자료를 이용하여 요구사항에 답하시오.

	20×6년 1월 1일
직접재료	₩ 42,000
재 공 품	80,000
제 　 품	66,000

〈추가자료〉

1. 기초원가	₩ 560,000
2. 직접노무비	220,000
3. 판매가능제품원가	946,000
4. 직접재료 당기 구입액	365,000
5. 제조간접비	가공비의 60%
6. 매출액	₩1,000,000
7. 매출총이익률	20%

요구사항

1. 직접재료, 재공품, 제품, 기말재고액을 계산하시오.

2. 제조원가명세서를 작성하시오.

➡ 해설

1.직접재료, 재공품, 제품 기말재고 계산

① 당기 매출원가 = 매출액 × (1 − 20%) = ₩1,000,000 × (1 − 20%) = ₩800,000

② 판매가능제품원가 = 기초제품 + 당기제품제조원가 = ₩946,000

= 66,000 + 당기제품제조원가 = 946,000이므로

당기제품제조원가 = ₩880,000

③ 기초제품 + 당기제품제조원가 = 매출원가 + 기말제품

66,000 + 880,000 = 800,000 + 기말제품 → 기말제품 = ₩146,000

④ 기초원가 = 직접재료비 + 직접노무비

560,000 = 직접재료비 + 220,000 이므로 직접재료비 = ₩340,000

⑤ 직접재료비 = 기초직접재료 + 당기재료매입액 − 기말직접재료

340,000 = 42,000 + 365,000 − 기말직접재료 → 기말직접재료 = ₩67,000

⑥ 제조간접비를 x 라 하면 (직접노무비 + x) × 60% = x

(220,000 + x) × 60% = x 이므로 x = ₩330,000

⑦ 당기총제조원가 = 직접재료비 + 직접노무비 + 제조간접비

= 340,000 + 220,000 + 330,000 = ₩890,000

⑧ 기초재공품 + 당기총제조원가 − 기말재공품 = 당기제품제조원가

80,000 + 890,000 − 기말재공품 = ₩880,000 → 기말재공품 = ₩90,000

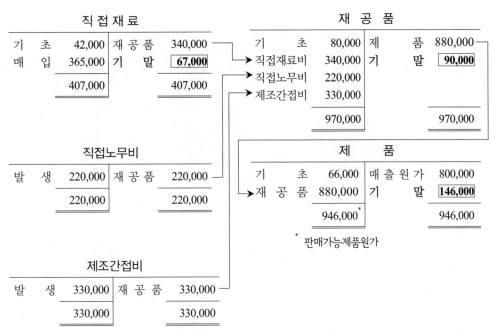

2. 제조원가 명세서

제조원가명세서

Ⅰ.직접재료비		
1.기초원재료재고액	₩42,000	
2.당기원재료매입액	365,000	
계	407,000	
3.기말원재료재고액	67,000	₩340,000
Ⅱ.직접노무비		220,000
Ⅲ.제조간접비		330,000
Ⅳ.당기총제조원가		890,000
Ⅴ.기초재공품원가		80,000
계		970,000
Ⅵ.기말재공품원가		90,000
Ⅶ.당기제품제조원가		₩880,000

2 chapter 원가배분 및 개별원가계산

1 원가 배분

원가 집계(cost accumulation)는 원가대상에 할당될 원가자료를 수집하는 것을 말하며, 원가할당(cost assignment)은 집계된 원가를 원가대상에 추적하고 배분하는 것을 포함하는 포괄적인 개념이다. 또한 **원가 배분**(cost allocation)은 둘 이상의 원가대상에 의하여 공통적으로 사용된 간접원가를 합리적인 배분기준에 따라 각각의 원가대상에 배분하는 과정을 말한다.

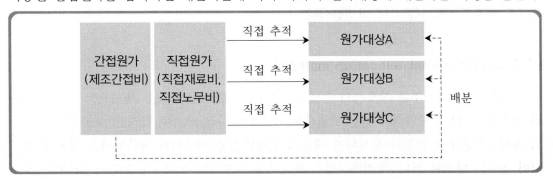

2 원가배분 기준

인과관계기준	원가를 발생시킨 원인을 찾아 그 원인과 결과(원가대상)를 연결시키는 방식으로 원가배분을 하는 방법으로서 가장 합리적인 원가배분기준이라 할 수 있다.
수혜기준	원가의 발생으로 인하여 받은 경제적, 물질적 혜택의 크기에 비례하여 원가대상에 원가를 배분하는 원가배분기준
부담능력기준	원가대상이 원가를 부담할 수 있는 능력에 따라 원가를 배분하는 원가배분기준
공정성과 공평성기준	집계된 원가를 원가대상에 배분할 때 공정하고 공평하게 이루어지도록 하는 기준
증분기준	기존의 사용자들이 사용할 때 발생한 원가는 기존의 사용자들에게만 배분하고, 추가 사용자가 발생할 경우 추가사용자로 인하여 증가하는 공통원가만을 추가적인 사용자에게 배분하는 기준

3 보조부문원가 배분

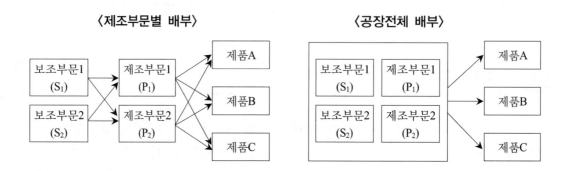

〈제조부문별 배부〉　　　　　　　　　　〈공장전체 배부〉

다음의 직접배분법, 단계배분법, 상호배분법은 모두 제조부문별 배부인 경우에 보조부문 원가를 제조부문에 배분하는 방법들이다.

(1) 직접배분법(direct allocation method)

직접배분법은 보조부문 상호간의 용역수수관계를 완전히 무시하는 방법으로서, 보조부문의 원가를 제조부문에만 배분하는 방법으로서, 간단하다는 장점이 있지만, 보조부문 상호간의 용역수수관계는 완전히 무시하기 때문에 원가배분을 왜곡시켜 제품원가도 왜곡될 가능성이 높다는 단점이 있다. 직접배분법은 보조부문 상호간의 용역수수관계가 중요하지 않다고 판단되는 경우에 적절한 방법이다.

(2) 단계배분법(step-down allocation method)

단계배분법은 보조부문이 다른 보조부문에 제공한 용역수수관계를 부분적으로 고려하는 방법이다. 단계배분법은 어떤 보조부문의 원가를 먼저 배분 하느냐에 따라 제조부문에 배분되는 보조부문원가가 달라질 수 있게 되므로, 보조부문원가의 배분순서를 합리적으로 결정하지 못할 경우 원가왜곡이 심하게 나타날 수도 있다.

(3) 상호배분법(reciprocal allocation method)

상호배분법은 보조부문 상호간의 용역수수관계를 완전히 고려하여 원가를 배분하는 방법으로서 이론적으로 가장 타당한 방법이라 할 수 있다. 하지만, 계산이 매우 복잡하다는 단점 때문에 실무적으로 잘 사용되지는 않고 있다.

> **참고**
>
> **자기부문소비용역이 존재하는 경우**
>
> 보조부문이 제공하는 용역 중 일부를 당해 보조부문이 사용하는 자기부문소비용역(self-service)이 존재하는 경우, 자기부문소비용역도 모두 고려해서 보조부문원가를 고려하는 것이 원칙이나, 자기부문소비용역을 무시하고 보조부문원가를 배분하는 경우에도 동일한 결과가 나온다.

> **참고**
>
> **이중배분율법**
>
> 이중배분율법(dual-rate method)은 조금 더 정확한 원가배분을 위하여 보조부문의 원가를 변동원가와 고정원가로 구분하여 각각 다른 배분기준을 적용하여 배분하는 방법이다. 보통 변동원가는 실제 용역 제공량에 비례하여 배분하며, 고정원가는 최대조업도(최대사용가능량)를 기준으로 배분한다.
>
> 이중배분율법은 단일배분율법에 비해 인과관계를 더 잘 반영할 수 있으며, 목표일치성이 더 높아질 수 있다.

4 개별원가계산

개별원가계산은 조선업이나 건설업과 같이 서로 다른 여러 종류의 제품을 주문 등에 의하여 생산하는 형태에서 적용하는 원가계산방법으로서 작업별원가계산(job-order costing)이라고도 하며, 각 작업별로 투입되는 원가를 각각 작업원가표(job-cost sheet)에서 관리하고 집계한다.

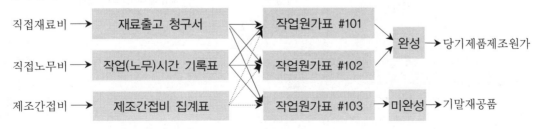

(1) 실제개별원가계산과 정상개별원가계산

	실제개별원가계산	정상개별원가계산
원가요소	직접재료비 : 실제원가 직접노무비 : 실제원가 제조간접비 : 실제원가	직접재료비 : 실제원가 직접노무비 : 실제원가 제조간접비 : 예정배부
제조간접비 배부율	실제배부율 = $\dfrac{\text{실제제조간접비}}{\text{실제배부기준 합계}}$	예정배부율 = $\dfrac{\text{제조간접비 예산}}{\text{예정조업도}}$
제조간접비 배부액	실제조업도 × 실제배부율	실제조업도 × 예정배부율
장 점	외부보고용으로 그대로 이용가능	− 정보의 적시성 증가 − 동일한 작업 → 동일한 원가
단 점	− 제품원가계산이 늦어진다. 　→ 정보의 적시성이 떨어짐 − 동일한 작업에 대하여 시기별로 원가 　가 달라지므로 의사결정에 어려움을 　겪을 수 있다.	외부보고목적으로는 사용할 수 없음 → 실제원가로 전환하는 회계처리가 　필요함

(2) 정상원가계산의 제조간접비 배부차이

① 제조간접비 과대배부

제조간접비

| 실제발생액 | 예정배부액 | → 재공품계정으로 대체 |
| 배부차이 ↕ | | |

② 제조간접비 과소배부

제조간접비

| 실제발생액 | 예정배부액 | → 재공품계정으로 대체 |
| | 배부차이 ↕ | |

(3) 제조간접비 배부차이 조정

① 매출원가조정법

매출원가조정법에 의할 경우 모든 배부차이는 매출원가에서 가감하여 조정한다.

② 총원가비례조정법

총원가비례조정법은 제조간접비 배부차이를 기말재공품, 기말제품, 매출원가에 비례하여 조정하는 방법이다.

③ 원가요소별비례조정법

원가요소별비례조정법도 총원가비례조정법과 동일한 방법으로 제조간접비 배부차이를 조정한다. 다만, 기말재공품, 기말제품, 매출원가에 비례조정하는 기준이 각 계정에 포함되어 있는 제조간접비 금액을 기준으로 비례조정한다는 점만 다르다.

원가요소별비례조정법으로 제조간접비 배부차이를 조정하는 경우에는 회사가 처음부터 실제원가계산으로 회계처리한 것과 결과가 동일해 지기 때문에 이론적으로 가장 타당한 방법이라 할 수 있다.

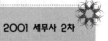

연습문제 1 　보조부문원가 배분 　　　2001 세무사 2차

동해주식회사는 조립과 포장의 두 생산부문과 동력과 수선의 두 보조부문으로 구성되어 있다. 내년도 각부분의 예상비용과 운영자료는 다음과 같으며 이는 생산부문의 제조간접비 예정 배부율을 산정하기 위해 마련된 것이다(20점).

구 분	동력부문	수선부문	조립부문	포장부문
직접노무비	—	—	₩30,000	₩40,000
수선관련노무비(변동비)	—	₩5,000	—	—
직접재료비	—	—	50,000	80,000
수선관련재료비(변동비)	—	7,536	—	—
동력관련재료비(변동비)	₩3,630	—	—	—
기타간접비(고정비)	7,500	6,000	104,000	155,000
합　　계	₩11,130	₩18,536	₩184,000	₩275,000
직접노무시간	—	—	6,000시간	10,000시간
전력공급량				
현재전력공급량	300kw	800kw	3,800kw	6,400kw
장기전력공급량	300kw	1,000kw	6,000kw	8,000kw
점유면적	800㎡	1,500㎡	8,000㎡	12,000㎡

동해주식회사는 제품의 원가를 산정하기 위해 변동비와 고정비를 구분하여 단계법(동력부문, 수선부문 순서)을 사용하여 보조부문의 비용을 생산부문에 배부하고 있다.

보조부문 비용 배부기준은 다음과 같다.

	비용형태	배부기준
동력부문	변동비	현재 전력공급량
	고정비	장기 전력공급량
수선부문	변동비	직접 노무시간
	고정비	점유면적 − ㎡

요구사항

1. 단계법을 사용하여 보조부문의 비용을 생산부문에 배부하시오.

2. 각 생산부문(조립, 포장)의 제조간접비 예정배부율을 산정하시오. 제조간접비예정 배부율 산정시 각 부문의 배부기준으로는 직접노무시간을 사용하시오. (소수점 셋째자리에서 반올림하여 둘째자리까지 계산하시오)

3. 내년도 포장생산부문에서의 제품의 생산량이 20,000단위일 경우 포장생산부문에서 생산되는 제품 한 단위의 원가를 산정하시오. 단 제조간접비는 예정원가를 사용하시오(소수점 셋째자리에서 반올림하여 둘째자리까지 계산하시오).

➡ 해설

1. 보조부문원가를 제조부문에 배분

구 분	동력	수선	조립	포장	계
배부전	₩11,130	₩18,536	₩104,000	₩155,000	₩288,666
<변동비>					
동력부	(3,630)	264^{*1}	1,254	2,112	
수선부	–	(12,800^{*2})	4,800^{*3}	8,000	
<고정비>					
동력부	(7,500)	500^{*4}	3,000	4,000	
수선부		(6,500^{*5})	2,600^{*6}	3,900	
배부후	0	0	₩115,654	₩173,012	₩288,666

^{*1} $3,630 \times \dfrac{800kw}{800kw + 3,800kw + 6,400kw} = ₩264$

^{*2} $5,000(노무비) + 7,536(재료비) + 264 = ₩12,800$

^{*3} $12,800 \times \dfrac{6,000시간}{6,000시간 + 10,000시간} = ₩4,800$

^{*4} $7,500 \times \dfrac{1,000kw}{1,000kw + 6,000kw + 8,000kw} = ₩500$

^{*5} $6,000(기타간접비) + 500 = ₩6,500$

^{*6} $6,500 \times \dfrac{8,000m^2}{8,000m^2 + 12,000m^2} = ₩2,600$

2. 부문별 제조간접비 배부율

조립부문 $= \dfrac{₩115,654}{6,000시간} = ₩19.28/시간$

포장부문 $= \dfrac{₩173,012}{10,000시간} = ₩17.30/시간$

3. 포장부문 제품 단위당 원가

단위당 직접재료비 : $\dfrac{80,000}{20,000단위} = ₩4$

단위당 직접노무비 : $\dfrac{40,000}{20,000단위} = ₩2$

단위당 제조간접비 : ₩8.65(= 0.5시간* × ₩17.3/시간)

단위당 원가 : ₩14.65

* 단위당 직접노동시간 $\dfrac{10,000시간}{20,000개} = 0.5시간/개$

연습문제 2 공장전체배부와 부문별배부

(주)서초는 제조부문 P_1, P_2와 보조부문 S_1, S_2를 가지고 있으며, 당기 중 작업 #101, #102와 #103을 새로이 시작하였다. 작업 #101과 #102는 당기 중에 완성하여, 이 중 작업 #101만 판매되었다. 또한 작업 #103만 기말 현재 미완성상태이다. 다음의 자료들을 이용하여 요구사항에 답하시오.

<자료1> 각 작업별 실제 발생원가

	#101	#102	#103	합계
직접재료비				
P_1부문	₩2,500,000	₩2,000,000	₩1,000,000	₩5,500,000
P_2부문	1,000,000	1,200,000	1,500,000	3,700,000
소　계	₩3,500,000	₩3,200,000	₩2,500,000	₩9,200,000
직접노무비				
P_1부문	₩1,000,000	₩2,000,000	₩3,000,000	₩6,000,000
P_2부문	1,000,000	600,000	1,200,000	2,800,000
소　계	₩2,000,000	₩2,600,000	₩4,200,000	₩8,800,000

<자료2> 각 작업별 당기 직접노동시간 및 기계가동시간

	#101	#102	#103	합계
직접노동시간				
P_1부문	100시간	200시간	300시간	600시간
P_2부문	100시간	50시간	150시간	300시간
소　계	200시간	250시간	450시간	900시간
기계시간				
P_1부문	200시간	100시간	200시간	500시간
P_2부문	330시간	290시간	380시간	1,000시간
소　계	530시간	390시간	580시간	1.500시간

<자료3> 보조부문 상호간의 용역수수관계 및 발생원가

사용부분 제공부분	보조부문		제조부문		합　계
	S_1	S_2	P_1	P_2	
S_1	–	30%	20%	50%	3,000단위
S_2	40%	–	30%	30%	2,000단위
발생원가	₩ 750,000	₩ 600,000	₩2,700,000	₩3,600,000	₩7,650,000

요구사항

1. 회사가 공장전체 배분율을 적용할 경우 다음 요구사항에 답하시오. 단, 회사는 제조간접 비를 기계시간을 기준으로 배분한다.
   (1) 제조간접비 배부율을 계산하시오.
   (2) 각 작업별로 제조간접비를 배분하시오.
   (3) 기말재공품, 기말제품, 매출원가를 계산하시오.

2. 제부문별 제조간접비 배분율을 적용할 경우 다음 요구사항에 답하시오. 단, P_1부문에서는 직접노동시간, P_2부문에서는 기계시간을 기준으로 한다.
   (1) 상호배분법에 의하여 보조부문원가를 제조부문에 배분하시오. 단, 보조부문원가는 상 호배분법에 의하여 제조부문에 배분한다.
   (2) 부문별 제조간접비 배부율을 계산하시오.
   (3) 각 작업별로 제조간접비를 배분하시오.
   (4) 기말재공품, 기말제품, 매출원가를 계산하시오.

➡ 해설

1. 공장전체 배부

공장전체 배분율을 적용하는 경우에는 보조부문원가를 제조부문에 배분할 필요가 없다. 즉, 공장전체에서 발생한 제조간접비 총액을 배부기준의 총계로 나누어서 제조간접비 배분율을 계산하고, 각 작업별로 배분하면 된다.

(1) 제조간접비 배부율 $= \dfrac{\text{제조간접비}}{\text{배부기준의 합계}}$

$= \dfrac{\text{₩}7,650,000}{1,500\text{시간}} = \text{₩}5,100/\text{기계시간}$

(2) 작업별 제조간접비 배부

	#101	#102	#103	합계
기계시간(공장전체)	530시간	390시간	580시간	1,500시간
제조간접비 배분액	₩2,703,000	₩1,989,000	₩2,958,000	₩7,650,000

(3) 기말재공품, 제품, 매출원가 계산

작업 #103만 기말 현재 작업 중이므로 기말재공품에 해당되며, 작업 #102는 완성되었지만, 판매되지 않았기 때문에 기말제품에 해당되고, 작업 #101은 당기 중에 완성되어 판매되었기 때문에 매출원가이다. 따라서 기말재공품, 제품, 매출원가는 다음과 같다.

	#101(매출원가)	#102(기말제품)	#103(기말재공품)	합계
직접재료비	₩3,500,000	₩3,200,000	₩2,500,000	₩ 9,200,000
직접노무비	2,000,000	2,600,000	4,200,000	8,800,000
제조간접비	2,703,000	1,989,000	2,958,000	7,650,000
합 계	₩8,203,000	₩7,789,000	₩9,658,000	₩25,650,000

2. 부문별 배부

(1) 보조부문원가 배분 – 상호배분법

① 상호배분법에 의한 보조부문원가 계산

$$S_1 = ₩750,000 + 0.4S_2$$
$$S_2 = ₩600,000 + 0.3S_1$$

위의 방정식을 풀면 $S_1 = ₩1,125,000$, $S_2 = ₩937,500$

② 보조부문원가의 배분

	S_1	S_2	P_1	P_2	합계
배분전 원가	₩750,000	₩600,000	₩2,700,000	₩3,600,000	₩7,650,000
S_1	(1,125,000)	337,500	225,000	562,500	0
S_2	375,000	(937,500)	281,250	281,250	0
배분후 원가	0	0	₩3,206,250	₩4,443,750	₩7,650,000

(2) 부문별 제조간접비 배부율 계산

① P_1부문 제조간접비 배부율 $= \dfrac{P_1 \text{부문 제조간접비}}{P_1 \text{부문 노동시간의 합계}}$

$$= \frac{₩3,206,250}{600\text{시간}} = ₩5,343.75/\text{노동시간}$$

② P_2부문 제조간접비 배부율 $= \dfrac{P_2 \text{부문 제조간접비}}{P_2 \text{부문 기계시간의 합계}}$

$$= \frac{₩4,443,750}{1,000\text{시간}} = ₩4,443.75/\text{기계시간}$$

(3) 작업별 제조간접비 배부

① P_1부문 제조간접비 배분

	#101	#102	#103	합계
P_1부문 노동시간	100시간	200시간	300시간	600시간
P_1부문 제조간접비	₩534,375	₩1,068,750	₩1,603,125	₩3,206,250

② P_2부문 제조간접비 배분

	#101	#102	#103	합계
P_2부문 기계시간	330시간	290시간	380시간	1,000시간
P_2부문 제조간접비	₩1,466,437.5	₩1,288,687.5	₩1,688,625	₩4,443,750

(4) 기말재공품, 제품, 매출원가 계산

	#101(매출원가)	#102(기말제품)	#103(기말재공품)	합계
직접재료비	₩3,500,000	₩3,200,000	₩ 2,500,000	₩ 9,200,000
직접노무비	2,000,000	2,600,000	4,200,000	8,800,000
P_1부문제조간접비	534,375	1,068,750	1,603,125	3,206,250
P_2부문제조간접비	1,466,437.5	1,288,687.5	1,688,625	4,443,750
합　계	₩ 7,500,812.5	₩ 8,157,437.5	₩9,991,750	₩25,650,000

(주)청룡은 동일한 공장에서 민간용 일반 차량과 군사용 특수 차량을 생산한다. 민간용 일반 차량은 회사의 판매 대리점을 통하여 전국에 판매되고 있으며, 군사용 특수 차량은 전량이 국방부에 납품되고 있다. 동일한 공장에서 민간용 및 군사용 두 종류의 차량을 생산하는 관계로 회사의 원가계산 부서는 고정 제조간접원가의 민간용 및 군사용 차량에의 적정 배부에 많은 노력을 쏟고 있다. 그러나 회사와 국방부와의 계약이 경쟁입찰방식의 계약이 아닌 원가보상계약인 관계로 원가의 적정성에 관한 의혹이 국방부로부터 매년 끊임없이 제기되어 오고 있다.

회사는 민간용 일반 차량과 군사용 특수 차량의 생산에서 발생하는 고정 제조간접원가를 각각의 차량 생산에서 발생하는 직접원가(직접재료원가와 직접노무원가)의 합에 비례하여 배부하고 있다. 2003년도에 회사는 민간용 일반 차량과 군사용 특수 차량을 각각 100대와 25대를 생산하였고 직접재료원가와 직접노무원가의 합이 민간용 일반 차량과 군사용 특수 차량 한 대 당 각각 ₩3,000,000과 ₩4,000,000 발생하였다. 2003년도에 발생한 제조간접원가는 민간용 일반 차량과 군사용 특수 차량을 불문하고 차량 한 대 당 변동원가 ₩500,000, 총 고정원가가 ₩37,500,000 발생하였다.

군사용 특수 차량을 구입하는 국방부는 원가계산의 적정성을 확인하기 위하여 매년 정기적으로 감사를 수행하여 오고 있다. 2004년도에 실시된 2003년도에 구입한 군사용 특수 차량에 대한 감사에 따르면 회사는 2003년도에 군사용 특수 차량의 원가를 부당하게 과대 계상 하였으며, 이 과대 계상 금액만큼을 국방부에 반환하여야 한다고 감사보고서는 지적하고 있다.

국방부 감사보고서의 지적에 의하면 회사는 2003년도에 군사용 특수 차량의 제작에만 필요한 특수 부품을 단위당 ₩1,000,000을 지급하고 25단위를 구입하여 이의 원가를 군사용 특수 차량의 제작에서 발생한 직접재료원가로 구분하였고, 이 부분에 대하여 고정 제조간접원가를 배부하였다. 그러나 국방부의 감사보고서는 이 특수 부품의 원가는 회사의 추가적인 가공이 전혀 요구되지 않는 원가이므로 어떠한 고정 제조간접원가도 배부되어서는 안 된다고 지적하고 있다. 즉, 특수 부품의 원가는 원가계산에서 비록 직접재료원가로 구분되기는 하나 고정 제조간접원가의 배부 시에 배부기준에는 포함되어서는 안 된다는 것이다.

요구사항

1. 국방부의 감사가 수행되기 전에 2003년도 (주)청룡이 결정한 민간용 일반 차량과 군사용 특수 차량의 한 대 당 원가가 각각 얼마인지 계산하시오.

2. 국방부 감사보고서의 지적이 옳다는 가정에서 (주)청룡의 민간용 일반 차량과 군사용 특수 차량의 한 대 당 원가를 구하고 이 경우 국방부가 (주)청룡에 요구할 전체 반환 금액을 계산하시오.

3. 위의 군사용 특수 차량 제작에 필요한 특수 부품에 대한 원가 지적 이외에 추가로 국방부 감사보고서는 ₩3,750,000의 고정 제조간접원가가 민간용 일반 차량의 제작에만 발생하는 변동 제조간접원가라고 밝히고 있다고 하자. 이 경우 감사보고서의 지적 사항이 모두 반영된 (주)청룡의 민간용 일반 차량과 군사용 특수 차량의 한 대 당 원가를 구하고 국방부의 (주)청룡에 대한 전체 반환 요구금액을 계산하시오. (반환 요구금액 계산 시 회사가 결정한 한 대 당 원가와 ₩3,750,000의 고정 제조간접원가와 단위 당 ₩1,000,000의 특수 부품의 원가 등 두 가지의 감사 지적 사항을 모두 반영한 원가와의 차이를 구하시오)

➡ 해설

1. 민간용 및 군사용 차량 단위당 원가

(1) 제조간접비 배부율 : $\dfrac{37,500,000}{3,000,000 \times 100대 + 4,000,000 \times 25대} = 0.09375$

(2) 제품별 단위당 원가

	민간용 일반차량 (100대)	군사용 특수용차량 (25대)	합 계
직접원가	₩300,000,000[*1]	₩100,000,000[*2]	₩400,000,000
변동제조간접비	50,000,000[*3]	12,500,000[*4]	62,500,000
고정제조간접비	28,125,000[*5]	9,375,000[*6]	37,500,000
총제조원가	₩378,125,000	₩121,875,000	₩500,000,000
(÷)생산량	÷ 100대	÷ 25대	
단위당원가	@3,781,250	@4,875,000	

[*1] $3,000,000 \times 100대 = ₩300,000,000$

[*2] $4,000,000 \times 25대 = ₩100,000,000$

[*3] $500,000 \times 100대 = ₩50,000,000$

[*4] $500,000 \times 25대 = ₩12,500,000$

[*5] $(3,000,000 \times 100대) \times 0.09375 = ₩28,125,000$

[*6] $(4,000,000 \times 25대) \times 0.09375 = ₩9,375,000$

2. 반환금액 계산

(1) 제조간접비 배부율 : $\dfrac{37,500,000}{3,000,000 \times 100대 + 3,000,000 \times 25대} = 0.1$

(2) 제품별 단위당 원가계산

	민간용 일반차량 (100대)	군사용 특수용차량 (25대)	합 계
직접원가	₩300,000,000	₩100,000,000	₩400,000,000
변동제조간접비	50,000,000	12,500,000	62,500,000
고정제조간접비	30,000,000[*1]	7,500,000[*2]	37,500,000
총제조원가	₩380,000,000	₩120,000,000	₩500,000,000
(÷)생산량	÷ 100대	÷ 25대	
단위당원가	₩ 3,800,000	₩ 4,800,000	

[*1] $(3,000,000 \times 100대) \times 0.1 = ₩30,000,000$

[*2] $(3,000,000 \times 25대) \times 0.1 = ₩7,500,000$

(3) 반환금액

기존방식에 의한 군사용 특수차량의 총원가 : 4,875,000 × 25대 = ₩121,875,000

지적에 따라 재계산한 군사용 특수차량의 총원가 : 4,800,000 × 25대 = 120,000,000

(주)청룡에 반환할 금액 : ₩ 1,875,000

3. 반환금액계산

(1) 제조간접비 배부율 : $\dfrac{37,500,000 - 3,750,000}{3,000,000 \times 100대 + 3,000,000 \times 25대} = 0.09$

(2) 제품별 단위당원가

	민간용 일반차량 (100대)	군사용 특수용차량 (25대)	합 계
직 접 원 가	₩300,000,000	₩100,000,000	₩400,000,000
변동제조간접비	53,750,000[*1]	12,500,000	66,250,000
고정제조간접비	27,000,000[*3]	6,750,000[*4]	33,750,000[*2]
총제조원가	₩380,750,000	₩119,250,000	₩500,000,000
(÷)생산량	÷ 100대	÷ 25대	
단위당원가	₩ 3,807,500	₩ 4,770,000	

[*1] $50,000,000 + 3,750,000 = ₩53,750,000$

[*2] $37,000,000 - 3,750,000 = ₩33,750,000$

[*3] $(3,000,000 \times 100대) \times 0.09 = ₩27,000,000$

[*4] $(3,000,000 \times 25대) \times 0.09 = ₩6,750,000$

(3) 반환금액

기존방식에 의한 군사용 특수차량의 총원가 : 4,875,000 × 25대 = ₩121,875,000

지적에 따라 재계산한 군사용 특수차량의 총원가 : 4,770,000 × 25대 = 119,250,000

(주)청룡에 반환할 금액 : ₩ 2,625,000

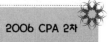

연습문제 4   제조간접비 배부   2006 CPA 2차

㈜한강은 경쟁적인 시장에서 한 종류의 선박을 제조하여 판매하고 있다. 원가는 재료비와 제조간접비(Overhead: OH) 두 가지로 구성된다. OH는 선박제조에 쓰이는 기계설비 및 인력과 관련된 원가가 대부분으로 모두 고정비라고 가정하자. ㈜한강은 기계설비의 사용시간, 즉 기계시간에 근거하여 OH를 배부한다. 선박 한대당 예상 및 실제 소요기계시간은 2시간이라고 하자.

㈜한강은 연초에 파악한 예상기대조업도(주문 및 생산량)를 바탕으로 산정한 예정배부율을 이용하여 제품에 OH를 배부하고 있다. 작년 2005년에 대한 요약자료는 아래와 같다.

	2005년
OH예상액	56,000 원
예상기대조업도	800 대
실행가능 총기계시간	2,000 시간
실제 조업도	700 대
실제 OH발생액	56,000 원

㈜한강은 올 2006년에도 생산용량 및 OH예상액이 전년도와 동일할 것으로 보고 있다. 그러나 2006년의 예상기대조업도는 연초에 700대로 파악되었다. 이하 모든 물음에서는 언급되지 않은 기타 비용들은 무시하시오. (주의 : 계산과정이 필요한 응답에 대해서는 그 계산내용을 명료하게 보여야 하며, 소수점 2자리까지 계산하시오.)

[요구사항]

1. 한 고객이 2005년에 선박 5대를 주문하였다고 하자. 이 5대의 선박에 배부된 OH를 구하시오.

2. 선박 한대당 재료비는 20원이라고 상정하자. 2006년 중에 ㈜한강의 마케팅담당자 중 한명인 홍길동은 기존 고객인 ㈜일호, ㈜이호 그리고 ㈜삼호와 2006년도 주문에 대해 협의했다. 시장경쟁의 증가로 인해 ㈜한강은 상당한 가격인하 압력을 받고 있는 상황이고, 충분한 유휴생산능력을 갖고 있다. 세 고객은 각기 2005년처럼 1대씩의 선박을 주문하려 한다. ㈜일호와는 협상이 잘 되어 2005년도와 마찬가지로 대당 103원의 가격을 제의 받았으나 ㈜이호는 대당 101원을 그리고, ㈜삼호는 대당 99원의 가격을 홍길동에게 제시했다. ㈜한강에서 고객과의 주문체결 권한은 마케팅담당자에게 있다. 마케팅담당자는 자신이 체결한 주문건들로부터 발생한 매출총이익(손실)금액에 의해 평가받는데, 특히 그 금액의 10%를 보너스로 받는다고 상정하자. 3개의 제안 각각에 대해 1) ㈜한강의 입장에서 유리 또는 불리의 여부를 밝히고, 2) 홍길동이 주문을 체결할 것인지의 여부를 밝히시오.

3. 위에서 제시된 ㈜한강의 상황과 (요구사항 2)의 분석내용은 OH배부방식의 한계 때문에 초래될 수 있는 문제점을 예시하고 있다. 이러한 현상을 관리회계에서 무엇이라고 부르는지 적절한 답을 제시하시오. 그리고 그 현상의 내용과 발생 이유를 5줄 이내로 간결하고 명료하게 서술하시오.

※ ㈜한강의 경영진은 2005년도까지의 사업결과를 검토하면서 수익성 저하에 대한 염려를 갖게 되었다. 나름대로의 분석결과를 바탕으로 ㈜한강은 2006년도부터는 예상기대조업도에 근거한 예정배부율로 OH를 배부하는 대신에 실제원가계산(Actual Costing)방법으로 OH를 배부하기로 했다. 따라서 마케팅담당자의 보너스도 실제원가에 의해 결정될 것이다.

4. 바뀐 OH배부방법 하에서 위 (요구사항 2)를 반복하시오. 즉, 3개의 제안 각각에 대해 (1) ㈜한강의 입장에서 유리 또는 불리 여부를 밝히고, (2) 홍길동이 주문을 체결할 것인지의 여부를 밝히시오. 단, 주문수락 결정시점에서 홍길동은 2006년도의 실제조업도가 700대일 경우와 652대일 경우의 확률이 각각 1/2이라고 보고 있다. 실제조업도에 대한 확률분포는 분석의 복잡성을 줄이기 위해 이들 3개 제안의 수락여부에 상관없이 변하지 않는다고 가정하시오. 또한, 홍길동은 2006년의 실제 OH발생액은 56,000원이 될 것으로 믿고 있다. 한편 홍길동은 위험중립형이다.

5. (요구사항 4)의 상황을 다시 상정하되, 다음처럼 두 가지 점을 수정하자. ① 홍길동은 위험중립형이 아니라 위험회피형이다. 특히, 홍길동의 효용함수는 보너스를 x라고 할 때 $\sqrt{x \times 10 + 5}$ 이다. ② 분석의 편의를 위해 ㈜삼호의 주문을 삭제하여 ㈜일호와 ㈜이호의 주문만이 제안되어 있다고 상정하자. 홍길동이 이 두 주문제안에 대하여 어떻게 결정할지를 밝히시오.

➡ 해설

1. 5대 선박에 배부된 제조간접비

2005년 제조간접비 예정배부율 = $\dfrac{\text{₩}56,000}{800\text{대}\times2\text{시간}}$ = ₩35/시간

5대에 대한 제조간접비 배부액 : 5대×2시간×35 = ₩350

2. 주문수락 여부

2006년 제조간접비 예정배부율 = $\dfrac{\text{₩}56,000}{700\text{대}\times2\text{시간}}$ = ₩40/시간

1대당 제조간접비 배부액 : 1대×2시간×40 = ₩80

	㈜일호	㈜이호	㈜삼호
판매가격	₩103	₩101	₩99
재료비	(20)	(20)	(20)
처리량공헌이익	83	81	79
제조간접비 배부액	(80)	(80)	(80)
매출총이익	3	1	(1)
보너스	0.3	0.1	(0.1)

1) ㈜한강의 경우에는 유휴생산능력이 충분하며, 제조간접비는 대부분 고정비라 하였기 때문에, 처리량공헌이익이 0보다 크면 모두 수락하는 것이 좋기 때문에 ㈜일호, ㈜이호, ㈜삼호를 모두 수락하고자 할 것이다.

2) 홍길동의 경우에는 ㈜일호와 ㈜이호는 수락하는 것이 좋지만, ㈜삼호는 수락하지 않으려할 것이다.

3. 준최적화 현상

특정 부분의 입장에서는 최적인 의사결정이 회사 전체 입장에서는 최적이 아닌 의사결정이 되는 경우 이를 준최적화라 하는데, 보통 부문의 목표와 회사전체의 목표가 일치되지 않는 경우에 발생한다. 회사는 회사의 이익을 극대화하기 위한 의사결정을 하지만, 홍길동의 입장에서는 보너스를 극대화하는 것이 목표이다. 즉 보너스 극대화와 회사의 이익극대화가 일치되지 않기 때문에 준최적화현상이 발생하고 있다.

4. 실제원가계산하에서 주문수락여부

실제조업도가 652대일 때 제조간접비 배부율 = $\dfrac{₩ 56,000}{652대 × 2시간}$ = ₩ 42.94/시간

	㈜일호		㈜이호		㈜삼호	
조업도	700대	652대	700대	652대	700대	652대
판매가격 재료비	₩103 (20)	₩103 (20)	₩101 (20)	₩101 (20)	₩99 (20)	₩99 (20)
처리량공헌이익 제조간접비 배부액	83 (80)	83 (85.88)	81 (80)	81 (85.88)	79 (80)	79 (85.88)
매출총이익	3	(2.88)	1	(4.88)	(1)	(6.88)
보너스	0.3	(0.288)	0.1	(0.488)	(0.1)	(0.688)

홍길동의 기대 보너스

㈜일호 : ₩ 0.3 × 0.5 + (₩ 0.288) × 0.5 = ₩ 0.006

㈜이호 : ₩ 0.1 × 0.5 + (₩ 0.488) × 0.5 = (₩ 0.194)

㈜삼호 : (₩ 0.1) × 0.5 + (₩ 0.688) × 0.5 = (₩ 0.394)

(1) ㈜한강은 모두 처리량 공헌이익이 0보다 크기 때문에 모두 수락하는 것이 좋다.

(2) 홍길동의 경우에는 기대 보너스가 0보다 큰 ㈜일호만 수락하는 것이 유리하고, 나머지는 거절하는 것이 좋다.

5. 위험회피형을 가정할 경우

(1) ㈜일호의 수락여부

계약 체결시 기대효용 = $\sqrt{0.3 × 10 + 5} × 0.5 + \sqrt{(0.288) × 10 + 5} × 0.5 = 2.14$

계약 미체결시 기대효용 = $\sqrt{0 × 10 + 5} × 0.5 + \sqrt{0 × 10 + 5} × 0.5 = 2.24$

계약을 체결하지 않았을 때 효용이 더 크기 때문에 계약을 체결하지 않는다.

(2) ㈜이호의 수락여부

계약 체결시 기대효용 = $\sqrt{0.1 × 10 + 5} × 0.5 + \sqrt{(0.488) × 10 + 5} × 0.5 = 1.38$

계약 미체결시 기대효용 = $\sqrt{0 × 10 + 5} × 0.5 + \sqrt{0 × 10 + 5} × 0.5 = 2.24$

계약을 체결하지 않았을 때 효용이 더 크기 때문에 계약을 체결하지 않는다.

연습문제 5 단일배분율법과 이중배분율법

태백회사는 컴퓨터, 프린터, 전산의 세 개의 부문으로 구성되어 있다. 컴퓨터와 프린터는 제조부문이고 전산은 보조부문이다. 다음은 20×9년도 관련 자료이다.

전산부문의 고정원가 예산액	900,000원
전산부문의 고정원가 실제발생액	1,105,000원
전산부문 시간당 예산변동원가	₩20/시간
전산부문의 최대공급가능조업수준	
컴퓨터부문	10,000 시간
프린터부문	5,000 시간
합계	15,000 시간
전산부문 서비스 예산수요량(당기)[*]	
컴퓨터부문	8,000 시간
프린터부문	4,000 시간
합계	12,000 시간
전산부문 서비스 실제사용시간	
컴퓨터부문	9,000 시간
프린터부문	4,000 시간
합계	13,000 시간

[*] 전산부문 서비스에 대한 각 제조부문의 장기예산수요량은 당기와 동일하다.

요구사항

1. 회사가 예산배부율과 단일배부율법을 사용하여 전산부문의 비용을 배부하는 경우 각 제조부문에 배부될 전산부문의 비용은 얼마인가?

2. (요구사항 1)에서 컴퓨터부문이 외부의 업체로부터 전산부문이 제공하는 서비스와 동일한 서비스를 시간당 40원에 제공하겠다는 제안을 받았을 경우 컴퓨터부문은 어떠한 결정을 내렸을 것으로 예상되는가? 또한 이 결정은 20×9년도 태백회사의 수익성에 어떠한 영향을 미쳤겠는가?

3. 태백회사가 예산배부율과 이중배부율법을 사용하여 전산부문의 비용을 제조부문에 배부하는 경우 각 제조부문에의 배부금액은 얼마인가? 또한 컴퓨터부문이 외부의 업체로부터 전산부문이 제공하는 서비스와 동일한 서비스를 시간당 40원에 제공하겠다는 제안을 받았을 경우 컴퓨터부문은 어떠한 결정을 내렸을 것으로 예상되는가? 단, 계산근거를 보이시오.

→ 해설

1. 예산배부율과 단일배분율법에 의한 원가배분

   (1) 고정제조간접비 예정배부율 = $\dfrac{₩900,000}{12,000시간}$ = ₩75/시간

   (2) 컴퓨터부문 예정배부액 : 9,000시간×(20 + 75) = ₩855,000

   　　프린터부문 예정배부액 : 4,000시간×(20 + 75) = ₩380,000

2. 전산부문 서비스 외부구입여부

   현재 단일배분율법에 의한 단위당 예정배부율은 ₩95(=20 + 75)이므로, 컴퓨터 부문의 경영자는 외부에서 ₩40에 구입하는 의사결정을 할 것이다. 그러나 회사전체관점에서는 전산부문의 서비스를 외부구입할 경우, 다음과 같이 ₩180,000만큼 손실이 증가하게 된다.

   변동비 감소 : 9,000시간×20 = 　₩180,000

   외부구입원가 증가 : 9,000시간×40 = 　(360,000)

   증분이익 : 　(₩180,000)

3. 이중배분율법

	컴퓨터 부문	프린터 부문
변동비* 고정비*	9,000시간×20 = ₩ 180,000 10,000시간×75 = 750,000	4,000시간×20 = ₩ 80,000 5,000시간×75 = 375,000
합 계	₩ 930,000	₩ 455,000

  * 변동비는 실제조업도를 기준으로 고정비는 공급가능조업수준을 기준으로 배분함.

이중배분율법의 경우에는 컴퓨터 부문이 현재 변동비의 배부율 ₩20보다 비싼 ₩40에 외부로부터 구입하려하지 않을 것이다. 만약 외부구입할 경우 다음과 같이, 손실이 증가한다고 판단하기 때문이다.

   변동비 감소 : 　　9,000시간×20 = 　₩180,000

   외부구입원가 증가 : 9,000시간×40 = 　(360,000)

   증분이익 : 　(₩180,000)

연습문제 6 간접원가의 배분

회계감사와 세무자문을 주업으로 하는 안세회계법인은 25명(파트너 회계사 5명, 일반회계사 20명)의 회계사가 근무하고 있으며, 연간 1인당 평균적으로 1,600시간정도의 노동시간을 투입하고 있다. 회계사들의 평균연봉은 ₩41,600,000이며, 현재 매년 회계법인에서 발생하는 간접원가 ₩880,000,000와 함께 모두 회계사들의 투입노동시간을 기준으로 각 업무에 배부하고 있다. 감사대상회사에 청구하는 감사보수는 투입되는 회계사의 투입시간을 기준으로 결정하며, 파트너회계사 투입 시간당 ₩100,000, 일반회계사 투입시간당 ₩80,000이다.

요구사항

1. 회계사의 투입 노동시간당 노무비 배부율과 간접원가 배부율을 각각 계산하시오.

2. 감사대상회사인 ㈜뉴서울호텔 회계감사에 회계사 3명(파트너 회계사 1명, 일반회계사 2명)이 감사에 참여하였으며, 총 130시간(파트너 회계사 30시간, 일반회계사 1인당 50시간)이 투입되었다고 가정할 경우 다음 물음에 답하시오.
   (1) ㈜뉴서울호텔 회계감사의 원가는 얼마인가?
   (2) ㈜뉴서울호텔 회계감사로 인한 이익은 얼마인가?

3. 안세회계법인은 보다 정확한 원가를 계산하기 위하여 회계사들의 급여를 다음과 같이 구분하고 직접원가로 구분하였으며, 투입되는 회계사들의 노동시간에 비례하여 직접 배부하고자 한다. 회계사들은 1인당 연간 평균 1,600시간의 노동시간을 투입하며, 직급별 연봉은 다음과 같다.

	파트너 회계사	일반회계사
회계사 수	5명	20명
1인당 투입 노동시간	1,600시간	1,600시간
회계사 1인당 연봉	₩80,000,000	₩32,000,000

또한, 간접원가를 필드지원 간접원가와 심리지원 간접원가로 구분하여 다음과 같은 배부기준을 설정하였다.

	필드지원	심리지원
금　　액	₩720,000,000	₩160,000,000
배부기준	총 회계사 투입시간	파트너 회계사 투입시간

위의 (요구사항2)의 ㈜뉴서울호텔 회계감사와 관련된 자료를 이용하여 다음 물음에 답하시오.

(1) 안세회계법인의 직접원가(급여) 배부율과 간접원가 배부율을 계산하시오.

(2) ㈜뉴서울호텔 회계감사의 원가는 얼마인가?

(3) ㈜뉴서울호텔 회계감사로 인한 이익은 얼마인가?

(4) 만약 ㈜뉴서울호텔의 회계감사에 투입된 시간 130시간 중 파트너회계사 투입시간이 50시간이고, 나머지 80시간이 일반회계사의 투입시간이었다면 회계감사의 원가는 얼마였겠는가?

➡ 해설

1. 노무비와 간접원가 배부율

(1) 노무비 배부율 $= \dfrac{41,600,000 \times 25명}{1,600시간 \times 25명} = ₩26,000$

(2) 간접원가 배부율 $= \dfrac{880,000,000}{1,600시간 \times 25명} = ₩22,000$

2. ㈜뉴서울호텔 회계감사 관련

(1) 회계감사 원가

노 무 비 배부액 : 130시간 × ₩26,000 =   ₩3,380,000

간접원가 배부액 : 130시간 × ₩22,000 =   2,860,000

합   계   :   ₩6,240,000

(2) 회계감사로 인한 이익

감사 보수 : ₩11,000,000 (=30시간×100,000 + 100시간×80,000)

감사 원가 :   6,240,000

감사 이익 : ₩ 4,760,000

3. 새로운 배분기준에 의한 원가계산

(1) 원가 배부율

① 직접원가(급여) 배부율

	파트너 회계사	일반 회계사
직접원가(급여) 배부율	$\dfrac{80,000,000 \times 5명}{1,600시간 \times 5명} = ₩50,000$ (파트너회계사 투입시간당)	$\dfrac{32,000,000 \times 20명}{1,600시간 \times 20명} = ₩20,000$ (일반회계사 투입시간당)

② 간접원가 배부율

	필드 지원	심리 지원
간접원가 배부율	$\dfrac{720,000,000}{1,600시간 \times 25명} = ₩18,000$ (회계사 총 투입시간당)	$\dfrac{160,000,000}{1,600시간 \times 5명} = ₩20,000$ (파트너회계사 투입시간당)

(2) ㈜뉴서울호텔 회계감사 원가

파트너회계사 급여 배부액 : 30시간 × ₩50,000 = ₩ 1,500,000

일반회계사 급여 배부액 : 100시간 × ₩20,000 =   2,000,000

필드지원 간접원가 배부액 : 130시간 × ₩18,000 =   2,340,000

심리지원 간접원가 배부액 : 30시간 × ₩20,000 =   600,000

합   계   :   ₩ 6,440,000

(3) ㈜뉴서울호텔 회계감사로 인한 이익

　　감사 보수 : ₩11,000,000(=30시간×100,000 + 100시간×80,000)

　　감사 원가 : 　6,440,000

　　감사 이익 : ₩ 4,560,000

(4) ㈜뉴서울호텔 회계감사 원가

　　파트너회계사 급여 배부액　　:　 50시간 × ₩50,000 = ₩2,500,000

　　일반회계사 급여 배부액　　　:　 80시간 × ₩20,000 =　 1,600,000

　　필드지원 간접원가 배부액　　: 130시간 × ₩18,000 =　 2,340,000

　　심리지원 간접원가 배부액　　:　 50시간 × ₩20,000 =　 1,000,000

　　　합　　계　　　　　　　:　　　　　　　　₩7,440,000

연습문제 7 　　정상개별원가계산

당기(20x5년)에 영업을 개시하여 정상개별원가계산제도를 사용하고 있는 서라벌(주)의 당기 재공품계정의 내용은 다음과 같다.

재 공 품

직접재료비	₩ 21,900	당기제품제조원가	?
직접노무비	?		
제조간접비	?	기말재고	?
	₩ 90,900		

회사는 제조간접비를 직접노무비의 130%로 예정배부하고 있다. 당기에 회사는 #101부터 #105까지 5개의 작업을 진행하였으며, #105를 제외한 나머지 작업은 모두 완성되어 판매되었다. 작업 #101부터 #104에 포함되어 있는 직접노무비의 합계는 ₩27,000이며, 작업 #105에 포함되어 있는 직접재료비는 #105에 포함되어 있는 직접노무비보다 ₩1,000만큼 더 크다. 회사는 제조간접비 배부차이를 전액 매출원가에서 조정하고 있다.

요구사항

1. 당기발생 직접노무비는 얼마인가?

2. 당기제품제조원가와 기말재공품원가를 계산하시오.

3. 당기에 발생한 실제 제조간접비는 ₩33,000이라고 가정할 경우 당기 손익계산서상의 매출원가는 얼마인가?

4. 회사가 제조간접비 배부차이를 원가요소별 비례조정법에 의하여 조정한다고 가정할 경우 당기 손익계산서상의 매출원가는 얼마였겠는가? 단, 당기에 발생한 실제 제조간접비는 ₩33,000이라고 가정한다.

5. 회사의 20x6년 재공품계정이 다음과 같을 경우 다음 물음에 답하시오.

재 공 품

기초재공품	?	당기제품제조원가	₩ 85,000
직접재료비	?		
직접노무비	₩ 28,000	기말재고	13,000
제조간접비	?		
	₩ 98,000		₩ 98,000

(1) 20x6년에 투입된 직접재료비를 계산하시오.

(2) 20x6년에 발생한 실제 제조간접비가 ₩38,000일 경우 제조간접비 배부차이는 얼마인가?

(3) 회사가 20x6년에 생산한 제품을 모두 ₩100,000에 판매한 경우 부분손익계산서를 작성하시오(단, 판매관리비는 ₩10,000이라 가정한다).

> **→ 해설**

1. **1월에 투입된 직접노무비**

   당월 발생 직접노무비를 x라 하면, 당월 제조간접비 배부액은 $1.3x$이므로, 다음을 만족하여야 한다.

직접재료비 :	₩21,900
직접노무비 :	x
제조간접비 :	$1.3x$
합　계 :	₩90,900

   따라서, x = ₩30,000 → 당기 제조간접비 배부액 : ₩39,000(=30,000×130%)

2. **당기제품제조원가와 기말재공품 원가**

	완성품(#101~#104)	기말재공품(#105)	합계
직접재료비	₩ 17,900[*5]	₩ 4,000[*4]	₩21,900
직접노무비	27,000	3,000[*3]	30,000
제조간접비	35,100[*1]	3,900[*2]	39,000
합　계	₩80,000	₩10,900	₩90,900

   [*1] ₩27,000×130%＝₩35,100

   [*2] ₩39,000(제조간접비 총 배부액) − 완성품 배부액(₩35,100)＝₩3,900

   [*3] ₩3,900÷130%＝₩3,000

   [*4] ₩3,000+₩1,000＝₩4,000

   [*5] ₩21,900 − ₩4,000＝₩17,900

3. **손익계산서상 매출원가**

   (1) 제조간접비 배부차이

   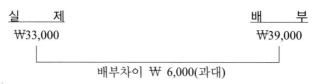

실　제	배　부
₩33,000	₩39,000

   배부차이 ₩ 6,000(과대)

   (2) 손익계산서상 매출원가

   당기에 완성된 제품을 모두 판매하였기 때문에 제조간접비 배부차이를 조정하기 전의 매출원가는 ₩80,000이다. 또한 회사는 제조간접비 배부차이를 전액 매출원가에서 조정하고 있으므로, 배부차이 ₩6,000(과대배부액)은 매출원가에서 차감조정한다. 따라서 당기 매출원가는 ₩74,000(＝80,000−6,000)이다.

4. 손익계산서상 매출원가(원가요소별 비례조정법의 경우)

당기에 완성된 제품은 모두 판매되었다고 하였기 때문에 기말제품은 존재하지 않는다. 따라서 제조간접비 배부차이 ₩6,000은 전액 재공품과 매출원가에서만 조정하면 된다.

	기준금액	배분율	배분액
매출원가	₩ 35,100	90%	₩ 5,400
재 공 품	3,900	10%	600
합 계	₩39,000	100%	₩6,000

따라서 원가요소별 비례조정법의 경우 배부차이 ₩6,000 중에서 매출원가에서 차감조정되는 금액은 ₩5,400이며, 당기 매출원가는 ₩74,600(=80,000−5,400)이다.

참고로 원가요소별 비례조정법의 경우 제조간접비 배부차이를 조정하는 회계처리를 다음과 같다.

(차) 제조간접비   6,000   (대) 재 공 품   600
                                      매 출 원 가   5,400

5. 20x6년 분석

(1) 20x6년에 투입된 직접재료비

20x5년도 기말재공품이 ₩10,900이므로, 20x6년도의 기초재공품은 ₩10,900이다. 또한 제조간접비는 직접노무비의 130%로 예정배부 되므로, ₩36,400(= 28,000 × 130%)이다. 따라서 20x6년도 직접재료비 발생액은 ₩22,700(= 98,000−10,900−28,000−36,400)이다.

(2) 2월 제조간접비 배부차이

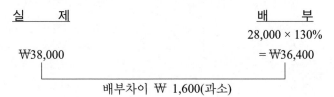

실   제   배   부

                                         28,000 × 130%

₩38,000   = ₩36,400

                배부차이 ₩ 1,600(과소)

즉, 제조간접비 배부차이는 ₩1,600 과소배부이다.

(3) 부분손익계산서 작성

<u>손익계산서</u>

Ⅰ. 매 출 액		₩100,000
Ⅱ. 매 출 원 가		
1. 기초제품재고액	0	
2. 당기제품제조원가	85,000	
3. 기말제품재고액	0	
4. 제조간접비 배부차이[*]	(+) 1,600	86,600
Ⅲ. 매출총이익		₩ 13,400
Ⅳ. 판매관리비		10,000
Ⅴ. 영 업 이 익		₩ 3,400

[*] 제조간접비 배부차이가 과소배부이므로 매출원가에 가산조정한다.

맞춤가구를 주문생산하여 아파트 신축공사 현장에 납품하는 (주)세무는 하나의 보조부문(동력부문)과 두 개의 제조부문(절단부문, 조립부문)을 운영하며, 정상 개별원가계산(normal job costing)을 채택하고 있다. 동력부문의 원가는 전력사용량(kWh)을 기준으로 제조부문에 배부하며 단일배부율을 사용한다. 제조부문은 부문별 단일배부율을 이용하여 제조간접원가를 배부하며 절단부문의 경우 기계 가동시간을 기준으로, 조립부문의 경우 직접노무시간을 기준으로 제조간접원가를 각 작업에 배부한다. (주)세무는 개별법을 이용하여 재고자산을 평가하며, 당기 회계연도는 20x2년 1월 1일부터 20x2년 12월 31일이다.

1) 동력부문의 20x2년도 연간 원가예산은 다음과 같다.

$$동력부문의\ 원가 = ₩216,000 + ₩2 × 전력사용량(kWh)$$

2) 제조부문의 20x2년도 연간 예산자료는 다음과 같다

구 분	절단부문	조립부문
보조부문원가 배부 전 제조간접원가	₩600,000	₩311,000
직접노무시간	800시간	2,600시간
기계가동시간	5,000시간	800시간
기계가동시간당 전력사용량	2kWh	2.5kWh

3) 20x2년도 각 작업과 관련된 실제자료는 다음과 같다

구 분	#107	#201	#202
직접재료원가	₩300,000	₩100,000	₩200,000
직접노무원가	230,000	150,000	320,000
직접노무시간			
절단부문	200시간	200시간	400시간
조립부문	900	300	1,200
기계가동시간			
절단부문	1,500시간	1,000시간	1,500시간
조립부문	400	120	200

4) 전기로부터 이월된 작업 #107은 당기에 완성되어 판매되었으며, #201과 #202는 당기에 착수하여 당기 말 현재 #201은 미완성, #202는 완성되었다. (주)세무의 기초제품재고는 존재하지 않으며 기초재공품에 대한 원가자료는 다음과 같다.

구 분	기초재공품
직접재료원가	₩160,000
직접노무원가	200,000
제조간접원가	60,000

[요구사항]

1. 절단부문과 조립부문의 부문별배부율은 각각 얼마인지 계산하고, 작업 #107, #201, #202에 배부되는 제조간접원가를 각각 계산하시오.

2. 당기 말 제조간접원가 배부차이 조정 전, 기말재공품, 기말제품 및 매출원가는 얼마인지 계산하시오.

3. 보조부문 원가를 제조부문에 배부한 후, 절단부문과 조립부문의 실제제조간접원가가 각각 ₩720,000과 ₩356,400으로 집계되었을 경우, 당기 말 제조간접원가 배부차이를 부문별로 계산하고, 그 차이가 과소배부(부족배부) 또는 과대배부(초과배부)인지 표시하시오.

4. (주)세무가 제조간접원가 배부차이를 원가요소기준 비례배부법에 따라 배부하는 경우, 당기 말 배부차이 조정 후 기말재공품, 기말제품 및 매출원가는 얼마인지 계산하시오.

⇒ 해설

(물음1)

(1) 예정조업도 = 10,000kwh + 2,000kwh = 12,000kwh

절단부문 : 5,000시간 × 2kwh = 10,000kwh

조립부문 : 800시간 × 2.5kwh = 2,000kwh

(2) 제조간접비 예산 = 216,000 + 2 × 12,000kwh = ₩240,000

(3) 보조부문원가 제조부분 배부액

절단부문 배부액 : $240,000 × \frac{10,000kwh}{12,000kwh} = 200,000$

조립부문 배부액 : $240,000 × \frac{2,000kwh}{12,000kwh} = 40,000$

(4) 각 부문별 제조간접비 예정배부율

절단부문 제조간접비 예정배부율 = $\frac{600,000+200,000}{5,000시간}$ = ₩160/기계시간

조립부문 제조간접비 예정배부율 = $\frac{311,000+40,000}{2,600시간}$ = ₩135/노무시간

(5) 각 작업별 제조간접비 배부액

	#107	#201	#202
절단부문 조립부문	1,500h×160 = 240,000 900h×135 = 121,500	1,000h×160 = 160,000 300h×135 = 40,500	1,500h×160 = 240,000 1,200h×135 = 162,000
합 계	361,500	200,500	402,000

(물음2)

	#107(매출원가)	#201(기말재공품)	#202(기말제품)
기초재공품	420,000		
직접재료비	300,000	100,000	200,000
직접노무비	230,000	150,000	320,000
제조간접비	361,500	200,500	402,000
합 계	1,311,500	450,500	922,000

(물음3)

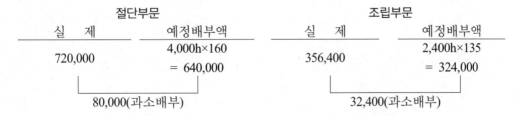

(물음4)

(1) 절단부문 배부차이 조정금액

	기준금액	배분율	조정금액
재 공 품	₩ 160,000	25%	₩ 20,000
제 품	240,000	37.5%	30,000
매출원가	240,000	37.5%	30,000
합 계	₩640,000	100%	₩ 80,000

(2) 조립부문 배부차이 조정금액

	기준금액	배분율	조정금액
재 공 품	₩ 40,500	12.5%	₩ 4,050
제 품	162,000	50%	16,200
매출원가	121,500	37.5%	12,150
합 계	₩324,000	100%	₩ 32,400

(3) 배부차이 조정후 각 작업별 원가

	#107(매출원가)	#201(기말재공품)	#202(기말제품)
기초재공품	420,000		
직접재료비	300,000	100,000	200,000
직접노무비	230,000	150,000	320,000
제조간접비	361,500	200,500	402,000
배부차이 조정전	1,311,500	450,500	922,000
배부차이	30,000	20,000	30,000
	12,150	4,050	16,200
배부차이 조정후	1,353,650	474,550	968,200

연습문제 9   정상원가계산 – 부문별 제조간접비배부율(2)

정상원가계산제도를 채택하고 있는 (주)삼미는 두 개의 제조부문 X, Y를 운영하고 있다. 다음 자료에 의해 요구사항에 답하시오. 단, X부문은 직접노무비 기준, Y부문은 기계시간 기준으로 제조간접비를 예정배부한다고 가정한다.

<자료> 각 부문별 제조간접비 예산 및 기준조업도

	X부문	Y부문
제조간접비 예산	₩1,500,000	₩1,050,000
직접노무비 예산	2,000,000	750,000
예상 기계시간	15,000시간	14,000시간

요구사항

1. 제조부문 X와 제조부문 Y의 제조간접비 예정배부율은 얼마인가?

2. 당기 중 제조부문 X와 Y를 통해 생산한 제품 갑의 원가와 관련된 자료는 다음과 같다. 제품 갑의 원가는 얼마인가?

	X부문	Y부문
직접재료비	₩220,000	₩350,000
직접노무비	250,000	270,000
직접노동시간	1,500시간	2,000시간
기계시간	1,500시간	3,000시간

3. 당기말 실제 발생한 제조부문별 원가가 다음과 같을 때, (1)각 제조부문별 제조간접비 배부차이를 계산하고, (2)매출원가 조정법을 이용하여 제조간접비 배부차이 조정과 관련된 회계처리를 하시오.

	제조부문 X	제조부문 Y
제조간접비	₩646,000	₩620,000
직접노무비	900,000	780,000
기계시간	6,200시간	8,650시간

➡ 해설

1. 제조간접비 예정배부율

$$X\ 부문 = \frac{X부문\ 제조간접비\ 예산}{X부문\ 직접노무비\ 예산} = \frac{1,500,000}{2,000,000} = ₩0.75/직접노무비$$

$$Y\ 부문 = \frac{Y부문\ 제조간접비\ 예산}{Y부문\ 예상\ 기계시간} = \frac{1,050,000}{14,000시간} = ₩75/기계시간$$

2. 갑 제품의 원가

	X부문	Y부문	합　계
직접재료비	₩ 220,000	₩ 350,000	₩　570,000
직접노무비	250,000	270,000	520,000
제조간접비	187,500[*1]	225,000[*2]	412,500
합　　　계	₩657,500	₩845,000	₩1,502,500

[*1] 250,000 × 0.75 = ₩187,500

[*2] 3,000시간 × 75 = ₩225,000

3. (1) 제조간접비 배부차이

	실제제조간접비	예정배부액	배부차이
X 부문	₩　646,000	₩　675,000[*1]	₩ 29,000(과대배부)
Y 부문	620,000	648,750[*2]	28,750(과대배부)
합　　계	₩1,266,000	₩1,323,750	₩ 57,750(과대배부)

[*1] 900,000(X부문 직접노무비) × 75% = ₩675,000

[*2] 8,650시간(Y부문 기계시간) × ₩75 = ₩648,750

(2) 제조간접비 배부차이 조정(매출원가 조정법)

　　(차) 제조간접비　　　　　57,750　　　(대) 매 출 원 가　　　　　　　57,750

연습문제 10 정상원가계산 – 부족한 자료의 추정

(주)신촌의 20×3년 예산은 14,000단위의 예정조업도하에서 다음과 같다.

매출액		₩2,800,000
매출원가(생산량 = 판매량)		
직접재료비	₩ 420,000	
직접노무비	140,000	
변동제조간접비	700,000	
고정제조간접비	700,000	1,960,000
매출총이익		₩ 840,000

기초재고자산은 없으며, 제조간접비는 생산량을 기준으로 예정배부한다. 기말의 실제 제조간접비 발생액은 총 ₩1,400,000이며, 제조간접비 부족배부액은 ₩200,000이다. 기말재공품도 없다.

요구사항

1. 20×3년의 실제생산량은 얼마인가?

2. 20×3년 한해 동안 9,500단위의 제품이 예산판매가격으로 판매되었다. 변동제조간접비를 제외하고는 모든 원가가 당기실제생산량기준 변동예산과 실제발생액이 동일하였으며, 제조간접비 배부차이는 전액 매출원가에서 조정되었다.
   (1) 20×3년 매출총이익을 구하라.
   (2) 기말제품 재고가액은 얼마인가?

3. 제조간접비 배부차이의 발생원인을 주어진 자료범위내에서 가능한 자세히 분석하시오. (기준조업도가 예정조업도와 일치한다는 가정하에 표준원가계산에 의한 제조간접비 차이 분석을 하시오.)

→ 해설

1. 20×3년도 실제 생산량

(1) 제조간접비 예정배부율 = $\dfrac{\text{제조간접비 예산}}{\text{예정조업도}}$ = $\dfrac{700,000 + 700,000}{14,000단위}$ = ₩100/단위

(2) 실제 생산량을 x 라 하면,

제조간접비 실제 발생액	제조간접비 예정배부액
	x단위 × 100
= ₩1,400,000	= ₩1,200,000

예산차이 ₩200,000 (과소배부)

따라서, 실제생산량(x)는 12,000단위이다.

2. 매출원가 조정법

(1) 실제 매출총이익 계산

매 출 액	₩200 × 9,500단위 =		₩1,900,000
매출원가	₩140 × 9,500단위 =	₩1,330,000	
제조간접비 배부차이(부족)		(+) 200,000	1,530,000
매출총이익(실제)			₩ 370,000

(단위당 판매가격 : $\dfrac{2,800,000}{14,000단위}$ = ₩200)

(단위당 매출원가 : $\dfrac{1,960,000}{14,000단위}$ = ₩140)

(2) 기말제품 재고가액 계산

기말재고수량 : 0(기초재고) + 12,000(생산량) − 9,500(판매량) = 2,500단위

기말제품재고가액 : ₩140 × 2,500단위 = ₩350,000

3. 제조간접비 배부차이 분석

(1) 변동제조간접비

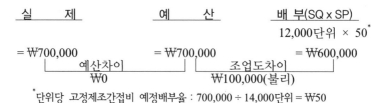

AQ x AP	AQ x SP	SQ x SP
	12,000단위 × 50	12,000단위 × 50[*]
= ₩700,000	= ₩600,000	= ₩600,000
	소비차이	능률차이
	₩100,000(불리)	₩0

[*] 단위당 변동제조간접비 예정배부율 : 700,000÷14,000단위 = ₩50

(2) 고정제조간접비

실 제	예 산	배 부(SQ x SP)
		12,000단위 × 50[*]
= ₩700,000	= ₩700,000	= ₩600,000
	예산차이	조업도차이
	₩0	₩100,000(불리)

[*] 단위당 고정제조간접비 예정배부율 : 700,000 ÷ 14,000단위 = ₩50

활동기준원가계산

 활동기준원가계산의 의의

활동기준원가계산(Activity-Based Costing, ABC)은 기존의 원가계산시스템의 문제점(제조간접비 배부방법)을 개선하기 위해 개발된 원가계산 방법으로서 "제품은 활동을 소비하고, 활동은 자원을 소비한다(Products consume activities, and activity consume resources)"는 말처럼 개별 제품들이 생산되는 과정에서 소비하는 활동을 측정해서 제조간접비와 개별 제품들과의 인과관계를 반영한다.

② 활동기준원가계산의 도입배경

(1) 소비자들의 기호변화에 따라 소품종 대량생산체제에서 다품종 소량생산체제로 변화하였다.
(2) 제조환경의 변화로 제조간접비의 비중이 증가하였다.
(3) 기업간 경쟁의 심화로 정확한 원가계산에 대한 요구가 절실해졌다.
(4) 원가의 개념이 확대되고 정보수집기능이 발달하였다.

 활동기준원가계산의 절차

(1) 활동4)분석

활동기준원가계산에서는 제조과정을 보다 세분화된 개별 활동으로 나눈다.

---

4) 활동이란 자원을 사용하여 가치를 창출하는 작업을 의미하며, 기업이 목표달성을 위해 수행하는 일체의 반복적인 작업들로서 ABC의 기본요소이다.

(2) 활동중심점의 설정 및 활동중심점별 원가 집계

개별활동을 활동중심점(관련된 활동의 원가를 분리하고 보고하는 단위)으로 구분한다.

(3) 활동중심점별 원가동인 결정

활동기준원가계산에서는 활동별로 집계된 원가를 각 제품에 배부하기 위하여 원가동인을 선정한다.

(4) 활동중심점별 제조간접비 배부율 계산

$$활동별\ 제조간접비\ 배부율 = \frac{활동별\ 제조간접비}{활동별\ 원가동인\ 수}$$

(5) 제조간접비 배부

개별 제품별로 활동의 소비량에 따라 제조간접비를 배부한다.

 4 — **원가의 분류(원가계층)**

표 4-1 활동 및 원가계층

개별 활동	원가 계층	의 미	활동의 예	원가동인의 예
제품단위수준활동 (output unit-level activity)	제품단위수준원가 (output unit-level costs)	개별 생산단위별로 수행되는 활동의 원가	기계활동 노동활동 모든제품의 품질검사	기계시간 노동시간 생산량, 검사시간
묶음수준활동 (batch-level activity)	묶음수준원가 (batch-level costs)	묶음 작업 단위별로 수행되는 활동의 원가	재료구매활동 가동준비활동 품질검사(샘플링 검사) 설비작업준비활동	주문서 발행횟수 검사시간, 검사횟수 작업준비횟수, 작업준비 시간
제품유지활동 (product sustain-level activity)	제품유지원가 (product sustain-level costs)	특정 제품 라인의 생산, 유지와 관련된 활동의 원가	제품설계활동 제품의 디자인활동 특정제품생산라인개선 활동	설계도 매수, 설계변경 횟수, 제품 가지 수, 개선된 제품라인의 수
설비유지활동 (capacity sustain-level activity)	설비유지원가 (capacity sustain-level costs)	개별제품에 추적할 수 없으며, 공장 전체의 유지와 관련된 활동의 원가	공장전체관리활동 공장전체임차 및 감가상각	점유면적, 종업원수 점유면적

5 활동기준원가계산의 효익

① 활동기준원가계산을 사용하는 경우 각 활동별로 집계된 원가를 각 활동별 원가동인을 이용하여 제조간접비를 배부하기 때문에 전통적인 개별원가계산보다 **정확한 원가계산**이 가능하다.

② 활동기준원가계산을 이용하여 계산한 정확한 원가를 이용하여 보다 정확하고 **올바른 의사결정**이 가능하고 제품별 수익성에 대한 올바른 정보를 얻을 수도 있는 것이다.

③ 활동기준원가계산의 경우 각 활동별로 작업준비시간이나 기계가동시간, 부품의 수 등 다양한 측정치에 의하여 성과평가를 하기 때문에 담당자들도 충분히 이해하고 수용할 수 있는 **공정한 성과평가**가 가능하게 된다.

④ 활동별로 원가동인을 파악함으로써 낭비적인 활동(비부가가치활동)의 제거를 통한 **원가절감**을 달성할 수 있다.

6 활동기준원가계산의 한계

① 활동분석의 실시와 활동에 대한 정보를 얻는데 소요되는 시간과 비용이 너무 많아 ABC를 적용함에 따른 비용이 ABC로부터 얻는 효익을 초과할 가능성이 있다.

② 모든 원가가 각각의 원가동인에 비례적으로 변화한다는 가정을 하고 있으나 실제로는 그렇지 않은 경우도 있다.

③ 설비유지원가와 같이 원가동인이 불분명한 경우에는 여전히 자의적인 원가배부가 이루어진다.

④ 기존의 방식에 익숙해져 있는 종업원들의 반발 가능성이 있다.

7 보론 : 고객별 수익성 분석 - C. T. Horngren

고객수익성분석(customer-profitability analysis)은 회사가 관리하는 고객별로 수익과 원가를 분석하는 것을 말하며, 이러한 고객수익성분석은 조직의 수익성에 기여도가 큰 고객이 회사로부터 상응하는 서비스나 관심을 받도록 노력하기 위함이다. 이러한 고객수익성분석은 고객별로 수익에 차이나 나는 원인을 분석함으로서 고객별로 가격할인이나 추가적인 서비스의 제공여부 등을 판단할 수 있는 중요한 판단근거를 제공한다.

(1) 고객원가계층

고객원가계층(customer cost hierarchy)은 고객과 관련된 원가를 원가동인의 다른 유형 또는 인과관계를 결정할 때의 어려움의 정도에 따라 다음과 같은 원가집합으로 분류한다.

① **고객(산출물)단위수준원가** : 고객 수 또는 판매 수량에 비례하여 발생하는 원가
② **고객배취수준원가** : 고객집단, 판매 묶음 수 등에 비례하여 발생하는 원가
③ **고객유지원가** : 고객별로 유지하고 지원하기 위한 활동과 관련된 원가
④ **유통경로원가** : 유통경로와 관련된 활동과 관련하여 발생된 원가로서, 특정 지역별, 유사 고객별로 달라질 수 있다.
⑤ **기업유지원가** : 개별고객이나 특정 유통경로 등으로는 추적이 불가능한 원가로서 기업 전체적으로 발생하는 원가이다. 이러한 원가는 고객별로 추적하는 것이 매우 어렵다.

위의 다섯 가지 원가 계층 중에서 ①~④는 활동기준원가계산에서 배웠던 네 가지 원가계층과 매우 유사한 성격을 지닌다.

(2) 고객별 수익성 분석

회사는 고객별로 분석한 활동과 원가동인을 이용하여 고객별 영업이익을 분석하여, 고객별로 회사에 기여하는 정도가 큰 고객과 수익성이 좋지 않는 고객으로 구분하여 관리할 수 있게 된다. 그러나 경영자가 이렇게 분석된 고객별 수익성정보를 이용하여 향후에 자원을 어떻게 배분할지 고려할 때, 다음과 같은 사항을 고려하여야 한다.

① 단기 및 장기 고객 수익성
② 고객의 지속적인 유지 가능성
③ 고객의 성장 가능성
④ 잘 알려진 고객 확보에 따른 전반적 수요의 증가 가능성
⑤ 고객으로부터의 학습(고객은 새로운 제품에 대한 아이디어와 기존 제품을 향상시키는 방법에 관한 중요한 원천이 될 수 있다)

연습문제 1	ABC와 개별원가계산의 비교	2002 세무사 2차 수정

붉은악마(주)는 최근에 지금까지 대량 생산 판매하여 왔던 표준형 티셔츠에 보다 가볍고 고품질의 고급형 티셔츠를 추가하기로 결정하였다. 이 고급형 티셔츠의 생산에는 보다 비싼 재료가 사용되며 완성하는데 더 많은 시간이 소요된다. 표준형 티셔츠는 1,000장씩, 고급형 티셔츠는 100장씩 1뱃취로 생산되며, 각 뱃취에 대한 품질검사에는 10시간이 소요된다. 붉은악마(주)는 현재 제조간접원가의 배부기준으로 직접노동시간을 사용하고 있으며, 표준형티셔츠는 한 장당 30분, 고급형은 45분의 직접노동시간이 소요된다.

	표준형	고급형
단위당 판매가격	₩20,000	₩60,000
차 감 :		
단위당 직접재료비	4,000	20,000
단위당 직접노무비	4,000	?
단위당 제조간접비	?	?
단위당 매출총이익	?	?
단위당 판매관리비	1,000	2,000
단위당 이익	?	?
연간 생산·판매량	90,000장	6,000장

붉은악마(주)의 재무담당이사(CFO)인 홍길동씨는 활동기준원가계산을 적용하게 되면 표준형 티셔츠 및 고급형 티셔츠 원가 및 수익성을 보다 정확하게 파악할 수 있을 것이라고 믿고 있다. 이를 위해 홍길동씨는 2002회계연도에 제조간접원가 ₩594,000,000에 대한 활동별 원가집합과 원가동인에 관한 자료를 다음과 같이 수집하였다.

<2002년 중 실제 사용된 원가 동인량>

활 동	활동별 원가	원가동인	표준형티셔츠	고급형티셔츠
노무감독	₩ 39,600,000	직접노동시간	?시간	?시간
구매주문	195,000,000	주 문 횟 수	450회	200회
품질검사	359,400,000	품질검사시간	?	?
합　　계	₩594,000,000			

요구사항

1. 개별원가계산에 의할 경우 다음 물음에 답하시오.

   (1) 제조간접비 배부율을 계산하고, 제품별 단위당 제조간접비를 계산하시오. .

   (2) 제품별 단위당 이익을 계산하시오.

2. 활동기준원가계산에 입각해서 표준형 티셔츠 및 고급형 티셔츠 각각 단위당 제조간접원가를 계산하라.

3. 활동기준원가계산에 입각하여 표준형 티셔츠 및 고급형 티셔츠 각각의 이익을 계산하고 개별원가계산에 의한 결과와 수익성을 비교평가 하시오.

4. 활동기준원가계산이 전통적 원가계산에 비해 어떤 경영상의 개선된 점을 가져다 줄 수 있는지 간단히 논하시오.

5. 개별원가계산과 활동기준원가계산방식을 비교하시오.

→ 해설

1. 개별원가계산

(1) 제조간접비 배부

① 제품별 직접노동시간

	표준형	고급형
생산량 단위당 직접노동시간	90,000장 × 0.5시간(30분)	6,000장 × 0.75시간(45분)
총 직접노동시간	= 45,000시간	= 4,500시간

② 제조간접비 배부율 $= \dfrac{594,000,000}{45,000시간 + 4,500시간} = ₩12,000/시간$

③ 단위당 제조간접비

	표준형	고급형
총제조간접비	45,000시간×12,000＝₩540,000,000	4,500시간×12,000＝₩54,000,000
생산량	÷90,000장	÷6,000장
단위당 제조간접비	＝₩6,000	＝₩9,000

(2) 제품별 단위당 이익

	표준형	고급형
단위당 판매가격 차 감 :	₩20,000	₩60,000
단위당 직접재료비	4,000	20,000
단위당 직접노무비	4,000	6,000[*]
단위당 제조간접비	6,000	9,000
단위당 매출총이익	₩6,000	₩25,000
단위당 판매관리비	1,000	2,000
단위당 이익	₩5,000	₩23,000

[*] 표준형의 단위당 직접노무비 : ₩4,000 = 0.5시간×시간당 직접노무비(x) → x = ₩8,000
따라서 고급형의 단위당 직접노무비 : 0.75시간×₩8,000 = ₩6,000

2. 활동기준원가계산에 의한 단위당 제조간접비

① 활동별 제조간접비 배부율

활 동	활동별 원가	원가동인수 총계	활동별 제조간접비 배부율
노무감독	₩ 39,600,000	49,500시간	₩800/직접노동시간
구매주문	195,000,000	650회	300,000/주문횟수
품질검사	359,400,000	1,500시간*	239,600/품질검사시간
합 계	₩594,000,000		

* 품질검사 원가동인 수

		표준형	고급형	합계
1	제품별 생산량	90,000	6,000	
2	배취당 생산된 제품수량	1,000장	100장	
3 = (1) ÷ (2)	배취수량	90배취	60배취	
4	배취당 품질검사시간	10시간	10시간	
5 = (3) × (4)	**총 검사시간**	**900시간**	**600시간**	**1,500시간**

② 제품별 제조간접비 배부 및 단위당 제조간접비

	표준형	고급형
노무감독	45,000시간 × ₩800 = ₩ 36,000,000	4,500시간 × ₩800 = ₩3,600,000
구매주문	450회 × ₩300,000 = 135,000,000	200회 × ₩300,000 = 60,000,000
품질검사	900시간 × ₩239,600 = 215,640,000	600시간 × ₩239,600 = 143,760,000
합 계	₩386,640,000	₩207,360,000
생 산 량	÷90,000장	÷6,000장
단위당 제조간접비	₩4,296	₩34,560

3. 활동기준원가계산에 의한 제품별 수익성 분석

	표준형	고급형
단위당 판매가격	₩20,000	₩60,000
차 감 :		
단위당 직접재료비	4,000	20,000
단위당 직접노무비	4,000	6,000
단위당 제조간접비	4,296	34,560
단위당 매출총이익(손실)	7,704	(560)
단위당 판매관리비	1,000	2,000
단위당 이익	₩6,704	₩(2,560)

현재 표준형의 경우에는 단위당 ₩6,704의 이익이 발생하고 있으나, 고급형티셔츠의 경우에는 ₩2,560의 손실이 발생하고 있다. 이는 활동기준원가계산으로 제품의 원가를 계산해 본 결과 표준형티셔츠의 경우에는 단위당 제조원가가 ₩12,296인 제품을 ₩20,000에 판매하고 있고, 고급형티셔츠의 경우에는 단위당 제조원가가 ₩60,560인 제품을 ₩60,000에 판매하고 있기 때문인 바, 표준형티셔츠와 고급형티셔츠의 가격정책에 대한 의사결정이 잘못되어 있음을 알 수 있다.

4. 활동기준원가계산의 장점
   ① 제조간접비를 다양한 활동별로 집계한 후 각 활동별로 개별제품과 인과관계를 잘 반영할 수 있는 다양한 배부기준으로 배부하므로 **정확한 원가계산**을 할 수 있다.
   ② 정확한 원가정보를 이용하여 **올바른 의사결정**을 할 수 있다.
   ③ 다양한 측정치를 가지고 **공정한 성과평가**를 할 수 있다.
   ④ 비부가가치활동을 제거함으로서 **원가절감**을 할 수 있다.

5. 개별원가계산과 활동기준원가계산의 비교
   ① 개별원가계산방식에서는 개별 제품이 원가(또는 자원)를 소비한다고 보지만, 활동기준원가계산방식에서는 활동이 자원을 소비하고 제품이 활동을 소비한다고 본다.
   ② 개별원가계산에서는 제조간접비를 직접노무비나, 직접노동시간, 기계시간과 같이 단위기준(또는 생산량이나 조업도)을 기준으로 배부하나, 활동기준원가계산에서는 제조간접비를 다양한 기준(작업준비횟수, 검사횟수, 원재료구매횟수 등)을 적용하며, 단위기준이 아닌 비단위기준도 배부기준으로 사용한다.
   ③ 개별원가계산방식에서는 제조간접비를 공장전체 또는 부문별로 집계하나, 활동기준원가계산에서는 제조간접비를 활동별로 집계한다.

연습문제 2 ABC와 의사결정

한국산업은 A, B, C 세 가지 제품을 생산하여 판매하고 있다. 한국산업의 2005 회계연도의 각 제품별 관련 자료는 다음과 같다. 기초 및 기말 재고는 없다.

제품명	A	B	C
생산 및 판매수량	5,000단위	3,000단위	800단위
단위당 판매가격	₩500	₩400	₩600
단위당 직접재료원가	180	130	200
단위당 직접노무원가	100	100	100

이 회사의 총제조간접원가는 ₩1,320,000이며, 총판매관리비는 ₩125,400 이다.

요구사항

1. 제조간접원가는 직접노무원가를 기준으로, 판매관리비는 매출액을 기준으로 배부할 때 각 제품별 영업이익률을 계산하라.

2. 제조간접원가와 판매관리비를 분석한 결과 다음과 같은 4개의 활동원가로 구분할 수 있다.

활 동	활동원가
생산준비활동	₩560,000
검사활동	400,000
제품유지활동	360,000
고객관리활동	125,400

또한 각 제품별로 활동원가를 계산하기 위하여 필요한 활동관련 자료는 다음과 같다.

제품명	A	B	C
생산횟수	10회	2회	8회
1회 생산당 준비시간	2시간	2시간	4시간
고객수	6명	4명	10명

검사는 매회 생산된 제품에서 첫 5단위에 대해서만 실시한다. 검사에 소요되는 시간은 제품종류에 관계없이 일정하다. 제품유지활동은 각 제품의 설계, 제품사양, 소요재료 등의 자료를 관리하는 활동으로 각 제품별로 유사하다. 고객관리활동은 제품종류에 관계없이 한 고객에게 투입되는 자원이 유사하다. 활동기준원가계산을 사용하여 각 제품별 영업이익률을 계산하라.

3. (물음1)과 (물음2)에서 계산된 제품 C의 영업이익률의 차이원인을 설명하라. (주의: 반드시 4줄 이내로 쓸 것)

4. (물음2)에 주어진 4개의 활동원가는 각 활동사용량에 비례하여 발생한다. 한국산업은 제품 C를 1회 생산당 최대 100단위씩 생산하고, 고객당 최대 80단위씩 판매하고 있다. 한국산업이 제품 C의 수익성을 개선하기 위해서 단위당 판매가격을 현재 ₩600에서 ₩1,100으로 대폭 올린다면 제품 C의 손익분기점판매량은 몇 단위인가? 단, 제품유지활동원가를 제외한 나머지 활동원가는 모두 생산량에 비례하여 발생하는 것으로 가정하고 계산하시오.

5. (물음2)에 주어진 4개의 활동원가는 각 활동사용량에 비례하여 발생한다. 한국산업은 제품 A를 800단위 구매하겠다는 특별주문을 새로운 고객으로부터 접수하였다. 주문된 제품은 2회의 생산을 통해서 생산되며, 생산준비 및 검사는 동일하다. 한국산업이 이 주문에 대해서 20%의 영업이익을 얻으려고 한다면 단위당 판매가격을 최소한 얼마로 책정하여야 하는가?

➡ 해설

1. 기존방식에 의한 제품별 영업이익률

	A	B	C	합 계
매 출 액	₩ 2,500,000	₩ 1,200,000	₩ 480,000	₩ 4,180,000
매출원가				
직접재료비	900,000	390,000	160,000	1,450,000
직접노무비	500,000	300,000	80,000	880,000
제조간접비[*1]	750,000	450,000	120,000	1,320,000
매출총이익	350,000	60,000	120,000	530,000
판매관리비[*2]	75,000	36,000	14,400	125,400
영업이익	₩ 275,000	₩ 24,000	₩ 105,600	₩ 404,600
영업이익률	11%	2%	22%	

[*1] 제조간접비 배부율 = $\dfrac{\text{제조간접비}}{\text{직접노무비 합계}}$ = $\dfrac{1,320,000}{880,000}$ = 1.5

   제품별 제조간접비 = 직접노무비×1.5

[*2] 판매관리비 배부율 = $\dfrac{\text{판매관리비}}{\text{매출액 합계}}$ = $\dfrac{125,400}{4,180,000}$ = 0.03

   제품별 판매관리비 = 매출액×0.03

2. 활동기준원가계산에 의하여 제품별 영업이익률 계산

(1) 활동별 원가동인

활 동	원가동인	제품별 원가동인 수			원가동인 합 계
		A	B	C	
생산준비	생산준비시간	20시간	4시간	32시간	56시간
검사	검사수량	50개	10개	40개	100개
제품유지	균등배분	1	1	1	3
고객관리	고객수	6명	4명	10명	20명

(2) 활동별 원가 배부율

활동	원가 합계	배부기준합계	활동별 배부율
생산준비	₩560,000	56시간	₩ 10,000/시간
검사	400,000	100개	4,000/개
제품유지	360,000	3	120,000/제품별
고객관리	125,400	20명	6,270/명

(3) 제조간접비 및 판매관리비 제품별 배분

활 동	A	B	C	합 계
생산준비원가(제조간접비)	₩200,000	₩40,000	₩320,000	₩560,000
검사원가(제조간접비)	200,000	40,000	160,000	400,000
제품유지원가(제조간접비)	120,000	120,000	120,000	360,000
고객관리원가(판매관리비)	37,620	25,080	62,700	125,400
합 계	₩557,620	₩225,080	₩662,700	₩1,445,400

(4) 제품별 영업이익률 계산

	A	B	C	합 계
매출액	₩2,500,000	₩1,200,000	₩480,000	₩4,180,000
매출원가	1,920,000	890,000	840,000	3,650,000
직접재료비	900,000	390,000	160,000	1,450,000
직접노무비	500,000	300,000	80,000	880,000
제조간접비	520,000	200,000	600,000	1,320,000
매출총이익	580,000	310,000	(360,000)	530,000
판매관리비	37,620	25,080	62,700	125,400
영업이익	₩542,380	₩284,920	(₩422,700)	₩404,600
영업이익률	22%	24%	(88%)	

3. 양 방법의 차이 원인

(요구사항1)의 경우에는 모든 제조간접비를 직접노무비를 기준으로 제조간접비를 배분하고 있으나, (요구사항2)의 경우에는 제조간접비를 여러 가지 활동별로 분석하여 개별 제품과의 인과관계를 반영할 수 있는 기준으로 개별 제품에 배부하기 때문에 결과가 다르게 나타났다.

4. C제품의 손익분기점 판매량 계산

판매수량을 Q라고 하면, 활동별 원가는 각각 다음과 같다.

생산준비원가 :	(Q ÷ 100단위) × 4h × 10,000 =	400Q
검사활동원가 :	(Q ÷ 100단위) × 5개 × 4,000 =	200Q
제품유지원가 :		120,000
고객관리활동 :	(Q ÷ 80단위) × 6,270 =	78.375Q
합 계 :		678.375Q + 120,000

또한 판매가격을 ₩1,100으로 올린다고 하였으므로, 손익분기점 수량 Q는 다음을 만족하여야 한다.

$(1,100 - 300)Q - (678.375Q + 120,000) = 0$

→ $121.625Q - 120,000 = 0$

→ $Q = 986.64$단위 ⇒ 987단위(반올림)

즉, 회사가 C제품의 경우 987단위를 판매하여야 손익분기점이 된다.

5. 특별주문 수락을 위한 판매가격

특별주문을 수락하기 위한 판매가격을 P라고 하면, 특별주문을 수락할 경우

특별주문 매출증가	: 800단위×P	=	800 P
직접재료비 증가	: 800단위×180	=	(144,000)
직접노무비 증가	: 800단위×100	=	(80,000)
생산준비원가 증가	: 2회×2h×10,000	=	(40,000)
검사활동원가 증가	: 2회×5개×4,000	=	(40,000)
고객관리원가 증가	: 1명×6,270	=	(6,270)
증분이익(손실)	:		800P−310,270

특별주문을 수락하기 위해서는 증분이익이 매출증가액의 20%이상이 되어야 하므로,

$$800P - 310,270 \geq 800P \times 20\%$$
$$\rightarrow 800P - 160P \geq 310,270$$
$$\rightarrow 640P \geq 310,270$$
$$\rightarrow P \geq 484.8$$

따라서, 판매가격이 ₩484.8보다 커야 특별주문을 수락한다.

연습문제 3 제품별 수익성 분석

horngren 수정

오복마트는 현재 판매하고 있는 각 제품별 수익성의 분석을 위하여 활동기준원가계산을 적용하기로 하였다. 오복마트는 현재 빙과류, 과자류, 껌류 등의 세 가지 종류를 판매하고 있으며, 회사는 제품 판매와 관련된 보조원가 ₩4,070,000을 매출액에 비례하여 각 제품에 배부하여왔으나 조금 더 정확하게 제품별 수익성을 분석하고자 보조원가를 다음의 네가지 활동으로 분석하였다.

활 동	활동별원가	원가동인
구매주문활동	₩ 880,000	구매주문 횟수
배달 및 접수활동	₩ 1,360,000	배달횟수
선반진열활동	₩ 840,000	선반진열시간
고객대응 및 보조활동	₩ 990,000	판매수량

또한, 회사의 각 제품들과 관련된 판매 및 활동관련 자료는 다음과 같다.

	빙과류	과자류	껌류
재무자료			
매 출 액	₩ 5,209,600	₩ 6,512,000	₩ 4,558,400
매출원가	3,420,000	4,080,000	3,200,000
< 활동관련 자료 >			
구매주문횟수	33회	40회	15회
배달횟수	60회	90회	20회
선반진열면적	12㎡	7㎡	1.5㎡
선반진열시간	?시간	?시간	?시간
판매수량	22,000개	18,000개	9,500개

선반진열시간은 선반진열면적과 선반진열횟수에 비례하는데, 예를 들어, 선반진열면적이 10㎡이고, 선반진열회수가 5회라면, 선반진열시간은 50시간이 소요된다고 가정한다. 각 제품별로 선반진열횟수는 배달횟수에 비례하는데, 빙과류는 4회, 과자류는 3회, 껌류는 1회 배달할때마다 한 번씩 진열을 하고 있다.

요구사항

1. 회사가 현재 사용하고 있는 방식으로 각 제품별 영업이익률을 계산하시오.

2. 회사의 보조원가를 다음과 같은 네가지 활동으로 분석하였다고 가정하자. 활동기준원가 계산방식에 의하여 각 제품별 영업이익률을 계산하시오.

3. 기존의 방식과 활동기준원가계산방식에 의한 결과를 이용하여 회사의 경영자가 어떠한 의사결정을 하여야 하는가?

4. 배달및접수활동과 관련된 원가는 배달직원에 대한 급여 ₩800,000과, 배달용차량의 유지 비 및 기타 배달관련 제반비용 ₩560,000으로 구성되어 있다. 만약 회사가 배달업무를 외 부 배달용역회사에 맡기면 배달업무를 전담하던 직원을 선반진열활동에 투입함으로서 선 반진열시간이 반으로 절감되고, 배달용 차량과 관련된 비용은 전혀 발생하지 않게된다. 또한 이 경우 회사가 외부 배달용역회사에 배달업무를 맡기면서 지급할 수 있는 최대금 액은 얼마인가?

➡ 해설

1. 전통적 방식에 의한 제품별 영업이익률

	빙과류	과자류	껌류
매 출 액	₩ 5,209,600	₩ 6,512,000	₩ 4,558,400
매출원가	3,420,000	4,080,000	3,200,000
보조원가*	1,302,400	1,628,000	1,139,600
영업이익	₩ 487,2000	₩ 804,000	₩ 218,800
영업이익률	9.35%	12.35%	4.8%

* ① 보조부문원가 배부율 $= \dfrac{\text{보조원가합계}}{\text{매출액합계}} = \dfrac{4,070,000}{16,280,000} = 25\%$

② 제품별 매출액에 비례하여 배분

	빙과류	과자류	껌류
매출액	₩ 5,209,600	₩ 6,512,000	₩ 4,558,400
보조원가 배부율	× 25%	× 25%	× 25%
보조원가 배부액	₩ 1,302,400	₩ 1,628,000	₩ 1,139,600

2. 활동기준원가계산에 의한 제품별 영업이익률

	빙과류	과자류	껌류
매 출 액	₩ 5,209,600	₩ 6,512,000	₩ 4,558,400
매출원가	3,420,000	4,080,000	3,200,000
보조원가*	1,610,000	1,900,000	560,000
영업이익	₩ 179,600	₩ 532,000	₩ 798,400
영업이익률	3.45%	8.17%	17.51%

* 보조원가를 활동별 원가동인에 따라 다음과 같이 각 제품에 배분한다.
  (1) 제품별 선반진열활동 원가 동인수 계산

	빙과류	과자류	껌류
총배달횟수	60회	90회	20회
선반진열을 위한 배달횟수	÷ 4회	÷ 3회	÷ 1회
선반진열횟수	15회	30회	20회
선반진열면적	× 12㎡	× 7㎡	× 1.5㎡
선반진열시간	180시간	210시간	30시간

(2) 활동별 보조원가 배부율 계산

활 동	활동별 원가	원가동인수 총계	활동별 제조간접비 배부율
구매주문	₩ 880,000	88회	₩10,000/회
배 달	1,360,000	170회	₩ 8,000/회
선반진열	840,000	420시간	₩ 2,000/시간
고객대응및보조	990,000	49,500개	₩ 20/개

(3) 제품별 보조원가 배부

활동	빙과류	과자류	껌류
구매주문	33회 × 10,000 = 330,000	40회 × 10,000 = 400,000	15회 × 10,000 = 150,000
배 달	60회 × 8,000 = 480,000	90회 × 8,000 = 720,000	20회 × 8,000 = 160,000
선반진열	180시간 × 2,000 = 360,000	210시간 × 2,000 = 420,000	30시간 × 2,000 = 60,000
고객대응및보조	22,000개 × 20 = 440,000	18,000개 × 20 = 360,000	9,500개 × 20 = 190,000
	₩1,610,000	₩1,900,000	₩ 560,000

3. 전통적 원가계산에 의할 경우 과자류와 빙과류의 영업이익률은 높게 나오지만, 껌류의 수익률이 별로 높지 않게 나왔다. 그러나 활동기준원가계산에 의할 경우에는 껌류의 영업이익률이 매우 높게 나오며, 빙과류의 영업이익률은 매우 낮게 나오고 있다. 따라서 빙과류의 가격을 조금 더 높이거나, 빙과류에 대한 보조활동을 줄여서 영업이익률이 높아질 수 있는 방안을 찾아야 할 것이다. 만약 빙과류의 수익성 개선여지가 없을 경우에는 동 제품의 폐지여부도 고려하여야 할 것이다.

4. 배달용역을 외부에 맡기는 경우, 외부배달용역에 대해 지급할 수 있는 최대금액을 x라 하면,

배달및접수활동원가 절감 :		560,000
선반진열활동원가 절감 : 840,000×50% =		420,000
외부배달용역 지급액 :		(x)
증 분 이 익 :		$980,000 - x$

배달용역을 외부에 맡기기 위해서는 증분이익이 0보다 커야 하므로, $980,000 - x \geq 0$ 이어야 한다. 다라서 회사가 지급할 수 있는 최대금액은 ₩980,000 이다.

연습문제 4 **ABC와 관련원가분석** 2013 CPA 2차

한국회사는 세 가지 제품 X, Y, Z를 생산·판매한다. 이 회사의 2012년 원가계산제도에서 제조간접원가는 직접노무원가를 배부기준으로, 판매관리비는 매출액을 배부기준으로 각 제품에 배부하였다. 한국회사의 2012년 제품별 생산·판매량과 손익계산서는 다음 표와 같다. 기초와 기말 재고는 없다고 가정한다.

	제품 X	제품 Y	제품 Z	합계
생산·판매량	5,000단위	3,000단위	800단위	8,800단위
매출액	₩600,000	₩390,000	₩160,000	₩1,150,000
매출원가				
직접재료원가	180,000	78,000	32,000	290,000
직접노무원가	100,000	60,000	16,000	176,000
제조간접원가	150,000	90,000	24,000	264,000
합　　계	430,000	228,000	72,000	730,000
매출총이익	170,000	162,000	88,000	420,000
판매관리비	120,000	78,000	32,000	230,000
영업이익	50,000	84,000	56,000	190,000

2013년 초 한국회사는 2012년의 실제원가 및 운영자료를 이용하여 활동기준원가계산을 적용함으로써 보다 정확한 제품원가계산을 통해 제품별 수익성 분석을 하고자 한다. 이를 위해 2012년 중 한국회사에서 발생한 제조간접원가 ₩264,000과 판매관리비 ₩230,000에 대한 활동분석을 수행함으로써, 다음 5개의 활동원가를 식별하였다.

제조간접원가	생산작업준비활동원가	₩120,000
	품질검사활동원가	90,000
	제품유지활동원가	54,000
판매관리비	고객주문처리활동원가	180,000
	고객관리활동원가	50,000

각 제품에 대한 고객의 1회 주문수량은 제품 X는 100단위, 제품 Y는 50단위, 제품 Z는 20단위였다. 생산작업준비활동은 고객주문이 있을 경우 생산작업을 준비하는 활동으로, 생산작업준비활동원가는 생산작업준비시간에 비례하여 발생한다. 각 고객주문마다 한 번의 뱃치생산이 필요하며,

각 제품별 뱃치생산에 소요되는 생산작업준비시간은 제품 X는 2시간, 제품 Y는 3시간, 제품 Z는 5시간이었다.

품질검사활동원가는 품질검사에 소요되는 시간에 비례하여 발생한다. 품질검사는 매회 뱃치생산된 제품들 중 첫 5단위에 대해서만 실시되며, 품질검사에 소요되는 시간은 제품종류에 관계없이 동일하다.

제품유지활동은 각 제품의 설계, 제품사양, 소요재료 등에 관한 자료를 관리하는 활동으로, 제품유지활동에 소요되는 원가는 각 제품별로 동일하다.

고객주문처리활동원가는 각 제품에 대한 고객주문횟수에 비례하여 발생한다.

고객관리활동은 제품종류에 관계없이 각 고객에게 투입되는 자원은 동일하다. 2012년 제품별 관리대상 고객 수는 제품 X는 10명, 제품 Y는 15명, 제품 Z는 25명으로 파악되었다.

〔요구사항〕

1. 활동기준원가계산을 적용하여 2012년 각 제품별 단위당 제조원가를 계산하시오.

2. 활동기준원가계산을 적용하여 2012년 각 제품별 단위당 영업이익을 계산하시오.

3. 한국회사는 특정 제품의 생산을 중단할 것인지를 결정하기 위해, 각 제품에 추적 또는 배부된 원가 및 비용에 대한 분석을 다음과 같이 하였다.

   ① 직접노무원가는 각 제품의 생산라인에 속한 근로자들에게 지급되는 임금으로, 특정 제품의 생산라인이 폐지될 경우 해당 생산라인에 종사한 근로자들은 추가비용없이 해고시킬 수 있다.

   ② 위에서 분류한 5개의 활동원가 각각은 매몰원가, 배분된 공통고정원가, 변동원가(해당 원가동인의 소비와 비례하여 발생하는 원가)로 다음과 같이 파악되었다. 배분된 공통고정원가는 본사관리부서의 일반관리비로 제품 Z의 생산을 중단할 경우에도 계속해서 발생하는 비용이며, 매출배합에 관계없이 일정하다고 가정한다.

활동	활동원가	매몰원가	배분된 공통고정원가	변동원가
생산작업준비	₩120,000	₩14,000	₩10,000	₩96,000
품질검사	90,000	20,000	10,000	60,000
제품유지	54,000	30,000	15,000	9,000
고객주문처리	180,000	20,000	10,000	150,000
고객관리	50,000	20,000	10,000	20,000
합계	494,000	104,000	55,000	335,000

2013년에도 제품별 수익 및 원가구조는 전년도와 동일하게 유지될 것으로 가정하고, 다음 각 물음에 답하시오.

(1) 위에 주어진 자료를 이용하여 한국회사가 제품 Z의 생산을 중단하여야 하는지를 결정하고, 그 이유를 설명하시오.

(2) 만약 제품 Z의 생산라인을 폐지하면, 제품 X의 연간 판매량은 10% 증가할 것으로 기대된다. 제품 X의 판매가격과 관리대상 고객수는 불변이라고 가정한다. 한국회사가 2013년 초에 제품 Z의 생산라인을 폐지할 경우 연간 증분이익은 얼마인가?

(3) 제품 Z의 생산을 중단하고 대신 외부 납품업체로부터 제품 Z를 구입할 것인지를 고려 중이다. 제품 Z의 생산을 중단할 경우에 제품 Z의 생산에 사용한 설비는 제품 X를 추가 생산하는 것 이외에는 별다른 용도가 없는 유휴설비가 된다. 제품 Z의 생산라인을 폐지하면, 제품 X의 연간 판매량은 10% 증가할 것으로 기대된다. 제품 X의 판매가격은 불변이라고 가정한다.

한국회사가 제품 Z의 자체생산을 중단하고 외부업체로부터 구입하기로 결정한 경우, 제품 Z 1단위에 대해 수용가능한 최대 구입가격은 얼마인가?(단, 정수로 나타내시오)

→ 해설

1. 제품별 단위당 제조원가

	제품 X	제품 Y	제품 Z
직접재료비	₩180,000	₩ 78,000	₩ 32,000
직접노무비	100,000	60,000	16,000
제조간접비*1	73,000	99,000	92,000
총 원 가	₩353,000	₩237,000	₩140,000
생 산 량	÷5,000단위	÷3,000단위	÷800단위
단위당 원가	₩70.6	₩79	₩175

*1 ① 제품별 제조활동 원가동인

	제품 X	제품 Y	제품 Z	합 계
생산작업준비활동*	100시간	180시간	200시간	480시간
품질검사활동**	250단위	300단위	200단위	750단위
제품유지활동	1	1	1	3

* (총생산량 ÷ 배취당 수량) × 배취당 생산작업 준비시간
** (총생산량 ÷ 배취당 수량) × 배취당 5단위

② 활동별 제조간접비 배부율

활 동	활동별 원가	원가동인수 총계	활동별 제조간접비 배부율
생산작업준비활동	₩120,000	480시간	₩250/시간
품질검사활동	90,000	750단위	120/단위
제품유지활동	54,000	3	18,000

③ 제조간접비 배부

	제품 X	제품 Y	제품 Z	합 계
생산작업준비활동	₩25,000	45,000	₩50,000	₩120,000
품질검사활동	30,000	36,000	24,000	90,000
제품유지활동	18,000	18,000	18,000	54,000
합 계	₩73,000	₩99,000	₩92,000	₩264,000

2. 제품별 단위당 영업이익

	제품 X	제품 Y	제품 Z
단위당 판매가격[*1] 단위당 매출원가	₩ 120 70.6	₩ 130 79	₩ 200 175
단위당 매출총이익	49.4	51	25
단위당 판매관리비[*2]	14	29	91.25
단위당 영업이익	₩ 35.4	₩ 22	(₩ 66.25)

[*1] 매출액 ÷ 판매량

[*2] ① 제품별 판매관리활동 원가동인

	제품 X	제품 Y	제품 Z	합 계
고객주문처리활동[*] 고객관리활동	50회 10명	60회 15명	40회 25명	150회 50명

[*] 총생산량 ÷ 배취당 수량

② 활동별 판매관리비 배부율

활 동	활동별 원가	원가동인수 총계	활동별 제조간접비 배부율
고객주문처리활동 고객관리활동	₩180,000 50,000	150회 50명	₩1,200/회 1,000/명

③ 판매관리비 배부 및 단위당 판매관리비

	제품 X	제품 Y	제품 Z	합 계
고객주문처리활동 고객관리활동	₩60,000 10,000	₩72,000 15,000	₩48,000 25,000	₩180,000 50,000
합 계	₩70,000	₩87,000	₩73,000	₩230,000
판 매 량	÷5,000단위	÷3,000단위	÷800단위	
단위당 판매관리비	₩14	₩29	₩91.25	

3. Z제품 중단여부 판단

(1) 제품 Z를 폐지할 경우

매출 감소	(₩160,000)	
직접재료비 감소	32,000	
직접노무비 감소	16,000	
생산작업준비원가 감소	40,000	($=96,000 \times \frac{200시간}{480시간}$)
품질검사원가 감소	16,000	($=60,000 \times \frac{200단위}{750단위}$)
제품유지원가 감소	3,000	($=9,000 \times \frac{1}{3}$)
고객주문처리비용 감소	40,000	($=150,000 \times \frac{40회}{150회}$)
고객관리비용 감소	10,000	($=20,000 \times \frac{25명}{50명}$)
증분 이익	(₩ 3,000)	

제품 Z를 폐지할 경우 이익이 ₩3,000 감소하므로, 폐지하면 안 된다.

(2) 제품 Z를 폐지할 경우

제품 Z의 증분이익(손실)	(₩ 3,000)	
제품 X 매출 증가	60,000	($=600,000 \times 10\%$)
제품 X 직접재료비 증가	(18,000)	($=180,000 \times 10\%$)
제품 X 직접노무비 증가	(10,000)	($=100,000 \times 10\%$)
제품 X 생산작업준비원가 증가	(2,000)	($=96,000 \times \frac{100시간}{480시간} \times 10\%$)
제품 X 품질검사원가 증가	(2,000)	($=60,000 \times \frac{250단위}{750단위} \times 10\%$)
제품 X 고객주문처리비용 증가	(5,000)	($=150,000 \times \frac{50회}{150회} \times 10\%$)
증 분 이 익	₩20,000	

제품 Z를 폐지할 경우 이익이 ₩20,000만큼 증가하므로 폐지하여야 한다.

(3) 제품 Z의 최대 구입가격

제품 Z외부구입하는 경우, 제품 Z를 폐지하는 경우와 차이점은 Z의 매출 ₩160,000이 감소하지 않고, Z의 외부구입가격 $800x$가 증가한다는 것이다.

따라서, 외부구입가격을 x라 하면, 증분이익은 $20,000 + 160,000 - 800x$ 이다.

여기에서 증분이익 $20,000 + 160,000 - 800x$ 이 0 보다 커야 하므로,

$$20,000 + 160,000 - 800x \geq 0 \quad \rightarrow \quad 225 \geq x$$

즉, 회사가 지불할 수 있는 최대 구입가격은 ₩225 이다.

연습문제 5 ABC와 복수제품 CVP분석 2007 세무사 2차

(주)AIFA는 자동차 부품을 생산하는 중소제조업체이다. 회사의 제조원가 구성내역을 살펴보면 직접재료원가, 직접노무원가, 제조간접원가로 구성되어 있다. 제조간접원가의 배부기준은 직접노동시간을 사용해왔으며, 2009년도 제조간접비예산은 ₩30,000이다. 연간 직접노동시간은 총 400시간으로 예상한다. 회사는 원가 시스템 정교화를 통하여 활동기준원가계산을 적용하려고 계획하였다. 제조간접원가 집합은 다음과 같은 다섯 가지 활동으로 구분하였다.

활동 구분	원가동인	원가동인당 배부율
기계관련활동	기계시간	₩5
가동준비활동	생산준비횟수	3
검사활동	검사시간	8
조립활동	조립시간	6
재료처리활동	부속품 갯수	12

연간 생산되는 자동차부품은 두 종류(A, B)로서 생산 및 판매 자료는 다음과 같다.

	자동차 부품 A	자동차 부품 B
판매단가	₩500	₩400
연간 자동차 생산수량	200단위	400단위
연간 직접재료원가	₩40,250	₩60,000
연간 직접노무원가	₩10,290	₩11,460
연간 직접노동시간	220시간	180시간
연간 기계시간	760시간	600시간
연간 생산준비횟수	1,980회	2,500회
연간 검사시간	150시간	350시간
연간 조립시간	400시간	500시간
연간 부속품수	10개	20개

요구사항

1. 기존의 제조간접비배부방법을 사용하여 자동차 부품A의 원가와 자동차 부품B의 단위당 원가를 구하시오.

2. 제조간접원가 ₩30,000 중 10%가 변동제조간접원가이고, 나머지 90%가 고정제조간접원가라고 할 때, (주)AIFA의 손익분기점 매출 수량은 얼마인가?(자동차부품 A와 자동차부품 B의 매출비율은 1:2로 유지된다고 가정한다.)

3. 활동기준원가계산에 의하여 자동차 부품 A와 자동차 부품 B의 단위당원가를 계산하시오.

95

→ 해설

1. 기존 방식에 의한 단위당원가 계산

   (1) 제조간접비 배부율 : $\dfrac{₩30,000}{400시간} = ₩75/시간$

   (2) 단위당원가계산

	자동차 부품 A	자동차 부품 B
직접재료비	₩40,250	₩60,000
직접노무비	10,290	11,460
제조간접비[*]	16,500	13,500
총원가	₩67,040	₩84,960
생산량	÷200단위	÷400단위
단위당원가	₩335.2	₩212.4

   [*] 직접노동시간 × 75

2. 손익분기점 판매량

   (1) 부품별 단위당 공헌이익 계산

	자동차 부품 A	자동차 부품 B
단위당 판매가격	₩500	₩400
단위당 변동비	260.95[*1]	182.025[*2]
단위당 공헌이익	₩239.05	₩217.975

   [*1] $\dfrac{(40,250+10,290+16,500\times10\%)}{200단위} = 260.95$

   [*2] $\dfrac{(60,000+11,460+13,500\times10\%)}{400단위} = 182.025$

   (2) 1꾸러미당 공헌이익 = 239.05×1단위 + 217.975×2단위 = ₩675

   (3) 손익분기점 꾸러미 수 = $\dfrac{30,000\times90\%}{675}$ = 40꾸러미

   (4) 손익분기점 판매량 : 부품 A = 40꾸러미×1단위 = 40단위

   부품 B = 40꾸러미×2단위 = 80단위

3. 활동기준원가계산에 의한 단위당원가 계산

	자동차 부품 A	자동차 부품 B
직접재료비	₩40,250	₩60,000
직접노무비	10,290	11,460
제조간접비[*1]	13,460	16,540
총원가	₩64,000	₩88,000
생산량	÷200단위	÷400단위
단위당원가	₩320	₩220

[*1]

	자동차 부품 A	자동차 부품 B
기계관련활동	760시간 × 5 = ₩3,800	600시간 × 5 = ₩3,000
가동준비활동	1,980회 × 3 = 5,940	2,500회 × 3 = 7,500
검사활동	150시간 × 8 = 1,200	350시간 × 8 = 2,800
조립활동	400시간 × 6 = 2,400	500시간 × 6 = 3,000
재료처리활동	10단위 × 12 = 120	20단위 × 12 = 240
합　계	₩13,460	₩16,540

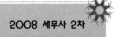

연습문제 6 · 고객별 수익성 분석 · 2008 세무사 2차

(주)국세는 복사용지 제조업체로 생산한 복사용지를 5개 대형할인점(A, B, C, D, E)을 통해 박스 당 ₩10,000에 판매하고 있다. (주)국세가 모든 대형할인점에 제공하는 복사용지의 매출총이익률 은 15%로 동일하다. 2008년 한 해 동안 고객별로 매출액(반품차감 전)을 집계한 결과, 할인점 A 가 ₩1,000,000, 할인점 B가 ₩2,000,000, 할인점 C가 ₩2,500,000, 할인점 D가 ₩3,000,000, 할인점 E가 ₩1,500,000인 것으로 파악되었다.

할인점 A는 20x8년 7월에 거래를 시작하였으며, 할인점 B, C, D, E는 지난 10년 동안 거래해 온 고객이다. 소비자가 구입한 제품을 대형할인점에 반품하는 경우, 대형할인점은 택배를 이용하여 (주)국세로 반품하며, 배송비용은 (주)국세가 부담한다. (주)국세는 대형할인점과 의 고객관계를 유지하기 위하여 총 ₩1,031,000의 판매비와 관리비를 사용하고 있다.

(주)국세는 5개의 대형할인점의 수익성을 파악하여 영업전략을 수립하기 위해 활동원가계산을 적 용하기로 하였다. 활동기준원가계산 적용을 위해 (주)국세의 판매비와관리비를 발생시키는 활동 을 파악한 결과, 주문처리활동, 배송활동, 고객유지활동, 반품처리활동 등 4가지 활동이 파악되었 다. 주문처리에 소요된 자원은 ₩105,000, 배송처리에 소요된 자원은 ₩186,000, 고객유지에 소요 된 자원은 ₩600,000 그리고 반품처리에 소요된 자원은 ₩140,000으로 조사되었다.

(주)국세는 주문처리활동의 원가동인으로 주문건수, 배송활동의 원가동인으로 배송거리, 고객유지 활동의 원가 동인으로 접대횟수 그리고 반품처리활동의 원가동인으로 반품수량을 적용할 것이다. 다음은 (주)국세의 고객인 대형할인점과 관련된 원가동인 관련 자료이다.

구 분	할인점 A	할인점 B	할인점 C	할인점 D	할인점 E
주문건수(회)	5	5	10	5	10
배송거리(km)	100	120	150	150	100
접대횟수(회)	2	2	2	3	3
반품수량(개)	20	10	10	20	10

[요구사항]

1. (주)국세가 고객인 대형할인점 A, B, C, D, E로부터 2008년 한 해 동안 벌어들인 영업이익 은 각각 얼마인가?

2. (주)국세가 2008년 한 해 동안 영업활동을 가장 효율적으로 수행한 대형할인점을 선정하 고 그 근거를 제시하시오.

→ 해설

1~2. 영업이익 계산 및 영업이익률 계산

	할인점 A	할인점 B	할인점 C	할인점 D	할인점 E
매출액	₩ 1,000,000	₩ 2,000,000	₩ 2,500,000	₩ 3,000,000	₩ 1,500,000
반품	(200,000)	(100,000)	(100,000)	(200,000)	(100,000)
순매출액	₩ 800,000	₩ 1,900,000	₩ 2,400,000	₩ 2,800,000	₩ 1,400,000
매출총이익률	×15%	×15%	×15%	×15%	×15%
매출총이익	120,000	285,000	360,000	420,000	210,000
판매관리비					
주문처리	₩ 15,000	₩ 15,000	₩ 30,000	₩ 15,000	₩ 30,000
배송처리	30,000	36,000	45,000	45,000	30,000
고객유지	100,000	100,000	100,000	150,000	150,000
반품처리	40,000	20,000	20,000	40,000	20,000
영업이익	(₩65,000)	₩114,000	₩165,000	₩170,000	(₩20,000)
영업이익률	(8.125%)	6%	6.875%	6.07%	(1.43%)

가장 효율적으로 영업을 한 곳은 할인점 C이다. 영업이익이 가장 큰 곳은 할인점 D이지만, 효율성을 판단할 경우에는 영업이익보다는 영업이익률이 가장 큰 할인점 C가 가장 효율적이라고 판단하여야 한다. 즉, 할인점 C는 매출액 ₩100당 영업이익이 ₩6.875이 발생한다는 의미이므로, 할인점 D보다 더 효율적이라 볼 수 있는 것이다.

| 연습문제 7 | ABC와영업이익비교 | 2009 세무사 2차 |

회사는 고급품과 표준품 2가지를 생산 판매하고 있으며 원가구조는 다음과 같다.

	표준품	고급품
단위당 판매가격	₩120	₩250
단위당 직접재료비	₩30	₩40
시간당 임률	₩10	₩10
단위당 직접노무시간	0.8시간	0.2시간
기말재고수량	1,000단위	0단위
당기 생산량	12,000단위	2,000단위
주문횟수	20회	30회
부품가짓수	10가지	30가지

변동제조간접비는 ₩450,000, 고정제조간접비 중 주문비는 ₩130,000, 부품관리비는 ₩320,000이 발생하였다. A원가시스템을 사용할 경우, 변동제조간접비와 고정제조간접비 모두 직접노무시간을 기준으로 배부하며, B원가시스템을 사용할 경우, 변동제조간접비는 직접노무시간으로 고정제조간접비 중 주문비는 주문횟수, 부품관리비는 부품가짓수로 배분한다. 법인세율은 30%라 가정한다. 단, 기초재고는 존재하지 않는 것으로 가정한다.

[요구사항]

1. A원가시스템으로 원가 배부시, 표준품, 고급품의 단위당 원가를 계산하시오.

2. B원가시스템으로 원가 배부시, 표준품, 고급품의 단위당 원가를 계산하시오.

3. A원가시스템으로 원가 배부시와 B원가시스템으로 원가 배부시 각각의 세후 영업이익은 얼마인가?

4. A원가시스템으로 원가 배부시와 B원가시스템으로 원가 배부시 법인세비용이 어느 경우가 얼마만큼 더 큰가? 그 이유를 5줄 이내로 반드시 나타내시오. (계산 근거는 5줄에 포함되지 않음)

5. 상기의 경우와 원가구조는 동일하고 그 다음해의 판매량이 표준품=13,000단위, 고급품=1,500단위일 경우 A원가시스템과 B원가시스템 중 어느 것이 법인세 비용이 얼마만큼 더 큰가? 그 이유를 반드시 5줄 이내로 나타내시오. (계산근거는 5줄에 포함되지 않음)

→ 해설

1. A원가시스템 제품 단위당 원가

$$변동제조간접비\ 배부율 = \frac{450,000}{12,000개 \times 0.8h + 2,000개 \times 0.2h} = ₩45/시간$$

$$고정제조간접비\ 배부율 = \frac{130,000 + 320,000}{12,000개 \times 0.8h + 2,000개 \times 0.2h} = ₩45/시간$$

	표준품	고급품
단위당 직접재료비	₩30	₩40
단위당 직접노무비	0.8h×10 = 8	0.2h×10 = 2
단위당 변동제조간접비	0.8h×45 = 36	0.2h×45 = 9
단위당 고정제조간접비	0.8h×45 = 36	0.2h×45 = 9
단위당 총원가	₩110	₩60

2. B원가시스템 제품 단위당 원가

	표준품	고급품
단위당 직접재료비	₩30	₩40
단위당 직접노무비	0.8h×10 = 8	0.2h×10 = 2
단위당 변동제조간접비	0.8h×45 = 36	0.2h×45 = 9
단위당 고정제조간접비[*]	11	159
단위당 총원가	₩85	₩210

[*] ① 고정제조간접비 활동별 배부율

$$주문비 = \frac{130,000}{20회 + 30회} = ₩2,600/회$$

$$부품관리비 = \frac{320,000}{10가지 + 30가지} = ₩8,000/가짓수$$

② 단위당 고정제조간접비

	표준품	고급품
주문비	20회×2,600 = 52,000	30회×2,600 = 78,000
부품관리비	10가지×8,000 = 80,000	30가지×8,000 = 240,000
제조간접비 합계	₩132,000	₩318,000
생산량	÷12,000단위	÷2,000단위
단위당 제조간접비	@11	@159

3. 세후 영업이익

(1) A원가 시스템

{(120 − 110)×11,000단위 + (250 − 60)×2,000단위}×(1 − 0.3) = ₩343,000

(2) B원가 시스템

{(120 − 85)×11,000단위 + (250 − 210)×2,000단위}×(1 − 0.3) = ₩325,500

4. 법인세 차이

A원가 시스템 법인세 : {(120 − 110)×11,000단위 + (250 − 60)×2,000단위}× 0.3 = ₩147,000
B원가 시스템 법인세 : {(120 − 85)×11,000단위 + (250 − 210)×2,000단위}× 0.3 = 139,500
법인세 차이   :   ₩ 7,500

A원가 시스템의 법인세가 ₩7,500만큼 더 크다.

표준품의 경우에는 기말재고가 1,000단위로서 고정제조간접비 중 일부가 기말재고에 포함되어 당기에 비용화되지 않게 된다. 따라서 원가 시스템에 따라서 기말재고 1,000단위에 포함되는 고정제조간접비의 차이만큼 영업이익에 차이가 나게 되고, 법인세도 차이가 나게 된다.

A원가 시스템 표준품 단위당 고정제조간접비 : 0.8h×45 =   ₩36
B원가 시스템 표준품 단위당 고정제조간접비 :   11
각 시스템별 표준품 단위당 제조간접비 차이 :   25
기말재고 수량 :   ×1,000단위
각 시스템별 표준품 기말재고에 포함된 제조간접비 차이 :   ₩ 25,000
법인세율 :   ×30%
각 방법별 법인세 차이 :   ₩ 7,500

5. 다음해 의사결정

B원가 시스템 법인세 : {(120 − 85)×13,000단위 + (250 − 210)×1,500단위}× 0.3 = ₩154,500
B원가 시스템 법인세 : {(120 − 110)×13,000단위 + (250 − 60)×1,500단위}× 0.3 = 124,500
법인세 차이   :   ₩ 30,000

B원가 시스템의 법인세가 ₩30,000만큼 더 크다.

고정제조간접비 중 자산화되는 부분이 더 클 수록 영업이익은 더 커지게 된다. 따라서 법인세비용을 줄이기 위해서는 기말재고가 남게 되는 고급품의 단위당 고정제조간접비가 더 큰 B시스템을 선택하는 경우 법인세는 더 커지게 된다. 양 방법의 법인세비용의 차이는 다음과 같이 계산할 수도 있다.

표준품의 기초재고 감소에 따른 각 방법별 영업이익차이 : (36 − 11)×1,000개 = ₩25,000
(−)고급품의 기말재고 증가에 따른 각 방법별 영업이익차이 : (9 − 159)×500개 = (75,000)
각 방법별 영업이익의 차이 :   100,000
법인세율 :   ×30%
각 방법별 법인세 차이 :   ₩30,000

즉, B원가 시스템의 법인세가 ₩30,000만큼 더 크다.

연습문제 8 　의료업의 ABC

Horngren

안세병원은 4개의 프로그램을 운영하고 있다. (1) 알콜중독자 치료프로그램, (2) 마약중독자 치료프로그램, (3) 아동보호 프로그램, (4) 사후처방(정신병원 퇴원환자에 대한 상담). 안세병원의 연간 예산은 다음과 같다.

전문인력급여				
전 문 의 :	6명 × ₩1,000,000 =	₩ 6,000,000		
심리학자 :	19명 × ₩500,000 =	9,500,000		
간 호 사 :	23명 × ₩250,000 =	5,750,000	₩ 21,250,000	
의료 소모품비			3,000,000	
일반간접원가(임차료, 공공요금 등)			12,750,000	
			₩ 37,000,000	

안세병원의 병원장은 알콜중독자 치료프로그램의 1인당 원가와 마약중독자 치료프로그램의 1인당 원가를 비교하여, 1인당 원가가 더 적은 프로그램에 추가적으로 자금배분을 더 함으로써, 두 프로그램의 1인당 원가를 동일하게 하고자 한다.

4개의 프로그램에 투입되는 전문인력은 다음과 같으며, 1인당 투입시간은 모두 동일하다고 가정한다. 의료소모품비는 각 프로그램에 대한 의사의 소비시간을 기준으로, 일반간접원가는 전문인력의 급여를 기준으로 배부한다.

	알콜중독	마약중독	아동보호	사후처방	총인원
의　　사	―	2명	4명	―	6명
심리학자	6명	4명	―	9명	19명
간 호 사	4명	6명	4명	9명	23명

병원장은 최근 활동기준원가계산에 대해 알게 되었으며, 회계담당자에게 새로운 방법을 어떻게 적용할 수 있을지 물었다. 관련된 추가정보는 다음과 같다.

1. 의료소모품비의 소비는 각 부문의 환자의 입원일수에 따라 달려있다.

2. 일반간접원가의 구성은 다음과 같다.

임차료 및 클리닉 유지비용	₩2,000,000
환자기록, 음식물, 세탁 등의 관리비용	8,000,000
실험실 운영비용	2,750,000
합　　계	₩12,750,000

3. 각 프로그램에 대한 기타의 정보는 다음과 같다.

	알콜중독	마약중독	아동보호	사후처방	합 계
사용면적(m²)	9,000m²	9,000m²	10,000m²	12,000m²	40,000m²
환자입원일수	1,000일	1,250일	1,250일	1,500일	5,000일
환자수	80명	100명	200명	120명	500명
실험실 검사횟수	400회	1,400회	3,000회	700회	5,500회

요구사항

1. 기존의 원가계산시스템하에서 다음 물음에 각각 답하시오.
   (1) 의료소모품과 일반간접원가에 대한 간접원가 배부율을 계산하시오.
   (2) 알콜중독과 마약중독 프로그램의 원가와 환자 1인당 원가를 계산하시오.
   (3) 알콜중독과 마약중독 프로그램 중 어느 쪽에 추가적으로 자금을 배부하여야 하는가?

2. 활동기준원가계산에 의하여 다음 물음에 답하시오.
   (1) 간접원가를 프로그램에 배부하는 데 있어서 가장 적절하다고 생각되는 원가배부기준을 선택하여 간접원가 배부율을 계산하시오.
   (2) 알콜중독과 마약중독 프로그램의 원가와 환자 1인당 원가를 계산하시오.
   (3) 알콜중독과 마약중독 프로그램 중 어느 쪽에 추가적으로 자금을 배부하여야 하는가?

3. 기존의 시스템과 활동기준원가계산시스템을 사용하여 계산된 프로그램원가의 정확성과 원가차이를 설명하시오. 또한 회사는 활동기준원가계산시스템을 실행함으로써 어떠한 효익을 얻을 수 있는가?

4. 병원장은 프로그램에 대한 자원배분에 있어서 원가 이외에 무슨 요소를 고려해야 한다고 생각하는가?

➡ 해설

1. 기존원가시스템

(1) 간접원가 배부율

① 의료소모품비 배부율 $= \dfrac{3,000,000}{6명} = ₩500,000/명$

② 일반간접원가 배부율 $= \dfrac{12,750,000}{21,250,000} = 60\%$

(2) 알콜중독과 마약중독 환자1인당 원가

구 분	알콜중독	마약중독
전문인력급여[*1] 의료소모품비[*2] 일반간접원가[*3]	₩4,000,000 – 2,400,000	₩5,500,000 1,000,000 3,300,000
합 계	₩6,400,000	₩9,800,000
환자수	÷80명	÷100명
환자 1인당 원가	₩ 80,000	₩ 98,000

[*1] 전문인력급여

구 분	알콜중독	마약중독	아동보호	사후처방
의사	–	₩2,000,000	₩4,000,000	–
심리학자	₩3,000,000	2,000,000	–	₩4,500,000
간호사	1,000,000	1,500,000	1,000,000	2,250,000
합 계	₩4,000,000	₩5,500,000	₩5,000,000	₩6,750,000

[*2] 의사 인원수 × 500,000

[*3] 전문인력급여 × 60%

(3) 1인당 원가가 동일하도록 하기 위해서는 알콜중독 치료 프로그램에 (98,000－80,000)×80 명＝₩1,440,000 만큼 추가 배분하여야 양쪽 환자 1인당 원가가 동일해 진다.

2. ABC 시스템

(1) 간접원가 배부율

구 분	원가동인	배부율
의료소모품비	환자입원일수	$\dfrac{\text{₩}3,000,000}{5,000\text{일}} = \text{₩}600/\text{일}$
임차료 및 클리닉유지비용	사용면적	$\dfrac{\text{₩}2,000,000}{40,000m^2} = \text{₩}50/m^2$
환자기록, 음식물, 세탁 등 관리비용	환자입원일수	$\dfrac{\text{₩}8,000,000}{5,000\text{일}} = \text{₩}1,600/\text{일}$
실험실 운영비용	실험실 검사횟수	$\dfrac{\text{₩}2,750,000}{5,500\text{회}} = \text{₩}500/\text{회}$

(2) 알콜중독과 마약중독 환자1인당 원가

구 분	알콜중독	마약중독
전문인력급여	₩4,000,000	₩5,500,000
의료소모품비[*1]	600,000	750,000
임차료 및 클리닉유지비용[*2]	450,000	450,000
환자기록, 음식물, 세탁 비용[*3]	1,600,000	2,000,000
실험실 운영비용[*4]	200,000	700,000
합 계	₩6,850,000	₩9,400,000
환자수	÷80명	÷100명
환자 1인당 원가	₩ 85,625	₩ 94,000

[*1] 환자입원일수 × 600
[*2] 사용면적 × 50
[*3] 환자입원일수 × 1,600
[*4] 실험실검사횟수 × 500

(3) 1인당 원가가 동일하도록 하기 위해서는 알콜중독 치료 프로그램에 ₩670,000(=(94,000 − 82,625)×80명)만큼 추가 배분하여야 양쪽 환자 1인당 원가가 동일해 진다.

3. 양 방법의 차이와 ABC로 인한 효익

활동기준원가계산의 경우 간접 원가를 각 활동별로 구분하고, 각 활동별원가와 각 프로그램과의 인과관계를 더 잘 반영할 수 있는 배부기준을 이용하여 배부함으로써 더욱더 정확한 원가계산이 가능하다. 이를 통해 합리적인 가격의 산정을 할 수 있고, 선택과 분배에 대한 더욱더 정확한 의사결정을 통해 더욱더 합리적인 병원의 운영이 가능해진다.

4. 원가 이외의 고려요소
  1) 치료프로그램에 대한 환자의 선호도
  2) 치료프로그램의 장기적인 지속성 여부
  3) 치료프로그램별 상호 작용에 의한 영향
  4) 치료프로그램에 대한 대외적 이미지

종합원가계산(I)

 1 | **기본개념**

종합원가계산은 공정별원가계산(process-costing system)이라고도 하며, 동종, 유사한 제품이나 서비스를 연속적으로 **대량생산**하는 기업에서 사용하는 원가계산방법으로서 완성품환산량이라고 하는 개념을 이용하여 총원가를 총생산량으로 나누어 단위당 원가를 계산하는 방법으로서 다음의 5단계를 통하여 진행하는 것이 일반적이다.

종합원가계산의 5단계

[1단계] 물량의 흐름 파악
[2단계] 완성품환산량 계산(투입시점이 다른 원가요소별로 계산)
[3단계] 총원가의 요약(기초재공품원가와 당기 발생원가 총액을 요약)
[4단계] 완성품환산량 단위당원가 계산(원가요소별로 계산)
[5단계] 원가 배분(완성품과 기말재공품의 원가 계산)

---

 2 | **선입선출법과 평균법**

(1) 선입선출법

선입선출법의 경우에는 기초재공품이 먼저 완성되고, 당기 착수량이 나중에 완성된다고 가정한다. 선입선출법의 경우 당기발생원가를 당기 진행된 완성품환산량으로 나누어 완성품환산량 단위당원가를 계산하는 방법이다. 따라서 실제 물량의 흐름과 일치하며, 당기와 전기의 원가를 구분하기 때문에 **원가관리나 통제목적으로는 더 유용한 방법**이라 할 수 있다.

(2) 평균법

평균법의 경우에는 기초재공품이 당기에 착수한 것으로 가정하는 방법으로서, 기초재공품에 포함되어 있는 원가와 당기에 발생한 원가의 합계를 기초재공품의 전기 진행분과 당기에 진행된 완성품환산량의 합계로 나누어 평균을 내기 때문에 전기성과(전기원가)의 일부가 당기성과(당기원가)에 영향을 미치게 된다. 따라서 원가통제나 성과평가목적으로는 적합하지 못한 방법이지만, 계산이 쉽고, 적용이 용이하다는 장점이 있다.

③ 연속된 2개 이상의 공정이 존재하는 경우

1) 제1공정에서 대체되어 넘어온 물량의 원가를 제2공정에서는 전공정대체원가[5](transferred –in costs) 또는 전공정비라 하며, 제1공정의 완성품은 제2공정에서는 직접 재료비와 유사한 성격으로 제2공정에 투입된다.

2) 연속되는 제조공정의 경우 원가흐름을 T-계정에 나타내면 다음과 같다.

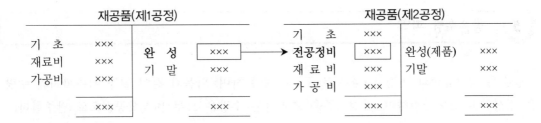

④ 공손

기업이 제품을 제조과정에서 많은 불량품이 발생하는데, 이러한 불량품을 공손이라고 한다. 공손(spoilage)을 흔히 불합격품 또는 2등급품이라고도 하는데, 부분적으로 미완성이거나, 생산과정에서 일부가 파손 또는 규격 미달되는 것들을 말한다.

---

5) 연속된 여러개의 공정이 있는 경우 첫 번째 공정에서 완성된 재공품이 두 번째 공정으로 넘어가게 되는데, 이 때 첫 번재 공정에서 이미 발생되어 두 번째 공정으로 대체되는 원가

1) 공손관련 기본가정

① 공손은 검사시점에서만 한꺼번에 발생하며, 검사시점 이외의 시점에서는 공손이 발생하지 않는 것으로 가정한다.

② 선입선출법의 경우 모든 공손은 당기에 착수한 물량에서 모두 발생한 것으로 가정한다. 따라서 모든 공손의 가공비완성도는 검사시점이 되는 것이다.

2) 정상공손과 비정상공손

정상공손 (normal spoilage)	① 효율적인 생산조건에서는 필연적으로 발생하는 공손 ② 정상품을 생산하기 위해서는 반드시 희생되어야 하는 가치 → 원가의 정의를 만족하므로 정상품원가를 구성 ③ 정상공손원가 → 정상품(완성품, 기말재공품)에 배분함.
비정상공손 (abnormal spoilage)	① 효율적인 통제가 되었다면 발생하지 않았을 공손 → 원가의 정 의를 만족하지 아니함. ② 비정상공손원가 → 영업외비용으로 처리함.

---

5 － 공손수량 파악

공손은 정상공손과 비정상공손으로 구분하여야 하며, 다음과 같이 일정 기준까지의 수량은 정상공손으로 간주하며, 일정기준을 초과하는 수량은 모두 비정상공손으로 간주한다.

검사시점 통과기준	① 정상공손수량 : 당기 중에 검사를 통과한 수량의 일정비율 ② 이론적으로 가장 타당한 방법이라 할 수 있다.
검사시점 도달기준	① 정상공손수량 : 당기 중에 검사를 받은 수량의 일정비율 ② 비정상공손도 검사를 받았기 때문에 비정상공손의 일정비율이 다시 정상공손이 되는 모순이 있다.

정상공손수량은 물량의 흐름에 대한 가정과 상관없이 동일하게 계산되며, 모든 공손품의 완성도는 검사시점이다.

6 정상공손원가의 처리

기초 및 기말 재공품의 검사시점 통과여부		선입선출법	평균법
(1) 기말재공품이 검사시점을 통과하지 못한 경우		기말재공품이 검사시점을 통과하지 못하였다면, 당기 공손의 발생원인이 모두 완성품에만 있으므로, **정상공손원가는 전액 완성품에만 배분**한다.	
(2) 기말재공품이 검사시점을 통과한 경우	① 기초재공품이 당기에 검사시점을 통과	기말재공품과 기초재공품이 모두 당기에 검사시점을 통과하는 경우에는 완성품과 기말재공품이 모두 공손의 발생원이이 되므로, 정상공손원가를 완성품과 기말재공품의 물량을 기준으로 배분한다.	
	② 기초재공품이 전기에 검사시점을 통과	당기에 발생한 정상공손원가를 당기착수완성품수량과 기말재공품수량을 기준으로 배분한다.	기초재공품에 포함된 정상공손원가와 당기발생정상공손원가의 합계를 완성품수량과 기말재공품수량을 기준으로 배분한다.

 7 처분가치가 있는 공손품의 처리

공손품이 처분가치가 있는 경우에는 공손품의 순실현가치(Net Realizable Value, NRV)만큼을 공손품계정(자산)으로 처리하고, 동 금액을 정상공손과 비정상공손원가에서 각각 차감한 후 정상공손은 정상품원가에 물량을 기준으로 배분하며, 비정상공손은 영업외비용으로 처리한다.

> **참고**
>
> 공손품이 처분가치가 있는 경우와 처분가치가 없는 경우 모두 [5단계]까지의 결과는 동일하며 [6단계] 원가의 2차배분에서만 달라진다.

8 작업공정별원가계산

작업공정*별원가계산(operation costing)은 유사제품의 배취에 적용되는 변형된 원가계산 시스템이다. 개별원가계산과 종합원가계산을 접목시킨 방법으로서 직접재료비와 같이 개별작업별로 추적이 되는 원가는 개별작업(제품)에 직접적으로 추적하고, 동일한 작업공정을 통과하는 작업단위들의 가공원가는 공정별원가계산과 마찬가지로 물량으로 나누어 단위당 원가를 계산하여 제품원가를 계산한다.

* 여기에서 작업공정(operation)이란 개별 제품들의 특성과 관계없이 반복적으로 수행되는 표준화된 생산방법이나 기술을 말한다.

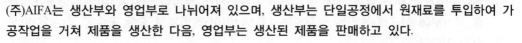

연습문제 1 　종합원가계산과 원가의 흐름　2004년 세무사 2차

(주)AIFA는 생산부와 영업부로 나뉘어져 있으며, 생산부는 단일공정에서 원재료를 투입하여 가공작업을 거쳐 제품을 생산한 다음, 영업부는 생산된 제품을 판매하고 있다.

[자료 1]

7월 1일의 재무상태

현　금	₩ 12,300,000		
선급급료	240,000	미지급전기수수료	₩ 240,000
소모품	360,000		
원재료	1,400,000		
재공품	2,500,000		
제　품(100kg×8,000)	800,000	자본금	56,000,000
기계장치	40,000,000	이익잉여금	6,860,000
비품	5,500,000		
	₩ 63,100,000		₩ 63,100,000

[자료 2] 7월1일부터 7월31일까지의 원가계산 기간의 거래내용

① 원재료 ₩6,080,000을 현금으로 구입하였다.

② 급료 ₩7,160,000을 현금으로 지급하였다.

③ 전기수수료 ₩1,080,000을 현금으로 지급하였다.

④ 생산부에서 사용하는 기계장치의 감가상각비는 월 ₩400,000, 영업부에서 사용하는 비품의 감가상각비는 월 ₩100,000이다.

⑤ 7월 발생분 급료의 80%는 생산부에서, 20%는 영업부에서 부담한다.

⑥ 7월 발생분 전기수수료의 90%는 생산부에서, 10%는 영업부에서 부담한다.

⑦ 소모품은 전액 영업부에서 사용하며, 7월 중에 소모품 ₩1,500,000을 현금으로 구입하였다.

⑧ 7월 중 제품 1,000kg을 kg당 ₩20,000에 현금매출하였다.

⑨ 7월 31일 계정잔액은 다음과 같다.

원재료	₩ 480,000	선급급료	₩ 100,000
소모품	₩ 120,000	미지급전기수수료	₩ 360,000

[자료 3] 원가계산자료

　① 생산부에서는 선입선출법의 원가흐름을 가정하여 종합원가계산을 실시하고 있다.

　② 기초재공품의 수량은 500kg이며, 기초재공품의 완성도는 40%이다.

　③ 생산부에서 원재료 공정 초에 투입되며 가공원가는 공정의 진행에 따라 발생된다. 7월 중 생산부에 신규로 투입된 원재료는 1,000kg이며 작업과정 중에 공손품, 감손은 발생하지 않았다.

　④ 기말재공품의 수량은 400kg이며, 기말재공품의 완성도는 80%이다.

　⑤ 영업부에서도 선입선출법의 원가흐름을 가정하여 재고자산을 관리하고 있다.

요구사항

1. 7월 1일부터 7월 31일까지의

　(1) 재료원가 금액을 구하시오.

　(2) 당기총제조원가를 구하시오.

　(3) 당기제품제조원가와 기말재공품원가를 구하시오.

2. 7월 1일부터 7월 31일까지의 손익계산서를 작성하는 경우

　(1) 매출원가를 구하시오.

　(2) 영업이익을 구하시오.

➡ 해설

1. 제조원가명세서 작성

  (1) 직접재료비 : 1,400,000 + 6,080,000 − 480,000 = ₩7,000,000

  (2) 당기총제조원가

직접재료비 :	₩ 7,000,000
직접노무비 :	5,840,000 [*1]
제조간접비 :	1,480,000 [*2]
당기총제조원가 :	₩ 14,320,000

  [*1] 급여를 x 라고 하면,

급 여	:	(x)
선급급여감소	:	140,000
급여지급액	:	(7,160,000)

   따라서 급여(x) = ₩7,300,000
   생산부 급여 = 7,300,000×80% = ₩5,840,000

  [*2] 제조간접비

   ① 전기수수료를 x 라고 하면,

전기수수료	:	(x)
미지급수수료증가	:	120,000
전기수수료지급액	:	(1,080,000)

    따라서 전기수수료(x) = ₩1,200,000
    생산부 전기수수료 = 1,200,000×90% = ₩1,080,000

   ② 기계장치 감가상각비 : ₩400,000
    따라서, 제조간접비는 ₩1,480,000(=1,080,000 + 400,000)

(3) 당기제품제조원가와 기말재공품원가

[1단계] 물량의 흐름   [2단계] 완성품 환산량

재공품			재료비	가공비
기　초	500	완성 ┌ (기초) 500	—	300
		└ (착수) 600	600	600
당기착수	1,000	기　말　400	400	320
합　계	1,500	합　계　1,500	1,000	1,220

[3단계] 총원가 요약

			합　계
			₩ 2,500,000
당기 착수 원가	7,000,000	7,320,000	14,320,000
합　계			₩ 16,820,000

[4단계] 완성품환산량 단위당원가

	재료비	가공비
완성품 환산량	÷ 1,000	÷ 1,220
완성품환산량 단위당원가	@7,000	@6,000

[5단계] 원가 배분

		합　계
완성품원가	2,500,000 + 600 × 7,000 + 900 × 6,000 =	₩ 12,100,000
기말재공품원가	400 × 7,000 + 320 × 6,000 =	4,720,000
합　계		₩ 16,820,000

∴ 당기제품제조원가 : ₩12,100,000

　기말재공품원가 : ₩4,720,000

2. 손익계산서 작성

손익계산서

Ⅰ.매출액	1,000kg × 20,000 =	₩20,000,000
Ⅱ.매출원가		10,700,000
1. 기초제품재고액	800,000	
2. 당기제품제조원가	12,100,000	
계	12,900,000	
3. 기말제품재고액	2,200,000[*1]	
Ⅲ.매출총이익		9,300,000
Ⅳ.판매관리비		3,420,000
1. 급여	1,460,000[*2]	
2. 소모품비	1,740,000[*3]	
3. 전기수수료	120,000[*4]	
3. 감가상각비	100,000	
Ⅴ.영업이익		₩ 5,880,000

[*1] $\dfrac{12,100,000}{1,100kg} \times 200kg =$ ₩ 2,200,000

[*2] 판매관리비 급여 : 7,300,000 × 20%＝₩ 1,460,000

[*3] 360,000 ＋ 1,500,000 − 120,000＝₩ 1,740,000

[*4] 판매관리비 전기수수료 : 1,200,000 × 10%＝₩ 120,000

(1) 매출원가 : ₩10,700,000

(2) 영업이익 : ₩ 5,880,000

연습문제 2 · 완성도가 다른 여러 종류의 기말재공품 · 2006년 세무사 2차

다음은 (주)AIFA의 6월과 7월에 걸친 공정자료이다. X재료는 공정초기에 투입되고, Y재료는 공정진척도 50%시점에서 공정에 투입되며 가공원가는 공정전반에 걸쳐서 균등하게 발생한다. 또한 회사는 선입선출법을 적용하고 있다.

(1) 6월의 완성품환산량단위당 원가는 다음과 같다.

> X재료비: ₩120, Y재료비 : ₩80,   가공비 : ₩250

(2) 7월의 완성품환산량단위당 원가는 다음과 같다.

> X재료비: ₩130, Y재료비 : ₩85,   가공비 : ₩260

(3) 6월 기초재공품원가는 ₩620,000이다.

(4) 6월 기말재공품 2,000단위의 완성도는 다음과 같다.

> 1,000단위 : 90%,   500단위 : 40%,   500단위 : 20%

(5) 6월과 7월에 착수한 수량과 완성된 수량은 다음과 같다.

	6월	7월
착수량	4,500단위	5,000단위
완성량	5,000단위	5,500단위

요구사항

1. 6월의 가공원가 당기완성품환산량이 5,200단위이다. 이 경우 기초재공품 수량 및 가공원가 완성도를 산정하시오.

2. 6월의 각 재료원가 및 가공원가 당기완성품환산량 단위당 원가를 산정하고, 완성품원가와 기말재공품원가를 산정하시오.

3. 7월의 가공원가 당기완성품환산량이 5,500단위이다. 이 경우 기말재공품 수량 및 가공원가 완성도를 산정하시오.

4. 7월의 각 재료원가 및 가공원가 당기완성품환산량 단위당 원가를 산정하고 완성품원가와 기말재공품원가를 산정하시오.

➡ 해설

1. 6월 기초재공품의 가공원가 완성도를 x라 하면,

[1단계] 물량의 흐름   [2단계] 완성품 환산량

재공품				X재료비	Y재료비	가공비
기 초	2,500	완성 ┌ 기초	2,500			$2,500 \times (1-x)$
		└ 투입	2,500			2,500
		기말 ┌ (90%)	1,000			900
		│ (40%)	500			200
당기착수	4,500	└ (20%)	500			100
합 계	7,000	합 계	7,000			5,200

따라서, $2,500 \times (1-x) = 1,500$ 이므로, $x = 40\%$ 이다.

2. 6월 완성품원가

[1단계] 물량의 흐름   [2단계] 완성품 환산량

재공품				X재료비	Y재료비	가공비
기 초	2,500	완성 ┌ 기초	2,500	0	2,500	1,500
		└ 투입	2,500	2,500	2,500	2,500
		기말 ┌ (90%)	1,000	1,000	1,000	900
		│ (40%)	500	500	0	200
당기착수	4,500	└ (20%)	500	500	0	100
합 계	7,000	합 계	7,000	4,500	6,000	5,200

[3단계] 총원가 요약

		합 계
기초재공품원가		₩ 620,000
당기 착수 원가		
합 계		

[4단계] 완성품환산량 단위당원가

	÷ 4,500	÷ 6,000	÷ 5,200
완성품 환산량			
완성품환산량 단위당원가	@120	@80	@250

[5단계] 원가 배분

		합 계
완성품원가	$620,000 + 2,500 \times 120 + 5,000 \times 80 + 4,000 \times 250 =$	**₩ 2,320,000**
기말재공품원가	$2,000 \times 120 + 1,000 \times 80 + 1,200 \times 250 =$	620,000
합 계		₩ 2,940,000

완성품원가는 ₩2,320,000 이다.

3. 7월 기말재공품의 가공원가 완성도를 x라 하면,

[1단계] 물량의 흐름

재공품

기초	(90%)	1,000	기초완성	(90%)	1,000
	(40%)	500		(40%)	500
	(20%)	500		(20%)	500
당기착수		4,500	착수완성		3,500
			기말		1,500
합계		7,000	합계		7,000

[2단계] 완성품 환산량

X재료비	Y재료비	가공비
		100
		300
		400
		3,500
		$1,500x$
		5,500

따라서, $1,500x = 1,200$ 이므로, $x = 80\%$ 이다.

4. 7월 완성품원가

[1단계] 물량의 흐름 / [2단계] 완성품 환산량

재공품						X재료비	Y재료비	가공비
기초	(90%)	1,000	기초완성	(90%)	1,000	0	0	100
	(40%)	500		(40%)	500	0	500	300
	(20%)	500		(20%)	500	0	500	400
당기착수		4,500	착수완성		3,500	3,500	3,500	3,500
			기말		1,500	1,500	1,500	1,200
합계		7,000	합계		7,000	5,000	6,000	5,500

[3단계] 총원가 요약

	합계
기초재공품원가	₩ 620,000
당기 착수 원가	
합계	

[4단계] 완성품환산량 단위당원가

완성품 환산량	÷ 5,000	÷ 6,000	÷ 5,500
완성품환산량 단위당원가	@130	@85	@260

[5단계] 원가 배분

		합계
완성품원가	$620,000 + 3,500 \times 130 + 4,500 \times 85 + 4,300 \times 260 =$	₩ 2,575,500
기말재공품원가	$1,500 \times 130 + 1,500 \times 85 + 1,200 \times 260 =$	634,500
합계		₩ 3,210,000

완성품원가는 ₩2,575,500 이다.

| 연습문제 **3** | 종합원가계산 ─공손 | 2014 CPA 2차 |

㈜고구려는 단일공정에서 제품A를 생산·판매하고 있다. 완제품의 판매가격은 단위당 ₩1,000 이다. 회사는 실제원가에 의한 종합원가계산을 적용하고 있다. 제품 생산을 위해 직접재료 M_1은 공정의 시작시점에 전량 투입되며, 직접재료 M_2는 공정의 70%시점에서 전량 투입된다. 전환원가 (가공원가 : conversion costs)는 공정 전반에 걸쳐 균등하게 발생한다.

당기 중 생산 및 원가 자료는 다음과 같다.

| | 물량 단위 | 직접재료원가 | | 전환원가 |
		M_1	M_2	
기초재공품	100 (50%)	₩12,000	₩0	₩35,000
당기 착수 및 투입	900	?	?	?
기말재공품	200 (90%)	?	?	?

단, 괄호 안의 숫자는 전환원가 완성도를 의미하고, 공손품은 발생하지 않는다.

회사의 재공품 평가방법은 선입선출법이며, 원가요소별로 완성품환산량 단위당 원가는 다음과 같이 계산되었다.

| | 직접재료원가 | | 전환원가 |
	M_1	M_2	
완성품환산량 단위당 원가	₩150	₩100	₩700

기초 및 기말 제품재고는 없으며, 주어진 자료 이외의 수익과 비용은 고려하지 않는다.

[요구사항]

1. 당기에 투입된 직접재료 M_1의 원가, 직접재료 M_2의 원가와 전환원가는 각각 얼마인가?

2. 당기에 생산된 제품이 모두 판매되었다면 이익(또는 손실)은 얼마인가?

3. 만약 공정의 종료시점에 품질검사를 실시하였으며, 당기에 착수하여 완성한 물량 중 50단위 가 공손품으로 판명되었고, 공손품은 모두 비정상적으로 발생한 것으로 처분가치가 없다고 가정할 경우 품질검사에 합격한 완성품을 모두 판매하였다면 이익(또는 손실)은 얼마인가?

4. 비정상공손원가가 합격품 원가에 포함될 경우에 발생될 수 있는 문제점을 설명하시오.(3 줄 이내로 답할 것)

➡ 해설

1. 당기 투입원가

당기 투입된 M_1, M_2, 전환원가를 각각 a, b, c 라 하면,

[1단계] 물량의 흐름   [2단계] 완성품 환산량

재공품					M_1	M_2	전환원가
기 초	100	완	기 초	100	0	100	50
당기착수	900	성	투 입	700	700	700	700
			기 말	200	200	200	180
합 계	1,000	합	계	1,000	900	1,000	930

[3단계] 총원가 요약   합 계

	M_1	M_2	전환원가	합계
기초재공품원가				47,000
당기 착수 원가	a	b	c	
합 계				

[4단계] 완성품환산량 단위당원가

	M_1	M_2	전환원가
완성품 환산량	÷ 900	÷ 1,000	÷ 930
완성품환산량 단위당원가	@ 150	@ 100	@ 700

a(직접재료 M_1원가) = 900단위×150 = ₩135,000
b(직접재료 M_2원가) = 1,000단위×100 = ₩100,000
c(전환원가) = 930단위×700 = ₩651,000

2. 완성품 모두 판매시 당기 손익

매 출 액 : 800단위×1,000 = ₩800,000
매 출 원 가 : 757,000[*1]
매출총이익 : ₩ 43,000

[*1] 완성품원가 : 47,000 + 700단위×150 + 800단위×100 + 750단위×700 = ₩757,000

3. 합격품 모두 판매시 당기 손익

매 출 액 : 750단위×1,000 = ₩750,000

매 출 원 가 : 709,500[*1]

매출총이익 : 40,500

영업외비용 : 47,500[*2]

영 업 이 익 : (₩ 7,000)

[*1] 완성품원가 : 47,000 + 650단위×150 + 750단위×100 + 700단위×700 = ₩709,500

[*2] 기말재공품원가(영업외비용 처리) : 50단위×150 + 50단위×100 + 50단위×700 = ₩47,500

4. 비정상공손은 공정을 완벽하게 통제하지 못하였기 때문에 발생하는 공손으로서 원가의 정의에 부합되지 않기 때문에 원가에 포함되어서는 안되는 것이다. 이러한 비정상공손이 합격품 원가에 포함될 경우 자산이 과대평가되고, 매출총이익이 과소평가되어 당기손익이 왜곡될 수 있다.

한국회사는 제1공정을 거쳐 제2공정에서 단일의 완제품을 생산하고 있다. 한국회사의 제2공정에서는 공정초에 직접재료를 전량 투입하며, 가공원가는 제2공정 전반에 걸쳐 균등하게 발생한다.

한국회사의 제2공정은 월초재공품 3,000단위(가공원가 완성도: 30%)로 2013년 6월을 시작했다. 제2공정에서의 6월 중 생산착수량은 17,000단위이고, 6월말 재공품은 4,000단위(가공원가 완성도: 50%)이고, 6월 중 완성품 수량은 14,000단위이다.

2013년 6월 한국회사 제2공정의 월초재공품원가와 가중평균법에 의하여 계산한 원가요소별 완성품환산량 단위당 원가자료는 다음과 같다.

	전공정원가	직접재료원가	가공원가
월초 재공품원가	₩40,000	₩48,000	₩20,700
완성품환산량 단위당 원가	₩ 19	₩ 17.7	₩ 23

한국회사의 제2공정에서는 공손품 검사를 공정의 40% 시점에서 실시하며, 당월에 검사를 통과한 합격품의 10%를 정상공손으로 간주한다. 6월 중 제2공정에서 발견된 공손품은 추가가공 없이 처분하며, 판매부대비용은 발생하지 않을 것으로 예상되고 예상 판매가격은 단위당 ₩4이다.

한국회사는 정상공손의 원가를 당월완성품과 월말재공품에 배부하는 회계처리를 적용한다.

요구사항

1. 선입선출법을 이용하여 6월 한국회사 제2공정의 원가요소별 완성품환산량을 계산하시오.

2. 선입선출법을 이용하여 6월 한국회사 제2공정의 원가요소별 완성품환산량 단위당 원가를 계산하시오.

3. 다음 물음에 답하시오.
   (1) 선입선출법을 이용하여 6월 한국회사 제2공정에서의 당월완성품원가와 월말재공품원가를 계산하시오.
   (2) (1)과 관련된 월말 분개를 하시오.

4. 한국회사의 6월 제2공정에서 발생한 원가요소별로 원가가 전월인 5월과 비교하여 어떻게 변화하였는지 설명하시오.

5. 공손이 있는 경우의 원가계산에 있어 일반적으로 검사시점에서 발견된 공손에 대해 어떠한 가정을 하는지에 대해 3줄 이내로 간단히 기술하시오.

해설

1~3. 선입선출법

(1) 공손수량 파악

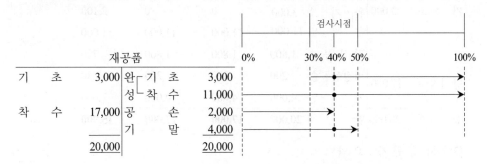

정상공손수량 : (3,000단위 + 11,000단위 + 4,000단위)×10% = 1,800단위

비정상공손수량 : 2,000단위 − 1,800단위 = 200단위

(2) 완성품환산량 계산

① 평균법에 의한 완성품 환산량

[1단계] 물량의 흐름

재공품				[2단계] 완성품 환산량 전공정비	재료비	가공비
기 초	3000	완 성	14,000	14,000	14,000	14,000
		공 손	2,000	2,000	2,000	800
당기착수	17,000	기 말	4,000	4,000	4,000	2,000
합 계	20,000	합 계	20,000	20,000	20,000	16,800

② 원가요소별 당기 발생원가

전공정비 : 20,000단위×19 − 40,000(기초재공품 전공정원가) = ₩340,000

재 료 비 : 20,000단위×17.7 − 48,000(기초재공품 직접재료원가) = ₩306,000

가 공 비 : 16,800단위×23 − 20,700(기초재공품 가공원가) = ₩365,700

③ 종합원가계산

[1단계] 물량의 흐름 　　　　　　　　[2단계] 완성품 환산량

재공품					전공정비	재료비	가공비
기 초	3,000	완성	기 초	3,000	0	0	2,100
			투 입	11,000	11,000	11,000	11,000
		정 상 공 손		1,800	1,800	1,800	720
당기착수	17,000	비정상공손		200	200	200	80
		기 말		4,000	4,000	4,000	2,000
합 계	20,000	합 계		20,000	**17,000**	**17,000**	**15,900**

[3단계] 총 원 가 요 약

				합 계
기초재공품원가				₩ 108,700
당기 착수 원가	340,000	306,000	365,700	1,011,700
합 계				₩ 1,120,400

[4단계] 완성품환산량 단위당원가

	전공정비	재료비	가공비
완성품 환산량	÷ 17,000	÷ 17,000	÷ 15,900
완성품환산량 단위당원가	**@20**	**@18**	**@23**

[5단계] 원 가 배 분

		합 계
완 성 품 원 가	108,700 + 11,000 × 20 + 11,000 × 18 + 13,100 × 23 =	₩ 828,000
정 상 공 손 원 가	1,800 × 20 + 1,800 × 18 + 720 × 23 =	84,960
비정상공손원가	200 × 20 + 200 × 18 + 80 × 23 =	9,440
기말재공품원가	4,000 × 20 + 4,000 × 18 + 2,000 × 23 =	198,000
합 계		₩ 1,120,400

[6단계] 원가 2차 배분

	배분 전 원가	공손품	정상공손원가	배분 후 원가
완성품원가	₩ 828,000	–	₩60,480[*3]	₩ **888,480**
정상공손원가	84,960	(₩7,200)[*1]	(77,760)	0
비정상공손원가	9,440	(800)[*2]	–	8,640
기말재공품	198,000	–	17,280[*4]	**215,280**
공 손 품	–	8,000	–	8,000
합 계	₩ 1,120,400	0	0	₩ 1,120,400

[*1] 1,800단위×4 = ₩7,200

[*2] 200단위×4 = ₩800

[*3] $77,760 × \dfrac{14,000}{(14,000 + 4,000)} = ₩60,480$

[*4] $77,760 × \dfrac{4,000}{(14,000 + 4,000)} = ₩17,280$

< 월말 분개 >

(차) 제 품	888,480	대) 재 공 품	905,120
비정상공손손실	8,640		
공 손 품	8,000		

4. 원가요소별 전기와 비교

	전공정비	재료비	가공비
기초재공품원가	₩40,000	₩48,000	₩20,700
기초재공품 완성품환산량	÷ 3,000단위	÷ 3,000단위	÷ 900단위
전기 완성품환산량 단위당원가	**@13.33**	**@16**	**@23**

전공정원가와 재료비는 전년도보다 당기에 원가가 상승하였으며, 가공비는 전기와 당기에 완성품환산량 단위당원가가 동일하다.

5. 공손관련 가정

(1) 공손은 검사시점에서만 한꺼번에 발생하는 것으로 가정한다.

(2) 선입선출법의 경우 공손은 당기 투입물량에서만 발생하는 것으로 가정한다.

연습문제 5   오류 수정

20×6년에 영업을 개시한 (주)한라는 종합원가계산제도를 적용하고 있다. 재료는 공정초기에 전량 투입되며, 가공비는 공정전반에 걸쳐서 균등하게 발생한다. 회사가 기말재공품을 다음과 같이 ₩148,000으로 평가하였으나, 기말재고실사 과정에서 기말재공품의 가공비 완성품환산량이 과대평가되었음을 발견하였다. 즉, 실제 완성도보다 10% 과대평가되었음을 발견하였다.

	재료비	가공비	합 계
완성품환산량	10,000단위	4,000단위	−
평가금액	₩100,000	₩48,000	₩148,000

회사의 당기 완성품 수량은 77,000단위이다. 다음 요구사항에 답하시오.

요구사항

1. 기말재공품의 수량과 기말재공품의 올바른 가공비 완성품환산량을 구하시오.

2. 재료비와 가공비의 회사가 평가한 완성품환산량 단위당 원가는 얼마인가?

3. 당기 발생 재료비와 가공비 총액은 얼마인가?

4. 재료비와 가공비의 올바른 완성품환산량 단위당 원가는 얼마인가?

5. 완성품원가와 기말재공품원가는 얼마인가?

→ 해설

1. (1) 재료가 공정초기에 전량 투입되기 때문에 기말재공품의 수량과 기말재공품 재료비 완성품
환산량은 일치한다. 따라서 기말재공품의 재료비 완성품환산량이 10,000단위이므로 기말
재공품 수량은 10,000단위 이다.

   (2) 회사에서 평가한 가공비 완성품환산량이 4,000단위인 것으로 보아 기말재공품의 완성도를
40%로 평가하였다. 그러나 이는 10% 과대평가된 것이므로 올바른 완성도는 30%이다. 따
라서 기말재공품의 올바른 완성품환산량은 10,000단위 × 30% = 3,000단위이다.

2. 재료비와 가공비의 완성품환산량 단위당 원가를 각각 a와 b라고 하면,

	재료비	가공비
완성품환산량	10,000단위	4,000단위
완성품환산량 단위당 원가	× a	× b
기말재공품원가	= ₩100,000	= ₩48,000

따라서 a = ₩10, b = ₩12 이다. 즉, 회사는 가공비의 완성품 환산량을 4,000단위로 평가하고,
재료비와 가공비의 완성품환산량 단위당 원가를 각각 ₩10, ₩12으로 계산하였다.

3. 회사에서 발생한 재료비와 가공비 총액을 각각 A, B라고 하면, 당기 완성품 수량 77,000단위는
재료비와 가공비 모두 완성품환산량이 77,000단위(100%)이므로 다음과 같이 계산될 수 있다.

	재료비	가공비
총원가	A	B
완성품환산량	÷ 87,000단위[*1]	÷ 81,000단위[*2]
완성품환산량 단위당 원가	= ₩10	= ₩12

[*1] 77,000단위(완성품) + 10,000단위(기말재공품) = 87,000단위
[*2] 77,000단위(완성품) + 4,000단위(기말재공품) = 81,000단위

따라서 회사에서 발생한 재료비 총액 A = ₩870,000, 가공비 총액 B = ₩972,000 이다.

4~5. 기말재공품의 완성도를 정확하게(30%로) 평가하였다면 다음과 같이 계산되어야 한다.

[1단계] 물량의 흐름

재공품				재료비	가공비
기　　초	0	완　　성	77,000	77,000	77,000
당기착수	87,000	기　　말	10,000	10,000	3,000
합　　계	87,000	합　　계	87,000	87,000	80,000

[2단계] 완성품 환산량은 위 표의 재료비·가공비 열에 해당한다.

[3단계] 총 원 가 요 약

	재료비	가공비	합　계
당기 착수 원가	870,000	972,000	₩ 1,842,000
합　　　계	870,000	972,000	₩ 1,842,000

[4단계] 완성품환산량 단위당원가

	재료비	가공비
완성품 환산량	÷ 87,000	÷ 80,000
완성품환산량 단위당원가	@10	@12.15

[5단계] 원 가 배 분

		합　계
완성품원가	77,000 × 10 + 77,000 × 12.15 =	₩ 1,705,550
기말재공품원가	10,000 × 10 +　3,000 × 12.15 =	136,450
합　　　계		₩ 1,842,000

재공품 완성도 추정

종합원가계산을 사용하고 있는 (주)다봉의 3월 생산 및 원가 자료는 다음과 같다.

- 월초 재공품에 포함된 가공원가는 ₩190,000이며, 3월 중에 투입된 가공원가는 ₩960,000이다.
- 가공원가는 공정 전체를 통해 균등하게 발생하며, 그 밖의 원가는 공정 초기에 발생한다.
- 3월 생산관련 물량흐름 및 가공원가 완성도

구분	수량	가공원가 완성도
월초 재공품	500개	?
당월 완성품	800개	100%
월말 재공품	240개	?
공 손 품[*]	160개	80%

[*] 공손품은 전량 비정상공손이다.

원가계산결과, 3월 완성품에 포함된 가공원가는 가중평균법에 의하면 ₩920,000이며, 선입선출법에 의하면 ₩910,000이다.

요구사항

1. 기말재공품의 완성품환산량을 계산하시오.

2. 기초재공품의 완성도를 계산하시오.

3. 선입선출법에 의할 경우 공손품에 포함된 가공비는 얼마인가?

→ 해설

1. 기말재공품의 완성품환산량 계산

(1) 기말재공품의 완성품환산량을 a라고 하면, 평균법에 의한 원가계산은 다음과 같다.

[1단계] 물량의 흐름 　　　　　　　　　　　[2단계] 완성품 환산량

재공품				가공비
기 초	500	완 성	800	800
당기착수		비정상공손	160	128
		기 말	240	a
합 계	1,200	합 계	1,200	928 + a

[3단계] 총 원 가 요 약

기초재공품원가	190,000
당기 착수 원가	960,000
합 계	1,150,000

[4단계] 완성품환산량 단위당원가

$$\frac{1,150,000}{928+a}$$

[5단계] 원가배분(가공비)

완 성 품 　　　　　　　　　　　₩920,000

(2) 평균법에 의한 완성품에 포함된 가공비가 ₩920,000이므로 다음을 만족하여야 한다.

$$800단위 \times \frac{1,150,000}{928+a} = 920,000 \ \rightarrow \ a = 72단위$$

따라서, 기말재공품의 완성품환산량은 72단위이다.

2. 기초재공품 완성도 계산

(1) 기초재공품의 당기 진행 완성품환산량을 b라고 하면, 선입선출법에 의한 원가계산은 다음과 같다.

[1단계] 물량의 흐름

재공품

기　초	500	완 ┌ 기초	500
당기착수		성 └ 착수	300
		비정상공손	160
		기　말	240
합　계	1,200	합　계	1,200

[2단계] 완성품 환산량

가공비

| b |
| 300 |
| 128 |
| 72 |
| 500 + b |

[3단계] 총 원 가 요 약
기초재공품원가
당기 착수 원가　　　　　　　　　960,000
합　　　　계

[4단계] 완성품환산량 단위당원가　　$\dfrac{960,000}{500+b}$

[5단계] 원가배분(가공비)
완　성　품　　　　　　　　　910,000

(2) 선입선출법의 경우 완성품에 포함된 가공비가 ₩910,000이므로, 다음을 만족하여야 한다.

$$190,000 + (300단위 + b) \times \dfrac{960,000}{500+b} = ₩910,000 \ \rightarrow \ b = 300단위$$

따라서 기초재공품의 완성도는 $40\%(= \dfrac{500단위 - 300단위}{500단위})$이다.

3. 선입선출법에 의할 경우 공손품에 포함된 가공비

(1) 완성품환산량 단위당 원가 : ₩1,200(= $\dfrac{960,000}{500단위 + 300단위}$)

(2) 공손품에 포함된 가공비 : ₩153,600(= 128단위 × ₩1,200)

연습문제 7 기초재공품이 전기에 검사를 통과한 경우 1996 세무사 2차

(주)환희는 두 개의 제조부문, 제1공정(조립부문)과 제2공정(도색부문)을 거쳐 가구를 제조하고 있다. 도색부문에서는 재료비가 공정의 100%완성시점에서 투입되며, 가공비는 공정전반에 걸쳐 균등하게 발생한다. 당기 중 조립부문에서 완성된 수량 48,000단위의 원가는 ₩4,320,000이었으며, 도색부문의 기초재공품은 12,000단위(90%)이며, 당기 완성품 수량은 42,000단위, 기말재공품 수량은 14,000단위(85%)이다. 도색부문은 공정의 60% 시점에서 검사를 실시하며, 검사를 통과한 수량의 5%를 정상공손으로 허용하고 있다. 도색부문의 기초재공품 원가 ₩1,645,000은 전공정비 ₩880,000, 가공비 ₩765,000으로 구성되어 있으며, 당기 투입원가는 재료비 ₩1,470,000 가공비 ₩3,185,000이다. 도색부문에 대한 다음 요구사항에 답하시오.

요구사항

1. 선입선출법에 의하여 다음 물음에 답하시오.
   (1) 정상공손수량과 비정상공손수량
   (2) 원가요소별 완성품환산량
   (3) 원가요소별 완성품환산량 단위당원가
   (4) 정상공손원가와 비정상공손원가
   (5) 완성품원가와 기말재공품원가

2. 재공품과 관련된 회계처리를 하시오.

➡ 해설

(1) 제1공정(조립부문)의 완성품 수량은 바로 제2공정(도색부문)으로 투입되기 때문에 조립부문의 완성품 수량이 도색부문의 당기 착수량이다. 따라서 도색부문의 당기 착수량은 48,000단위임을 알 수 있다.

(2) 기초재공품 12,000단위와 당기 착수량 48,000단위의 합계가 60,000단위이나 당기 완성품 42,000단위와 기말재공품 14,000단위의 합계 수량이 56,000단위인 것으로 보아 공손수량이 4,000단위이다. 공손 4,000단위 중 정상공손과 비정상공손수량을 파악하면,

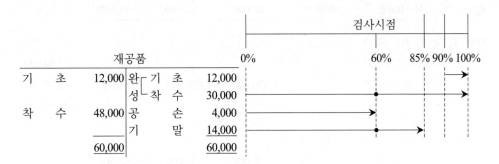

따라서 당기 중에 검사를 통과한 수량은 당기착수완성품 30,000단위와 기말재공품 14,000단위이므로 정상공손수량은 44,000단위 × 5% = 2,200단위이며, 비정상공손수량은 1,800단위(= 4,000단위−2,200단위)이다.

(3) 종합원가계산 5단계
선입선출법에 의한 물량의 흐름을 나타내면 다음과 같다.

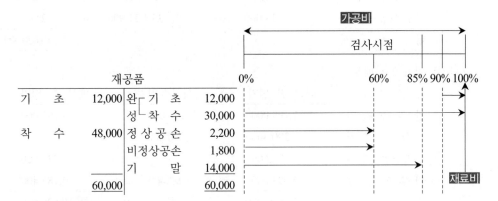

[1단계] 물량의 흐름

재공품			[2단계] 완성품 환산량		
			전공정비	재료비	가공비
기 초	12,000	완 ┌ 기 초 12,000	0	12,000	1,200
		성 └ 투 입 30,000	30,000	30,000	30,000
		정상공손 2,200	2,200	0	1,320
당기착수	48,000	비정상공손 1,800	1,800	0	1,080
		기 말 14,000	14,000	0	11,900
합 계	60,000	합 계 60,000	48,000	42,000	45,500

[3단계] 총 원 가 요 약

				합 계
기초재공품원가				₩ 1,645,000
당기 착수 원가	4,320,000	1,470,000	3,185,000	8,975,000
합 계				₩ 10,620,000

[4단계] 완성품환산량 단위당원가

	전공정비	재료비	가공비
완성품 환산량	÷ 48,000	÷ 42,000	÷ 45,500
완성품환산량 단위당원가	@90	@35	@70

[5단계] 원 가 배 분

		합 계
완 성 품 원 가	$1,645,000 + 30,000 \times 90 + 42,000 \times 35 + 31,200 \times 70 =$	₩ 7,999,000
정 상 공 손 원 가	$2,200 \times 90 + 0 \times 35 + 1,320 \times 70 =$	290,400
비 정 상 공 손 원 가	$1,800 \times 90 + 0 \times 35 + 1,080 \times 70 =$	237,600
기 말 재 공 품 원 가	$14,000 \times 90 + 0 \times 35 + 11,900 \times 70 =$	2,093,000
합 계		₩ 10,620,000

[6단계] 원가 2차 배분

	배분 전 원가	정상공손원가	배분 후 원가
완 성 품 원 가	₩ 7,999,000	₩ 198,000[*1]	₩ 8,197,000
정 상 공 손 원 가	290,400	(290,400)	0
비 정 상 공 손 원 가	237,600	–	237,600
기 말 재 공 품	2,093,000	92,400[*2]	2,185,400
합 계	₩ 10,620,000	₩ 0	₩ 10,620,000

[*1] $290,400 \times \dfrac{30,000}{(30,000 + 14,000)} = ₩ 198,000$

[*2] $290,400 \times \dfrac{14,000}{(30,000 + 14,000)} = ₩ 92,400$

1. 선입선출법

(1) 정상공손수량 : 2,200단위

비정상공손수량 : 1,800단위

(2) 원가요소별 완성품환산량

전공정비	재료비	가공비
48,000	42,000	45,500

(3) 원가요소별 완성품환산량 단위당원가

전공정비	재료비	가공비
@90	@35	@70

(4) 정상공손원가 : ₩290,400

비정상공손원가 : ₩237,600

(5) 완성품원가 : ₩8,197,000

기말재공품원가 : ₩2,185,400

2. 회계처리

① 제1공정의 완성품 → 제2공정으로 대체

(차) 재공품(제2공정)   4,320,000   (대) 재공품(제1공정)   4,320,000

② 제2공정 제조원가의 투입

(차) 재공품(제2공정)   4,655,000   (대) 재 료 비   1,470,000

가 공 비   3,185,000

③ 제2공정 제품 완성시

(차) 제   품   8,197,000   (대) 재공품(제2공정)   8,434,600

공 손 손 실   237,600

위의 사항을 재공품(제2공정) 계정에 나타내면 다음과 같다.

재 공 품

기초재공품	1,645,000	제 품	8,197,000
전공정비	4,320,000	비정상공손	237,600
재 료 비	1,470,000	기말재공품	2,185,400
가 공 비	3,185,000		
합 계	10,620,000	합 계	10,620,000

연습문제 8   투입시점이 다른 재료비가 두 가지인 경우   1995 CPA 2차 수정

다음은 (주)누리의 원가자료이다.

기초재공품	1,000개(가공비 완성도 70%)
당기착수량	5,400개
당기완성량	5,000개
기말재공품	600개(가공비 완성도 90%)

정상공손은 검사시점을 통과한 양품수량의 10%이며 A재료는 공정 초기에 한꺼번에 투입하고 B 재료는 공정의 종점에 한꺼번에 투입한다. 가공비는 공정의 진행에 따라 균등하게 발생한다.

〈원가자료〉

	전공정비	A재료비	B재료비	가공비	정상공손원가
기초재공품	₩ 8,300	₩ 3,640	₩ –	₩ 8,580	₩450
당기투입원가	62,100	16,200	37,500	86,460	

요구사항

1. 재공품 평가방법을 선입선출법으로 하고 검사시점이 가공비 완성도 50%인 경우 다음을 구하시오.

   (1) 정상공손수량

   (2) 원가요소별 완성품 환산량

   (3) 정상공손원가와 비정상공손원가

   (4) 완성품원가와 기말재공품원가

2. 재공품 평가방법을 평균법으로 하고 검사시점은 가공비 완성도 50%이며 완성품환산량 단위당원가가 다음과 같을 경우에 다음을 계산하시오.

   • 전공정비 : ₩11.0   • A재료비 : ₩3.1   • B재료비 : ₩7.5   • 가공비 : ₩16.0

   (1) 정상공손수량

   (2) 당기정상공손원가와 완성품과 기말재공품에 배분할 정상공손원가의 총액

   (3) 완성품원가(단, 소수점이하 반올림 할 것)

3. 재공품 평가방법은 선입선출법이고, 검사시점이 가공비 완성도 95%일 경우 다음을 구하라. 단, 완성품 환산량 단위원가는 전공정비 ₩12, A재료비 ₩3, B재료비 ₩7, 가공비 ₩16이라고 가정한다.

   (1) 정상공손원가

   (2) 완성품에 배부될 정상공손원가(단, 기초재공품에 포함된 정상공손원가는 무시할 것)

4. 정상공손원가를 물량기준으로 배분하는 것이 금액기준으로 배분하는 것보다 더 합리적인 이유는?

➡ 해설

1. 선입선출법

(1) 정상공손수량

전체 공손 수량 : 1,000단위 + 5,400단위 − 5,000단위 − 600단위 = 800단위

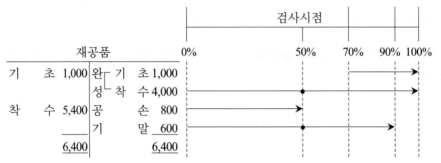

기초재공품이 이미 전년도에 검사시점을 통과하였기 때문에 당기 중에 검사시점을 통과한 수량에 기초재공품은 포함되어서는 안 된다. 따라서 다음과 같이 계산된다.

당기 중 검사 통과 수량 : 4,000단위 + 600단위 = 4,600단위

정상공손허용수량 : 4,600단위 × 10% = 460단위

(2)~(4)

① 선입선출법에 의한 물량의 흐름은 다음과 같다.

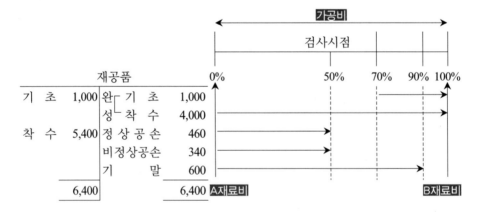

② 제조원가보고서 작성

[1단계] 물량의 흐름 | | | | | [2단계] 완성품 환산량 | | | |

재공품					전공정비	A재료비	B재료비	가공비
기 초	1,000	완 성 ┌기 초	1,000		–	–	1,000	300
		└투 입	4,000		4,000	4,000	4,000	4,000
당기착수	5,400	정 상 공 손	460		460	460	–	230
		비정상공손	340		340	340	–	170
		기 말	600		600	600	–	540
합 계	6,400	합 계	6,400		5,400	5,400	5,000	5,240

[3단계] 총원가 요약

	전공정비	A재료비	B재료비	가공비	합 계
기초재공품원가					₩ 20,970
당기 착수 원가	62,100	16,200	37,500	86,460	202,260
합 계					₩223,230

[4단계] 완성품환산량 단위당원가

	전공정비	A재료비	B재료비	가공비
완성품 환산량	÷5,400	÷5,400	÷5,000	÷5,240
완성품환산량 단위당원가	@11.5	@3	@7.5	@16.5

[5단계] 원가 배분

		합 계
완성품원가	$20,970 + 4,000 \times 11.5 + 4,000 \times 3 + 5,000 \times 7.5 + 4,300 \times 16.5 =$	₩187,420
정상공손원가	$460 \times 11.5 + 460 \times 3 + 0 \times 7.5 + 230 \times 16.5 =$	10,465
비정상공손원가	$340 \times 11.5 + 340 \times 3 + 0 \times 7.5 + 170 \times 16.5 =$	7,735
기말재공품원가	$600 \times 11.5 + 600 \times 3 + 0 \times 7.5 + 540 \times 16.5 =$	17,610
합 계		₩223,230

[6단계] 원가 2차 배분

	배분 전 원가	정상공손원가	배분 후 원가
완성품원가	₩ 187,420	₩ 9,100[*1]	₩ 196,520
정상공손원가	10,465	(10,465)	0
비정상공손원가	7,735	–	7,735
기말재공품	17,610	1,365[*2]	18,975
합 계	₩ 223,230	₩ 0	₩ 223,230

[*1] $10,465 \times \dfrac{4,000}{(4,000 + 600)} = ₩9,100$

[*2] $10,465 \times \dfrac{600}{(4,000 + 600)} = ₩1,365$

2. 평균법

(1) 정상공손수량은 선입선출법이나 평균법이나 동일하게 계산되므로 (요구사항1)을 참조할 것.

(2) 당기발생정상공손원가 : $460 \times 11 + 460 \times 3.1 + 230 \times 16 = ₩10,166$

   배분대상 정상공손원가 총액 : 10,166(당기분) + 450(기초재공품 포함액) = ₩10,616

(3) 완성품원가 계산

   정상공손원가 배분 전 완성품원가 : $5,000 \times (11 + 3.1 + 7.5 + 16) = ₩188,000$

   정상공손원가 완성품에 대한 배부액 : $10,616 \times \dfrac{5,000}{5,600} = ₩9,479$ (단수조정)

   정상공손원가 배분 후 완성품원가 : $188,000 + 9,479 = ₩197,479$

3. 선입선출법

(1) 검사시점이 95%이므로 당기 중에 검사시점을 통과한 것은 기초재공품과 당기 착수완성분
   만 해당되며, 기말재공품은 검사시점에 도달하지 못하였다.

   따라서 정상공손수량 : $(4,000 + 1,000) \times 10\% = 500$

정상공손원가 :		
전 공 정 비 :	$500 \times 12 =$	₩6,000
A 재 료 비 :	$500 \times 3 =$	1,500
B 재 료 비 :	$0 \times 7 =$	0
가 공 비 :	$500 \times 95\% \times 16 =$	7,600
합 계 :		₩15,100

(2) 기말재공품의 완성도가 90%이므로 검사시점에 도달하지 못하였다. 따라서 당기 중에 검
   사를 통과한 수량은 모두 완성품밖에 없으므로 정상공손원가 ₩15,100 모두 완성품에 배
   분된다.

4. 공손원가는 검사시점 이전에 발생한 것으로서 검사시점 이후에는 발생하지 않으며 검사시점
   에서는 완성품과 기말재공품이 동등한 입장이기 때문에 완성품환산량보다는 물량기준이 더
   타당하다.

연습문제 9 　검사시점이 2개인 경우

(주)DY는 연속된 두 개의 공정을 통하여 제품을 생산하고 있으며, 두 번째 공정은 선입선출법에 의한 종합원가계산제도를 이용하여 원가계산을 하고 있다. (주)DY의 두 번째 공정과 관련된 물량 및 원가자료는 다음과 같다. 단, 괄호안의 숫자는 진행률을 의미한다.

재 공 품

기　　초	2,000단위 (50%)	당기완성	30,000단위
전공정비	₩60,000		
재 료 비	8,600		
가 공 비	9,740		
정상공손원가	2,200		
당기착수	38,000단위	기　　말	6,000단위 (90%)
전공정비	₩760,000		
재 료 비	280,000		
가 공	218,400		

두 번째 공정의 재료는 1차 검사가 끝난 직후에 전량 투입되며, 가공비는 공정 전반에 걸쳐 균등하게 발생한다. 검사는 공정의 40%시점에서 1차 검사가 이루어지고, 공정의 80%시점에서 2차 검사가 이루어지고 있으며, 당기에는 1차 검사시점에서 3,000단위, 2차 검사시점에서 1,000단위의 공손이 발생하였다. 회사는 1차 검사시점의 경우에는 당기 중에 1차검사를 통과한 수량의 5%를 정상공손으로 간주하며, 2차 검사시점의 경우에는 당기 중에 2차검사를 통과한 수량의 2%를 정상공손으로 간주한다.

요구사항

1. 검사시점별로 정상공손수량과 비정상공손수량을 계산하시오.

2. 선입선출법에 의하여 완성품과 기말재공품원가를 계산하시오.

3. 평균법에 의하여 완성품과 기말재공품원가를 계산하시오.
   (단, 소수점 둘째자리에서 반올림 하시오.)

→ 해설

1. 공손수량 계산

검사시점이 2군데이기 때문에 1차 검사시점(40%시점)을 통과한 수량 계산시 2차검사시점 (80%시점)에서 탈락한 공손수량(2차 정상공손수량과 2차 비정상공손 수량의 합계)도 포함하여야 한다는 것이다. 즉, 2차검사시점(80%시점)에서 탈락한 공손수량도 모두 1차검사시점 (40%시점)은 통과하여 2차검사시점까지 진행되었기 때문이다.

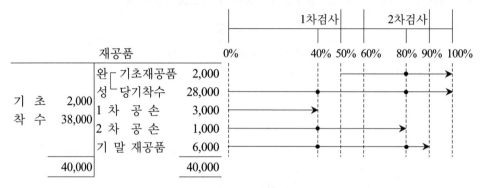

(1) 당기 중 1차 검사시점 통과수량 :

  28,000(당기착수완성) + 1,000(2차공손) + 6,000(기말재공품) = 35,000단위

  따라서 1차공손 중 정상공손수량 : 35,000 × 5% = 1,750단위

  비정상공손수량 : 3,000단위 − 1,750단위 = 1,250단위

(2) 당기 중 2차 검사시점 통과수량 :

  2,000(기초재공품) + 28,000(당기착수완성) + 6,000(기말재공품) = 36,000단위

  따라서 2차공손 중 정상공손수량 : 36,000 × 2% = 720단위

  비정상공손수량 : 1,000단위 − 720단위 = 280단위

2. 선입선출법

[1단계] 물량의 흐름   [2단계] 완성품 환산량

	재공품		전공정비	재료비	가공비
기 초 2,000	완 ┌ 기 초	2,000	0	0	1,000
	성 └ 착 수	28,000	28,000	28,000	28,000
	1차정 상	1,750	1,750	0	700
착 수 38,000	1차비정상	1,250	1,250	0	500
	2차정 상	720	720	720	576
	2차비정상	280	280	280	224
	기 말	6,000	6,000	6,000	5,400
합 계 40,000	합 계	40,000	38,000	35,000	36,400

[3단계] 총원가 요약

				합 계
기초재공품원가				₩ 80,540
당기 착수 원가	760,000	280,000	218,400	1,258,400
합 계				₩ 1,338,940

[4단계] 완성품환산량 단위당원가

완 성 품 환 산 량	÷38,000	÷35,000	÷36,400
완성품환산량 단위당원가	@20	@8	@6

[5단계] 원가 배분

		합 계
완 성 품 원 가	$80,540 + 28,000 \times 20 + 28,000 \times 8 + 29,000 \times 6 =$	₩ 1,038,540
1 차 정 상 공 손	$1,750 \times 20 + 0 \times 8 + 700 \times 6 =$	39,200
1차비정상공손	$1,250 \times 20 + 0 \times 8 + 500 \times 6 =$	28,000
2 차 정 상 공 손	$720 \times 20 + 720 \times 8 + 576 \times 6 =$	23,616
2차비정상공손	$280 \times 20 + 280 \times 8 + 224 \times 6 =$	9,184
기 말 재 공 품	$6,000 \times 20 + 6,000 \times 8 + 5,400 \times 6 =$	200,400
합 계		₩ 1,338,940

[6단계] 원가의 2차배분

	배분 전 원가	정상공손원가배분	배분 후 원가
완 성 품	₩ 1,038,540	₩ 31,360[*1]	₩ 1,069,900
1 차 정 상 공 손	39,200	(39,200)	0
1차비정상공손	28,000	–	28,000
2 차 정 상 공 손	23,616	806.4[*2]	24,422.4
2차비정상공손	9,184	313.6[*3]	9,497.6
기 말 재 공 품	200,400	6,720[*4]	207,120
합 계	₩ 1,338,940	₩0	₩ 1,338,940

[*1] $39,200 \times \dfrac{28,000}{(28,000 + 720 + 280 + 6,000)} = ₩ 31,360$

[*2] $39,200 \times \dfrac{720}{(28,000 + 720 + 280 + 6,000)} = ₩ 806.4$

[*3] $39,200 \times \dfrac{280}{(28,000 + 720 + 280 + 6,000)} = ₩ 313.6$

[*4] $39,200 \times \dfrac{6,000}{(28,000 + 720 + 280 + 6,000)} = ₩ 6,720$

1차 정상공손원가 배분시 배분대상은 당기착수완성수량 28,000단위와 2차공손 수량 1,000 단위(2정상공손수량 720단위와 2차비정상공손수량 280단위의 합계), 그리고 기말재공품 6,000단위에 비례하여 배분하여야 한다. 주의할 점은 2차정상공손과 2차비정상공손도 당기에 1차검사시점 40%를 통과하였기 때문에 1차정상공손원가를 배분해 주어야 한다는 것이다.

[7단계] 원가의 3차배분

	배분 전 원가	정상공손원가배분	배분 후 원가
완 성 품	₩ 1,069,900	₩ 20,352[*1]	**₩ 1,090,252**
1 차 정 상 공 손	0	–	0
1차비정상공손	28,000	–	28,000
2 차 정 상 공 손	24,422.4	(24,422.4)	0
2차비정상공손	9,497.6	–	9,497.6
기 말 재 공 품	207,120	4,070.4[*2]	**211,190.4**
합 계	₩ 1,338,940	₩ 0	₩ 1,338,940

$$^{*1}\ 24,422.4 \times \frac{30,000}{(30,000 + 6,000)} = ₩\,20,352$$

$$^{*2}\ 24,422.4 \times \frac{6,000}{(30,000 + 6,000)} = ₩\,4,070.4$$

2차정상공손원가 배분시 배분대상은 당기에 2차 검사시점을 통과한 완성품 30,000단위와 기말재공품 6,000단위에 배분하여야 한다.

2. 평균법

[1단계] 물량의 흐름   **[2단계]** 완성품 환산량

재공품				전공정비	재료비	가공비
기 초	2,000	완 성	30,000	30,000	30,000	30,000
		1차정 상	1,750	1,750	0	700
		1차비정상	1,250	1,250	0	500
착 수	38,000	2차정 상	720	720	720	576
		2차비정상	280	280	280	224
		기 말	6,000	6,000	6,000	5,400
합 계	40,000	합 계	40,000	40,000	37,000	37,400

[3단계] 총원가 요약

				정상공손원가	합 계
기초재공품원가	60,000	8,600	9,740	2,200*	₩ 80,540
당기 착수 원가	760,000	280,000	218,400		1,258,400
합 계	820,000	288,600	228,140	2,200	₩1,338,940

[4단계] 완성품환산량 단위당원가

완 성 품 환 산 량	÷40,000	÷37,000	÷37,400
완성품환산량 단위당원가	@20.5	@7.8	@6.1

[5단계] 원가 배분

		합 계
완 성 품 원 가	$30,000 \times 20.5 + 30,000 \times 7.8 + 30,000 \times 6.1 =$	₩ 1,032,000
1 차 정 상 공 손	$2,200^* + 1,750 \times 20.5 + \quad 0 \times 7.8 + \quad 700 \times 6.1 =$	42,345
1차비정상공손	$1,250 \times 20.5 + \quad 0 \times 7.8 + \quad 500 \times 6.1 =$	28,675
2 차 정 상 공 손	$720 \times 20.5 + \quad 720 \times 7.8 + \quad 576 \times 6.1 =$	23,889.6
2차비정상공손	$280 \times 20.5 + \quad 280 \times 7.8 + \quad 224 \times 6.1 =$	9,290.4
기 말 재 공 품	$6,000 \times 20.5 + 6,000 \times 7.8 + 5,400 \times 6.1 =$	202,740
합 계		₩ 1,338,940

[6단계] 원가의 2차배분

	배분 전 원가	정상공손원가배분	배분 후 원가
완 성 품	₩ 1,032,000	₩ 34.333.8[*1]	₩ 1,066,333.8
1 차 정 상 공 손	42,345	(42,345)	0
1차비정상공손	28,675	–	28,675
2 차 정 상 공 손	23,889.6	824[*2]	24,713.6
2차비정상공손	9,290.4	320.4[*3]	9,610.8
기말재공품(2)	202,740	6,866.8[*4]	209,606.8
합 계	₩ 1,338,940	₩ 0	₩ 1,338,940

[*1] $42,345 \times \dfrac{30,000}{(30,000 + 720 + 280 + 6,000)} = ₩ 34,333.8$

[*2] $42,345 \times \dfrac{720}{(30,000 + 720 + 280 + 6,000)} = ₩ 824$

[*3] $42,345 \times \dfrac{280}{(30,000 + 720 + 280 + 6,000)} = ₩ 320.4$

[*4] $42,345 \times \dfrac{6,000}{(30,000 + 720 + 280 + 6,000)} = ₩ 6,866.8$

1차 정상공손원가 배분시 배분대상은 완성품 30,000단위와 2차공손 1,000단위(2정상공손 수량 720단위와 2차비정상공손수량 280단위의 합계), 그리고 기말재공품 6,000단위에 비례하여 배분하여야 한다. 주의할 점은 2차정상공손과 2차비정상공손도 당기에 1차검사시점 40%를 통과하였기 때문에 1차정상공손원가를 배분해 주어야 한다는 것이다.

[7단계] 원가의 3차배분

	배분 전 원가	정상공손원가배분	배분 후 원가
완 성 품	₩ 1,066,333.8	₩ 20,594.7[*1]	₩ 1,086,928.5
1차정상공손	0	–	0
1차비정상공손	28,675	–	28,675
2차정상공손	24,713.6	(24,713.6)	0
2차비정상공손	9,610.8	–	9,610.8
기 말 재 공 품	209,606.8	4,118.9[*2]	213,725.7
합　　　계	₩ 1,338,940	₩ 0	₩ 1,338,940

[*1] $24,713.6 \times \dfrac{30,000}{(30,000 + 6,000)} = 20,594.7$

[*2] $24,713.6 \times \dfrac{6,000}{(30,000 + 6,000)} = 4,118.9$

2차정상공손원가 배분시 배분대상은 완성품 30,000단위와 기말재공품 6,000단위에 배분하여야 한다.

연습문제 10　공손품이 처분가치가 있는 경우

종합원가계산제도를 적용하고 있는 (주)삼성이 선입선출법에 의하여 제품원가를 계산하고 있으며, 다음 자료를 바탕으로 요구사항에 답하시오.

<자료1> 물량의 흐름

> 기초재공품 수량　: 1,000단위(완성도 60%)
> 당기 완성품 수량 : 8,000단위
> 공손품 수량　　　:　 600단위
> 기말재공품 수량 : 2,000단위(80%)

<자료2> 제2공정의 완성품환산량 단위당 원가는 다음과 같다.

> 전공정비 : ₩30　　재료비 : ₩20　　가공비 : ₩10

<자료3>

① 재료는 공정의 30%시점에서 전량 투입되며, 가공비는 공정전반에 걸쳐 균등하게 발생한다.

② 검사는 공정의 70%시점에서 이루어지며, 검사를 통과한 물량의 5%까지를 정상공손으로 허용하고 있다.

③ 기초재공품원가는 ₩49,500이며, 이는 전공정비 ₩12,000, 재료비 ₩28,000, 가공비 ₩9,000, 순정상공손원가 ₩500으로 구성되어 있다.

④ 모든 공손품은 단위당 ₩10의 가공비를 투입하여 추가가공하면, 단위당 ₩20에 판매된다.

[요구사항]

1. 당기에 투입된 전공정대체원가, 재료비, 가공비는 얼마인지 구하시오.

2. 완성품과 기말재공품원가를 구하시오.

➡ 해설

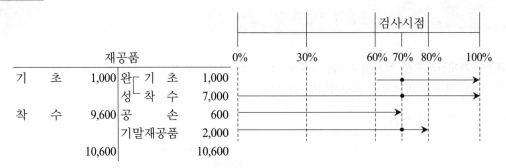

당기 중 검사 통과 수량 : 기초재공품(1,000단위) + 당기착수완성품(7,000단위) + 기말재공품(2,000단위)
= 10,000단위

정상공손수량 : 10,000단위 × 5% = 500단위

비정상공손수량 : 600단위 − 500단위 = 100단위

1~2. 종합원가계산 5단계

전공정대체원가, 재료비, 가공비 완성품환산량 단위당 원가를 각각 a, b, c라고 하면,

[1단계] 물량의 흐름

재공품			
기 초 1,000	완 성 ┌기 초	1,000
당기착수 9,600	└투 입	7,000
	정상공손	500
	비정상공손	100
	기 말	2,000
합 계 10,600	합 계	10,600

[2단계] 완성품 환산량

	전공정비	재료비	가공비
기 초	0	0	400
투 입	7,000	7,000	7,000
정상공손	500	500	350
비정상공손	100	100	70
기 말	2,000	2,000	1,600
합 계	9,600	9,600	9,420

[3단계] 총원가 요약

				합 계
기초재공품원가				₩ 49,500
당기 착수 원가	**a**	**b**	**c**	x
합 계				₩ 49,500 + x

[4단계] 완성품환산량 단위당원가

완성품 환산량	÷9,600	÷ 9,600	÷ 9,420
완성품환산량 단위당원가	@30	@20	@10

[5단계] 원가 배분

		합　계
완성품원가	$49,500 + 7,000 \times 30 + 7,000 \times 20 + 7,400 \times 10 =$	₩473,500
정상공손원가	$500 \times 30 + 500 \times 20 + 350 \times 10 =$	28,500
비정상공손원가	$100 \times 30 + 100 \times 20 + 70 \times 10 =$	5,700
기말재공품원가	$2,000 \times 30 + 2,000 \times 20 + 1,600 \times 10 =$	116,000
합　　　계		₩623,700

[6단계] 원가 2차배분

	배분 전 원가	공손품(순실현가치)	정상공손원가	배분 후 원가
완 성 품 원 가	₩473,500	₩ –	₩18,800[*3]	₩492,300
정 상 공 손 원 가	28,500	(5,000)[*1]	(23,500)	0
비정상공손원가	5,700	(1,000)[*2]	–	4,700
기 말 재 공 품	116,000	–	4,700[*4]	120,700
공 　 손 　 품	–	6,000	–	6,000
합　　　계	₩623,700	₩ 0	₩ 0	₩623,700

[*1] $500 \times (₩20 - ₩10) = ₩5,000$

[*2] $100 \times (₩20 - ₩10) = ₩1,000$

[*3] $23,500 \times \dfrac{8,000}{(8,000 + 2,000)} = ₩18,800$

[*4] $23,500 \times \dfrac{2,000}{(8,000 + 2,000)} = ₩4,700$

당기에 투입된 원가는 다음과 같이 계산할 수 있다.

전공정비(a) = $9,600 \times 30 = ₩288,000$

재료비(b) = $9,600 \times 20 = ₩192,000$

가공비(c) = $9,420 \times 10 = ₩94,200$

추가설명

(주)삼성의 제 2공정과 관련된 사항을 회계처리로 나타내면 다음과 같다.

① 제1공정의 완성품 → 제2공정으로 대체

| (차) 재공품(제2공정) | 288,000 | (대) 재공품(제1공정) | 288,000 |

② 제2공정 제조원가의 투입

| (차) 재공품(제2공정) | 286,200 | (대) 재 료 비 | 192,000 |
| | | 가 공 비 | 94,200 |

③ 제2공정 제품 완성시

(차) 제 품	492,300	(대) 재공품(제2공정)	503,000
공 손 손 실	4,700		
공 손 품	6,000		

위의 사항을 재공품(제2공정) 계정에 나타내면 다음과 같다.

재 공 품

기초재공품	49,500	제 품	492,300
전 공 정 비	288,000	비정상공손	4,700
재 료 비	192,000	공 손 품	6,000
가 공 비	94,200	기말재공품	120,700
합 계	623,700	합 계	623,700

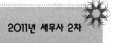

 공손품 회계처리 2011년 세무사 2차

다음을 읽고 물음에 답하시오.

(주)신라는 단일공정을 통해 제품 A를 대량생산하고 있다. 직접재료는 X재료와 Y재료로 구성되며, X재료는 공정초기에 모두 투입되고 Y재료는 공정의 60%시점에서 모두 투입된다. 가공원가는 공정전체를 통해 평균적으로 발생한다. 공정의 80%시점에서 품질검사가 이루어지며, 정상공손 허용수준은 합격품 수량의 10%이다. 공손품의 순실현가치는 없다. (주)신라는 가중평균법에 의한 종합원가계산을 적용하여 제품원가를 계산하고 있다. 당기의 생산 및 원가자료는 다음과 같다. 비정상공손원가는 기간비용으로 처리하고 정상공손원가는 물량단위를 기준으로 합격품에 배분한다. 단, 괄호 안의 수치는 가공원가 완성도를 의미한다.

항 목	물량단위	X재료원가	Y재료원가	가공원가
기초재공품	1,000(30%)	₩ 82,000	–	₩ 50,000
당기투입	8,000	746,000	₩846,000	1,310,000
당기완성품	5,000			
기말재공품	3,000(90%)			

요구사항

1. 정상공손원가를 합격품에 배분한 후의 완성품원가와 기말재공품원가를 구하시오.

2. 공정의 50%시점에서 품질검사를 실시하여도 공정의 80%시점에서 품질검사를 한 경우와 동일한 수량의 공손품을 발견할 수 있다고 한다. 품질검사 시점을 50%로 변경할 경우에 최대 원가절감액을 구하시오. 단, 가공원가는 모두 변동원가로 간주한다.

3. [물음1]에서 정상공손원가를 배분한 후의 완성품원가는 ₩2,000,000이고, 비정상공손원가는 ₩100,000으로 산출되었으며, 다음과 같이 회계처리하였다고 가정한다.

    (차) 제　　　　품 　　　　2,000,000　　(대) 재 공 품 　　　　2,100,000
    　　비정상공손원가(기간비용)　　100,000

만일 공손품의 순실현가치가 다음과 같이 추정되었을 경우, 상기 자료를 이용하여 올바른 회계처리를 하시오. 다른 조건은 문제에 주어진 것과 동일하다.

| 항 목 | 단위당 금액 | | 물량단위 | 순실현가치 |
	판매가격	판매비		
정상공손	₩250	₩75	800단위	₩140,000
비정상공손	250	50	200단위	40,000

→ **해설**

1. 완성품과 기말재공품원가계산

[1단계] 물량의 흐름   **[2단계] 완성품 환산량**

재공품			X재료비	Y재료비	가공비
기 초	1,000	완 성 5,000	5,000	5,000	5,000
		정상공손 800	800	800	640
당기착수	8,000	비정상공손 200	200	200	160
		기 말 3,000	3,000	3,000	2,700
합 계	9,000	합 계 9,000	9,000	9,000	8,500

[3단계] 총원가 요약   합 계

	X재료비	Y재료비	가공비	합 계
기초재공품원가	82,000	–	50,000	₩ 132,000
당기 착수 원가	746,000	846,000	1,310,000	2,902,000
합 계	828,000	846,000	1,360,000	₩ 3,034,000

[4단계] 완성품환산량 단위당원가

	X재료비	Y재료비	가공비
완 성 품 환 산 량	÷9,000	÷ 9,000	÷ 8,500
완성품환산량 단위당원가	@92	@94	@160

[5단계] 원가 배분   합 계

		합 계
완성품원가	$5,000 \times 92 + 5,000 \times 94 + 5,000 \times 160 =$	₩ 1,730,000
정상공손원가	$800 \times 92 + 800 \times 94 + 640 \times 160 =$	251,200
비정상공손원가	$200 \times 92 + 200 \times 94 + 160 \times 160 =$	62,800
기말재공품원가	$3,000 \times 92 + 3,000 \times 94 + 2,700 \times 160 =$	990,000
합 계		₩ 3,034,000

[6단계] 원가 2차배분

	배분 전 원가	정상공손원가	배분 후 원가
완 성 품 원 가	₩ 1,730,000	₩ 157,000[*1]	₩ 1,887,000
정 상 공 손 원 가	251,200	(251,200)	0
비 정 상 공 손 원 가	62,800	–	62,800
기 말 재 공 품	990,000	94,200[*2]	1,084,200
합 계	₩ 3,034,000	₩ 0	₩ 3,034,000

[*1] $251,200 \times \dfrac{5,000}{(5,000 + 3,000)} = ₩ 157,000$

[*2] $251,200 \times \dfrac{3,000}{(5,000 + 3,000)} = ₩ 94,200$

2. 50%시점에서 검사시 절감되는 원가

정상공손 800단위와 비정상공손 200단위가 80%가 아닌 50%시점에서 발견될 경우 Y재료는 60%시점에서 투입되므로, Y재료가 전혀 투입되지 않을 것이다. 또한 80%가 아닌 50%시점까지만 가공되므로, 가공비도 30%만큼 투입이 되지 않을 것이다. 따라서 50%검사시점에서 모두 발견되는 경우 절감되는 원가는 다음과 같다.

$$Y재료비 : 1,000단위 \times 94 = \qquad ₩\ 94,000$$
$$가 공 비 : 1,000단위 \times 30\% \times 160 = \qquad \underline{48,000}$$
$$합 \quad 계 : \qquad\qquad\qquad ₩\underline{142,000}$$

3. 올바른 회계처리

(차) 제 품	1,912,500[*1]	(대) 재 공 품	2,152,500[*2]
공 손 품	180,000		
비정상공손원가 (영업외비용)	60,000		

[*1] $2,000,000 - 140,000 \times \dfrac{5,000단위}{8,000단위} = ₩1,912,500$

(정상공손품의 순실현가치 ₩140,000 중에서 완성품에 배분된 금액 $140,000 \times \dfrac{5,000단위}{8,000단위} = ₩87,500$ 만 차감하면, 완성품의 원가가 된다. 즉, 정상공손 800단위의 순실현가치가 ₩140,000이므로 이 중 완성품에 배분된 금액은 ₩87,500이므로 이 금액만큼만 차감하면 순실현가치를 차감한 후 정상공손원가가 완성품에 배분된 금액이 된다.)

[*2] $2,100,000 + 140,000 \times \dfrac{3,000단위}{8,000단위} = ₩2,152,500$

(정상공손품의 순실현가치 ₩140,000 중에서 기말재공품에 배분된 금액 $140,000 \times \dfrac{3,000단위}{8,000단위} = ₩52,500$ 만큼을 기말재공품에서 차감하면, 기말재공품의 원가가 남게 된다. 즉, 정상공손 800단위의 순실현가치가 ₩140,000이므로 이 중 기말재공품에 배분된 금액은 ₩52,500이므로 이 금액만큼 기말재공품에서 추가로 차감해 주어야 한다.)

결합원가계산

 1 기본개념

결합제품 (joint product)	단일 제조공정에서 여러 가지 제품을 동시에 생산하는 경우 이 때 생산되는 두 종류 이상의 제품이나 서비스
결합원가 (joint costs)	여러 가지 제품을 동시에 생산하는 단일공정에서 발생한 원가로서 결합제품이 분리되어 생산되기 전까지 투입된 제반원가
분리점 (spilt–off point)	결합원가가 투입되어 여러 종류의 결합제품이 탄생하는 과정에서, 결합제품이 개별적으로 식별이 되는 점
주산물(major products)과 부산물(by–products)	여러 종류의 결합제품들 중 상대적으로 판매가치가 높은 제품을 주산물이라 하며, 상대적으로 판매가치가 낮은 제품을 부산물이라 한다.
개별원가 (separable costs)	개별원가는 추가가공원가(additional processing costs)라고도 하는데, 분리점 이후 결합제품을 추가가공하는데 발생하는 원가를 말한다.
작업폐물(scrab)	결합제품을 생산하는 과정에서 발생하는 찌꺼기로서, 순실현가치가 "0"이하이거나 폐기처분과정에서 비용이 발생한다.

> **참고**
>
> 결합원가를 결합제품에 배분하는 이유는 결합제품들의 원가를 계산해서, 이를 각종 의사결정목적에 사용하기 위한 목적도 있지만, 결합제품들의 원가를 이용하여 재무제표를 작성을 통한 외부보고목적도 있다.

> **참고**
>
> 작업폐물이 폐기처분되는 과정에서 부(−)의 순실현가치인 경우 동 금액을 결합원가에 가산하여 결합제품에 배분하여야 한다. 즉, 작업폐물의 폐기처분비용 등은 결합원가에 포함시키면 된다.

2 결합원가의 배분방법

물량기준법	① 결합제품들의 중량이나 수량, 부피와 같은 동일한 단위를 기준으로 결합원가를 배분하는 방법 ② 쉽고 간단하며, 결합제품들의 판매가치를 알 수 없는 경우에도 적용할 수 있다는 장점이 있으나, 결합제품들의 물량의 단위가 다를 경우에는 적용할 수 없다는 단점이 있다.
분리점에서의 판매가치기준법	① 결합원가 배분시 분리점에서의 제품별 상대적인 판매가치를 기준으로 배분하는 방법으로서 부담능력기준에 일환이다. ② 분리점에서 개별제품의 판매 시장이 존재할 경우에는 이 방법을 쉽게 적용할 수 있으나, 분리점에서 개별제품의 판매 시장이 존재하지 않는 경우에는 이 방법을 적용할 수 없다는 단점이 있으나, 제품별 수익성을 반영하여 결합원가를 배분한다는 장점이 있다.
순실현가치기준법	① 분리점에서의 판매가치가 존재하지 않거나, 판매가치를 알 수 없는 경우에 사용하는 방법으로서, 최종판매가치에서 개별제품별 추가가공원가 등을 차감한 가치(순실현가치)를 기준으로 결합원가를 배분하는 방법 ② 결합원가만 이익창출에 기여하고, 개별원가는 이익창출에 기여하지 못한다는 단점이 있으나, 제품별 수익성을 고려한다는 장점이 있다.
균등이익률법	① 개별제품들의 최종판매가치를 기준으로 제품별 매출총이익률이 모두 같아지도록 결합원가를 배분하는 방법 ② 최종판매가치 대비 추가가공원가의 비중이 큰 경우에는 마이너스(−) 결합원가가 배분될 수 있다는 단점이 있으나, 결합원가와 추가가공원가 모두 수익창출에 공헌한다고 볼 수 있게 된다.

> **참고**
>
> 결합원가를 배분하는 여러 가지 방법 들 중 어떠한 방법으로 결합원가를 배분하더라도, 회사전체의 이익에는 영향이 없다. 또한 결합원가의 배분방법에 따라 결합제품의 추가가공여부도 달라지지 않는다.

3 복수의 분리점

분리점이 둘 이상인 경우에도 우선 공정흐름도를 잘 그리는 것이 중요하다. 분리점이 둘 이상이라고 하더라도, 결합원가의 배분은 분리점이 하나만 존재하는 경우와 큰 차이가 없으며, 첫 번째 분리점부터 동일하게 배분해 나가면 된다. 다만 순실현가치법의 경우에는 제품별 순실현가치를 계산하는 과정에서 최종분리점이후의 순실현가치부터 먼저 계산하여야 한다는 점만 주의하면 된다.

4 부산물의 회계처리

생산기준법 (원가차감법)	① 분리점에서의 부산물의 순실현가치 만큼을 부산물에 우선적으로 결합원가를 배분하는 방법 ② 결합원가의 일부를 부산물에 우선 배분하기 때문에 주산물의 원가가 상대적으로 낮아진다. ③ 판매가격이나 추가가공비용, 판매비용 등에 대한 예측이 정확히 맞을 경우 **부산물의 판매에서는 이익이나 손실이 인식되지 않는다.**
판매기준법 (잡이익법)	① 부산물에 대하여는 결합원가를 전혀 배분하지 않고, 부산물이 판매되는 시점에 부산물의 판매로 인한 순이익(순실현가치)을 잡이익으로 인식하는 방법 ② 생산기준법에 비하여 주산물에 원가가 상대적으로 높게 평가된다. ③ **부산물에 대하여는 결합원가를 전혀 배분하지 않기** 때문에 부산물의 추가가공이 이루어지지 않는 경우에는 부산물의 원가는 "0"이 되며, 모든 결합원가는 주산물에만 배분하게 된다.

5 결합제품 추가가공여부 결정

결합제품을 분리점에서 판매할 것인지 혹은 추가가공하여 판매할 것인지 여부는 추가가공으로 인하여 증가되는 수익과 증가되는 비용을 비교하여 결정하게 된다. 즉, 추가가공으로 인해 증가되는 수익이 증가되는 비용보다 크다면 추가가공 하여야 할 것이며, 반대로 추가가공으로 인해 증가되는 수익이 증가되는 비용보다 작다면 추가가공은 하지 않고, 분리점에서 판매되어야 한다.

여기에서 주의하여야 할 사항은 결합원가나 결합원가의 배분방법이 의사결정에 전혀 영향을 미치지 않는다는 것이다. 즉, 결합원가는 분리점 이전에 발생한 원가 즉, 매몰원가(sunk costs)이기 때문에 의사결정과 전혀 무관하다.

연습문제 1 결합원가배분 및 추가가공의사결정

당시에 사업을 개시한 한경회사는 결합 제품 갑, 을과 부산물 병을 생산하여 판매하고 있다. 당해 기간 발생한 결합원가는 총 ₩1,500,000이다. 회사의 모든 제품은 모두 분리점 이후에 추가가공을 거쳐서 판매되며, 회사가 당기에 생산한 제품과 관련된 생산 및 판매 자료가 다음과 같을 때, 요구사항에 답하시오.

제 품	생 산 량	판 매 량	추가가공원가	단위당 판매가격
갑	2,500단위	2,300단위	₩ 800,000	₩ 800
을	1,000단위	900단위	400,000	1,200
병	500단위	400단위	100,000	400
합 계	4,000단위	3,600단위	₩1,300,000	

요구사항

상호독립적인 다음의 요구사항에 답하시오.

1. 회사는 부산물을 판매시점에서 잡이익으로 처리하고 있으며, 결합원가는 순실현가치기준법에 의하여 배분하고 있다.
   (1) 각 제품별 단위당 원가를 계산하시오.
   (2) 제품별 기말재고자산 가액을 계산하시오.

2. 회사는 부산물의 순실현가치만큼을 부산물의 생산시점에 배부하고 있으며, 결합원가는 순실현가치기준법에 의하여 배분하고 있다.
   (1) 각 제품별 단위당 원가를 계산하시오.
   (2) 제품별 기말재고자산 가액을 계산하시오.

3. 다음의 각 상황별로 추가가공여부를 결정하시오.
   (1) 회사는 제품 갑과 병이 분리점에서 판매가능하다고 가정할 때, 분리점에서 제품 갑과 병의 단위당 판매가격은 각각 ₩500, ₩600이다. 분리점에서 제품 갑과 을의 추가가공 여부를 결정하시오.
   (2) ₩100,000을 들여서 부산물 병을 추가가공하여 제품 정으로 만들면 단위당 ₩1,000에 판매할 수 있게 된다. 부산물 병은 추가가공과정에서 10%만큼 감손이 발생하며, 제품 정은 판매하는 과정에서 단위당 ₩300씩의 판매비용이 발생한다. 추가가공여부를 결정하시오.

➡ 해설

1. 부산물을 판매시점에 잡이익으로 처리하는 경우

제품	순실현가치	결합원가배분율	결합원가배분	추가가공원가	총원가
갑	₩1,200,000[*1]	60%	₩900,000	₩ 800,000	₩1,700,000
을	800,000[*2]	40%	600,000	400,000	1,000,000
합계	₩2,000,000	100%	₩1,500,000	₩1,200,000	₩2,700,000

[*1] 2,500단위 × 800 − 800,000 = ₩1,200,000

[*2] 1,000단위 × 1,200 − 400,000 = ₩800,000

제품별 단위당 원가와 기말재고자산 가액은 다음과 같다.

제 품	총원가	생산량	단위당 원가	기말재고수량	기말재고가액
갑	₩1,700,000	2,500단위	₩ 680	200단위	₩136,000
을	1,000,000	1,000단위	1,000	100단위	100,000
병	100,000	500단위	200	100단위	20,000
합 계	₩2,800,000	3,000단위		600단위	₩256,000

2. 부산물을 생산시점에 순실현가치만큼 배부하는 경우

제품	순실현가치	결합원가배분율	결합원가배분	추가가공원가	총원가
갑	₩1,200,000[*1]	60%	₩840,000	₩ 800,000	₩1,640,000
을	800,000[*2]	40%	560,000	400,000	960,000
소계	₩2,000,000	100%	₩1,400,000[*3]	₩1,200,000	₩2,700,000
병	₩ 100,000[*3]		₩ 100,000	₩ 100,000	₩ 200,000

[*1] 2,500단위 × 800 − 800,000 = ₩1,200,000

[*2] 1,000단위 × 1,200 − 400,000 = ₩800,000

[*3] 500단위 × 400 − 100,000 = ₩100,000

[*4] 1,500,000 − 100,000(부산물의 순실현가치) = ₩1,400,000

제품별 단위당 원가와 기말재고자산 가액은 다음과 같다.

제 품	총원가	생산량	단위당 원가	기말재고수량	기말재고가액
갑	₩1,6400,000	2,500단위	₩ 656	200단위	₩131,200
을	960,000	1,000단위	960	100단위	96,000
병	200,000	500단위	400	100단위	40,000
합 계	₩2,800,000	3,000단위		600단위	₩267,200

3. 추가가공여부 결정

  (1) 주산품의 추가가공여부 결정

  ① 갑 제품을 추가가공할 경우

추가가공으로 인한 매출액의 증가 : $2,000,000^{*1} - 1,250,000^{*2} = ₩750,000$
추가가공으로 인한 개별원가의 증가 :   800,000
증분이익(손실)   :   (₩ 50,000)
          ^{*1} 2,500단위 × 800 = ₩2,000,000
          ^{*2} 2,500단위 × 500 = ₩1,250,000

갑 제품을 추가가공할 경우에는 영업이익이 ₩50,000만큼 감소하므로 추가가공하지 않아
야 한다.

  ② 을 제품을 추가가공할 경우

추가가공으로 인한 매출액의 증가 : $1,500,000^{*1} - 900,000^{*2} = ₩600,000$
추가가공으로 인한 개별원가의 증가 :   400,000
증 분 이 익   :   ₩200,000
          ^{*1} 1,500단위 × 1,000 = ₩1,500,000
          ^{*2} 1,500단위 × 600 = ₩900,000

을 제품을 추가가공할 경우에는 영업이익이 ₩200,000만큼 증가하므로 추가가공하여야
한다.

  (2) 부산품의 추가가공여부 결정

추가가공으로 인한 매출액의 증가 : $450,000^{*1} - 200,000^{*2} = ₩250,000$
추가가공으로 인한 개별원가의 증가 : $100,000 + 135,000^{*3} = $ 235,000
증 분 이 익   :   ₩ 15,000
          ^{*1} 500단위 × 90% × 1,000 = ₩450,000
          ^{*2} 500단위 × 400 = ₩200,000
          ^{*3} 500단위 × 90% × 300 = ₩135,000

연습문제 2   결합원가계산과 현금예산   2014 CPA 2차

㈜한국은 결합공정인 제1공정과 추가적인 제2공정을 통해 제품을 생산한다. 다음은 표준원가계산시스템을 사용하는 ㈜한국이 2014년 3분기 예산편성을 위해 수집한 자료이다.

(1) ㈜한국은 3분기 중 직접재료X 1단위를 제1공정에서 가공하여 연산품A 2단위와 연산품B 4단위를 생산한다. 아울러 ㈜한국은 연산품B 2단위와 직접재료Y 1단위를 제2공정에 투입하여 연산품C 1단위를 생산한다. 모든 공정에서 공손품 및 부산물은 발생하지 않는다. 주어진 자료 이외의 수익과 비용은 고려하지 않는다.

(2) 제1공정에서 직접재료X 1단위를 가공하기 위한 표준변동원가 관련 자료는 다음과 같다.

직접재료X 1단위당 표준구매가격	₩600
직접재료X 1단위당 표준직접노동시간	3시간
직접노동시간당 표준임률	₩200
직접재료X 1단위당 표준변동제조간접원가	₩400

(3) 제2공정에서 연산품C 1단위를 생산하기 위한 표준변동원가 관련 자료는 다음과 같다.

직접재료Y 1단위당 표준구매가격	₩200
연산품C 1단위당 표준직접노동시간	2시간
직접노동시간당 표준임률	₩200
연산품C 1단위당 표준변동제조간접원가	₩600

(4) ㈜한국의 표준변동판매관리비는 연산품A 1단위당 ₩200이며 연산품C 1단위당 ₩0이다. 예산고정판매관리비는 매월 ₩500,000이다.

(5) 월초 및 월말 재고자산은 없다.

(6) 연산품A와 C 1단위당 판매가격은 각각 ₩2,000과 ₩3,000이다. 연산품A와 C의 월별 예상판매량은 다음과 같다.

구 분	7월	8월	9월
연산품A	200단위	300단위	250단위
연산품C	200단위	300단위	250단위

요구사항

1. 순실현가능가치법을 활용하여 결합원가를 배부할 경우, 연산품A와 C의 8월 중 제품별 매출총이익을 각각 계산하시오.

2. 균등매출총이익률법을 활용하여 결합원가를 배부할 경우, 연산품A와 C에 대한 8월 중 결합원가 배부액을 각각 계산하시오.

3. 상기 예산자료와 함께 현금흐름과 관련된 다음 사항을 추가로 가정할 때, 다음 물음에 답하시오.

> 연산품A와 C는 외상거래로만 판매된다. 매출액의 70%는 판매된 달에 현금으로 회수되며 다음 달에 25%가 현금으로 회수된다. 나머지 5%는 현금으로 회수되지 않는다. 직접재료X와 Y의 구매대금은 구매한 달에 전액 현금으로 지급하고, 직접노무원가 및 변동제조간접원가도 해당 월에 전액 현금으로 지급한다. 고정판매관리비에는 매월 ₩55,000의 감가상각비가 포함되어 있고, 나머지 고정 및 변동판매관리비는 해당 월에 전액 현금으로 지급한다.

(1) 8월 중 ㈜한국의 순현금흐름액을 계산하시오.

(2) ㈜한국은 8월말 현재 현금잔액을 최소한 7월말 현금잔액과 동일하게 유지하려 한다. 이를 위해 ㈜한국이 8월 중 생산하여 판매해야 하는 연산품C의 최소판매량을 계산하시오. 단, 연산품A는 생산된 달에 전량 판매된다.

해설

<공정 흐름도>

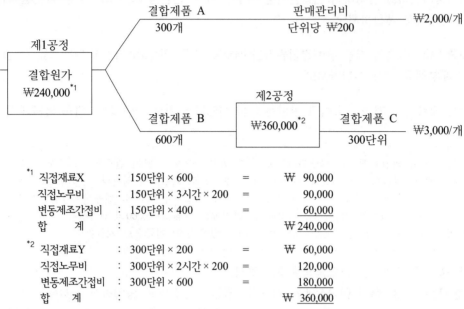

*1 직접재료X   : 150단위 × 600   =   ₩ 90,000
   직접노무비   : 150단위 × 3시간 × 200 =   90,000
   변동제조간접비 : 150단위 × 400   =   60,000
   합   계   :   ₩240,000

*2 직접재료Y   : 300단위 × 200   =   ₩ 60,000
   직접노무비   : 300단위 × 2시간 × 200 =   120,000
   변동제조간접비 : 300단위 × 600   =   180,000
   합   계   :   ₩ 360,000

1. 순실현가치기준법

1) 결합원가 배부 및 제품별 총원가 계산

제품	순실현가치	결합원가 배분율	결합원가 배 분	추가가공원가	총원가
A C	₩540,000*1 540,000*2	50% 50%	₩120,000 120,000	₩ 0 360,000	₩120,000 480,000
합계	₩1,080,000	100%	₩240,000	₩ 360,000	₩600,000

*1 300단위 × (2,000 – 200)   = ₩540,000
*2 300단위 × 3,000 – 360,000 = ₩540,000

2) 제품별 매출총이익 계산

제 품	A 제품	C 제품
매출액 매출원가	300단위×2,000 = ₩600,000 120,000	300단위×3,000 = ₩900,000 480,000
매출총이익	₩480,000	₩420,000

2. 균등이익률법

1) 회사전체 매출총이익 계산

매출액 :				₩1,500,000
	A제품 : 300개 × 2,000 =	₩ 600,000		
	C제품 : 300개 × 3,000 =	900,000		
매출원가 :				600,000
	제1공정원가 :	₩ 240,000		
	제2공정원가 :	360,000		
매출총이익 :				₩ 900,000

2) 회사전체 매출총이익률 계산 : $\dfrac{900,000}{1,500,000}$ = 60%

3) 결합원가 배분

제 품	매출액	매출 총이익률	매출총이익	추가가공원가	결합원가
A제품 B제품	₩600,000 900,000	60% 60%	₩360,000[*1] 540,000[*2]	₩ 0 360,000	₩240,000[*3] 0[*4]
합　계	₩1,500,000		₩900,000	₩360,000	₩240,000

[*1] 600,000 × 60% = ₩360,000

[*2] 900,000 × 60% = ₩540,000

[*3] ₩600,000 − ₩360,000 = ₩240,000

[*4] ₩900,000 − ₩540,000 − ₩360,000 = ₩0

3. 현금예산

(1) 순현금흐름

① 현금 유입액

8월 매출분(A제품) : 300개 × 2,000 × 70% =		₩ 420,000
8월 매출분(C제품) : 300개 × 3,000 × 70% =		630,000
7월 매출분(A제품) : 200개 × 2,000 × 25% =		100,000
7월 매출분(C제품) : 200개 × 3,000 × 25% =		150,000
현금유입액 :		₩1,300,000

② 현금 유출액

X재료 구입	: 150개 × 600	=	₩ 90,000
Y재료 구입	: 300개 × 200	=	60,000
1공정 직접노무비	: 150개 × 3시간 × 200	=	90,000
2공정 직접노무비	: 300개 × 2시간 × 200	=	120,000
1공정 변동제조간접비	: 150개 × 400	=	60,000
2공정 변동제조간접비	: 300개 × 600	=	180,000
A제품 변동판매비	: 300개 × 200	=	60,000
고정판매관리비	: 500,000 − 55,000	=	445,000
현금유출액 :			₩1,105,000

③ 순현금흐름

$$1,300,000 - 1,105,000 = ₩195,000$$

(2) 7월과 동일한 현금잔액을 위한 8월 C제품 판매량

C판매량을 x라 할 경우 8월 현금 유입액은 다음과 같다.

8월 매출분(A제품): 300개 × 2,000 × 70%	=	₩420,000
8월 매출분(C제품): x × 3,000 × 70%	=	$2,100x$
7월 매출분(A제품): 200개 × 2,000 × 25%	=	₩100,000
7월 매출분(C제품): 200개 × 3,000 × 25%	=	₩150,000
		₩670,000 + 2100x

8월말 현금잔액이 7월말 현금잔액과 동일하기위해서는 8월 현금유입액 $670,000 + 2,100x$ 이 8월 현금유출액 ₩1,105,000과 일치하여야 한다.

∴$670,000 + 2,100x = 1,105,000 \rightarrow x ≒ 207$개

연습문제 3   결합제품 추가가공여부 결정   2001 CPA 2차

회사는 한 공정에서 갑 200단위, 을 300단위, 병 500단위, 부산물 정 100단위를 생산하고 있으며 이들에 대한 결합원가는 ₩1,000,000이다. 갑은 추가가공과정을 거쳐 슈퍼갑으로 판매되며 이 때 추가가공원가는 ₩100,000이며 판매가격은 ₩2,750이다. 을과 병은 추가가공없이 생산 즉시 판매 되며 이들의 판매가격은 각각 ₩1,250, ₩1,350이다. 부산물 정은 추가가공없이 판매되나 순실현 가치가 없다. 또한 정은 추가 처분비용도 발생하지 않는다.

요구사항

1. 각 제품의 순실현가치를 기준으로 결합원가를 배분할 때 제품별 단위당 제조원가를 구하시오.

2. 슈퍼갑과 을과 병의 매출총이익률을 구하라. 소수점은 둘째자리까지 구하라.

3. 다음 각 상황에서 각 제품의 추가가공이 유리한지 불리한지 밝혀라. 추가가공하는 제품은 무엇이고 추가가공 없이 그대로 판매하는 제품은 무엇인가? 아래의 각 상황은 모두 상호 독립적임.
    a) 갑의 분리점에서의 판매가격은 ₩2,150이다. 추가가공시 투입량의 20%의 감손이 발생 하며 추가가공원가는 ₩100,000이고 추가가공후의 판매가격은 ₩2,750이다. 이 때 갑을 추가가공 하는 것이 유리한가?
    b) 을은 추가가공시 투입량의 20%의 감손이 발생하며 추가가공원가는 ₩100,000이다. 추 가가공후 판매가격이 ₩1,600일 때, 을을 추가가공하는 것이 유리한가?
    c) 병은 추가가공시 투입량의 20%가 증가하고, 추가가공원가는 ₩100,000이다. 추가가공 시 판매가격이 ₩1,600일 때, 병을 추가가공하는 것이 유리한가?

4. 정제품을 추가가공하면 슈퍼정이 생산되며 슈퍼정의 순실현가치는 ₩20,000이다. 이는 각 제품의 순실현가치에 비해 매우 미미한 것이어서 결합원가배분시 슈퍼정 제품의 순실현 가치를 차감한 금액을 갑, 을, 병에 각각 배분하려고 한다. 이 경우 위 3번의 각 의사결정 에 어떤 영향을 미치나?

5. 슈퍼갑, 을, 병제품은 각각의 사업부에서 판매하고 있다. 회사는 각 사업부의 성과를 매출총 이익을 기준으로 평가하고 있다. 정제품을 추가가공할 경우 슈퍼정이 생산되며 이의 추가가 공원가는 ₩30,000이고 추가가공 후 판매가격은 단위당 ₩500 이다. 슈퍼정의 판매수익은 본 사에 귀속되며 슈퍼정의 추가가공원가는 갑, 을, 병 각 사업부에 1/3씩 배부하며 결합원가는 슈퍼정의 순실현가치를 차감한 금액을 각 제품의 순실현가치를 기준으로 배부한다. 이 때 위 문제 1번과 비교할 경우 각 사업부는 정제품의 추가가공에 대해 찬성할 것인가?

➡ 해설

1.

제품	순실현가치	결합원가 배분율	결합원가 배분	추가가공원가	총원가
수퍼갑	₩ 450,000*1	30%	₩ 300,000	₩100,000	₩ 400,000
을	375,000*2	25%	250,000	0	250,000
병	675,000*3	45%	450,000	0	450,000
합계	₩1,500,000	100%	₩1,000,000	₩100,000	₩1,100,000

*1 200단위 × 2,750 − 100,000 = ₩450,000
*2 300단위 × 1,250 = ₩375,000
*3 500단위 × 1,350 = ₩675,000

2.

제품	수퍼갑	을	병
매 출 액	₩ 550,000	₩ 375,000	₩ 675,000
매 출 원 가	400,000	250,000	450,000
매출총이익	150,000	125,000	225,000
매출총이익률	27.27%	33.33%	33.33%

3. a) 증분수익 매출액의 증가 2,750×160단위 − 2,150×200단위 = ₩ 10,000
   증분비용 추가가공비용   100,000
   증분이익   ₩(90,000)
   따라서, 증분이익이 0보다 작으므로 추가가공 해서는 안 된다.
   b) 증분수익 매출액의 증가 1,600×240단위 − 1,250×300단위 = ₩ 9,000
   증분비용 추가가공비용   100,000
   증분이익   ₩(91,000)
   따라서, 증분이익이 0보다 작으므로 추가가공 해서는 안 된다.
   c) 증분수익   매출액의 증가 1,600×600단위 − 1,350× 500단위 = ₩ 285,000
   증분비용   추가가공원가   100,000
   증분이익   ₩ 185,000
   따라서, 증분이익이 0보다 크므로 추가가공 하여야 한다.
   그러므로 갑제품과 을제품은 분리점에서 판매하여야 하며, 병제품은 추가가공 하여야 한다.

4. 위 3번의 각 의사결정에 아무런 영향도 미치지 않는다. 왜냐하면 결합원가는 추가가공 의사결정과는 관련없는 매몰원가이기 때문이다.

5. 찬성하지 않는다. 1번과 비교하면 각 사업부가 수퍼정의 순실현가치의 ₩20,000(＝100단위 × 500−30,000) 차감으로 인하여 절감되는 금액보다 수퍼정의 추가가공원가 ₩30,000의 부담액이 더 커서 각 사업부의 매출총이익이 감소하기 때문이다.

연습문제 4　　**작업폐물이 존재하는 경우 폐기처분비용의 처리**　　**2004 CPA 2차**

乙회사는 화학원료를 이용하여 두 가지 제품을 생산하는 기업으로 공정 I 에서 원재료 α를 투입하여 두가지 중간제품 "갑"과 "을"을 생산하고, 공정 II 에서 중간제품 갑을 추가가공하여 두 가지 주산품 A, B를 생산하고 있다. 중간제품 을은 시장가치가 없어 폐품처리하고 있으며 폐품처리에 소요되는 비용은 ℓ 당 ₩500이다. 회사는 5월에 공정 I 에서 중간제품 갑 80,000 ℓ 와 중간제품 을 20,000 ℓ 를 생산하였으며, 중간제품 갑을 공정 II 에서 추가가공하여 최종제품 A 48,000 ℓ 와 최종제품 B 20,000 ℓ 를 생산하였다.

각 공정별 원가자료와 각 제품별 판매가격 및 판매비용에 관한 자료는 다음과 같다.

1. 공정별 원가자료

	직접재료원가	가공원가	총원가
공정 I	₩ 100,000,000	₩ 20,000,000	₩ 120,000,000
공정 II	0	150,000,000	150,000,000

2. 제품별 판매가격과 판매비용

	판매가격	판매비용
제품 A	₩ 6,500	₩ 1,000
제품 B	5,000	600

요구사항

1. 순실현가치를 기준으로 결합원가를 최종제품 A와 B에 배분하고 ℓ 당 원가를 결정하시오.

2. 최근 당회사는 신기술을 개발하여 지금까지 시장가치가 없어 폐품처리를 하던 중간제품 "을"을 추가로 가공하여 제품 A를 생산하는 원재료로 이용할 수 있게 되었다. 따라서 최고경영자는 독립된 사업부를 설립하여 중간제품 "을"을 추가로 가공하기로 결정하였다. 중간제품 "을"을 추가로 가공하면, 공정 II 의 제품 A의 원료가 되는 제품원료 C가 10,000 ℓ, 부산물 D가 8,000 ℓ 가 생산된다. 부산물 D는 ℓ 당 ₩400의 판매가치를 갖게 된다. 공정 II 에 중간제품 "을"을 가공하여 제품원료 C를 공급함으로써 생산의 효율성이 증가하게 되어, 제품 A를 추가로 12,000 ℓ 생산할 수 있으며, 제품원료 C는 제품 A를 제조하는 과정에만 이용할 수 있다고 가정한다. 이 경우 乙회사 전체 입장에서 추가가공에 투입하여야 할 최대 허용가능원가를 계산하시오.

➡ 해설

<공정흐름도>

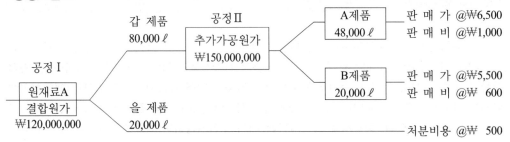

1. 제품별 단위당원가 계산

제품	순실현가치	결합원가 배분율	결합원가 배분	생산량	단위당원가
A	₩264,000,000*1	75%	₩210,000,000	48,000 ℓ	₩4,375
B	88,000,000*2	25%	70,000,000	20,000 ℓ	3,500
합계	₩352,000,000	100%	₩280,000,000*3		

*1 48,000 ℓ × (6,500 − 1,000) = ₩264,000,000

*2 20,000 ℓ × (5,000 − 600) = ₩88,000,000

*3 결합원가 : 공정 Ⅰ의 원가　　　 ₩120,000,000
　　　　　　공정 Ⅱ의 원가　　　　 150,000,000
　　　　　　제품 "을"의 폐기비용　　 10,000,000(= 20,000 ℓ × 500)
　　　　　　합　　　　계　　　 ₩280,000,000

주의할 점

"을"제품이 폐품처분되면서 비용을 발생시키는 경우 관련된 처분비용도 결합원가에 포함시켜서 A제품과 B제품에 배분하여야 한다.

2. 추가가공 할 경우

을제품을 추가가공할 경우 추가가공에 투입되어야 할 원가를 제외한 나머지 관련원가를 분석하면 다음과 같다.

Ⅰ. 증분수익 : A제품 매출증가 : 12,000 ℓ × 6,500 =　　　 ₩78,000,000
　　　　　　　부산물D 수익증가 : 8,000 ℓ × 400 =　　　 3,200,000　 ₩81,200,000
Ⅱ. 증분비용 : A제품 비용증가 : 12,000 ℓ × 1,000 =　　　 ₩12,000,000
　　　　　　　을 폐품처리비용 감소 : 20,000 ℓ × 500 = 　(10,000,000)　 ₩ 2,000,000
Ⅲ. 증분이익 : 　　　　　　　　　　　　　　　　　　　　　　　　　 ₩79,200,000

추가가공에 투입되어야할 원가를 제외하고 증분이익이 ₩79,200,000이 증가하기 때문에 회사가 추가가공에 투입할 수 있는 최대허용가능원가는 ₩79,200,000이다.

연습문제 5 **결합원가계산과 종합원가계산(1)** 2014년 세무사 2차

(주)대한은 결합제품 A, B, C를 생산, 판매하고 있다. 공정1에서 반제품이 생산되는데, 그 가운데 일부는 제품 A라는 이름만 붙여 외부에 판매되며, 또 일부는 공정2를 거쳐 제품 B가 생산되고, 나머지는 공정3을 거쳐 제품 C와 폐물 F가 생산된다. 20x1년 생산 및 원가자료는 다음과 같다.

1) 공정1의 기초재공품은 100kg(완성도 40%), 당기투입수량은 1,300kg이며, 당기완성량은 1,000kg, 기말재공품은 300kg(완성도 60%), 나머지는 공손이다. 공정1에서 재료원가와 가공원가는 모두 공정전반에 걸쳐 균등하게 발생한다. 공정1에서 품질검사는 완성도 70%에서 이루어지며, 품질검사를 통과한 정상품의 6%를 정상공손으로 간주한다. 20x1년 공정1의 기초재공품 원가는 ₩28,000이며, 당기투입원가는 ₩1,149,500이다. 원가흐름은 선입선출법을 가정한다.

2) 제품 A는 200kg이 생산되었고 추가가공원가는 발생하지 않는다. 공정2에서는 제품 B가 300kg 생산되었으며 추가가공원가는 총 ₩152,000 발생하였다. 공정3에서는 제품 C가 400kg, 폐물 F가 100kg이 생산되었으며 추가가공원가는 총 ₩200,000 발생하였다. 폐물 F는 공정3의 특성상 발생한 것이며, 공정1, 2와는 관계가 없다. 공정2와 3에서 재료의 투입은 이루어지지 않으며, 재공품과 공손 및 감손은 없었다.

3) 폐물 F를 폐기처리하는데 kg당 ₩150의 비용이 소요되며, 부산물과 폐물에 대한 회계처리는 생산기준법(순실현가치)를 적용하고 있다. 20x1년 각 제품의 판매 관련 자료는 다음과 같다.

	kg당 가격	판매비(총액)
제품 A	₩2,100	₩ 70,000
제품 B	2,100	240,000
제품 C	2,800	108,000
합 계	₩7,000	₩ 418,000

[요구사항]

1. 20x1년 공정1에서 결합제품에 배부되어야 할 결합원가는 얼마인가?

2. (물음1)에서 산출된 결합원가가 ₩1,000,000이라고 가정한다. 순실현가치법을 이용하여 제품 A, B, C의 제품원가를 각각 구하시오.

3. (주)대한의 경영진은 제품 B의 수익성이 상대적으로 낮기 때문에 공정2를 폐쇄하고 이것을 추가가공 이전인 제품 A의 형태로 판매하는 대안을 고민하고 있다. (주)대한의 경영진은 회계팀에게 20x1년의 자료를 이용하여 대안의 수락여부를 판단할 수 있는 정보를 요청하였다. 회계팀에서 필요한 자료를 수집한 결과는 다음과 같다. 20x1년 각 제품의 재고는 없으며, 폐물 F도 모두 처리되었고, 제품 A의 시장수요는 충분하다. 공정 2에서 발생한 추가가공원가 가운데 1/2은 고정원가이다. 공정2를 폐쇄할 경우 공정2의 변동제조원가는 더 이상 발생하지 않으며, 공정2의 생산라인을 다른 기업에 장기 임대하여 연간 ₩30,000의 임대수익을 얻을 수 있다. 총판매비 ₩418,000 가운데 ₩120,000은 고정판매비이며, 이는 각 제품의 "kg당 가격"에 비례적으로 배분되었다. 또한 제품 A의 판매량이 증가함에 따라 제품 B의 변동판매비 가운데 1/3은 계속 발생할 것으로 예상된다.

(1) 이 대안을 수락하는 경우 (주)대한의 연간 이익은 20x1년 보다 얼마나 증가하겠는가? (단, 물음2의 결과를 이용하며, (주)대한의 20x1년도 이익은 ₩385,000이다.)

(2) 제품 B의 수요가 무한하다고 가정할 때, 제품 B의 판매가격이 얼마 이상일 때, 공정2를 유지하는 것이 유리한가?

→ 해설

1. 공정1의 결합제품에 배부되어야 할 결합원가

[1단계] 물량의 흐름   [2단계] 완성품 환산량

재공품					총원가
기　초	100	완 성	기초	100	60
			투입	900	900
당기착수	1,300	정상공손		60*1	42
		비정상공손		40*2	28
		기　말		300	180
합　계	1,400	합　계		5,300	1,210

[3단계] 총원가 요약

		합　계
기초재공품원가		₩ 28,000
당기 착수 원가	1,149,500	1,149,500
합　　계		₩ 1,177,500

[4단계] 완성품환산량 단위당원가

완 성 품 환 산 량	÷1,210단위
완성품환산량 단위당원가	@950

[5단계] 원가 배분

		합　계
완성품원가	28,000＋960×950 =	₩ 940,000
정상공손원가	42×950 =	39,900
비정상공손원가	28×950 =	26,600
기말재공품원가	180×950 =	171,000
합　　계		₩ 1,177,500

*1 정상공손수량 : (100단위 + 900단위)×6% = 60단위
*2 비정상공손수량 : 100단위 - 60단위 = 40단위

공정1의 결합원가 = 공정1의 완성품원가 = 940,000 + 39,900 = ₩979,900(기말재공품이 검사시점을 통과하지 않았기 때문에 정상공손원가는 모두 완성품에 배분한다)

2. 순실현가치기준법에 의한 제품별 원가

<공정흐름도>

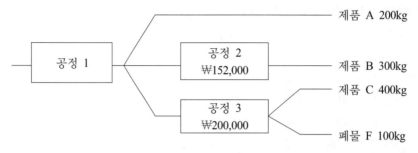

제품	순실현가치	결합원가 배분율	결합원가 배분	추가가공원가	폐물 F의 폐기처리비용	총원가
A	₩350,000[*1]	25%	₩ 250,000	₩ 0	₩ 0	₩ 250,000
B	238,000[*2]	17%	170,000	152,000	0	322,000
C	812,000[*3]	58%	580,000	200,000	15,000[*4]	795,000
합계	₩1,400,000	100%	₩1,000,000	₩352,000	₩15,000	₩1,367,000

[*1] $200kg \times 2,100 - 70,000 = ₩350,000$

[*2] $300kg \times 2,100 - 152,000 - 240,000 = ₩238,000$

[*3] $400kg \times 2,800 - 200,000 - 108,000 = ₩812,000$

[*4] 폐물 F는 공정 3의 특성 때문에 발생하기 때문에 폐물 F의 폐기처분비용 ₩15,000($=100kg \times 150$)은 모두 제품 C의 원가에 가산하여야 한다.

3. (1) 공정2를 폐쇄하는 경우

공정2의 변동제조원가 감소 : $152,000 \times 1/2$	= ₩ 76,000
임대수익의 증가 :	30,000
변동판매비 감소 : $(240,000 - 36,000^*) \times 2/3$	= 136,000
증 분 이 익 :	₩242,000

* 고정판매비는 kg당 판매가격을 기준으로 배분하였으므로 제품 B에 배분된 고정판매비는 ₩36,000($=120,000 \times \dfrac{2,100}{7,000}$) 이다.

공정2를 폐쇄하는 경우 영업이익은 ₩242,000만큼 증가한다.

(2) 제품B의 판매가격을 p라 가정하고, 공정2를 폐쇄하는 경우

제품B 매출감소 :	(300p)
제품A 매출증가 :	630,000(= 300kg × 2100)
공정2의 변동제조원가 감소 :	76,000
임대수익 증가 :	30,000
변동판매비 감소 :	136,000
증 분 이 익 :	872,000 − 300p

폐쇄하는 경우 증분이익이 0보다 작아야 폐쇄하지 않게 되므로 다음을 만족하여야 한다.

$$872,000 - 300p \leqq 0 \quad \rightarrow \quad 2,906.7 \leqq p$$

따라서, 제품 B의 판매가격이 ₩2,906.7보다 커야 제품 B를 폐쇄하지 않고 유지하는 것이 유리하게 된다. 이는 다음과 같이 계산할 수도 있다.

$$최소판매가격 = 2,100 + \frac{242,000}{300kg} = ₩2,906.7$$

연습문제 **6**　　결합원가계산과 종합원가계산**(2)**　　

㈜세무는 결합생산공정을 통해 동일한 원재료 T를 가공처리하여 결합제품 A, B, C를 생산하며, 이 때 폐물 P가 산출된다. 제1공정에서는 반제품이 생산되는데 그 가운데 일부는 제품 A라는 이름만 붙여 외부에 판매되며, 또 일부는 제2공정을 거쳐 제품 B가 생산되고, 나머지는 제3공정을 거쳐 제품 C가 생산된다. ㈜세무는 실제원가를 이용하여 선입선출법에 의한 종합원가계산을 사용하고 있다. 결합원가는 순실현가능가치법에 의해 각 결합제품에 배부되며, 부산물과 폐물에 대한 회계처리는 생산시점에서 순실현가능가치로 평가하여 인식한다. 다음은 20x1년 9월 생산 및 관련 자료이다.

1) 제1공정에서 직접재료원가와 전환원가는 공정전반에 걸쳐 균등하게 발생한다.

기초재공품 200단위(전환원가 완성도 40%), 당기투입 2,600단위, 당기완성량 2,000단위, 기말재공품 600단위(전환원가 완성도 60%), 1차 공손수량 100단위, 2차 공손수량 100단위이다. 품질검사는 두 차례 실시하는데 공정의 20%시점에서 1차검사를 하고, 공정의 종료시점에서 2차검사를 한다. ㈜세무의 정상공손수량은 1차검사에서는 검사시점을 통과한 합격품의 2%, 2차검사에서는 검사시점을 통과하는 합격품의 2.5%이다. 공손품은 발생 즉시 추가비용 없이 폐기된다. 기초재공품원가는 ₩22,600(직접재료원가 ₩10,000, 전환원가 ₩12,600)이며, 당기투입원가는 ₩2,400,000(직접재료원가 ₩1,440,000, 전환원가 ₩960,000)이다. ㈜세무는 정상공손원가를 당월에 검사를 통과한 합격품의 물량단위에 비례하여 배부하며, 공손품의 처분가치는 없다.

2) 제품 A는 400단위 생산되었으며, 추가가공원가는 발생하지 않는다. 제2공정에서는 제품 B가 600단위 생산되었으며, 추가가공원가는 총 ₩200,000 발생하였다. 제3공정에서는 제품 C가 800단위 생산되었으며, 추가가공원가는 총 ₩300,000 발생하였다. 폐물 P는 200단위 생산되었으며, 정부의 환경관련 법규에 따라 폐기하는데 단위당 ₩500의 비용이 소요된다. 제2공정, 제3공정에서 재료의 투입은 이루어지지 않았으며, 재공품과 공손 및 감손은 없었다.

3) 제품 A의 단위당 판매가격은 ₩2,000, 제품 B의 단위당 판매가격은 ₩1,500, 제품 C의 단위당 판매가격은 ₩2,000이다. 제품 A의 총 판매비는 ₩200,000, 제품 B의 총 판매비는 ₩200,000, 제품 C의 총 판매비는 ₩400,000이다.

요구사항

1. 제1공정의 1차 검사시점과 2차 검사시점의 정상공손수량을 각각 계산하시오.

2. 제1공정에서 완성품환산량단위당원가, 결합제품에 배부하여야 할 결합원가 총액, 그리고 정상공손원가 배부 후 비정상공손원가를 각각 계산하시오.

3. 20x1년 9월에 발생한 결합원가를 배부하여 제품 A, B, C의 제품원가를 각각 계산하시오.

4. ㈜한국이 폐물 P를 추가재료로 사용하기 위해 단위당 ₩1,500에 구입하겠다고 ㈜세무에게 제안을 하였다. 이 경우 ㈜세무는 폐물 P를 생산시점부터 부산물로 처리하려고 하며, ㈜세무는 폐물 P를 추가가공해서 판매할 수 있으며, 추가가공원가는 ₩350,000이다. ㈜한국의 제안에 대해 ㈜한국의 제안에 대해 ㈜세무의 의사결정에 대한 증분손익을 계산하고 수락 또는 거절의 의사결정을 제시하시오.

5. 위 4.의 의사결정을 수락할 경우, 20x1년 9월에 발생한 결합원가를 배부하여 제품 A, B, C의 제품원가를 각각 계산하시오.

➡ 해설

1. 공손수량 계산

검사시점이 2군데이기 때문에 1차 검사시점(20%시점)을 통과한 수량 계산시 2차검사시점(100%시점)에서 탈락한 공손수량(2차 정상공손수량과 2차 비정상공손 수량의 합계)도 포함하여야 한다는 것이다. 즉, 2차검사시점(100%시점)에서 탈락한 공손수량도 모두 1차검사시점(20%시점)은 통과하여 2차검사시점까지 진행되었기 때문이다.

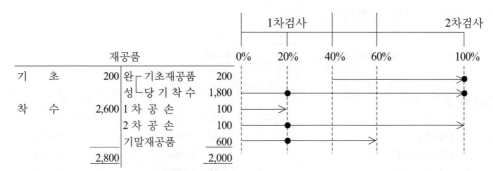

(1) 당기 중 1차 검사시점 통과수량 :

1,800(당기착수완성) + 100(2차공손) + 600(기말재공품) = 2,500단위

따라서 1차공손 중 정상공손수량 : 2,500 × 2% = 50단위

비정상공손수량 : 100단위 − 50단위 = 50단위

(2) 당기 중 2차 검사시점 통과수량 :

200(기초재공품) + 1,800(당기착수완성) = 2,000단위

따라서 2차공손 중 정상공손수량 : 2,000 × 2.5% = 50단위

비정상공손수량 : 100단위 − 50단위 = 50단위

2. 원가계산

[1단계] 물량의 흐름   [2단계] 완성품 환산량

재공품			총원가
기 초	200	완 ┌기 초 200	120
		성 └착 수 1,800	1,800
		1차정 상 50	10
착 수	2,600	1차비정상 50	10
		2차정 상 50	50
		2차비정상 50	50
		기 말 600	360
합 계	2,800	합 계 2,800	2,400개

[3단계] 총원가 요약

		합 계
기초재공품원가		₩ 22,600
당기 착수 원가	₩2,400,000	2,400,000
합 계		₩2,433,600

[4단계] 완성품환산량 단위당원가

완성품 환산량	÷2,400
완성품환산량 단위당원가	@1,000

[5단계] 원가 배분

		합 계
완성품원가	22,600 + 1,920 × 1,000 =	₩1,942,600
1차정상공손	10 × 1,000 =	10,000
1차비정상공손	10 × 1,000 =	10,000
2차정상공손	50 × 1,000 =	50,000
2차비정상공손	50 × 1,000 =	50,000
기말재공품	360 × 1,000 =	360,000
합 계		₩2,422,600

[6단계] 원가의 1차배분

	배분 전 원가	정상공손원가배분	배분 후 원가
완성품	₩1,942,600	₩7,200 [*1]	₩1,949,800
1차정상공손	10,000	(10,000)	0
1차비정상공손	10,000	–	10,000
2차정상공손	50,000	200 [*2]	50,200
2차비정상공손	50,000	200 [*3]	50,200
기말재공품	360,000	2,400 [*4]	362,400
합 계	₩2,422,600	₩ 0	₩2,422,600

$$^{*1} \quad 10,000 \times \frac{1,800단위}{(1,800단위 + 50단위 + 50단위 + 600단위)} = ₩7,200$$

$$^{*2} \quad 10,000 \times \frac{50단위}{(1,800단위 + 50단위 + 50단위 + 600단위)} = ₩200$$

$$^{*3} \quad 10,000 \times \frac{50단위}{(1,800단위 + 50단위 + 50단위 + 600단위)} = ₩200$$

$$^{*4} \quad 10,000 \times \frac{600단위}{(1,800단위 + 50단위 + 50단위 + 600단위)} = ₩2,400$$

1차 정상공손원가 배분시 배분대상은 당기착수완성수량 1,800단위와 2차공손 수량 100단위(2차 정상공손수량 50단위와 2차비정상공손수량 50단위의 합계), 그리고 기말재공품 600단위에 비례하여 배분하여야 한다. 주의할 점은 2차정상공손과 2차비정상공손도 당기에 1차검사시점 20%를 통과하였기 때문에 1차정상공손원가를 배분해 주어야 한다는 것이다.

[7단계] 원가의 2차배분

	배분 전 원가	정상공손원가배분	배분 후 원가
완성품	₩1,949,800	₩50,200[*1]	₩2,000,000
1차정상공손	0	–	0
1차비정상공손	10,000	–	10,000
2차정상공손	50,200	(50,200)	0
2차비정상공손	50,200	–	50,200
기말재공품	362,400	–	**362,400**
합 계	₩2,422,600	₩ 0	₩2,422,600

[*1] 기말재공품이 2차검사를 통과하지 않았기 때문에 2차 정상공손원가는 전액 완성품에만 배부한다. 즉, 2차검사는 완성품만 통과하였기 때문에 완성품에만 배부하는 것이다.

따라서 완성품환산량단위당원가는 ₩1,000이며, 결합제품에 배부하여야 할 원가는 당기 완성품원가 ₩2,000,000이다. 또한 비정상공손원가는 총 ₩60,200(=10,000 + 50,200)이다.

3. 결합원가 배부

제품	순실현가치	결합원가 배 분 율	결합원가 배 분	추가가공원가	총원가
갑	₩600,000[*1]	30%	₩630,000	₩ 0	₩630,000
을	500,000[*2]	25%	525,000	200,000	725,000
병	900,000[*3]	45%	945,000	300,000	1,245,000
합계	₩2,000,000	100%	₩2,100,000[*4]	₩500,000	₩2,600,000

[*1] 400단위 × 2,000 – 200,000 = ₩600,000

[*2] 600단위 × 1,500 – 200,000 – 200,000 = ₩500,000

[*3] 800단위 × 2,000 – 300,000 – 400,000 = ₩900,000

[*4] 2,000,000 + 100,000 = 2,100,000 (작업폐물 P의 순실현가치 : 200단위×500 = (-)100,000)

참고 : 작업폐물이 발생하는 경우 작업폐물의 마이너스 순실현가치는 결합원가에 가산하여 결합원가를 배분하여야 한다.

4. 추가가공여부 결정

폐물 P를 추가가공할 경우

증분수익	: 200단위 × 1,500	=	₩300,000
증분비용	: 350,000 − 100,000	=	(250,000)
증분이익(손실)	:		₩ 50,000

5. 결합원가 재계산

제품	순실현가치	결합원가 배분율	결합원가 배분	추가가공원가	총원가
갑	₩600,000[*1]	30%	₩615,000	₩ 0	₩ 615,000
을	500,000[*2]	25%	512,500	200,000	712,500
병	900,000[*3]	45%	922,500	300,000	1,222,500
합계	₩2,000,000	100%	₩2,050,000[*4]	₩500,000	₩2,550,000

[*1] 400단위 × 2,000 − 200,000 = ₩600,000

[*2] 600단위 × 1,500 − 200,000 − 200,000 = ₩500,000

[*3] 800단위 × 2,000 − 300,000 − 400,000 = ₩900,000

[*4] 2,000,000 + 50,000 = 2,050,000 (폐물 P의 순실현가치 : 200단위 × 1,500 − 350,000 = (−)50,000)

연습문제 7　결합원가계산과 종합원가계산(3)

(주)성남은 두 개의 연속된 제조공정을 통해서 제품을 생산한다. 첫 번째 공정에서는 3 : 2의 비율로 결합제품 A, B를 생산하는데, 제품 A는 첫 번째 공정에서 완성된 후 단위당 ₩2,250에 판매될 수 있지만, 제품 B는 두 번째 공정에서 추가가공한 후에 단위당 ₩2,800에 판매된다. 원재료는 첫 번째 공정 시작시점에 모두 투입되고, 두 번째 공정에서는 추가 재료비의 투입없이 가공만 이루어진다. 가공비는 모든 공정에서 공정전반에 걸쳐 균등하게 발생한다. 회사의 모든 공정은 선입선출법을 적용하고 있으며, 각 공정별 당기 생산 및 원가자료는 다음과 같다.

	첫 번째 공정			
	수 량	완 성 도	재료비	가공비
기초재공품	500단위	40%	₩ 500,000	₩ 101,500
당기착수	4,800단위		4,776,000	2,574,000
당기완성	5,000단위			
기말재공품	300단위	50%		

	두 번째 공정				
	수 량	완 성 도	전공정비	재료비	가공비
기초재공품	200단위	50%	₩ 300,000	0	₩ 59,500
당기착수	2,000단위		?	0	1,045,000
당기완성	1,800단위				
기말재공품	400단위	50%			

회사는 결합원가를 순실현가치법에 의하여 배분하고 있다.

【요구사항】

1. 첫 번째 공정의 완성품원가를 계산하시오.

2. 두 번째 공정의 완성품원가를 계산하시오.

3. 결합원가를 A와 B에 배분하시오.

➡ 해설

<공정 흐름도>

1. 첫 번째 공정 완성품 원가 계산

[1단계] 물량의 흐름				[2단계] 완성품 환산량	
재공품				재료비	가공비
기 초	500	완 ┌ 기초	500	0	300
		성 └ 투입	4,500	4,500	4,500
당기착수	4,800	기 말	300	300	150
합 계	5,300	합 계	5,300	4,800	4,950

[3단계] 총원가 요약			합 계
기초재공품원가			₩ 601,500
당기 착수 원가	4,776,000	2,574,000	7,350,000
합 계			₩ 7,951,500

[4단계] 완성품환산량 단위당원가		
완성품 환산량	÷ 4,800	÷ 4,950
완성품환산량 단위당원가	@995	@520

[5단계] 원가 배분		합 계
완 성 품 원 가	$601,500 + 4,500 \times 995 + 4,800 \times 520 =$	₩ 7,575,000[*]
기말재공품원가	$300 \times 995 + 150 \times 520 =$	376,500
합 계		₩ 7,951,500

[*] 결합제품 A 3,000단위와 B 2,000단위의 결합원가이다.

2. 두 번째 공정 완성품 원가 계산

[1단계] 물량의 흐름 [2단계] 완성품 환산량

재공품			전공정비	가공비
기 초	200	완 ┌ 기초	200	0	100
		성 └ 투입	1,600	1,600	1,600
당기착수	2,000	기 말	400	400	200
합 계	2,200	합 계	2,200	2,000	1,900

[3단계] 총원가 요약

			합 계
기초재공품원가			₩ 359,500
당기 착수 원가	3,030,000*	1,045,000	4,075,000
합 계			₩ 4,434,500

[4단계] 완성품환산량 단위당원가

완 성 품 환 산 량	÷ 2,000	÷ 1,900
완성품환산량 단위당원가	@1,515	@550

[5단계] 원가 배분

		합 계
완 성 품 원 가	$359{,}500 + 1{,}600 \times 1{,}515 + 1{,}700 \times 550 =$	₩ 3,718,500
기말재공품원가	$400 \times 1{,}515 + 200 \times 550 =$	716,000
합 계		₩ 4,434,500

* 요구사항 3의 결합원가 배분에서 B제품에 대한 결합원가 배분액이다.

3. 결합원가 배분

제 품	순실현가치	결합원가 배분비율	결합원가 배분액
A	3,000단위 × 2,250 = ₩ 6,750,000	60%	₩4,545,000
B	2,000단위 × (2,800 − 550*) = 4,500,000	40%	3,030,000
소 계	₩11,250,000	100%	₩7,575,000[*2]

[*1] 두 번째 공정 가공비의 완성품환산량 단위당 원가이다.
[*2] 첫 번째 공정의 완성품원가

연습문제 8 　결합원가계산과 복수제품 CVP분석

20×5년에 (주)대한은 제1공정에서 원재료 1,000kg(1톤)을 투입하여 갑제품 275kg과 을제품 625kg 을 생산하며, 을제품은 전량 제2공정에서 가공하면 병제품 300kg과 정제품 150kg이 생산된다. 생 산된 제품 갑, 병, 정은 모두 마지막 추가가공을 거쳐 완성되며, 마지막 추가가공을 거쳐 최종제 품으로 완성되는 물량은 갑제품 250kg, 병제품 250kg, 정제품 125kg 이다. 최종제품 갑, 병, 정의 판매가격은 kg당 ₩500, ₩500, ₩800이며, 제품 생산과 관련된 원가자료는 다음과 같다.

(1) 회사는 원재료를 kg당 ₩50에 구입한다.

(2) 제1공정과 제2공정에서 발생하는 원가

	투입량 1kg당 변동비	고정비
제1공정	1kg당 ₩40	₩2,880,000
제2공정	1kg당 ₩80	2,600,000

(3) 마지막 추가가공과정에서 발생하는 가공비는 다음과 같다.

	투입량 1kg당 변동비	고정비
갑제품	₩120	₩800,000
병제품	120	900,000
정제품	120	200,000

요구사항

1. 원재료 100톤을 투입하여 가공하는 경우 순실현가치기준법에 의하여 갑, 병, 정의 제품별 kg당 원가를 계산하시오.

2. 요구사항1을 균등이익률법에 의할 경우 회사전체의 영업이익은 얼마나 달라지는가?

3. 손익분기점을 제1공정의 원재료 투입물량 기준으로 계산하시오.

➡ 해설

[원재료 1톤 투입할 경우 물량의 흐름도]

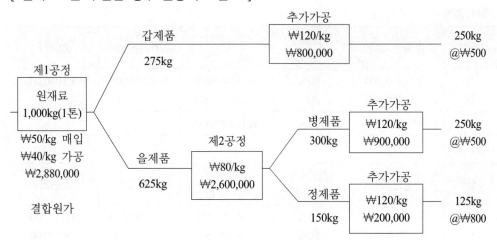

[원재료 100톤 투입할 경우 물량의 흐름도]

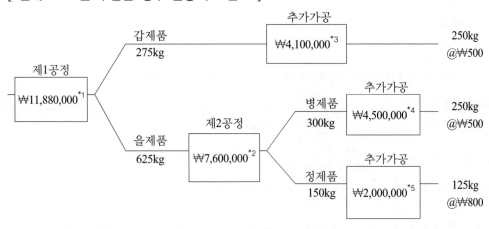

[1] 제1공정 결합원가 : 100톤×1,000kg/톤×₩50 + 100톤×1,000kg/톤×₩40 + 2,880,000 = ₩11,880,000

[2] 제2공정 원가 : 100톤×625kg/톤×₩80 + 2,600,000 = ₩7,600,000

[3] 갑제품 추가가공원가 : 100톤×275kg/톤×₩120 + 800,000 = ₩4,100,000

[4] 병제품 추가가공원가 : 100톤×300kg/톤×₩120 + 900,000 = ₩4,500,000

[5] 정제품 추가가공원가 : 100톤×150kg/톤×₩120 + 200,000 = ₩2,000,000

1. 순실현가치기준법

(1) 결합원가 배분

<제1분리점>

제품	순실현가치	결합원가 배분율	결합원가 배분	추가가공원가	총원가
갑	₩ 8,400,000[*1]	50%	₩ 5,940,000	₩4,100,000	₩10,040,000
을	8,400,000[*4]	50%	5,940,000		
소계	₩16,800,000	100%	₩11,880,000		

<제2분리점>

제품	순실현가치	결합원가 배분율	결합원가 배분	추가가공원가	총원가
병	₩ 8,000,000[*2]	50%	₩6,770,000	₩4,500,000	₩11,270,000
정	8,000,000[*3]	50%	6,770,000	2,000,000	8,770,000
소계	₩16,000,000	100%	₩13,540,000[*6]		

[*1] 100톤×250kg/톤×₩500 − 4,100,000 = ₩8,400,000

[*2] 100톤×250kg/톤×₩500 − 4,500,000 = ₩8,000,000

[*3] 100톤×125kg/톤×₩800 − 2,000,000 = ₩8,000,000

[*4] 16,000,000(병과 정의 순실현가치 합계) − 7,600,000 = ₩8,400,000

[*6] 5,940,000(제1공정 결합원가 을제품에 배분액) + 7,600,000 = ₩13,540,000

(2) 제품별 kg당 원가

갑제품 단위당 원가 : $\dfrac{10,040,000}{100톤 \times 250kg/톤} = ₩401.6/kg$

병제품 단위당 원가 : $\dfrac{11,270,000}{100톤 \times 250kg/톤} = ₩450.8/kg$

정제품 단위당 원가 : $\dfrac{8,770,000}{100톤 \times 125kg/톤} = ₩701.6/kg$

2. 각 제품이 모두 생산되어 판매된다고 가정할 경우 어떠한 방법을 사용하더라도 회사전체 매출총이익이나 당기순이익에는 영향을 미치지 못한다. 즉, 각 방법별로 결합원가를 어떤 제품에게 더 많이 배분하고 더 적게 배분하냐의 문제이지, 어떤 방법을 쓰느냐에 따라 원가가 더 많이 발생하거나 더 적게 발생하는 것은 아니기 때문이다. 회사 전체적으로 발생하는 원가의 총액은 일정하게 정해진 상태에서 제품간에 원가를 배분하는 문제이므로 회사전체 이익에 미치는 영향은 없다.

3. 손익분기점(투입량 기준)

   (1) 원재료 1톤 투입시 결합제품의 판매가치

       갑제품 : 250kg × ₩500   = ₩125,000

       병제품 : 250kg × ₩500   =   125,000

       정제품 : 125kg × ₩800   =   <u>100,000</u>

       합 계 :   <u>₩350,000</u>

   (2) 원재료 1톤 투입시 변동비

       원재료 구입원가 : 1,000kg × ₩50 =   ₩50,000

       1공정 변동가공비 : 1,000kg × ₩40 =   40,000

       2공정 변동가공비 : 625kg × ₩80   =   50,000

       갑제품 추가가공비 : 275kg × ₩120 =   33,000

       을제품 추가가공비 : 300kg × ₩120 =   36,000

       정제품 추가가공비 : 150kg × ₩120 =   <u>18,000</u>

       합 계 :   <u>₩227,000</u>

   (3) 고정비 총액

       제1공정 고정비 :   ₩2,880,000

       제2공정 고정비 :   2,600,000

       추가가공 고정비 :   <u>1,900,000</u> (=800,000+900,000+200,000)

       합 계 :   <u>₩7,380,000</u>

   (4) 손익분기점(투입량) = $\dfrac{F(고정비)}{p(단위당판매가격)-v(단위당변동비)}$ = $\dfrac{7,380,000}{350,000-227,000}$ = 60톤

     회사는 원재료 60톤을 투입하여 가공후 판매할 경우 손익분기점에 도달하게 된다.

변동원가계산

6 chapter

1 의의

원가의 범위에 따라 아래 그림과 같이 전부원가계산, 변동원가계산, 초변동원가계산으로 구분할 수 있다.

	전부원가계산	변동원가계산	초변동원가계산
제품원가	직접재료비 직접노무비 변동제조간접비 고정제조간접비	직접재료비 직접노무비 변동제조간접비	직접재료비
기간비용	변동판매관리비 고정판매관리비	고정제조간접비 변동판매관리비 고정판매관리비	직접노무비 변동제조간접비 고정제조간접비 변동판매관리비 고정판매관리비

2 공헌이익 손익계산서(변동원가계산 손익계산서)

전부원가계산에 의한 손익계산서는 원가를 기능별로 분류하여 작성하지만, 변동원가계산에 의한 손익계산서는 원가를 행태별로 분류하여 작성하며, 전부원가계산에 의한 손익계산서와 공헌이익 손익계산서(contribution income statement)는 다음과 같다.

전부원가 손익계산서			공헌이익 손익계산서		
Ⅰ. 매　　출　　액		×××	Ⅰ. 매　　출　　액		×××
Ⅱ. 매　출　원　가			Ⅱ. 변　　동　　비		
1. 기초제품재고	×××		1. 변동매출원가	×××	
2. 당기제품제조원가	×××		2. 변동판매관리비	×××	×××
3. 기말제품재고	(×××)	×××	Ⅲ. 공　헌　이　익		×××
Ⅲ. 매 출 총 이 익		×××	Ⅳ. 고　　정　　비		
Ⅳ. 판 매 관 리 비			1. 고정제조간접비	×××	
1. 변동판매관리비	×××		2. 고정판매관리비	×××	×××
2. 고정판매관리비	×××	×××	Ⅴ. 영　업　이　익		×××
Ⅴ. 영　업　이　익		×××			

3 각 방법별 이익차이 조정

(1) 변동원가계산과 전부원가계산의 영업이익 차이조정

> 변동원가계산의 영업이익　　　×××
> (+) 기말재고자산에 포함된 고정제조간접비　　×××
> (−) 기초재고자산에 포함된 고정제조간접비　　(×××)
> (=) 전부원가계산의 영업이익　　×××

(2) 전부원가계산과 변동원가계산의 비교

1) 변동원가계산의 영업이익은 회사가 판매한 수량에 의해서만 영향을 받지만 전부원가계산의 순이익은 판매량 뿐만 아니라 생산량에 의해서도 영향을 받는다.

2) 전부원가계산에 의할 경우에는 **경영자의 의도적인 생산량 증가로 불필요한 재고누적을 초래할 가능성**이 있다.

※ 전부원가계산에 의한 성과평가의 문제점을 해결하기 위한 방안
　① 변동원가계산이나 초변동원가계산에 의하여 성과평가를 한다.
　② 재고유지비용 및 재고에 묶인 자금의 기회비용 등을 부담시키는 방법을 통하여 경영자에게 재고누적에 대한 재무적인 책임을 지운다.
　③ 성과평가대상기간을 연장하여 장기적 이익을 저해하면서 단기적인 이익을 증가시키려는 유인을 감소시킨다.
　④ 성과평가에 사용하는 측정치에 재무적인 항목뿐만 아니라 비재무적인 항목도 포함시킨다.

4 변동원가계산의 유용성과 한계

(1) 유용성

① 경영자의 자의에 의한 생산량의 증감를 통하여 이익을 조작할 가능성을 방지할 수 있다.
② 계획수립 및 (단기)의사결정에 유용하다.
③ 고정제조간접비 배부차이로 인한 혼동을 제거할 수 있다.
④ 표준원가 및 변동예산과 함께 사용되면 원가통제를 위한 효과적인 수단으로 사용될 수 있다.

(2) 한계

① 고정제조간접비의 중요성을 간과하기 쉽다.
② 변동원가계산에 의한 손익계산서는 외부보고용으로는 인정되지 않고 있다.
③ 고정제조간접비를 전액 기간비용으로 처리하기 때문에 수익·비용대응의 원칙에 부합되지 않는다.
④ 변동원가계산은 모든 원가를 변동비와 고정비로 구분하여야 하나 이는 현실적으로 쉽지 않다.
⑤ 변동원가계산의 경우에는 변동원가만은 제품원가로 보기 때문에 재고자산의 가치가 저평가되는 경향이 있으므로, 이를 기초로 제품의 가격이나 장기의사결정에 이용하는 경우 한계가 있다.

5 정상원가계산하에서의 비교

정상변동원가계산의 경우에는 고정제조간접비는 제품의 원가를 구성하지 않고 전액 기간비용처리 되기 때문에 고정제조간접비는 실제발생한 원가 전액을 당기 비용처리 한다는 것이다. 따라서 정상변동원가계산의 경우에는 고정제조간접비 배부차이가 존재하지 않는다. 따라서 정상원가계산하에서 **제조간접비 배부차이를 전액 매출원가에서 조정할 경우,** 양 방법간의 이익차이는 다음과 같이 조정될 수 있다.

변동원가계산의 영업이익	×××
(+) 기말재고수량 × 당기 고정제조간접비예정배부율	×××
(−) 기초재고수량 × 전기 고정제조간접비예정배부율	(×××)
(=) 전부원가계산의 영업이익	×××

6 초변동원가계산

초변동원가계산(super variable costing)은 스루풋원가계산(throughput costing)이라고도 하며, 변동원가계산의 장점[6]을 더욱 강조하기 위해 직접재료비만으로 제품원가를 계산하는 방법이다.

초변동원가 손익계산서

Ⅰ. 매 출 액		×××
Ⅱ. 직접재료비매출원가		
1. 기초재고(직접재료)	×××	
2. 당기(직접재료)매입액	×××	
3. 기말재고(직접재료)	×××	×××
Ⅲ. (재료)처리량공헌이익		×××
Ⅳ. 운 영 비 용		
1. 직 접 노 무 비	×××	
2. 변 동 제 조 간 접 비	×××	
3. 고 정 제 조 간 접 비	×××	
4. 변 동 판 매 관 리 비	×××	
5. 고 정 판 매 관 리 비	×××	×××
Ⅴ. 영 업 이 익		×××

(1) 초변동원가계산과 변동원가계산의 이익차이 조정

초변동원가계산의 영업이익	×××
(+) 기말재고자산에 포함된 **변동가공비**[7]	×××
(−) 기초재고자산에 포함된 변동가공비	(×××)
(=) 변동원가계산의 영업이익	×××

(2) 초변동원가계산과 전부원가계산의 이익차이 조정

초변동원가계산의 영업이익	×××
(+) 기말재고자산에 포함된 **가공비**[8]	×××
(−) 기초재고자산에 포함된 가공비	(×××)
(=) 전부원가계산의 영업이익	×××

---

6) 불필요한 재고누적을 방지하는 효과

7) 변동가공비란 직접노무비와 변동제조간접비의 합계를 의미한다.

(3) 초변동원가계산의 유용성

① 초변동원가계산의 경우에는 재고가 누적될수록 영업이익이 줄어들기 때문에 바람직하지 않은 재고누적을 방지하는 효과가 변동원가계산의 경우보다 훨씬 크게 나타난다.

② 직접재료비 외에는 기간비용으로 처리하므로 변동원가계산처럼 제조간접비를 변동비와 고정비로 구분할 필요가 없어 적용이 간단하다.

(4) 초변동원가계산의 한계

① 미래의 수요에 대한 불확실성에 대비하고 규모의 경제를 달성하는 과정에서 발생하는 재고는 경제적인 측면에서 긍정적인 점도 있는데 초변동원가계산에서는 이를 간과하고 있다. 이는 초변동원가계산의 경우 재고의 누적은 일종의 벌금(penalty)을 부과하는 것과 동일한 효과를 가져오므로 재고는 무조건 부정적인 것으로 간주하게 되기 때문이다.

② 재고원가가 너무 낮으므로 낮은 가격으로 제품을 판매할 가능성이 있다. 이는 장기적인 측면에서 재고를 너무 낮은 가격으로 판매하는 등의 부작용이 발생할 가능성이 있다.

③ 변동원가계산과 마찬가지로 외부보고목적과 법인세 신고 목적으로는 이용될 수 없다.

---

8) 가공비는 직접노무비와 제조간접비(변동제조간접비, 고정제조간접비)의 합계이다.

연습문제 1   전부원가계산과 변동원가계산의 비교   2003 세무사 2차

전부(흡수)원가계산에 의하여 작성한 3년간의 손익계산서는 다음과 같다.

	1차년도	2차년도	3차년도
매 출 액	₩ 704,000	₩ 528,000	₩ 704,000
매출원가	520,000	330,000	680,000
기초재고	0	0	220,000
당기생산	520,000	550,000	460,000
판매가능	520,000	550,000	680,000
기말재고	0	220,000	0
매출총이익	184,000	198,000	24,000
판매관리비	180,000	160,000	180,000
영업이익	₩ 4,000	₩ 38,000	(₩156,000)

< 원가 자료 >

단위당 변동제조원가 : ₩3
고정제조간접비 : ₩400,000
고정판매관리비 : ₩100,000

< 3년간 생산량 및 판매량 >

	1차년도	2차년도	3차년도
생산량	40,000단위	50,000단위	20,000단위
판매량	40,000단위	30,000단위	40,000단위

요구사항

1. 변동원가계산에 의하여 각 연도별 손익계산서를 작성하시오.

2. 전부(흡수)원가계산 1차연도 2차연도 손익계산서를 보면 판매량이 작은 2차연도 순이익이 1차연도의 순이익보다 오히려 크다. 그 이유를 설명하고 근거수치를 제시하라.

3. 위의 전부(흡수)원가계산에 의한 1차연도와 3차연도의 손익계산서를 보면 비록 동일한 수량을 판매하였으나 순이익(손실)에 있어서 큰 차이를 보이고 있다. 그 이유를 설명하고 순이익의 관계를 나타내시오.

➡ 해설

1. 변동원가계산에 의한 손익계산서

	1차년도	2차년도	3차년도
Ⅰ. 매 출 액	₩704,000	₩528,000	₩704,000
Ⅱ. 변 동 비	200,000	150,000	200,000
1. 변동매출원가*1	120,000	90,000	120,000
2. 변동판매관리비*2	80,000	60,000	80,000
Ⅲ. 공헌이익	504,000	378,000	504,000
Ⅳ. 고 정 비	500,000	500,000	500,000
1. 고정제조간접비	400,000	400,000	400,000
2. 고정판매관리비	100,000	100,000	100,000
Ⅴ. 영업이익	₩ 4,000	(₩122,000)	₩ 4,000

*1 판매량 × ₩3

단위당 변동판매관리비 : $\dfrac{(180,000-100,000)}{40,000단위} = ₩2$

*2 판매량 × ₩2

2. 전부원가계산 손익의 비교

1차년도보다 2차년도에 판매량 10,000단위가 감소하였음에도 불구하고 영업이익이 증가한 이유는 생산량을 증가시킴으로서 고정제조간접비 중의 상당부분이 기말재고자산(20,000단위)에 포함되어 다음연도로 이연되어 당기 비용화되는 고정제조간접비가 감소하였기 때문이다.

공헌이익 감소	: 10,000단위×(17.6−5) =	(₩126,000)
당기 중 비용화되지 않는 고정제조간접비	: $400,000×\dfrac{20,000단위}{50,000단위}$ =	160,000
영업이익의 변화	:	₩ 34,000

3.

1차년도에는 당기 발생 고정제조간접비 ₩400,000이 당기 비용화되었으나, 3차년도에는 2차년도의 고정제조간접비 중 ₩160,000(= $400,000×\dfrac{20,000단위}{50,000단위}$)이 3차년도 기초재고자산 20,000단위에 포함되어 넘어와 3차년도에 모두 비용화됨으로 인해 1차년도보다 ₩160,000만큼 영업이익이 더 작게 된다.

연습문제 2 · 전부원가계산과 변동원가계산의 비교 horngren

메이비스 회사(Mavis Company)는 표준원가를 바탕으로 전부원가계산을 사용한다. 직접재료원가를 포함한 총변동제조원가는 단위당 ₩3이고, 표준생산량은 기계시간당 10단위였다. 고정제조간접원가의 예산과 실제 발생액은 모두 ₩420,000이었다. 고정제조간접원가는 기계시간당 ₩7으로 배부되었다.(₩420,000÷60,000시간 기준조업도). 판매가격은 단위당 ₩5이다. 변동판매비는 판매단위당 ₩1이었으며, 고정판매비는 ₩120,000이었다. 2007년의 기초재고는 30,000단위이고, 기말재고는 40,000단위이다. 2007년의 매출은 540,000단위였다. 2006년과 2007년의 표준원가는 같았다. 단, 조업도차이를 제외한 가격차이, 소비차이 및 능률차이는 존재하지 않는 것으로 가정한다.

요구사항

1. 생산조업도차이가 기말에 매출원가에서 조정된다고 가정할 때, 2007년도 손익계산서를 작성하시오.

2. 사장은 변동원가계산에 대한 이야기를 들었다. 그는 당신에게 변동원가계산에 의한 2007년의 손익계산서를 요구하였다. 변동원가계산에 의한 손익계산서를 작성하시오.

3. (요구사항) 1과 2에서 계산된 영업이익 차이를 조정하시오.

4. 비판자들은 널리 사용되고 있는 회계시스템이 바람직하지 못한 재고자산의 축적을 유도해 왔다고 비판하고 있다. (a)변동원가계산 또는 전부원가계산 중 어느 방식이 재고자산의 축적을 유도하는가? 그 이유는 무엇인가? 또한 (b)이러한 재고자산의 축적에 대처할 수 있는 방안은 무엇인가?

5. 변동원가계산과 전부원가계산에 의한 손익분기점 수량을 계산하시오.

→ 해설

1. 손익계산서(전부원가계산)

전부원가계산

Ⅰ. 매　출　액	540,000단위 × 5　=		₩2,700,000
Ⅱ. 매　출　원　가			2,033,000
1. 기초제품재고	30,000단위 × 3.7[*1] =	111,000	
2. 당기제품제조원가	550,000단위 × 3.7[*1] =	2,035,000	
3. 기말제품재고	40,000단위 × 3.7[*1] =	(148,000)	
4. 고정제조간접비조업도차이		35,000[*2]	
Ⅲ. 매　출　총　이　익			667,000
Ⅳ. 판　매　관　리　비			660,000
1. 변동판매관리비	540,000단위 × 1 =	540,000	
2. 고정판매관리비		120,000	
Ⅴ. 영　업　이　익			₩　7,000

[*1] 3 + 0.7(단위당 고정제조간접비, 7÷10단위) = ₩3.7

[*2]

실　　제	예　　산	배 부(SQ × SP)
		550,000단위 × 0.1h × 7
= ₩420,000	= ₩420,000	= ₩385,000

소비차이 ₩ 0　　조업도차이 ₩35,000(U)

2. 변동원가계산 손익계산서

변동원가계산 손익계산서

Ⅰ. 매　　출　　액	540,000단위 × 5 =		₩2,700,000
Ⅱ. 변　　동　　비			2,160,000
1. 변동매출원가	540,000단위 × 3 =	1,620,000	
2. 변동판매관리비	540,000단위 × 1 =	540,000	
Ⅲ. 공　헌　이　익			₩ 540,000
Ⅳ. 고　　정　　비			540,000
1. 고정제조간접비		420,000	
2. 고정판매관리비		120,000	
Ⅴ. 영　업　이　익			₩　0

3. 영업이익 차이 조정

변동원가계산의 영업이익	:		0
(+) 기말재고자산에 포함된 고정제조간접비	:	40,000단위 × 0.7 =	₩ 28,000
(−) 기초재고자산에 포함된 고정제조간접비	:	30,000단위 × 0.7 =	21,000
(=) 전부원가계산의 영업이익	:		₩ 7,000

4. (a) 전부원가계산의 경우 생산량을 증가시킴으로서 이익을 증가시킬 수 있기 때문에 바람직하지 못한 재고자산의 축적을 가져올 수 있다. (b) 이를 방지하기 위해서는 변동원가계산에 의한 영업으로 경영자의 성과를 평가하거나, 재고 누적에 대한 책임을 경영자의 성과에 반영하거나, 성과평가 대상기간을 장기간으로 하는 방법 등이 있을 수 있다.

5. 손익분기점 판매량

(1) 변동원가계산

$$\text{손익분기점 판매량(Q)} = \frac{540,000}{5-4} = 540,000\text{단위}$$

(2) 전부원가계산

$$\text{손익분기점 판매량(Q)} = \frac{120,000^{*1}+35,000^{*2}}{5-4-0.7^{*3}} = 516,667\text{단위}$$

[*1] 고정판매관리비

[*2] 고정제조간접비 배부차이

[*3] 단위당 고정제조간접비 표준배부율

연습문제 3 변동원가계산, 초변동원가계산, 표준원가계산 2007 CPA 2차

(주)TM은 선풍기 모터를 생산·판매하고 있다. 20x1년에는 2,800대를 생산하였고, 20x2년에는 3,584대를 생산하였다. 두 개 연도 모두 단위당 판매가격은 ₩800, 단위당 직접재료비는 ₩135으로 동일하다. 다음은 20x1년과 20x2년 실제원가에 기초한 선풍기 모터의 손익계산서를 일부 요약한 것이다. 선입선출법을 가정한다. (단위 : 원)

	20x1년	20x2년
Ⅰ. 매출액	₩ 2,400,000	₩ 2,480,000
Ⅱ. 변동비		
변동매출원가		
기초재고	₩ 142,500	₩ 85,500
당기제품제조원가	798,000	1,021,440
기말재고	85,500	223,440
변동판매관리비	180,000	186,000
Ⅲ. 공헌이익	₩ 1,365,000	₩ 1,410,500
Ⅳ. 고정비		
고정제조간접비	₩ 459,200	₩ 459,200
고정판매관리비	720,000	720,000
Ⅴ. 영업이익	₩ 185,800	₩ 231,300

요구사항

1. 20x2년 변동원가계산에 의한 영업이익을 전부원가계산에 의한 영업이익으로 전환하시오.

2. 20x2년 변동원가계산에 의한 영업이익을 초변동원가계산(super－variable costing)에 의한 영업이익으로 전환하시오.

3. 최근의 기업환경을 고려하여 초변동원가계산이 대두되는 중요한 이유를 두 가지만 기술하시오.(2줄 이내로 답하시오).

4. (주)TM이 20x2년 초에 표준원가계산제도를 시행하였다고 하자. 차이분석결과 제조간접비의 조업도차이는 ₩39,360(F), 예산차이는 ₩87,000(U)으로 나타났다. 20x2년의 기준조업도는 3,200대이다. 변동제조간접비는 직접작업시간을 기준으로 배부한다. 변동제조간접비의 수량표준은 단위당 1.5시간, 표준배부율은 ₩17이다.
   (1) 20x2년의 고정제조간접비 예산은 얼마인가?
   (2) 20x2년 변동제조간접비 실제 발생액은 얼마인가?

5. 20x2년 말 (주)TM은 선풍기 모터 850대를 단위당 ₩450에 구입하겠다는 특별주문을 받았다. 이 주문의 수락여부를 판단하기 위하여 생산 및 판매활동을 분석한 결과 다음과 같은 사실이 밝혀졌다.

① 고정제조간접비 가운데 ₩84,000은 배치(batch)원가이며, 고정판매관리비 가운데 ₩415,400도 배치원가이다. 배치크기는 다음과 같다.

항목	배치당 제품수량
고정제조간접비	224대
고정판매관리비	50대

② 이와 같은 특별주문의 경우 고정판매관리비의 배치크기는 150대이다. 이 주문으로부터 발생하는 변동판매관리비는 정상 판매시보다 단위당 ₩20씩 절감할 수 있다. 이 주문을 수락하면 그에 대한 반발로 일부 고객(수요량 30대)이 이탈한다.

(주)TM은 이 주문을 수락할 수 있는 여유생산능력이 충분하다. (주)TM의 경영진은 이 주문으로부터 총 ₩50,000이상의 이익이 있으면 수락하려고 한다. 이 주문의 수락여부를 결정하시오.(소수점 넷째자리에서 반올림함).

➡ 해설

1. 변동원가계산과 전부원가계산 영업이익 차이 조정

(1) 단위당 변동제조원가

$$20×1년 : \frac{당기제품제조원가}{당기\ 생산량} = \frac{₩798,000}{2,800대} = ₩285$$

$$20×2년 : \frac{당기제품제조원가}{당기\ 생산량} = \frac{₩1,021,440}{3,584대} = ₩285$$

(2) 20×2년 수량

기초제품재고량	:	$\frac{₩85,500}{₩285} =$	300대
생산량	:		3,584대
단위당 변동제조원가	:	$\frac{₩1,021,440}{3,584대} =$	₩285
기말제품재고량	:	$\frac{₩223,440}{₩285} =$	784대

(3) 영업이익 차이조정

변동원가계산의 영업이익	₩ 231,300
(+) 기말재고자산에 포함된 고정제조간접비	100,450 [*1]
(−) 기초재고자산에 포함된 고정제조간접비	(49,200 [*2])
(=) 전부원가계산의 영업이익	₩ 282,550

[*1] $\frac{₩459,200}{3,584대} × 784대 = ₩100,450$

[*2] $\frac{₩459,200}{2,800대} × 300대 = ₩ 49,200$

2. 변동원가계산과 초변동원가계산 영업이익 차이 조정

초변동원가계산의 영업이익	x
(+) 기말재고자산에 포함된 변동가공비	117,600 [*1]
(−) 기초 재고자산에 포함된 변동가공비	(45,000) [*2]
(=) 변동원가계산의 영업이익	₩ 231,300

[*1] 784대×(285 − 135) = ₩117,600

[*2] 300대×(285 − 135) = ₩45,000

따라서, 초변동원가계산 영업이익(x)은 ₩158,700이다.

3. 최근의 제조환경이 자동화설비에 의한 생산으로 바뀌어 가공원가가 고정원가적인 성격을 가지게 되었고, 불필요한 생산을 줄여 재고자산을 최소화하기 위하여 초변동원가계산이 대두되었다.

4. 제조간접비 차이분석

	실제원가	실제산출량 기준 변동예산	표준원가
변동제조간접비	AQ×AP	SQ×SP	SQ×SP
+	+	+	+
고정제조간접비	실제발생액	예 산	SQ×SP
	₩ 47,192[*5]	₩ 91,392[*1]	₩ 91,392[*1]
	₩459,200	₩328,000[*2]	₩367,360[*3]
제조간접비합계	₩506,392[*4]	₩419,392	₩458,752

예산차이 87,000 (U)   조업도차이 39,360 (F)

[*1] 3,584대×1.5h×₩17＝₩91,392

[*2] 3,200대×x − 3,584대×x ＝(39,360) → x ＝₩102.5

  3,200대×102.5＝₩328,000

[*3] 3,584대×102.5＝₩367,360

[*4] ₩419,392(산출량기준 변동예산)＋₩87,000(예산차이)＝₩506,392

[*5] ₩506,392(실제제조간접비 합계)−₩459,200(고정제조간접비)＝₩47,192

(1) 20×2년 고정제조간접비 예산＝₩328,000

(2) 20×2년 변동제조간접비 실제발생액＝₩47,192

5. 특별주문 수락여부

(1) 배취원가

	고정제조간접비	고정판매관리비
배치원가	₩84,000	₩415,400
÷ 배치수	÷ 16배취[*1]	÷ 62배취[*2]
배치당 원가	₩ 5,250	₩ 6,700

[*1] 3,584대 ÷ 224대 = 16배취

[*2] 3,100대 ÷ 50대 = 62배취

(2) 특별주문 수락여부

특별주문을 수락할 경우

(특별주문) 매출증가	850대 × 450	=	₩	382,500
(특별주문) 변동비증가	850대 × (285+60*−20)	=		(276,250)
(특별주문) 고정제조간접비증가	3.795배취^{*1} × 5,250	=		(19,923.75)
(특별주문) 고정판매관리비증가	5.667배취^{*2} × 6,700	=		(37,968.9)
(기　　존) 매출감소	30대 × 800	=		(24,000)
(기　　존) 변동비감소	30대 × (285+60)	=		10,350
			₩	34,707.35

* 단위당변동판매관리비 $=\dfrac{180,000대}{3000대}=60/대$

^{*1} $\dfrac{850대}{224대}≒3.795배취$

^{*2} $\dfrac{850대}{150대}≒5.667배취$

특별주문을 수락할 경우 증분이익이 ₩50,000 이하이므로 특별주문을 거절한다.

<원칙적으로는 다음과 같이 계산하여야 한다.>

특별주문을 수락할 경우

(특별주문) 매출증가	850대 × 450	=	₩	382,500
(특별주문) 변동비증가	850대 × 325	=		(276,250)
(특별주문) 고정제조간접비증가	4배취* × 5,250	=		(21,000)
(특별주문) 고정판매관리비증가	6배취* × 6,700	=		(40,200)
(기　　존) 매출감소	30대 × 800	=		(24,000)
(기　　존) 변동비감소	30대 × 345	=		10,350
			₩	31,400

* 1배취 이하는 1배취로 생산되어야 함

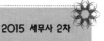

연습문제 4 변동원가계산, 전부원가계산, 현금예산

2015 세무사 2차

20x1년 초에 설립된 ㈜대한은 A제품만을 생산·판매하고 있다. 20x1년 중에 15,000단위를 생산하여 12,000단위를 판매하였는데, 이와 관련된 자료는 다음과 같다.

단위당 판매가격	₩1,500
제조원가 :	
단위당 직접재료원가	₩300
단위당 직접노무원가	350
단위당 변동제조간접원가	100
총고정제조간접원가	4,500,000
판매관리비 :	
단위당 변동판매관리비	₩130
총고정판매관리비	2,000,000

한편, ㈜대한은 20x2년 중에 20,000단위를 생산하여 22,000단위를 판매하였는데, 직접재료원가를 제외한 다른 원가(비용)요소가격과 판매가격의 변동은 없었으나 직접재료원가는 원자재 가격의 폭등으로 단위당 ₩20 상승하였다. 또한 ㈜대한은 재고자산의 단위원가 결정방법으로 선입선출법을 채택하고 있으며, 기말제품을 제외한 기말 직접재료 및 기말 재공품을 보유하지 않는 재고정책을 취하고 있다. 물음에 답하시오.

요구사항

1. 변동원가계산에 의한 20x2년도 영업이익을 측정하기 위한 손익계산서를 작성하시오. (6점)

2. 전부원가계산에 의한 20x2년도 영업이익과 기말재고자산(금액)을 각각 계산하시오. (4점)

3. 20x2년도의 단위당 판매가격 및 원가(비용), 총고정제조간접원가와 총고정판매관리비가 20x3년도에도 동일하게 유지될 것으로 예상되는 상황에서 ㈜대한은 20x3년도에 A제품 23,000단위를 생산하여 18,000단위를 판매할 계획이다. ㈜대한의 A제품은 모두 신용으로 판매되고 있는데, 신용매출의 75%는 판매한 연도에 현금으로 회수되고 25%는 다음 연도에 회수된다. 한편 ㈜대한은 직접재료 구입액의 40%를 구입한 연도에 현금으로 지급하고 나머지 60%는 다음연도에 지급하고 있으며, 직접재료원가를 제외한 모든 원가(비용)은 발생한 연도에 현금으로 지급하고 있다. 단, 총고정제조간접원가 중 ₩1,500,000은 감가상각비에 해당된다. 이러한 현금회수 및 지급 정책이 영업 첫 해인 20x1년도부터 일관되게 유지되고 있다면, 20x3년도 영업활동에 의한 순현금흐름을 계산하시오. (6점)

4. 전부원가계산, 변동원가계산과 비교하여 초변동원가계산의 유용성과 한계점을 간략하게 각각 기술하시오. (4점)

⇒ 해설

1. 변동원가계산 손익계산서

변동원가계산 손익계산서

Ⅰ. 매 출 액	22,000단위 × 1,500 =		₩33,000,000
Ⅱ. 변 동 비			19,740,000
1. 변동매출원가		16,880,000	
기초제품재고	3,000단위 × 750^{*1} =	2,250,000	
당기제품제조원가	20,000단위 × 770^{*2} =	15,400,000	
기말제품재고	1,000단위 × 770^{*2} =	770,000	
2. 변동판매관리비	22,000단위 × 130 =	2,860,000	
Ⅲ. 공 헌 이 익			₩13,260,000
Ⅳ. 고 정 비			6,500,000
1. 고정제조간접비		4,500,000	
2. 고정판매관리비		2,000,000	
Ⅴ. 영 업 이 익			₩ 6,760,000

^{*1} 300 + 350 + 100 = 750

^{*2} 320 + 350 + 100 = 770

2. 전부원가계산

(1) 전부원가계산 영업이익 계산

변동원가계산하의 영업이익 :			₩6,760,000
(+) 기말재고자산에 포함된 고정제조간접비 :	1,000단위 × 225^{*1} =		225,000
(−) 기초재고자산에 포함된 고정제조간접비 :	3,000단위 × 300^{*2} =		900,000
(=) 전부원가계산하의 영업이익 :			₩6,085,000

^{*1} $\dfrac{4,500,000}{20,000단위}$ = 225

^{*2} $\dfrac{4,500,000}{15,000단위}$ = 300

(2) 전부원가계산하의 기말재고자산

1,000단위 × (320 + 350 + 100 + 225) = ₩995,000

3. 영업활동 현금흐름 계산

현금예산

Ⅰ. 영업활동 현금흐름	
1. 매출로 인한 현금유입액	₩28,500,000 ^{*1}
2. 기초매입채무지급액	(3,840,000) ^{*2}
3. 당기매입채무지급액	(2,944,000) ^{*3}
4. 직접노무비지급액	(8,050,000) ^{*4}
5. 변동제조간접비지급액	(2,300,000) ^{*5}
6. 고정제조간접비지급액	(3,000,000) (=4,500,000−1,500,000)
7. 변동판매관리비지급액	(2,340,000) ^{*6}
8. 고정판매관리비지급액	(2,000,000)
	₩ 4,026,000

[*1] 33,000,000 × 25% + 18,000단위 ×1,500 ×75%＝₩28,500,000

[*2] 20,000단위 × 320×60%＝₩3,840,000

[*3] 23,000단위 × 320×40%＝₩2,944,000

[*4] 23,000단위 × 350＝₩8,050,000

[*5] 23,000단위 × 100＝₩2,300,000

[*6] 18,000단위 × 130＝₩2,340,000

4. 초변동원가계산의 유용성과 한계점

(1) 초변동원가계산의 유용성

① 초변동원가계산의 경우에는 재고가 누적될수록 영업이익이 줄어들기 때문에 바람직하지 않은 재고누적을 방지하는 효과가 변동원가계산의 경우보다 훨씬 크게 나타난다.

② 직접재료비 외에는 기간비용으로 처리하므로 변동원가계산처럼 제조간접비를 변동비와 고정비로 구분할 필요가 없어 적용이 간단하다.

(2) 초변동원가계산의 한계

① 미래의 수요에 대한 불확실성에 대비하고 규모의 경제를 달성하는 과정에서 발생하는 재고는 경제적인 측면에서 긍정적인 점도 있는데 초변동원가계산에서는 이를 간과하고 있다. 이는 초변동원가계산의 경우 재고의 누적은 일종의 벌금(penalty)을 부과하는 것과 동일한 효과를 가져오므로 재고는 무조건 부정적인 것으로 간주하게 되기 때문이다.

② 재고원가가 너무 낮으므로 낮은 가격으로 제품을 판매할 가능성이 있다. 이는 장기적인 측면에서 재고를 너무 낮은 가격으로 판매하는 등의 부작용이 발생할 가능성이 있다.

③ 변동원가계산과 마찬가지로 외부보고목적과 법인세 신고 목적으로는 이용될 수 없다.

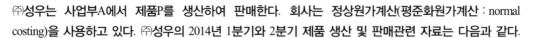

㈜성우는 사업부A에서 제품P를 생산하여 판매한다. 회사는 정상원가계산(평준화원가계산 : normal costing)을 사용하고 있다. ㈜성우의 2014년 1분기와 2분기 제품 생산 및 판매관련 자료는 다음과 같다.

	1분기	2분기
예산판매량	5,000단위	7,000단위
실제판매량	5,000단위	7,000단위
예산생산량	7,000단위	7,000단위
실제생산량	7,000단위	4,000단위

2014년 1분기 기초제품은 2,000단위이고, 기초제품의 단위당 제조원가는 1분기의 단위당 제조원가와 같으며, ㈜성우의 2014년 분기별 예산 및 실제 자료는 다음과 같다.

단위당 판매가격	₩ 1,100
단위당 변동제조원가	₩ 200
단위당 변동판매관리비	₩ 100
총고정제조간접원가	₩2,800,000
총고정판매관리비	₩1,200,000

고정제조간접원가 예정배부율은 각 분기별 예산생산량을 기준조업도로 하여 계산한다. 기말 차이조정시, 고정제조간접원가 배부차이는 전액을 매출원가 항목에서 조정한다. 단, 주어진 자료 이외의 수익과 비용은 고려하지 않는다.

[요구사항]

1. 다음 물음에 답하시오.
   (1) 전부원가계산(absorption costing)에 따라 2014년 1분기와 2분기의 영업이익을 각각 구하시오.
   (2) 1분기에 비해 2분기에 매출은 증가하였음에도 영업이익은 감소하였다. 그 이유를 설명하시오.(3줄 이내로 답할 것)

2. 다음 물음에 답하시오.
   (1) 변동원가계산(variable costing)에 따라 2014년 1분기와 2분기의 영업이익을 각각 구하시오.
   (2) 전부원가계산과 변동원가계산에 따른 영업이익의 차이를 2014년 1분기와 2분기 각각에 대해 조정하시오.

3. 다음 물음에 답하시오.

 (1) 전부원가계산(기말조정 후 기준)과 변동원가계산에 따라 2014년 1분기와 2분기의 손익분기점(BEP) 판매량을 각각 구하시오.

 (2) 위 (1)과 관련하여 고정판매관리비 일부가 회계처리상 오류의 정정을 통해 고정제조간접원가로 재분류되었다. 이와 같은 오류의 정정이 전부원가계산과 변동원가계산 하에서의 손익분기점 판매량에 영향을 미치는지 여부와 그 이유를 설명하시오.(3줄 이내로 답할 것)

→ 해설

1. 전부원가계산

(1) 전부원가계산하의 영업이익 계산

① 고정제조간접비 예정배부율 $= \dfrac{고정제조간접비\ 예산}{기준조업도} = \dfrac{2,800,000}{7,000단위} = ₩400$

② 고정제조간접비 배부차이

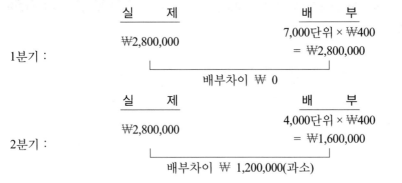

	실 제	배 부
1분기 :	₩2,800,000	7,000단위 × ₩400 = ₩2,800,000

배부차이 ₩ 0

	실 제	배 부
2분기 :	₩2,800,000	4,000단위 × ₩400 = ₩1,600,000

배부차이 ₩ 1,200,000(과소)

③ 전부원가계산 영업이익

전부원가계산(1분기)

Ⅰ. 매 출 액	5,000단위 × 1,100 =	₩5,500,000
Ⅱ. 매 출 원 가		3,000,000
1. 기 초 제 품 재 고	2,000단위 × 600* = 1,200,000	
2. 당기제품제조원가	7,000단위 × 600* = 4,200,000	
3. 기 말 제 품 재 고	4,000단위 × 600* = (2,400,000)	
4. 고정제조간접비 배부차이	0	
Ⅲ. 매 출 총 이 익		₩2,500,000
Ⅳ. 판 매 관 리 비		1,700,000
1. 변 동 판 매 관 리 비	5,000단위 × 100 = 500,000	
2. 고 정 판 매 관 리 비	1,200,000	
Ⅴ. 영 업 이 익		₩ 800,000

* 200(단위당 변동제조원가) + 400(단위당 고정제조간접비 예정배부액) = 600

전부원가계산(2분기)

Ⅰ. 매 출 액	7,000단위 × 1,100 =	₩7,700,000
Ⅱ. 매 출 원 가		5,400,000
1. 기초제품재고	4,000단위 × 600* = 2,400,000	
2. 당기제품제조원가	4,000단위 × 600* = 2,400,000	
3. 기말제품재고	1,000단위 × 600* = (600,000)	
4. 고정제조간접비 배부차이	1,200,000	
Ⅲ. 매 출 총 이 익		2,300,000
Ⅳ. 판 매 관 리 비		1,900,000
1. 변동판매관리비	7,000단위 × 100 = 700,000	
2. 고정판매관리비	1,200,000	
Ⅴ. 영 업 이 익		₩ 400,000

* 200(단위당 변동제조원가) + 400(단위당 고정제조간접비 예정배부액) = 600

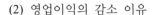

(2) 영업이익의 감소 이유

1분기의 경우 판매량에 비하여 생산량이 많았기 때문에 1분기 고정제조간접비의 상당부분이 기말재고자산에 포함되어 2분기로 이월되었다. 반면, 2분기의 경우에는 생산량이 감소하면서, 당기 고정제조간접비 뿐만 아니라 전분기에 이월되어 넘어온 고정제조간접비까지 당기 비용화되면서 매출이 증가하였음에도 불구하고 이익이 감소한 것이다.

2. 변동원가계산

(1) 변동원가계산하의 영업이익

1분기 : $(1,100 - 300^{*1}) \times 5,000$단위 $- 4,000,000^{*2} = $ ₩　　　　0

2분기 : $(1,100 - 300^{*1}) \times 7,000$단위 $- 4,000,000^{*2} = $ ₩ 1,600,000

　　^{*1} 200(단위당 변동제조원가) + 100(단위당 변동판매관리비) = ₩300

　　^{*2} 2,800,000 + 1,200,000 = ₩4,000,000

(2) 영업이익차이 조정

	1분기	2분기
변동원가계산의 영업이익	₩　　　0	₩1,600,000
(+) 기말재고자산에 포함된 고정제조간접비	1,600,000[*1]	400,000[*3]
(−) 기초재고자산에 포함된 고정제조간접비	800,000[*2]	1,600,000[*4]
(=) 전부원가계산의 영업이익	₩800,000	₩ 400,000

　　^{*1} 4,000개 × 400 = ₩ 1,600,000

　　^{*2} 2,000개 × 400 = ₩　800,000

　　^{*3} 1,000개 × 400 = ₩　400,000

　　^{*4} 4,000개 × 400 = ₩ 1,600,000

3. 손익분기점

(1) 손익분기점 계산

① 변동원가계산하의 손익분기점 = $\dfrac{4,000,000}{1,100 - 300}$ = 5,000개(1분기, 2분기 모두 동일)

② 전부원가계산하의 손익분기점 = $\dfrac{\text{고정판매관리비} \pm \text{제조간접비배부차이}}{\text{단위당판매가격} - \text{단위당변동비} - \text{단위당고정제조간접비}}$

1분기 손익분기점 = $\dfrac{1,200,000}{1,100 - 300 - 400}$ = 3,000개

2분기 손익분기점 = $\dfrac{1,200,000 + 1,200,000}{1,100 - 300 - 400}$ = 6,000개

(2) 고정판매관리비가 고정제조간접비로 재분류되더라도, 변동원가계산하에서는 고정제조간접비가 제품원가에 포함되지 않고 고정판매관리비와 함께 모두 당기 비용으로 처리되기 때문에, 손익분기점 판매량에 영향을 미치지 않는다. 하지만, 전부원가계산의 경우에는 고정제조간접비가 제품원가에 포함되기 때문에 고정판매관리비가 고정제조간접비로 계정재분류되는 단위당 원가가 달라지기 때문에 손익분기점이 달라진다.

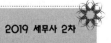

연습문제 6   정상원가계산하의 비교(2)   2019 세무사 2차

㈜세무는 단일제품을 생산하여 판매한다. 20x1년도 1월과 2월의 원가계산 및 손익계산을 위한 자료는 다음과 같다.

1) 제품생산 및 판매자료

구 분	1월	2월
월초 재고수량	0단위	100단위
생산량	400단위	500단위
판매량	300단위	300단위
월말 재고수량	100단위	300단위

2) 실제 발생원가 자료

원 가 항 목	1월	2월
단위당 직접재료원가	₩100	₩100
단위당 직접노무원가	40	40
단위당 변동제조간접원가	20	20
단위당 변동판매관리비	10	10
월 총고정제조간접원가	12,000	12,000
월 총고정판매관리비	2,000	2,000

3) 단위당 판매가격은 ₩400이며, 월초 및 월말 재공품은 없다.

[요구사항]

1. 선입선출법을 사용하여 재고자산을 평가하는 경우 실제전부원가계산과 실제변동원가계산에 의한 20x1년도 1월과 2월의 영업이익을 구하시오.

2. (물음1)에서 실제전부원가계산과 실제변동원가계산의 20x1년도 1월과 2월의 영업이익을 구하는 과정에서 비용으로 인식한 고정제조간접원가를 구하고, 그 금액을 사용하여 두 가지 원가계산에 의한 영업이익의 차이를 설명하시오.

3. 가중평균법을 사용하여 재고자산을 평가하는 경우 실제전부원가계산에 의한 20x1년도 2월의 영업이익을 구하시오.

4. ㈜세무는 정상원가계산(평준화원가계산, normal costing)과 원가차이 조정시 매출원가조정법을 사용한다. 이 경우 제조간접원가 배부기준은 기계작업시간이며, 20x1년도 제조간접원가 예정배부율 산정을 위한 연간 제조간접원가 예산금액은 ₩220,800(변동제조간접원가 ₩76,800, 고정제조간접원가 ₩144,000)이고 연간 예정조업도는 9,600시간(제품 4,800단위)이다. 월 예정기계작업시간은 800시간이나 실제기계작업시간은 1월에 800시간, 2월에 1,000시간이 발생하였다. 한편 고정제조간접원가의 월 예산금액을 실제발생액과 동일한 ₩12,000이다. 정상전부원가계산과 정상변동원가계산에 의한 20x1년도 1월과 2월의 원가차이 조정 후 영업이익을 구하시오.

➡ 해설

(물음1)

1) 변동원가계산 영업이익

   1월 : (400 – 170)×300개 – 14,000 = 55,000

   2월 : (400 – 170)×300개 – 14,000 = 55,000

2) 전부원가계산 영업이익

	1월	2월
변동원가계산 영업이익 + 기말재고자산에 포함된 FOH 기초재고자산에 포함된 FOH	55,000 100개×30^{*1} = 3,000 0	55,000 300개×24^{*2} = 7,200 100개×30^{*1} = 3,000
전부원가계산 영업이익	58,000	59,200

*1 $\frac{12,000}{400단위} = 30$

*2 $\frac{12,000}{500단위} = 24$

(물음2)

비용으로 인식한 고정제조간접비

	1월	2월
변동원가계산 전부원가계산	12,000 300개×30 = 9,000	12,000 100개×30 + 200개×24 = 7,800
차 이	3,000	4,200

각 방법별 비용화되는 고정제조간접비의 차이가 각각 각 방법별 영업이익의 차이와 동일하다.

(물음3)

2월 제품의 단위당 고정제조간접비 배부액 : $\frac{100개 \times 30 + 12,000}{600개} = 25$

변동원가계산 영업이익	:	55,000
기말재고자산에 포함된 고정제조간접비	:	300개×25 = 7,500
기초재고자산에 포함된 고정제조간접비	:	100개×30 = 3,000
전부원가계산 영업이익	:	59,500

(물음4)

변동제조간접비 예정배부율 = $\frac{76,800}{9,600시간}$ = 8/시간

고정제조간접비 예정배부율 = $\frac{12,000}{800시간}$ 15/시간

변동제조간접비 배부차이 계산

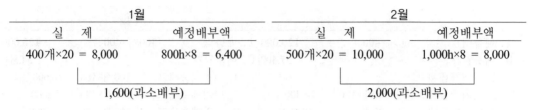

	1월			2월	
실 제	예정배부액		실 제	예정배부액	
400개×20 = 8,000	800h×8 = 6,400		500개×20 = 10,000	1,000h×8 = 8,000	
	1,600(과소배부)			2,000(과소배부)	

고정제조간접비 배부차이 계산

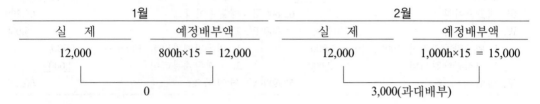

	1월			2월	
실 제	예정배부액		실 제	예정배부액	
12,000	800h×15 = 12,000		12,000	1,000h×15 = 15,000	
	0			3,000(과대배부)	

변동원가계산 영업이익

1월			2월		
Ⅰ. 매출액　　300개×400　=　120,000			Ⅰ. 매출액　　300개×400　=　120,000		
Ⅱ. 변동비		51,400	Ⅱ. 변동비		51,800
1. 변동매출원가　300개×156[*1] = 46,800			1. 변동매출원가　300개×156[*1] = 46,800		
2. VOH 배부차이　　　　1,600			2. VOH 배부차이　　　　2,000		
3. 변동판매관리비 300개×10　= 3,000			3. 변동판매관리비 300개×10　= 3,000		
Ⅲ. 공헌이익		68,600	Ⅲ. 공헌이익		68,200
Ⅳ. 고정비		14,000	Ⅳ. 고정비		14,000
1. 고정제조간접비　　12,000			1. 고정제조간접비　　12,000		
2. 고정판매관리비　　2,000			2. 고정판매관리비　　2,000		
Ⅴ. 영업이익		54,600	Ⅴ. 영업이익		54,200

[*1] $100 + 40 + \dfrac{800h \times 8}{400개} = 156$ 　　　　[*2] $100 + 40 + \dfrac{1,000h \times 8}{500개} = 156$

전부원가계산 영업이익

1월		2월	
Ⅰ. 매출액 300개×400 = 120,000		Ⅰ. 매출액 300개×400 = 120,000	
Ⅱ. 매출원가	57,400	Ⅱ. 매출원가	54,800
1. 기초제품재고	0	1. 기초제품재고 100개×186 = 18,600	
2. 당기제품제조원가 300개×186[*1] = 74,400		2. 당기제품제조원가 500개×186[*2] = 93,000	
3. 기말제품재고 100개×186 = (18,600)		3. 기말제품재고 300개×186 = (55,800)	
4. OH 배부차이	1,600	4. OH 배부차이	(1,000)
Ⅲ. 매출총이익	62,600	Ⅲ. 매출총이익	65,200
Ⅳ. 판매관리비	5,000	Ⅳ. 판매관리비	5,000
1. 변동판매관리비 300개×10 = 3,000		1. 변동판매관리비 300개×10 = 3,000	
2. 고정판매관리비	2,000	2. 고정판매관리비	2,000
Ⅴ. 영업이익	57,600	Ⅴ. 영업이익	60,200

*1 $100 + 40 + \dfrac{800h \times 23}{400개} = 186$

*2 $100 + 40 + \dfrac{1,000h \times 23}{500개} = 186$

[참 고]

	1월	2월
변동원가계산 영업이익	54,600	54,200
+ 기말재고자산에 포함된 FOH	100개×30[*1] = 3,000	300개×30[*1] = 9,000
기초재고자산에 포함된 FOH	0	100개×30[*1] = 3,000
전부원가계산 영업이익	57,600	60,200

*1 고정제조간접비 예정배부율

연습문제 7 종합원가계산과 초변동원가계산 및 제약이론 2008 CPA 2차

㈜에코벽지는 옥수수 전분을 이용한 친환경 벽지를 생산한다. 이 회사의 제1공정에서는 옥수수 전분을 투입하여 중간제품인 코팅재를 생산하며, 이를 모두 제2공정으로 대체한다. 제2공정은 중간제품에 종이와 염료를 추가하여 최종제품으로 가공한다. 최근 친환경 제품에 대한 소비자들의 관심이 크게 증가하고 있어서 당사 제품의 수요는 무한하다. 회사의 친환경 벽지는 단위당 ₩800에 판매되고 있다.

각 공정의 직접재료(옥수수 전분, 종이, 염료)는 공정 초기에 모두 투입된다. 제조원가 중 직접재료원가만이 유일한 변동원가이다. 회사는 각 공정의 완료시점에 품질검사를 실시하며, 발견된 공손품은 모두 비정상공손으로 간주한다.

당기와 전기의 완성품환산량 단위당 원가는 동일하다고 가정한다. 회사의 재고자산 평가방법은 선입선출법이고, 비정상공손원가는 기간비용으로 처리한다.

2008년의 공정별 생산 및 원가자료는 다음과 같다. 단, 괄호안의 수치는 가공원가 완성도를 의미한다.

1. 제1공정(연간 최대생산능력: 5,000단위)

구분	물량단위	직접재료원가	가공원가
기초재공품	100 (10%)	?	?
당기착수	?	₩1,470,000	₩992,000
제2공정 대체	4,800		
기말재공품	150 (80%)		

제1공정에는 기초재공품을 포함하여 총 5,000단위가 투입되었다.

2. 제2공정(연간 최대생산능력: 8,000단위)

구분	물량단위	전공정원가	직접재료원가	가공원가
기초재공품	200 (40%)	?	?	?
당기착수	?	?	₩384,000	₩194,400
완성품	4,500			
기말재공품	300 (80%)			

[요구사항]

1. 전부원가계산에 의하여 당기제품제조원가, 기말재공품원가, 당기순이익을 계산하시오.

2. 초변동원가계산에 의하여 재료처리량 공헌이익(throughput contribution)과 당기순이익을 계산하시오.

3. (물음 1)과 (물음 2)의 당기순이익이 차이가 나는 원인을 계산과정을 통해 설명하시오.

4. 제2공정의 관리자는 유휴 생산능력을 활용하기 위하여 외부 납품업체로부터 단위당 ₩700의 가격으로 중간제품 2,000단위를 구입하는 방안을 검토하고 있다. 외부로부터 구입한 중간제품 투입량 중 1%가 공손품이 될 것으로 예상된다. 제2공정의 관리자는 중간제품을 외부로부터 구입하여야 하는가? 계산근거를 제시하시오.

5. 문제에 주어진 자료와 관계없이 제2공정의 투입량기준 공손비율은 4%이고, 제1공정에는 기초재공품을 포함하여 매년 5,000단위의 물량이 투입된다고 가정한다. 기술팀은 제1공정의 투입량기준 공손비율을 0.5%만큼 낮추는 품질개선 프로그램을 제안하였다. 이 제안을 도입한다면 매년 ₩9,200의 원가가 추가로 소요되어야 한다. 제1공정의 관리자는 기술팀이 제안한 품질개선 프로그램을 도입하여야 하는가? 계산근거를 제시하시오.
   참고로, 투입량기준 공손비율이란 공손품 수량을 총투입량(기초재공품수량과 당기착수량의 합계)으로 나눈 비율을 의미한다.

$$투입량기준\ 공손비율 = \frac{공손품수량}{(기초재공품수량 + 당기착수량)}$$

6. 회사 전체적인 관점에서 공손품 발생으로 인한 손실이 더 큰 공정은 제1공정과 제2공정 중 어느 곳인가? 그 이유를 서술하시오. (4줄 이내)

→ 해설

1. 전부원가계산

(1) 제1공정

[1단계] 물량의 흐름

재공품				[2단계] 완성품 환산량	
				재료비	가공비
기 초	100	완 ┌ 기 초	100	0	90
		성 └ 투 입	4,700	4,700	4,700
당기착수	4,900	비정상공손	50	50	50
		기 말	150	150	120
합 계	5,000	합 계	5,000	4,900	4,960

[3단계] 총원가 요약

			합 계
기초재공품원가			₩ 32,000[*1]
당기 착수 원가	1,470,000	992,000	2,462,000
합 계			₩ 2,494,000

[4단계] 완성품환산량 단위당원가

완성품 환산량	÷ 4,900	÷ 4,960
완성품환산량 단위당원가	@300	@200

[5단계] 원가 배분

		합 계
완 성 품 원 가	32,000 + 4,700 × 300 + 4,790 × 200 =	₩ 2,400,000
비정상공손원가	50 × 300 + 50 × 200 =	25,000
기말재공품원가	150 × 300 + 120 × 200 =	69,000
합 계		₩ 2,494,000

[*1] 100단위×300 + 10단위×200 = 32,000

(2) 제2공정

[1단계] 물량의 흐름   [2단계] 완성품 환산량

재공품				전공정비	재료비	가공비
기 초	200	완 ┌ 기 초	200	0	0	120
		성 └ 투 입	4,300	4,300	4,300	4,300
당기착수	4,800	비정상공손	200	200	200	200
		기 말	300	300	300	240
합 계	5,000	합 계	5,000	4,800	4,800	4,860

[3단계] 총원가 요약   합 계

				합 계
기초재공품원가				₩ 119,200[*1]
당기 착수 원가	2,400,000	384,000	194,400	2,978,400
합 계				₩ 3,097,600

[4단계] 완성품환산량 단위당원가

	전공정비	재료비	가공비
완성품 환산량	÷ 4,800	÷ 4,800	÷ 4,860
완성품환산량 단위당원가	@500	@80	@40

[5단계] 원가 배분   합 계

		합 계
완 성 품 원 가	$119{,}200 + 4{,}300 \times 500 + 4{,}300 \times 80 + 4{,}420 \times 40 =$	₩ 2,790,000
비정상공손원가	$200 \times 500 + 200 \times 80 + 200 \times 40 =$	124,000
기말재공품원가	$300 \times 500 + 300 \times 80 + 240 \times 40 =$	183,600
합 계		₩ 3,097,600

[*1] 200단위×500 + 200단위×80 + 80단위×40 = 119,200

(3) 당기제품제조원가, 기말재공품원가, 당기순이익 계산

당기제품제조원가 : ₩2,790,000

기말재공품원가 : 69,000(1공정) + 183,600(2공정) = ₩252,600

당기순이익 :

매 출 액 : 4,500단위×800 =	₩ 3,600,000
매출원가 :	2,790,000
매출총이익 :	₩ 810,000
영업외비용 : 25,000 + 124,000	149,000
당기순이익 :	₩ 661,000

2. 초변동원가계산

초변동원가 손익계산서

Ⅰ. 매출액	4,500단위 × 800 =	₩ 3,600,000
Ⅱ. 직접재료비매출원가	4,500단위 × 380[*1] =	1,710,000
Ⅲ. (재료)처리량공헌이익		₩ 1,890,000
Ⅳ. 운영비용		1,186,400
1. 1공정 가공원가	992,000	
2. 2공정 가공원가	194,400	
Ⅴ. 영업이익		₩ 703,600
Ⅳ. 영 업 외 비 용		91,000
1. 1공정 비정상공손손실	50단위 × 300 =	15,000
2. 2공정 비정상공손손실	200단위 × 380[*1] =	76,000
Ⅶ. 당 기 순 이 익		₩ 612,600

[*1] 300(1공정 재료비 완성품환산량 단위당원가) + 80(2공정 재료비 완성품환산량 단위당원가)

재료처리량공헌이익 : ₩1,890,000

당기순이익 : ₩554,600

3. 전부원가계산과 초변동원가계산 당기순이익 차이 조정

초변동원가계산에 의한 당기순이익   ₩612,600

(+) 기말재고에 포함된 가공비   93,600 [*1]

(−) 기초재고에 포함된 가공비   (45,200) [*2]

(=) 전부원가계산에 의한 당기순이익   ₩661,000

[*1] 1공정 기말재공품에 포함된 가공비	150단위×80%×200	=	₩ 24,000
(+) 2공정 기말재공품에 포함된 가공비	300단위×200+300단위×80%×40	=	69,600
기말재고자산에 포함된 가공비			₩ 93,600
[*2] 1공정 기초재공품에 포함된 가공비	100단위×10%×200	=	₩ 2,000
(+) 2공정 기초재공품에 포함된 가공비	200단위×200+200단위×40%×40	=	43,200
기초재고자산에 포함된 가공비			₩ 45,200

4. 중간제품 2,000개를 외부구입여부 결정

중간제품 2,000개를 외부구입하는 경우 다음과 같이 영업이익이 ₩24,000만큼 증가하므로 외부구입한다.

매 출 증 가 : 2,000개×99%×800	=	₩ 1,584,000
구입원가 증가 : 2,000개×700	=	(1,400,000)
직접재료원가 증가 : 2000개×80	=	(160,000)
증 분 이 익 :		₩ 24,000

5. 품질개선 프로그램 실행여부

품질개선 프로그램을 실행하는 경우 다음과 같이 영업이익이 ₩8,000만큼 증가하므로 품질개선 프로그램을 실행하여야 한다.

매 출 증 가 : 5,000개×0.5%×96%×800	=	₩19,200
직접재료원가 증가 : 5,000개×0.5%×80	=	(2,000)
프로그램 도입비용 :		(9,200)
증 분 이 익 :		₩ 8,000

6.

제1공정에서 공손이 발생하든 제2공정에서 공손이 발생하든 매출감소는 동일하게 발생한다. 그러나 제1공정에서 공손이 발생할 경우에는 제2공정 가공절차를 진행하지 않아도 되므로, 제2공정 재료비를 투입할 필요도 없다. 하지만 제2공정에서 공손이 발생하는 경우는 제2공정에서 재료비까지 투입된 후에 공손이 발생하기 때문에 제2공정이 공손발생으로 인한 손실이 더 크다.

연습문제 8 표준원가계산하의 비교

(주)논현은 단일제품을 생산 판매한다. 20×2년초에 편성된 예산자료는 다음과 같다.

제품 생산량	55,000개
제품 판매량	50,000개
단위당 판매가격	₩100
단위당 변동원가	
직접재료비	₩10
직접노무비	₩15
변동제조간접비	₩20
고정비	
고정제조간접비	₩1,100,000
고정판매비와관리비	₩1,000,000

기초제품재고는 10,000개 이었다.

20×2년 결산결과 실제판매량은 56,000개였으며, 기말제품재고는 4,000개였다. 단위당 판매가격과 단위당 직접재료비, 단위당 직접노무비는 표준과 실제가 동일했다. 변동제조간접비 실제발생총액은 당초의 고정예산과 같았다. 고정제조간접비 실제발생액은 ₩931,000이었으며, 판매비와 관리비는 전액 고정비이고, 실제로 발생한 판매비와 관리비는 ₩1,200,000이었다.

회사는 표준원가계산제도를 채택하고 있으며, 기말에 외부공표용 재무제표 작성시에 모든 원가차이는 매출원가에서 조정한다. 재공품은 없으며, 전기와 당기의 단위당 표준원가는 같다.

요구사항

1. 제조간접비 차이분석을 하시오(가능한 자세하게 분석하시오).

2. 전부원가계산에 의한 20×2년 손익계산서를 작성하라.

3. 변동원가계산에 의한 20×2년 손익계산서를 작성하라.

4. [물음2]과 [물음3]의 이익차이를 조정하고 그 이유를 설명하라.

5. 예산에 근거하여 전부원가계산에 의한 손익분기점을 구하라.

6. 초변동원가계산(throughput costing)에 의한 20×2년 손익계산서를 다시 작성하고, 초변동원가계산을 주장하는 근거를 설명해 보시오.

7. [물음2]과 [물음5]의 이익차이를 조정하라.

→ 해설

1. 제조간접비 차이분석

① 변동제조간접비

AQ × AP	AQ × SP	SQ × SP
$55,000 × 20$		$50,000개^{*2}×20$
$= ₩1,100,000^{*1}$		$= ₩1,000,000$

배부차이 ₩100,000(U)

^{*1} 변동제조간접비 실제발생액과 고정예산이 동일하므로 $20 × 55,000개 = ₩1,100,000$

^{*2} 당기실제생산량 : $56,000개 + 4,000개 - 10,000개 = 50,000개$

② 고정제조간접비

실 제	예 산	배 부(SQ × SP)
	$55,000 × 20^{*}$	$50,000단위 × 20^{*}$
$= ₩931,000$	$= ₩1,100,000$	$= ₩1,000,000$

소비차이 ₩169,000(F) 조업도차이 ₩100,000(U)

* 표준배부율 $= 1,100,000 ÷ 55,000개 = ₩20$

2. 전부원가계산 손익계산서 작성

손익계산서(전부원가계산)

매 출 액	$₩100 × 56,000 =$		₩5,600,000
매 출 원 가	$₩ 65 × 56,000 =$	₩3,640,000	
변동제조간접비 배부차이(불리)		100,000	
고정제조간접비 배부차이(유리)		(69,000)	₩3,671,000
매 출 총 이 익			₩1,929,000
판매비와 관리비			₩1,200,000
영 업 이 익			₩ 729,000

3. 변동원가계산 손익계산서 작성

손익계산서(변동원가계산)

매 출 액	$₩100 × 56,000 =$		₩5,600,000
변 동 비	$₩ 45 × 56,000 =$	₩2,520,000	
변동제조간접비 배부차이(불리)		100,000	₩2,620,000
공 헌 이 익			₩2,980,000
고정제조간접비		₩ 931,000	
고정판매관리비		1,200,000	₩2,131,000
영 업 이 익			₩ 849,000

4. 변동원가계산과 전부원가계산의 이익차이 조정

전부원가계산과 변동원가계산에 의한 영업이익의 차이가 발생하는데, 이는 기초재고와 기말재고에 포함된 고정제조간접비 때문에 발생하는 차이로서 다음과 같이 조정될 수 있다.

변동원가계산에 의한 영업이익		₩849,000
(+) 기말재고에 포함된 고정제조간접비	20 × 4,000개 =	80,000
(−) 기초재고에 포함된 고정제조간접비	20 × 10,000개 =	(200,000)
(=) 전부원가계산에 의한 영업이익		₩729,000

5. 전부원가계산에 의한 손익분기점 판매량(Q)

$$Q = \frac{고정판매관리비 \pm 원가차이}{p-v-f} = \frac{1,200,000+31,000^{*}}{100-45-20} ≒ 35,171개$$

* 원가차이 : 100,000(U) − 169,000(F) + 100,000(U) = ₩31,000(U)

6. 초변동원가계산하의 손익계산서

손익계산서(초변동원가계산)

매 출 액	₩100 × 56,000 =		₩5,600,000
매 출 원 가	₩ 10 × 56,000 =		560,000
재료처리량공헌이익			₩5,040,000
직 접 노 무 비	₩ 15 × 50,000 =	₩ 750,000	
변동제조간접비		₩1,100,000	
고정제조간접비		931,000	
고정판매비와관리비		1,200,000	₩3,981,000
영 업 이 익			₩1,059,000

7. 초변동원가계산과 전부원가계산 이익차이 조정

초변동원가계산에 의한 영업이익		₩1,059,000
(+) 기말재고에 포함된 가공비	4,000개 × ₩55 =	220,000
(−) 기초재고에 포함된 가공비	10,000개 × ₩55 =	(550,000)
(=) 전부원가계산에 의한 영업이익		₩ 729,000

연습문제 9 · 재공품이 존재하는 경우 전부원가와 변동원가 비교

(주)청담은 표준전부원가계산제도를 사용하고 있으며, 회사가 생산하는 제품 단위당 표준원가는 다음과 같다.

	표준수량	표준가격	표준원가
직접재료비	5 kg	₩10/ kg	₩50
직접노무비	2시간	₩10/시간	20
제조간접비	2시간	₩15/시간	30
합 계			₩100

제조간접비에 대한 표준원가는 연간 40,000직접노동시간을 기준으로 하여 결정되었는데, 변동제조간접비는 직접노동시간당 ₩5으로 추정되었다. 회사는 단일공정에서 단일제품을 생산하고 있는데, 20×5년 중 원재료, 재공품, 제품계정의 물량흐름은 다음과 같다.

원재료				재공품				제 품			
기 초	10,000	사 용	88,000	기 초	2,000	완 성	16,000	기 초	1,000	판 매	14,000
매 입	100,000	기 말	22,000	착 수	18,000	기 말	4,000	완 성	16,000	기 말	3,000
	110,000		110,000		20,000		20,000		17,000		17,000

원재료는 공정초에 전량 투입되고 가공비는 공정전반에 걸쳐 균등하게 발생한다. 기초재공품의 가공비완성도는 40%이고, 기말재공품의 가공비완성도는 80%이다.

당기 제품의 생산과 관련된 실제자료는 다음과 같다.

(1) 당기 중 원재료 100,000kg을 kg당 ₩11에 구입하였으며, 88,000kg을 생산에 투입하였다.

(2) 1년 동안 발생한 실제 가공비는 다음과 같다.

직 접 노 무 비	36,000시간 × ₩9.5 = ₩342,000
변동제조간접비	200,000
고정제조간접비	390,000
합 계	₩932,000

(3) 제품의 단위당 판매가격은 ₩150이고, 판매단위당 변동판매관리비는 ₩20, 연간 고정판매관리비는 ₩250,000이다.

회사는 원재료를 표준원가로 기록하고 있으며, 모든 원가차이를 매출원가에서 조정하고 있다.

요구사항

1. 표준원가로 기록된 제조원가보고서를 작성하시오.

2. 표준원가로 기록된 원재료, 재공품, 제품의 기말재고액과 매출원가를 재료비, 가공비로 구분하여 계산하시오.

3. 모든 제조원가의 차이를 분석하시오.

4. 전부원가계산에 의한 20×5년의 손익계산서를 작성하시오.

5. 변동원가계산에 의한 20×5년의 손익계산서를 작성하시오.

6. 두 원가계산방법에 의한 20×5년 영업이익의 차이를 조정하시오.

➡ 해설

1. 제조원가보고서

[1단계] 물량의 흐름   [2단계] 완성품 환산량

재공품			재료비	가공비
기 초	2,000	완성 ┌ 기초 2,000	0	1,200
		└ 투입 14,000	14,000	14,000
당기착수	18,000	기 말 4,000	4,000	3,200
합 계	20,000	합 계 20,000	18,000	18,400

[3단계] 총원가 요약   합 계

			합 계
기초재공품원가			₩ 140,000
당기 착수 원가	900,000	920,000	1,820,000
합 계			₩ 1,960,000

[4단계] 완성품환산량 단위당원가

	재료비	가공비
완성품 환산량	÷ 18,000	÷ 18,400
완성품환산량 단위당원가	@50	@50

[5단계] 원가 배분   합 계

		합 계
완성품원가	$140,000 + 14,000 \times 50 + 15,200 \times 50 =$	₩ 1,600,000
기말재공품원가	$4,000 \times 50 + 3,200 \times 50 =$	360,000
합 계		₩ 1,960,000

2. 표준원가

원 재 료 기말재고액 : $22,000kg \times 10/kg = ₩220,000$(전액 재료비)

재 공 품 기말재고액 : 4,000개 × 50(재료비) + 3,200개 × 50(가공비) = ₩360,000

제 품 기말재고액 : 3,000개 × 50(재료비) + 3,000개 × 50(가공비) = ₩300,000

매 출 원 가 : 14,000개 × 50(재료비) + 14,000개 × 50(가공비) = ₩1,400,000

3. 제조원가 차이분석

(1) 직접재료비 차이분석

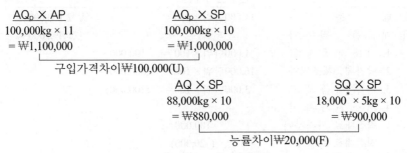

AQ$_p$ × AP	AQ$_p$ × SP
100,000kg × 11	100,000kg × 10
= ₩1,100,000	= ₩1,000,000

구입가격차이₩100,000(U)

AQ × SP	SQ × SP
88,000kg × 10	18,000* × 5kg × 10
= ₩880,000	= ₩900,000

능률차이₩20,000(F)

* 재료비 완성품환산량

(2) 직접노무비 차이분석

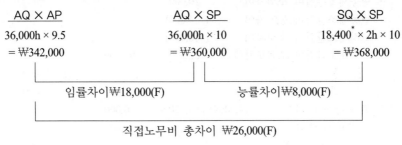

AQ × AP	AQ × SP	SQ × SP
36,000h × 9.5	36,000h × 10	18,400* × 2h × 10
= ₩342,000	= ₩360,000	= ₩368,000

임률차이₩18,000(F)   능률차이₩8,000(F)

직접노무비 총차이 ₩26,000(F)

* 가공비 완성품환산량

(3) 변동제조간접비 차이 분석

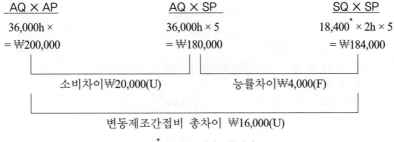

AQ × AP	AQ × SP	SQ × SP
36,000h ×	36,000h × 5	18,400* × 2h × 5
= ₩200,000	= ₩180,000	= ₩184,000

소비차이₩20,000(U)   능률차이₩4,000(F)

변동제조간접비 총차이 ₩16,000(U)

* 가공비 완성품환산량

(4) 고정제조간접비 차이분석

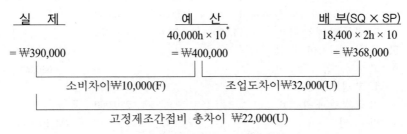

실 제	예 산	배 부(SQ × SP)
	40,000h × 10*	18,400 × 2h × 10
= ₩390,000	= ₩400,000	= ₩368,000

소비차이₩10,000(F)   조업도차이₩32,000(U)

고정제조간접비 총차이 ₩22,000(U)

* 15(시간당 제조간접비) − 5(시간당 변동제조간접비) = ₩10

4. 전부원가계산 손익계산서

전부원가계산

Ⅰ. 매 출 액	14,000단위 × 150 =		₩ 2,100,000
Ⅱ. 매 출 원 가			1,492,000
1. 기 초 제 품 재 고	1,000단위 × 100 =	100,000	
2. 당기제품제조원가	16,000단위 × 100 =	1,600,000	
3. 기 말 제 품 재 고	3,000단위 × 100 =	(300,000)	
4. 제 조 원 가 차 이			
직접재료 가격차이	100,000		
직접재료 능률차이	(20,000)		
직접노무비 임률차이	(18,000)		
직접노무비 능률차이	(8,000)		
변동제조간접비 소비차이	20,000		
변동제조간접비 능률차이	(4,000)		
고정제조간접비 소비차이	(10,000)		
고정제조간접비 조업도차이	32,000	92,000	
Ⅲ. 매 출 총 이 익			₩608,000
Ⅳ. 판 매 관 리 비			530,000
1. 변 동 판 매 관 리 비	14,000단위 × 20 =	280,000	
2. 고 정 판 매 관 리 비		250,000	
Ⅴ. 영 업 이 익			₩ 78,000

5. 변동원가계산 손익계산서

변동원가계산

Ⅰ. 매 출 액	14,000단위 × 150 =		₩2,100,000
Ⅱ. 변 동 비			1,470,000
1. 변 동 매 출 원 가	14,000단위 × 80 =	1,120,000	
2. 제 조 원 가 차 이			
직접재료 가격차이	100,000		
직접재료 능률차이	(20,000)		
직접노무비 임률차이	(18,000)		
직접노무비 능률차이	(8,000)		
변동제조간접비 소비차이	20,000		
변동제조간접비 능률차이	(4,000)	70,000	
3. 변 동 판 매 관 리 비	14,000단위 × 20 =	280,000	
Ⅲ. 공 헌 이 익			₩ 630,000
Ⅳ. 고 정 비			640,000
1. 고 정 제 조 간 접 비		390,000	
2. 고 정 판 매 관 리 비		250,000	
Ⅴ. 영 업 이 익			(₩ 10,000)

6. 영업이익 차이 조정

기말재공품이 존재하는 경우에는 기말제품 뿐만 아니라 기말재공품도 기말재고자산에 해당한다는 것을 기억해야 하며, 기말재공품에도 고정제조간접비가 포함되어 있음을 반드시 기억해야 한다.

변동원가계산의 영업이익	: (₩10,000)	
(+) 기말재고자산에 포함된 고정제조간접비 :	124,000[*1]	
(−) 기초재고자산에 포함된 고정제조간접비 :	(36,000)[*2]	
(=) 전부원가계산의 영업이익	: ₩78,000	

[*1] 기말제품에 포함된 고정제조간접비 : 3,000단위 × 20 = ₩ 60,000
기말재공품에 포함된 고정제조간접비 : 4,000단위 × 80% × 20 = 64,000
합 계 : ₩124,000

[*2] 기초제품에 포함된 고정제조간접비 : 1,000단위 × 20 = ₩ 20,000
기초재공품에 포함된 고정제조간접비 : 2,000단위 × 40% × 20 = 16,000
합 계 : ₩ 36,000

Part 2

의사결정

7 chapter

원가의 추정

 1 원가추정의 의의

원가의 추정이란 과거에 발생한 원가정보를 이용하여 미래의 원가를 예측하기 위한 정보를 추정해보는 과정을 말한다. 통상 경제학에서는 원가함수를 3차함수 형태의 비선형함수를 가정하나 회계학에서는 준변동비와 같은 선형함수(y = a + bx)를 가정함으로서 원가추정의 편의를 높인다.

2 원가의 추정방법(선형함수)

(1) 산업공학적 방법

산업공학적 방법(industrial engineering method)은 산업공학 전문가들이 투입과 산출과의 관계를 계량화하기 위하여 시간연구, 동작연구, 재료소요량의 평가 등과 같이 세밀한 작업 측정에 의하여 원가를 추정한다.

장점 ① 단위당 표준원가 산정시에 널리 이용되며, ② 과거자료를 이용할 수 없는 경우에도 적용이 가능하고, ③ 과학적이다.

단점 ① 시간연구, 동작연구 등을 해야 하므로 원가 측정시에 많은 시간과 비용이 소요되고, ② 최적의 상황을 가정하여 원가를 추정하므로 성과평가나 계약체결을 위한 원가추정치로는 사용할 수 없다. ③ 공학적 분석이나 난해한 제조간접비를 추정하는데는 사용할 수 없다.

(2) 계정분석법(accounts analysis method)

계정분석법이란 각 계정에 기록된 원가를 회계담당자의 전문적 지식과 경험, 판단에 따라 변동비, 고정비, 준변동비, 준고정비로 분석하여 원가방정식을 추정하는 방법이다.

장점 ① 계정분석법은 원가추정을 쉽게 할 수 있고, ② 원가추정비용이 적게 들며, ③ 상황변화에 따라 원가구조가 변경되는 경우에도 추정원가를 신속하게 수정할 수 있다.

단점 ① 주관적 판단에 의존하므로 과학적 논리성 및 객관성이 결여되고, ② 과거자료의 비효율성, 비경상적 상황에서는 미래의 원가추정치를 왜곡시킬 수 있다. 또한, ③ 준변동비를 변동비와 고정비로 구분할 때 주관이 많이 개입될 수 있다.

(3) 산포도법(scatter diagram method)

산포도법은 조업도와 원가를 두 축으로 하는 좌표 위에 각 조업도에서 발생한 원가들을 도표상의 점으로 나타내고, 분석가의 전문적인 판단에 의하여 산포도의 특성을 가장 잘 대표할 수 있는 직선을 찾아냄으로서 미래원가를 추정하는 방식이다.

장점 ① 적용이 간단하고 이해하기 쉽다. ② 시간과 비용이 적게 소요된다.

단점 ① 분석자의 주관적 판단에 따라 결과가 달라진다.

(4) 고저점법(high-low method)

가장 높은 조업도와 가장 낮은 조업도의 원가자료를 잇는 직선을 뽑아내어 원가함수를 추정하는 방법이다.

장점 ① 이용하기 쉽고 간편하며, ② 객관적이고, ③ 표본이 제한된 경우에도 사용할 수 있다.

단점 ① 두 점의 대표성이 결여될 경우, 잘못된 원가추정을 할 수 있으며, ② 주어진 모든 자료가 활용되지 못하기 때문에 정확한 원가함수가 도출되지 못한다.

(5) 회귀분석법(regression analysis method)

회귀분석법(regression analysis method)이란 관찰값들을 이용하여 통계적 방법에 의해 하나 도는 둘 이상의 독립변수와 종속변수와의 관계를 나타내는 원가함수를 추정하는 방법으로서 최소자승법(least square method)를 이용하여 원가함수를 결정한다.

장점 ① 정상적인 원가자료를 모두 이용하므로 정확한 원가함수가 도출 될 수 있으며, ② 객관적이고, ③ 다양한 통계자료(예를 들면 결정계수(R^2)등)를 제공해 준다.

단점 ① 적용이 복잡하고, 이해하기 어렵다.

3 고저점법에 의한 원가추정

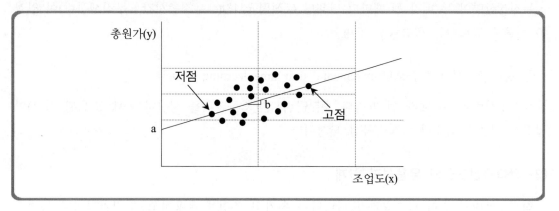

원가함수 y = a + bx에서, b값은 다음과 같이 계산될 수 있다.

$$b(조업도\ 단위당\ 변동비) = \frac{최대조업도의\ 원가 - 최저조업도의\ 원가}{최대조업도 - 최저조업도}$$

$$a(총고정비) = 최고조업도의\ 총원가 - 최고조업도 \times 조업도\ 단위당\ 변동비$$
$$= 최저조업도의\ 총원가 - 최저조업도 \times 조업도\ 단위당\ 변동비$$

4 학습곡선

(1) 의의

독립변수인 누적생산량이 증가함에 따라 종속변수인 단위당 평균노동시간 또는 단위당 평균노동원가가 체계적으로 감소하는 학습효과를 고려한 비선형 원가함수를 말한다.

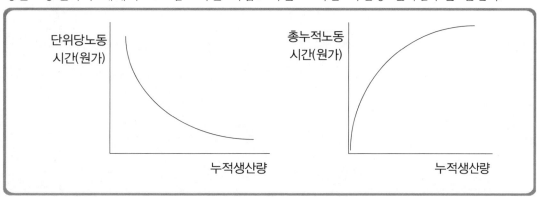

(2) 학습곡선 모형의 종류

① 누적평균시간 학습모형(cumulative average-time learning model)

누적생산량이 두 배가 될 때마다 단위당 **누적평균시간**(= 누적총시간 ÷ 누적생산량)이 일정한 비율로 감소하는 학습곡선 모형

② 증분단위시간 학습모형(incremental unit-time learning model)

누적생산량이 두 배가 될 때마다 **증분단위시간**(최종단위를 생산하는 데 소요된 시간)이 일정한 비율로 감소하는 학습곡선 모형이다.

(3) 학습곡선모형의 유용성과 한계

직접노무비와 같이 학습효과가 나타나는 원가의 추정에 유용하고, 입찰가격이나 특별주문 등에 대한 가격결정과 CVP분석, 표준원가의 설정 등 기업 관리활동에 유용한 정보를 제공하나, 최근 생산공정의 자동화, 분업에 따른 작업의 단순화 등으로 학습효과가 나타나지 않는 경우, 또는 다품종 소량생산형태와 같이 학습효과가 나타나지 않는 경우에는 적용하기 어렵다.

연습문제 1　학습곡선 – 누적평균시간모형

(주)황새는 항공기를 제조하는 회사이다. 최근 국가로부터 전투기 6대에 대한 입찰계약에 참여할 것을 고려하고 있다. 회사는 얼마전에 2대를 생산한 바 있다. 전투기 생산을 위해서는 특수장비를 사용하여야 하는데, 특수장비의 리스료는 처음 2대에 모두 배분하였지만, 추가비용없이 계속 사용이 가능하다. 회사가 얼마전에 생산한 전투기 2대와 관련하여 발생한 원가는 다음과 같다.

직접재료비	₩ 400,000
직접노무비(15,000시간 × 300)	4,500,000
특수장비 리스료	900,000
변동제조간접비	562,500
기타제조간접비	1,800,000
합　　　계	₩8,162,500

변동제조간접비는 직접노동시간에 비례하여 발생하고 있으며, 기타제조간접비는 계약입찰목적으로 직접노무비의 40%를 일정하게 배분하고 있다. (주)황새는 80%누적평균학습모형을 이용하여 원가를 추정하고 있다.

요구사항

1. 추가로 6단위를 생산하기 위한 직접노동시간 및 직접노무비를 추정하라.

2. 추가 6단위 생산에 필요한 원가총액 및 단위당 원가는 얼마인가?

3. 추가 6단위는 예상되는 원가총액에 20%의 이익을 가산하여 입찰가격을 결정한다고 할 때, 입찰가격은 얼마인가?

4. 학습효과가 존재하지 않는다고 가정할 때, 예상되는 원가총액 및 단위당 원가는 얼마인가?

➡ 해설

1. (1) 추가 6단위 생산에 필요한 직접노동시간 : 23,400시간

누적생산량(Q)	누적 평균시간	총누적시간	증분시간
2배 ⌈ **1** ⌊ **2**	7,500시간 ⌉ 80%	15,000시간 ⌉	
2배 ⌈ 3 ⌊ 4	6,000시간 ⌋ 80%	24,000시간	23,400시간

2배 ⌈ 5
      ｜ 6
      ｜ 7
      ⌊ **8**
	⌉ 80%
	
	4,800시간 ⌋
		
		38,400시간 ⌋	

   (2) 추가 6단위 생산에 필요한 직접노무비 : 23,400시간 × 300 = ₩7,020,000

2. (1) 추가 6단위 생산에 필요한 원가총액

직접재료비	₩ 1,200,000[*1]
직접노무비(23,400시간 × ₩300)	7,020,000
특수장비 리스료	0[*2]
변동제조간접비	877,500[*3]
기타제조간접비	2,808,000[*4]
합 계	₩11,905,500

   [*1] 1단위당 직접재료비 : ₩400,000/2 = ₩200,000
       6단위의 총 직접재료비 : ₩200,000 × 6 = ₩1,200,000
   [*2] 특수장비는 추가비용없이 계속사용이 가능하다고 하였기 때문에 더 이상의 비용이 발생하지 않는다.
   [*3] 변동제조간접비도 직접노무비에 비례함. ₩562,500/15,000시간 = ₩37.5/시간
       따라서 23,400시간 × ₩37.5/시간 = ₩877,500
   [*4] ₩7,020,000 × 40% = ₩2,808,000

   (2) 추가 6단위의 단위당 원가 : $\dfrac{₩11,905,500}{6단위}$ = ₩1,984,250

3. **입찰가격**

   (1) 추가 6단위 전체의 입찰가격 : ₩ 11,905,500 × 120% = ₩14,286,600
   (2) 추가 6단위의 단위당 입찰가격 : ₩ 1,984,250 × 120% = ₩2,381,100

4. 학습효과가 존재하지 않을 경우

(1) 추가 6단위 총원가

직접재료비	₩ 400,000 × 3 =	₩ 1,200,000
직접노무비(15,000시간 × 300)	4,500,000 × 3 =	13,500,000
특수장비 리스료		0
변동제조간접비	562,500 × 3 =	1,687,500
기타제조간접비	1,800,000 × 3 =	5,400,000
합 계	₩8,162,500 × 3 =	₩21,787,500

(2) 추가 6단위의 단위당 원가 : $\dfrac{₩21,787,500}{6단위}$ = ₩3,631,250

상기 금액은 최초 2단위의 총원가 ₩8,162,500에서 특수장비 리스료 ₩900,000을 차감하고

남은 잔액을 2로 나눈 값. 즉, $\dfrac{(₩8,162,500 - 900,000)}{2}$ = ₩3,631,250 과 동일하게 된다.

연습문제 2   원가추정 - 종합

(주)성숙의 최초 사업개시 후 2년간인 20×1년과 20×2년의 손익자료는 다음과 같다.

	20×1년	20×2년
매출액	₩1,000,000	₩3,000,000
직접재료원가	400,000	1,200,000
직접노무원가	100,000	224,000
제조간접원가	200,000	500,000
판매관리비	150,000	150,000
영업이익	150,000	926,000

20×1년부터 20×3년까지의 (주)성숙의 단위당 판매가격, 시간당 임률, 단위당 변동제조간접원가, 총고정제조간접원가, 총판매관리비는 일정하다. 직접노무시간에는 누적평균시간 학습모형이 적용된다. 매년 기초 및 기말재고는 없다고 가정한다. 20×3년도 매출액은 ₩4,000,000으로 예상된다.

요구사항

1. (주)성숙의 학습률과 20×3년도의 예상 직접노무비를 계산하시오.

2. 20×3년도 (주)성숙의 제조간접비를 계산하시오.

3. 20×3년도 (주)성숙의 영업이익을 계산하시오.

→ 해설

1. 학습률과 20×3년도 직접노무비 계산

(1) 학습률 계산

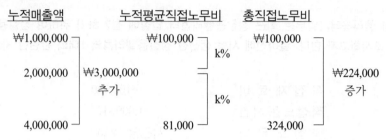

학습률을 k라고 하면,

$$₩100,000 × k^2 = ₩81,000 \qquad 따라서, \ k = 90\% \ 이다.$$

(2) 20×3년도 직접노무비 계산

누적매출액	누적평균직접노무비	총직접노무비	
₩1,000,000	₩100,000	₩100,000	
2,000,000	?	?	
4,000,000	81,000 ⎤	324,000 ⎤	
8,000,000	72,900 ⎦ 90%	583,200 ⎦ ₩259,200	

20×3년도 직접노무비는 ₩259,200으로 예상된다.

2. 20×3년도 제조간접비 계산

20×1년도 매출액이 ₩1,000,000일 경우 제조간접비는 ₩200,000이고, 20×2년도 매출액이 ₩3,000,000 일 경우 제조간접비가 ₩500,000이므로, 고저점법을 이용하여 원가추정방정식을 산출하여야 한다. 따라서 변동비율을 a, 고정제조간접비 총액을 b라고 하면, 다음이 성립하여야 한다.

$$1,000,000 × a + b = 200,000 \cdots ①$$
$$3,000,000 × a + b = 500,000 \cdots ②$$

위의 연립방정식을 풀면 a = 0.15, b = ₩50,000이 나온다.

따라서 20×3년도 제조간접비는 ₩650,000(=4,000,000×0.15 + 50,000)으로 예상된다.

3. 20×3년도 영업이익 계산

매 출 액 :	₩4,000,000
직 접 재 료 비 :	(1,600,000)
직 접 노 무 비 :	(259,200)
제 조 간 접 비 :	(650,000)
판 매 관 리 비 :	(150,000)
영 업 이 익 :	₩1,340,800

연습문제 3 　학습곡선 – 누적평균시간모형과 증분단위시간모형　Horngren

(주)잠자리의 헬리콥터사업부는 최근 정찰용헬리콥터 입찰에 참가하기 위하여 정찰용헬리콥터의 제조원가를 조사하고자 한다. 얼마전에 시험 생산한 정찰용헬리콥터 1대와 관련한 자료는 다음과 같다.

직 접 재 료 비	₩100,000
직 접 노 동 시 간	1,000시간
직 접 노 무 비	시간당 ₩200
변동제조간접비	직접노무시간당 ₩750
기타제조간접비	직접재료원가의 60%
학 　습 　률	85%

학습률이 85%일 때, 학습지수는 0.2345이며, 누적생산량 x와 x^{-b}의 관계는 다음과 같다.

x	x^{-b}	x	x^{-b}
1	1.000	5	0.686
2	0.850	6	0.657
3	0.773	7	0.634
4	0.723	8	0.614

요구사항

헬리콥터사업부가 정찰용헬리콥터 7대의 입찰에 참가하고자 할 때,

1. 85%누적평균시간 학습곡선모형이 적용될 경우 7대의 총원가는 얼마인가?

2. 85%증분단위시간 학습곡선모형이 적용될 경우 7대의 총원가는 얼마인가?

➡ 해설

1. 누적평균시간 모형

(1) 85% 학습률에 의한 평균시간과 총누적시간

누적생산량(Q)		누적 평균시간		총누적시간	증분시간
2배	1	1,000시간	85%	1,000시간	
	2	850시간		1,700시간	
2배	3	773시간	85%	2,319시간	
	4	723시간		2,892시간	
	5	686시간		3,430시간	3,912시간
2배	6	657시간	85%	3,942시간	
	7	634시간		4,438시간	
	8	614시간		4,912시간	

(2) 추가 7단위의 총원가

직 접 재 료 비	₩ 700,000 [*1]
직 접 노 무 비	782,400 [*2]
변동제조간접비	2,934,000 [*3]
기타제조간접비	420,000 [*4]
합 계	₩4,836,400

[*1] 7단위의 총 직접재료비 ₩100,000 × 7 = ₩700,000

[*2] 3,912시간 × ₩200 = ₩782,400

[*3] 3,912시간 × ₩750 = ₩2,934,000

[*4] ₩700,000 × 60% = ₩420,000

2. 증분단위시간 모형

(1) 85% 학습률에 의한 증분단위시간과 총누적시간

누적생산량(Q)		증분단위시간		총누적시간	증분시간
2배	1	1,000시간	85%	1,000시간	
	2	850시간		1,850시간	
2배	3	773시간	85%	2,623시간	
	4	723시간		3,346시간	
	5	686시간		4,032시간	4,937시간
2배	6	657시간	85%	4,689시간	
	7	634시간		5,323시간	
	8	614시간		5,937시간	

증분단위시간 모형의 경우에는 증분단위시간이 의미하는 바가 마지막 최종 한단위가 추가되는데 추가로 소요되는 시간을 의미하기 때문에 만약 1번째 단위의 증분단위시간이 1,000시간이고, 2번째 단위의 증분단위시간이 850시간이라면 2단위를 만드는데 걸리는 총누적시간은 1,850시간(= 1,000시간 + 850시간)임을 의미한다. 이에 반해 누적평균시간모형에서 2번째 단위의 누적평균시간이 850시간이라는 의미는 2단위를 만드는데 걸린 평균시간이 850시간이 되기 때문에 2단위의 총누적시간은 1,700시간(= 850시간 × 2단위)이라는 의미이다.

(2) 추가 7단위의 총원가

직 접 재 료 비	₩ 700,000 [*1]
직 접 노 무 비	987,400 [*2]
변동제조간접비	3,702,750 [*3]
기타제조간접비	420,000 [*4]
합 계	₩5,810,150

[*1] 7단위의 총 직접재료비 ₩100,000 × 7 = ₩700,000

[*2] 4,937시간 × ₩200 = ₩987,400

[*3] 4,937시간 × ₩750 = ₩3,702,750

[*4] ₩700,000 × 60% = ₩420,000

연습문제 4	부품의 자가제조 또는 외부구입 여부 – 학습곡선

(주)수미는 지금까지 외부에서 단위당 ₩85,000에 모터를 구입하여 왔으나, 최근 경영진들은 자체 생산설비를 이용하여 자체 생산할 것을 고려하고 있다. 이 회사는 지금까지 자체 생산의 경험이 거의 없으며, 최근 2단위의 모터를 시험 생산하는데 발생한 원가는 다음과 같았다.

직접재료비	₩ 40,000
직접노무비	72,000
변동제조간접비	48,000
고정제조간접비	60,000
기타제조간접비	22,000
합 계	₩242,000

변동제조간접비는 직접노무비에 비례발생하며, 기타제조간접비는 기타제조간접비를 제외한 나머지 총원가 합계액의 10%가 배부되었다. 회사의 생산부서에서는 2단위의 모터를 조립생산하는데 예상된 총원가가 ₩242,000이므로 한 단위당 원가가 ₩121,000(=242,000÷2)이므로 외부에서 ₩85,000씩에 계속 구입해야 한다고 판단하고 있다.

[요구사항]

1. 직접노무비가 80% 누적평균시간 학습모형이 적용된다고 가정할 경우 회사는 추가로 필요한 모터 6단위를 자가제조하여야 하는가? 외부구입하여야 하는가?

2. 직접노무비가 80% 증분단위시간 학습모형이 적용된다고 가정할 경우 회사는 추가로 필요한 모터 6단위를 자가제조하여야 하는가? 외부구입하여야 하는가? 단, 80% 학습률하에서 학습지수 b = 0.3219이며, 누적생산량 x와 $x^{-0.3219}$과의 관계는 다음과 같다.

x	$x^{-0.3219}$	x	$x^{-0.3219}$
1	1.000	5	0.596
2	0.800	6	0.562
3	0.702	7	0.535
4	0.640	8	0.512

➡ 해설

1. 90% 누적평균시간 학습모형

추가 6단위 모터를 자체생산하는 경우

직접재료비 증가 : 6단위 × 20,000 = (₩120,000)
직접노무비 증가 : (112,320) [*1]
변동제조간접비 증가 : 112,320 × ⅔ = (74,880) [*2]
기타제조간접비 증가 : (30,720) [*3]
외부구입비용 감소 : 6단위 × 85,000 = 510,000
증분이익(손실) : ₩ 172,080

[*1]

누적생산량(Q)	증분 단위 직접노무비	총누적직접노무비	증분직접노무비
2	₩36,000	₩72,000	
3		80%	
4	28,800		₩112,320
5			
6		80%	
7			
8	23,040	184,320	

2배 (2→4), 2배 (4→8)

[*2] 직접노무비에 비례발생하며, 직접노무비의 ⅔(= $\frac{48,000}{72,000}$)만큼 발생.

[*3] (120,000 + 112,320 + 74,880)×10% = ₩30,720

자체 생산할 경우 영업이익이 ₩172,080 증가하므로 6단위를 자체생산하여야 한다.

2. 80% 증분단위시간 모형

추가 6단위 모터를 자체생산하는 경우

직접재료비 증가	:	6단위 × 20,000 =	(₩120,000)
직접노무비 증가	:		(141,880)[*1]
변동제조간접비 증가	:	141,880 × $\frac{2}{3}$ =	(94,587)[*2]
기타제조간접비 증가	:		(35,647)[*3]
외부구입비용 감소	:	6단위 × 85,000 =	510,000
증분이익(손실)	:		(₩117,886)

[*1]

누적생산량(Q)	증분 단위 직접노무비	총누적직접노무비	증분직접노무비
1	₩40,000[주]		
2	32,000	₩72,000	
3	28,080		
4	25,600		₩141,880
5	23,840		
6	22,480		
7	21,400		
8	20,480	213,880	

[주] 첫 단위 생산에 투입된 직접노무비를 x라 하면,

$x + 0.8x = ₩72,000 \quad \rightarrow \quad x = ₩40,000$

[*2] 직접노무비에 비례발생하며, 직접노무비의 $\frac{2}{3}(= \frac{48,000}{72,000})$만큼 발생.

[*3] $(120,000 + 141,880 + 94,587) \times 10\% = ₩35,647$

자체 생산할 경우 영업이익이 ₩117,886 감소하므로 6단위를 외부구입 하여야 한다.

원가-조업도-이익 분석

8 chapter

1 의의 및 기본가정

원가-조업도-이익분석(costs-volume-profit alalysis, CVP분석)이란 조업도의 변동이 기업의 원가, 수익, 이익에 미치는 영향을 분석하는 기법이다. CVP분석은 기본적으로 다음과 같은 가정 하에서 이루어진다. CVP분석이 현실과는 동떨어져 보이는 이유가 다음과 같은 가정 하에서 이루어지기 때문이기도 하다.

① 조업도만이 수익과 원가에 영향을 미치는 유일한 요인이다.
② 모든 원가는 변동비와 고정비로 구분할 수 있다.
③ 원가와 수익의 형태는 결정되어 있고, 관련범위 내에서는 선형이다.
④ 생산량과 판매량이 동일하여 기초재고자산과 기말재고자산은 없거나 동일하다.
⑤ 단일제품을 생산, 판매하는 것으로 가정한다. 단, 복수의 제품을 생산하는 경우 제품배합이 일정하다고 가정한다.
⑥ 화폐의 시간가치를 고려하지 않는다.

2 CVP분석의 기본 정리

> p : 단위당 판매가격 ,   v : 단위당 변동비 ,   F : 총고정비
> Q : 판매수량   ,   π : 목표(영업)이익 ,   t : 법인세율

① 영업이익(π)은 총수익(S)에서 총변동비(V)와 총고정비(F)를 차감한 금액이다.

$$\text{영업이익}(\pi) = \text{총수익}(S) - \text{총변동비}(V) - \text{총고정비}(F)$$
$$= p \times Q - v \times Q - F$$
$$= \mathbf{(p - v) \times Q - F}$$

② 변동비율은 총변동비를 매출액으로 나눈 값으로, 단위당 변동비를 단위당 판매가격으로 나눈 값이다.

$$\text{변동비율} = \frac{\text{총변동비}}{\text{매출액}} = \frac{v \times Q}{p \times Q} = \frac{v}{p}$$

③ 공헌이익률은 총공헌이익을 매출액으로 나눈 값으로, 매출액이 1원 증가할 때 이익의 증가분을 의미하며, 단위당 공헌이익을 단위당 판매가격으로 나눈 값과 동일하다.

$$\text{공헌이익률} = \frac{\text{공헌이익}}{\text{매출액}} = \frac{(p - v) \times Q}{p \times Q} = \frac{p - v}{p} = 1 - \frac{v}{p}$$

④ 공헌이익률과 변동비율의 합계는 항상 1이다. 즉, "공헌이익률 + 변동비율 = 1"이다.

3 기본가정하의 CVP분석

(1) 손익분기점(break-even point, BEP)

손익분기점이란 총수익과 총비용이 일치하여 이익도 손실도 발생하지 않는 판매량 또는 매출액을 말하며, **법인세와는 상관없이 동일하게 계산된다.**

① 손익분기점 판매량(Q)은 다음과 같이 계산된다.

$$\mathbf{Q = \frac{F}{(p - v)}} = \frac{\text{고정비}}{\text{단위당 공헌이익}}$$

② 손익분기점 매출액(S)은 이익이 "0"이 되는 매출액이며, 다음과 같이 계산된다.

$$S = \frac{F}{(1 - v/p)} = \frac{\text{고정비}}{\text{공헌이익률}}$$

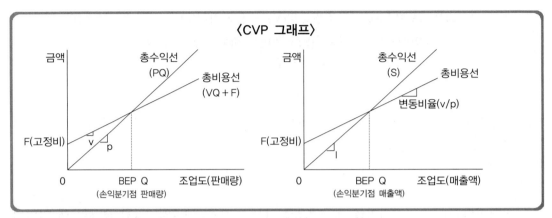

〈CVP 그래프〉

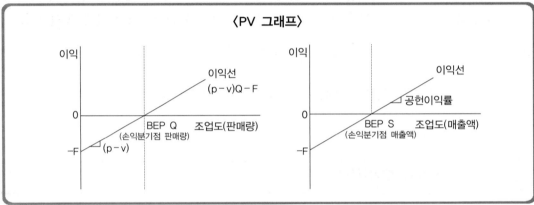

〈PV 그래프〉

(2) 목표이익(target income) 달성을 위한 CVP 분석

1) 법인세가 존재하지 않는 경우(법인세율, t = 0)

① 목표이익 달성을 위한 판매수량(Q)

$$Q = \frac{F + \pi}{(p - v)} = \frac{고정비 + 목표이익}{단위당\ 공헌이익}$$

② 목표이익 달성을 위한 매출액(S)

$$S = \frac{F + \pi}{(1 - v/p)} = \frac{고정비 + 목표이익}{공헌이익률}$$

2) 법인세가 존재하는 경우(법인세율, t ≠ 0, 단 0 〈 t 〈 1)

① 세후목표이익 달성을 위한 판매수량

$$Q = \frac{F + \dfrac{\pi}{(1-t)}}{(p-v)} = \frac{고정비 + \dfrac{목표이익}{(1-세율)}}{단위당\ 공헌이익}$$

② 세후목표이익 달성을 위한 매출액

$$S = \frac{F + \dfrac{\pi}{(1-t)}}{(1-v/p)} = \frac{고정비 + \dfrac{목표이익}{(1-세율)}}{공헌이익률}$$

4 안전한계

안전한계(margin of safety, M/S)는 실제 또는 예상 판매량(매출액)이 손익분기점의 판매량(매출액)을 초과하는 판매량(매출액)을 의미하며, 다음과 같이 계산된다.

> 안전한계 판매량 = 실제(예산) 판매량 − 손익분기점 판매량
> 안전한계 매출액 = 실제(예산) 매출액 − 손익분기점 매출액

안전한계를 현재 판매량(매출액)에 대한 비율로 나타낸 것을 안전한계율이라고 하며, 안전한계율은 다음과 같이 계산된다.

$$안전한계율 = \frac{안전한계\ 판매량(매출액)}{실제(예산)\ 판매량(매출액)}$$

5 영업레버리지

영업레버리지(Operating Leverage)란 총비용 중 고정비가 지렛대 역할을 함으로서 매출액이 변화할 때, 영업이익이 더 크게 변화하는 효과를 말한다. 즉, 매출액이 변할 때 영업이익은 매출액이 변하는 비율보다 높은 비율로 변하는데 이를 영업레버리지 효과라고 하며, 영업레버리지의 크기를 나타내는 척도가 영업레버리지도이다. 영업레버리지도(DOL, Degree of Operating Leverage)는 현재의 영업수준에서 매출액의 변화율에 대한 영업이익의 변화율을 의미하며, 다음과 같이 계산된다.

$$DOL = \frac{\text{영업이익의 변화율}}{\text{매출액의 변화율}} = \frac{(p-v) \times Q}{(p-v) \times Q - F} = \frac{\text{공헌이익}}{\text{영업이익}} = \frac{1}{\text{안전한계율}}$$

고정비의 비중이 증가(변동비 비중이 감소)할 수록 영업레버리지도는 증가하며, 영업레버리지도가 증가할 경우 매출액변화에 따른 영업이익의 변화는 더 커지게 된다. 상대적으로 고정비의 비중이 감소(변동비 비중이 증가)할 수록 영업레버리지도는 감소하며, 이 경우 매출액변화에 따른 영업이익의 변화는 더 작아지게 된다. 따라서 향후 경기가 좋아질 것이라고 판단될 경우에는 변동비 비중을 줄이고 고정비 비중을 증가시킴으로서 영업레버리지도를 증가시켜서 향후 영업이익을 크게 증가시킬 수 있다. 반대로, 향후 경기가 나빠질 것으로 예상되면, 고정비 비중을 줄이고 변동비 비중을 증가시킴으로서 영업레버리지도를 감소시킴으로서 향후 영업이익의 감소를 줄일 수 있게 된다.

6 **기본가정의 완화**

(1) 현금흐름 분기점

1) 법인세가 존재하지 않는 경우(법인세율 t = 0)

① 현금흐름 분기점 판매수량

현금흐름 분기점은 현금의 유입과 현금의 유출이 동일해지는 판매량을 의미하며, 고정비 중 감가상각비 등과 같이 현금 유출이 없는 고정비(앞으로는 이를 비현금고정비라 한다)를 D라고 하면, 현금흐름 분기점은 다음과 같이 계산된다.

$$Q = \frac{F - D}{(p - v)} = \frac{고정비 - 비현금고정비}{단위당\ 공헌이익}$$

② 목표현금흐름을 얻기 위한 판매수량

$$Q = \frac{F - D + \pi}{(p - v)} = \frac{고정비 - 비현금고정비 + 목표현금흐름}{단위당\ 공헌이익}$$

2) 법인세가 존재하는 경우(법인세율, 0 ⟨ t ⟨ 1)

① 현금흐름 분기점 판매량

$$Q = \frac{F - \dfrac{D}{1-t}}{(p - v)} = \frac{고정비 - \dfrac{비현금고정비}{1-세율}}{단위당\ 공헌이익}$$

② 목표현금흐름(π)을 얻기 위한 판매수량

$$Q = \frac{F + \dfrac{\pi}{1-t} - \dfrac{D}{1-t}}{(p - v)} = \frac{고정비 + \dfrac{목표현금흐름}{1-세율} - \dfrac{비현금고정비}{1-세율}}{단위당\ 공헌이익}$$

<table>
<tr><th>참고</th></tr>
</table>

	법인세가 존재하지 않는 경우 (t = 0)	법인세가 존재하는 경우 (t ≠ 0, 0 〈 t 〈 1)
손익분기점 판매량	$\dfrac{F}{p-v}$	$\dfrac{F}{p-v}$
목표이익 달성수량 판매량	$\dfrac{F+\pi}{p-v}$	$\dfrac{F+\dfrac{\pi}{(1-t)}}{p-v}$
현금흐름 분기점 판매량	$\dfrac{F-D}{p-v}$	$\dfrac{F-\dfrac{D}{(1-t)}}{p-v}$
목표현금흐름 달성 판매량 (단, π는 목표현금흐름)	$\dfrac{F-D+\pi}{p-v}$	$\dfrac{F-\dfrac{D}{(1-t)}+\dfrac{\pi}{(1-t)}}{p-v}$

* 분모의 단위당 공헌이익 (p − v)를 공헌이익률로 바꾸면 매출액이 계산된다.

(2) 복수제품 CVP 분석

1) 꾸러미법

① 꾸러미당 공헌이익 계산

매출배합에 따른 제품들의 배합으로 구성된 1꾸러미당 공헌이익을 계산한다.

② 손익분기점 꾸러미 수 계산

총고정비를 1꾸러미당 공헌이익으로 나누어서 손익분기점 꾸러미 수를 계산한다.

③ 제품별 손익분기점 판매량 계산

손익분기점 꾸러미가 계산되면, 1꾸러미당 개별 제품의 포함 수량을 꾸러미 수와 곱하여 개별 제품별 손익분기점 판매수량을 계산한다.

2) 가중평균공헌이익법

① 단위당 가중평균공헌이익 계산

개별 제품별로 단위당 공헌이익에 전체 제품판매수량에서 각 제품의 매출수량이 차지하는 비율을 곱하여 계산한다.

② 손익분기점 총판매량 계산

총고정비를 단위당 가중평균공헌이익으로 나누어서 손익분기점 총판매량을 계산한다.

③ 제품별 손익분기점 판매량 계산

손익분기점 총판매량이 계산되면, 이는 개별제품들의 판매량의 전체 합계이기 때문에 개별 제품별로 차지하는 수량비율을 곱하여 개별제품별 판매량을 계산한다.

3) 가중평균공헌이익률법

① 가중평균공헌이익률 계산

개별 제품별 공헌이익률에 개별제품들이 총매출액 중에서 차지하는 비율(매출액 기준 매출배합 비율)을 곱하여 계산한다.

② 손익분기점 총매출액 계산

총고정비를 가중평균공헌이익률로 나누어서 손익분기점 총매출액을 계산한다.

③ 제품별 손익분기점 매출액 계산

손익분기점 총매출액이 계산되면, 이는 개별제품들의 매출액의 전체 합계이기 때문에 개별 제품별로 차지하는 매출비율을 곱하여 개별제품별 매출액을 계산한다.

(3) 비선형함수하의 CVP분석

비선형함수하의 CVP분석은 수익과 비용이 선형인 구간별로 구분하여 분석을 하여야 한다. 따라서 비선형함수하의 CVP분석에서는 구간별로 손익분기점이 나타날 수 있기 때문에 손익분기점이 여러 개가 존재할 수 있다.

1) 수익함수만 비선형인 경우

조업도에 따라 판매가격이 변화하는 경우 가격이 변하지 않는 구간별로 구분하여 각 구간별 손익분기점을 각각 계산하여 손익분기점이 해당 구간 내에 포함되는지 여부를 검토하여야 한다.

2) 비용함수가 비선형인 경우

조업도에 따라 변동비나 고정비가 변화하는 경우 단위당 변동비나 고정비가 변하지 않는 구간별로 조업도를 구분하여 각 구간별로 손익분기점을 따로 계산한다.

3) 수익함수와 비용함수가 모두 비선형인 경우

수익함수와 비용함수가 모두 비선형인 경우에는 수익과 비용이 모두 선형이 되는 구간별로 나누어서 분석을 하여야 한다. 이 경우 수익만 선형이고 비용은 비선형이 되거나, 비용만 선형이고 수익은 비선형이 되는 구간이 나와서는 안 된다.

> **참고**
>
> 단위당 판매가격과 단위당 변동비가 전체적으로 변하는 경우에는 공식법으로, 초과분에 대하여만 변하는 경우에는 등식법을 이용하여 계산하여야 하며, 고정비만 변하는 경우에는 공식법을 적용하면 된다.

(4) 전부원가계산하의 CVP분석

전부원가계산의 경우에는 고정제조간접비가 당기비용이 아닌 제품원가에 포함되기 때문에 생산량이 변동하게 되면, 영업이익도 변하게 된다. 따라서 전부원가계산에 의할 경우에는 생산량에 따라 손익분기점이 달라지므로, 전부원가계산에 의한 손익분기점의 분석은 일단 주어진 생산량 수준에서 분석을 하게 된다.

1) 실제전부원가계산

손익분기점 판매량을 Q라고 하면, 실제전부원가계산하에서 손익분기점은 다음과 같이 계산된다.

$$Q = \frac{\text{고정판매관리비}}{\text{단위당 판매가격} - \text{단위당 변동비} - \text{단위당 고정제조간접비}^{9)}}$$

$$= \frac{\text{고정판매관리비}}{p - v - f} \quad (f : \frac{\text{고정제조간접비}}{\text{당기생산량}})$$

2) 정상전부원가계산

제조간접비 배부차이를 전액 매출원가에서 조정하는 경우, 손익분기점 판매량(Q)은 다음과 같이 계산된다.

$$Q = \frac{\text{고정판매관리비} \pm \textbf{제조간접비배부차이}^{10)}}{\text{단위당 판매가격} - \text{단위당 변동비} - \text{단위당 고정제조간접비 예정배부율}^{11)}}$$

$$= \frac{\text{고정판매관리비} \pm \textbf{제조간접비배부차이}^{10)}}{p - v - f}$$

(f : 단위당 고정제조간접비 예정배부율)

3) 표준전부원가계산하의 CVP분석

모든 원가차이를 모두 매출원가에서 조정한다고 가정할 경우 손익분기점 판매량(Q)는 다음과 같이 계산된다.

$$Q = \frac{\text{고정판매관리비} \pm \textbf{원가차이}^{12)}}{\text{단위당 판매가격} - \text{단위당 변동비} - \text{단위당 고정제조간접비 표준원가}}$$

$$= \frac{\text{고정판매관리비} \pm \textbf{원가차이}^{12)}}{p - v - f} \quad (f : \text{단위당 고정제조간접비 표준원가})$$

---

9) 여기에서 말하는 단위당 고정제조간접비는 당기 발생 고정제조간접비를 당기 생산량으로 나눈 금액이다.

10) **불리한 차이(과소배부)는 가산**하고, **유리한 차이(과대배부)는 차감**한다.

11) 여기에서 말하는 단위당 고정제조간접비는 단위당 고정제조간접비 예정배부액(고정제조간접비 예산 ÷ 예정조업도)이다.

12) 실제원가와 표준원가와의 차이를 말하며, 직접재료비, 직접노무비, 변동제조간접비, 고정제조간접비의 모든 원가차이를 포함하며, **불리한 차이(U)는 가산**하고, **유리한 차이(F)는 차감**한다.

연습문제 1   CVP 기본분석

(주)누리는 세라믹 제품을 제조하여 판매하고 있다. 회사는 최근 경쟁심화로 인하여 광고 전략을 강화하고자 한다. 20×8년도의 광고계획을 편성하기 위해 파악한 20×7년도 자료에 의하면 50,000 단위를 단위당 ₩500에 판매하였으며, 관련된 원가자료는 다음과 같았다. 회사는 20×8년부터 판매가격을 ₩600으로 인상하면서, 광고비를 ₩2,500,000 증가시킬 계획이다.

제품 단위당 변 동 비	
직접재료비	₩200
직접노무비	80
변동제조간접비	120
합 계	₩400
회사전체 고 정 비	
급 여	₩1,500,000
감가상각비	1,000,000
임 차 료	1,000,000
합 계	₩3,500,000

20×7년도 법인세율은 20%라고 가정한다.

요구사항

1. 20×7년도에 비하여 20x8년도 손익분기점은 얼마나 변하는가?

2. 20×7년도의 법인세 차감 후 순이익은 얼마인가?

3. 20×8년에 20×7년과 동일한 법인세 차감후 순이익을 얻고자 할 경우 회사는 몇 단위를 판매하여야 하는가?

4. 20x7년에 비하여 20x8년도 현금흐름분기점은 몇 단위 증가하였는가?

5. 20×8년도에 20×7년과 동일한 수준의 판매량을 유지할 하고자 한다. 동시에 전년도보다 세후 영업이익이 2배로 증가길 원하는 경우, 20x8년도 회사의 광고계획과 관계없이 회사가 지출할 수 있는 최대 광고비는 얼마인가?

6. 20x8년도에는 가격인상의 여파로 광고비의 증가에도 불구하고, 전기에 비하여 판매량이 약 40%정도 감소할 것으로 예상된다. 전기와 동일한 영업이익을 달성하기 위하여 회사는 단위당 변동비를 얼마나 절감시켜야 하는가?

➡ 해설

1. 손익분기점의 변화

(1) 20x7년도 손익분기점 판매량

$$Q = \frac{F}{(p-v)} = \frac{3,500,000}{500-400} = 35,000단위$$

(2) 20×8년도 손익분기점 판매량

$$Q = \frac{F}{(p-v)} = \frac{3,500,000 + 2,500,000}{600-400} = 30,000단위$$

20x7년에 비하여 20x8년도 손익분기점은 5,000단위 감소한다.

2. 20×7년도 법인세 차감후 순이익

$$\{(p-v) \times Q - F\} \times (1-t)$$
$$= \{(500-400) \times 50,000단위 - 3,500,000\} \times (1-0.2) = ₩1,200,000$$

3. 20x7년과 동일한 세후이익을 달성하기 위한 판매수량

$$Q = \frac{F + \frac{\pi}{(1-t)}}{(p-v)} = \frac{6,000,000 + \frac{1,200,000}{(1-0.2)}}{600-400} = 37,500단위$$

4. 현금흐름 분기점 판매량

(1) 20x7년도 현금흐름 분기점 판매량

$$Q = \frac{F - \frac{D}{1-t}}{(p-v)} = \frac{3,500,000 - \frac{1,000,000}{1-0.2}}{500-400} = 22,500단위$$

(2) 20x8년도 현금흐름 분기점 판매량

$$Q = \frac{F - \frac{D}{1-t}}{(p-v)} = \frac{6,000,000 - \frac{1,000,000}{1-0.2}}{600-400} = 23,750단위$$

20x7년도에 비하여 20x8년도 현금흐름분기점 판매량이 1,250단위 증가한다.

5. 최대 광고비

세후 영업이익이 전기보다 2배로 증가하여야 하므로 회사의 20x8년도 목표 영업이익은 ₩2,400,000 이다. 또한, 회사가 지출할 수 있는 최대 광고비를 x 라고 하면 다음을 만족하여야 한다.

$$Q = \frac{F + \frac{\pi}{(1-t)}}{(p-v)} = \frac{3,500,000 + x + \frac{2,400,000}{(1-0.2)}}{600-400} = 50,000단위$$

$$\rightarrow \quad x = 3,500,000$$

회사가 지출할 수 있는 최대 광고비는 ₩3,500,000이다.

6. 변동비 절감액

20x8년도 예상 판매량은 20x7년도보다 판매량이 40% 감소한다고 하였으므로 30,000단위 (=50,000단위×60%)로 예상된다. 따라서 20x8년도 회사의 변동비를 x 라고 하면,

$$Q = \frac{F + \frac{\pi}{(1-t)}}{(p-v)} = \frac{6,000,000 + \frac{1,200,000}{(1-0.2)}}{600 - x} = 30,000단위$$

$$\rightarrow x = ₩350$$

회사는 전기와 동일한 영업이익을 달성하기 위해서는 단위당 변동비를 ₩50(=400－350)씩 절감하여야 한다.

연습문제 2 　　CVP 분석과 의사결정　　2001년 세무사 2차

세무사 K씨의 고객인 L사는 여러 가지 등산용품을 만드는 회사이다. L사는 한동안 인기를 누리다가 최근 들어 판매가 부진한 "간편버너"를 내년에도 계속 생산하여 판매할 것인지의 여부를 결정하기 위해 K씨를 방문하여 자문을 구하고자 한다. L사의 간편버너 연간 생산가능대수는 1,000대이다. L씨가 제시한 간편버너의 대당 생산원가는 다음과 같다.

직접재료비	₩25
직접노무비	10
단위관련활동원가	18
묶음관련활동원가	12
제품유지활동원가	20
설비유지활동원가	30

L사는 이들 원가항목 중에서 제품유지와 시설유지 활동원가를 제외한 나머지는 변동원가라고 구분하였다. L사의 세율은 20%이며, 간편버너의 대당 판매가격은 ₩155이다. 분석의 편의를 위해 판매비 등은 없는 것으로 가정한다. 단, 소수점 이하는 모두 반올림 하시오.

요구사항

1. 간편버너의 손익분기점 판매량을 계산하시오.

2. L사가 간편버너로부터 세후순이익 ₩10,000을 얻으려면 몇 대를 팔아야 하는가?

3. L사의 담당자와 토의하던 중, 위의 대당 원가 외에 L사는 간편버너 한 대당 위 대당원가 자료에 근거하여 계산된 이익의 10%를 제휴사에 기술료로 지불해야 한다는 사실이 밝혀졌다. 이 경우 세후 순이익 ₩10,000을 얻으려면 몇 대를 팔아야 하는가?

4. 위 (요구사항3)과 달리 특수한 사정 때문에 이 기술료가 세법상 소득에서 공제될 수 없다고 한다. 이 경우 세후 순이익 ₩10,000을 얻으려면 몇 대를 팔아야 하는가?

5. L사의 시장분석 자료에 의하면 내년의 판매수량은 700대가 될 것이라고 한다. 한편 중소업체 S사에 간편버너의 외주제작을 대당 ₩125에 L사가 원하는 수량만큼 맡길 수 있다고 한다. 이 경우 L사 입장에서 선택가능한 3가지 방안을 열거하고, 이중 어느 것이 가장 유리한지 밝혀라. 원가발생구조에 대해서는 통상적으로 CVP분석에서 가정되는 내용을 따르도록 하라. 단, 법인세와 기술료는 고려하지 말고 답하시오.

→ 해설

1. 손익분기점 판매량(Q)

$$Q = \frac{50,000^{*1}}{155-65^{*2}} = 556대$$

*1 고정비 총액 = 1,000대×(20 + 30) = ₩50,000
*2 단위당 변동비 = 25 + 10 + 18 + 12 = ₩65

2. 세후 순이익 ₩10,000을 얻기 위한 판매량(Q)

$$Q = \frac{50,000 + \dfrac{10,000}{1-0.2}}{155-65} = 694대$$

3. 기술료 지급하는 경우 세후 순이익 ₩10,000을 얻기 위한 판매량(Q)

$$Q = \frac{50,000 + \dfrac{10,000}{1-0.2}}{155-69^{*1}} = 727대$$

*1 대당 기술료 지급액 : (155−65−50)×10% = ₩4
단위당 변동비 = 65 + 4 = ₩69

4. 기술료가 소득에서 공제되지 않는 경우 세후 순이익 ₩10,000을 얻기 위한 판매량(Q)

영업이익 = {(155−65)×Q − 50,000}×(1−0.2) − 4Q = 10,000
→ Q = 735대

5. 선택가능한 대안별 영업이익 비교
   (1) 계속 자체 생산하는 경우 : (155−65)×700대 − 50,000 = ₩13,000
   (2) 전량 외주를 주는 경우 : (155−125)×700대 − 50,000 = (₩29,000)
   (3) 생산을 중단하는 경우 : 고정비만 발생하므로 영업이익은 (₩50,000)이 된다.
       따라서 계속해서 자체 생산하는 방안이 가장 유리하다.

연습문제 3 복수제품 CVP분석

(주)루비쥐똥은 소가죽 핸드백을 제조하여 판매하는 회사이다. 회사는 지난해에 10,000단위를 생산하여 단위당 ₩8,000에 판매하였다. 이와 관련된 원가자료는 다음과 같으며, 회사에서 발생하는 모든 고정비에는 30%의 감가상각비가 포함되어 있다. 또한 법인세율은 40%라고 가정한다.

단위당 직접재료비	₩ 2,000
단위당 직접노무비	1,500
단위당 변동제조간접비	1,000
단위당 변동판매관리비	1,500
제조간접비 총액	30,000,000
판매관리비 총액	25,000,000

요구사항

1. 손익분기점 판매량을 계산하시오.

2. 현금흐름 분기점 판매량을 계산하시오.

3. ₩17,256,000의 세후 순이익을 얻기 위한 판매량과 매출액을 계산하시오.

4. 최근 악어가죽 핸드백을 추가하여 ₩20,000에 판매하기로 하였다. 악어가죽 핸드백은 소가죽 핸드백에 비해 변동비가 ₩10,000이 더 발생하며, 악어가죽 핸드백을 추가로 만들어 판매하는 경우 고정비가 ₩18,400,000 증가한다. 아래 물음에 답하시오.
   (1) 소가죽 핸드백과 악어가죽 핸드백의 판매량 비율은 5 : 3 이다. 가중평균공헌이익률은 얼마인가?
   (2) 각 제품별 손익분기점 매출액을 계산하시오.
   (3) 각 제품별 현금흐름 분기점 매출액을 계산하시오.

➡ 해설

우선 자료를 정리하면,

단위당 변동비 = 2,000 + 1,500 + 1,000 + 1,500 = ₩6,000

고정제조간접비 = 총제조간접비 − 변동제조간접비

$\qquad$ = 30,000,000 − 10,000단위 × 1,000 = ₩20,000,000

고정판매관리비 = 총판매관리비 − 변동판매관리비

$\qquad$ = 25,000,000 − 10,000단위 × 1,500 = ₩10,000,000

따라서 고정비 총액 = 고정제조간접비 + 고정판매관리비

$\qquad$ = 20,000,000 + 10,000,000 = ₩30,000,000

감가상각비 총액 = 30,000,000 × 30% = ₩9,000,000

1. 손익분기점 판매량

$$Q = \frac{F}{(p-v)} = \frac{30,000,000}{8,000-6,000} = 15,000단위$$

2. 현금흐름 분기점 판매량

$$Q = \frac{F - \dfrac{D}{1-t}}{(p-v)} = \frac{30,000,000 - \dfrac{9,000,000}{(1-0.4)}}{8,000-6,000} = 7,500단위$$

3. ₩17,256,000의 세후 순이익을 얻기 위한 판매량과 매출액

① 판매량(Q) $= \dfrac{F + \dfrac{\pi}{1-t}}{(p-v)} = \dfrac{30,000,000 + \dfrac{17,256,000}{(1-0.4)}}{8,000-6,000} = 29,380단위$

② 매출액(S) $= \dfrac{F + \dfrac{\pi}{1-t}}{(p-v)/p} = \dfrac{30,000,000 + \dfrac{17,256,000}{(1-0.4)}}{0.25^{*}} = ₩235,040,000$

* 공헌이익률 : $\dfrac{(8,000-6,000)}{8,000} = 0.25$

참고로 위의 매출액 ₩235,040,000은 판매량 29,380단위에 판매가격 ₩8,000을 곱하여 계산될 수 있다.

4. 복수제품 CVP분석

소가죽 핸드백과 악어가죽 핸드백의 판매량 비율 5 : 3를 매출액 비율로 바꾸면, 소가죽 핸드백 : 악어가죽 핸드백 = 5×8,000 : 3×20,000 = 4 : 6 이 된다. 또한 각 제품별 공헌이익률은 다음과 같다.

	소가죽 핸드백	악어가죽 핸드백
단위당 판매가격 단위당 변동비	₩ 8,000 6,000	₩20,000 16,000
단위당 공헌이익	₩ 2,000	₩ 4,000
공헌이익률	25%	20%

(1) 가중평균공헌이익률

가중평균공헌이익률은 각 제품별 공헌이익률을 매출액의 비율로 가중평균한 값이다. 따라서 다음과 같이 계산된다.

$$25\% \times \frac{4}{10} + 20\% \times \frac{6}{10} = 22\%$$

(2) 손익분기점 매출액(S)

$$S = \frac{고정비}{가중평균공헌이익률} = \frac{48,400,000}{22\%} = ₩220,000,000$$

손익분기점 매출액 220,000,000 중에서 40%는 소가죽 핸드백이고, 60%는 악어가죽 핸드백이므로, 각 제품별 매출액은 다음과 같다.

소 가 죽 핸드백 매출액 : 220,000,000 × 40% = ₩ 88,000,000
악어가죽 핸드백 매출액 : 220,000,000 × 60% = ₩132,000,000

(3) 각 제품별 현금흐름 분기점 매출액(S)

$$S = \frac{F - \dfrac{D}{(1-t)}}{가중평균공헌이익률}$$

$$= \frac{48,400,000 - \dfrac{14,520,000}{(1-0.4)}}{0.22} = ₩110,000,000$$

현금흐름분기점 매출액 ₩110,000,000 중에서 40%는 소가죽 핸드백이고, 60%는 악어가죽 핸드백이므로, 각 제품별 매출액은 다음과 같다.

소 가 죽 핸드백 매출액 : 110,000,000 × 40% = ₩44,000,000
악어가죽 핸드백 매출액 : 110,000,000 × 60% = ₩66,000,000

연습문제 4 | 안전한계, 복수제품 CVP분석

㈜세무는 부산에서 공장을 운영하고 있는데, 사업확장을 위해 이번 달부터 대구에서도 공장을 운영하기로 했다. 부산공장은 한 종류의 제품인 곰인형을 생산·판매하고 있으나, 대구공장은 세 종류의 제품인 토끼인형, 거북이 인형, 그리고 호랑이 인형을 생산·판매하고자 한다. 대구공장에서 예상되는 월간 판매량은 토끼인형 200,000단위, 거북이 인형 160,000단위, 그리고 호랑이 인형 40,000단위이다. 부산공장의 월간 원가자료와 대구공장의 월간 예산자료는 다음과 같다.

<부산공장>

	곰인형
판매량	4,000단위
공헌이익률	60%
단위당 변동원가	₩ 110
고정제조간접원가	₩ 340,000
고정판매비와 관리비	₩ 200,000

<대구공장 - 예산자료>

	토끼 인형	거북이 인형	호랑이 인형
매출액	₩2,000,000	₩354,600	₩171,400
총변동원가	1,600,000	194,600	51,400

대구공장의 월간 총고정원가 예산은 ₩510,000이다.

다음의 각 물음은 상호 독립적이며, 재공품은 없고 생산량과 판매량이 동일하다고 가정한다.

1. 부산공장은 곰인형에 들어가는 재료를 한 등급 낮추려고 고민 중이다. 재료를 변경하면 단위당 변동원가는 ₩15이 절감되지만, 제품의 품질이 다소 떨어질 가능성이 있으므로 판매량이 500단위 감소할 것으로 예상된다. 이러한 상황에서 재료를 변경하는 것과 그대로 유지하는 것 중 어느 것이 유리한지를 분석하고, 재료를 변경할 경우 부산공장의 안전한 계율을 구하시오. (단, 안전한계율(%)은 소수점 셋째자리에서 반올림하시오.)

2. 부산공장은 새로운 기계 도입을 검토하고 있다. 새로운 기계를 도입하게 되면 단위당 변동원가는 ₩20이 절감되지만, 총고정원가는 추가로 월 ₩10,000 증가된다. 또한 이 변화로 인해 월 매출액이 추가로 12%증가할 것으로 기대된다. 새로운 기계도입시 부산공장의 월간 영업이익 증가(감소)액을 구하시오.

3. 위의 대구공장에서 주어진 매출배합하에서 대구공장의 월간 손익분기점 매출액을 구하시오. (단, 공헌이익률 계산시 소수점 셋째자리에서 반올림하고, 매출액은 소수점이하 절사하시오.)

4. 대구공장에서 월간 500,000단위가 판매될 경우, 이 공장의 각 제품별 공헌이익을 구하시오. (단, 대구공장의 매출배합은 변동이 없다.)

→ 해설

1. 민감도 분석 및 안전한계율 계산

(1) 민감도 분석

① 그대로 유지하는 경우 영업이익

$(275^{*} - 110) \times 4,000$단위 $- 540,000 = ₩120,000$

* $\dfrac{\text{단위당변동비}}{\text{판매가격}(p)} = \text{변동비율} \rightarrow \dfrac{110}{p} = 40\% \rightarrow p = ₩275$

② 재료를 변경할 경우 영업이익

$(275 - 95^{*1}) \times 3,500$단위$^{*2} - 540,000 = ₩90,000$

^{*1} $110 - 15 = ₩95$

^{*2} $4,000$단위 $- 500$단위 $= 3,500$단위

따라서, 그대로 유지하는 경우 영업이익이 더 크기 때문에 그대로 유지한다.

(2) 재료를 변경할 경우 안전한계율 계산

① 손익분기점 판매량 $= \dfrac{\text{고 정 비}}{\text{단위당 공헌이익}} = \dfrac{540,000}{275 - 95} = 3,000$단위

② 안전한계 판매량 $= 3,500$단위 $- 3,000$단위 $= 500$단위

③ 안전한계율 $= \dfrac{\text{안전한계매출액}}{\text{실제(예산)매출액}} = \dfrac{500\text{단위}}{3,500\text{단위}} ≒ 14.29\%$

2. 새로운 기계도입시 영업이익의 증가(감소)

기계도입시 영업이익 : $(275 - 90^{*1}) \times 4,480^{*2} - 550,000^{*3} = ₩278,800$

^{*1} $110 - 20 = ₩90$

^{*2} $4,000$단위 $\times 112\% = 4,480$단위

^{*3} $540,000 + 10,000 = ₩550,000$

따라서, 새로운 기계를 도입할 경우 영업이익은 ₩158,800(= 278,800 - 120,000)만큼 증가한다.

3. 손익분기점 매출액

$$\text{손익분기점 매출액} = \frac{\text{고 정 비}}{\text{가중평균공헌이익률}} = \frac{510,000}{0.27^*} = ₩1,888,888$$

* 가중평균공헌이익률

	토끼 인형	거북이 인형	호랑이 인형	합 계
매출액	₩2,000,000	₩354,600	₩171,400	₩2,526,000
총변동원가	1,600,000	194,600	51,400	1,846,000
공헌이익	₩ 400,000	₩160,000	₩120,000	₩ 680,000

$$\text{가중평균공헌이익률} = \frac{680,000}{2,526,000} ≒ 0.27$$

4. 제품별 공헌이익

토끼, 거북이, 호랑이 인형의 제품별 판매량의 비율이 5 : 4 : 1 이므로, 제품별 공헌이익은 다음과 같다.

	토끼 인형	거북이 인형	호랑이 인형
판매량	250,000단위	200,000단위	50,000단위
단위당 공헌이익*	@2	@1	@3
공헌이익	₩500,000	₩200,000	₩150,000

* 단위당 공헌이익

	토끼 인형	거북이 인형	호랑이 인형
예산 매출액	₩2,000,000	₩354,600	₩171,400
(−)예산 총변동원가	1,600,000	194,600	51,400
(=)예산 공헌이익	₩ 400,000	₩160,000	₩120,000
예산 판매량	÷200,000단위	÷160,000단위	÷40,000단위
단위당 공헌이익	@2	@1	@3

연습문제 5 　 안전한계

(주)누리텔이 판매하고 있는 제품과 관련하여 회사가 최대조업도를 기준으로 작성한 예상 손익계산서는 다음과 같다.

매 출 액 :	₩50,000,000
변 동 비 :	37,500,000
공헌이익 :	12,500,000
고 정 비 :	?
영업이익 :	₩ ?

회사가 판매하는 제품은 매년 최대조업도의 96%수준에서 판매가 이루어지고 있으며, 매년 영업이익은 ₩2,000,000 이다.

[요구사항]

1. 손익분기점 매출액을 계산하시오.

2. 안전한계 매출액을 계산하시오.

3. 실제 매출액에 근거한 손익계산서를 작성하시오.

4. 내년부터 회사 제품의 수요량이 급격하게 증가할 것으로 예상되며, 향후 매출액이 최대조업도의 150%수준에서 형성될 것으로 예상하고 있다. 회사는 이에 따라 설비를 추가로 임차하고자 한다. 회사는 내년도 안전한계 매출액이 올해의 150%이상 되고자 하는 경우 회사가 지불할 수 있는 최대 임차료를 계산하시오. 단, 임차료 이외의 다른 고정비의 증가는 없는 것으로 가정한다.

➡ 해설

1. 회사의 고정비를 계산하시오.

(1) 공헌이익률 = $\dfrac{공헌이익}{매출액}$ = $\dfrac{12,500,000}{50,000,000}$ = 25%

(2) 실제매출액 : ₩50,000,000×96% = ₩48,000,000

(3) 고정비를 F라 하면, 영업이익이 ₩2,000,000이 되기 위한 매출액은 다음과 같이 계산된다.

$$매출액(S) = \dfrac{고정비+(목표)영업이익}{공헌이익률}$$

$$\rightarrow \dfrac{F+2,000,000}{0.25} = ₩48,000,000$$

$$\rightarrow F = ₩10,000,000$$

(4) 손익분기점 매출액 = $\dfrac{10,000,000}{0.25}$ = ₩40,000,000

2. 안전한계 매출액

안전한계 매출액 = 실제(예산)매출액 − 손익분기점매출액

= 48,000,000 − 40,000,000 = ₩8,000,000

3. 손익계산서

매 출 액 :	₩48,000,000
변 동 비 :	36,000,000
공 헌 이 익 :	12,000,000
고 정 비 :	10,000,000
영 업 이 익 :	₩2,000,000

4. 설비 최대임차료

(1) 내년도 실제 매출액 : 50,000,000×150% = ₩75,000,000

(2) 내년도 안전한계 매출액 : 8,000,000×150% = ₩12,000,000

내년도 안전한계 매출액이 ₩12,000,000 이상이 되기 위해서는 내년도 손익분기점 매출액이 ₩63,000,000이하가 되어야 한다. 따라서 임차료를 x 라하면,

손익분기점 매출액 = $\dfrac{10,000,000+x}{0.25}$ = ₩63,000,000 → x = ₩5,750,000

따라서 회사가 지급할 수 있는 최대 임차료는 ₩5,750,000이다.

연습문제 6   영업레버리지도   2003년 CPA 2차

(주)강남은 (주)강북과 동일한 제품을 생산하여 판매하고 있다. 올해에 상당한 호경기를 맞이하여 두 기업은 매출과 이익이 상당히 호전되고 있다. (주)강남의 이익 전망이 (주)강북에 비하여 어떠한 지가 궁금한 (주)강남의 사장은 재무담당자에게 두 회사를 분석하도록 지시했다.

재무담당자는 우선 전년도 결산자료를 이용하여 직접재료원가, 직접노무원가 등을 변동원가(VC)로 분류하는 등 '전형적인' 시각에서 전년도 (주)강남과 (주)강북의 원가구조와 영업이익 등에 대하여 분석했다.

요구사항

1. 분석의 결과, (주)강남의 변동원가(VC)는 ₩900, 고정원가(FC)는 ₩200, 그리고 운영레버리지도(degree of operating leverage; DOL)는 5로 파악되었다. (주)강남의 전년도 매출액(S)과 영업이익(OI)은 각기 얼마인가?

2. 전년도 (주)강북에 대한 분석의 결과, DOL = 8, OI = ₩40으로 파악되었다. 올 해 호경기로 인하여 (주)강남과 (주)강북의 매출 수량 및 매출액이 공히 30% 늘어날 것으로 예상된다. 재무담당자가 파악한 두 회사의 원가구조가 올해에도 적용된다면, (주)강남의 올해 영업이익이 (주)강북에 비하여 높을지 또는 낮을지를 평가하고 (즉, 두 회사의 올해 영업이익을 계산하고), 이러한 영업이익 전망의 차이가 무엇 때문인지를 운영레버리지 개념을 이용하여 사장에게 간결히 설명해 보시오.

※ 이하에서는 (물음1)과 (물음2)에서 상정했던 수치를 일부 수정하여: 재무담당자가 파악한 두 회사의 전년도 매출과 원가구조가 (주)강남은 S = ₩2,000, VC = ₩1,600, FC = ₩300, 그리고 (주)강북은 S = ₩2,000, VC = ₩1,300, FC = ₩600이었다고 하고, 두 회사의 이러한 원가구조가 올해에도 적용되는 것으로 상정하자.

3. 두 회사는 올해 특별 판촉활동을 계획하고 있다. 두 회사의 제품들은 품질 및 가격 등에서 비슷하기 때문에 판촉활동 한 단위당 매출의 증가효과가 동일하다고 가정하자. 이번기의 매출은 손익분기점을 확실히 초과할 것이다. 이번기의 판촉활동 한 단위에 대해 보다 높은 가격을 지불할 유인을 갖는 회사는 둘 중 어디인지를 그 근거와 함께 보이시오.

4. (주)강남은 앞에서 언급한 재무담당자의 분석 후에 외부전문가에게 두 기업의 원가구조에 대한 전반적인 평가를 의뢰했다. 그 전문가는 원가구조 측면에서 제품에 대한 수요와 연계하여 공장의 생산용량(capacity)을 분석했다. 그는 '필요하지 않을 때, 단기적으로 조정 가능한 원가'를 단기적 원가(short-run cost)라고 설명하면서,

올해 중에 전반적으로 (주)강북은 단기적 원가의 증가가 많았던 반면에, (주)강남은 비단기적 원가의 증가가 많았다고 진단했다. 그 예로써, (주)강남의 모든 인력은 장기고용계약으로 모집되는데, (주)강남은 작년에도 직접노무원가의 비중이 (주)강북에 비해 높았고, 올 해 중에도 제품 수요 증가에 따라 작업자의 신규채용이 많았음을 들었다. 이외에, 작년에 (주)강남이 (주)강북에 비해 비단기적 원가의 비중이 높았다고 진단했다.

(1) 재무담당자가 (주)강남의 원가구조를 파악하면서, 직접노무원가와 관련하여 범한 오류는 무엇인가?

(2) 내년에 경기가 나빠져서 두 회사 모두 비슷한 매출감소율을 보일 것으로 예상된다. 외부전문가의 진단이 옳다면, 이 경우 매출감소로 인한 타격이 어느 회사에게 더 클지를 논리적으로 밝히시오.

(3) (주)강남이 앞으로 영업이익을 개선하기 위해 취하여야 할 접근방법을 외부전문가의 지적에 바탕을 두어 간단히 제시하시오. 본 문제와 관련이 없는 일반론적인 제안은 삼가시오.

→ 해설

1. ㈜강남의 매출액과 영업이익 계산

   ㈜강남의 매출액을 S라고 하면,

   $$DOL = \frac{공헌이익}{영업이익} = \frac{S-900}{S-900-200} = 5 \text{ 이므로,}$$

   $$S = ₩1,150, \quad 영업이익 = 1,150-900-200 = ₩50$$

2. 올해 영업이익 비교

   올해 영업이익이 30%증가하면, ㈜강남은 영업이익이 150%(=30%×5) 증가하고, ㈜강북은 240%(=30%×8) 증가한다. 따라서 올해 두 회사의 영업이익은 다음과 같다.

   $$㈜강남 = 50 + 50 \times 150\% = ₩125$$
   $$㈜강북 = 40 + 40 \times 240\% = ₩136$$

   따라서 올해의 영업이익은 ㈜강북이 더 클 것이다. 이는 영업레버리지도가 더 큰 ㈜강북이 매출증가에 따른 영업이익의 증가 폭이 더 크기 때문이다.

3. 판촉활동 한 단위에 대해 보다 높은 가격을 지불할 유인을 갖는 회사

   우선 양쪽 회사의 영업레버리지를 계산하면 다음과 같다.

   $$㈜강남 \ DOL = \frac{2,000-1,600}{2,000-1,600-300} = 4$$
   $$㈜강북 \ DOL = \frac{2,000-1,300}{2,000-1,300-600} = 7$$

   영업레버리지가 더 큰 기업이 매출액 증가에 따른 영업이익의 증가가 크게 나타나므로 판촉활동 한 단위에 대해 보다 높은 가격을 지불하고자 할 것이다. 따라서 ㈜강북이 판촉활동 한 단위에 대해서 보다 높은 가격을 지불하고자 할 것이다.

4. (1) 외부전문가의 판단에 의하면 ㈜강남은 모든 인력을 장기고용계약으로 모집하기 때문에 고정비로 분류되어야 하나 ㈜강남의 재무담당자는 변동비로 분류하였다.

   (2) 외부전문가 진단이 옳다면 내년도 경기가 나빠질 것으로 예상되면, 매출감소에 따른 영업이익의 감소는 ㈜강남이 더 클것으로 예상한다. ㈜강북은 단기적으로 조정이 가능한 원가가 많이 증가한 반면 ㈜강남은 비단기적원가의 증가가 많았기 때문에 ㈜강남의 영업레버리지도가 더 클 것이다. 따라서 매출감소에 따른 영업이익의 감소는 ㈜강남이 더 크다.

   (3) ㈜강남이 영업이익을 개선하기 위해서는 향후 경기 전망에 따라 원가구조에 변화를 주어야 한다. 즉, 내년도 경기가 좋아질 것으로 예상되면, 단기적원가를 비단기적원가(장기고용계약 등)로 전환시켜야 하며, 내년도 경기가 나빠질 것으로 예상되면, 비단기적원가를 단기적원가로 전환시킴으로서 영업이익을 개선할 수 있다.

연습문제 7 비선형함수하의 **CVP분석 및 영업레버리지도**   2013 CPA 2차

한국병원은 산부인과, 내과, 소아과, 정신과 등 해당 전문의들에게 병원시설과 행정서비스를 제공하고 수수료를 받고 있다. 이씨는 한국병원에서 산부인과를 운영하고 있다. 매년 초 한국병원은 전년도에 발생한 제비용을 정산하여 각 과에 청구서를 송부한다. 한국병원은 환자의 식비, 세탁비, 약품비, 입원료청구·징수비용 등은 각 과별 연간 환자입원일수(= 환자1인당 평균입원일수 × 환자수)에 따라 부과하며, 병실의 임대료 및 기타일반관리비는 임대해 준 병상수에 따라 부과한다. 2013년 1월 초에 이씨가 한국병원으로부터 수령한 청구서는 다음과 같다.

2012년 청구서
(2012년 1월 1일부터 2012년 12월 31일까지)

	부 과 기 준	
	연간 환자입원일수	병상수
식비	₩70,800	
세탁비	₩70,000	
약품비	₩120,000	
입원료청구·징수비용	₩89,600	
임대료		₩253,000
기타일반관리비		₩200,000
합 계	₩350,400	₩453,000

산부인과는 매년 병원으로부터 60개의 병상을 임차하여 사용해 왔다. 산부인과에서 진료받은 환자는 모두 입원환자이며, 산부인과에서 환자에게 청구한 병상 1개당 하루의 입원료는 ₩70이었다. 산부인과의 2012년 총입원료수익은 ₩1,226,400이었으며, 연중 휴무일 없이 진료하였다.

산부인과에서는 수간호사, 간호사 및 보조원에 대해 직접 급여를 지급하고 있는데, 이들은 모두 해고가 어려운 정규직으로서 연간 환자입원일수에 따라 필요한 인원수는 다음과 같다.

연간 환자입원일수	수간호사	간호사	보조원
0일 ~ 17,100일	3명	11명	21명
17,101일 ~ 18,900일	4명	13명	23명
18,901일 ~ 21,900일	5명	16명	26명
21,901일 ~ 36,500일	6명	23명	37명

산부인과에서는 연간 환자입원일수에 따라 필요한 최소인원만 고용하려고 한다. 따라서 관련범위 내에서 수간호사, 간호사 및 보조원의 급여는 고정비이다. 각 직급별 1인당 연간 급여는 수간호사가 ₩18,000, 간호사가 ₩9,400, 보조원이 ₩8,600이다.

산부인과에서 2012년 중 이용가능한 병상의 100%로 입원환자를 수용한 일수는 총 280일이었는데, 이 280일 동안 병원을 방문한 환자의 수는 매일 100명 이상이었다.

[요구사항]

1. 산부인과의 2012년 공헌이익 손익계산서를 작성하시오.

2. 산부인과의 2012년 손익분기점 환자입원일수를 구하시오.

3. 2013년 초에 의사 이씨는 병원측으로부터 병상 40개를 추가로 임대해 줄 수 있다는 제안을 받았다. 산부인과가 병상 40개를 추가로 임차해도 환자입원일수당, 병상수당 병원에서 부과하는 금액은 일정하다.

   (1) 예상영업이익을 기준으로 할 때, 김씨는 병상 40개를 추가로 임차해야 하는가?

   (2) 병상 40개를 추가로 임차할 경우의 영업레버리지도(DOL)와 현재 병상 60개를 유지할 경우의 영업레버리지도(DOL)를 각각 계산하시오.

   (3) 병상 40개를 추가로 임차할 경우에는 장기임대차 계약을 맺어야 하며, 그 비용구조가 장기적으로 유지된다고 가정한다. 만약 당신이 컨설턴트라면 병상 40개 추가 임차와 관련한 의사결정을 하는데 있어서 의사인 이씨에게 어떤 조언을 해 줄 것인지 설명하시오.

➡ 해설

1. 공헌이익 손익계산서

매 출 액	$17,520일^{*1} \times 70$ =	₩1,226,400
변 동 비	$17,520일 \times 20^{*2}$ =	350,400
공 헌 이 익		876,000
고 정 비	$453,000 + 392,000^{*3}$ =	845,000
영 업 이 익		₩ 31,000

^{*1} $1,226,400 \div 70 = 17,520일$

^{*2} $350,400 \div 17,520일 = ₩20/일$

^{*3} $4명 \times 18,000 + 13명 \times 9,400 + 23명 \times 8,600 = ₩392,000$

2. 손익분기점

손익분기점 환자 입원일수를 Q라고 하면,

① $0 \leqq Q \leqq 17,100일$일 경우

$$Q = \frac{F}{(p-v)} = \frac{453,000 + 338,000^*}{70-20} = 15,820일(적합)$$

* $3명 \times 18,000 + 11명 \times 9,400 + 21명 \times 8,600 = ₩338,000$

② $17,101 \leqq Q \leqq 18,900일$일 경우

$$Q = \frac{F}{(p-v)} = \frac{453,000 + 392,000^*}{70-20} = 16,900단위(부적합)$$

* $4명 \times 18,000 + 13명 \times 9,400 + 23명 \times 8,600 = ₩392,000$

③ $18,901 \leqq Q \leqq 21,900단위$일 경우

$$Q = \frac{F}{(p-v)} = \frac{453,000 + 464,000^*}{70-20} = 18,340일(부적합)$$

* $5명 \times 18,000 + 16명 \times 9,400 + 26명 \times 8,600 = ₩464,000$

④ $21,901 \leqq Q \leqq 36,500일$일 경우

병상 수가 60개일 경우에는 21,900일(=365일×60개)을 초과할 수 없으므로, 달성 불가능한 범위이다.

따라서 손익분기점은 15,820일 이다.

3. 병상 40개 추가 임차 여부

(1) 추가임차할 경우

매출 증가 : 280일 × 40병상 × 70 =	₩	784,000
변동비 증가 : 280일 × 40병상 × 20 =		(224,000)
급 여 증가 : 642,400[*1] – 392,000[*2] =		(250,400)

병상수관련 고정비 증가 : $453,000 \times \dfrac{40병상}{60병상}$ = (302,000)

증분 이익 : ₩ 7,600

[*1] 6명×18,000 + 23명×9,400 + 37명×8,600 = ₩642,400

[*2] 현재의 급여 지출액

(2) 영업레버리지도

현재(60병상)의 영업레버리지도 = $\dfrac{공헌이익}{영업이익}$ = $\dfrac{876,000}{31,000}$ = 28.26

40병상 추가시(100병상) 영업레버리지도 = $\dfrac{공헌이익}{영업이익}$ = $\dfrac{1,436,000^{*1}}{38,600^{*2}}$ = 37.2

[*1] 876,000 + (784,000 – 224,000) = ₩1,436,000

[*2] 31,000 + 7,600 = ₩38,600

(3) 병상 40개 추가임차 여부

100명 이상의 환자가 방문한 일수가 280일 이상이라면, 이씨는 병상을 추가로 40개를 임차할 만한 유인이 있다고 판단된다. 또한, 장기임대차계약을 통해 고정비가 증가하더라도, 매출액의 증가에 따른 영업이익의 증가가 훨씬 더 큰폭으로 늘어날 수 있기 때문에 장기임대차 계약으로 40개를 추가임차하는 것이 바람직하다고 판단된다.

연습문제 8 · 비선형함수하의 CVP분석(1)

(주)에어제주는 항공기를 리스하여 항공기 운항업을 운영하고 있다. 회사는 제주와 김포를 매일 왕복운항하고 있으며, 매월 공항 사용료를 공항공사에 ₩40,000,000씩 지급하여야 한다. (주)에어제주의 항공료는 편도 승객 1인당 ₩60,000이지만, 매월 선착순으로 3,000명까지는 항공료를 5%씩 할인해주는 행사를 진행하고 있다. 회사가 매월 운항하는 운항 편수는 정해져 있기 때문에 매월 연료비와 직원급여는 승객수와 관계없이 ₩47,000,000이 발생한다. 회사가 리스회사에 리스료로 매월 ₩60,000,000의 고정금액과 승객 6,000명까지는 1인당 ₩10,000, 6,000명을 초과하는 승객에 대하여는 1인당 ₩12,000씩을 지급하여야 한다. 또한 회사는 모든 승객에게 1인당 ₩5,000정도에 해당하는 음료와 다과를 제공하고 있다. (주)에어제주의 매월 최대 고객 수는 12,000명이다.

요구사항

1. 매월 손익분기점이 되는 승객수(편도)는 몇 명인가?

2. 가입자가 3,000명, 6,000명, 9,000명일 때 각각 월 영업이익은 얼마인가?

→ 해설

1. 손익분기점 분기점 가입자 수

(1) 승객 1인당 항공료(판매가격)와 변동비가 변화하는 구간별로 변동비를 구분하면, 다음과 같다.

가입자 수	항공료(판매가격)	변동비 리스료	다과비용	승객당 공헌이익
0 ~ 3,000명	₩57,000*	₩10,000	₩5,000	₩42,000
3,001 ~ 6,000명	60,000	10,000	5,000	45,000
6,001 ~ 12,000명	60,000	12,000	5,000	43,000

　* 60,000 × 95% = ₩57,000(3,000명까지는 5% 할인)

(2) 손익분기점 가입자 수를 Q라고 하면,

① $0 \leq Q \leq 3{,}000$명 일 경우

$$Q_{B.E.P} = \frac{F}{(p-v)} = \frac{147{,}000{,}000^*}{42{,}000} = 3{,}500\text{명(부적합)}$$

$*$ 공항공사에 지급하는 공항 사용료 : ₩40,000,000
연료비와 직원 급여 : 47,000,000
리스회사에 리스료 지급액 : 60,000,000
합　　　　　계 : ₩147,000,000

② $3{,}001 \leq Q \leq 6{,}000$명 일 경우

$(42{,}000) \times 3{,}000$명 $+ (45{,}000) \times (Q - 3{,}000$명$) - 147{,}000{,}000 = 0$

∴ Q = 3,467명(적합)

③ $6{,}001 \leq Q \leq 12{,}000$명 일 경우

$(42{,}000) \times 3{,}000$명 $+ (45{,}000) \times 3{,}000$명 $+ (43{,}000) \times (Q - 6{,}000$명$) - 147{,}000{,}000 = 0$

∴ Q = 3,349명(부적합)

따라서 손익분기점 가입자수는 3,467명이다.

2. 영업이익 계산

(1) 승객수 3,000명일 경우 영업이익

$(42{,}000) \times 3{,}000$명 $- 147{,}000{,}000 = -₩21{,}000{,}000$

(2) 승객수 6,000명일 경우 영업이익

$(42{,}000) \times 3{,}000$명 $+ (45{,}000) \times 3{,}000$명 $- 147{,}000{,}000 = ₩114{,}000{,}000$

(3) 승객수 9,000명일 경우 영업이익

$(42{,}000) \times 3{,}000$명 $+ (45{,}000) \times 3{,}000$명 $+ (43{,}000) \times 3{,}000$명 $- 147{,}000{,}000 = ₩243{,}000{,}000$

연습문제 9   비선형함수하의 **CVP분석(2)**   2006년 CPA 2차

한국여행사는 여의도 주위를 운행하는 유람선 사업을 고려중이다. 이 사업과 관련하여 한국여행사가 유람선을 월 단위로 임차하는데 예상되는 대당 임차료는 2,200,000원이다. 각 유람선의 경우 최대 70명의 승객이 승선할 수 있다. 한국여행사는 각 유람선을 월 30일간 운행할 계획이며, 각 유람선은 하루에 6회까지 운행이 가능하다. 유람선의 일별 운행횟수는 월 30일 동안 동일하게 유지된다. 한국여행사는 유람선 운행시마다 승객 1인당 5,000원의 요금을 부과하고자 한다. 이와 관련하여 발생할 것으로 예상되는 원가는 다음과 같다.

발권 및 기타비용 :	승객 1인당 1,000원
연료비:	운행 1회당 100,000원
승무원 급여:	운행 1회당 70,000원
청소비용:	운행 1회당 20,000원

매월 발생하게 될 정박시설 사용료는 임차한 유람선의 수에 따라 다르며, 다음과 같다.

임차한 유람선 수	정박시설 사용료(총계)
1대	월 11,000,000원
2대	월 12,000,000원
3대	월 15,000,000원
4대	월 16,000,000원

유람선 서비스에 대한 수요는 불확실하지만, 일별 운행횟수가 주어졌을 경우 예상되는 승객 수는 다음 [표 1]과 같다.

<표 1>

일별 유람선 운행횟수	유람선 1회 운행시 예상승객의 수
1회에서 6회까지	65명
7회에서 12회까지	64명
13회에서 16회까지	61명
17회에서 24회까지	58명

유람선 서비스에 대한 실제 수요는 위 <표 1>에 기술된 예상 수요와 동일하다고 가정하고 다음 각 물음에 답하시오.

요구사항

1. <표 1>에 기술된 각 활동범위(즉, 일별 유람선 운행횟수)에 대해 유람선 운행 1회당 공헌이익은 각각 얼마인가?

2. 손익분기점에 도달하기 위해 한국여행사는 유람선을 최소한 월 몇 회 운행해야 하는가? (정수로 답하시오.)

3. 한국여행사는 한 달 동안 유람선 2대를 임차하여 하루에 12회씩 운행하기로 하였다고 가정하자.

   (1) 이 경우 손익분기점에 도달하기 위해 유람선을 월 몇 일 운행해야 하는가? (정수로 답하시오.)

   (2) 이 경우 손익분기점에 도달하기 위해 한 달 동안 유람선에 승선하여야 하는 승객 수는 몇 명인가?

4. 한국여행사가 유람선 3대를 임차하여 한 달 동안 운행하기로 하였다고 하자. 이 경우 이익을 극대화하기 위해서 한국여행사는 유람선 3대를 이용하여 하루에 총 몇 회 운행하여야 하는가?

5. 한국여행사는 유람선을 몇 대 임차할 것인지 아직 결정하지 못하고 있다. 그러나 유람선 사업의 신속한 추진을 위해 한국여행사는 유람선을 월 2대 임차할 것인지, 아니면 3대 임차할 것인지 고민 중이다. 이 경우 최적 의사결정은 무엇이며, 그 이유를 설명하시오.

→ 해설

1. 범위별 운항 1회당 공헌이익

① 1회 ~ 6회　 : 65명 × (5,000 − 1,000) − (100,000 + 70,000 + 20,000) = ₩70,000

② 7회 ~ 12회　: 64명 × (5,000 − 1,000) − (100,000 + 70,000 + 20,000) = ₩66,000

③ 13회 ~ 16회 : 61명 × (5,000 − 1,000) − (100,000 + 70,000 + 20,000) = ₩54,000

④ 17회 ~ 24회 : 58명 × (5,000 − 1,000) − (100,000 + 70,000 + 20,000) = ₩42,000

2. 손익분기점 운항 횟수(Q)

(1) 운항 횟수별 고정비

일일 최대운항횟수	정박시설 사용료	유람선 임차료	총고정비
1대×6회 = 6회	₩11,000,000	₩2,200,000	₩13,200,000
2대×6회 = 12회	12,000,000	4,400,000	16,400,000
3대×6회 = 18회	15,000,000	6,600,000	21,600,000
4대×6회 = 24회	16,000,000	8,800,000	24,800,000

(2) 각 범위별 손익분기점

① 일 1회~6회 운항 : 월 30회 ≤ Q ≤ 180회(1대 : 최대 6회×30일 = 180회)

$$Q = \frac{총고정비}{운항1회당공헌이익} = \frac{13,200,000}{70,000} = 189회(부적합)$$

② 일 7회~12회 운항 : 월 181회 ≤ Q ≤ 360회(2대 : 최대 12회×30일 = 360회)

$$Q = \frac{총고정비}{운항1회당공헌이익} = \frac{16,400,000}{66,000} = 249회(적합)$$

③ 일 13회~16회 운항 : 월 361회 ≤ Q ≤ 480회(3대 : 최대 16회×30일 = 480회)

　　　 → 17회 운항시에는 예상 승객수가 달라진다는 점에 주의할 것.

$$Q = \frac{총고정비}{운항1회당공헌이익} = \frac{21,600,000}{54,000} = 400회(적합)$$

④ 일 17회~18회 운항 : 월 481회 ≤ Q ≤ 540회(3대 : 최대 18회×30일 = 540회)

$$Q = \frac{총고정비}{운항1회당공헌이익} = \frac{21,600,000}{42,000} = 515회(적합)$$

⑤ 일 19회~24회 운항 : 월 541회 ≤ Q ≤ 720회(4대 : 최대 24회×30일 = 720회)

$$Q = \frac{총고정비}{운항1회당공헌이익} = \frac{24,800,000}{42,000} = 591회(적합)$$

3. 2대 운항시 손익분기점

(1) 손익분기점 운항 횟수를 Q라고 하면,

$$Q = \frac{16,400,000}{66,000} = 248.48회 \quad \rightarrow \quad 운항일수 = \frac{248.48회}{12회} ≒ 21일$$

(2) 손익분기점 승객수를 Q라고 하면,

$$Q = \frac{16,400,000 + (100,000 + 70,000 + 20,000) \times 12회 \times 30일}{5,000 - 1,000} = 21,200명$$

4. 3대 운항시 최대 영업이익 달성을 위한 운항 횟수

① 13회 ~ 16회(1회 운항당 공헌이익 : ₩54,000)

영업이익 : 54,000×16회×30일 − 21,600,000 = ₩4,320,000

② 17회 ~ 18회(1회 운항당 공헌이익 : ₩42,000)

영업이익 : 42,000×18회×30일 − 21,600,000 = ₩1,080,000

따라서 3대를 운영하는 경우 영업이익을 극대화 하기 위해서는 1일 16회 운항하여야 한다.

5. 2대 임차하는 경우(1회 운항당 공헌이익 : ₩66,000) 회사의 최대 영업이익

66,000×12회×30일 − 16,400,000 = ₩7,360,000

따라서, 회사는 2대 임차하는 경우 최대 영업이익이 3대 임차하는 경우 회사의 최대영업이익 (₩4,320,000)보다 크기 때문에 2대를 임차하여야 한다.

연습문제 10　비선형함수하의 CVP분석(3)　2002년 CPA 2차

(주)아시아나는 신설된 양양공항과 김포공항간에 운항할 여객기 종류와 항공 운항편수를 결정하려 한다. 비행기의 격납고가 서울에만 있으므로 모든 운항편은 서울을 출발하여 40분 후에 양양 공항에 도착한 후 청소와 점검을 하고 다시 서울로 출발한다. 즉, 1대의 비행기로 매일 왕복 운항을 한다. 여객기 종류와 운항편수와 무관하게 조종사급여, 승무원(조종사 제외) 1인당 급여, 지상직원 총급여, 공항시설 사용료, 승객 1인당 소모품비, 승객 1인당 항공요금은 다음과 같이 일정하다.

조종사급여	1일당	₩1,000,000
승무원급여(조종사제외)	1일1인당	100,000
지상직원총급여	1일당	600,000
공항시설사용료	1일당	400,000
소모품비	승객1인당	2,000
항공요금	승객1인당편도요금	30.000

1일 편도 최대승객수요가 총 460명(각 방향당 230명씩)이다.

요구사항

1. 중형여객기로 운항할 경우, 연료비는 왕복 1회당 ₩2,000,000이며 여객기 리스료는 1일 ₩2,000,000이다. 중형 여객기 승객좌석수는 100석이고, 승무원(조종사제외)이 좌석 20석 당 1명씩 총 5명이 필요하다. 중형여객기로 1일 몇 회 왕복운항을 하여야 1일 이익을 최대화 할 수 있는가? 이때 이익을 구하시오.

2. 손익분기점을 달성하기 위한 승객수는 몇 명인가? 왕복 몇 회일 때, 편도 승객수 몇 명으로 답하시오(소숫점 이하 반올림하시오).

3. 중형여객기 대신에 대형여객기를 사용한다면 연료비는 왕복 1회당 2,500,000이며 여객기 리스료는 1일 ₩2,500,000이다. 대형여객기의 좌석수는 150석이며 승무원(조종사 제외) 8명 필요하다. 중형여객기 대신에 대형여객기를 사용하는 경우, 얻을 수 있는 1일 최대 이익을 구하시오.

4. 위에서 계산한 중형 여객기 사용시와 대형 여객기 사용시 최대이익의 차액을 수익, 원가 항목별로 분리한 후, 수익/원가 형태의 관점에서 차액 발생원인을 설명하시오.

➡ 해설

1. 이익극대화를 위한 운항 횟수

(1) 1회 왕복 운항시 영업이익

100명 × 2(왕복) × 28,000^{*1} − 2,000,000(연료비) × 1회 − 4,500,000^{*2} = (₩900,000)

^{*1} 승객 1인당 공헌이익 : 30,000 − 2,000 = ₩28,000

^{*2} 1일당 발생하는 고정비

조종사 급여 :	₩1,000,000
승무원 급여 :　5명 × 100,000 =	500,000
지상직원 급여 :	600,000
공항시설 사용료 :	400,000
여객기 리스료 :	2,000,000
합　　　계 :	₩4,500,000

(2) 2회 왕복 운항시 영업이익

200명 × 2(왕복) × 28,000 − 2,000,000(연료비) × 2회 − 4,500,000 = ₩2,700,000

(3) 3회 왕복 운항시 영업이익

230명 × 2(왕복) × 28,000 − 2,000,000(연료비) × 3회 − 4,500,000 = ₩2,380,000

2회 왕복 운항시 영업이익이 ₩2,700,000으로 최대가 된다.

2. 손익분기점 승객수

편도 승객수를 Q라고 하면,

① 0 ≤ Q ≤ 200 일 경우

(30,000 − 2,000) × Q − 2,000,000(연료비) × 1회 − 4,500,000 = 0

따라서 Q = 232명(부적합)

② 200 〈 Q ≤ 400 일 경우

(30,000 − 2,000) × Q − 2,000,000(연료비) × 2회 − 4,500,000 = 0

따라서 Q = 304명(적합)

③ 400 〈 Q ≤ 460 일 경우

(30,000 − 2,000) × Q − 2,000,000(연료비) × 3회 − 4,500,000 = 0

따라서 Q = 376명(부적합)

3. 대형여객기 운항시 최대영업이익

  (1) 1회 왕복 운항시 영업이익

    150명 × 28,000[*1] × 2회(왕복) − 2,500,000(연료비) × 1회 − 5,300,000[*2] = ₩600,000

      [*1] 승객 1인당 공헌이익 : 30,000 − 2,000 = ₩28,000

      [*2] 1일당 발생하는 고정비

조종사 급여 :		₩1,000,000
승무원 급여 :	8명 × 100,000 =	800,000
지상직원 급여 :		600,000
공항시설 사용료 :		400,000
여객기 리스료 :		2,500,000
합　　계 :		₩5,300,000

  (2) 2회 왕복 운항시 영업이익

    230명 × 28,000 × 2회(왕복) − 2,500,000(연료비) × 2회 − 5,300,000 = ₩2,580,000

    2회 운항시 영업이익이 ₩2,580,000으로 최대가 된다.

4. 중형여객기와 대형여객기의 비교

	중형 여객기	대형 여객기	차 이
<수익> 매출액	400명×30,000 = ₩12,000,000	460명×30,000 = ₩13,800,000	₩1,800,000
<비용> 소모품비 연 료 비 승무원급여 여객기리스료 소계	400명×2,000 = 800,000 2회×2,000,000 = 4,000,000 5명×100,000 = 500,000 2,000,000 7,300,000	460명×2,000 = 920,000 2회×2,500,000 = 5,000,000 8명×100,000 = 800,000 2,500,000 9,220,000	120,000 1,000,000 300,000 500,000 1,920,000
<이익>	₩ 4,700,000	₩ 4,580,000	₩ 120,000

승객을 한번에 더 많이 운송하는 대형 여객기의 매출액이 중형 여객기의 매출액보다 ₩1,800,000만큼 더 크지만, 소모품비와 같은 변동비 뿐만 아니라 연료비, 승무원급여, 여객기 리스료와 같은 고정비 역시 더 많이 발생한다. 즉, 대형여객기의 매출액이 중형여객기보다는 크지만, 대형여객기가 더 많은 비용을 발생시킴으로서 대형여객기의 이익이 중형여객기의 이익보다 ₩120,000만큼 작다.

연습문제 11   비선형함수하의 CVP분석(4)   2008년 세무사 2차 수정

(주)국세는 10개의 호텔로 구성된 호텔체인을 운영하고 있다. 2013년초에 회사는 수익성을 높이기 위하여 그린회원, 골드회원, 두 가지로 구성된 회원프로그램을 시작하였다. (주)국세의 회원프로그램의 내용은 다음과 같다.

호텔을 처음 이용하는 고객에 대해서는 본인이 회원가입을 희망하는 경우에 그린회원으로 가입되고, 그렇지 않은 경우에는 일반이용자로 구분된다. 또한 그린회원의 경우 숙박일 수가 20일을 초과하면 자동적으로 골드회원으로 전환된다.

그린회원은 숙박일 당 원가 ₩5,000에 해당하는 와인 한 병, 숙박일 당 회사가 운영하는 식당에서 사용할 수 있는 식사원가 ₩10,000에 해당하는 식사쿠폰을 제공받는다.

골드회원은 숙박일 당 원가 ₩10,000에 해당하는 와인 한 병, 숙박일 당 회사가 운영하는 식당에서 사용할 수 있는 식사원가 ₩15,000에 해당하는 식사쿠폰을 제공받는다.

(주)국세가 회원프로그램에 의해 제공한 와인 및 식사쿠폰은 모두 사용된다고 가정하고, 정상숙박료는 숙박일 당 평균 ₩200,000이나 회원에게는 정상숙박료의 10% 할인 혜택을 제공한다. 회사의 회원프로그램 고려 전 변동원가는 숙박일 당 ₩65,000이다. 회사가 운영하고 있는 호텔 당 평균 객실 수는 500실이고, 연간 365일 영업하며 호텔 1객실당 1일 1명만 숙박한다고 가정한다.

(주)국세가 2013년도에 10개 호텔체인에 회원프로그램을 적용한 결과는 다음과 같다.

구 분	숙박자 수	1인당 평균 숙박일 수
일반이용자	219,000명	1일
그린회원	80,300명	10일
골드회원	8,340명	35일

모든 계산과정에서 소수점 첫째자리에서 반올림하시오.

요구사항

1. (주)국세의 2013년도 일반이용자, 그린회원, 골드회원 각각의 연간 총공헌이익은 얼마인가?

2. (주)국세의 2013년도 10개 호텔체인의 객실 실제이용률(= $\dfrac{\text{실제이용 객실수}}{\text{최대이용가능 객실수}} \times 100$)은 얼마인가?

3. (주)국세의 2013년도 10개 호텔체인의 숙박일 당 평균숙박료와 평균변동원가는 각각 얼마인가?

→ 해설

1. 연간 총공헌이익

<주의사항>

그린회원이 20일 이상 숙박하는 경우 자동으로 골드회원으로 바뀌기 때문에 골드회원의 경우 20일까지는 그린회원이고, 20일이후부터 골드회원으로 바뀐다는 점에 주의하여야 한다.

	일반	그린	골드
단위당 판매가격	₩200,000	₩180,000	₩180,000
단위당 변동비			
숙박일당원가	65,000	65,000	65,000
와인원가		5,000	10,000
식사원가		10,000	15,000
공헌이익	₩135,000	₩100,000	₩ 90,000

일반이용자 : 219,000명×1일×135,000 = ₩29,565,000,000

그린회원 : 80,300명×10일×100,000 = ₩80,300,000,000

골드회원 : 8,340명×(20일×100,000 + 15일×90,000) = ₩27,939,000,000

2. 객실 실제이용률

$$객실 \ 실제이용률 = \frac{219,000명 \times 1일 + 80,300명 \times 10일 + 8,340명 \times 35일}{10개 \times 500실 \times 365일} = 72\%$$

3. 숙박일 당 평균숙박료와 평균변동원가

(1) 평균숙박료

$$\frac{219,000명 \times 1일 \times 200,000 + 80,300명 \times 10일 \times 180,000 + 8,340명 \times 35일 \times 180,000}{219,000명 \times 1일 + 80,300명 \times 10일 + 8,340명 \times 35일}$$

= ₩183,334

(2) 평균변동비

$$\frac{219,000명 \times 1일 \times 65,000 + 80,300명 \times 10일 \times 80,000 + 8,340명 \times (20일 \times 80,000 + 15일 \times 90,000)}{219,000명 \times 1일 + 80,300명 \times 10일 + 8,340명 \times 35일}$$

= ₩78,452

연습문제 12 정상전부원가계산하의 CVP분석

다음은 정상원가계산을 채택하고 있는 (주)누리의 작년 한해동안 제품생산 및 판매와 관련된 자료이며, 회사는 제조간접비를 생산량을 기준으로 배부하고 있으며, 제조간접비 배부차이를 모두 매출원가에서 조정하고 있다.

판매가격	₩450
단위당 직접재료비	100
단위당 직접노무비	60
단위당 실제 변동제조간접비	50
단위당 변동판매관리비	40
실제 고정제조간접비	1,600,000
고정판매관리비	1,200,000
고정제조간접비 예산	1,500,000
예정 생산량	15,000단위

요구사항

※ 변동제조간접비 배부율이 ₩50/단위라 가정하고 물음 1~2에 답하시오.

1. 당기 실제 생산량이 예정 생산량과 일치하는 경우
   (1) 변동원가계산에 의한 손익분기점 판매량을 계산하시오.
   (2) 전부원가계산에 의한 손익분기점 판매량을 계산하시오.

2. 당기 실제 생산량이 12,000단위일 경우
   (1) 변동원가계산에 의한 손익분기점 판매량을 계산하시오.
   (2) 전부원가계산에 의한 손익분기점 판매량을 계산하시오.

※ 변동제조간접비 배부율이 ₩55/단위라 가정하고 물음 3~4에 답하시오.

3. 당기 실제 생산량이 예정 생산량과 일치하는 경우
   (1) 변동원가계산에 의한 손익분기점 판매량을 계산하시오.
   (2) 전부원가계산에 의한 손익분기점 판매량을 계산하시오.

4. 당기 실제 생산량이 12,000단위일 경우
   (1) 변동원가계산에 의한 손익분기점 판매량을 계산하시오.
   (2) 전부원가계산에 의한 손익분기점 판매량을 계산하시오.

➡ 해설

※ 변동제조간접비 배부율이 ₩50인 경우

1. 실제생산량이 15,000단위인 경우(예정생산량과 일치하는 경우)

고정제조간접비 예정배부율 $= \dfrac{1,500,000}{15,000단위} = ₩100$

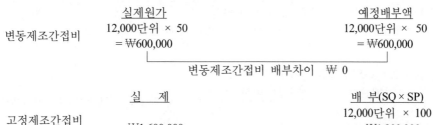

변동제조간접비

실제원가	예정배부액
15,000단위 × 50	15,000단위 × 50
= ₩750,000	= ₩750,000

변동제조간접비 배부차이 ₩ 0

고정제조간접비

실　제	배　부(SQ × SP)
	15,000단위 × 100
= ₩1,600,000	= ₩1,500,000

고정제조간접비 배부차이 ₩100,000(과소배부)

(1) 변동원가계산 손익분기점 판매량

변동원가계산의 경우 고정제조간접비 실제발생액(₩1,600,000)을 당기 비용으로 처리하기 때문에 고정제조간접비 배부차이와 상관없이 손익분기점은 다음과 같이 계산된다.

$$Q = \frac{고정비 \pm 변동제조간접비\ 배부차이}{p-v} = \frac{2,800,000}{450-250} = 14,000단위$$

(2) 전부원가계산 손익분기점 판매량

$$Q = \frac{고정판매관리비 \pm 제조간접비\ 배부차이}{p-v-f} = \frac{1,200,000+100,000}{450-250-100} = 13,000단위$$

(f : 단위당 고정제조간접비 예정배부율)

2. 실제 생산량이 12,000단위인 경우

고정제조간접비 예정배부율 $= \dfrac{1,500,000}{15,000단위} = ₩100$

변동제조간접비

실제원가	예정배부액
12,000단위 × 50	12,000단위 × 50
= ₩600,000	= ₩600,000

변동제조간접비 배부차이 ₩ 0

고정제조간접비

실　제	배　부(SQ × SP)
	12,000단위 × 100
= ₩1,600,000	= ₩1,200,000

고정제조간접비 배부차이 ₩400,000(과소배부)

(1) 변동원가계산 손익분기점 판매량

변동원가계산의 경우 고정제조간접비 실제발생액(₩1,600,000)을 당기 비용으로 처리 하기 때문에 고정제조간접비 배부차이와 상관없이 손익분기점은 다음과 같이 계산된다.

$$Q = \frac{고정비 \pm 변동제조간접비\ 배부차이}{p-v} = \frac{2,800,000}{450-250} = 14,000단위$$

(2) 전부원가계산 손익분기점 판매량

$$Q = \frac{고정판매관리비 \pm 제조간접비\ 배부차이}{p-v-f} \quad (f : 단위당\ 고정제조간접비\ 예정배부율)$$

$$= \frac{1,200,000+400,000}{450-250-100} = 16,000단위$$

※ 변동제조간접비 배부율이 ₩55인 경우

3. 실제생산량이 15,000단위인 경우(예정생산량과 일치하는 경우)

$$고정제조간접비\ 예정배부율 = \frac{1,500,000}{15,000단위} = ₩100$$

	실제원가	예정배부액
변동제조간접비	15,000단위 × 50	15,000단위 × 55
	= ₩750,000	= ₩825,000

변동제조간접비 배부차이 ₩75,000(과대배부)

	실 제	배 부(SQ × SP)
고정제조간접비		15,000단위 × 100
	= ₩1,600,000	= ₩1,500,000

고정제조간접비 배부차이 ₩100,000(과소배부)

(1) 변동원가계산 손익분기점 판매량

변동원가계산의 경우에도 변동제조간접비 배부차이는 변동매출원가에서 조정되기 때문에 손익분기점 판매량은 다음과 같이 계산된다.

$$Q = \frac{고정비 \pm 변동제조간접비\ 배부차이}{p-v} = \frac{2,800,000-75,000}{450-250} = 13,625단위$$

(2) 전부원가계산 손익분기점 판매량

$$Q = \frac{고정판매관리비 \pm 제조간접비\ 배부차이}{p-v-f} \quad (f : 단위당\ 고정제조간접비\ 예정배부율)$$

$$= \frac{1,200,000-75,000+100,000}{450-250-100} = 12,250단위$$

4. 실제 생산량이 12,000단위인 경우

고정제조간접비 예정배부율 = $\dfrac{1,500,000}{15,000단위}$ = ₩100

	실제원가	예정배부액
변동제조간접비	12,000단위 × 50 = ₩600,000	12,000단위 × 55 = ₩660,000

변동제조간접비 배부차이 ₩60,000(과대배부)

	실 제	배 부(SQ × SP)
고정제조간접비	= ₩1,600,000	12,000단위 × 100 = ₩1,200,000

고정제조간접비 배부차이 ₩400,000(과소배부)

(1) 변동원가계산 손익분기점 판매량

변동원가계산의 경우에도 변동제조간접비 배부차이는 변동매출원가에서 조정되기 때문에 손익분기점 판매량은 다음과 같이 계산된다.

$$Q = \frac{고정비 \pm 변동제조간접비 배부차이}{p-v} = \frac{2,800,000-60,000}{450-250} = 13,700단위$$

(2) 전부원가계산 손익분기점 판매량

$$Q = \frac{고정판매관리비 \pm 제조간접비 배부차이}{p-v-f} \quad (f : 단위당 고정제조간접비 예정배부율)$$

$$= \frac{1,200,000-60,000+400,000}{450-250-100} = 15,400단위$$

연습문제 13   정상전부원가계산   2010년 CPA 2차

2008년도 초에 영업활동을 개시한 (주)영은산업은 우편엽서 제조업체로서 평준화(정상)원가계산(normal costing)과 전부원가계산(absorption costing)을 사용하고 있으며, 기말에는 내부보고 목적으로 실제원가계산(actual costing)과의 차이를 조정하여 재무제표를 작성한다. 이 회사에서 매년 변동제조간접원가 배부차이는 발생하지 않으며, 고정제조간접원가 배부차이 중에는 조업도차이만 발생한다. 기말 차이조정 시, 조업도차이는 전액 매출원가 항목에서 조정한다. 고정제조간접원가는 기준조업도 25,000개를 기준으로 배부한다(조업도: 생산량). 2009년도 기말에 실제원가와의 차이를 조정하여 작성한 포괄손익계산서의 일부 및 관련 자료는 다음 표와 같다. 선입선출법을 적용하며, 기초 및 기말재공품은 없는 것으로 가정한다.

	금액(원)		수량(개)	단가(원)
매출	380,000		19,000	20
매출원가				
기초제품재고액	10,000*		1,000	10
당기제품제조원가	200,000*		20,000	10
판매가능액	210,000		21,000	10
기말제품재고액	(20,000)		2,000	10
매출원가(조정전)	190,000		19,000	10
불리한 조업도차이	20,000	(210,000)		
매출총이익		170,000		
변동 판매비와관리비		(57,000)	19,000	3
고정 판매비와관리비		(43,000)		
법인세비용차감전순이익		70,000		

* 전기, 당기 제품 단위당 고정제조간접원가 동일함.

요구사항

1. 다음 물음에 답하시오.

   (1) 고정제조간접원가 차이분석의 일반적인 틀을 도식화하여 나타내고, 조업도차이를 계산하는 식을 제시하시오. (숫자를 제시하지 말고 설명할 것)

   (2) 2009년도 (주)영은산업의 실제발생 고정제조간접원가는 얼마인가? (계산근거를 제시할 것)

2. 다음 물음에 답하시오.

   (1) 2009년도 (주)영은산업의 평준화전부원가계산 포괄손익계산서를 변동원가계산(variable costing)하에서의 손익계산서로 변환하되, 공헌이익손익계산서 형태로 작성하시오. (문제에 있는 표와 마찬가지로 수량과 단가를 반드시 표시할 것)

   (2) 전부원가계산과 변동원가계산에 의한 영업이익의 차이를 조정하시오.

   (3) (주)영은산업의 2008년도 생산량은 20,000개이며, 고정제조간접원가 발생액은 2009년도와 동일하다. 만약 이 회사가 고정제조간접원가 배부차이를 전액 매출원가에서 조정하지 않고 매년 안분법(비례배분법)을 사용하여 조정한다면, 2009년도에 평준화전부원가계산(기말조정 후) 하에서 비용화되는 고정제조간접원가는 얼마인가?

3. 법인세비용차감전순이익이 0이 되는 손익분기점(BEP) 판매량과 관련된 다음 물음에 답하시오.

   (1) 2009년도 (주)영은산업의 생산량이 20,000개일 때, 변동원가계산 방식과 평준화전부원가계산 방식(기말조정 후 기준) 하에서의 손익분기점(BEP) 판매량은 각각 몇 개인가?

   (2) 두 방식에서 BEP 판매량의 차이가 왜 발생하는지를 설명하고, 의사결정목적 상으로 볼 때 어느 방식이 왜 문제가 있는지 설명하시오. (반드시 3줄 이내로 쓸 것)

→ 해설

1. 고정제조간접비 차이분석

(1) 조업도차이

(실제조업도 – 기준조업도) × 표준배부율

(2) 실제 고정제조간접비

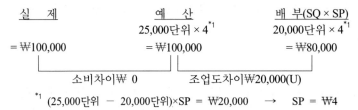

실 제	예 산	배 부(SQ × SP)
	25,000단위 × 4[*1]	20,000단위 × 4[*1]
= ₩100,000	= ₩100,000	= ₩80,000

소비차이 ₩ 0   조업도차이 ₩20,000(U)

[*1] (25,000단위 – 20,000단위)×SP = ₩20,000 → SP = ₩4

2. 변동원가계산

(1) 변동원가계산 손익계산서

변동원가계산 손익계산서

Ⅰ. 매 출 액	19,000단위 × 20 =		₩380,000
Ⅱ. 변 동 비			171,000
1. 변 동 매 출 원 가	19,000단위 × 6[*] =	114,000	
2. 변 동 판 매 관 리 비	19,000단위 × 3 =	57,000	
Ⅲ. 공 헌 이 익			₩209,000
Ⅳ. 고 정 비			143,000
1. 고 정 제 조 간 접 비		100,000	
2. 고 정 판 매 관 리 비		43,000	
Ⅴ. 영 업 이 익			₩ 66,000

[*] 10 – 4(단위당 고정제조간접비 배부율) = ₩6

(2) 이익차이 조정

변동원가계산에 의한 영업이익		₩ 66,000
(+) 기말재고에 포함된 고정제조간접비	2,000단위 × 4 =	8,000
(–) 기초재고에 포함된 고정제조간접비	1,000단위 × 4 =	(4,000)
(=) 전부원가계산에 의한 영업이익		₩ 70,000

(3) 비용화되는 고정제조간접원가

$$76{,}000(=19{,}000개 \times 4) + 20{,}000 \times \frac{1{,}000개}{20{,}000개} + 20{,}000 \times \frac{18{,}000개}{20{,}000개} = ₩95{,}000$$

3. 손익분기점

(1) 손익분기점

① 변동원가계산 : $Q = \dfrac{143,000}{20-9} = 13,000$개

② 전부원가계산 : $Q = \dfrac{\text{고정판매관리비} + \text{불리한조업도차이}}{p-v-f(\text{단위당고정제조간접비})}$

$= \dfrac{43,000 + 20,000}{20-9-4} = 9,000$개

(2) 변동원가계산의 경우에는 영업이익이 판매량에 의하여 결정되지만, 전부원가계산은 영업이익이 판매량뿐만 아니라 생산량에 의해서도 영향을 받기 때문에 양쪽의 손익분기점은 다르게 나온다. 또한 전부원가계산의 경우에는 생산량을 조절하여 의도적으로 영업이익을 조절하고 불필요한 재고가 누적될 수 있으므로 의사결정목적으로는 문제점이 있다.

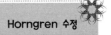

연습문제 14 ABC와 CVP분석

(주)수산은 굵은 철사를 이용하여 다양한 생활용품을 제작한 뒤에 무조건 한 개당 ₩100에 판매하는 회사이다. 회사가 생산하는 생활용품의 생산 및 판매와 관련하여 발생하는 원가자료는 다음과 같다. 단, 회사의 최대생산능력은 6,000단위라 가정한다.

활동 또는 원가	원가동인	활동별 배부율
직접재료비	수량	₩ 45/개
구　　매	구매횟수	₩20,000/회
열　처　리	열처리횟수	₩30,000/회
포　　장	수량	15/개
선　　적	선적횟수	₩30,000/회

회사는 한 번에 2,000단위씩 구매를 해서, 2,000단위씩 한꺼번에 열처리를 한다. 열처리가 완료된 제품은 한 개씩 포장을 하고 선적을 한다.

요구사항

1. 회사가 3,000단위씩 선적하여 5,500단위를 판매할 경우 영업이익을 계산하시오.

2. 회사가 3,000단위씩 선적하여 판매할 경우 손익분기점을 계산하시오.

3. 회사가 만약 4,000단위씩 선적하여 판매할 경우 손익분기점을 계산하시오. 단, 4,000단위씩 선적할 경우에는 선적 1회당 ₩10,000의 원가가 추가된다.

4. 회사는 내년에 판매수량에 상관없이 무조건 2번의 선적을 하여야 할 것으로 예상된다. ₩20,000의 영업이익을 얻기 위하여 몇 단위를 판매하여야 하는가?

➡ 해설

직접재료비와 포장비용은 수량에 비례하므로 변동비로 볼 수 있다. 따라서 한 단위당 변동비는 60(=45+15)이다. 그리고 구매, 열처리, 선적과 관련된 비용은 생산량에 비례하지 않는 비단위 수준원가로서 고정비성격으로 볼 수 있다.

1. 영업이익

5,500단위 × (100 − 60) − (20,000 × 3회 + 30,000 × 3회 + 30,000 × 2회) = ₩10,000

2. 3,000단위씩 선적할 경우 손익분기점

구매 및 열처리와 선적으로 인해 고정비가 변동하기 때문에 고정비가 변하지 않는 구간별로 나누어 계산하여야 한다. 따라서 손익분기점수량을 Q라고 하면,

① 0 ≦ Q ≦ 2,000단위일 경우

$$Q = \frac{F}{(p-v)} = \frac{80,000^*}{100-60} = 2,000단위(적합)$$

* 20,000 × 1회 + 30,000 × 1회 + 30,000 × 1회 = ₩80,000

② 2,001 ≦ Q ≦ 3,000단위일 경우

$$Q = \frac{F}{(p-v)} = \frac{130,000^*}{100-60} = 3,250단위(부적합)$$

* 20,000 × 2회 + 30,000 × 2회 + 30,000 × 1회 = ₩130,000

③ 3,001 ≦ Q ≦ 4,000단위일 경우

$$Q = \frac{F}{(p-v)} = \frac{160,000^*}{100-60} = 4,000단위(적합)$$

* 20,000 × 2회 + 30,000 × 2회 + 30,000 × 2회 = ₩160,000

④ 4,001 ≦ Q ≦ 6,000단위일 경우

$$Q = \frac{F}{(p-v)} = \frac{210,000^*}{100-60} = 5,250단위(적합)$$

* 20,000 × 3회 + 30,000 × 3회 + 30,000 × 2회 = ₩210,000

따라서 손익분기점 수량은 2,000단위, 4,000단위, 5,250단위 이다.

3. 4,000단위씩 선적할 경우 손익분기점

손익분기점 수량을 Q라고 하면,

① 0 ≦ Q ≦ 2,000단위일 경우

$$Q = \frac{F}{(p-v)} = \frac{90,000^*}{100-60} = 2,250단위(부적합)$$

* 20,000 × 1회 + 30,000 × 1회 + 40,000 × 1회 = ₩90,000

② 2,001 ≦ Q ≦ 4,000단위일 경우

$$Q = \frac{F}{(p-v)} = \frac{140,000^*}{100-60} = 3,500단위(적합)$$

* 20,000 × 2회 + 30,000 × 2회 + 40,000 × 1회 = ₩140,000

③ 4,001 ≦ Q ≦ 6,000단위일 경우

$$Q = \frac{F}{(p-v)} = \frac{230,000^*}{100-60} = 5,750단위(적합)$$

* 20,000 × 3회 + 30,000 × 3회 + 40,000 × 2회 = ₩230,000

따라서 손익분기점은 3,500단위, 5,750단위 이다.

4. 영업이익 ₩20,000을 얻기 위한 판매량을 Q라고 하면,

① 0 ≦ Q ≦ 2,000단위일 경우

$$Q = \frac{F+\pi}{(p-v)} = \frac{110,000^* + 20,000}{100-60} = 3,250단위(부적합)$$

* 20,000 × 1회 + 30,000 × 1회 + 30,000 × 2회 = ₩110,000

② 2001 ≦ Q ≦ 4,000단위일 경우

$$Q = \frac{F+\pi}{(p-v)} = \frac{160,000^* + 20,000}{100-60} = 4,500단위(부적합)$$

* 20,000 × 2회 + 30,000 × 2회 + 30,000 × 2회 = ₩160,000

③ 4001 ≦ Q ≦ 6,000단위일 경우

$$Q = \frac{F+\pi}{(p-v)} = \frac{210,000^* + 20,000}{100-60} = 5,750단위(적합)$$

* 20,000 × 3회 + 30,000 × 3회 + 30,000 × 2회 = ₩210,000

따라서, 영업이익 ₩20,000을 얻기 위한 판매량은 5,750단위이다.

연습문제 15 대안별 비교

한강 영화사가 조선시대의 예술가의 삶은 조명한 영화로 제작한 첫 작품 "예술가Ⅰ-장승업"이 국제 영화제에서 최고의 작품성을 받았고, 동시에 흥행에도 성공한데 힘입어 후속작품으로 "예술가Ⅱ-김정희"를 제작하기로 하였다. 이 영화사는 새 영화에서 감독과 주연 배우에게 지급할 금액은 제외하고 ₩15,000,000의 예산을 편성하였다. 새 영화의 감독과 주연 배우를 대신하여 교섭을 진행하고 있는 대리인은 다음과 같은 두 가지 방안을 제시하였다.

[제Ⅰ방안] 영화의 흥행 성공에 따른 추가보상을 전혀 하지 않는 조건으로 감독과 주연 배우에게 고정급으로 총 ₩6,000,000을 지급한다.

[제Ⅱ방안] 감독과 주연배우에게 고정급 총 ₩1,200,000을 지급하고, 영화흥행에서 얻게 되는 영화사 총수익의 15%를 추가로 지급한다.

한강영화사는 조은 마케팅사에 "예술가Ⅱ-김정희"의 배급권을 위임하였다. 한강영화사는 이 영화로부터 벌어들이는 총관람료 수입중 60%를 수익으로 받을 예정이고 조은마케팅사에 한강 영화사 수익의 30%를 흥행료로 지급할 것이다. (여기서 1인당 관람료는 조조할인 등에 관계없이 항상 ₩5000이다.) (모든 계산에서 소숫점이하는 반올림할 것)

요구사항

1. 한강영화사가 "예술가Ⅱ-김정희"의 [제Ⅰ방안]과 [제Ⅱ방안]이 손익분기점을 달성하기 위한 관객수를 산출하시오.

2. "예술가Ⅱ-김정희"가 영화 출시기간 동안에 총 10,000명의 관객을 동원하였다고 가정하자. 이때 한강 영화사가 본 영화로부터 얻게 되는 영업이익을 [제Ⅰ방안]과 [제Ⅱ방안]에 대하여 각각 구하시오.

3. "예술가Ⅱ-김정희"에서 [제Ⅰ방안]이 [제Ⅱ방안]보다 더 많은 영업이익을 영화사측에 제공하는 관객수의 범위를 산출하시오.

4. 한강영화사는 "예술가Ⅱ-김정희"에 대하여 관객수가 10,000명일 가능성이 60%, 또한 20,000명일 가능성이 40%라고 예측하고 있다.
   다음 각 경우에 대한 문제를 해결하시오.
   (1) [제Ⅰ방안]과 [제Ⅱ방안]중 어느 방안의 기대 영업이익이 얼마나 더 큰지 산출하시오.
   (2) 이 회사의 효용함수가 $U(x) = \sqrt{x}$ 라면, [제Ⅰ방안]과 [제Ⅱ방안] 중 어떠한 방안의 기대효용이 얼마나 더 큰지 산출하시오(여기서 x는 영업이익을 나타낸다).
   (3) 위의 (1)과 (2)에서의 최적 선택방안이 다르다면, 그 이유를 설명하시오.

→ 해설

1. 손익분기점 관객수

[제Ⅰ방안]의 경우 한강영화사의 관객 1인당 수익은 ₩3,000(= 5,000 × 60%)이며, 한강영화사는 조은마케팅사에 영화사 총수익의 30%를 지급하기로 되어 있기 때문에 관객 1인당 ₩900(= 3,000×30%)의 변동비가 발생한다. 반면, [제Ⅱ방안]의 경우에는 관객 1인당 수익은 ₩3,000으로 동일하나, 감독과 주연배우에게 영화사 총수익의 15%를 추가지급하기로 하였기 때문에 관객 1인당 ₩1,350(= 3,000×45%)의 비용이 발생한다. 따라서 각 방안별 손익분기점은 다음과 같이 계산될 수 있다.

(1) 제Ⅰ방안

$$Q_{B.E.P} = \frac{F}{(p-v)} = \frac{21,000,000^*}{3,000 - 900} = 10,000명$$

* 15,000,000 + 6,000,000 = ₩21,000,000

(2) 제Ⅱ방안

$$Q_{B.E.P} = \frac{F}{(p-v)} = \frac{16,200,000^*}{3,000 - 1,350} = 9,818명$$

* 15,000,000 + 1,200,000 = ₩16,200,000

2. 관객 10,000명인 경우 영업이익

(1) 제Ⅰ방안 : (3,000 − 900) × 10,000명 − 21,000,000 = ₩0

(2) 제Ⅱ방안 : (3,000 − 1,350) × 10,000명 − 16,200,000 = ₩300,000

3. [제Ⅰ방안]의 영업이익이 더 커지는 관객수의 범위

관객수를 Q라고 하면,

제Ⅰ방안의 영업이익 : (3,000 − 900) × Q − 21,000,000

제Ⅱ방안의 영업이익 : (3,000 − 1,350) × Q − 16,200,000

제Ⅰ방안의 영업이익이 더 커야 하므로, 다음을 만족하는 Q의 범위이다. 따라서 다음을 만족하여야 한다.

$$2,100 \times Q - 21,000,000 > 1,650 \times Q - 16,200,000$$
$$\rightarrow Q > 10,667명$$

즉, 관객수가 10,667명 이상일 경우 [제Ⅰ방안]의 영업이익이 [제Ⅱ방안]의 영업이익보다 더 커진다.

4. 불확실성하의 의사결정

(1) 기대영업이익 극대화 방안

① 성과표 작성

상 황 대 안	관객수	
	S_1 : 10,000명(60%)	S_2 : 20,000명(40%)
A_1 : 제 I 방안	0	₩21,000,000[*1]
A_2 : 제 II 방안	₩ 300,000	16,800,000[*2]

[*1] $(3,000 - 900) \times 20,000명 - 21,000,000 = ₩21,000,000$

[*2] $(3,000 - 1,350) \times 20,000명 - 16,200,000 = ₩16,800,000$

② 기대가치 계산

$$E(제 I 방안) : 0 \times 0.6 + 21,000,000 \times 0.4 = ₩8,400,000$$
$$E(제 II 방안) : 300,000 \times 0.6 + 16,800,000 \times 0.4 = ₩6,900,000$$

기대가치가 더 큰 [제 I 방안]을 선택한다.

(2) 기대효용 극대화 방안

① 성과표 작성

상 황 대 안	관객수	
	S_1 : 10,000명(60%)	S_2 : 20,000명(40%)
A_1 : 제 I 방안	0	₩4,583[*1]
A_2 : 제 II 방안	₩548	4,099[*2]

[*1] $\sqrt{21,000,000} = 4,583$

[*2] $\sqrt{16,800,000} = 4,099$

② 기대효용 계산

$$E(제 I 방안) : 0 \times 0.6 + 4,583 \times 0.4 = 1,833.2$$
$$E(제 II 방안) : 548 \times 0.6 + 4,099 \times 0.4 = 1,968.4$$

기대효용이 더 큰 [제 II 방안]를 선택한다.

(3) 기대가치기준과 기대효용기준의 차이

기대가치기준에 의하면 [제 I 방안]을 선택하나, 기대효용기준에 의하면 [제 II 방안]를 선택한다. 이는 효용함수가 위험회피형을 가정하고 있기 때문이다. 기대가치기준에서는 위험을 반영하지 않고, 기대가치만을 가지고 판단하지만, 효용함수는 위험을 반영한 효용(만족도)를 가지고 판단하기 때문에 위험이 더 작은 쪽을 선택한 것이다. 실지로, [제 I 방안]은 고정비의 비중이 크기 때문에 영업레버리지도가 크고, 매출액의 변화에 따른 영업이익의 변화가 크다. 반면에 [제 II 방안]는 고정비의 비중이 상대적으로 작기 때문에 영업레버리지도가 작고, 매출액의 변화에 따른 영업이익의 변화가 작다. 따라서 기대효용기준으로 선택하면, 위험이 작은 [제 II 방안]를 선택하게 되는 것이다.

연습문제 16   표준전부원가계산하의 CVP분석

표준원가계산제도를 채택하고 있는 (주)스텐다드는 제품을 단위당 ₩450에 판매하고 있으며, 제품 단위당 표준원가는 다음과 같다.

	표준수량	표준가격	표준원가
직접재료비	2 kg	₩35/ kg	₩ 70
직접노무비	2시간	₩16/시간	32
변동제조간접비	4시간	₩12/시간	48
고정제조간접비	4시간	₩ /시간	
합 계			₩

회사의 연간 회사의 연간 고정제조간접비 예산은 ₩1,800,000이며, 기준조업도는 120,000시간이다. 또한 회사에서 발생한 실제원가 자료의 일부와 원가차이가 다음과 같을 경우 요구사항에 답하시오. 단, 모든 원가차이는 매출원가에서 조정한다고 가정한다.

(1) 회사에서 발생한 실제 판매관리비와 고정제조간접비

     단위당 변동판매관리비   ₩40
     고정제조간접비   2,000,000
     고정판매관리비   1,600,000

(2) 당기 원가 차이분석 내용

차 이 내 용	금 액
직접재료비 가격차이	₩ 50,000(불리)
직접재료비 능률차이	70,000(불리)
직접노무비 임률차이	20,000(유리)
직접노무비 능률차이	90,000(불리)
변동제조간접비 소비차이	100,000(유리)
변동제조간접비 능률차이	80,000(불리)
고정제조간접비 소비차이	110,000(유리)
고정제조간접비 능률차이	20,000(불리)
합 계	₩ 80,000(불리)

> 요구사항

1. 변동원가계산에 의한 손익분기점을 계산하시오.

2. 전부원가계산에 의한 손익분기점을 계산하시오.

➡ 해설

1. 변동원가계산에 의한 손익분기점

변동원가계산의 경우에는 표준원가계산이라고 할지라도 고정제조간접비를 실제 발생한 원가를 당기 비용으로 처리하기 때문에 손익분기점은 다음과 같이 계산된다.

$$Q_{B.E.P} = \frac{\text{실제고정제조간접비} + \text{고정판매관리비} \pm \text{변동제조원가차이}^{13)}}{\text{단위당 판매가격} - \text{단위당 변동비}}$$

$$= \frac{2,000,000 + 1,600,000 + 170,000}{450 - 150 - 40(\text{변동판매관리비})} = 14,500\text{단위}$$

2. 전부원가계산에 의한 손익분기점

(1) 고정제조간접비 예정배부율

$$\text{고정제조간접비 예정배부율} = \frac{1,800,000}{120,000\text{시간}} = ₩15$$

따라서 단위당 고정제조간접비는 4시간 × 15 = ₩60

(2) 손익분기점 계산

$$Q_{B.E.P} = \frac{\text{고정판매관리비} \pm \text{원가차이}^{14)}}{\text{단위당 판매가격} - \text{단위당 변동비} - \text{단위당 고정제조간접비 표준원가}}$$

$$= \frac{1,600,000 + 80,000}{450 - 150 - 40 - 60} = 8,400\text{단위}$$

---

13) 실제원가와 표준원가와의 차이를 말하며, 직접재료비, 직접노무비, 변동제조간접비의 모든 원가차이를 포함하며, 고정제조간접비 배부차이는 제외한다. 즉, 고정제조간접비 배부차이를 제외한 나머지 모든 차이로서 불리한 차이(U)는 가산하고, 유리한 차이(F)는 차감한다.

14) 실제원가와 표준원가와의 차이를 말하며, 직접재료비, 직접노무비, 변동제조간접비, 고정제조간접비의 모든 원가차이를 포함하며, 불리한 차이(U)는 가산하고, 유리한 차이(F)는 차감한다.

단기특수의사결정(관련원가분석)

원·가·회·계·관·리·연·습

1 │ 기본개념

의사결정(decision making)이란 어떤 목표를 달성하도록 하는 여러 가지 선택 가능한 여러 행동대안 중에서 최적의 대안을 선택하는 과정이다.

(1) 관련원가(relevant costs)

관련원가는 각 대안별로 의사결정을 할 때, 각 대안간의 차이가 발생하는 원가로서, 의사결정에 영향을 미치는 원가를 말한다. 일반적으로 변동원가와 **기회비용**(opportunity costs)[15] 그리고 고정원가 중 회피가능원가(avoidable costs)[16]가 관련원가에 해당된다.

(2) 비관련원가(irrelevant costs)

비관련원가는 각 대안별로 차이가 발생하지 않는 원가로서 의사결정에 아무런 영향을 미치지 못하는 원가이다. 모든 대안에서 동일하게 발생하는 원가, 회피불가능원가, **매몰원가**(sunk costs)[17]등이 여기에 해당되며, 의사결정시 고려하여서는 안 될 원가들이다.

---

15) **기회비용**은 기회원가라고도 하는데, 여러 선택대안이 존재하는 경우 그 중 하나가 선택되었을 때, 선택되지 못한 대안들 중에서 가장 최선의 대안의 가치를 말한다. 즉, 선택되지 못한 대안 중 가치가 가장 큰 대안의 가치라 할 수 있다.

16) 의사결정과정에서 증가되거나 감소되는 원가는 모두 회피가능원가이다. 반대로 표현하면, 의사결정과정에서, 증가 또는 감소 되지 않고 변하지 않는 원가를 회피불가능원가라 한다.

17) **매몰원가**는 과거에 이미 발생한 역사적 원가로서 앞으로의 의사결정에 영향을 미치지 못하는 원가이다. 과거에 이미 발생한 원가이기 때문에 미래의 의사결정에 어떠한 영향도 미칠 수 없는 것이다.

2 단기특수의사결정의 유형

(1) 특별주문 수락여부 결정

특별주문이 들어오는 경우 특별주문으로 인하여 증가되는 수익과 증가되는 비용을 분석하여 주문의 수락여부를 결정한다. 특별주문의 수락여부를 결정하는 경우에는 제일먼저 유휴생산능력이 충분한지를 먼저 파악하여 다음과 같이 의사결정을 한다.

1) 유휴생산능력이 충분한 경우

특별주문품을 생산함으로 인해 증가되는 수익과 특별주문품의 생산 및 판매로 인해 증가되는 비용을 비교하여 의사결정을 한다. 단, 유휴생산능력을 다른 용도로 사용가능한 상태라면 이에 따른 기회비용을 고려하여 의사결정하여야 한다.

2) 유휴생산능력이 부족한 경우

유휴생산능력이 부족한 경우에는 기회비용(기존 판매 감소에 따른 이익의 감소), 또는 생산능력 증가에 따른 비용의 증가를 고려하여 의사결정하여야 한다.

[특별주문 수락여부 결정시 고려해야 할 질적 요소]

① 특정 고객에게 할인판매를 함으로써 기존 시장을 교란시키지는 않는지의 여부
② 특정 고객에 대한 할인판매로 인하여 기존 거래처의 이탈가능성 여부
③ 특별주문이 기업의 장기적인 가격구조와 미래의 판매량에 미칠 수 있는 잠재적인 영향
④ 특별판매가 장기간 지속될 수 있는지 여부

(2) 자가제조 또는 외부구입여부 결정

부품 외부구입에 따른 구입원가와 자가제조할 경우 제조와 관련하여 발생하는 원가를 비교하여 의사결정한다.

[자가제조 또는 외부구입여부 결정시 고려해야 할 질적 요소]

① 외부공급업자에 대한 신뢰수준
② 외부구입시 신규공급업자의 안정적인 공급능력이 있고, 품질수준을 계속 유지할 수 있는지 여부

③ 외부구입으로 인한 종업원의 감원에 따른 노동조합의 반발가능성과 기존 설비의 대체
적 용도가 존재하는지 여부

(3) 제품라인의 유지 또는 폐쇄여부 결정

손실이 발생하는 제품의 생산을 중단할 것인지 여부를 결정할 때에는 우선 해당 제품의
영업이익이 아닌 공헌이익으로 판단을 해야 한다. 다만, 손실이 발생하는 제품의 생산을 중
단할 경우 절감되는 고정비가 있다면, 그 절감되는 고정비도 함께 고려하여야 한다. 또, 특
정 제품의 생산을 중단함으로 인해 다른 제품의 매출액에 영향을 미치는 경우가 있는데, 이
때에는 다른 제품의 공헌이익의 변화도 함께 고려하여 의사결정하여야 한다.

[제조라인의 폐쇄여부 결정시 고려해야 할 질적 요소]

① 제품 생산 중단으로 인한 종업원의 감원에 따른 노동조합의 반발가능성 여부
② 기존 제품 생산 중단이 다른 제품의 판매에 미치는 영향
③ 기존제품의 폐지로 인해 회사전체에 미칠 수 있는 대외적 이미지
④ 기존 제품의 제조라인 폐쇄로 인한 유휴생산설비의 활용 방안

(4) 보조부문의 유지 또는 폐쇄여부 결정

보조부문을 폐쇄하고 외부로부터 용역을 구입할 경우, 폐쇄되는 보조부문이 공급한 용역
중에서 자기자신(폐쇄되는 보조부문)이 소비하는 용역량 만큼은 외부에서 구입할 필요가 없
다. 또한, 폐쇄되는 보조부문의 원가도 절감되지만, 계속 유지되는 보조부문의 원가 중 절감
되는 원가도 고려하여 의사결정하여야 한다.

[보조부문의 유지 또는 폐쇄여부 결정시 고려하여야 할 질적요소]

① 보조부문을 운영할 경우에 제공되는 서비스와 보조부문을 폐쇄하고 외부로부터 구입
할 경우에 구입해야 하는 서비스의 양과 질
② 외부공급업자가 서비스를 안정적이고 지속적으로 공급할 수 있는지 여부와 외부공급
업자를 신뢰할 수 있는지 여부

(5) 제한된 자원의 최적배분(제약요인 존재시 최적의사결정)

1) 제한된 자원이 하나인 경우

① 이익극대화

제한된 자원이 하나인 경우 제한된 자원 단위당 공헌이익이 큰 제품부터 생산하여야 기업의 공헌이익은 극대화될 수 있다.

$$\text{제한된 자원 단위당 공헌이익} = \frac{\text{제품단위당 공헌이익}}{\text{제품 한 단위 생산에 필요한 제한된 자원의 수량}}$$

② 비용최소화

제한된 자원이 제한된 상태에서 비용을 최소화 하기 위해서는 제한된 자원 단위당 원가절감액이 가장 큰 제품, 또는 제한된 자원 단위당 비용발생액이 가장 작은 제품부터 우선 생산 하여야 한다.

$$\text{제한된 자원 단위당 원가절감액} = \frac{\text{부품단위당 원가 절감액}}{\text{제품 한 단위 생산에 필요한 제한된 자원의 수량}}$$

2) 제한된 자원이 두 가지 이상인 경우

제한된 자원이 여러 개인 경우에는 선형계획법(linear programming)중 도해법(grape method)에 의하여 제품별 최적 생산 배합을 결정한다. 이와 관련해서는 이익의 최대화 문제와 비용의 최소화 문제가 있으며, 도해법으로 풀기 위한 목적함수와 제약조건식을 나타내면 다음과 같다.

① 이익 최대화

$$\text{목적함수} : \text{Max } Z = \sum_{j=1}^{n} c_j x_j$$

$$\text{제약조건(s.t)} : \sum_{j=1}^{n} a_{ij} x_j \leq b_j$$

$$x_j \geq 0 (j = 1, 2, \cdots\cdots, n)$$

단, c_j : 단위당 공헌이익

　　x_j : 의사결정 변수(제품의 종류 등)

　　a_{ij} : 기술계수(단위당 생산요소 사용량)

　　b_j : 이용가능한 자원의 양(제한된 자원의 양)

② 비용 최소화

$$\text{목적함수} : \text{Min } Z = \sum_{j=1}^{n} c_j x_j$$

$$\text{제약조건(s.t)} : \sum_{j=1}^{n} a_{ij} x_j \geq b_j$$

$$x_j \geq 0 (j = 1, 2, \cdots\cdots, n)$$

단, c_j는 단위당 원가를 의미하며, 나머지 변수는 이익 최대화의 경우와 동일함

(6) 결합제품의 추가가공여부 결정

결합제품을 추가가공할 것인지 여부는 결합제품을 추가가공에 따른 추가가공비용과 추가 가공으로 인한 수익의 증가액을 비교하여 의사결정한다.(6장 6절 참고)

(7) 제약이론(theory of constraints)

제약(Constraints)이란 전체 시스템의 성과를 결정하는 가장 취약한 부문이나 자원을 의미 하는데, 생산능력, 품질, 시장수요, 업무규정, 의사결정기준, 경영철학 등이 모두 제약이 될 수 있다. 성과의 흐름을 방해하는 이런 제약요소를 먼저 찾아내고, 이를 통과하는 흐름을 모든 의사결정의 기준으로 삼으면 가장 적은 비용으로 가장 큰 효과를 얻을 수 있다는 것이 제약이론의 요점이다.

1) 용어의 정의

① 재료처리량 공헌이익(throughput contribution) : 매출액에서 직접재료비만으로 구성된 매출원가[18]를 차감한 금액으로서, 처리량 공헌이익이 증가할 때 비례적으로 순현금유 입이 증가하기 때문에 **현금창출 공헌이익**이라고도 한다.
② 운영비용(operating costs) : 처리량 공헌이익을 창출하기 위해 발생한 모든 운영원가 (직접재료원가는 제외)로서 운영원가에서 급료 및 임금, 임차료, 수도광열비 그리고 감가상각비 등이 포함되며, 고정비 성격을 갖는 것으로 본다.

2) 병목공정을 다루는 과정

① 공장 전체 시스템 중 제약자원 또는 병목공정을 정의하고 병목공정을 파악한다.
② 제약자원 또는 병목공정을 최대한 이용할 수 있는 방법을 결정한다.
③ 제약자원이나 병목공정에 이용가능한 다른 모든 것을 종속시킨다.
④ 제약자원이나 병목공정의 자원, 효율성 등을 증가시킨다.
⑤ 4단계를 거친 후 이 자원이 더 이상 제약자원이 아니면 다시 단계1로 돌아간다.

---

18) 제약이론에서는 직접재료비만을 변동비로 보며 직접노무비, 제조간접비 등은 모두 당기 운영비로 간주 한다.

연습문제 1   특별주문 수락여부 결정 - 묶음수준 원가
CMA수정

한마음(주)는 매월 8,000단위의 제품을 생산하여 단위당 ₩150에 판매하고 있다. 회사의 최대생산능력은 10,000단위이지만, 현재의 수요량에 맞춰 생산하고 있으며, 현재의 생산수준 및 활동수준과 관련된 원가자료는 다음과 같다.

생산량에 따라 변하는 변동비	
직접재료비	₩320,000
직접노무비	240,000
배취수에 따라 변하는 변동비	
160배취 × ₩500 =	80,000
고정제조간접비	250,000
고정판매관리비	150,000
합 계	₩1,040,000

회사는 단위당 ₩100에 제품 2,000단위를 구입하겠다는 특별주문을 받았다. 회사는 기존 고객에 대하여는 50단위를 한 배취로 생산하고 있으나, 특별주문에 대하여는 80단위를 한 배취로 생산하려고 한다.

요구사항

1. 회사는 특별주문을 수락하여야 하는가?

2. 회사의 최대생산능력이 10,000단위가 아니라 9,000단위라고 가정할 경우 회사는 특별주문을 수락하여야 하는가? 특별주문의 경우 부분적인 수락은 없다.

3. 위의 자료에서와 같이 회사의 최대생산능력이 10,000단위라고 가정할 경우, 회사가 특별주문을 수락할 경우에는 기존고객들이 단위당 ₩10씩 가격할인을 요구할 것으로 판단된다. 즉, 기존 고객들은 회사가 생산량을 증가시킴으로서 보다 낮아진 원가의 혜택을 보아야 한다고 주장할 것이기 때문이다. 회사는 특별주문을 수락하여야 하는가?

➡ 해설

1. 특별주문 수락여부 결정

현재 회사는 2,000단위의 유휴생산능력이 존재하므로, 기회비용(기존판매 포기 등)은 발생하지 않는다. 따라서, 특별주문을 수락할 경우

매출증가 : 2,000단위 × 100 = ￦200,000
직접재료비 증가 : 2,000단위 × 40^{*1} = (80,000)
직접노무비 증가 : 2,000단위 × 30^{*2} = (60,000)
배취수준원가 증가 : 25배취^{*3} × 500 = (12,500)
증분이익(손실) : ￦ 47,500

^{*1} 320,000 ÷ 8,000단위 = ￦40/단위
^{*2} 320,000 ÷ 8,000단위 = ￦30/단위
^{*3} 2,000단위 ÷ 100단위 = 20배취

특별주문을 수락할 경우 영업이익이 ￦47,500만큼 증가하므로 특별주문을 수락하여야 한다.

2. 생산능력이 9,000단위일 경우 특별주문 수락여부

생산능력이 9,000단위일 경우에는 유휴생산능력이 1,000단위이므로, 특별주문 2,000단위를 수락하기 위해서는 기존판매 1,000단위를 포기하여야 한다. 따라서 2,000단위 특별주문과 관련해서 증가하는 매출이나 변동비는 (요구사항1)과 동일하나, 기존 판매 감소분 1,000단위와 관련된 기회비용을 추가로 고려하면 된다.

따라서 특별주문을 수락할 경우

특별주문 매출증가 : 2,000단위 × 100 = ￦200,000
직접재료비 증가 : 2,000단위 × 40 = (80,000)
직접노무비 증가 : 2,000단위 × 30 = (60,000)
배취수준원가 증가 : 25배취 × 500 = (12,500)
기존매출 감소 : 1,000단위 × 150 = (150,000)
직접재료비 감소 : 1,000단위 × 40 = 40,000
직접노무비 감소 : 1,000단위 × 30 = 30,000
배취수준원가 감소 : 20배취* × 500 = 10,000
증분이익(손실) : (￦ 22,500)

* 1,000단위 ÷ 50단위 = 20배취

특별주문을 수락할 경우 영업이익이 ￦22,500만큼 감소하므로 특별주문을 수락하지 않는다.

3. 기존고객에게 ₩10씩 가격할인을 해주어야 하는 경우

생산능력이 10,000단위이므로, 유휴생산능력은 2,000단위로서 충분하다. 따라서 특별주문과 관련해서 매출이나 변동비의 증가는 (요구사항1)과 동일하지만, 가격할인에 따른 매출액의 감소를 고려하여야 한다.

따라서 특별주문을 수락할 경우

특별주문 매출증가 : 2,000단위 × 100	=	₩200,000
직접재료비 증가 : 2,000단위 × 40	=	(80,000)
직접노무비 증가 : 2,000단위 × 30	=	(60,000)
배취수준원가 증가 : 25배취 × 500	=	(12,500)
기존매출 감소 : 8,000단위 × 10	=	(80,000)
증분이익(손실) :		(₩ 32,500)

특별주문을 수락할 경우 영업이익이 ₩32,500만큼 감소하므로 특별주문을 수락하지 않는다.

연습문제 2   **특별주문 수락여부와 복수제품 CVP분석(1)**   2010년 세무사 2차

(주)AIFA는 20x1년 7월 1일에 설립된 타월 제조기업이다. (주)AIFA는 7월 한 달 동안 일반타월 3,000장을 제조하여 모두 판매하였으며, 재고를 보유하지 않는 정책을 사용하고 있다. (주)AIFA의 7월 영업성과는 다음과 같고, 8월에도 7월과 동일한 영업상황이 유지될 것으로 예상하고 있다.

매 출 액	₩6,000,000
매출원가	3,600,000
판 매 비	2,100,000
영업이익	₩ 300,000

(주)AIFA의 모든 원가는 생산량을 원가동인으로 하여 변동원가와 고정원가로 분류할 수 있다. 타월의 단위당 변동판매비는 ₩500이며, 타월의 단위당 제조원가 ₩1,200에 대한 원가요소별 구성내역은 다음과 같다.

	단위당 변동원가	단위당 고정원가
직접재료원가	₩600	—
직접노무원가	50	₩150
제조간접원가	100	300
제조원가	₩750	₩450

(주)AIFA는 서울에서 20x1년 8월 31일 개장할 예정인 한국호텔로부터 8월 중에 타월 500장을 단위당 ₩1,100에 공급해달라는 1회성 특별주문을 받았다. 한국호텔의 특별주문에서는 판매비가 발생하지 않는다. (주)AIFA는 한국호텔의 특별주문을 수락하더라도 판매량과 판매가격은 변하지 않는다. 그러나 (주)AIFA는 특별주문용 호텔타월에 인쇄할 한국호텔 로고의 디자인비용 ₩2,240을 그래픽디자인 회사인 (주)수정에게 지급해야 하고, 디자인이 완성된 로고를 타월에 인쇄하기 위해 타월 한 장당 ₩10의 인쇄비를 추가로 부담할 것으로 예상된다. (주)AIFA가 생산하여 판매하는 일반타월과 호텔타월은 로고 인쇄여부를 제외하면 제품의 특성이나 품질은 동일하다.

> 요구사항

1. 한국호텔의 특별주문과 관련된 (주)AIFA의 증분수익, 증분원가 및 증분손익을 계산하고 이를 근거로 특별주문의 수락 여부를 결정하시오.

2. (주)AIFA가 한국호텔의 특별주문을 수락하면, 호텔타월 2장당 1장의 비율로 일반타월의 판매량이 감소한다고 가정한다. 이 경우 한국호텔의 특별주문과 관련된 (주)AIFA의 증분수익, 증분원가 및 증분손익을 계산하고 이를 근거로 특별주문의 수락 여부를 결정하시오.

3. (주)AIFA가 한국호텔의 특별주문을 수락하지 않을 경우, 20x1년 8월의 타월 판매에 대한 손익분기점 매출액을 계산하시오.

4. (주)AIFA는 지방에 있는 한국호텔의 체인에도 타월을 공급할 수 있게 되었다. 이로 인해 20x1년 8월 한 달 동안 일반타월과 호텔타월 간의 판매량 배합은 2:1이 될 것으로 예상되었다. (주)AIFA는 한국호텔 체인의 주문을 충족시킬 수 있을 만큼 충분한 생산능력을 보유하고 있다. 따라서 호텔타월은 한국호텔 체인에 공급하더라도, 기존 일반타월의 판매수량과 판매가격에는 아무런 영향이 없다. (주)AIFA의 20x1년 8월 일반타월과 호텔타월의 손익분기점 판매수량을 계산하시오. 단, 호텔타월의 가격과 원가에 관한 정보는 서울에서 개장하는 한국호텔로부터의 특별주문과 동일하다고 가정한다.

➡ 해설

1. 특별주문 수락여부 결정

    매 출 증 가   : 500장 × 1,100 =   ₩550,000

    변동제조원가증가 : 500장 ×   750 =   (₩375,000)

    인쇄비 증가   : 500장 ×   10 = (5,000)

    디자인비용 증가 :   (2,240)

    증분이익(손실)   :   ₩167,760

특별주문을 수락할 경우 이익이 ₩167,760증가하므로 특별주문을 수락한다.

2. 특별주문 수락여부 결정

    매 출 증 가   : 500장 ×   1,100 =   ₩550,000

    변동제조원가증가 : 500장 ×   750 =   (₩375,000)

    인쇄비 증가   : 500장 ×   10 = (5,000)

    디자인비용 증가 :   (2,240)

    기회비용 증가   : 250장 × (2000-1250) = (187,500)

    증분이익(손실)   (₩19,740)

특별주문을 수락할 경우 이익이 ₩19,740만큼 감소하므로 특별주문을 수락하지 않는다.

3. 손익분기점 매출액(S)

$$\text{BEP S} = \frac{\text{고정비}}{\text{공헌이익률}} = \frac{1,950,000^{*1}}{0.375^{*2}} = ₩5,200,000$$

  *1 고정비(F) = 고정제조원가 + 고정판매관리비

               = 3,000장×450 + (2,100,000 − 3,000장×500) = ₩1,950,000

  *2 공헌이익률 = $\dfrac{2,000 - 1,250}{2,000}$ = 0.375

4. 손익분기점 판매량

1) 일반타월 2장과 호텔타월 1장을 1 꾸러미라고 하면,
1꾸러미당 공헌이익 : 2단위×₩750 + 1단위×₩340 = ₩1,840

2) 손익분기점 꾸러미 수 : $\dfrac{1,952,240}{1,840}$ = 1,061꾸러미

3) 개별제품별 손익분기점 수량 계산
1꾸러미는 일반타월 2단위와 호텔타월 1단위이므로 1,061꾸러미가 팔릴 경우, 일반타월과
호텔타월의 판매수량은 다음과 같다.

일반타월 : 1,061꾸러미 × 2단위 = 2,122단위
호텔타월 : 1,061꾸러미 × 1단위 = 1,061단위

연습문제 3	특별주문 수락여부와 복수제품 CVP분석(2)	2021 세무사 2차

㈜세무는 제품 A와 제품 B를 생산하여 판매한다. ㈜세무는 제품의 종류에 관계없이 연간 최대 40,000단위의 제품을 생산할 수 있는 능력을 가지고 있다. 20x1년도 생산량과 판매량은 각각 30,000단위(제품 A : 15,000단위, 제품 B : 15,000단위이다. ㈜세무의 단위당 판매가격은 제품 A ₩1,000, 제품 B ₩1,200이며, 단위당 변동판매관리비는 제품 A와 제품 B 각각 ₩100이다. ㈜세무의 고정판매관리비는 ₩2,000,000이다. 유휴설비의 대체적 용도는 없다.

단위당 제조원가	제품 A	제품 B
직접재료원가	₩400	₩500
직접노무원가	100	100
변동제조간접원가	50	50
고정제조간접원가	40	40
합 계	₩590	₩690

요구사항

1. ㈜국세가 제품 A를 단위당 ₩800에 2,000단위를 특별주문하였다. ㈜세무가 이 특별주문을 수락할 경우, 이 특별주문에 대한 단위당 변동판매관리비가 50%절감된다. ㈜세무가 특별주문을 수락하였을 경우, 총공헌이익이 얼마나 증가 또는 감소하는지를 계산하시오. (단, 총공헌이익이 증가하는 경우에는 금액 앞에 '(+)'를, 감소하는 경우에는 금액 앞에 '(-)'를 표시하시오.)

2. ㈜국세는 제품 B 10,000단위를 특별주문하였다. ㈜세무가 이 특별주문을 수락할 경우, ㈜국세가 ㈜세무의 고정판매관리비 ₩1,000,000을 부담하기로 하였다. ㈜세무가 특별주문을 수락하여 ₩1,500,000의 이익을 얻기 위한 특별주문에 대한 단위당 판매가격을 계산하시오.

3. ㈜세무는 ㈜국세로부터 제품 B 12,000단위를 단위당 ₩900에 구입하겠다는 특별주문을 받았다. ㈜세무가 동 특별주문을 수락하면 이 특별주문에 대한 ㈜세무의 단위당 변동판매관리비 40%가 절감되며, 기존시장에서의 제품 A 판매량 2,000단위를 포기해야 한다. ㈜세무가 특별주문 수량을 모두 수락할 경우, 이익이 얼마나 증가 또는 감소하는지를 계산하시오. (단, 이익이 증가하는 경우에는 금액 앞에 '(+)'를, 감소하는 경우에는 금액 앞에 '(-)'를 표시하시오.)

4. ㈜세무는 ㈜국세로부터 제품 B 15,000단위를 단위당 ₩1,000에 구입하겠다는 특별주문을 받았다. ㈜세무는 5,000단위를 추가 생산할 수 있는 기계를 취득원가 ₩1,000,000에 구입하여 사용하고 사용 후 즉시 ₩700,000에 처분할 계획이다. 또한 특별주문 제품 B의 로고 인쇄비용으로 단위당 ₩10의 추가비용이 발생될 것으로 예상된다. ㈜세무가 특별주문을 수락할 경우, ㈜세무의 이익에 미치는 영향을 계산하시오. (단, 이익이 증가하는 경우에는 금액 앞에 '(+)'를, 감소하는 경우에는 금액 앞에 '(-)'를 표시하시오.)

5. ㈜세무는 ㈜국세로부터 제품 A 1,000단위와 제품 B 2,000단위의 묶음주문을 받았다. ㈜국세는 제품 A와 제품 B 모두 단위당 ₩1,000의 가격을 제시하고 있다. ㈜ 국세는 ㈜세무에게 묶음주문에 대해서 추가 디자인 작업을 요청하였으며 이를 반영하기 위해서는 제품 A 단위당 ₩50, 제품 B 단위당 ₩25의 추가비용이 발생할 것으로 예상된다. ㈜세무의 입장에서, 이 묶음수준의 가중평균공헌이익률을 계산하시오.

➡ 해설

1.
매출 증가	: 2,000단위 × 800	=	1,600,000
변동비 증가	: 2,000단위 × 600[*1]	=	(1,200,000)
증분이익	:		400,000

[*1] $400 + 100 + 50 + 100 × 50\% = 600$

2. 판매가격을 P라 하면,

매출 증가	: 10,000단위 × P	=	10,000P
변동비 증가	: 10,000단위 × 750[*1]	=	(7,500,000)
고정판관비 증가	:		(1,000,000)
증분이익	:		1,500,000 → P = ₩1,000

[*1] $500 + 100 + 50 + 100 = 750$

3.
매출 증가	: 12,000단위 × 900	=	10,800,000
변동비 증가	: 12,000단위 × 710[*1]	=	(8,520,000)
기회비용	: 2,000단위 × (1,000 - 650)	=	(700,000)
증분이익	:		1,580,000

[*1] $500 + 100 + 50 + 100×60\% = 710$

4.
매출 증가	: 15,000단위 × 1,000	=	15,000,000
변동비 증가	: 15,000단위 × 760[*1]	=	(11,400,000)
기계처분손실	:		(300,000)
증분이익	:		3,300,000

[*1] $500 + 100 + 50 + 100 + 10 = 760$

5.

	A제품	B제품
단위당 판매가격	1,000	1,000
단위당 변동비	700	775
단위당 공헌이익	300	225
공헌이익률	30%	22.5%

두 제품의 매출액의 비율이 1 : 2 이므로,

가중평균공헌이익률 $= 30\% \times \dfrac{1}{3} + 22.5\% \times \dfrac{2}{3} = 25\%$

연습문제 4 특별주문의 수락여부 및 외부구입여부 결정

(주)대주는 생산시설을 완전히 가동한 상태에서 A제품 10,000단위를 생산하고 있다. A제품의 단위당 제조원가는 다음과 같다.

직접재료비	₩ 200
직접노무비	300
제조간접비	500
합 계	₩1,000

회사의 총 고정원가는 ₩3,000,000이고, 마케팅원가는 모두 변동비로서 단위당 ₩400이며, 단위당 판매가격은 ₩2,000이다. 이 회사의 고객인 (주)선비는 A제품을 수정한 B제품을 2,000단위 주문하였다. B제품은 A제품과 동일한 생산 공정을 거쳐 생산되며, 생산과정에서 발생하는 제조원가 금액은 A제품과 B제품이 동일하다. (주)선비는 회사에 B제품의 단위당 가격을 ₩1,500으로 하고, 마케팅원가의 반을 부담하겠다고 제의해 왔다.

요구사항

1. B제품 2,000단위를 생산하는 경우 회사의 기회비용은 얼마인가?

2. (주)해일이 A제품 2,000단위를 회사에 공급하겠다고 제의하여 왔다. 즉, 회사가 (주)해일의 제안을 받아들이면, 회사는 A제품 8,000단위와 B제품 2,000단위를 생산하고, 2,000단위의 A제품을 (주)해일로부터 구입할 것이다. (주)해일은 A제품을 한 단위당 ₩1,400으로 공급하고자 한다. 회사는 (주)해일의 제안을 수락하여야 하는가?

3. 만일 회사가 생산시설을 완전히 가동시키지 않은 상태에서 A제품 8,000단위를 생산하고 있을 때, B제품에 대한 생산 제의를 받았다고 가정하자. 이 경우 회사가 B제품의 생산을 수락할 수 있는 최저가격은 얼마인가?

➡ 해설

1. 기회비용

2,000단위의 특별주문을 수락하는 경우 외부판매 2,000단위를 포기하여야 하므로 기회비용은 다음과 같다.

$$
\begin{aligned}
\text{A제품 매출 감소} &: 2{,}000단위 \times 2{,}000 = (\;₩4{,}000{,}000\;) \\
\text{직접재료비 감소} &: 2{,}000단위 \times 200 = 400{,}000 \\
\text{직접노무비 감소} &: 2{,}000단위 \times 300 = 600{,}000 \\
\text{변동제조간접비 감소} &: 2{,}000단위 \times 200^{*} = 400{,}000 \\
\text{마케팅비용 감소} &: 2{,}000단위 \times 400 = \underline{800{,}000} \\
\text{증분이익(손실)} &: \phantom{2{,}000단위 \times 000 =} (\underline{₩1{,}800{,}000})
\end{aligned}
$$

* ₩500(단위당 제조간접비) − ₩300(= $\dfrac{3{,}000{,}000}{10{,}000단위}$, 단위당 고정제조간접비) = ₩200

2. ㈜해일로부터 2,000단위를 구입하는 경우

A제품 2,000단위를 ㈜해일로부터 ₩1,400씩에 구입하는 경우, A제품 2,000단위 대신에 B제품 2,000단위를 생산하기 때문에 제조원가에는 동일하게 발생하므로 변화가 없다. 또한 A제품 판매 과정에서 발생하는 마케팅원가도 (주)해일로부터 구입해서 판매하는 경우에도 동일하게 단위당 ₩400이 발생할 것이다. 그러나 B제품을 (주)선비에게 판매하는 경우에는 마케팅비용의 반을 (주)선비가 부담한다고 하였으므로, 단위당 ₩200이 발생하게 된다.

$$
\begin{aligned}
\text{B제품 매출 증가} &: 2{,}000단위 \times 1{,}500 = 3{,}000{,}000 \\
\text{마케팅비용 증가} &: 2{,}000단위 \times 200 = (400{,}000) \\
\text{외부구입비용 증가} &: 2{,}000단위 \times 1{,}400 = (\underline{2{,}800{,}000}) \\
\text{증분이익(손실)} &: \phantom{2{,}000단위 \times 000 =} (\underline{₩200{,}000})
\end{aligned}
$$

영업이익이 ₩200,000 감소하므로 제안을 수락하지 않는다.

3. 특별주문을 수락하기 위한 최저가격

B제품의 최저 판매가격을 p라고 하면,

$$
\begin{aligned}
\text{B제품 매출 증가} &: 2{,}000단위 \times p = 2{,}000p \\
\text{직접재료비 증가} &: 2{,}000단위 \times 200 = (400{,}000) \\
\text{직접노무비 증가} &: 2{,}000단위 \times 300 = (600{,}000) \\
\text{변동제조간접비 증가} &: 2{,}000단위 \times 200 = (400{,}000) \\
\text{마케팅비용 증가} &: 2{,}000단위 \times 200 = \underline{(400{,}000)} \\
\text{증분이익(손실)} &: \phantom{2{,}000단위 \times 200 =} \underline{2{,}000p - 1{,}800{,}000}
\end{aligned}
$$

따라서 특별주문을 수락하기 위해서는 증분이익 $2{,}000p - 1{,}800{,}000$ 이 0보다 커야한다.

$$
\text{즉,}\quad 2{,}000p - 1{,}800{,}000 \geq 0 \quad \text{따라서 } p \geq ₩900
$$

B제품의 특별주문을 수락하기 위한 최저가격은 ₩900 이다.

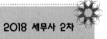

㈜세무는 단일제품 A를 생산,판매하는 회사로 연간 최대 25,000단위의 제품을 생산할 수 있는 능력을 가지고 있다. 20x1년도 생산, 판매량은 20,000단위이다. 판매가격은 단위당 ₩500이며, 판매비와 관리비는 단위당 ₩10의 변동판매비와관리비와 연간 ₩2,000,000의 고정판매비와관리비가 발생한다. 제품 A의 생산과 관련된 단위당 원가 자료는 다음과 같다. 물음에 답하시오. (단, 각 물음은 독립적이다.) (20점)

원가항목	금액
직접재료원가	₩150
직접노무원가	110
변동제조간접원가	40
고정제조간접원가	30
합계	₩330

요구사항

1. ㈜대한이 제품 A를 7,000단위 주문해 왔다. 이 특별주문을 수락할 경우 단위당 변동판매비와관리비가 60% 절감되며, 고정판매비와관리비가 ₩110,000 증가한다. ㈜세무가 생산시설을 확장하지 않고 유휴설비의 대체적 용도가 없다고 할 때, 특별주문을 수락할 경우 손실을 보지 않기 위해 제시할 수 있는 제품 A의 단위당 최저 판매가격을 계산하시오. (4점)

2. ㈜대한이 변동판매비와관리비를 부담하는 조건으로 제품 A를 일부 개량해야 하는 제품 Aa 5,000단위를 특별주문해 왔다. ㈜세무가 제품 Aa를 생산하기 위해서는 특수기계(취득원가 ₩500,000, 내용연수 3년, 잔존가치 ₩50,000)를 구입하여 총 1,250시간(시간당 임률 ₩80)을 투입해서 추가 작업하여야 한다. 이 기계는 특별주문품 생산 외에는 사용할 수 없으므로 제품 Aa를 생산한 후 즉시 ₩200,000에 처분한다. 유휴설비의 대체적 용도가 없다고 할 때 특별주문으로부터 ㈜세무가 목표이익 ₩50,000을 달성하기 위해 제시할 수 있는 제품 Aa의 단위당 판매가격을 계산하시오. (4점)

3. ㈜대한은 제품 A를 단위당 ₩350에 10,000단위를 주문해 왔다. ㈜세무는 5,000단위를 추가 생산할 수 잇는 설비를 연간 임차료 ₩440,000을 지급하고 임차하고자 한다. 유휴설비의 대체적 용도가 없다고 할 때 특별주문을 수락할 경우 ㈜세무의 이익에 미치는 영향을 계산하시오. 이익이 감소하는 경우 금액 앞에 (-) 표시를 하고, 영향이 없으면 0으로 표시하시오. (단, 변동판매비와관리비는 ㈜세무와 ㈜대한이 3:7로 부담한다.) (3점)

4. ㈜세무가 제품 A를 25,000단위 생산, 판매하고 있다고 가정하자. 한 생산공정을 거쳐 생산되는 제품 B를 ㈜대한이 단위당 판매가격 ₩480에 1,000단위를 주문하면서 ㈜세무가 직접 생산, 판매할 경우 변동판매비와관리비를 부담하겠다고 하였다. 각 상황에 대해 이익이 감소하는 경우 금액 앞에 (-) 표시를 하고, 영향이 없으면 0으로 표시하시오. (9점)

1) ㈜세무가 ㈜대한의 주문을 수락할 경우 이익에 미치는 영향을 계산하시오.

2) ㈜세무가 제품 B를 생산하기로 결정하였다. 이 때 ㈜한국이 제품 A 1,000단위를 ㈜세무에게 단위당 ₩420에 공급하겠다고 제의해 왔다. ㈜세무가 ㈜한국의 제의를 수락할 경우 총공헌이익에 미치는 영향을 계산하시오.

3) ㈜세무가 제품 A를 24,000단위 생산, 판매하고 있을 때 ㈜대한으로부터 제품 B를 생산하여 단위당 ₩320에 판매하라는 주문을 받았는데 나회계 사장이 이를 거절하였다. 사장의 의사결정이 ㈜세무의 이익에 미치는 영향을 계산하시오.

⇒ 해설

1. 특별주문가격을을 p라 하면

매출증가	: 7,000단위 × p	=	7,000p
변동비 증가	: 7,000단위 × 304[*1]	=	(2,128,000)
고정비 증가	:	=	(110,000)
기회비용	: 2,000단위 × (500−310)	=	(380,000)
증분이익	:		7,000p−2,618,000

*1 단위당 변동제조원가 300 + 단위당 판매관리비 10×40% = 304

회사가 특별주문을 수락하기 위해서는 7,000p−2,618,000 ≧ 0 이어야 하므로 p ≧ ₩374 이다.

별해 $304 + \dfrac{110,000}{7,000단위} + \dfrac{2,000단위 \times (500-310)}{7,000단위} = 374$

2. 특별주문가격을을 p라 하면

매출증가	: 5,000단위 × p	=	5,000p
변동비 증가	: 5,000단위 × 300	=	(1,500,000)
추가작업비 증가	: 1,250시간 × 80	=	(100,000)
설비관련비용	: 500,000−200,000	=	(300,000)
증분이익	:		5,000p−1,900,000

회사가 목표이익 ₩50,000을 달성하기 위해서는 5,000p−1,900,000 ≧ 50,000 이어야 하므로 p ≧ ₩390 이다.

별해 $300 + \dfrac{1,250시간 \times 80 + 300,000}{5,000단위} + \dfrac{50,000}{5,000단위} = 390$

3. 특별주문을 수락할 경우

매출증가	: 10,000단위 × 350	=	3,500,000
변동비 증가	: 10,000단위 × 303[*1]	=	(3,030,000)
임차료 증가	:	=	(440,000)
증분이익	:		30,000

*1 단위당 변동제조원가 300 + 단위당 판매관리비 10×30% = 303

특별주문을 수락하면 영업이익은 ₩30,000증가한다.

4.

(1) ㈜대한의 특별주문을 수락할 경우

매출증가	: 1,000단위 × 480	=	480,000
변동비 증가	: 1,000단위 × 300	=	(300,000)
기회비용발생	: 1,000단위 × (500 − 310)	=	(190,000)
증분이익	:		(10,000)

(2) ㈜한국의 특별주문을 수락할 경우

B매출증가	: 1,000단위 × 480	=	480,000
B변동비 증가[1]	: 1,000단위 × 300	=	(300,000)
A변동비 감소	: 1,000단위 × 310	=	310,000
구입비용 증가	: 1,000단위 × 420	=	(420,000)
A증분이익	:		70,000

(3) 유휴생산능력이 충분한 경우에 ㈜대한의 특별주문을 수락할 경우

매출증가	: 1,000단위 × 320	=	320,000
변동비 증가	: 1,000단위 × 300	=	(300,000)
증분이익	:		20,000

㈜대한의 특별주문을 수락할 경우 영업이익은 ₩20,000만큼 증가하나, 거절할 경우 이에 따른 기회비용이 ₩20,000발생하는 것이며, 회사 영업이익에는 변동이 없다.

연습문제 6 부품의 자가제조 또는 외부구입(1) N.Melumad & S.Reichelstein 수정

온누리주식회사는 전화기를 제조하여 판매하는 회사이다. 회사는 전화기의 부품 중 주요부품 A도 자체 생산하고 있다. 회사가 10,000단위의 부품 A를 생산하는데 관련 원가자료가 다음과 같다.

구 분	단위당 원가	10,000단위의 총원가
직접재료비	₩40	₩ 400,000
직접노무비	20	200,000
변동제조간접비	15	150,000
검사, 작업준비, 재료처리 관련 원가		20,000
설비 임차료		30,000
고정제조간접비(고정설비관리비 배부액)		300,000
총 원 가		₩1,100,000

회사는 당기에 외부납품업체로부터 개당 ₩82에 부품A를 원하는 수량만큼 공급하겠다는 제안을 받았다. 이와 관련된 추가자료는 다음과 같다.

✓ 추가자료

① 검사, 작업준비 그리고 재료처리에 필요한 원가는 부품 A가 생산되는 배취 수에 따라 변한다. 회사는 부품A를 1,000단위씩 하나의 배취로 일괄생산하고 있으며, 10,000단위의 부품 A를 생산할 것으로 예상하고 있다.

② 회사는 부품 A를 제조하는데 필요한 기계를 임차하여 사용하고 있다. 그러나 만약 회사가 부품 A를 전량 외부납품업체로부터 구입할 경우 설비의 임차는 바로 해지가 가능하다.

요구사항

1. 회사가 내년에 10,000단위의 전화기를 판매한다고 가정할 경우 부품 A의 외부구입 또는 자가제조 여부를 판단하시오.

2. 만약 부품 A를 외부에서 구입할 경우에는 회사는 현재 부품에 생산되는 (임차)설비를 이용하여 추가 작업을 함으로서 전화기를 업그레이드할 수 있다. 회사는 업그레이드된 전화기를 기존보다 ₩200 더 비싸게 판매할 수 있다. 이러한 추가 작업을 위해서는 단위당 ₩180의 변동비와 ₩160,000의 설계비(고정비)가 추가 발생한다. 회사가 10,000단위를 생산, 판매한다는 가정하에 부품 A를 외부구입하여야 하는지, 자가제조 하여야 하는지 여부를 판단하시오.

3. 회사의 판매담당 이사는 예산판매량 10,000단위는 너무 과도한 목표라고 판단하고, 6,200 단위만 판매될 것이라고 걱정하고 있다. 생산이 줄어들면 더 많은 여유 설비가 생기게 되므로, 회사는 부품 A를 외부에서 구입하든, 자가제조하든 관계없이 업그레이드가 가능해진다고 한다. 이러한 낮은 산출량하에서 회사가 부품 A를 8개의 배취로 775단위씩을 생산하게 될 것이다. 부품 A의 외부구입 또는 자가제조 여부를 판단하시오.

→ 해설

1. 부품 A를 외부구입할 경우

직접재료비 감소	10,000단위 × 40 =	₩400,000
직접노무비 감소	10,000단위 × 20 =	200,000
변동제조간접비 감소	10,000단위 × 15 =	150,000
검사,작업준비,재료처리비 감소		20,000
설비 임차료 감소		30,000
외부구입원가 증가	10,000단위 × 82 =	(820,000)
증분이익(손실)		(₩20,000)

부품 A를 외부에서 구입할 경우 영업이익이 ₩20,000 감소하므로 자가제조한다.

2. 부품 A를 외부구입할 경우

매출 증가	10,000단위 × 200 =	₩2,000,000
변동비 증가	10,000단위 × 180 =	(1,800,000)
설계비 증가		(160,000)
직접재료비 감소	10,000단위 × 40 =	400,000
직접노무비 감소	10,000단위 × 20 =	200,000
변동제조간접비 감소	10,000단위 × 15 =	150,000
검사,작업준비,재료처리비 감소		20,000
외부구입원가 증가	10,000단위 × 82 =	(820,000)
증분이익(손실)		(₩10,000)

부품 A를 외부에서 구입할 경우 영업이익이 ₩10,000 감소하므로 자가제조한다.

3. 부품 A를 외부구입할 경우

직접재료비	6,200단위 × 40 =	₩248,000
직접노무비 감소	6,200단위 × 20 =	124,000
변동제조간접비 감소	6,200단위 × 15 =	93,000
검사,작업준비,재료처리비 감소	8배취 × 2,000 =	16,000
설비 임차료 감소		30,000
외부구입원가 증가	6,200단위 × 82 =	(508,400)
증분이익(손실)		₩ 2,600

부품 A를 외부에서 구입할 경우 영업이익이 ₩2,600 증가하므로 외부구입하여야 한다.

무선이어폰을 생산·판매하고 있는 (주)세무는 무선이어폰에 장착되는 주요 부품인 음성수신장치를 자체 생산하고 있다 (주)세무는 20x1년도에 무선이어폰 생산 및 판매량을 1,000단위로 예상하고 음성수신장치 1,000단위를 자체 생산할 계획에 있으며, 1,000단위의 음성수신장치 생산과 관련된 원가를 다음과 같이 예상하고 있다. 물음에 답하시오. (단, 각 물음은 독립적이다.)

구 분	총 원 가
직접재료원가 (₩600/단위)	₩600,000
직접노무원가 (₩900/시간)	900,000
변동제조간접원가 (₩900/직접노무시간)	900,000
고정제조간접원가	500,000
합 계	₩2,900,000

요구사항

1. (주)세무는 외부공급업자로부터 무선이어폰에 장착되는 음성수신장치 1,000단위 전량을 공급해주겠다는 제안을 받았다 (주)세무가 이 공급제안을 수용하는 경우, 고정제조간접원가 중 ₩100,000을 절감할 수 있으며, 기존 생산설비를 임대하여 연간 ₩200,000의 수익을 창출할 수 있다. (주)세무가 외부공급업자의 제안을 수용하기 위해서 지불할 수 있는 단위당 최대구입가격을 계산하시오.

2. (주)세무는 무선이어폰에 장착되는 음성수신장치의 생산방식을 기존 생산방식에서 1묶음(batch)의 크기를 5단위로 하는 묶음생산방식으로의 변경을 검토하고 있다. (주)세무는 생산방식을 묶음생산방식으로 변경하는 경우, 기존 생산방식에서 발생하는 고정제조간접원가 중 ₩100,000과 변동가공원가(variable conversion cost)의 30%를 절감할 수 있고 생산설비의 일부를 임대하여 연간 ₩150,000의 수익을 창출할 수 있으나, 작업준비와 관련하여 묶음당 ₩4,000의 변동제조간접원가가 추가적으로 발생할 것으로 예상하고 있다. (주)세무가 생산방식을 묶음생산방식으로 변경하는 경우, 기존 생산방식과 비교하여 영업이익이 얼마나 증가 또는 감소하는 지를 계산하시오. (단, 영업이익이 증가하는 경우에는 금액 앞에 '(+)'를, 감소하는 경우에는 금액 앞에 '(-)'를 표시하시오.)

3. (주)세무는 무선이어폰에 장착되는 음성수신장치를 자체 생산하지 않고 외부공급 업자로 부터 공급받는 것을 검토하던 중, (주)국세로부터 20x1년도에 소요될 음성 수신장치 1,000 단위 전량을 단위당 ₩3,500에 공급하겠다는 제안을 받았다. (주)국세의 제안을 수용하는 정우에 (주)세무는 기존 생산설비를 이용, 외부공급업자로부터 공급받은 음성수신장치를 추가적으로 가공하여 음성송신기능을 갖춘 고급사양의 음성송수신장치를 생산할 수 있으며, 무선이어폰에 해당 음성송수신장치를 장착하게 되면 무선이어폰의 단위당 판매가격을 ₩1,500 인상할 수 었다. 고급사양의 음성송수신장치 생산을 위한 추가가공은 묶음생산방식에 의해 가공이 이루어지며, 추가가공과 관련된 원가는 묶음(batch)수에 비례하여 발생하는 변동가공 원가(variable conversion cost)로서 묶음당 ₩10,000이 발생한다. (주)세무가 (주)국세의 제안을 수용하려면 추가가공을 위한 1묶음의 크기는 최소 몇 단위가 되어야 하는지 계산하시오. (단, 고급사양의 음성송수신장치를 장착한 무선이어폰의 생산·판매량은 1,000단위로 동일하다.)

4. (주)세무는 20x1년도에 무선이어폰 1,000단위 생산에 소요되는 음성수신장치 1,000 단위를 기존 생산방식에서 250단위를 1묶음(batch)으로 하는 묶음생산방식으로 변경하는 것을 검토하고 있다. (주)세무가 음성수신장치를 묶음생산방식으로 생산할 경우, 직접노무시간은 90%의 누적평균시간 학습곡선모형을 따르며, 음성수신장치 250단위 생산과 관련된 원가는 다음과 같다.

구 분	총 원 가
직접재료원가 (₩600/단위)	₩150,000
직접노무원가 (₩900/시간)	225,000
변동제조간접원가 (₩900/직접노무시간)	225,000
고정제조간접원가	500,000
합 계	₩1,100,000

(주)세무는 무선이어폰에 장착되는 음성수신장치를 묶음생산방식으로 생산하기로 결정하고 연간 생산계획을 수립하던 중, 무선이어폰에 장착이 가능한 동일한 사양의 음성수신장치를 외부공급업자로부터 단위당 ₩2,100에 구입이 가능하다는 사실을 파악하였다. (주)세무가 20x1년도 무선이어폰 생산에 필요한 음성수신장치 1,000단위 전량을 외부공급업자로부터 구입할 경우, 묶음생산방식에 의해 자체 생산하는 경우에 비하여 영업이익이 얼마나 증가 또는 감소하는지를 계산하시오. (단, 영업이익이 증가하는 경우에는 금액 앞에 '(+)'를, 감소하는 경우에는 금액 앞에 '(-)'를 표시하시오.)

➡ 해설

(물음1)

최대구입가격을 p라 하면, 외부 구입할 경우

직접재료비 감소	600,000
직접노무비 감소	900,000
변동제조간접비 감소	900,000
고정제조간접비 감소	100,000
임대수익 증가	200,000
외부구입비용 증가	(1,000개×p)
증분이익	2,700,000 − 1000p

→ 2,700 ≧ p   따라서 회사가 지불할 수 있는 최대금액은 ₩2,700이다.

(물음2)

묶음 생산 방식으로 변경하는 경우

직접노무비 감소	900,000 × 30% =	270,000
변동제조간접비 감소	900,000 × 30% =	270,000
고정제조간접비 감소		100,000
임대수익 증가		150,000
작업준비원가 증가	200배취 × 4,000 =	(800,000)
증분이익		(10,000)

(물음3)

배취수를 x라 하면, 외부구입할 경우

직접재료비 감소	600,000	
직접노무비 감소	900,000	
변동제조간접비 감소	900,000	
외부구입비용 증가	(3,500,000)	(=1,000단위×3,500)
매출 증가	1,500,000	(=1,000단위×1,500)
추가가공비 증가	(10,000×x)	
증분이익	400,000 − 10,000x	

외부제안을 수락할려면 400,000 − 10,000x ≧ 0 이어야 하므로 40 ≧ x

따라서 배취수가 40배취가 이하가 되기 위해서는 배취당 25단위(=1,000÷40) 이상이어야 한다.

(물음4)

(1) 1,000단위 생산에 소요되는 시간

누적생산량(Q)	누적 평균시간	총누적시간
250개	1시간	1,000시간
500개	0.9시간	900시간
1,000개	0.81시간	810시간

(2) 묶음생산방식으로 자체 생산하는 경우에 비해 외부구입하는 경우 변화

직접재료비 감소	600,000	
직접노무비 감소	729,000	(= 810시간×900)
변동제조간접비 감소	729,000	(= 810시간×900)
외부구입비용 증가	(2,100,000)	(=1,000단위×2,100)
증분이익	(42,000)	

연습문제 8 **항공산업의 관련원가분석**

(주)아시아나는 한 대의 제트여객기를 보유하고 있으며, 인천공항과 뉴욕을 왕복 운항한다. 비행기는 인천공항에서 월요일과 목요일에 출발하며, 뉴욕에서는 수요일과 토요일에 출발한다. (주)아시아나는 인천공항과 뉴욕 사이를 추가적으로 운항할 능력을 보유하고 있지 않다. 비행기에는 단지 이코노미석만 있으며, 관련된 자료는 다음과 같다.

비행기좌석수	360명
비행기당 평균 승객 수	200명
주당 비행횟수	4회
연간 비행횟수	208회
평균 왕복운임	$500
변동연료원가	1회(왕복) 운항당 $14,000
음식 및 음료 서비스원가	승객당 $20
여행사에게 지불하는 수수료	운임의 8%
운항당 배부되는 연간 고정대여원가	운항당 $53,000
운항당 배부되는 고정지상서비스원가(보수, 수속, 화물처리)	운항당 $7,000
운항당 배부되는 고정승무원급료	운항당 $4,000

항공권은 모두 여행사에서 대행판매하며 연료비는 실제승객의 수에 의해 영향을 받지 않는다고 가정한다.

요구사항

1. (주)아시아나가 인천공항에서 뉴욕으로 한번 운항할 때의 영업이익은 얼마인가?

2. (주)아시아나의 시장조사부서에서는 평균 편도운임을 $480로 낮출 경우 운항당 평균 승객 수가 212명으로 늘어날 것이라고 하였다. (주)아시아나는 운임을 낮추어야 할 것인가?

3. 여행사인 (주)인터내셔날은 (주)아시아나에 매달 두 번씩(연 24회) 제트여객기를 전세 내겠다는 제안을 해왔다. 그 내용은 (주)인터내셔날의 고객들을 인천공항에서 뉴욕으로 데려다 주고, 다시 뉴욕으로부터 인천공항으로 데려오는 것이다. 만약 (주)아시아나가 (주)인터내셔날의 이러한 제의를 받아들인다면, (주)아시아나는 매년 184(=208-24)회의 운항 편수만을 제공하게 된다. 전제의 조건들은 다음과 같다고 할때, (주)아시아나는 (주)인터내셔날의 제안을 수락하여야 하는가?

   (a) (주)인터내셔날은 (주)아시아나에게 매 운항당 $75,000씩을 지급한다.

   (b) (주)인터내셔날이 연료비를 부담한다.

   (c) (주)인터내셔날이 모든 음식비용을 부담한다.

➡ 해설

1. 운항당 영업이익

매 출 액	: 200명 × $500 =	$100,000
식음원가	: 200명 × $20 =	(4,000)
여행사 수수료	: $100,000 × 8% =	(8,000)
변동연료원가	:	(14,000)
고정대여원가	:	(53,000)
지상서비스원가	:	(7,000)
고정승무원급여	:	(4,000)
운항당 영업이익	:	$10,000

2. 운임인하여부

운임을 인하할 경우

매 출 증 가	: 212명×480 − 200명×500 =	$ 1,760
식음원가 증가	: (212명 − 200명)×20 =	(240)
대행수수료 증가	: 1,760×8% =	(140.8)
증 분 이 익	:	$ 1,379.2

운임을 인하할 경우 영업이익이 $1,379.2 증가하므로 운임을 인하하는 것이 유리하다.

3. 외부 제안 수락여부

(주)인터내셔날의 제안을 수락할 경우

신규 운항당 매출 증가	:	$ 75,000
기존 운항당 매출 감소	: 200명×500 =	(100,000)
기존 운항당 식음원가 감소	: 200명×20 =	4,000
기존 운항당 대행수수료 감소	: 200명×500×8% =	8,000
기존 운항당 연료원가 감소	:	14,000
운항당 증분 이익(손실)	:	$ 1,000

(주)인터내셔날의 제안을 수락하는 경우 운항당 $1,000씩 이익이 증가하므로 제안을 수락하여야 한다.

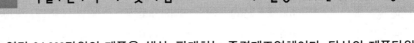

연습문제 9 **특별주문수락여부 및 부품 자가제조 여부 결정** 1999년 CPA 2차 수정

풍년사는 A제품을 연간 24,000단위의 제품을 생산, 판매하는 중견제조업체이다. 당사의 제품단위당 판매단가는 ₩7,000이며 원가 자료는 다음과 같다.

단위당 직접재료비	₩1,000
단위당 직접노무비	1,200
단위당 변동제조간접비	800
단위당 변동판매관리비	1,500
총고정제조간접비	12,000,000
총고정판매관리비	21,600,000

요구사항

다음의 상호 독립적인 물음에 답하시오.

1. 현재 회사의 영업이익은 얼마인가?

2. 현재 회사는 ₩7,000의 판매가격으로 연간 24,000단위를 판매하고 있다. 회사는 가격을 ₩6,000으로 낮출 경우 판매량이 10% 늘어난다고 할 때 회사는 가격을 인하하겠는가?

3. 풍년사는 A제품을 정부에 2,000단위를 납품하기로 하였다. 정부는 전부제조원가의 10%의 이익을 가산한 가격을 지불한다고 한다. 현재 회사의 유휴생산능력은 충분하며, 회사가 정부와 거래를 하는 경우에는 판매관리비가 발생하지 않는다고 한다. 회사는 이 주문을 수락하겠는가?

4. 풍년사는 협력업체로부터 OEM방식으로 A제품(전량)의 외부구입여부를 검토하고 있다. 조건은 A제품을 제조하여 풍년사의 고객에게 직접 배달하는 조건이며, 외부구입가격은 계속 협상 중이다. 회사가 OEM방식으로 외부구입하여 고객에게 직접 배달되는 경우 변동판매비 중 20%가 절감될 것이며 유휴생산설비로 인하여 고정제조간접비 중 50%가 절감될 것으로 기대된다. 외부구입을 수락하기 위해 지불할 수 있는 최대가격은 얼마인가?

5. 풍년사는 협력업체에 대하여 OEM방식으로 A제품의 외부구입여부를 검토하고 있다. 이 경우 유휴생산설비를 이용하여 B제품을 생산할 수 있다. A제품 외부 구입시 변동판매관리비 20%는 절감될 것이나, 고정판매관리비는 B제품 판매와 관련하여 ₩12,000,000이 추가발생할 것으로 예상된다. 또한 유휴생산설비를 이용하여 B제품을 생산할 것이기 때문에 고정제조간접비에도 변화가 없을 것이다. B제품 생산시 배부된 고정제조간접비 배부

율은 단위당 ₩1,000이며, 단위당 판매가격은 ₩3,500, 단위당 변동제조원가는 ₩1,500, 단위당 변동판매관리비는 ₩200이다. 회사는 적어도 ₩12,000,000의 영업이익을 얻고자 한다.

(1) B제품의 생산량은?

(2) A제품의 외부구입을 수락하기 위한 최소가격을 구하시오.

→ 해설

1. 현재 영업이익

매 출 액 : 24,000단위 × 7,000 =	₩168,000,000	
변 동 비 : 24,000단위 × 4,500 =	108,000,000	
공헌이익 :	60,000,000	
고 정 비 :	33,600,000	
영업이익 :	₩ 26,400,000	

2. 가격 인하 여부

가격을 ₩6,000으로 인하할 경우

매출 감소 :	(₩ 9,600,000)[*1]
변동비 증가 :	10,800,000 [*2]
증 분 이 익 :	(₩ 20,400,000)

[*1] 가격 인하 후 매출 : 24,000단위×110%×6,000 = ₩158,400,000
　　 가격 인하 전 매출 : 24,000단위×7,000 = 168,000,000
　　 매 출 증 가(감소) (₩ 9,600,000)

[*2] 가격 인하 후 변동비 : 24,000단위×110%×4,500 = ₩118,800,000
　　 가격 인하 전 변동비 : 24,000단위×4,500 = 108,000,000
　　 변 동 비 증 가(감소) ₩ 10,800,000

가격을 인하할 경우 영업이익이 ₩20,400,000만큼 감소하므로 가격을 인하하지 않는다.

3. 정부로부터의 특별주문 수락여부

특별주문을 수락할 경우

매출 증가 :	2,000단위×3,850[*1] =	₩7,700,000
변동비 증가 :	2,000단위×3,000[*2] =	6,000,000
증 분 이 익 :		₩1,700,000

[*1] $(1,000 + 1,200 + 800 + \frac{12,000,000}{24,000단위}) \times 110\% = ₩3,850$

[*2] $1,000 + 1,200 + 800 = ₩3,000$

특별주문을 수락할 경우 영업이익이 ₩1,700,000증가하므로 특별주문을 수락한다.

4. 외부구입시 지불할 수 있는 최대가격

회사가 OEM방식으로 외부에서 구입하는 경우 지불할 수 있는 최대가격을 P라고 하면, 특별주문을 수락할 경우

변동제조원가 감소 :	24,000단위×3,000	=	₩72,000,000
변동판매관리비 감소 :	24,000단위×1,500×20%	=	7,200,000
고정제조간접비 감소 :	12,000,000×50%	=	6,000,000
외부구입원가 증가 :	24,000단위×P	=	(24,000P)
증분이익 :			85,200,000 − 24,000P

회사가 OEM방식으로 외부에서 구입하기 위해서는 ₩85,000,000 − 24,000P 가 0보다 커야 하므로, P는 ₩3,550보다 작아야 한다. 따라서 회사가 지급할 수 있는 최대금액은 ₩3,550이다.

5. (1) B제품 생산량

B제품의 단위당 고정제조간접비 배부액 ₩1,000인 것으로 보아, 총 고정제조간접비 ₩12,000,000을 B의 생산량으로 나누었을 때의 금액이 ₩1,000이라는 것이다. 따라서 B의 생산량은 12,000단위이다.

(2) 협력업체에게 지불할 수 있는 최대금액을 P라고 하면,

① 현재 영업이익 : ₩26,400,000

② OEM에 의한 A제품 판매 및 B제품 판매로 인한 증분이익

OEM에 의한 외부구입시 구입가격을 P라고 하면,

B제품 공헌이익 증가 : 12,000단위×(3,500−1,700) = ₩21,600,000

추가 고정비 증가액 : (12,000,000)

A제품 변동제조원가 감소 : 24,000단위×3,000 = 72,000,000

A제품 변동판매관리비 감소 : 24,000단위×1,500×20% = 7,200,000

OEM에 의한 A제품 구입원가 : 24,000단위×P = (24,000P)

증 분 이 익 : ₩88,800,000 − 24,000P

③ OEM에 의한 A제품 판매 및 B제품 판매 시 영업이익 : ① + ②

26,400,000 + 88,800,000 − 24,000P ≥ 12,000,000

→ ₩4,300 ≥ P

따라서 OEM에 의하여 A제품을 외부구입 가격이 ₩4,300보다 작아야 회사의 영업이익은 ₩12,000,000이상이 된다. 즉, 회사가 지불할 수 있는 최대구입가격은 ₩4,300이다.

별해

두 제품의 판매와 관련된 손익계산서를 이용하여 다음과 같이 계산할 수 도 있다.

	A제품	B제품
매 출 액	₩168,000,000[*1]	₩42,000,000[*2]
변동매출원가	(24,000P)[*3]	(18,000,000)[*4]
변동판매관리비	(28,800,000)[*5]	(2,400,000)[*6]
공헌이익	139,200,000−24,000P	21,600,000
고정제조간접비	−	(12,000,000)[*7]
고정판매관리비	(21,600,000)	(12,000,000)[*8]
영업이익	117,600,000−24,000P	(₩2,400,000)

[*1] 24,000개×7,000 = 168,000,000 [*2] 12,000개×3,500 = 42,000,000

[*3] 외부구입가격(24,000×P) [*4] 12,000개×1,500 = 18,000,000

[*5] 24,000개×1,500×80% = 28,800,000 [*6] 12,000개×200 = 2,400,000

[*7] 기존설비관련 고정제조간접비 [*8] B제품판매관련 판매관리비

A제품의 영업이익 ₩117,600,000 − 24,000P와 B품의 영업이익(₩2,400,000)의 합계가 ₩12,000,000보다 커야 하므로,

$$117,600,000 - 24,000P + (2,400,000) \geqq 12,000,000$$

$$\rightarrow 103,200,000 - 24,000P \geqq 0$$

$$\rightarrow 4,300 \geqq P$$

따라서 회삭 지불할 수 있는 최대 구입가격은 ₩4,300이다.

(주)한국은 새로운 CD플레이어 신제품을 생산하여 단위당 ₩105의 가격에 연중 고르게 판매하는 방안을 고려하고 있다. 이 신제품의 판매는 추가의 고정판매비 없이 기존의 판매망을 통하여 이루어진다. (주)한국의 원가계산부서는 이 신제품의 예상 연간판매량인 120,000단위에 근거하여 아래와 같은 연간 증분원가 정보를 산출하였다.

직 접 재 료 비	₩3,600,000
직 접 노 무 비	2,400,000
변동제조간접비	1,200,000
고정제조간접비	2,000,000
판 매 수 수 료	매출액의 10%
재고관련비용	?

위의 판매관리비 중 재고관련원가는 재고관리비와 투자기회상실에 따른 기회비용을 말하며, 재고관리비는 유지되어야 하는 평균재고자산가액(고정원가 불포함)의 5%로 추정되며, 재고자산에 묶인 자금의 투자기회상실에 따른 기회비용은 평균재고자산가액(고정원가 불포함)의 7%로 예상된다. 신제품의 도입시 유지되어야 하는 평균 재고자산 자료는 다음과 같다.

원재료 : 2개월 판매량
재공품 : 1개월 판매량
제　품 : 2개월 판매량

단, 재공품의 재료비 완성도는 100%이고 노무비와 변동제조간접비 완성도는 50%이다.

요구사항

1. (주)한국이 신제품을 도입할 경우 연간 증분원가를 구하시오.

2. (주)한국이 신제품을 도입할 경우 단위당 공헌이익이 ₩20인 기존제품의 연간 판매수량이 현재의 연 300,000단위에서 연 240,000단위로 감소한다고 할 때, 신제품을 도입하여야 하는가?

3. (주)한국이 신제품을 도입할 경우 단위당 공헌이익이 ₩20인 기존제품의 연간 판매수량은 신제품이 두 단위 팔릴 때 마다 한 단위씩 감소한다고 할 때, 증분이익이 "0"이 되는 신제품 판매량을 계산하시오. 단, 재고관련비용은 신제품을 도입할 경우 신제품의 판매량과 관계없이 발생한다고 가정한다.

➡ 해설

1. 신제품 도입시 연간 증분원가

직접재료비	:	120,000단위 × 30 =	₩3,600,000
직접노무비	:	120,000단위 × 20 =	2,400,000
변동제조간접비	:	120,000단위 × 10 =	1,200,000
고정제조간접비	:		2,000,000
판매수수료	:	120,000단위 × 105 × 10% =	1,260,000
재고관리비	:	2,250,000[*] × 5% =	112,500
재고관련 기회비용	:	2,250,000[*] × 7% =	157,500
합 계	:		₩10,730,000

[*] 평균재고자산
직접재료 : 120,000단위 × 30 × 2/12   = ₩   600,000
재 공 품 : {120,000단위 × 30 + 120,000단위 × 50% × (20 + 10)} × 1/12 =   450,000
제   품 : 120,000단위 × (30 + 20 + 10) × 2/12   = 1,200,000
합   계 :   ₩ 2,250,000

따라서 신제품을 도입할 경우 ₩10,730,000의 원가가 증가할 것으로 예상된다.

2. 신제품 도입여부

신제품을 도입할 경우

신제품 매출증가	: 120,000단위 × 105 =	₩12,600,000
증분원가	:	(10,730,000)[*]
기존제품 공헌이익 감소	: 60,000단위 × 20 =	(1,200,000)
증분이익(손실)	:	₩ 670,000

[*] (요구사항1) 참조

신제품을 도입할 경우 영업이익이 ₩670,000 증가하므로 신제품을 도입하여야 한다.

3. 손익분기점 판매량

신제품판매량을 Q라고 하면, 기존제품은 0.5Q단위씩 판매량이 감소한다. 따라서 다음을 만족하는 수량이 손익분기점이 된다.

$$(105 - 70.5^{*1}) \times Q - 20 \times 0.5Q - 2,270,000^{*2} = 0$$

*1 신제품의 단위당 변동비 = 30 + 20 + 10 + 10.5 = ₩70.5
*2 고정제조간접비 + 재고관련비용 = 2,000,000 + 112,500 + 157,500 = ₩2,270,000
   → Q = 92,653단위

따라서 회사는 신제품 92,653단위가 판매되고 기존제품 46,327단위의 판매가 감소할 경우 손익분기점이 된다.

연습문제 11 제조라인 유지 또는 폐쇄여부 결정 2000년 세무사 2차

(주)진주는 제품 A, B, C를 생산하고 있다. 회사가 판매하는 각 제품별 요약손익계산서와 관련된 자료는 다음과 같다.

	A	B	C	합 계
매 출 액	₩67,500	₩30,000	₩12,000	₩109,500
변동원가	38,250	15,450	13,000	66,700
공헌이익	₩29,250	₩14,550	(₩1,000)	₩ 42,800
고정원가	5,000	4,000	3,600	12,600
영업이익	₩24,250	₩10,550	(₩4,600)	₩ 30,200
판매수량	4,500단위	1,500단위	2,000단위	
단위당 판매가격	₩15	₩20	₩6	
단위당 변동매출원가	8	9	5	
단위당 변동판매관리비	0.5	1.3	1.5	

요구사항

상호 독립적인 다음 물음에 답하시오.

1. C제품의 생산을 중단하는 경우 (주)진주의 영업이익은 얼마가 되는가?

2. C제품 생산중단시 250단위의 B제품판매량이 감소한다면 (주)진주는 C제품의 생산을 중단하여야 하는가?

3. C제품의 가격은 ₩7으로 인상할 경우 판매량이 1,000단위 감소한다면 (주)진주는 C제품의 가격을 인상하여야 하는가?

4. C제품의 생산에 사용하던 설비를 D제품생산에 그대로 이용할 수 있다고 가정하자. 이 때, D제품의 생산 및 판매량은 2,000단위이며, 단위당 판매가격은 ₩5, 단위당 총변동원가는 ₩4.4이 될 것으로 예상한다. 회사는 C제품 생산을 중단하고 D제품을 생산하여야 하는가?

5. C제품 생산을 중단하는 경우 이익변화이외에 추가로 고려하여야 하는 질적요소는 무엇인가?

→ 해설

1. C제품 제조라인 폐쇄 여부 결정
C제품의 제조라인을 폐쇄할 경우

C제품 매출감소	:	(₩12,000)
C제품 변동비 감소	:	13,000
증분이익(손실)	:	₩ 1,000

C제품의 제조라인을 폐쇄할 경우 이익이 ₩1,000 증가하므로 회사의 영업이익은 ₩31,200 (=30,200+1,000)이 된다.

2. C제품 제조라인을 폐쇄하는 경우
C제품의 제조라인을 폐쇄할 경우

C제품 매출 감소	:	(₩12,000)
C제품 변동비 감소	:	13,000
B제품 매출 감소	: 250단위 × 20 =	(5,000)
D제품 변동비 감소	: 250단위 × 10.3 =	2,575
증분이익(손실)	:	(₩ 1,425)

C제품의 제조라인을 폐쇄할 경우 이익이 ₩1,425 감소하므로 폐쇄하지 않는다.

3. C제품 판매가격을 인상하는 경우
C제품의 판매가격을 인상하는 경우

C제품 매출감소	: 12,000 − 1,000단위×7 =	(₩5,000)
C제품 변동비 감소	: 1,000단위 × 6.5 =	6,500
증분이익(손실)	:	₩1,500

C제품의 판매가격을 인상할 경우 영업이익이 ₩1,500 증가하므로 가격을 인상한다.

4. C제품 생산을 중단하고 D제품 추가하는 경우
C제품의 생산을 중단하고 D제품 추가하는 경우

C제품 매출 감소	:	(₩12,000)
C제품 변동비 감소	:	13,000
D제품 매출증가	: 2,000단위 × 5 =	10,000
D제품 변동비 증가	: 2,000단위 × 4.4 =	(8,800)
증분이익(손실)	:	₩ 2,200

C제품의 생산을 중단할 경우 이익이 ₩2,200 증가하므로 생산을 중단한다.

5. 제품 생산라인 폐쇄여부를 결정할 때 고려할 질적 요소
① 제품 생산 중단으로 인한 종업원의 감원에 따른 노동조합의 반발가능성 여부
② 기존 제품 생산 중단이 다른 제품의 판매에 미치는 영향
③ 기존제품의 폐지로 인한 대외적 이미지
④ 기존 제품의 제조라인 폐쇄로 인한 유휴생산설비의 활용 방안

연습문제 12 　제조라인 유지 또는 폐쇄여부 결정

여러 종류의 제품을 생산·판매하고 있는 (주)장미의 20x1년도 각 제품별 손익계산서는 다음과 같다.

	A	B	C	합 계
매 출 액	₩100,000	₩80,000	₩120,000	₩300,000
변동원가	70,000	52,000	88,000	210,000
공헌이익	₩ 30,000	₩28,000	₩ 32,000	₩ 90,000
추적가능 고정원가	12,000	8,000	26,000	46,000
공통고정원가	11,000	8,800	13,200	33,000
영업이익	₩ 7,000	₩11,200	(₩7,200)	₩11,000

회사에서 발생하는 공통고정원가는 각 제품별 매출액에 비례하여 배분하고 있으며, 추적가능 고정비의 경우에는 개별 제품별로 추적이 되는 고정비로서 특정 제품의 제조라인을 폐쇄하더라도 30%는 계속해서 발생한다. 또한 C제품을 폐쇄하는 경우에 A제품 매출에는 아무런 영향이 없지만, B제품 매출은 20% 증가한다.

요구사항

상호 독립적인 다음 물음에 답하시오.

1. 영업손실이 발생하는 C제품의 생산을 중단하는 경우 (주)장미의 영업이익은 얼마가 되는가?

2. C제품 매출액 중 절반은 변동비만 회수하면서 판매하는 특별사은판매분이라고 가정할 경우,

   (1) C제품의 정상판매와 관련된 공헌이익률은 얼마인가?

   (2) C제품의 특별사은판매를 중단할 경우 정상판매의 20%가 감소하지만, B제품 매출이 10%만 증가한다. 특별사은판매를 중단할 경우 회사의 영업이익은 얼마가 되는가?

   (3) C제품에 대한 광고비 ₩9,000을 증가시키면, C제품의 특별사은판매와 정상판매가 동시에 30%씩 증가한다고 한다. 회사는 C제품에 대한 광고를 하여야 하는가?

3. 20x1년도 매출배합이 20x2년에도 유지될 것으로 예상하며, 20x2년도 원가구조도 20x1년도 원가구조와 동일하지만, 공통고정비는 20x1년보다 ₩1,000정도 감소할 것으로 예상한다. 20x2년도 손익분기점 매출액을 계산하시오.

➡ 해설

1. C제품 제조라인 폐쇄 여부 결정

C제품의 제조라인을 폐쇄할 경우

C제품 매출감소	:	(₩120,000)
C제품 변동비감소	:	88,000
추적가능 고정비감소	: 26,000×70% =	18,200
B제품 매출증가	: 80,000×20% =	16,000
B제품 변동비증가	: 52,000×20% =	(10,400)
증분이익(손실)	:	(₩ 8,200)

C제품의 제조라인을 폐쇄할 경우 이익이 ₩8,800 감소한다. 따라서 C제품의 제조라인을 폐쇄할 경우 회사의 영업이익은 ₩2,800(=11,000 − 8,200)이 된다.

2. C제품 매출액의 50%가 특별 사은판매인 경우

(1) 정상판매분의 공헌이익률

	특별사은판매	정상판매	합 계
매 출 액	₩60,000	₩60,000	₩120,000
변 동 비	60,000	28,000	88,000
공헌이익	₩ 0	₩32,000	₩ 32,000

정상판매분의 공헌이익률 = $\frac{32,000}{60,000}$ = 53.33%

(2) 특별사은판매를 중단할 경우

특별사은판매의 경우에는 공헌이익이 ₩0 이기 때문에 고려하지 않아도 되며, 정상판매만 고려하면 된다. 따라서 특별사은판매를 중단할 경우

C제품 매출감소	: 60,000×20% =	(₩ 12,000)
C제품 변동비감소	: 28,000×20% =	5,600
B제품 매출증가	: 80,000×10% =	8,000
B제품 변동비증가	: 52,000×10% =	(5,200)
증분이익(손실)	:	(₩ 3,600)

특별사은판매를 중단할 경우 영업이익은 ₩3,600 감소하므로, (주)장미의 영업이익은 ₩7,400이 된다.

(3) C제품 광고비를 증가시키는 경우

특별사은판매의 경우에는 공헌이익이 ₩0이므로 정상판매만 고려하면 된다.

C제품 매출증가	: 60,000×30% =	₩18,000
C제품 변동비증가	: 28,000×30% =	(8,400)
C제품 광고비증가	:	(9,000)
증분이익(손실)	:	₩ 600

C제품 광고비를 증가시킬 경우 회사의 영업이익이 ₩600 증가하므로 광고비를 증가시켜야 한다.

4. 손익분기점 매출액

(1) 가중평균공헌이익률

$$\frac{\text{총공헌이익}}{\text{총매출액}} = \frac{90,000}{300,000} = 30\%$$

(2) 손익분기점 매출액 $= \dfrac{46,000+33,000-1,000}{0.3} = ₩260,000$

따라서, 손익분기점에서의 각 제품별 매출액은 다음과 같다.

A매출액 : $260,000 \times \dfrac{100,000}{300,000} = ₩\ 86,667$

B매출액 : $260,000 \times \dfrac{80,000}{300,000} = ₩\ 69,333$

C매출액 : $260,000 \times \dfrac{120,000}{300,000} = ₩104,000$

(주)화랑은 교육기자재 도매업을 하고 있다. 회사는 전국에 각 지역별로 영업을 총괄하는 여러개의 지점을 두고 있으며, 이 중 경기지점에 근무하는 지점장은 고객을 다음과 같이 A, B C로 구분하여 관리하고 있다.

	A	B	C	합 계
1. 매출액	₩5,500,000	₩3,900,000	₩4,700,000	₩14,100,000
2. 매출원가	4,500,000	3,200,000	4,200,000	11,900,000
3. 매출총이익	1,000,000	700,000	500,000	2,200,000
4. 영업비용				
1) 운반비용	70,000	70,000	25,000	165,000
2) 주문처리비용	80,000	130,000	30,000	240,000
3) 감가상각비	50,000	60,000	40,000	150,000
4) 임차료	100,000	140,000	160,000	400,000
5) 고객유지비	140,000	150,000	20,000	310,000
6) 포장비용	60,000	200,000	25,000	285,000
7) 일반관리비	120,000	80,000	100,000	300,000
8) 본사관리비	180,000	120,000	150,000	450,000
소계	800,000	950,000	550,000	2,300,000
5. 영업이익(손실)	200,000	(250,000)	(50,000)	(100,000)
6. 투하자본	₩3,900,000	₩2,000,000	₩6,100,000	₩12,000,000

✓ **추가자료**

1) 운반비용의 원가동인은 각 고객에 대한 수송비로서 고객당 선적횟수에 비례한다.

2) 주문처리비는 각 고객으로부터 들어오는 구매주문횟수에 비례한다.

3) 감가상각비는 전액 제품수송을 위한 특수기계의 감가상각비이며, 경기지점이 보유하고 있는 특수기계는 모두 잔존 내용연수가 1년이다. 각 고객별로 각기 다른 기계를 사용하나 해당 고객이 없을 경우 당 기계의 유휴설비로 남게 되며, 처분가치는 없다.

4) 지점은 연간 일시불로 창고 임차료를 지불하며, 창고 내의 각 고객별 제품의 점유면적비율로 각 고객에게 배분한다. 만약, 지역본부를 폐쇄할 경우 창고 임차계약을 즉시 해지할 수 있다.

5) 지점은 각 고객에 대한 매출액의 일정비율로 고객유지비를 책정하며, 이 비용은 각 고객별로 각기 사용된다.

6) 포장비용은 각 고객에 대한 제품 발송시 소요되는 상자수에 비례하여 발생한다.

7) 일반관리비는 지점의 영업을 위한 고정지출비용으로 각 고객별 매출액을 기준으로 배부한다. 만약 지역본부를 폐쇄할 경우 일반관리비는 더 이상 발생하지 않는다.

8) 본사관리비는 본점 영업비를 각 지점별 매출액에 비례하여 배부한 금액이며, 지점에서는 다시 각 고객별 매출액을 기준으로 배분한다.

[요구사항]

다음의 각 물음은 서로 독립적이다.

1. 경기지점의 지점장은 고객 B와 고객 C의 영업이익이 마이너스이나, 이 중 영업손실이 더 큰 고객 B와의 거래를 우선 중단하고자 한다. 이때 고객 B에게 할당되어 있는 창고 임대면적만큼을 경기지점이 임대할 수 있다고 할 때 경기지점의 영업이익이 감소하지 않기 위한 최소한의 임대료는 얼마인가?

2. 고객 B와 동일한 수익 및 원가구조를 가지는 고객 D의 추가(add)를 고려하고 있다. 이 경우 추가적인 기계의 취득은 필요하지 않고 제품보관을 위한 임차료만 추가적으로 ₩120,000이 소요된다고 할 때 고객 D를 추가할 것인가?

3. 현재 경기지점은 영업손실이 발생하고 있다. 따라서 (주)화랑의 경영자는 경기지점의 폐쇄를 고려하고 있다. 경기기점을 폐쇄하여야 하는가?

4. (주)화랑이 경기지점과 동일한 수익 및 원가구조를 갖는 대전지점을 추가하고자 할 것을 고려하고 있다. 대전지점을 새로 개설하여야 하는가?

➡ 해설

1. **고객 B와의 거래 중단 여부 결정**

   고객 B와의 거래를 중단하고 임대할 경우 임대수익을 R이라고 하면,

매출감소	:	(₩3,900,000)
매출원가감소	:	3,200,000
운반비 감소	:	70,000
주문처리비용 감소	:	130,000
고객유지비용 감소	:	150,000
포장비용 감소	:	200,000
임대수익 증가	:	R
증분이익(손실)	:	R − 150,000

   회사가 고객 B와의 거래를 중단하기 위해서는 증분이익 "R − 150,000"이 "0"보다 커야 한다. 따라서 임대수익이 ₩150,000보다 클 경우에는 고객 B와의 거래를 중단하는 것이 좋다.

2. **고객 D와의 거래 추가 여부**

   고객 D와의 거래를 추가할 경우

매출증가	:	₩3,900,000
매출원가증가	:	(3,200,000)
운반비 증가	:	(70,000)
주문처리비용 증가	:	(130,000)
창고임차료 증가	:	(120,000)
고객유지비용 증가	:	(150,000)
포장비용 증가	:	(200,000)
증분이익(손실)	:	₩ 30,000

   고객 D와의 거래를 추가할 경우 회사의 영업이익이 ₩30,000 증가하므로 고객 D와의 거래를 추가하여야 한다.

3. 경기지점 폐쇄 여부

경기지점을 폐쇄할 경우

매출감소	:	(₩14,100,000)
매출원가감소	:	11,900,000
운반비 감소	:	165,000
주문처리비용 감소	:	240,000
창고임차료 감소	:	400,000
고객유지비용 감소	:	310,000
포장비용 감소	:	285,000
일반관리비 감소	:	300,000
증분이익(손실)	:	(₩500,000)

경기지점을 폐쇄할 경우 영업이익이 ₩500,000 감소하므로 폐쇄하여서는 안된다.

4. 대전지점 개설 여부

대전지점을 개설할 경우

매출증가	:	₩14,100,000
매출원가증가	:	(11,900,000)
운반비 증가	:	(165,000)
주문처리비용 증가	:	(240,000)
감가상각비 증가	:	(150,000)
창고임차료 증가	:	(400,000)
고객유지비용 증가	:	(310,000)
포장비용 증가	:	(285,000)
일반관리비 증가	:	(300,000)
증분이익(손실)	:	₩ 350,000

대전지점을 추가할 경우 회사의 영업이익이 ₩350,000 증가하므로 대전지점을 개설하여야 한다.

연습문제 14   보조부문 유지 또는 폐쇄여부결정(1)

두 개의 보조부문(S_1, S_2)과 제조부문(P_1, P_2)을 운영하고 있는 (주)우리와 관련된 다음의 자료를 이용하여 요구사항에 답하시오.

사용부문 제공부문	보조부문		제조부문		합계
	수선부문(S_1)	전력부문(S_2)	P_1	P_2	
수선부문(S_1)	–	2,000시간	3,000시간	5,000시간	10,000시간
전력부문(S_2)	2,000kwh	4,000kwh	6,000kwh	8,000kwh	20,000kwh

수선부문은 시간당 ₩5, 전력부문은 kwh당 ₩19의 변동원가가 발생한다. 회사는 최근 전력부문을 폐지하고 외부에서 전력을 구입하는 것을 고려하고 있다.

> 요구사항

1. 회사가 외부에서 전력을 구입할 경우 구입하여야 하는 전력량은 얼마인가?

2. 외부에서 전력을 구입하게 될 경우 회사에서 절감되는 원가는 얼마인가?

3. 외부에서 전력을 구입할 경우 회사가 지불할 수 있는 kwh당 최대 금액은 얼마인가?

➡ 해설

상기 용역 수수관계를 비율로 나타내면 다음과 같다.

사용부문 / 제공부문	보조부문		제조부문		합계
	수선부문(S_1)	전력부문(S_2)	P_1	P_2	
수선부문(S_1)	–	20%	30%	50%	100%
전력부문(S_2)	10%	20%	30%	40%	100%

1. 아래의 그림에서 보면, 전력부문이 공급한 전력 중 전력부문이 사용하는 4,000kwh의 전력과 수선부분을 위해 제공한 전력 중 다시 전력부분을 위해서 사용되는 400kwh의 전력은 외부에서 구입하지 않아도 된다. 따라서 전력부문을 폐쇄할 경우 외부에서 구입하여야 하는 전력량은 20,000kwh − 4,000kwh − 400kwh = 15,600kwh 이다.

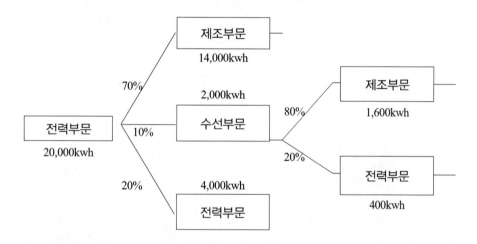

2. 외부에서 전력을 구입할 경우 회사에서 절감되는 원가

    전력부문이 폐쇄될 경우 전력부분에서 발생하던 변동비 전액이 더 이상 발생하지 않게 되며, 수선부문이 전력부분을 위해 제공하던 2,000시간의 수선용역을 더 이상 제공하지 않아도 되기 때문에 외부에서 전력을 구입할 경우 절감되는 원가는 다음과 같다.

$$\begin{aligned}
&\text{전력부문 변동비}: 20,000kwh \times ₩19 \quad = \quad ₩380,000 \\
&\text{수선부문 변동비}: 10,000h \times ₩5 \times 20\% = \quad \underline{\quad 10,000} \\
&\text{합 \qquad 계}: \qquad\qquad\qquad\qquad\qquad \underline{₩390,000}
\end{aligned}$$

3. 외부에서 구입할 경우 지불할 수 있는 kwh당 최대 금액

    외부에서 구입할 경우 지불할 수 있는 가격을 P라고 하면, 외부에서 구입하여야 하는 전력량이 15,600kwh이므로, 외부구입원가는 15,600kwh × P 가 되는 것이며, 외부에서 전력을 구입함으로써 절감되는 원가는 ₩390,000 이므로, 증분원가는 ₩390,000 − 15,600P가 되는 것이다.

따라서 증분이익은 다음과 같이 계산된다.

$$
\begin{array}{lll}
\text{전력부문 변동비}: 20,000\text{kwh} \times ₩19 & = & ₩380,000 \\
\text{수선부문 변동비}: 10,000\text{h} \times ₩5 \times 20\% & = & 10,000 \\
\text{외 부 구 입 원 가}: 15,600\text{kwh} \times P & = & \underline{(15,600P)} \\
\text{증분이익(손실)}: & & ₩390,000 - 15,600P
\end{array}
$$

따라서 외부에서 전력을 구입하기 위해서는 ₩390,000 − 15,600P 가 0보다 커야 하기 때문에 P는 ₩25 보다 작아야 한다. 즉, 외부구입시 지불할 수 있는 kwh당 최대 금액은 ₩25이다.

연습문제 15   보조부문 유지 또는 폐쇄여부 결정(2)

(주) 하남은 세 개의 보조부문 즉, 전력부문, 증기부문, 용수부문과, 두 개의 제조부문을 운용하고 있다. 각 부문간의 용역 수수관계는 다음과 같다.

제공 \ 사용	보조부문			제조부문		합 계
	전력부문	증기부문	용수부문	부문 A	부문 B	
전력부문	–	–	30%	50%	20%	100%
증기부문	80%	–	–	10%	10%	100%
용수부문	–	60%	–	30%	10%	100%
발생원가 변 동 비	₩705,600	₩650,000	₩300,000	₩3,000,000	₩5,000,000	₩9,650,000
고 정 비	900,000	760,000	750,000	2,000,000	3,500,000	7,910,000

변동비는 각 부문의 용역제공량에 비례하여 발생하고 있으며, 고정비는 각 부문의 설비에 대한 감가상각비이다. 회사의 전력부문에서 현재 생산하고 있는 전력량은 500,000kwh이다.
최근 한국전력에서 회사가 필요로 하는 전력을 kwh당 ₩3.5에 공급하겠다는 제안이 있었다. 다음 요구사항에 답하시오.

요구사항

1. 회사가 전력을 외부에서 구입할 경우 구입해야 하는 전력량은 얼마인가?

2. 회사는 한국전력으로부터 전력을 구입하여야 하는가?

3. 회사가 외부로부터 전력을 구입하는 경우 지불할 수 있는 kwh당 최대 금액은 얼마인가?

4. 만약 전력을 외부에서 구입하는 경우 전력부문의 설비를 ₩256,800에 임대할 수 있다면 전력회사에 지불할 수 있는 kwh당 최대 금액은 얼마인가?

해설

1. 아래의 그림에서 보면, 전력부문이 공급한 전력 중 다시 전력부문을 위하여 사용되는 전력 7,200kwh는 외부로부터 구입할 필요가 없다. 따라서 전력부문을 폐쇄할 경우 외부에서 구입 하여야 하는 전력량은 500,000kwh − 72,000kwh = 428,000kwh이다.

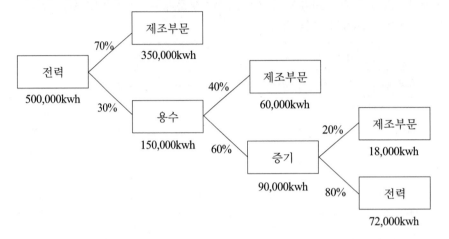

2. **외부에서 전력을 구입할 경우**

   전력부문이 폐쇄될 경우 전력부분에서 발생하던 변동비 전액이 더 이상 발생하지 않게 되며, 증기부문이 전력부문에 제공하던 80%의 용역도 더 이상 제공하지 않아도 된다. 또한, 용수부 문이 증기부문에 제공하던 60%의 용역 중 다시 전력부문을 위해서 사용되는 양만큼도 더 이 상 제공할 필요가 없어진다. 따라서, 외부에서 전력을 구입할 경우

전력부문 변동비 : 705,600 × 100%	=	₩705,600
증기부문 변동비 : 650,000 × 80%	=	520,000
용수부문 변동비 : 300,000 × 60% × 80%	=	144,000
전력외부 구입비용 : 428,000kwh × 3.5	=	(1,498,000)
증분이익(손실) :		(₩128,400)

   외부에서 전력을 구입할 경우 영업이익이 ₩128,400이 줄어들기 때문에 외부구입하지 않는다.

3. **외부에서 구입할 경우 지불할 수 있는 kwh당 최대 금액**

   외부에서 구입할 경우 지불할 수 있는 가격을 P라고 하면, 증분원가가 0보다 커야 외부구입할 것이다.

전력부문 변동비 : 705,600 × 100%	=	₩705,600
증기부문 변동비 : 650,000 × 80%	=	520,000
용수부문 변동비 : 300,000 × 60% × 80%	=	144,000
전력외부 구입비용 : 428,000kwh × P	=	(428,000P)
증분이익(손실) :		(1,369,600 − 428,000P)

따라서, 외부에서 전력을 구입하기 위해서는 ₩1,369,600 - 428,000P 가 0 보다 커야 하기 때문에 P는 ₩3.2 보다 작아야 한다. 즉, 외부구입시 지불할 수 있는 kwh당 최대 금액은 ₩3.2이다.

4. 유휴시설을 임대할 수 있는 경우 kwh당 최대 구입가격

외부에서 구입할 경우 유휴시설을 외부에 임대할 수 있는 경우에는 증분이익이 다음과 같이 계산된다.

전력부문 변동비 : 705,600 × 100%	=	₩705,600
증기부문 변동비 : 650,000 × 80%	=	520,000
용수부문 변동비 : 300,000 × 60% × 80%	=	144,000
임대수익 증가 :		256,800
전력외부 구입비용 : 428,000kwh × P	=	(428,000P)
증분이익(손실) :		(1,626,400 - 428,000P)

따라서, 외부에서 전력을 구입하기 위해서는 ₩1,626,400 - 428,000P가 0보다 커야 하기 때문에 P는 ₩3.8 보다 작아야 한다. 즉, 외부구입시 지불할 수 있는 kwh당 최대 금액은 ₩3.8이다.

연습문제 16   제한된자원의 사용(1)   2005 세무사 2차 수정

(주)한국은 수도권에 위치한 기업으로 고품질의 팩스기계를 제작판매하고 있다. 이 회사는 두 가지의 모델 FM12와 FM34를 생산하고 있으며, 20x9년 7월 중 예상되는 생산 및 판매와 관련된 자료는 다음과 같다.

항 목	제품	
	FM12	FM34
단위당 판매가격	₩2,000	₩2,625
단위당 원가 직접재료원가 직접노무원가(시간당 ₩20) 변동제조간접원가와 판매관리비[*] 고정제조간접원가와 판매관리비[*]	₩300 400 500 400	₩375 500 625 500
단위당원가	₩1,600	₩2,000
당기 예상 판매량	400단위	200단위

    * 60%는 제조간접비에 해당되며, 40%는 판매관리비에 해당된다.

(주)한국의 최대조업도는 14,000 직접노무시간이다.

[요구사항]

다음 각 문항은 독립적이며, 각 물음의 답에 대한 계산근거를 밝히시오.

1. 20x9년 7월 중 예상하지 못했던 새로운 고객이 (주)한국에 FM34를 단위당 ₩2,000의 할인 가격에 40단위를 구입할 수 있는지를 제안해 왔다. 만약 (주)한국이 이 고객의 제안을 수락한다면, 이로 인해 (주)한국의 이익은 얼마만큼 증가 혹은 감소하겠는가? 단, 이 특별주문 이외의 모든 가격은 위에 주어진 가격과 동일하다고 가정하시오..

2. 20x9년 7월 중 예상하지 못했던 새로운 고객이 (주)한국에 FM34를 단위당 ₩2,000의 할인 가격에 60단위를 구입할 수 있는지를 제안해 왔다. 만약 (주)한국이 이 고객의 제안을 수락한다면 이로 인해 (주)한국의 이익은 얼마만큼 증가 혹은 감소하겠는가? 단, 월 최대조 업도를 증가시킬 수 없다고 가정하시오.

3. 20x9년 7월 중 예상하지 못했던 새로운 고객이 (주)한국에 FM34를 단위당 ₩2,000의 할인 가격에 60단위를 구입할 수 있는지를 제안해 왔다. 만약 (주)한국이 이 고객의 제안을 수 락한다면 이로 인해 (주)한국의 이익은 얼마만큼 증가 혹은 감소하겠는가? (주)한국은 정 규시간 이외의 초과시간을 이용하여 작업을 수행함으로써 월 최대조업도를 증가시킬 수 있다고 가정하시오. 정규시간 이외의 초과시간을 이용하여 작업을 수행하는 경우 직접노 무원가는 시간당 ₩30으로 증가하며 변동제조간접원가 또한 정상생산시 보다 40% 더 많 이 발생한다.

→ 해설

< 자료 요약 >

	FM12	FM34
단위당 판매가격	₩2,000	₩2,625
단위당 변동비	1,200[*1]	1,500[*2]
단위당 공헌이익	₩ 800	₩1,125
단위당 기계시간[*3]	÷ 20h	÷ 25h
기계시간당 공헌이익	₩ 40	₩ 45
생산우선순위	2순위	1순위

[*1] 300 + 400 + 500 = ₩1,200

[*2] 375 + 500 + 625 = ₩1,500

[*3] 직접노무원가가 노무시간당 ₩20이므로 A제품은 한 단위당 20시간이 소요되며, B제품은 25시간이 소요됨을 알 수 있다.

예상 판매량에 소요되는 총 직접노무시간 : 400단위×20시간 + 200단위×25시간 = 13,000시간

1. FM34의 40단위 주문 수락여부

현재 회사의 유휴생산능력 : 14,000시간 − 13,000시간 = 1,000시간

따라서, 40단위 주문에 충분한 유휴시간(40단위×25시간 = 1,000시간)이 존재하므로 수락할 경우 특별주문 40단위의 공헌이익이 증가한다.

따라서 특별주문을 수락할 경우 회사의 영업이익은 40단위×(2,000−1,500) = ₩20,000 증가한다.

2. FM34의 60단위 주문 수락여부

FM34 60단위의 특별주문을 수락하기 위해서는 1,500시간(=60단위×25시간)이 필요하다. 따라서 500시간이 부족하므로, FM12의 기존판매 25단위(500시간÷20시간)를 포기하여야 하므로, 특별주문을 수락할 경우 증분이익(손실)은 다음과 같다.

FM34 매 출 증가 : 60단위×2,000 =		₩120,000
FM34 변동비 증가 : 60단위×1,500 =		(90,000)
FM12 매 출 감소 : 25단위×2,000 =		(50,000)
FM12 변동비 감소 : 25단위×1,200 =		30,000
증 분 이 익 :		₩ 10,000

특별주문을 수락할 경우 영업이익이 ₩10,000 증가하므로 특별주문을 수락하여야 한다.

3. 초과시간을 이용한 FM34 60단위 주문 수락여부

　특별주문을 수락할 경우

　　　　　매　출 증가 : 60단위×2,000 = 　　₩120,000

　　　　　변동비 증가 : 40단위×1,500 = 　（ 60,000 ）

　　　　　변동비 증가 : 20단위×1,900* = 　（ 38,000 ）

　　　　　증 분 이 익 : 　　　　　　　　₩ 22,000

　　　　* 375 + 750(=25시간×30) + 625 + 625×60%×40% = ₩1,900

　특별주문을 수락할 경우 영업이익이 ₩22,000 만큼 증가한다.

연습문제 17   제한된 자원의 사용, 대체가격결정, 특별주문수락여부   2022 세무사 2차

특별한 가정이 없는 한 각 물음은 상호 독립적이다.

<기본 자료>

㈜세무의 부품사업부는 두 종류의 부품 S와 D를 생산·판매하는 이익중심점이며, 각 부품의 단위당 판매가격과 단위당 변동제조원가에 대한 예상 자료는 다음과 같다.

	부품 S	부품 D
판매가격	₩500	₩800
직접재료원가	100	190
직접노무원가	80	160
변동제조간접원가	170	250

부품사업부의 연간 총 고정제조간접원가는 ₩6,200,000으로 예상되며, 판매비와관리비는 발생하지 않는 것으로 가정한다. 부품 종류에 관계없이 직접노무시간당 임률은 ₩400으로 일정하다. 해당 부품을 생산하기 위해서는 매우 숙련된 기술자가 필요하고, 관계 법률에 의하여 노무자 1인당 제공할 수 있는 노무시간이 제한되어 있어서 부품사업부가 부품 생산을 위해 최대 투입할 수 있는 연간 총 직접노무시간은 14,000시간이다. 한편, 부품사업부가 생산하는 부품 S와 D의 연간 예상시장수요는 각각 30,000단위, 25,000단위이며, 현재로서는 경쟁업체가 없는 상황이므로 부품사업부가 부품 S와 D를 생산하기만 한다면, 시장수요를 충족시킬 수 있을 것으로 예상된다. 부품사업부는 재고자산을 보유하지 않는 정책을 적용하고 있다.

요구사항

1. 부품사업부가 달성할 수 있는 연간 최대 총 공헌이익은 얼마인가?

2. <기본 자료>와 같이 예상한 직후에 새로 수집한 정보에 의하면, 기존 설비와 기존인력을 이용하여 부품 S와 D 외에 부품 H를 생산하는 것도 가능하다는 것을 알았다. 부품 H의 연간 예상시장수요는 4,000단위이며, 부품 H 한 단위를 제조하기 위해서는 직접재료원가 ₩130, 직접노무원가 ₩200, 변동제조간접원가 ₩140이 소요될 것으로 예상된다. 현재 부품 H의 판매가격은 아직 미정이다. 부품사업부의 이익을 증가시키기 위해서는 부품 H의 단위당 판매가격은 최소한 얼마를 초과해야 하는가? (단, 부품 H의 직접노무시간당 임률도 ₩400이며, 부품 H를 생산하는 경우에도 부품 S와 D에 대한 기존 연간 예상시장수요량은 동일하다.)

3. ㈜세무에는 부품사업부 외에 별도의 이익중심점인 완성사업부가 있다. 완성사업부에서는 그동안 부품사업부가 생산하는 부품 S와 유사한 부품 K를 외부에서 구입하여 완제품 생산에 사용하였다. <기본 자료>와 같은 상황에서 완성사업부가 부품사업부에 부품 K 8,000단위를 공급해줄 것을 제안하였다. 부품사업부가 부품 K를 생산하기 위해서는 단지 부품 S 생산에 사용하는 직접재료 하나만 변경하면 되며, 이 경우 단위당 직접재료원가 ₩10이 추가로 발생한다. 부품사업부가 자기 사업부의 이익을 감소시키지 않으면서 완성 사업부의 제안을 수락하기 위한 최소대체가격은 얼마인가? (단, 내부대체하는 경우에도 부품 S와 D에 대한 기존 연간 예상시장수요량은 동일하다.)

4. <기본 자료>와 같이 예상한 직후에 그 동안 거래가 없던 ㈜대한으로부터 부품 S를 단위 당 ₩420에 10,000단위 구입하겠다는 특별주문을 받았다. 이 특별주문은 전량을 수락하든 지 또는 거절해야 한다. 이 특별주문을 수락하는 경우에도 부품 S와 D에 대한 기존 연간 예상시장수요량은 동일하다. ㈜대한의 특별주문을 전량 수락하는 경우 부품사업부의 영업이익은 얼마나 증가 또는 감소하는가? (단, <기본자료>와 달리 부품사업부가 부품 생산에 최대 투입할 수 있는 연간 총 직접노무시간은 17,000시간이라고 가정한다.)

➡ 해설

1.
(1) 생산우선순위

	부품 S	부품 D
단위당 판매가격	₩ 500	₩ 800
단위당 변동비		
직접재료비	100	190
직접노무비	80	160
변동제조간접비	170	250
단위당 공헌이익	₩ 150	₩ 200
단위당 기계시간*	÷ 0.2h	÷ 0.4h
기계시간당 공헌이익	₩ 750	₩ 500
생산우선순위	1순위	2순위

* 직접노무비가 시간당 ₩400이므로 부품 S는 한 단위당 0.2시간이 소요되며, 부품 D는 0.4시간이 소요됨을 알 수 있다.

(2) 제품별 생산량

제품	생산량	단위당 노동시간	총 노동시간
① 부품 S	30,000단위	0.2시간	6,000시간
② 부품 D	20,000단위	0.4시간	8,000시간
합계			14,000시간

(3) 최대 공헌이익

제품	생산량	단위당 공헌이익	총 공헌이익
① 부품 S	30,000단위	150	₩4,500,000
② 부품 D	20,000단위	250	5,000,000
합계			₩9,500,000

2. 부품 H의 판매가격을 P라고 할 때, 기계시간당 공헌이익

	부품 S	부품 D	부품 H
단위당 판매가격	₩500	₩800	p
단위당 변동비 직접재료비 직접노무비 변동제조간접비	100 80 170	190 160 250	130 200 140
단위당 공헌이익	₩ 150	₩ 200	$p - 470$
단위당 기계시간*	÷ 0.2h	÷ 0.4h	÷ 0.5h
기계시간당 공헌이익	₩750	₩500	$\dfrac{p-470}{0.5}$

부품 H를 생산하기 위해서는 부품 H의 기계시간당 공헌이익이 부품 D의 기계시간당 공헌이익보다 커야 하기 때문에 다음을 만족하여야 한다.

$$\frac{p-470}{0.5} \geq 500 \qquad \rightarrow \qquad p \geq 720$$

3. 부품 K를 생산하기 위해서는 1,600시간(= 8,000단위×0.2시간)이 필요하다. 1,600시간을 확보하기 위해서는 부품 D를 4,000단위(= 1,600시간÷0.4시간)를 포기하여야 하므로 부품 K를 내부대체하기 위한 최소대체가격은 다음과 같다.

$$최소대체가격 = 350 + 10 + \frac{4,000단위 \times (800 - 600)}{8,000단위} = 370$$

4. 제품별 예상생산량과 노동시간은 다음과 같다.

제품	생산량	단위당 노동시간	총 노동시간
① 부품 S	30,000단위	0.2시간	6,000시간
② 부품 D	25,000단위	0.4시간	10,000시간
합계			16,000시간

예상생산량을 모두 생산하는 경우 1,000시간(17,000시간−16,000시간)의 유휴시간이 존재한다. 부품 S 10,000단위 특별주문 수락에 필요한 시간은 2,000시간이 필요하나 유휴시간은 1,000시간이므로, 특별주문을 수락하기 위해서는 1,000시간이 더 필요하며, 이 경우 부품 D를 2,500단위(=1,000시간÷0.4시간)를 포기하여야 한다. 따라서 특별주문을 수락할 경우

부품 S 매출 증가	: 10,000단위×420	=	4,200,000
부품 S 변동비 증가	: 10,000단위×350	=	(3,500,000)
기회비용 발생	: 2,500단위×(800−600)	=	(500,000)
증분이익	:		200,000

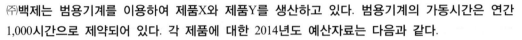

연습문제 18 — 제한된 자원의 사용과 특별주문수락여부 (2014 CPA 2차)

㈜백제는 범용기계를 이용하여 제품X와 제품Y를 생산하고 있다. 범용기계의 가동시간은 연간 1,000시간으로 제약되어 있다. 각 제품에 대한 2014년도 예산자료는 다음과 같다.

<예산자료>

	제품X	제품Y
단위당 판매가격	₩200	₩300
단위당 변동원가	₩80	₩200
단위당 범용기계 소요시간	1시간	0.5시간
연간 최대수요량	900단위	1,000단위

설비와 관련된 고정원가 총액은 ₩150,000이다. 모든 제품은 생산 즉시 판매되므로, 재고를 보유하고 있지 않다.

요구사항

※ 아래의 물음은 상호 독립적이다.

1. 이익을 극대화하기 위해서는 어느 제품을 얼마만큼 생산해야 하는가?

2. 2014년초에 ₩12,000의 고정원가를 추가하여 범용기계의 연간 가동시간을 500시간만큼 증가시킨다면, 이익은 얼마나 증가(또는 감소)하는가?

3. 2014년초에 ₩12,000의 고정원가를 지출하여 범용기계의 최대가동시간을 연간 1,500시간으로 확장하였으며, 제품X와 제품Y를 각각 900단위, 1,000단위씩 생산할 예정이다. 그런데, 거래처인 ㈜신라로부터 제품Z를 단위당 ₩270의 가격에 600단위 구입하겠다는 주문(이하, 특별주문)을 받았다. 제품Z는 제품Y를 변형한 것으로 단위당 변동원가는 ₩150이고, 단위당 범용기계의 소요시간은 0.5시간이다. 특별주문은 기존 시장에 영향을 미치지 않을 것으로 예상되며, 특별주문량의 부분 수락은 할 수 없다.

(1) ㈜백제가 특별주문을 수락하면 이익은 얼마나 증가(또는 감소)하는가?

(2) 제품Z의 특별주문량이 400단위라고 가정하자. 특별주문을 수락하기 위한 제품 단위당 최소가격은 얼마인가?

4. 회사는 2014년도 예산자료의 일부를 다음과 같이 변경하였다.

> • 제품X와 제품Y의 연간 수요량은 무한하다.
> • 제품Y는 정밀 가공이 필요하며, 이를 위해 특수기계를 이용해야 한다. 특수기계는 1년 단위의 리스(lease)로 조달할 수 있으며, 연간 리스비용은 ₩100,000이다. 특수기계의 가동시간은 제약되어 있지 않다.

이익을 극대화하기 위해서는 어느 제품을 얼마만큼 생산해야 하는가?

➡ 해설

1. 이익극대화를 위한 제품별 생산량

(1) 생산 우선순위 파악

	제품X	제품Y
단위당 판매가격	₩ 200	₩ 300
단위당 변 동 비	80	200
단위당 공헌이익	₩ 120	₩ 100
단위당 기계가동시간	÷1h	÷0.5h
기계시간당 공헌이익	₩ 120	₩ 200
생산 우선순위	②	①

(2) 제품별 생산량

제품	생산량	단위당 기계시간	총기계시간
① 제품Y	1,000단위	0.5h	500h
② 제품X	500단위	1h	500h
합계			1,000h

이익을 극대화하기 위해서는 제품X 500단위와 제품Y 1,000단위를 생산하는 것이 최적이다.

2. 기계가동시간 증가시 이익의 변화

고정비 ₩12,000을 증가시켜서 기계가동시간을 증가시킬 경우 회사는 제품X의 생산량을 400단위를 증가시킬 수 있다. 따라서 기계가동시간을 증가시킬 경우 영업이익은 다음과 같이 ₩36,000 증가한다.

제품X의 공헌이익 증가 : 400단위×(200−80) =	₩ 48,000
고정원가의 증가 :	(12,000)
증 분 이 익 :	₩ 36,000

3. 특별주문 수락여부

(1) 제품Z 600단위 주문을 수락할 경우

① 생산 우선순위 파악

	제품X	제품Y	제품Z
단위당 판매가격	₩ 200	₩ 300	₩ 270
단위당 변 동 비	80	200	150
단위당 공헌이익	₩ 120	₩ 100	₩ 120
단위당 기계가동시간	÷ 1h	÷ 0.5h	÷ 0.5h
기계시간당 공헌이익	₩ 120	₩ 200	₩ 240
생산 우선순위	③	②	①

② 제품Z 600단위 특별주문을 수락하는 경우 제품별 최적 생산량

제품	생산량	단위당 기계시간	총기계시간
① 제품Z	600단위	0.5h	300h
② 제품Y	1,000단위	0.5h	500h
③ 제품X	700단위	1h	700h
합계			1,500h

③ 제품Z 600단위 특별주문을 수락하는 경우

제품Z의 공헌이익 증가 : 600단위×(270−150) = ₩　72,000

제품X의 공헌이익 감소 : 200단위×(200−80) = ₩ (24,000)

　증 분 이 익　　　　　:　　　　　　　　₩　48,000

(2) 제품Z 400단위 주문을 수락할 경우 최소가격을 p라고 하면,

① 제품 400단위의 특별주문을 수락하는 경우 제품별 최적 생산량

제품	생산량	단위당 기계시간	총기계시간
① 제품Z	400단위	0.5h	200h
② 제품Y	1,000단위	0.5h	500h
③ 제품X	800단위	1h	800h
합계			1,500h

② 제품Z 400단위 특별주문을 수락하는 경우

제품Z의 공헌이익 증가 : 400단위×(p −150) = 400p − 60,000

제품X의 공헌이익 감소 : 100단위×(200−80) = 　(12,000)

　증 분 이 익　　　　　:　　　　　400p − 72,000

제품Z 400단위 특별주문을 수락하기 위해서는 증분이익이 0보다 커야 하므로,

$$400p − 72,000 \geq 0 \quad \rightarrow \quad p \geq 180$$

특별주문을 수락하려면 제품 Z의 판매가격이 최소 ₩180은 되어야 한다.

4. 이익 극대화

범용기계 가동시간 1,000시간동안 회사가 제품 X만 생산·판매하는 경우 1,000단위를 생산·판매할 수 있으며, 제품Y만 생산·판매하는 경우 2,000단위를 생산·판매할 수 있다. 따라서 각각의 경우 회사의 영업이익을 비교하면 다음과 같다.

	제품X만 생산·판매하는 경우	제품Y만 생산·판매하는 경우
매 출 액 :	1,000단위×200 = ₩200,000	2,000단위×300 = ₩600,000
변 동 비 :	1,000단위× 80 = (80,000)	2,000단위×200 = (400,000)
공헌이익 :	120,000	200,000
고 정 비 :	(150,000)	(150,000)
리 스 료 :	–	(100,000)
영업이익 :	(₩30,000)	(₩50,000)

회사는 제품X만 생산·판매하는 것이 더 유리하다.

연습문제 19 | 제한된 자원의 사용(3) – 배취수준원가

2003 세무사 2차

램프를 생산하는 (주)한일은 대형과 소형의 두 종류의 제품을 생산하여 판매하고 있다. 관련 자료는 다음과 같다.

	대 형	소 형
단위당 판매가격	₩640	₩420
단위당 변동제조원가		
직접재료비	240	200
직접노무비	120	40
변동제조간접비	40	20
단위당고정제조간접비	60	60
단위당총원가	₩460	₩320
연간예상 수요량	1,300단위	3,000단위

대형은 1배취당 20단위씩, 소형은 1배취당 40단위씩 생산되며, 1배취당 소요되는 기계시간은 10시간이다. 회사가 이용가능한 기계시간은 연 1,500시간이다.

요구사항

1. 각 제품별 공헌이익을 계산하고, 제품별 기계시간당 공헌이익을 계산하시오.

2. 회사의 이익을 극대화시키기 위한 제품별 생산량은 얼마이며, 이 때 공헌이익은 얼마인가?

3. 최근 지금까지 거래가 없었던 조명회사로부터 대형램프 500단위를 단위당 ₩700에 구입하겠다는 특별 주문이 들어왔다. 다음의 각 물음에 답하시오.

   (1) 특별주문의 수락과 관련된 기회비용은 얼마인가?

   (2) 특별주문 제안을 수락하여야 하는가?

   (3) 최근 대형램프에 대한 수요가 1,500단위로 증가하자 회사는 대형램프의 가격을 ₩750으로 인상하였으나, 여전히 수요량은 1,500단위이다. 이 경우 특별주문을 수락하여야 하는지 여부를 결정하고, 특별주문이 수락되기 위한 최소가격을 결정하시오.

→ 해설

1. 제품별 기계시간당 공헌이익 계산

	대 형	소 형
단위당 판매가격	₩640	₩420
단위당 변 동 비	400	260
단위당 공헌이익	₩240	₩160
단위당 기계시간	÷ 0.5	÷ 0.25
	(= 10시간/20단위)	(= 10시간/40단위)
기계시간당 공헌이익	₩480	₩640
생산 우선순위	②	①

2. 이익극대화를 위한 제품별 생산량

제품	생산량	배취 수	배취당기계시간	총기계시간
① 소형	3,000단위	75배취	10시간	750시간
② 대형	1,300단위	65배취	10시간	650시간
합계				1,400시간

소형 3,000단위와 대형 1,300단위를 모두 생산하여도 기계시간이 충분하기 때문에 대형과 소형을 수요량만큼 모두 생산한다.

이때, 공헌이익은 3,000단위 × 160 + 1,300단위 × 240 = ₩792,000이다.

3. 특별주문

(1) 특별주문을 수락할 경우

	대 형	소 형	특별주문
단위당 판매가격	₩640	₩420	₩700
단위당 변 동 비	400	260	400
단위당 공헌이익	₩240	₩160	₩300
단위당 기계시간	÷ 0.5	÷ 0.25	÷ 0.5
	(= 10시간/20단위)	(= 10시간/40단위)	(= 10시간/20단위)
기계시간당 공헌이익	₩480	₩640	₩600
생산 우선순위	③	①	②

특별주문의 기계시간당 공헌이익이 기존의 대형램프의 기계시간당 공헌이익보다 크기 때문에 특별주문이 대형램프의 일반판매보다 우선한다. 특별주문을 수락하기 위해 필요한 기계시간은 250시간(= 500단위 ÷ 20단위 × 10시간)이다. 따라서 현재 여유기계시간 100시간을 제외한 150시간은 기존 대형램프 생산을 감소시켜야 하며, 대형 램프의 기계시간당 공헌이익이 ₩480이므로, 특별주문 수락에 따른 기회비용은 ₩72,000(= 150시간 × ₩480)이다.

(2) 특별주문을 수락할 경우

특별주문수락에 따른 매출액 증가	+ ₩350,000(= 500단위 × ₩700)
특별주문수락에 따른 변동비 증가	− 200,000(= 500단위 × ₩400)
특별주문수락에 따른 기회비용 증가	− 72,000
증 분 이 익(손 실)	= ₩ 78,000

증분이익이 (+)₩78,000이므로 특별주문을 수락하여야 한다.

(3)

	대 형	소 형	특별주문
단위당 판매가격	₩750	₩420	₩700
단위당 변 동 비	400	260	400
단위당 공헌이익	₩350	₩160	₩300
단위당 기계시간	÷ 0.5	÷ 0.25	÷ 0.5
	(= 10시간/20단위)	(= 10시간/40단위)	(= 10시간/20단위)
기계시간당 공헌이익	₩700	₩640	₩600
생산 우선순위	①	②	③

제품	생산량	배취 수	배취당기계시간	총기계시간
① 대형	1,500단위	75배취	10시간	750시간
② 소형	3,000단위	75배취	10시간	750시간
합계				1,500시간

대형램프의 가격이 ₩750으로 이상이 되면, 대형램프 1,500단위와 소형램프 3,000단위를 생산하면 기계시간 1,500시간이 모두 사용되므로 특별주문을 받을 여지가 없다.

여기서 특별주문의 가격을 P라 하면,

	대 형	소 형	특별주문
단위당 판매가격	₩750	₩420	₩ P
단위당 변 동 비	400	260	400
단위당 공헌이익	₩350	₩160	₩(P − 400)
단위당 기계시간	÷ 0.5	÷ 0.25	÷ 0.5
	(= 10시간/20단위)	(= 10시간/40단위)	(= 10시간/20단위)
기계시간당 공헌이익	₩700	₩640	₩2P − 800
생산 우선순위	①	②	

특별주문의 기계시간당 공헌이익 ₩2P-800이 ₩640보다 커야 특별주문을 수락할 것이기 때문에 P는 ₩720보다 커야 한다.

연습문제 20 제한된 자원과 특별주문수락여부

(주)삼성정밀은 금속가공작업에 필요한 절단도구를 생산하는 회사이다. 회사는 일반기계로 생산하는 보통 절단도구 R3와 일반기계와 고정밀기계를 모두 사용해야 생산할 수 있는 고정밀 절단도구인 HP6 두 가지를 생산한다. 회사가 생산하는 두 가지 절단도구 R3와 HP6 관련 자료는 다음과 같다.

	R3	HP6
단위당 판매가격	₩100	₩150
단위당 변동제조원가	60	100
단위당 변동마케팅원가	15	35
총고정제조간접비	350,000	550,000
제품 1단위를 생산하는데 필요한 일반기계 가동시간	1시간	0.5시간

✓ 추가자료

1. (주)삼성정밀이 사용하는 일반기계의 조업능력은 최대 50,000시간이다.

2. HP6의 고정제조간접비 ₩550,000 중에서 ₩300,000은 고정밀기계에 대한 지급임차료이며, 고정밀기계의 조업능력은 제한이 없다. 고정밀기계는 HP6 생산에만 사용되기 때문에 지급임차료는 전액 HP6에 부과되며, 고정밀기계에 대한 임차계약에 따르면 어떠한 위약금 없이 언제라도 계약을 해지할 수 있다. 임차료를 제외한 나머지 고정제조간접비는 변하지 않는다.

3. 두 제품 모두 시장 수요는 충분하며, 생산량은 모두 판매된다.

요구사항

1. (주)삼성정밀이 영업이익을 최대화하기 위해서 R3와 HP6를 몇 단위씩 생산하여야 하는가?

2. 회사가 ₩200,000을 들여 연간 일반기계의 가동시간을 20,000시간만큼 증가시킬 수 있다고 가정할 때, 회사는 이를 실행하여야 하는가? 이 경우 영업이익은 얼마나 증가하는가?

3. (주)삼성정밀이 ₩200,000을 들여 연간 일반기계의 가동시간을 20,000시간만큼 증가시켰다고 가정하자. 최근 (주)오므론이 20,000단위의 Q3제품을 단위당 ₩120에 공급해줄 것을 제안해 왔다. Q3제품은 R3제품과 매우 유사하지만, 단위당 변동제조원가가 ₩65이라는 점만 다르고, 마케팅원가는 동일하게 발생한다. (주)삼성정밀은 (주)오므론의 제안을 수락하여야 하는가? 만약 수락한다면 (요구사항2)에 비하여 (주)삼성정밀의 영업이익은 얼마가 증가하는가?

➡ 해설

1. 이익극대화를 위한 제품별 생산량

(1) 생산 우선순위 파악

	R3	HP6
단위당 판매가격	₩100	₩150
단위당 변동비	75	135
단위당 공헌이익	₩ 25	₩ 15
단위당 기계가동시간	÷ 1h	÷ 0.5h
일반기계시간당 공헌이익	₩ 25	₩ 30
생산 우선순위	②	①

(2) 최대영업이익을 달성하기 위한 제품 배합

고정제조간접비 중 특수기계리스료를 제외한 나머지는 제품의 생산여부와 관계없이 발생하기 때문에 일반고정제조간접비만 차감하기 전의 영업이익을 극대화시키는 것이 최적이다. 일반고정제조간접비만 차감하기 전의 영업이익을 계산하면 다음과 같다.

	R3	HP6
단위당 공헌이익	₩ 25	₩ 15
판 매 량	× 50,000단위[*1]	× 100,000단위[*2]
총공헌이익	₩1,250,000	₩1,500,000
특수기계리스료	0	(300,000)
영 업 이 익	₩1,250,000	₩1,200,000

[*1] R3만 생산할 경우 최대 생산량 : $\dfrac{50,000시간}{단위당 1시간}$ = 50,000단위

[*2] HP6만 생산할 경우 최대 생산량 : $\dfrac{50,000시간}{단위당 0.5시간}$ = 100,000단위

따라서, R3만 50,000단위를 생산하는 경우 회사의 영업이익은 극대화된다.

2. 20,000시간 증가한 경우 이익극대화를 위한 제품별 생산량

고정제조간접비 중 특수기계리스료를 제외한 나머지는 일반고정제조간접비만 차감하기 전의 영업이익을 계산하면 다음과 같다.

	R3	HP6
단위당 공헌이익	₩ 25	₩ 15
판 매 량	× 70,000단위[*1]	× 140,000단위[*2]
총공헌이익	₩1,750,000	₩2,100,000
특수기계리스료	0	(300,000)
추가비용	(200,000)	(200,000)
영 업 이 익	₩1,550,000	₩1,600,000

$*1$ R3만 생산할 경우 최대 생산량 : $\dfrac{70,000시간}{단위당\,1시간}$ = 70,000단위

$*2$ HP6만 생산할 경우 최대 생산량 : $\dfrac{70,000시간}{단위당\,0.5시간}$ = 140,000단위

일반기계의 총 가동준비시간이 70,000시간일 경우에는 HP6 만 70,000단위를 생산, 판매하는 경우 회사의 영업이익은 극대화되며, 기존의 최대 영업이익 ₩1,250,000보다 ₩350,000만큼 증가하므로 일반기계 가동시간을 증가시켜야 한다.

3. (주)오므론으로부터 주문이 있는 경우

(1) 생산 우선순위 파악

	R3	HP6	Q3
단위당 판매가격	₩100	₩150	₩120
단위당 변 동 비	75	135	80^{*1}
단위당 공헌이익	₩ 25	₩ 15	₩ 40
단위당 기계가동시간	÷ 1h	÷ 0.5h	÷ 1h
일반기계시간당 공헌이익	₩ 25	₩ 30	₩ 40
생산 우선순위			①

$*1$ ₩65(단위당 변동제조원가) + ₩15(단위당 변동판매관리비) = ₩80

Q3 주문이 들어오면 Q3제품을 우선적으로 생산, 판매하여야 한다. Q3제품 20,000단위를 생산하면, 일반기계의 가동시간 70,000시간 중 20,000시간이 Q3제품 생산에 소요되므로, 50,000시간이 남게 되는데, 50,000시간의 기계시간만 가동할 수 있는 경우에는 (요구사항 1)의 경우와 같이 R3제품 50,000단위를 생산하는 것이 최적이다. 이 경우 일반고정제조간 접비만 차감하기 전의 영업이익은 다음과 같다.

Q3제품 공헌이익 : 20,000단위×40 =	₩	800,000
R3제품 공헌이익 : 50,000단위×25 =		1,250,000
추가비용 :		(200,000)
영업이익 :		₩1,850,000

따라서, 이 경우에는 Q3제품 20,000단위와 R3제품 50,000단위를 생산, 판매하는 것이 최적이며, 이 경우 (요구사항2)에 비하여 영업이익이 ₩250,000(₩1,850,000 - ₩1,600,000)만큼 증가한다.

연습문제 21   제한된 자원의 사용(4)   2010 CPA 2차

한일기업에서는 제품 X와 제품 Y를 생산·판매하고 있다. 이들 제품을 생산하기 위해서 절단, 조립, 검사 활동을 각각 책임지고 있는 세 제조부서로 생산인력을 조직화하였다. 각 제품의 생산관련정보는 다음과 같다.

	제품 X	제품 Y
제품단위당 직접재료원가	₩1,400	₩1,800
직접노동시간		
절단 활동(제품단위당)	0.5시간	0.5시간
조립 활동(제품단위당)	0.3시간	0.6시간
검사 활동(생산 뱃치당)	5시간	4시간
생산 뱃치 크기	50개	20개
운반 뱃치 크기	50개	10개

기타 생산 및 판매 관련정보는 다음과 같다.

① 제품 X와 Y의 제품단위당 판매가격은 각각 ₩5,000, ₩7,000이다.

② 제품 X와 Y의 최대수요량은 각각 6,000개, 5,000개이다.

③ 3개의 제조부서가 이용가능한 총 직접노동시간은 9,300시간이다.

④ 직접노동시간당 임률은 ₩500이다.

⑤ 제품 X와 Y의 운반 뱃치당 운반비는 각각 ₩22,500, ₩13,000이다.

⑥ 이 회사에서는 수요에 맞게 제품을 생산하고 있으며, 따라서 재고를 보유하지 않는다.

⑦ 설비수준원가(고정원가) 총계는 ₩18,000,000이다.

⑧ 생산 뱃치 내 부분생산은 가능하지 않다. 즉, 제품 X와 Y는 뱃치 단위로만 생산한다.

요구사항

1. 다음 물음에 답하시오.

(1) 현재의 직접노동시간으로 최대수요량을 충족할 수 있는 지 여부를 답하시오.

(2) 생산과 판매에 따른 제품별 생산 뱃치당 공헌이익을 구하시오.

(3) 기업의 이익을 극대화하기 위해서는 각 제품을 몇 뱃치씩 생산·판매하여야 하는가?

2. 한일기업의 원가분석팀에서 설비수준원가를 분석한 결과, 설비수준원가는 사실상 제품 X와 Y의 제품수준원가(회피가능고정원가)로서 각각 ₩13,000,000, ₩5,000,000으로 밝혀졌다. 이 경우 기업의 이익을 극대화하기 위해서는 각 제품을 몇 뱃치씩 생산·판매하여야 하는가?

3. (요구사항 2)를 무시하고 다음 물음에 답하시오.

한일기업에서는 현재 제품 X와 Y를 각각 6,000개, 3,000개씩 생산·판매하고 있다고 가정하자. 그런데 최근에 외국에서 제품 Y를 구입하겠다는 특별주문이 들어왔다. 이 주문의 생산 뱃치 크기는 40개이며, 운반 뱃치 크기도 40개이다. 운반 뱃치당 운반비는 13,000원으로 기존과 동일하다. 생산 뱃치당 검사시간은 4시간이다. 특별주문은 기존 시장을 교란하지 않으며, 부분 수락을 할 수 없다. 특별주문 수락 여부에 관계없이 이용가능한 총 직접노동시간은 고정되어 있다.

(1) 제품 Y에 대한 특별주문량이 1,000개라고 가정하자. 특별주문을 수락하기 위한 제품 단위당 최소가격은 얼마인가?

(2) 만약 한일기업에서 생산 뱃치 내 부분생산이 가능하다고 가정하자. 즉, 생산 뱃치 크기 이내도 생산이 가능하다. 이 경우에도 검사, 운반은 뱃치 단위로 이루어진다고 할 경우 위 (1)에 대한 답을 구하시오.

(3) 위 (1), (2)와 무관하게 제품 Y에 대한 특별주문량이 4,000개라고 가정할 경우, 특별주문을 수락하기 위한 제품단위당 최소가격은 얼마인가?

➡ 해설

1. 이익극대화
(1) 직접노동시간

활 동	제품 X	제품 Y	합 계
절단 활동	6,000단위×0.5h = 3,000h	5,000단위×0.5h = 2,500h	5,500h
조립 활동	6,000단위×0.3h = 1,800h	5,000단위×0.6h = 3,000h	4,800h
검사 활동	120배취[*1]×5h = 600h	250배취[*2]×4h = 1,000h	1,600h
합 계	5,400h	6,500h	11,900h

[*1] $\frac{6,000개}{50개}$ = 120배취　　[*2] $\frac{5,000개}{20개}$ = 250배취

이용가능한 직접노동시간 9,300시간으로는 최대수요량을 충족할 수 없다.

(2) 생산 배취당 공헌이익

	제품 X	제품 Y
매 출 액	50개×5,000 = ₩250,000	20개×7,000 = ₩140,000
직접재료비	50개×1,400 = 70,000	20개×1,800 = 36,000
절단활동원가	50개×0.5h×500 = 12,500	20개×0.5h×500 = 5,000
조립활동원가	50개×0.3h×500 = 7,500	20개×0.6h×500 = 6,000
검사활동원가	1배취×5h×500 = 2,500	1배취×4h×500 = 2,000
운 반 비	1배취×22,500 = 22,500	2배취×13,000 = 26,000
합 계	₩135,000	₩65,000

(3) 이익극대화를 위한 생산·판매량
① 생산 우선순위 파악

	제품 X	제품 Y
생산배취당 공헌이익	₩135,000	₩65,000
배취당 노동시간	÷ 45[*1]	÷ 26[*2]
노동시간당 공헌이익	₩ 3,000	₩ 2,500
생산 우선순위	①	②

[*1] 50개×0.5h + 50개×0.3h + 1배취×5h = 45h
[2] 20개×0.5h + 20개×0.6h + 1배취×4h = 26h

② 이익극대화를 위한 제품별 생산·판매량

제품	생산량	배취 수	배취당기계시간	총기계시간
① 제품 X	6,000단위	120배취	45시간	5,400시간
② 제품 Y	3,000단위	150배취	26시간	3,900시간
합계				9,300시간

제품 X 6,000단위와 제품 Y 3,000단위를 생산·판매하는 경우 회사의 공헌이익은 극대화
된다. 참고로 최대 공헌이익은 ₩25,950,000(=120배취×135,000 + 150배취×65,000)이며,
이 경우 최대 영업이익은 ₩7,950,000(=25,950,000-18,000,000)이다.

2. 설비수준원가가 회피가능원가인 경우 이익극대화

  ① 제품 X만 생산·판매하는 경우 영업이익

    120배취 × 135,000 − 13,000,000 = ₩3,200,000

  ② 제품 Y만 생산·판매하는 경우 영업이익

    250배취 × 65,000 − 5,000,000 = ₩11,250,000

  ③ 제품 X 6,000단위와 제품 Y 3,000단위를 생산하는 경우 영업이익 : ₩7,950,000

  따라서 제품 Y만 생산·판매 하는 경우 기업의 이익을 극대화 할 수 있다.

3. 특별주문

  (1) 특별주문 제품Y의 최소판매가격을 p라고 하면,

    ① 특별주문 제품 Y의 배취당 직접노동시간 = 40개×0.5h + 40개×0.6h + 4h = 48시간

    ② 특별주문을 수락하기 위해 필요한 직접노동시간 : 25배취[*1]×48시간 = 1,200시간

      [*1] $\dfrac{1,000단위}{40단위}$ = 25배취

    ③ 특별주문을 수락하기 위해 포기해야 하는 기존 제품Y의 배취수

      $\dfrac{1,200시간}{26시간}$ ≒ 47배취(부분생산이 안되므로)

    ④ 제품Y 1,000단위의 특별주문을 수락하기 위해서는 기존의 제품Y 47배취 판매를 포기하여야 한다. 따라서 특별주문을 수락할 경우,

매출증가	: 25배취×40개× p =	1,000p
직접재료비 증가	: 25배취×40개×1,800 =	(1,800,000)
절단활동원가 증가	: 25배취×40개×0.5h×500 =	(250,000)
조립활동원가 증가	: 25배취×40개×0.6h×500 =	(300,000)
검사활동원가 증가	: 25배취×4h×500 =	(50,000)
운반비 증가	: 25배취×13,000 =	(325,000)
기회비용 발생	: 47배취×65,000 =	(3,055,000)[*1]
증분이익	:	1,000p − 5,780,000

    [*1] 기존 제품Y의 판매포기로 인한 기회비용

  특별주문을 수락하기 위해서는 증분이익이 0보다 커야 하므로,

    1,000p − 5,780,000 ≥ 0 → p ≥ 5,780

  따라서, 특별주문을 수락하기 위한 최소판매가격은 ₩5,780이다.

(2) 부분생산이 가능한 경우 특별주문 제품Y의 최소판매가격을 p라고 하면,

① 특별주문 제품Y의 배취당 공헌이익

활 동	특별주문 제품 Y		
매 출 액	40개 × p	=	40p
직접재료비	40개 × 1,800	=	72,000
절단활동원가	40개 × 0.5h × 500	=	10,000
조립활동원가	40개 × 0.6h × 500	=	12,000
검사활동원가	1배취 × 4h × 500	=	2,000
운 반 비	1배취 × 13,000	=	13,000
합 계			40p − 109,000

② 특별주문 제품 Y의 배취당 직접노동시간 = 40개×0.5h + 40개×0.6h + 4h = 48시간

③ 특별주문 제품 Y의 직접노동시간당 공헌이익 = $\dfrac{40p - 109,000}{48시간}$

특별주문을 수락하기 위해서는 기존 제품Y의 직접노동시간당 공헌이익 ₩2,500보다 커야

하므로, $\dfrac{40p - 109,000}{48시간} \geqq 2,500 \rightarrow p \geqq 5,725$

즉, 제품 Y의 특별주문을 수락하기 위한 최소판매가격은 ₩5,725 이다.

(3) 4,000단위 특별주문에 대한 최소판매가격

① 특별주문 제품 Y의 배취당 직접노동시간 = 40개×0.5h + 40개×0.6h + 4h = 48시간

② 특별주문을 수락하기 위해 필요한 직접노동시간 : 100배취[*]×48시간 = 4,800시간

[*] $\dfrac{4,000단위}{40단위}$ = 100배취

③ 특별주문을 수락하기 위해 포기해야 하는 기존 제품X와 제품Y의 배취수

제품 Y = 150배취(전량 포기)

제품 X = $\dfrac{4,800시간 - 3,900시간}{45시간}$ = 20배취(부분생산이 안되므로)

④ 제품Y 4,000단위의 특별주문을 수락하기 위해서는 기존의 제품Y 150배취와 제품 X 20배취의 판매를 포기하여야 한다. 따라서 특별주문을 수락할 경우,

매출증가 : 100배취×40개× p	=	4,000p
직접재료비 증가 : 100배취×40개×1,800	=	(7,200,000)
절단활동원가 증가 : 100배취×40개×0.5h×500	=	(1,000,000)
조립활동원가 증가 : 100배취×40개×0.6h×500	=	(1,200,000)
검사활동원가 증가 : 100배취×4h×500	=	(200,000)
운반비 증가 : 100배취×13,000	=	(1,300,000)
제품Y의 기회비용 : 150배취×65,000	=	(9,750,000)
제품X의 기회비용 : 20배취×135,000	=	(2,700,000)
증분이익 :		4,000p − 23,350,000

특별주문을 수락하기 위해서는 증분이익이 0보다 커야 하므로,

4,000p − 23,350,000 $\geq$ 0 → p $\geq$ 5,837.5

따라서, 특별주문을 수락하기 위한 최소판매가격은 ₩5,837.5이다.

연습문제 22   최적 생산지 결정   CMA수정, 2003년 CPA 2차 수정

(주)소희는 두 개의 공장에서 종이판을 생산하여 단위당 ₩150에 판매하고 있다. 평택에 있는 공장은 자동화된 공장으로서 하루에 400단위씩 생산하고 있으며, 광주에 있는 공장은 반자동화된 공장으로 하루에 320단위씩 생산하고 있다. 이들 두 공장에 대한 자료는 다음과 같다.

	평택공장	광주공장
단위당 직접재료비	₩ 40	₩ 40
단위당 직접노무비	8	16
단위당 변동제조간접비	24	20
단위당 고정제조간접비	30	18
단위당 변동판매관리비	14	14
단위당 고정판매관리비	19	18
단위당 원가 총액	₩135	₩126

상기 자료 중 고정비의 단위당 원가는 연간 정상조업일 240일을 기준으로 계산된 것으로서 각 공장은 최대로 연간 300일까지 조업이 가능하다. 만약 정상조업일 240일을 초과하여 생산하는 경우 변동제조원가가 평택공장에서는 단위당 ₩10이 증가하지만, 광주공장에서는 단위당 ₩15이 증가하게 된다. 회사는 내년도 수요량이 192,000단위로 예상된다. 회사는 광주공장의 단위당 원가 총액이 적게 발생하므로 광주공장에서 생산 가능한 최대 수량을 우선적으로 생산하고 나머지를 평택공장에서 생산하는 것을 고려중이다.

요구사항

1. 평택공장과 광주공장의 손익분기점을 각각 계산하시오.

2. 내년도 수요량 192,000단위를 생산하기 위해 각 공장에서 96,000단위씩 생산할 경우 각 공장별 영업이익과 회사전체 영업이익은 얼마가 되겠는가?

3. 회사가 내년도 수요량 192,000단위를 생산할 경우 회사의 영업이익이 극대화 되도록 하고자 한다. 각 공장에 생산량을 어떻게 배분하는 것이 회사의 영업이익을 극대화할 수 있겠는가? 그리고 그 때 회사의 최대 영업이익은 얼마가 되겠는가?

4. 회사가 수요량 192,000단위를 평택공장과 광주공장에서 각각 96,000단위씩 생산하였다. 그러나 모두 절반씩(48,000단위씩) 밖에 판매되지 않았다고 가정하자. 평택공장과 광주공장에 대하여 변동원가계산 방식과 전부원가계산 방식에 의한 영업이익 차이를 계산하시오.(참고 : 영업이익을 산출하기 위한 전체 과정을 전개할 필요는 없으며 영업이익의 차이만 간단히 계산하면 된다.)

➡ 해설

상기 자료를 정리하면 다음과 같다.

	평택공장	광주공장
정상조업도 최대조업도	240일 × 400단위 = 96,000단위 300일 × 400단위 = 120,000단위	240일 × 320단위 = 76,800단위 300일 × 320단위 = 96,000단위
고정제조간접비 고정판매관리비	400단위 × 240일 × 30 = ₩2,880,000 400단위 × 240일 × 19 = 1,824,000	320단위 × 240일 × 18 = ₩1,382,400 320단위 × 240일 × 18 = 1,382,400
합 계	₩4,704,000	₩2,764,800

평택공장의 경우에는 정상조업도 96,000단위를 초과하여 생산할 때, 단위당 변동비가 ₩10이 증가하고, 광주공장의 경우에는 정상조업도 76,800단위를 초과하여 생산할 때, 단위당 변동비가 ₩15이 증가하는 것이다.

1. 각 공장별 손익분기점

(1) 평택공장

① $0 \leq Q \leq 96,000$단위일 경우

$$Q_{B.E.P} = \frac{F}{(p-v)} = \frac{4,704,000}{150 - 86^*} = 73,500단위(적합)$$

   * 단위당 변동비 = (40 + 8 + 24 + 14) = ₩86

② $96,001 \leq Q \leq 120,000$단위일 경우

   96,000단위 초과 수량을 x라고 하면, (Q = 96,000단위 + x)

   $(150 - 86) \times 96,000 + (150 - 96) \times x - 4,704,000 = 0$

   → $(150 - 96) \times x = -1,440,000$

   → $x = -26,667$단위

   따라서 Q = 96,000 − 26,667 = 69,333단위(부적합)

(2) 광주공장

① $0 \leq Q \leq 76,800$단위일 경우

$$Q_{B.E.P} = \frac{F}{(p-v)} = \frac{2,764,800}{150 - 90^*} = 46,080단위(적합)$$

   * 단위당 변동비 = (40 + 16 + 20 + 14) = ₩90

② $76,801 \leq Q \leq 96,000$단위일 경우

   76,800단위 초과 수량을 x라고 하면, (Q = 76,800단위 + x)

   $(150 - 90) \times 76,800 + (150 - 105) \times x - 2,764,800 = 0$

   → $(150 - 105) \times x = -1,843,200$

   → $x = -40,960$단위

   따라서 Q = 76,800 − 40,960 = 35,840단위(부적합)

2. 96,000단위 생산시 각 공장별 영업이익과 회사전체 영업이익
   (1) 평택공장
       $(150 - 86) \times 96{,}000$단위 $- 4{,}704{,}000 = ₩1{,}440{,}000$
   (2) 광주공장
       $(150 - 90) \times 76{,}800$단위 $+ (150 - 105) \times 19{,}200$단위 $- 2{,}764{,}800 = ₩2{,}707{,}200$
   (3) 회사전체 영업이익
       평택공장 영업이익 + 광주공장 영업이익 = $1{,}440{,}000 + 2{,}707{,}200 = ₩4{,}147{,}200$

3. 영업이익 극대화를 위한 공장별 생산량
   각 공장별 고정비는 생산량과 관계없이 발생하기 때문에, 단위당 공헌이익이 큰 순서로 생산하는 것이 회사의 영업이익을 극대화할 수 있다.

	평택공장		광주공장	
	0~96,000	96,001~120,000	0~76,800	76,801~96,000
판매가격	₩150	₩150	₩150	₩150
변 동 비	86	96	90	105
공헌이익	₩64	₩54	₩60	₩45
우선순위	1순위	3순위	2순위	4순위
생 산 량	96,000단위	19,200단위	76,800단위	

즉, 평택공장에서 115,200단위를 생산하고, 광주공장에서 76,800단위를 생산하는 것이 회사의 영업이익을 극대화하는 방법이다.
이 경우 회사의 영업이익은 ₩4,320,000이 된다.

<계산근거>
$96{,}000$단위 $\times 64 + 19{,}200$단위 $\times 54 + 76{,}800$단위 $\times 60 - 4{,}704{,}000 - 2{,}764{,}800 = ₩4{,}300{,}000$

4. 전부원가계산과 변동원가계산 영업이익 차이
   전부원가계산과 변동원가계산의 영업이익 차이는 기초재고자산과 기말재고자산에 포함된 고정제조간접비 차이이다. 기초재고자산은 없다고 가정할 경우, 두 공장 모두 96,000단위씩 생산해서 절반을 판매하였으므로 기말재고는 48,000단위씩 남아 있다. 따라서 기말재고자산에 포함된 고정제조간접비는 다음과 같다.

$$평택공장 : 48{,}000단위 \times 30^{*1} \quad = ₩1{,}440{,}000$$
$$광주공장 : 48{,}000단위 \times 14.4^{*2} = \underline{\quad 691{,}200}$$
$$회사전체 : \qquad\qquad\qquad\quad ₩2{,}131{,}200$$

^{*1} $2{,}880{,}000 \div 96{,}000$단위 $= ₩30$
^{*2} $1{,}382{,}400 \div 96{,}000$단위 $= ₩14.4$

따라서, 회사의 영업이익은 전부원가계산에 의한 영업이익이 변동원가계산에 의한 영업이익보다 ₩2,131,200만큼 더 크다.

연습문제 23 제약이론(1)

한남회사는 단위당 판매가격이 ₩1,300인 갑제품을 생산, 판매하고 있다. 갑제품은 두 개의 연속된 제조공정을 통하여 생산되는데, 이들 두 공정과 관련된 자료는 다음과 같다.

	절단공정	가공공정
최대생산능력	10,000단위	15,000단위
단위당 직접재료비	₩550	₩120
연간 고정운영비	₩2,997,600	₩475,000
공손율(투입량기준)	5%	10%

현재 회사의 제품수요는 무한하기 때문에 제1공정에서는 최대조업도로 생산하고 있으며, 제2공정은 제1공정에서 생산된 중간제품을 모두 추가가공하고 있다. 단, 위의 자료에서 최대생산능력은 투입량 기준이다.

요구사항

상호 독립적인 아래 물음에 답하시오.

1. 각 공정별 공손품의 단위당 원가를 계산하시오. 단, 모두 소수점 이하 반올림 하시오.

2. 절단공정의 공손품 1단위가 정상품으로 바뀌는 경우 한남회사의 이익은 얼마나 증가하겠는가?

3. 외부의 업체로부터 절단공정의 완성품과 동일한 중간제품 5,000단위를 단위당 ₩1,000에 공급하겠다는 제안을 받았다. 회사는 이러한 제안을 수락하여야 하는가?

4. 절단공정의 공손율을 5%에서 3%로 낮추는 프로그램을 실시하는데 ₩200,000이 소요된다. 회사는 이 프로그램을 실시하여야 하는가?

5. 회사의 손익분기점을 절단공정의 투입량을 기준으로 계산하시오.

➡ 해설

1. 각 공정별 공손품의 단위당 원가

(1) 절단공정

$$550 + \frac{2,997,600}{10,000단위} = ₩850$$

(2) 가공공정

$$850 + 120 + \frac{475,000}{9,500단위} = ₩1,020$$

2. 절단공정의 공손품이 정상품으로 바뀌게 되면, 가공공정에서 1단위를 추가 가공하여야 하므로 가공공정에서는 1단위에 대한 직접재료비가 증가할 것이다. 그러나 매출은 10%의 공손이 발생하기 때문에 실제 가공공정을 통과하여 완성되는 수량은 90%뿐이다. 따라서

제1공정의 공손품이 정상품으로 바뀌는 경우

매출 증가	: 1단위 × 90% × 1,300	=	₩1,170
가공공정 직접재료비 증가	: 1단위 × 120	=	(120)
증분 이익(손실)	:		₩1,050

3. 절단공정의 중간제품 5,000단위를 외부에서 구입할 경우

매출 증가	: 5,000단위 × 90% × 1,300	=	₩5,850,000
가공공정 직접재료비 증가	: 5,000단위 × 120	=	(600,000)
외부구입원가 증가	: 5,000단위 × 1,000	=	(5,000,000)
증분 이익(손실)	:		₩ 250,000

중간제품을 구입하는 경우 이익이 ₩250,000 증가하므로 외부에서 구입하여야 한다.

4. 절단공정에서 공손율을 줄이기 위한 프로그램을 실시하는 경우

매출 증가	: 10,000단위 × (5% - 3%) × 90% × 1,300	=	₩234,000
가공공정 직접재료비 증가	: 10,000단위 × (5% - 3%) × 120	=	(24,000)
프로그램실행비용	:		(200,000)
증분 이익(손실)	:		₩ 10,000

프로그램을 실행할 경우 이익이 ₩10,000만큼 증가하므로 프로그램을 실시하여야 한다.

(참고 : 절단공정에서의 공손율을 줄이는 경우 절단공정에서 발생하는 직접재료비는 변동이 없다. 즉, 절단공정에서 공손이 되든, 완성되어 가공공정으로 넘어가든, 절단공정에서는 동일한 직접재료비가 투입되었을 것이기 때문이다)

5. 손익분기점이 되기위한 투입량(Q)

투입량을 Q라고 하면,

매 출 액 : Q × 95% × 90% × 1,300	=	1,111.5Q	
변 동 비 : Q × 550 + Q × 95% × 120	=	664Q	
공헌이익 :		447.5Q	
고 정 비 : 2,997,600 + 475,000	=	3,472,600	
영업이익 :		447.5Q − 3,472,600	

영업이익이 0 이 되기 위해서는 447.5Q − 3,472,600 = 0 이어야 하므로,

$$Q = 7,760단위$$

즉, 절단공정에 7,760단위를 투입하면 손익분기점이 된다.

연습문제 24   제약이론(2)

서울회사는 단위당 판매가격이 ₩450인 A제품을 생산, 판매하고 있다. A제품은 세 개의 연속된 제조공정을 통하여 생산되는데 이들 두 공정의 자료는 다음과 같다.

	제1공정	제2공정	제3공정
연간 최대생산능력(공손 포함)	5000개	7,000개	8,000개
단위당 직접재료비	₩100/개	₩20/개	₩150/개
연간 고정운영비	₩700,000	₩120,000	₩20,000
공손율(투입량기준)	4%	5%	0%

공손품은 각 공정의 종료시점에서 발견되며, 직접재료비 이외의 다른 모든 원가는 고정비이다. A제품의 수요는 무한하므로 현재 제1공정은 완전가동하고 있으며, 제2공정은 제1공정에서 생산한 중간제품을 모두 추가가공하고 있다.

요구사항

상호 독립적인 아래 요구사항에 답하시오.

1. 제1공정과 제2공정의 공손품원가(고정운영비 포함)를 구하시오.

2. 제1공정의 중간제품 200개를 외부에서 단위당 ₩200에 구입할 수 있다면 이 제안을 수락할 것인가?

3. 제1공정의 공손율을 4%에서 2%로 낮추는 프로그램을 실행하는 데 연간 ₩25,000의 비용이 소요된다고 한다. 이를 실행하여야 하는가?

4. 제2공정의 공손율을 5%에서 1%로 낮추는 프로그램을 실행하는 데 연간 ₩60,000의 비용이 소요된다고 한다. 이를 실행하여야 하는가?

➡ 해설

1. (1) 제1공정 공손품원가 = 200개^{*1} × 240^{*2} = ₩48,000

   ^{*1} 공손품 수량 = 5,000개 × 4% = 200개

   ^{*2} 공손품 단가 = ₩100 + ₩700,000 ÷ 5,000개 = ₩240/개

   (2) 제2공정의 공손품원가 = 240개^{*1} × 285^{*2} = ₩68,400

   ^{*1} 공손품 수량 = 4,800개 × 5% = 240개

   ^{*2} 공손품 단가 = ₩240 + ₩20 + ₩120,000 ÷ 4,800개 = ₩285/개

2. 외부구입을 수락할 경우

매출증가	: (200개 × 95%) × 450	= ₩85,500
외부구입비용증가	: 200개 × 200	= (40,000)
2공정재료비증가	: 200개 × 20	= (4,000)
3공정재료비증가	: 200개 × 95% × 150	= (28,500)
증분이익(손실)	:	₩13,000

   따라서, 외부구입을 수락해야 한다.

3. 프로그램을 실행할 경우

매출증가	: {5,000개 × (4% − 2%) × 95%} × 450	= ₩42,750
2공정재료비증가	: 5,000개 × (4% − 2%) × 20	= (2,000)
3공정재료비증가	: 5,000개 × (4% − 2%) × 95% × 150	= (14,250)
프로그램실행비	:	= (25,000)
증분이익(손실)	:	₩ 1,500

   따라서, 공손율을 낮추는 프로그램을 실행해야 한다.

4. 프로그램을 실행할 경우

매출증가	: {5,000개 × 96% × (5% − 1%)} × 450	= ₩86,400
3공정재료비증가	: 5,000개 × 96% × (5% − 1%) × 150	= (28,800)
프로그램실행비	:	= (60,000)
증분이익(손실)	:	(₩ 2,400)

   따라서, 공손율을 낮추는 프로그램을 실행해서는 안 된다.

연습문제 25 　　**제약이론(3)**　　

골드렛 공장은 제품 P와 제품 Q를 생산·판매하고 있다. 다음 그림은 이 공장의 생산흐름을 요약한 것이다.

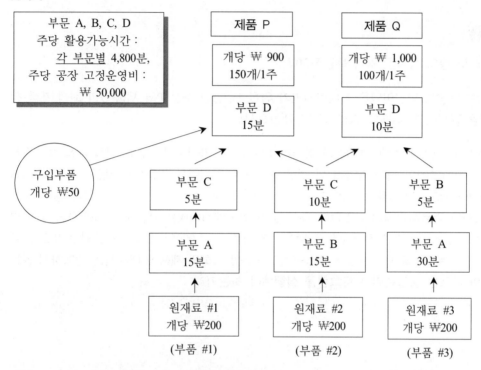

부문 A, B, C, D
주당 활용가능시간 :
각 부문별 4,800분,
주당 공장 고정운영비 :
₩ 50,000

구입부품
개당 ₩50

제품 P
개당 ₩ 900
150개/1주
부문 D
15분

제품 Q
개당 ₩ 1,000
100개/1주
부문 D
10분

부문 C
5분

부문 C
10분

부문 B
5분

부문 A
15분

부문 B
15분

부문 A
30분

원재료 #1
개당 ₩200
(부품 #1)

원재료 #2
개당 ₩200
(부품 #2)

원재료 #3
개당 ₩200
(부품 #3)

제품 P의 판매가격은 개당 ₩900이고, 1주일 수요량은 150개이다. 제품 P는 최종적으로 부문 D에서 조립된다. 1개의 제품 P를 조립하는데는 외부에서 개당 ₩50에 구입한 부품 1개와 공장에서 생산한 부품 #1과 부품 #2가 각 1개씩 사용된다.

부품 #1은 부문 A에서 생산을 시작한다. 부품 #1을 한 개 생산하는데 원가 ₩200의 원재료 #1 한 개가 사용된다. 부품 #1에 대한 부문 A의 가공시간은 개당 15분이다. 부문 C는 부문 A의 중간부품을 받아서 계속 가공하는데, 개당 소요시간은 5분이다. 부품 #2는 원가가 ₩200인 원재료 #2 한 개를 부문 B에 투입하여 생산을 시작한다. 부문 B에서의 개당 소요시간은 15분이다. 이 중간부품을 부문 C가 이어 받아서 개당 10분을 들여서 완성한다. 부문 D는 부품 #1, 부품 #2, 그리고 외부 구입 부품을 각 1개씩 조립하여 최종적으로 1개의 완제품 P를 생산한다. 부문 D에서 제품 P 한개를 조립하는데 소요되는 시간은 15분이다.

제품 Q의 개당 판매가격은 ₩1,000이다. 판매가격이 높아서 주당 수요량은 100개에 불과하다. 이 제품도 역시 부문 D가 조립하여 완성한다. 제품 Q는 부품 #2와 부품 #3 각 한개씩을 조립하여 완성된다. 부품 #3은 부문 A가 원가 ₩200의 원재료 #3 한 개를 가공하여 중간부품을 만든 다음, 부문 B가 받아서 최종적으로 생산한다. 부품 #3에 대한 부문 A와 B의 개당 소요시간은 각각 30분, 5분이다. 제품 Q에 대한 부문 D의 조립소요시간은 개당 10분이다. 부품 #2는 제품 P를 만들 때도 공통적으로 사용된다. 부품 #1, #2, #3은 각각 원재료 #1, #2, #3을 한 개씩 투입하여 가공한 것이다. 각 부문의 총작업가능시간(순수한 조립시간)은 1주일에 4,800분, 즉 80시간이다. 1주일 동안 공장을 운영하는데 직접재료원가를 제외한 ₩50,000의 고정운영비가 소요된다. 고정운영비는 기간비용이다.

요구사항

아래 요구사항의 상황은 각기 독립적이다.

1. 골드렛 공장의 영업이익을 극대화시키기 위한 1주일간 제품 P와 제품 Q의 최적 제품 생산량을 결정하고, 이때의 영업이익을 계산하시오.

2. 제품 P의 주당 수요량이 150개가 아니라 120개라고 가정한다. 이 때 최적 제품 생산량은 P = 120, Q = 100이 된다. 부문 D의 평균 공손률은 투입량을 기준으로 제품 P와 제품 Q가 각각 20%였고, 이 비율에 따라 매주 공손품이 발생하고 있다고 가정하자. 공손품은 공정의 마지막 종료시점에서 발견된다. 골드렛 공장의 엔지니어는 제품 P와 제품 Q에 대한 부문 D의 평균 공손률을 각각 10%로 낮추는데 매주 ₩15,000의 비용이 소요되는 새로운 품질관리 프로그램을 제시하였다. 이 공장은 소수점 이하의 제품에 대해서는 판매하지 않는다. 이 새로운 품질관리 프로그램을 실행해야 하는가?

→ 해설

1. 각 제품별 최적 생산계획 및 최대 영업이익

(1) 현재 부문별로 최대 사용가능한 시간이 4,800분으로 제한되어 있다. 따라서 P제품 수요량 150단위와 Q제품 수요량 100단위를 만족시키기 위하여 부문별로 필요한 시간을 계산해 보면 다음과 같다.

	A	B	C	D
P제품	$150 \times 15 = 2,250$	$150 \times 15 = 2,250$	$150 \times 15 = 2,250$	$150 \times 15 = 2,250$
Q제품	$100 \times 30 = 3,000$	$100 \times 20 = 2,000$	$100 \times 10 = 1,000$	$100 \times 10 = 1,000$
	5,250분	4,250분	3,250분	3,250분

B, C, D부문은 4,800분에 미달하여 생산능력이 충분하지만, A부문은 P제품과 Q제품을 생산하기 위해 필요한 시간이 5,250분으로서 사용가능한 시간 4,800분을 초과한다. 따라서 A부문이 제약이다. 따라서, 회사는 A부문의 작업시간(분)당 공헌이익이 큰 제품부터 우선적으로 생산하여야 한다.

(2) 작업시간(분)당 공헌이익 및 생산 우선순위

	P제품	Q제품
단위당 판매가격	₩ 900	₩1,000
단위당 변 동 비	450[*]	400
단위당 공헌이익	₩ 450	₩ 600
단위당 A부문작업시간	÷ 15분	÷ 30분
작업시간(분)당 공헌이익	₩30/분	₩20/분
생산 우선순위	①	②

[*] 200(부품#1) + 200(부품#2) + 50(구입부품) = 450

(3) 이익극대화를 위한 제품별 생산량 및 최대 영업이익

제품	생산량	단위당 작업시간	총작업시간
① P제품	150단위	15분	2,250분
② Q제품	85단위	30분	2,550분
합계			4,800분

P제품 150단위와 Q제품 85단위를 생산하는 경우 회사의 영업이익은 극대화가 되며, 이 때, 회사의 최대영업이익은 다음과 같이 계산된다.

150단위 × 450 + 85단위 × 600 − 50,000 = ₩ 68,500

또는, 2,250분 × 30 + 2,550분 × 20 − 50,000 = ₩68,500 이다.

2. 프로그램 도입여부

(1) 프로그램 도입 전 회사는 P제품 120단위를 생산하기 위해 150단위를 투입하여 20%(30단위)가 공손이 되어 120단위를 생산하였을 것이다. 따라서 나머지 시간으로 Q제품 85단위를 생산하기 시작하면 20%(17단위)가 공손이 되어 68단위를 생산, 판매하고 있을 것이다. 즉, 프로그램 도입전에는 P제품 120단위와 Q제품 68단위를 생산, 판매하고 있을 것이다.

(2) 그러나 프로그램이 도입되어 공손율이 90%로 줄어들면 P제품 120단위를 생산하기 위해 134단위를 투입하여 10%(13.4단위)가 공손이 되고 120단위를 생산, 판매하게 된다(소수점 이하 수량은 판매하지 않는다). 여기에서 P제품 134단위에 소요되는 시간은 2,010분(= 134단위 × 15분)이므로, 나머지 2,790시간동안 Q제품 93단위(= 2,790분 ÷ 30분)를 생산하게 된다. Q제품 93단위 중 10%(9.3단위)가 공손이 되고, 83단위만 생산, 판매하게 된다.

프로그램 도입 전과 도입 후를 비교하면, P제품의 판매량은 120단위로 동일하나, Q제품의 판매량이 15단위가 증가하는 효과를 가져오는 것이다. 이 과정에서 Q제품의 투입량은 기존보다 8단위(93단위−85단위)가 증가하고, P제품의 투입량은 16단위(150단위−134단위)만큼 감소하므로 이와 관련된 변동비의 증감도 고려야하여 한다.

따라서 프로그램을 도입할 경우

Q제품 매출 증가	: 15단위 × 1,000	=	₩15,000
P제품 변동비 감소	: 16단위 × 450	=	7,200
Q제품 변동비 증가	: 8단위 × 400	=	(3,200)
프로그램실행비용 증가	:		(15,000)
증분이익(손실)	:		₩ 4,000

₩4,000만큼 이익 증가하므로 프로그램을 도입하여야 한다.

종합예산

1 종합예산의 의의

예산(budget)이란 미래 경영계획을 화폐가치로 표현한 것을 말하며, 기업의 전략적 계획 및 장기계획을 기초로 하여 기업전체 또는 특정부문을 대상으로 기업의 장, 단기적인 목표나 조직의 전략과 같은 광범위한 계획을 수립하는 것을 말한다.

2 종합예산의 편성절차

종합예산의 편성은 판매예측으로부터 출발하여, 제조예산, 제조원가예산 및 원재료구입예산 등의 순서로 이루어지며, 통상적으로 예산재무제표, 즉 예산손익계산서, 예산재무상태표, 예산현금흐름표 등을 작성하는 것으로 완성된다.

〈예산편성 절차 요약〉

구 분	내 용
(1) 판매예산	종합예산편성의 출발점으로서 차기 판매량과 매출액에 대한 예산
(2) 제조예산	제조예산(생산량) = 판매량 + 기말제품재고수량 − 기초제품재고수량
(3) 제조원가예산	제조예산(생산량)과 관련된 예상제조원가에 대한 예산으로서 직접재료비예산, 직접노무비예산, 제조간접비예산으로 구분하여 편성한다.
(4) 원재료 구매예산	직접재료 매입량 및 매입액에 대한 예산 직접재료 매입량 = 원재료사용량 + 기말원재료재고량−기초원재료재고량
(5) 매출원가예산	매출원가 = 기초제품재고액 + 당기제품제조원가−기말제품재고액
(6) 판매관리비예산	제조부문 이외의 부분에서 발생할 것으로 예상되는 비용에 대한 예산 판매관리비 = 판매량×단위당 변동판매관리비 + 고정판매관리비

	예산기간 동안의 현금유입과 현금유출에 대한 예산
(7) 현금예산	기초현금잔액 + 현금유입 – 현금유출 = 기말현금잔액
	현금 유입 : 현금매출, **매출채권의 회수 등**
	현금 유출 : 현금매입, **매입채무의 지급 등**

 3 다양한 예산과 용어정리

구 분	내 용
(1) 카이젠예산	카이젠은 일본말로 개선을 의미하며, 예산기간 동안의 개선을 반영한 예산이다.
(2) 활동기준예산	재화나 용역을 생산하고 판매하는 데 필요한 활동에 대하여 예산을 편성한 것. 목표치나 산출물에 근거한 예산이 아니라 각각의 활동에 대한 예산을 편성하며 활동중심점별로 통제하고자 함.
(3) 영기준예산	전년도 예산에 대한 참조없이 완전히 제로 베이스에서 새롭게 예산을 수립하는 방법. 하나의 사업에 대해 전년도 현황을 완전히 배제한 채 새롭게 검토하여 예산을 수립한다는 측면에서 볼 때 비용을 최적화 시킬 수 있다. 반대로 이미 검토가 끝나서 진행 중인 사업에 대해 처음부터 다시 검토작업을 진행하는데 엄청난 시간과 인력의 낭비를 초래할 수 있다.
(4) 연속갱신예산	예산을 편성한 다음 기간이 경과할 때마다 지나간 기간의 예산을 제거하고, 새로운 기간의 예산을 추가함으로서 항상 일정기간의 예산이 유지되도록 하는 예산.
(5) 참여적예산	예산편성시 관리자나 종업원들을 적극적으로 참여시키는 방법 관리자나 종업원들과 의사소통을 통하여 목표일치를 높일 수 있다. 예산편성에 많은 시간이 소요되고, 예산슬랙이 발생할 수 있다.
(6) 예산슬랙	예산상의 목표를 쉽게 달성하려고 수익예산을 과소예측하거나 비용예산을 과대예측하려는 것
(7) 수요의 하향악순환	회사가 책정한 가격이 경쟁자의 가격보다 높아 수요가 감소하면 가격이 더 높아져 수요가 계속적으로 감소하는 현상 수요량에 기초한 연간 예산조업도나 정상조업도보다는 공급량에 기초한 실행가능조업도나 이론적최대조업도를 이용하면 수요의 하향악순환을 감소시킬 수 있다.

연습문제 1   종합예산 편성

(주)한국화공은 제품 A를 생산·판매하는 기업이며, 다음은 2005년 3/4분기 회사의 예산편성을 위한 자료들이다.

(1) 정상조업도 1,000병을 기준으로 한 제품 A의 병당 변동표준원가는 다음과 같다.

직접재료원가(직접재료 2.5ℓ,@₩1,200)	₩3,000
직접노무원가(노무시간 2시간,@₩2,500)	₩5,000
변동제조간접원가	₩1,800

(2) 회사의 연간 고정제조간접원가는 ₩14,400,000으로 예상되며, 매월 균등하게 발생한다. 월간 고정제조간접원가는 당월 생산량에 균등하게 배부한다. 대손상각비를 포함하지 않은 변동판매비와관리비는 병당 ₩1,500이며, 고정판매비와관리비는 매월 ₩4,500,000으로 예상된다.

(3) 직접재료원가와 변동가공원가는 가공의 과정에서 평균적으로 발생한다. 고정제조간접원가에는 월 ₩400,000의 감가상각비가 포함되어 있으며, 고정판매비와관리비에는 판매촉진비 ₩120,000, 개발비상각비 ₩80,000, 임차료 ₩50,000 등이 포함되어 있다.

(4) 월말 제품재고는 다음 달 예산매출량의 10%를 유지하고 있으며, 월말 직접재료의 재고는 다음 달 예산소비량의 20%수준을 유지하고 있다. 월말재공품은 없는 것으로 한다.

(5) 모든 재고자산의 매입과 매출은 외상거래로 이루어진다. 매출액의 50%는 판매한 달에 회수되고, 매출이 발생한 다음 달에 48%가 회수된다. 나머지는 매출 발생 다음 달에 대손상각비로 인식한다. 외상매입금은 매입한 달에 80%를 지급하며 이중 절반에 대하여 5%의 매입할인을 받는다. 나머지 20%는 다음 달에 지급한다.

(6) 제품 A의 병당 판매가격은 ₩20,000이며, 월별 예산매출량은 다음과 같다.

6월	7월	8월	9월
800병	900병	1,000병	1,200병

(7) 법인세율은 20%이며, 6월말 현금잔액은 ₩254,000이다.

요구사항

1. 7월중 직접재료의 예산매입액은 얼마인가?

2. 선입선출법을 이용하는 경우, 7월의 예산매출총이익과 예산영업이익은 각각 얼마인가?

3. 매년 3월에 일괄 납부하는 법인세를 제외하고 모든 비용은 발생한 달에 지급하는 것을 원칙으로 한다. 그러나 7월중 미지급비용의 잔액은 월초에 비하여 ₩102,880 증가할 것으로 예상된다. 7월말 예상 현금잔액은 얼마인가?

→ 해설

1. 원재료 구매예산

(1) 월별 제품 생산량은 다음과 같다.

	6월		7월		8월		9월
예상판매량	800병	10%	900병	10%	1,000병	10%	1,200병
(+)기말제품재고	+ 90병		+ 100병		+ 120병		
(−)기초제품재고	− 80병		− 90병		− 100병		
=당기 제조 수량	=810병		=910병		= 1,020병		

	6월	7월	8월
당기 제품 제조 수량 × 단위당 원재료 수량	= 810병×2.5 ℓ	= 910병 × 2.5 ℓ	= 1,020병 × 2.5 ℓ
= 원재료 투입량	= 2,025 ℓ	= 2,275 ℓ	= 2,550 ℓ
(+)기말원재료	+ 455 ℓ	+ 510 ℓ	
(−)기초원재료	− 405 ℓ	− 455 ℓ	
= 당기 원재료 구매량	=2,075 ℓ	=2,330 ℓ	

(20% arrows from 8월 → 7월 기말원재료, 7월 → 6월 기말원재료)

7월 직접재료 구입액 : 2,330 ℓ × 1,200 = ₩2,796,000

2. 7월 매출총이익과 예산 영업이익

예산손익계산서

Ⅰ. 매출액	900병 × 20,000 =		₩18,000,000
Ⅱ. 매출원가			
1. 기초제품재고액	90병×11,281[*] =	1,015,290	
2. 당기제품제조원가	910병×11,119[*] =	10,118,290	
계		11,133,580	
3. 기말제품재고액	100병×11,119[*] =	(1,111,900)	10,021,680
Ⅲ. 매출총이익			₩7,978,320
Ⅳ. 판매관리비			
1. 변동판매관리비	900병×1,500 =	1,350,000	
2. 고정판매관리비		4,500,000	5,850,000
Ⅴ. 영업이익			₩2,128,320

[*]	6월	7월
단위당 직접재료비 :	₩ 3,000	₩ 3,000
단위당 직접노무비 :	5,000	5,000
단위당 변동제조간접비 :	1,800	1,800
단위당 고정제조간접비 :	1,481 $(=\dfrac{1,200,000}{810병})$	1,319 $(=\dfrac{1,200,000}{910병})$
합 계 :	₩11,281	₩11,119

(참고로 매월 고정제조간접비는 ₩1,200,000$(=\dfrac{14,400,000}{12월})$이다.)

3. 현금예산

현금예산

Ⅰ. 7월초현금   ₩ 254,000

Ⅱ. 현금유입   16,680,000

   1. 월초매출채권회수액   800병×20,000×48% = 7,680,000

   2. 당월매출채권회수액   900병×20,000×50% = 9,000,000

Ⅲ. 현금유출   15,334,000

   1. 월초매입채무지급액   2,075 ℓ×1,200×20% = 498,000

   2. 당기매입채무지급액   2,330 ℓ×1,200×78%[*1] = 2,180,880

   3. 직접노무비지급액   910병×5,000 = 4,550,000

   4. 변동제조간접비지급액   910병×1,800 = 1,638,000

   5. 고정제조간접비지급액   1,200,000 − 400,000 = 800,000

   6. 변동판매관리비지급액   900병×1,500 = 1,350,000

   7. 고정판매관리비지급액   4,500,000 − 80,000[*2] = 4,420,000

   8. 미지급비용 증가   (102,880)

Ⅳ. 7월말현금   ₩ 1,600,000

     [*1] 40%+ 40%×95% = 78%

     [*2] 개발비상각비(₩80,000)은 현금유출이 없는 비용이다.

현금흐름 분석 CMA 수정

(주)탑골은 알라딘 컴퓨터와 관련 소프트웨어 및 지원업무를 제공하는 소매상이다. (주)탑골사는 2012년도의 연간 매출예산을 작성하고 있는데, 그 중 상반기의 자료는 아래와 같다.

(주)탑골사는 총매출액의 25%는 현금매출이고, 30%는 신용카드에 의하며 나머지 45%는 외상으로 판매한다. 현금과 신용카드에 의한 판매대금은 판매한 달에 회수된다. 신용카드에 의한 판매대금은 입금할 때 4%가 공제된다. 외상판매의 경우 판매한 다음 달에 70% 그 다음 달에 28%가 회수되며, 나머지는 회수가 불가능한 것으로 추정된다.

회사의 컴퓨터 하드웨어에 대한 필수 월말재고는 다음 달 매출액의 30%이다. 제조업체로부터 배달되는 기간은 한 달이 필요하다. 따라서 컴퓨터 하드웨어는 필요한 달의 첫 날까지 창고에 도착하도록 매달 25일에 주문을 하고 있다. 컴퓨터 하드웨어는 (주)탑골사에 제품을 발송하는 날을 기준으로 n/45(송장발송 후 45일 내에 전액 지급)의 조건으로 매입된다. (주)탑골사의 매입가격은 판매가격의 60%이다.

(주)탑골사 2012년 상반기 판매예측				
	하드웨어 매출		소프트웨어	총수익
	단위	금액	판매 및 지원	
1월	130	₩ 390,000	₩ 160,000	₩ 550,000
2월	120	360,000	140,000	500,000
3월	110	330,000	150,000	480,000
4월	90	270,000	130,000	400,000
5월	100	300,000	125,000	425,000
6월	125	375,000	225,000	600,000
합 계	675	₩2,025,000	₩ 930,000	₩2,955,000

요구사항

1. (주)탑골사가 4월 중 회수하리라 기대하는 현금을 계산하되, 모든 계산과정을 밝혀라.

2. (주)탑골사가 2012년 1월 25일에 알라딘컴퓨터 하드웨어를 주문하려고 한다.
   (1) 주문할 수량을 계산하라.
   (2) (주)탑골사의 위의 주문에 대한 금액은 얼마인지 계산하라.

3. 연간 예산편성의 한 과정으로 (주)탑골사의 월별 현금예산을 작성한다. (주)탑골사와 같은 회사가 월별 현금예산을 편성하는 이유를 설명하라.

해설

1. 4월 현금 회수액

4월 현금매출 : 400,000×25%	=	₩100,000	
4월 카드매출 : 400,000×30%×0.96	=	115,200	
3월 외상매출 : 480,000×45%×70%	=	151,200	
2월 외상매출 : 500,000×45%×28%	=	63,000	
합　계 :		₩429,400	

2. 1월 주문수량 및 주문금액

(1) 3월 매입수량 계산

　판매량　　：　110단위
　+ 기말재고 :　　27단위(=90단위×30%)
　− 기초재고 :　　33단위(=110단위×30%)
　매 입 량 :　104단위

　3월 매입수량은 104단위이며, 3월에 필요한 수량은 1월 25일 주문하여야 한다.

(2) 1월 주문 금액

　104단위 × 1,800* = ₩187,200
　　* 3,000 × 60% = ₩1,800

3. 월별 현금예산 편성 이유

회사는 프로그램을 매입해서 판매하고 있다. 따라서 매월 매입과 매출이 이루어지고 있으며, 이와 관련된 현금의 유입과 현금의 유출이 발생하고 있다. 매월 매입과 매출이 일정하지 않고 변화하고 있기 때문에 관련된 매입과 관련된 자금이 부족한 경우에는 회사는 필요한 시기에 필요한 프로그램을 구입하지 못하는 경우도 발생할 수 있다. 따라서 매월 예산을 편성해서 자금이 부족하다고 판단되는 경우에는 빨리 자금을 차입하던지, 증자 등을 통해서 자금을 마련할 수 있도록 하여야 한다.

퓨리티는 북부 오리건에 위치한 회사소유의 샘에서 생수를 병에 담아 판매하고 있다. 퓨리티는 500㎖의 일회용 플라스틱병과 2ℓ의 재활용이 가능한 용기의 두 가지 제품을 판매한다. 퓨리티의 판매담당자는 20x7년도에 매달 500㎖ 제품 400,000병과 2ℓ 제품 100,000개를 팔 것으로 예측하고 있으며, 평균판매단가는 500㎖ 제품은 ₩500, 2ℓ 제품은 ₩2,500으로 예상하고 있다. 회사와 관련된 다음의 자료를 이용하여 물음에 답하시오.

[요구사항]

1. 퓨리티의 20x7년도 500㎖ 제품의 기초재고를 900,000병이다. 운영담당 부사장은 20x7년 12월 31일 현재 500㎖ 제품은 적어도 600,000병의 재고를 보유하라고 지시하였다. 위의 매출예산에 따르면, 20x7년도에 생산하여야 할 500㎖ 제품은 적어도 몇 병이 되어야 하는가?

2. 운영담당 부사장은 20x7년 12월 31일 현재 2ℓ 제품 200,000개를 재고로 보유하도록 지시하였다. 만약 제조예산이 20x7년도에 1,300,000개가 되도록 할려면 20x7년도 1월 1일 2ℓ 제품의 기초재고는 몇 개가 되어야 하는가?

※ 퓨리티는 500㎖의 1회용 플라스틱병과 2ℓ 제품의 재활용이 가능한 용기의 제품을 판매한다. 500㎖ 짜리 병은 플라스틱 용품 제조업자인 플라스티코에서 단위당 ₩100에 구입한다. 2ℓ 짜리는 용기당 ₩400의 비용으로 살균소독하여 재활용된다. 생수를 추출하는 데는 4ℓ 당 ₩300의 직접노동원가가 소요된다. 제조간접원가는 단위당 ₩300씩 배분된다. (주의 : 여기서 단위란 500㎖ 병 또는 2ℓ 짜리 용기를 말한다). 20x7년도 제조예산에 따르면, 500㎖ 제품 4,500,000병과 2ℓ 제품 1,300,000개를 제조하도록 되어 있다.

3. 2ℓ 짜리 용기는 모두 감가상각되어 살균소독비만 발생한다. 2ℓ 제품 용기의 기초 및 기말재고는 없다. 20x7년 1월 1일 현재, 500㎖짜리 빈병은 500,000병이 있다. 운영담당 부사장은 20x7년도 기말재고로 300,000병을 보유하고자 한다. 2ℓ 짜리 빈병에 소요되는 유일한 원가는 살균소독비용으로 직접재료비에 포함하여, 직접재료비예산을 수량과 금액으로 표시하여 작성하라.

4. 20x7년도의 직접노무비예산을 작성하라.

5. 두 제품의 단위당 제조원가를 계산하라.

6. 각 제품의 단위당 매출총이익은 얼마가 되겠는가?

7. 퓨리티의 제조간접원가배분기준을 고려하자. 현재의 제조간접비 배부기준이 타당하다고 판단하는가? 타당하지 않다면 그 이유는 무엇인가?

➡ 해설

1. 20x7년도 500㎖ 제품 제조예산

	20x7년
예상판매량	4,800,000병[*1]
(+)기말제품재고	+ 600,000병
(-)기초제품재고	- 900,000병
=당기 제조 수량	=4,500,000병

[*1] 400,000병×12개월 = 4,800,000병

회사는 당기에 500㎖ 제품을 4,500,000병 생산하여야 한다.

2. 20x7년도 2ℓ 제품 기초재고(x)

	20x7년	
예상판매량	1,200,000병[*1]	
(+)기말제품재고	+ 200,000병	
(-)기초제품재고	- x병	→ x= 100,000병
=당기 제조 수량	=1,300,000병	

[*2] 100,000병×12개월 = 1,200,000병

당기 2ℓ 제품의 제조예산이 1,300,000병이 되기 위해서는 기초제품이 100,000병이 되어야 한다.

3. 직접재료비 예산

(1) 직접재료비 예산

500㎖ 플라스틱병	:4,500,000병 × 100 =	₩450,000,000
2ℓ 플라스틱병 살균소독비용	:1,300,000병 × 400 =	520,000,000
합 계	:	₩970,000,000

(2) 직접재료비 구매예산

500㎖ 플라스틱병 구입비용	:4,300,000병[*1]× 100 =	₩430,000,000
2ℓ 플라스틱병 살균소독비용	:1,300,000병 × 400 =	520,000,000
합 계	:	₩950,000,000

[*1] 500㎖ 플라스틱병 구매예산

	20x7년
당기 투입수량	4,500,000병
(+)기말원재료재고	+ 300,000병
(-)기초원재료재고	- 500,000병
= 당기 구입 수량	= 4,300,000병

4. 직접노무비 예산

500㎖ 제품 직접노무비 : 4,500,000병× 37.5[*1] = ₩168,750,000

2ℓ 제품 직접노무비 : 1,300,000병× 150[*2] = <u>195,000,000</u>

합　계 : ₩363,750,000

[*1] $₩300× \dfrac{500ml}{4l}= ₩37.5$

[*2] $₩300× \dfrac{2l}{4l}= ₩150$

5. 제품별 단위당 제조원가

	500㎖ 제품	2ℓ 제품
직접재료비	₩ 450,000,000	₩ 520,000,000
직접노무비	168,750,000	195,000,000
제조간접비	1,350,000,000[*1]	390,000,000[*2]
합　계	₩1,968,750,000	₩1,105,000,000
생산량	÷ 4,500,000병	÷ 1,300,000병
단위당 제조원가	₩437.5	₩850

[*1] 4,500,000병×300 = ₩1,350,000,000

[*2] 1,300,000병×300 = ₩390,000,000

6. 각 제품의 단위당 매출총이익

	500㎖ 제품	2ℓ 제품
매 출 액	₩2,400,000,000[*1]	₩3,000,000,000[*2]
매출원가	2,100,000,000[*3]	1,020,000,000[*4]
매출총이익	300,000,000	1,980,000,000
판매량	÷ 4,800,000병	÷ 1,200,000병
단위당 매출총이익	₩62.5	₩1,650

[*1] 4,800,000병× 500 = ₩2,400,000,000

[*2] 1,200,000병×2,500 = ₩3,000,000,000

[*3] 4,800,000병×437.5 = ₩2,100,000,000

[*4] 1,200,000병× 850 = ₩1,020,000,000

7. 제조간접비 배부기준

용기의 크기에 따라 용기에 물은 채우는 시간도 다를 것이며, 용기의 무게 때문에 용기를 이동하는 과정도 복잡할 것이기 때문에 제조간접비를 단순히 단위당 ₩300씩 배부하는 것보다는 용기에 물은 채우는 시간과 용기를 이동하는데 소요되는 시간, 이동하는 횟수 등을 감안하여 제조간접비를 배부하는 것이 더 타당할 것이다.

(주)종합의 기초 재무상태표는 다음과 같다.

재무상태표

현 금	₩ 150,000	매입채무	₩ 56,380
매출채권	850,000	차 입 금	400,000
원재료(12,600kg × 5)	63,000	자 본 금	500,000
제품(2,500개)	75,000	자본잉여금	300,000
유형자산	700,000	이익잉여금	381,620
감가상각누계액	(200,000)		
	₩ 1,638,000		₩ 1,638,000

(주)종합의 다음의 자료를 이용하여 2012년도의 월별 예산을 편성하고자 한다.

1. 제품의 단위당 판매가격은 ₩70이며, 분기별 예상판매량은 다음과 같다.

월	1월	2월	3월	4월
예상판매량	20,000개	25,000개	22,000개	24,000개

2. 월별 기준조업도는 22,500단위이며, 이 경우 제품단위당 제조원가는 다음과 같다.

직접재료비(2kg, @5)	₩10
직접노무비(3시간, @2)	6
변동제조간접비(3시간, @3)	9
합 계	₩25

월별 고정제조간접비 예산 ₩247,500중 ₩120,000은 감가상각비이다.

3. 제품의 월말 적정재고량은 다음 달 예상판매량의 20%수준이다.

4. 원재료의 월말 적정재고량은 다음 달 제품생산에 필요한 원재료수량의 30%수준이다.

5. 모든 매출은 신용매출로 이루어지며, 외상매출금은 판매한 달에 60%가 회수되며, 판매한 다음달에 30%, 판매후 2개월째에 나머지가 회수된다. 기초재무상태표상 매출채권 잔액 중 ₩700,000은 작년 12월 매출 분이며, 나머지는 작년 11월 매출분이다.

6. 모든 매입은 신용거래로 이루어지며, 외상매입금은 매입한 달에 70%를 지급하며, 나머지 30%는 그 다음 달에 지급한다.

7. 월별 판매관리비예산은 제품단위당 변동판매관리비 ₩20과 고정판매관리비 ₩180,000이며, 고정판매관리비에는 감가상각비 ₩120,000이 포함되어 있다.

8. 원재료 매입과 감가상각비 이외의 비용은 모두 발생한 달에 전액 현금 지급되며, 월초와 월말에 재공품재고는 없는 것으로 가정하며, 재고자산의 평가는 선입선출법에 의한다.

9. 회사의 기초 재무상태표상 차입금은 전액 1월초에 만기가 도래한다.

10. 회사는 1월 중 주식 200주를 액면가액인 ₩500씩에 유상증자 계획이 있다.

요구사항

위의 자료를 이용하여 1월의 종합예산을 편성하시오.

(▶ hint : 판매예산, 제조예산, 제조원가예산 및 원재료구매예산, 매출원가예산, 판매관리비예산, 예산손익계산서, 현금예산, 예산재무상태표 등을 순서대로 작성하여야 함)

▶ 해설

1. 판매예산은 종합예산의 시작으로서 각 월별 예상판매수량에 단위당 판매가격을 곱하여 계산한다.

월	1월	2월	3월	4월
예상 판매량 × 단위당 판매가격	20,000개 × ₩70	25,000개 × ₩70	22,000개 × ₩70	24,000개 × ₩70
예산 매출액	₩1,400,000	₩1,750,000	₩1,540,000	₩1,680,000

2. 제조예산은 월별로 예상(목표) 생산량을 계산하는 절차이다. 기초재고와 당기제품제조 수량의 합계에서 기말재고 수량을 차감하면 판매수량(매출원가)가 나오는 논리를 이용하여, 판매량과 월말제품재고 수량의 합계에서 월초재고수량을 차감하면 당기 생산량이 나오는 것이다. 이 때 주의할 점은 1월의 기초재고수량은 기초재무상태표상에 나오는 2,500단위임에 주의하여야 한다. 만약 1월의 기초재고수량이 주어지지 않았다면, 1월 예상 판매량의 20%를 기초재고로 사용하여야 하나, 기초재고가 주어졌음에 주의하여야 한다. 제조예산은 다음과 같이 계산될 수 있다.

월	1월	2월	3월
예산 판매량 (+)월말제품재고량 (-)월초제품재고량	20,000개 +5,000개 -2,500개	25,000개 +4,400개 -5,000개	22,000개 +4,800개 -4,400개
목표 생산량	22,500개	24,400개	22,400개

3. 제조원가 예산은 예상(목표) 생산량 자료와 제품 단위당 원가자료를 이용하여 제조원가를 계산해 보는 절차이다. 즉, 예상 생산량과 관련해서 발생할 것으로 예상되는 직접재료비, 직접노무비, 변동제조간접비, 고정제조간접비를 계산하는 절차로서 다음과 같다.

월	1월	2월
직접재료비예산 직접노무비예산 변동제조간접비예산 고정제조간접비예산	22,500개 × 2kg × ₩5 = ₩225,000 22,500개 × 3h × 2 = 135,000 22,500개 × 3h × 3 = 202,500 247,500	24,400개 × 2kg × ₩5 = ₩244,000 24,400개 × 3h × 2 = 146,400 24,400개 × 3h × 3 = 219,600 247,500
제조원가예산	₩810,000	₩857,500

4. 직접재료 구매예산은 직접재료비 예산자료와 각 월별 기초 및 기말 원재료 재고를 파악하면 나오게 된다. 이는 월초원재료재고 수량과 당월 원재료 매입수량의 합계액에서 월말원재료재고 수량을 차감하면 당월 투입원재료 수량(직접재료비에 해당)이 나오게 되는 논리를 이용하여, 당월 원재료 투입 수량(사용량)에 월말 원재료 재고를 더하고 월초 원재료 재고를 차감하면 원재료 구입수량이 나오게 되는 것으로서 다음과 같이 계산된다.

구분	1월	2월
분기별 제품생산량 단위당 원재료 사용량	22,500단위 × 2kg	24,400단위 × 2kg
원재료 사용량 (+)월말원재료재고량 (−)월초원재료재고량	= 45,000kg + 14,640kg^{*1} − 12,600kg^{*2}	= 48,800kg + 13,440kg^{*3} − 14,640kg^{*1}
원재료 구입량	= 47,040kg	= 47,600kg
원재료 kg당 원가	× @5	× @5
원재료 구입금액	= ₩235,200	= ₩238,000

^{*1} 48,800kg × 30%

^{*2} 기초재고수량

^{*3} 22,400개 × 2kg × 30%

5. 매출원가는 기초제품에 당기제품제조원가를 가산하고 기말제품재고를 차감한 금액이다. 따라서 다음과 같이 나타낼 수 있을 것이다.

기초제품재고액	₩ 75,000
당월제품제조원가	810,000
기말제품재고액	(180,000) (= 5,000개 × 36*)
매 출 원 가	₩705,000

* 제품 단위당 원가 $= \dfrac{\text{당월제품제조원가}}{\text{당월생산량}} = \dfrac{810,000}{22,500개} = ₩36$

6. 판매관리비는 변동판매관리비와 고정판매관리비로 나누어 편성하며, 변동판매관리비는 판매수량에 비례하여 발생하나 고정판매관리비는 수량에 상관없이 발생하므로 다음과 같다.

1) 변동판매관리비 : ₩400,000(20,000개 × ₩20)

2) 고정판매관리비 : ₩180,000

Chapter 10

7. 예산손익계산서

예산손익계산서

Ⅰ. 매출액	20,000단위 × 70 =	₩1,400,000
Ⅱ. 매출원가		
1. 기초제품재고액	75,000	
2. 당기제품제조원가	<u>810,000</u>	
3. 계	885,000	
4. 기말제품재고액	<u>(180,000)</u>(= 5,000개 × ₩36)	<u>705,000</u>
Ⅲ. 매출총이익		₩695,000
Ⅳ. 판매관리비		
1. 변동판매관리비	400,000(20,000 × ₩20)	
2. 고정판매관리비	<u>180,000</u>	<u>580,000</u>
Ⅴ. 영업이익		₩115,000

8. 현금예산

현금예산

Ⅰ. 기초현금		₩150,000
Ⅱ. 현금유입		₩1,615,000
1. 기초매출채권회수액	₩675,000 [*1]	
2. 당기매출채권회수액	840,000 [*2]	
3. 유상증자	100,000 (= 200주 × 500)	
Ⅲ. 현금유출		₩1,546,020
1. 기초매입채무지급액	₩ 56,380	
2. 당기매입채무지급액	164,640 [*3]	
3. 직접노무비지급액	135,000	
4. 변동제조간접비지급액	202,500	
5. 고정제조간접비지급액	127,500 (= 247,500 − 120,000)	
6. 변동판매관리비지급액	400,000	
7. 고정판매관리비지급액	60,000 (= 180,000 − 120,000)	
8. 차입금 상환	400,000	
Ⅳ. 기말현금		<u>₩ 218,980</u>

[*1] $700,000 \times \dfrac{30\%}{40\%} + 150,000 = ₩675,000$

[*2] $1,400,000 \times 60\% = ₩840,000$

[*3] $235,200 \times 70\% = ₩164,640$

9. 예산재무상태표

예산재무상태표

현 금	₩ 218,980	매입채무(235,200 × 30%)	₩ 70,560
매출채권	735,000[*]	자 본 금	600,000
원재료(14,640kg × 5)	73,200	자본잉여금	300,000
제품(5,000개 × 36)	180,000	이익잉여금	496,620
유형자산	700,000	(당기순이익 ₩115,000)	
감가상각누계액	(440,000)		
	₩1,467,180		1,467,180

$$* \quad 700,000 \times \frac{10\%}{40\%} + 1,400,000 \times 40\% = ₩735,000$$

표준원가가산제도를 도입하고 있는 ㈜세무가 20x1년에 생산할 제품 A의 단위당 표준원가와 2/4분기 예산편성을 위한 자료는 다음과 같다. 물음에 답하시오. (20점)

요구사항

1. 단위당 표준수량과 표준가격 및 표준원가

원가항목	표준수량	표준가격	표준원가
직접재료원가	2kg	₩500	₩1,000
직접노무원가	3시간	60	180
변동제조간접원가	3시간	40	120
고정제조간접원가	3시간	100	300
합계			₩1,600

2. 단위당 변동판매비와관리비는 ₩100이며 고정판매비와관리비는 매월 ₩800,000으로 예상된다.

3. 고정제조간접원가는 매월 ₩1,800,000으로 일정하게 발생한다. 고정제조간접원가 표준배부율을 산정하는데 사용한 기준조업도는 18,000시간이다.

4. 고정제조간접원가에는 월 ₩600,000의 감가상각비가 포함되어 있으며 고정판매관리비와관리비에는 월 ₩50,000의 무형자산상각비가 포함되어 있다.

5. 제품 A의 월별 판매수량과 매출액

구분	3월	4월	5월	6월
판매수량	3,500단위	4,500단위	5,500단위	5,000단위
매출액	₩7,000,000	₩9,000,000	₩11,000,000	₩10,000,000

6. 월말 제품제고는 다음 달 예산 판매수량의 10%를 유지하고, 월말 직접재료의 재고는 다음 달 예산 사용량의 20%수준을 유지한다. 월말 재공품은 없는 것으로 한다.

7. 모든 재고자산의 매입과 매출은 외상거래로 이루어진다. 매출액의 60%는 판매한 달에, 나머지 40%는 판매한 다음 달에 현금으로 회수한다. 외상매입금은 매입한 달에 70%를, 나머지 30%는 매입한 다음 달에 현금으로 지급한다. 그리고 재료 매입액을 제외한 제조원가와 판매관리비는 발생한 달에 전액 현금으로 지급한다.

8. 원가차이 중 가격차이, 능률차이, 예산차이는 발생하지 않고 고정제조간접원가 조업도 차이는 매출원가에서 조정하는 것으로 가정한다.

9. 3월 말 현금잔액은 ₩2,500,000이다.

물음 1) 다음 물음에 답하시오. (5점)

  (1) 4월의 제조(생산량)예산을 구하시오.

  (2) 4월의 재료매입예산액을 구하시오.

물음 2) 표준원가자료를 반영하여 다음 물음에 답하시오. (5점)

  (1) 변동원가계산에 의한 4월의 예산 손익계산서를 구하시오.

  (2) 전부원가계산에 의한 4월의 매출원가를 구하시오.

물음 3) 4월 말 예산 현금잔액을 구하시오, (5점)

※ 물음 4)는 물음 1), 물음 2), 물음 3)과 독립적이다.

물음 4) ㈜세무는 추가적인 자본조달을 통해 새롭게 설비를 확장하였다. 설비확장을 위해 투하된 자금은 ₩25,000,000으로 이중 20%는 이자율 연 12%인 장기부채로 조달하였으며 나머지는 주식을 발행하여 조달하였다. 신규투자로 인한 세전영업이익이 ₩4,800,000 발생하였다. 자기자본비용이 15%, 법인세율이 25%일 때, 신규투자의 경제적 부가가치를 구하시오. (단, 장기부채 및 자기자본의 장부가치와 시장가치는 동일하다. 가중평균자본비용 계산 시 소수점 네 자리 이하는 버린다. [예: 0.1136 → 0.113)] (5점)

➡ 해설

[물음 3]

(1) 제조예산

	3월	4월	5월	6월
예상판매량	3,500개	4,500개	5,500개	5,000개
(+)기말제품재고	+ 450개	+ 550개	+ 500개	
(−)기초제품재고	− 350개	− 450개	− 550개	
=당기 제조 수량	= 3,600개	=4,600개	=5,450개	

따라서 4월 제품 생산량은 4,600단위이다.

(2) 재료구매예산

	3월	4월	5월
당기 제품 제조 수량	= 3,600개	=4,600개	=5,450개
× 단위당 원재료 수량	× 2kg	× 2.kg	× 2kg
= 원재료 투입량	= 7,200kg	= 9,200kg	= 10,900kg
(+)기말원재료	+ 1,840kg	+ 2,180kg	
(−)기초원재료	− 1,440kg	− 1,840kg	
=당기 원재료 구매량	= 7,600kg	= 9,540kg	
× 원재료 1kg당 금액	× 500	× 500	
= 원재료 매입액	₩3,800,000	₩4,770,000	

따라서 4월 원재료 매입액은 ₩4,770,000이다.

[물음 2]

(1) 변동원가계산 손익계산서

변동원가계산 손익계산서

Ⅰ. 매 출 액	4,500단위 × 2,000 =		₩9,000,000
Ⅱ. 변 동 비			6,300,000
1. 변 동 매 출 원 가	4,500단위 × 1,300 =	5,850,000	
2. 변 동 판 매 관 리 비	4,500단위 × 100 =	450,000	
Ⅲ. 공 헌 이 익			₩2,700,000
Ⅳ. 고 정 비			2,600,000
1. 고 정 제 조 간 접 비		1,800,000	
2. 고 정 판 매 관 리 비		800,000	
Ⅴ. 영 업 이 익			₩ 100,000

(2) 전부원가계산 매출원가

기 초 제 품 재 고	450단위 × 1,600[*1] =	720,000	
당기제품제조원가	4,600단위 × 1,600[*1] =	7,360,000	
기 말 제 품 재 고	550단위 × 1,600[*1] =	(880,000)	
고정제조간접비조업도차이		420,000[*2]	
매 출 원 가		7,620,000	

[*1] 단위당 표준원가

[*2]

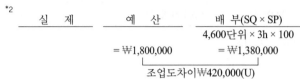

실 제	예 산	배 부(SQ × SP)
		4,600단위 × 3h × 100
= ₩1,800,000	= ₩1,380,000	

조업도차이 ₩420,000(U)

[물음 3] 현금예산

현금예산

Ⅰ. 4월초현금		₩2,500,000
Ⅱ. 현금유입		8,200,000
1. 월초매출채권회수액	7,000,000×40% = 2,800,000	
2. 당월매출채권회수액	9,000,000×60% = 5,400,000	
Ⅲ. 현금유출		8,259,000
1. 월초매입채무지급액	3,800,000×30% = 1,140,000	
2. 당기매입채무지급액	4,770,000×70% = 3,339,000	
3. 직접노무비지급액	4,600단위×3h×60 = 828,000	
4. 변동제조간접비지급액	4,600단위×3h×40 = 552,000	
5. 고정제조간접비지급액	1,800,000 − 600,000 = 1,200,000	
6. 변동판매관리비지급액	4,500단위×100 = 450,000	
7. 고정판매관리비지급액	800,000 − 50,000 = 750,000	
Ⅳ. 7월말현금		₩ 2,441,000

[물음 4] 경제적부가가치(EVA)

EVA = 세후영업이익 − 투하자본 × 가중평균자본비용
= 4,800,000×(1−0.25) − 25,000,000×13.8%[*1] = 150,000

[*1] 12%×(1−0.25)×20% + 15%×80% = 13.8%

연습문제 6 　　활동기준예산과 카이젠예산 　　Horngren

훼밀리마트는 2012년 1월의 활동기준예산을 작성하고 있다. 현재의 관심사는 다음의 네 가지 활동이다.

1. 주문－구매활동을 말하며, 원가동인은 구매주문횟수이다.
2. 배달－물리적인 배달과 상품의 수령활동이며, 원가동인은 배달횟수이다.
3. 상품정리－상품을 창고의 선반에 쌓고, 판매 전에 정리하는 활동이며, 원가동인은 상품정리시간이다.
4. 고객지원－계산과 포장을 포함하여 고객을 돕는 활동이며, 원가동인은 팔린 항목의 수이다.

훼밀리마트는 음료수, 야채, 포장음식의 세 가지 유형의 제품만을 취급한다고 가정한다. 이들 세 가지 유형의 각 원가동인의 예산사용량과 2012년 1월의 예산원가동인배부율은 다음과 같다.

활 동	원가동인	원가동인 배부율		2012년 1월 원가동인의 예산사용량		
		2011년 실제배부율	2012년 1월 예산배부율	음료수	야채	포장음식
주　　문	구매주문횟수	₩10,000	₩9,000	14	24	14
배　　달	배달횟수	8,000	8,200	12	62	19
상품정리	상품정리시간	2,000	2,100	16	172	94
고객지원	항목 수	20	18	4,600	34,200	10,750

요구사항

1. 2012년 1월의 각 활동에 대한 총 예산원가를 계산하시오.

2. 2012년 매월 활동분야의 원가에 대한 예산을 편성하는데, 카이젠예산을 사용하고자 한다. 특정월의 예산배부율은 그 전달 원가동인 배부율의 0.98배이다. 예를 들어, 2월의 예산원가동인배부율은 1월 예산배부율의 0.98배이며, 3월의 예산원가동인배부율은 2월 예산배부율의 0.98배이다. 2012년 3월의 원가동인의 예산사용량은 1월과 같다고 가정할 때, 2012년 2월과 3월의 각 활동에 대한 총 예산원가는 얼마인가?

3. 회사가 카이젠예산을 사용할 경우 얻는 효익은 무엇이며, 그 한계는 무엇인가?

1. 활동기준예산

활 동	음료수	야 채	포장음식
주 문	14 × 9,000 = ₩126,000	24 × 9,000 = ₩216,000	14 × 9,000 = ₩126,000
배 달	12 × 8,200 = 98,400	62 × 8,200 = 508,400	19 × 8,200 = 155,800
상품정리	16 × 2,100 = 33,600	172 × 2,100 = 361,200	94 × 2,100 = 197,400
고객지원	4,600 × 18 = 82,800	34,200 × 18 = 615,600	10,750 × 18 = 193,500
합 계	₩340,800	₩1,701,200	₩672,700

2. 카이젠예산

(1) 2월

활 동	음료수	야 채	포장음식
주 문*	₩123,480	₩ 211,680	₩123,480
배 달*	96,432	498,232	152,684
상품정리*	32,928	353,976	193,452
고객지원*	81,144	603,288	189,630
합 계	₩333,984	₩1,667,176	₩659,246

* (요구사항 1)의 0.98배

(2) 3월

활 동	음료수	야 채	포장음식
주 문	₩121,010	₩207,446	₩121,010
배 달	94,503	488,267	149,630
상품정리	32,269	346,896	189,583
고객지원	79,521	591,222	185,837
합 계	₩327,303	₩1,633,831	₩646,060

* 2월 예산의 0.98배

3. 카이젠예산은 매월 조금씩 원가절감을 할 수 있도록 예산을 편성한다. 따라서 공정의 작업자들은 목표원가 절감액을 달성하기 위해 지속적이고 점진적인 노력을 하게 된다. 또한 이러한 원가절감을 위하여 계속적으로 효율적인 작업을 추구하게 된다. 그러나 이러한 원가절감에 대한 압박은 작업자들에게는 상당한 부담으로 작용하고, 종업원들이 원가절감에 대한 중압감에 시달리게 된다.

11
chapter

자본예산

1 자본예산의 의의

자본예산(capital budgeting)이란 어떤 투자로 인한 효과가 장기적으로 실현되는 장기의사결정과 관련된 전체적인 계획과정이다.

2 자본예산 절차

자본예산 절차	내　　　용
(1) 투자기회의 발견	기업 내외의 투자환경을 분석하고 예측하여 기업가치를 증대시킬 수 있는 투자기회를 발견하는 것이다.
(2) 투자기회로부터 기대되는 현금흐름 추정	발견된 투자안의 미래현금흐름을 추정하게 되는데, 최초 투자시 지출되는 투자금액, 투자로 인하여 연간 기대되는 현금 유입액와 현금 유출액 등이 얼마나 될 것인지 등을 추정한다.
(3) 투자안의 경제성 분석	추정된 현금흐름을 가지고 투자안의 경제성을 분석하여, 기업 가치에 어느 정도 공헌할 수 있는가를 분석한다. 경제성 분석을 통하여 기업가치 극대화에 가장 큰 공헌을 할 수 있는 투자안을 선택한다.
(4) 투자후 재평가	투자를 한 후에는 투자가 사전에 예측했던 대로 실현되고 있는지의 여부를 재평가하고, 사전에 예측했던 대로 실현되고 있는지 등을 다시 평가한다.

3 현금흐름의 추정

현금흐름의 추정	내 용
현금흐름 추정시 유의사항	세후현금흐름 기준, 증분기준, 금융비용은 제외, 감가상각비 제외(단, 감가상각비 절세효과는 포함), 운전자본증가액 포함, 인플레이션은 일관성 있게 고려할 것.
투자시점의 현금흐름	① 투자대상자산의 취득원가(현금유출) ② 투자에 따르는 운전자본 증가액(현금유출) ③ 구자산 처분에 따른 현금유입액(현금유입) = S−(S−B)×t ④ 투자세액공제(현금유입)

투자기간 중의 현금흐름	① 세후영업현금흐름과 감가상각비 절세효과
	  → (S−O)×(1−t) + D×t
	  = (S−O−D)×(1−t) + D

투자종료시점의 현금흐름	① 유형자산 처분처분가액(현금유입) = S−(S−B)×t ② 운전자본 회수액(현금유입)

4 투자안의 경제성 분석

회 수 기 간 법 ┐
회계적이익률법 ┘ → 비할인 모형

순 현 재 가 치 법 ┐
내 부 수 익 률 법 ┘ → 할인 모형

	장 점	단 점
회수기간법	① 계산이 간단하고 이해하기 쉽다 ② 투자안의 위험도를 나타내는 위험지표로 이용되어 기업에 유용한 정보를 제공한다.	① 회수기간 이후의 현금흐름은 무시 ② 화폐의 시간가치를 고려하지 않는다. ③ 목표회수기간의 선정이 자의적이다.

회계적 이익률법	① 계산이 간단하고 이해하기 쉽다. ② 회수기간법과 달리 수익성을 고려한다. ③ 회사의 회계자료를 가지고 바로 이용가능	① 현금흐름이 아닌 회계적이익을 이용한다. ② 화폐의 시간가치를 고려하지 않는다. ③ 목표이익률의 선정이 자의적이다.
내부수익률법	① 화폐의 시간가치를 고려한다. ② 순이익이 아닌 현금흐름을 이용한다.	① 내부수익률의 계산이 복잡하다. ② 복수의 내부수익률이 존재할 수 있다. ③ 현금유입액이 투자기간동안 **내부수익률로 재투자 된다는 가정**이 비현실적이다. ④ 투자규모나 현금흐름양상에 따라 다른 결과가 나올 수 있다.
순현재가치법	① 화폐의 시간가치를 고려한다. ② 순이익이 아닌 현금흐름을 이용한다. ③ 가치가산의 원칙이 적용된다. ④ 할인율을 이용하여 위험을 반영할 수 있다. ⑤ **자본비용으로 재투자한다는 가정**이 내부수익률법에 비해 더 현실적이다. ⑥ 내부수익률법에 비해 계산이 쉽다.	① 자본비용의 계산이 어렵다

5. 순현재가치법법과 내부수익률법의 결과가 다른 경우

(1) 각 투자안들의 투자규모가 현저히 다른 경우

(2) 각 투자안들의 현금흐름 양상이 현저히 다른 경우

(3) 각 투자안들의 내용연수가 상이한 경우

순현재가치법과 내부수익률법에 의한 평과결과가 다르게 나올 경우에는 일반적으로 순현재가치법에 의한 결과를 따르는 것이 타당하다.

연습문제 1 순현재가치법

(주)경기는 새로운 기계를 구입하여 신제품 판매를 준비하고 있다. 새로운 기계는 ₩40,000,000에 취득하여 4년간 사용한 후에 ₩4,000,000의 잔존가치를 갖는다. 회사는 신제품 판매로 인하여 매년 ₩50,000,000의 매출이 증가하고, 이와 관련된 변동제조원가가 ₩20,000,000, 변동판매관리비가 ₩5,000,000이 증가할 것으로 예상하고 있다. 또한 매년 감가상각비 이외에 현금고정비가 ₩10,000,000이 발생할 것으로 예상된다. 회사는 새로운 기계를 정액법으로 상각할 것이며, (주)경기의 자본비용은 15%이다. 이자율 15%의 현가계수는 다음과 같다고 할 때, 아래 요구사항에 답하시오.

	0년	1년	2년	3년	4년
현가계수	1.000	0.870	0.756	0.658	0.572

요구사항

1. 순현재가치법으로 새로운 기계의 구입여부를 결정하시오.

2. 법인세율이 30%라고 가정하고 요구사항 1에 다시 답하시오.

→ 해설

1. 법인세가 없는 경우

(1) 투자안의 현재가치

(단위 : 천원)

	투자시점	1년말	2년말	3년말	4년말
기계구입원가	(40,000)				
매출액		50,000	50,000	50,000	50,000
변동제조원가		(20,000)	(20,000)	(20,000)	(20,000)
변동판관비		(5,000)	(5,000)	(5,000)	(5,000)
현금고정비		(10,000)	(10,000)	(10,000)	(10,000)
기계잔존가치					4,000
현금흐름	(40,000)	15,000	15,000	15,000	19,000
현가요소	–	× 0.870	× 0.756	× 0.658	× 0.572
현재가치	(40,000)	13,050	11,340	9,870	10,868

따라서 투자안의 순현재가치는

(40,000,000) + 13,050,000 + 11,340,000 + 9,870,000 + 10,868,000 = ₩5,128,000

(2) 의사결정 : 순현재가치가 0보다 크므로 회사는 기계를 구입하여야 한다.

별해

항목	연도	금액	현가요소	현가
취 득 원 가	0년	₩(40,000,000)	1.000	₩(40,000,000)
연 간 순 현 금 흐 름	1~4년	15,000,000	2.856	42,840,000
잔 존 가 치	4년	4,000,000	0.572	2,288,000
순 현 재 가 치				₩ 5,128,000

2. 법인세가 있는 경우

(1) 투자안의 순현가

(단위 : 천원)

항목	연도	현금흐름	세후현금흐름	현가요소	현가
취 득 원 가	0년	(40,000)	(40,000)	1.000	(40,000)
연 간 순 현 금 흐 름	1~4년	15,000	10,500	2.856	29,988
감가상각비절세효과	1~4년	–	2,700[*]	2.856	7,711.2
잔 존 가 치	4년	4,000	4,000	0.572	2,288
순 현 재 가 치					(12.8)

[*] 감가상각비 × t = (40,000,000 - 4,000,000)/4 × 30% = 2,700(천원)

(2) 의사결정 : 투자안의 순현재가치가 (₩12,800)으로서 0보다 작으므로 기계를 구입하지 않는다.

연습문제 2   투자안의 경제성분석

(주)건국은 ₩250,000의 새로운 기계를 구입하려고 한다. 기계의 내용연수는 3년이며 내용연수 종료시점의 잔존가치는 ₩10,000이다. 이 기계의 구입으로 인하여 투자기간동안 매년 ₩500,000의 매출증가와 ₩360,000의 변동비 증가가 예상되며, 다른 추가비용의 발생은 없다고 가정한다. 또한 3년 후 처분시 ₩10,000을 받을 수 있을 것으로 예상하고 있다. 법인세율 40%라고 가정할 때, 다음의 요구사항에 답하시오(10%에서의 3년 연금현가계수 : 2.48685, 10%에서의 3년 현재가치계수 : 0.75131).

[요구사항]

1. 상기 투자안의 투자시점별 현금흐름을 추정하시오.

2. 회수기간법에 의할 경우 투자안을 평가하시오. 단, 회사의 목표회수기간은 3년이다.

3. 회계적이익률법에 의할 경우 (1)최초투자액을 기준과 (2)평균투자액을 기준으로 회계적이익률을 각각 계산하시오.

4. 순현재가치법에 의하여 투자안을 평가하시오. 단, 자본비용은 10%라 가정한다.

➡ 해설

1. 현금흐름 추정

(1) 투자시점 : ₩250,000 현금유출(새로운 기계구입에 따른 현금 유출이 발생한다)

(2) 투자기간 중 : $(S - O) \times (1 - t) + D \times t$

$$= (500,000 - 360,000) \times (1 - 0.4) + 80,000^* \times 0.4$$

$$= ₩116,000$$

$$^* \quad \frac{(250,000 - 10,000)}{3} = ₩80,000$$

(3) 투자종료 시점 : ₩10,000 현금 유입(기계설비의 처분에 따른 현금의 유입이 발생한다)

2. 회수기간법

매년 ₩116,000씩의 현금유입이 예상되므로 2년이 경과하면, ₩232,000이 회수될 것이다. 따라서 나머지 ₩18,000(= ₩250,000 - 232,000)이 추가로 회수되는 데 걸리는 기간을 계산하면 된다. 3년차에 회수되는 ₩126,000(= ₩116,000 + ₩10,000) 중에서 ₩18,000이 회수되는데 걸리는 기간은 $\frac{18,000}{126,000} = 0.14$년이다.

즉,

$$회수기간 = 2년 + \frac{18,000}{126,000} = 2.14년$$

회수기간법에 의할 경우 (주)건국의 목표회수기간이 3년이므로, 2.14년에 투자금액이 회수되는 이 투자안은 경제성이 있는 것으로 평가된다.

3. 회계적이익률법

(주)건국의 매년 기대되는 영업이익은 $(500,000 - 360,000 - 80,000) \times (1 - 0.4) = ₩36,000$ 이다.

(1) 최초투자액기준 회계적이익률

회계적 이익률 = 연평균 세후순이익 ÷ 최초투자액

$$= \frac{36,000}{250,000} = 14.4\%$$

(2) 평균투자액기준 회계적이익률

회계적이익률 = 연평균 세후순이익 ÷ 평균 투자액

$$= \frac{36,000}{130,000}^* = 27.7\%$$

$$^* \quad \frac{(250,000 + 10,000)}{2} = ₩130,000$$

4. 순현재가치법

투자안의 순현재가치(NPV)는 현금유입액의 현재가치에서 현금유출액의 현재가치를 차감한 값을 말한다. 따라서 다음과 같이 계산된다.

$$
\begin{aligned}
NPV &= \frac{116,000}{(1 + 0.1)} + \frac{116,000}{(1 + 0.1)^2} + \frac{126,000}{(1 + 0.1)^3} - 250,000 \\
&= 116,000 \times 2.48685 + 10,000 \times 0.75131 - 250,000 \\
&= 295,987.7 - 250,000 \\
&= ₩45,987.7
\end{aligned}
$$

투자안의 순현재가치가 "0"보다 크기 때문에 투자안을 채택한다.

연습문제 3　　설비대체여부 결정 – 법인세가 없는 경우

(주)설비는 2년 전에 구입한 기계를 신기계로 대체할 것을 검토하고 있다. 회사가 현재 사용하고 있는 기계장치와 새로 구입하고자 하는 신기계장치 관련 정보는 다음과 같다.

	구 기 계	신 기 계
취 득 원 가	₩450,000	₩420,000
연 간 매 출 액	400,000	400,000
연 간 현 금 운 영 비	280,000	150,000
내 용 연 수	5년	3년
현 재 처 분 가 치	₩110,000	
내용연수말의 잔존가치	25,000	30,000
감 가 상 각 방 법	정액법	정액법

요구사항

1. 회사의 자본비용이 10%라고 가정하고, 총액접근법에 의하여 신기계 구입여부를 결정하시오.

2. 회사의 자본비용이 10%라고 가정하고, 증분접근법에 의하여 신기계 구입여부를 결정하시오.

원가관리회계연습 **Part2**

→ 해설

1. 총액접근법

(1) 구기계를 계속 사용할 경우

① 현금흐름

	0년도	1년도	2년도	3년도
영업활동으로 인한 현금흐름		₩120,000	₩120,000	₩120,000
구기계 처분(3년 후)				25,000
증분현금흐름		₩120,000	₩120,000	₩145,000

② 순현재가치 = 120,000 × 2.48685 + 25,000 × 0.75131 = ₩317,205

(2) 신기계를 취득할 경우

① 현금흐름

	0년도	1년도	2년도	3년도
영업활동으로 인한 현금흐름		₩250,000	₩250,000	₩250,000
구기계 처분(현재)	₩110,000			
신기계 구입	(420,000)			
신기계 처분(3년 후)				30,000
증분현금흐름	(₩310,000)	₩250,000	₩250,000	₩280,000

② 순현재가치 = −310,000 + 250,000 × 2.48685 + 30,000 × 0.75131 = ₩334,252

(3) 따라서, 신기계를 취득한 경우 순현재가치가 더 크기 때문에 신기계를 취득한다.

2. 증분접근법

(1) 신기계로 대체할 경우 기간별 증분 현금흐름

	0년도	1년도	2년도	3년도
영업활동으로 인한 증분 현금흐름		₩130,000	₩130,000	₩130,000
구기계 처분(현재)	₩110,000			
구기계 처분(3년 후)				(25,000)
신기계 구입	(420,000)			
신기계 처분(3년 후)				30,000
증분현금흐름	(₩310,000)	₩130,000	₩130,000	₩135,000

(2) 순현재가치 = −310,000 + 130,000 × 2.48685 + 5,000 × 0.75131 = ₩17,047

신기계로 대체시 순현재가치가 ₩17,047로서 0보다 크기 때문에 신기계로 대체하여야 한다.

연습문제 4   설비대체여부 결정 – 법인세가 존재하는 경우

(주)설비는 2년 전에 구입한 기계를 신기계로 대체할 것을 검토하고 있다. 회사가 현재 사용하고 있는 기계장치와 새로 구입하고자 하는 신기계장치 관련 정보는 다음과 같다.

	구 기 계	신 기 계
취 득 원 가	₩450,000	₩420,000
연 간 매 출 액	400,000	400,000
연 간 현 금 운 영 비	280,000	150,000
내 용 연 수	5년	3년
현 재 처 분 가 치	₩110,000	
내용연수말의 잔존가치	25,000	30,000
감 가 상 각 방 법	정액법	정액법

법인세율은 20%라고 가정하고, 다음 요구사항에 답하시오.

요구사항

1. 회사의 자본비용이 10%라고 가정하고, 총액접근법에 의하여 신기계 구입여부를 결정하시오.

2. 회사의 자본비용이 10%라고 가정하고, 증분접근법에 의하여 신기계 구입여부를 결정하시오.

➡ 해설

1. **총액접근법**

   (1) 구기계를 계속 사용할 경우

   ① 현금흐름

	0년도	1년도	2년도	3년도
영업활동으로 인한 현금흐름*		₩113,000	₩113,000	₩113,000
구기계 처분(3년 후)				25,000
증분현금흐름		₩113,000	₩113,000	₩138,000

       * $(400,000 - 280,000) \times (1 - 0.2) + (450,000 - 25,000)/5년 \times 0.2 = ₩113,000$

   ② 순현재가치 $= 113,000 \times 2.48685 + 25,000 \times 0.75131 = ₩299,797$

   (2) 신기계를 취득할 경우

   ① 현금흐름

	0년도	1년도	2년도	3년도
영업활동으로 인한 현금흐름*		₩226,000	₩226,000	₩226,000
구기계 처분(현재)	₩110,000			
신기계 구입	(420,000)			
신기계 처분(3년 후)				30,000
증분현금흐름	(₩310,000)	₩226,000	₩226,000	₩256,000

       * $(400,000 - 150,000) \times (1 - 0.2) + (420,000 - 30,000)/3년 \times 0.2 = ₩226,000$

   ② 순현재가치 $= -310,000 + 226,000 \times 2.48685 + 30,000 \times 0.75131 = ₩274,567$

   (3) 신기계를 취득한 경우 순현재가치가 더 작기 때문에 신기계를 취득하지 않고, 구기계를 계속 사용한다.

2. 증분접근법

(1) 신기계로 대체할 경우 기간별 증분 현금흐름

	0년도	1년도	2년도	3년도
영업활동으로 인한 증분 현금흐름*		₩113,000	₩113,000	₩113,000
구기계 처분(현재)	₩110,000			
구기계 처분(3년 후)				(25,000)
신기계 구입	(420,000)			
신기계 처분(3년 후)				30,000
증분현금흐름	(₩310,000)	₩113,000	₩113,000	₩118,000

　* 신기계취득에 따른 비용절감액 × (1 − 0.2) + 감가상각비 증가액 × 0.2

　= (280,000 − 150,000) × (1 − 0.2) + (130,000 − 85,000) × 0.2 = ₩113,000

(2) 순현재가치 = −310,000 + 113,000 × 2.48685 + 5,000 × 0.75131 = ₩−25,230

신기계로 대체시 순현재가치가 ₩−25,230로서 0보다 작기 때문에 신기계로 대체하지 않고 구기계를 계속 사용하여야 한다.

연습문제 5 다기간 CVP분석

(주)다연은 현재 사용 중인 기계가 기술적으로 노후화되어 있기 때문에 새로운 자동기계를 구입하려고 한다. 현재 사용 중인 기계는 감가상각이 이미 완료되었으나, 앞으로 5년동안은 더 사용할 수 있는 것으로 밝혀졌다. 각 기계를 이용하는 경우 제품제조에 소요되는 원가와 제품 단위당 판매가격에 관한 자료는 다음과 같다.

	구 기 계	신 기 계
단위당 판매가격	₩120	₩120
단위당 변 동 비	(90)	(70)
단위당 공헌이익	₩30	₩50
감가상각비를 제외한 연간 고정비	160,000	200,000

신기계의 구입원가는 ₩118,800, 내용연수는 5년이고, 구기계의 현재처분가치는 없다. 세계 기업은 모든 기계장치를 잔존가치 없이 정액법으로 감가상각한다. 투자의사결정의 최저필수수익률은 12%이며, 순현가법에 의하여 투자안을 평가하고 있다. 단, 12%, 5년의 연금현가계수는 3.6이라고 가정한다.

요구사항

1. (주)다연이 신기계를 취득하여 판매하는 수량이 연간 몇 단위 이상일 경우 회사는 신기계를 취득하는 의사결정을 하겠는가?

2. (주)다연에 적용되는 법인세율이 40%라고 가정하고 (요구사항1)에 다시 답하라.

➡ 해설

1. 손익분기점 판매량

    (1) 연간 증분현금흐름

변동비 절감액	20Q
증분현금고정비	(40,000)
연간 증분현금흐름	20Q − 40,000

    (2) 연간 판매량(Q)

    $(20Q - 40,000) \times 3.6 = ₩118,800$

    ∴ Q = 3,650단위

    즉, 회사는 연간 3,650단위 이상 판매가 될 것으로 예상되어야 신기계를 취득할 것이다.

2. 법인세율이 40%인 경우 손익분기점 판매량(Q)

    (1) 연간 세후증분현금흐름

세후변동비절감액	$20Q \times (1 - 0.4) =$	12Q
증분현금고정비	$40,000 \times (1 - 0.4) =$	(24,000)
감가상각비감세효과	$118,800 \div 5 \times 40\% =$	9,504
세후 증분현금흐름		12Q − 14,496

    (2) 연간 판매량(Q)

    $(12Q - 14,496) \times 3.6 = ₩118,800$

    ∴ Q = 3,958단위

    즉, 회사는 연간 3,958단위 이상 판매가 될 것으로 예상되어야 신기계를 취득할 것이다.

Part 3

성과평가와 기타이론

책임회계와 성과평가

1 의의

책임회계(responsibility accounting)란 조직의 각 부문을 책임중심점으로 설정하고, 책임중심점별로 성과평가를 행하려는 회계제도로서 책임중심점의 성과평가를 통하여 각 부문의 성과를 향상시키는 것이 목적이다.

2 책임중심점의 종류

책임중심점(responsibility center)이란 의사결정에 대한 권한과 책임을 가진 조직단위를 말하는데, 그 책임의 범위에 따라 원가중심점, 수익중심점, 이익중심점, 투자중심점으로 분류한다.

(1) 원가중심점

원가중심점(cost center)이란 원가의 발생에 대해서만 책임을 지는 책임중심점으로서 제조부문이 원가중심점에 해당된다. 원가중심점의 성과평가는 변동예산과 실제성과를 비교함으로서 이루어지며, 원가중심점에서 말하는 표준원가는 바로 변동예산상의 원가가 된다.

(2) 수익중심점

수익중심점(revenue center)이란 수익, 즉 매출액의 발생에 대해서만 책임을 지는 책임중심점으로서 판매부문이 대표적인 수익중심점에 해당된다. 그대로 판매부문을 수익중심점으로 설정할 경우 판매부문은 매출액의 증가에만 관심을 갖게 되기 때문에 판매관리비(접대비, 광고선전비 등)를 과대하게 지출하여 매출액의 증가보다 과다한 비용 지출로 인하여 이익은 오히려 감소할 수도 있다. 따라서 판매부문은 보통 수익창출과 원가발생에 대하여 동시에 책임을 지는 이익중심점으로 설정하는 것이 바람직하다.

(3) 이익중심점

이익중심점(profit center)이란 원가에 대해서 모두 책임을 지는 책임중심점을 말하며, 수익과 원가 모두에 대해 통제책임을 지기 때문에 이익중심점은 공헌이익을 기준으로 평가가 이루어지게 된다. 이러한 이익중심점의 성과보고서는 기업에 대한 해당 책임중심점의 공헌도를 더 잘 나타내주기 때문에 수익중심점의 성과보고서보다 더 유용하다 할 수 있다.

(4) 투자중심점

투자중심점(investment center)이란 수익 및 원가 뿐만 아니라 책임중심점에 투자된 투자액에 대해서도 책임을 지는 책임중심점으로서 가장 포괄적인 책임중심점이라 할 수 있으며, 분권화된 사업부가 대표적인 투자중심점에 해당된다. 투자중심점은 이익만 가지고 성과평가하지 않고 해당 책임중심점에 투자된 투자액을 동시에 고려함으로써 효율성을 같이 평가하게 된다.

3 변동예산과 고정예산

예산(budget)이란 미래 경영계획을 화폐가치로 표현한 것을 말하는데, 예산을 편성할 때 대상이 되는 조업도에 따라 고정예산과 변동예산으로 분류한다.

(1) 고정예산

고정예산(static budget)이란 예산기간 중에 계획된 **특정조업도(목표조업도)를 기준으로 사전에 편성된** 예산으로서, 사후에 실제조업도가 특정조업도와 일치하지 않더라도 조정되거나 변경되지 않는 예산을 말하며 **목표예산**이라고도 한다.

(2) 변동예산

변동예산(flexible budget)은 특정조업도를 기준으로 편성되는 고정예산과 달리 **조업도의 변화에 따라 조정되어 편성되는 예산**으로서, 보통 고정예산을 실제 조업도하에서의 예산으로 조정하여 편성된다.

4 제조부문의 성과평가

제조부문은 대표적인 원가중심점으로서 원가발생에 대하여 책임을 지는 책임중심점으로서 제조부분의 성과평가에서 주의할 점은 **실제 발생한 원가와 변동예산을 비교하여** 제조부문의 성과를 평가한다는 것이다.(제13장 표준원가 참고)

 5 판매부문의 성과평가

판매부문은 일반적으로 수익중심점보다는 원가에 대하여도 책임을 지는 이익중심점으로 설정되며, **실제성과와 고정예산(목표예산)상의 차이**를 가지고 차이분석을 하게 되는데, **공헌이익을 비교하여 평가**가 이루어진다.

(1) 매출총차이 분석

1) 매출가격차이

매출가격차이(selling price variance)는 실제판매가격과 예산상의 판매가격차이로 인한 공헌이익의 차이를 말하며, 실제판매가격과 예산판매가격이 다르기 때문에 발생하는 차이를 나타낸다.

2) 매출조업도차이

매출조업도차이(sales volume variance)는 실제매출수량과 고정예산상의 매출수량의 차이로 인한 공헌이익의 차이를 말하며, **예산상의 공헌이익을 기준으로 계산**한다. 매출조업도차이 계산시 예산상의 공헌이익을 이용하는 이유는 **제조부문의 성과가 판매부문의 성과에 미치는 영향을 제거하기 위한 것**이다.

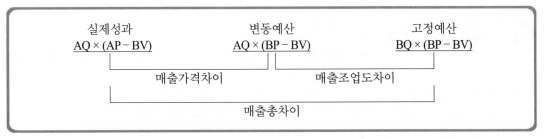

AQ : 실제판매수량   BQ : (고정)예산상의 판매수량

AP : 실제 단위당 판매가격   BP : 예산상의 단위당 판매가격

BV : 예산상의 단위당 변동비

(2) 매출조업도차이의 세부 분석

회사가 한 가지 제품만을 판매하지 않고, 여러 가지의 제품을 생산, 판매하는 경우에 매출조업도차이는 매출배합차이와 매출수량차이로 세분할 수 있다.

1) 매출배합차이

매출배합차이(sales mix variance)란 판매하는 복수의 제품들 간의 실제매출배합과 예산매출배합과의 차이가 공헌이익에 미치는 영향을 말하며, 단위당 예산공헌이익으로 고정된 상태에서 실제전체매출수량에 있어서의 실제매출배합과 실제전체매출수량에 있어서의 예산매출배합과의 차이를 말한다.

2) 매출수량차이

매출수량차이(sales volume variance)란 판매하는 복수의 제품 전체매출수량과 예산상의 전체매출수량과의 차이가 공헌이익에 미치는 영향을 말하며, 예산공헌이익으로 고정된 상태에서 실제전체매출수량의 예산매출배합과 예산전체매출수량의 예산매출배합과의 차이를 말한다.

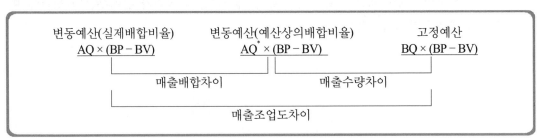

AQ^* : 예산상의 배합비율로 구성된 실제총판매수량

(3) 매출수량차이의 세부 분석

매출수량차이는 다시 시장점유율차이와 시장규모차이로 세분화되며, 예산평균공헌이익(budgeted average contribution margin)을 이용하여 다음과 같이 분석한다.

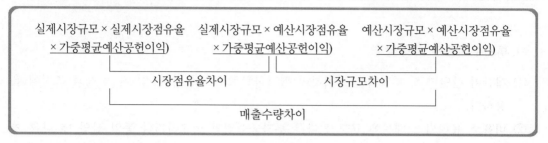

위에서 예산평균공헌이익이란 기업이 생산, 판매하는 복수의 제품들의 공헌이익을 해당 산업내의 매출배합비율로 가중평균하여 계산한 것으로 다음과 같이 계산할 수 있다.

예산평균공헌이익 = Σ(각 제품의 단위당 공헌이익 × 각 제품의 매출배합비율)

일반적으로 **시장점유율차이**는 기업이 어느 정도 통제할 수 있는 차이이지만, **시장규모차이**는 기업의 입장에서 통제 불가능한 요소이다. 따라서 판매부문경영자의 성과평가시에는 시장점유율차이가 더 중요하다.

6 투자중심점의 성과평가

투자중심점이란 원가와 수익 뿐 만아니라 투자결정에 대한 권한을 부여받은 책임중심점으로서, 원가와 수익에 의해 결정되는 이익 뿐만아니라 투자활동에 대한 결과까지도 책임을 지게 되는 가장 포괄적인 책임중심점이다.

(1) 투자수익률[1]

투자수익률(Return On Investment, ROI)은 투자액에 대한 이익의 비율을 나타내는 수익성 지표로서 수익성의 주요 요소인 매출액, 원가, 투자액 등을 하나의 수치로 통합시킨다.

---

1) 투자수익률법은 DuPont사에서 개발하여 Dupont의 수익성분석기법으로 널리 알려져 있다.

$$투자\ 수익률 = \frac{영업이익}{투자액(영업자산)} = \frac{영업이익}{매출액} \times \frac{매출액}{영업자산}$$
$$= 매출액(영업)이익률 \times 자산회전율$$

1) 투자수익률의 유용성

① 계산이 간단하고, 투자액을 고려하여 평가하므로 투자중심점 경영자의 성과 측정에 유용하다.

② 비율로 표현되기 때문에 규모가 다른 투자중심점과 비교하거나 동일 산업 내 다른 기업과 성과를 비교하는데도 유용하게 이용될 수 있다.

2) 투자수익률의 한계

① 회사전체의 목표와 투자중심점의 목표가 불일치하는 준최적화 현상이 발생할 수 있다.

② 수익률의 개념만을 가지고 평가하기 때문에 위험에 대한 고려가 적절히 되지 않는다.

③ 각 투자중심점의 사업의 성격이 매우 다른 경우에는 의미가 없다.

④ 회계상의 이익을 이용하기 때문에 현금흐름을 이용하여 평가하는 것보다 일관성이 결여될 수 있다.

(2) 잔여이익

잔여이익(Residual Income, RI)은 회계상의 이익에서 투자액에 대한 요구수익률을 차감한 금액이다. 투자수익률로 투자중심점의 성과평가시 발생하는 준최적화 현상을 극복하기 위하여 고안된 방법이다.

$$잔여이익(RI) = 영업이익 - 투자액에\ 대한\ 내재이자$$
$$= 영업이익 - 투자액 \times 최저필수수익률(부가이자율)$$

1) 잔여이익의 유용성

① 투자수익률로 평가시 발생할 수 있는 준최적화 문제를 극복할 수 있다.

② 각 투자중심점별로 위험을 고려하여 최저필수수익률을 조정함으로써 위험을 고려하여 성과평가할 수 있다.

2) 잔여이익의 한계

① 금액으로 비교하기 때문에 각 사업부의 규모가 다를 경우에는 잔여이익을 비교하는 것이 의미가 없다.
② 투자수익률과 마찬가지로 회계적 이익을 이용하기 때문에 투자의사결정과 성과평가의 일관성이 결여될 수 있다.

(3) 경제적 부가가치

경제적 부가가치(Economic Value Added, EVA)는 세후영업이익에서 기업의 이해관계자들에게 지급되는 자본비용을 차감한 잔액으로서 잔여이익의 계산구조를 변형한 것이다.

경제적 부가가치는 회사가 벌어들인 영업이익 중에서 세금 등으로 인해 국가 등에 지급되는 금액과 채권자와 주주들에게 지급되는 이자비용 및 자기자본비용을 차감하고 남는 잔액을 나타낸다.

$$\text{EVA} = \text{세후영업이익[2]} - \text{투하자본[3]} \times \text{가중평균자본비용}$$
$$= \text{세전영업이익} \times (1 - t) - \text{투하자본} \times \text{가중평균자본비용}$$

$$\text{가중평균자본비용} = \text{타인자본비용} \times \frac{\text{타인자본}}{\text{타인자본} + \text{자기자본}} + \text{자기자본비용[4]} \times \frac{\text{자기자본}}{\text{타인자본} + \text{자기자본}}$$

이 경우 한 가지 주의할 점은 가중평균자본비용을 계산할 때 타인자본과 자기자본은 모두 장부가치가 아닌 **시장가치**를 이용하여 가중평균한다는 점이다.

또한, 이 때 사용되는 타인자본비용(장기부채)은 세후 이자율로서 **"이자율 × (1 - t)"**로 계산된다.

---

[2] 여기에서 사용하는 영업이익은 일반적으로 인정된 회계기준에 따라 산출된 영업이익이 아닌 **상당히 조정된 영업이익**이다.

[3] 투하자본은 영업활동을 위하여 조달된 자금 중 이자비용이 발생하는 부채와 자기자본의 합으로써 유동부채 중 이자비용을 발생시키는 단기차입금이 없다면, 투하자본은 **비유동부채와 자기자본의 합**으로 표현되며, 일반적으로 인정된 회계원칙에 따라 산출된 자산과 부채가 아닌 **상당히 수정된 자산과 부채를 이용**하여 산출된다.

[4] 자기자본비용은 투자자들이 다른 투자안에 투자할 경우 얻을 수 있었을 수익률 중 가장 큰 수익률이다. 즉, 다른 투자안에 투자하지 않음으로 인해 포기되는 기회비용인 것이다.

1) 경제적부가가치의 유용성

① 잔여이익과 마찬가지로 비율개념이 아닌 절대금액으로 평가하기 때문에 준최적화현상이 나타나지 않는다.

② 타인자본비용뿐만 아니라 자기자본비용도 고려하여 성과평가를 하기 때문에 목표수익률의 개념이 명확해진다.

③ 다른 성과측정치보다 기업가치와 더 밀접한 상관관계를 갖기 때문에 투자의사결정에도 유용하다.

2) 경제적부가가치의 한계

① 영업이익과 투하자본의 계산시 많은 조정이 필요하며 계산이 복잡하다.

② 자기자본비용의 산정이 어렵기 때문에 가중평균자본비용의 산정이 어렵다.

③ 재무적 성과만을 고려하고, 비재무적인 성과는 고려하지 않는다.

참고

성과평가의 기본원칙

① 통제가능성 : 평가하는 부문이 통제할 수 없는 역량은 성과평가 대상에 포함되어서는 안된다.
　　　　　　　꼭 해당부문이 통제할 수 있는 역량을 평가대상으로 하여야 한다.

② 독립성 : 다른 부문의 성과가 평가대상부문 성과에 영향을 미쳐서는 안된다.
　　　　　즉, 해당부문의 성과만 독립적으로 평가할 수 있도록 하여야 한다.

③ 목표일치성 : 회사 전체의 목표와 평가대상부문의 목표가 일치하도록 평가 방법이나 평가기준을
　　　　　　　설정하여야 한다.

판매부문 성과평가 2004 CPA 수정

(주)비광은 보통과 고급의 두 가지 우산을 판매한다. (주)비광의 2004년 판매와 관련된 자료는 다음과 같다.

1. 고정예산
   (1) 판매가격 및 변동비

제품	단위당 판매가격	단위당 변동비
보통우산	₩3,500	₩2,500
고급우산	₩6,200	₩3,200

   (2) 총 판매수량 : 2,000단위
   (3) 총공헌이익 : ₩2,800,000

2. 실제성과
   (1) 판매가격 및 변동비

제품	단위당 판매가격	단위당 변동비
보통우산	₩3,000	₩2,000
고급우산	₩5,500	₩3,000

   (2) 총 판매량 중 보통우산의 비율 : 60%

3. 20x4년도 (주)비광의 총매출수량차이는 ₩700,000(불리)이며, (주)비광은 고정예산을 편성할 때, 전체 시장의 1% 점유를 목표로 하였으나, 실제로는 1.25%를 점유하였다.

요구사항

1. 고정예산상의 보통우산과 고급우산의 배합비율을 계산하시오.

2. 당기 회사의 실제 우산 총 판매량을 계산하시오.

3. 매출배합차이를 계산하시오.

4. 매출수량차이를 통제가능한차이와 통제불가능한 차이로 구분하시오.

→ 해설

1. 고정예산상의 판매량의 비율

보통우산의 예산상 배합비율을 p라 하면, 고급우산의 예산상 배합비율은 $(1 - p)$가 된다.

따라서, 2,000개×p×₩1,000 + 2,000개×$(1 - p)$×₩3,000 = ₩2,800,000 → p = 0.8

따라서 고정예산산의 보통우산 판매량과 고급우산 판매량의 비율은 각각 80%와 20%이다.

2. 실제 우산 총 판매량

실제 우산 총 판매량을 Q라고 하면, 매출수량차이가 ₩700,000이므로, 다음을 만족하여야 한다.

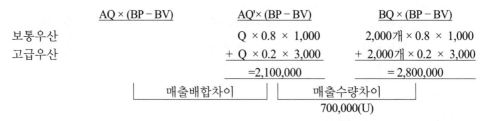

	AQ × (BP − BV)	AQ'× (BP − BV)	BQ × (BP − BV)
보통우산		Q × 0.8 × 1,000	2,000개 × 0.8 × 1,000
고급우산		+ Q × 0.2 × 3,000	+ 2,000개 × 0.2 × 3,000
		=2,100,000	= 2,800,000

매출배합차이 　　매출수량차이
700,000(U)

→ Q개×0.8×1,000 + Q개×0.2×3,000 = ₩2,800,000 − ₩700,000

→ 800Q + 600Q = 2,100,000

→ Q = 1,500개

따라서, 회사의 실제 우산 총 판매량은 1,500단위이다.

3. 매출배합차이

	AQ × (BP − BV)	AQ* × (BP − BV)	BQ × (BP − BV)
보통우산	1,500개 × 0.6 × 1,000	1,500개 × 0.8 × 1,000	2,000개 × 0.8 × 1,000
고급우산	+ 1,500개 × 0.4 × 3,000	+ 1,500개 × 0.2 × 3,000	+ 2,000개 × 0.2 × 3,000
	= 2,700,000	=2,100,000	= 2,800,000

매출배합차이 　　매출수량차이
600,000(F) 　　700,000(U)

4. 시장점유율차이와 시장규모차이

실제시장규모 × 실제시장점유율 × 가중평균예산공헌이익) | 실제시장규모 × 예산시장점유율 × 가중평균예산공헌이익) | 예산시장규모 × 예산시장점유율 × 가중평균예산공헌이익)

$120,000^{*2} \times 1.25\% \times 1,400^{*3}$ $120,000^{*2} \times 1\% \times 1,400^{*3}$ $200,000$단위$^{*1} \times 1\% \times 1,400^{*3}$

$= 2,100,000$ $= 1,680,000$ $= 2,800,000$

|시장점유율차이| |시장규모차이|
420,000(F)   1,120,000(U)

|매출수량차이|
700,000(U)

[*1] 예산 시장규모×1% = 2,000단위(예산판매량) → 예산 시장규모 = 200,000단위
[*2] 실제 시장규모×1.25% = 1,500단위(실제판매량) → 실제 시장규모 = 120,000단위
[*3] ₩1,000×80% + ₩3,000×20% = ₩1,400

시장점유율차이는 기업이 통제할 수 있는 차이이지만, 시장규모차이는 기업이 (단기적으로) 통제불가능한 차이이다. 따라서 통제가능한 차이는 ₩420,000(유리)이고, 통제불가능한 차이는 ₩1,120,000(불리)이다.

연습문제 2 · CVP분석과 관련원가 분석 · 2014 세무사

(주)국세는 자동과 가공기계를 이용한 가공공정을 통하여 제품 A와 제품 B를 생산, 판매하고 있다. 회사는 제품 A와 제품 B에 대한 수요량을 각각 800단위와 1,200단위로 예측하고 있다. 자동화 가공기계의 가동시간은 연간 20,000시간으로 제한되어 있으며, 제품생산과 관련한 고정제조간접원가는 발생하지 않으나 자동화 가공기계 소요시간당 ₩5의 변동가공원가가 발생한다. 다음은 각 제품과 관련된 예산자료이다.

	제품 A	제품 B
단위당 판매가격	₩1,000	₩800
단위당 직접재료원가	200	250
단위당 변동가공원가	100	50
단위당 변동판매관리비	100	100
고정판매관리비	₩ 576,000	

모든 제품이 생산 즉시 판매되어, 생산량과 판매량이 동일하며 재공품은 존재하지 않는다.
다음 각 물음은 독립적이다.

요구사항

1. 제품 A와 제품 B의 매출배합이 수요량 예측과 일치된다고 가정할 경우, 각 제품의 손익분기점 수량을 계산하시오.

2. 이익을 극대화하기 위한 각 제품의 판매수량과 총공헌이익을 계산하시오.

3. 회사는 최근 자동화 세척기계를 구입, 가공공정에서 생산된 제품을 세척공정에서 세척하여 판매하고 있다. 제품 1단위 세척에 소요되는 기계가동시간은 제품 A와 제품 B가 각각 10시간과 30시간이며, 자동화 세척기계는 연간 최대 39,000시간을 가동할 수 있다. 추가적으로 세척공정에서 발생하는 원가는 세척기계와 관련한 고정제조간접원가 ₩100,000이 유일하다. 이익을 극대화하기 위한 각 제품의 판매수량과 총공헌이익을 계산하시오.

4. 최근 제품 A와 제품 B에 대한 수요가 급격하게 증가하여 회사는 추가로 자동화 가공기계를 도입하였다. 이에 따라 자동화 가공기계의 가동시간은 연간 최대 40,000시간으로 확대되었고, 제품 A와 제품 B의 예산판매량은 각각 1,000단위와 1,500단위로 수립되었다. 다음은 실제 성과와 관련한 자료이다.

	제품 A	제품 B
단위당 판매가격	₩960	₩850
단위당 직접재료원가	180	200
단위당 변동가공원가	100	50
단위당 변동판매관리비	70	70
고정판매관리비	₩576,000	
실제 판매량	970단위	1,580단위

(1) 매출총차이를 계산하고, 이를 매출가격차이와 매출조업도차이로 세분하여 계산하시오. (단, 유리한 차이 또는 불리한 차이를 표시하시오.)

(2) (1)에서 계산한 매출조업도차이를 매출수량차이와 매출배합차이로 세분하여 계산하시오. (단, 유리한 차이 또는 불리한 차이를 표시하시오.)

➡ 해설

1. 손익분기점

	제품 A	제품 B
단위당 판매가격	₩1,000	₩800
단위당 변동비	400	400
단위당 공헌이익	₩ 600	₩ 400
판매량의 비율	2 : 3	

1꾸러미당 공헌이익 = 600×2 + 400×3 = ₩2,400

손익분기점 꾸러미 수 = $\dfrac{576,000}{2,400}$ = 240꾸러미

손익분기점 판매량 : 제품 A = 240꾸러미×2 = 480단위

제품 B = 240꾸러미×3 = 720단위

2. 이익극대화

(1) 생산 우선순위

	제품 A	제품 B
단위당 공헌이익	₩600	₩400
단위당 기계시간	÷ 20h[*1]	÷ 10h[*2]
기계시간당 공헌이익	₩30	₩40
생산우선순위	2순위	1순위

[*1] $\dfrac{제품 A의 단위당 변동가공원가}{제품 A의 기계소요시간당 변동가공원가}$ = $\dfrac{100}{5}$ = 20시간

[*2] $\dfrac{제품 B의 단위당 변동가공원가}{제품 B의 기계소요시간당 변동가공원가}$ = $\dfrac{50}{5}$ = 10시간

(2) 제품별 생산량

제품	생산량	단위당 설비가동시간	총 설비가동시간
① 제품 B	1,200단위	10시간	12,000시간
② 제품 A	400단위	20시간	8,000시간
합계			20,000시간

(3) 최대공헌이익

1,200단위 × 400 + 400단위×600 = ₩720,000

3. 제한된 자원이 2가지인 경우

제품 A와 제품 B의 판매량을 각각 A와 B라고 하면,

목적함수 : Max Z = 600A + 400B

제약조건(s.t) : 20A + 10B ≤ 20,000시간 … ①

10A + 30B ≤ 39,000시간 … ②

A ≥ 0, B ≥ 0 (비음 조건)

①, ②를 연립하여 풀면 제품A 420단위, 제품B 1,160단위이다.

목적함수의 기울기가 400/600이므로 ①과 ②의 기울기(1/2, 3/1) 사이이므로 제품A 420단위 제품B 1,160단위를 생산·판매시 이익은 극대화된다. 이를 그래프에 표시하면 다음과 같다.

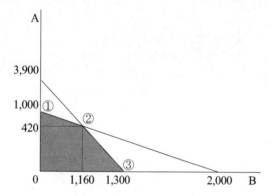

이는 다음과 같이 각 꼭지점들의 값을 목적함수에 대입하여 최적해를 찾을 수도 있다.

꼭지점	생산량(A, B)	공헌이익(Z)
①	(1,000, 0)	1,000개 × ₩600 + 0개 × ₩400 = ₩600,000
②	(420, 1,160)	420개 × ₩600 + 1,160개 × ₩400 = ₩716,000
③	(0 , 1,300)	0개 × ₩600 + 1,300개 × ₩400 = ₩520,000

즉, 제품A 420단위와 제품B 1,160단위를 생산할 경우 회사의 공헌이익은 ₩716,000으로 극대화된다.

4. 판매부문 성과평가

(1) 매출가격차이와 매출조업도차이

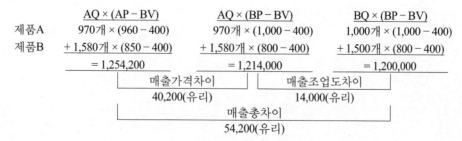

(2) 매출수량차이와 매출배합차이

	AQ × (AP − BV)	AQ* × (BP − BV)	BQ × (BP − BV)
제품A	970개 × (1,000 − 400)	1,020개 × (1,000 − 400)	1,000개 × (1,000 − 400)
제품B	+ 1,580개 × (800 − 400)	+ 1,530개 × (800 − 400)	+ 1,500개 × (800 − 400)
	= 1,214,000	= 1,224,000	= 1,200,000

매출배합차이
10,000(불리)

매출수량차이
24,000(유리)

매출조업도차이
14,000(유리)

연습문제 3 　판매부문 성과평가와 초변동원가계산　2001 CPA 2차 수정

(주)네이텍은 핸드폰을 생산하는 업체로서 HP1, HP2 두 기종을 생산하고 있다. 회사의 영업담당 상무는 판매 예측팀을 총괄하고 있으며, 판매 예측팀에서는 두 기종의 시장규모를 예측하고 있다. (주)네이텍의 예산자료는 다음과 같다. HP1의 시장 예상규모는 220,000단위이며 회사는 20,700단위의 판매를 목표로 하고 있다. HP2의 예상 시장규모는 342,500단위이며 회사는 24,300 단위의 판매를 목표로 하고 있다. 각 제품의 예산은 다음과 같으며, HP1과 HP2의 가공원가 중 각각 단위당 ₩10씩만 변동비라 가정한다.

	HP 1	HP 2
단위당 판매가격	₩50	₩40
단위당 직접재료비	5	5
단위당 가공원가	30	23

올해 회사의 실제 실적은 다음과 같다.

	HP 1	HP 2
시장규모	180,000개	270,000개
회사 판매량	15,300개	22,950개

요구사항

1. 매출조업도차이는 (실제 판매량 − 예산판매량) × 예산공헌이익으로 계산된다. 이 때 회사의 실제공헌이익이 아닌 예산 공헌이익을 사용하는 이유를 2줄 이내로 쓰시오.

2. 매출수량차이를 구하고 이를 시장규모차이와 시장점유율차이로 나누어라.

3. 경영자는 판매부분의 성과평가에 매출수량차이를 이용하고 있다. 즉, 매출수량차이가 유리한차이인 경우에는 매출수량차이의 10%를 성과급으로 지급하고 불리한차이인 경우에는 성과급을 지급하지 않는 방식이다. 이러한 성과평가가 타당성을 평가하고, 그 이유를 설명하시오.

※ 4~6번은 HP1과 HP2의 판매량은 위 자료와 동일하나, 기말제품이 각각 2,000단위씩 남았다고 가정하고, 기초제품은 없는 것으로 가정하여 아래 물음에 답하시오.

4. throughput contribution이란 직접재료원가만 제품원가로 보고 그 외의 가공원가는 발생시 즉시 비용으로 처리하는 원가계산방법이다. throughput contribution에 의한 영업이익을 구하시오.

5. 변동원가계산하의 영업이익을 계산하시오.

6. throughput contribution에 의한 영업이익과 변동원가계산에 의한 영업이익의 차이를 조정하시오.

➡ 해설

1. 변동제조원가는 판매부문에서 통제 가능한 요인이 아니므로 정확한 판매부문의 성과평가를 위해서는 예산공헌이익을 사용하여야 한다. 즉, 제조부문의 성과가 판매부문의 성과에 미치는 영향을 제거하기 위해서 예산공헌이익을 사용하여야 한다.

2. 매출수량차이의 세부분석

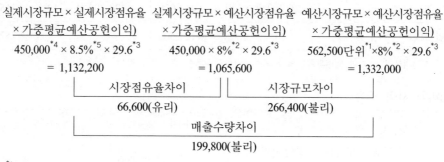

실제시장규모 × 실제시장점유율   실제시장규모 × 예산시장점유율   예산시장규모 × 예산시장점유율
     × 가중평균예산공헌이익)   × 가중평균예산공헌이익)   × 가중평균예산공헌이익)

$450,000^{*4} \times 8.5\%^{*5} \times 29.6^{*3}$ $450,000 \times 8\%^{*2} \times 29.6^{*3}$ $562,500단위^{*1} \times 8\%^{*2} \times 29.6^{*3}$

     = 1,132,200   = 1,065,600   = 1,332,000

시장점유율차이	시장규모차이
66,600(유리)	266,400(불리)

매출수량차이
199,800(불리)

[*1] 220,000단위(HP1 예산 시장규모) + 342,500단위(HP2 예산 시장규모) = 562,500단위

[*2] $\dfrac{20,700단위 + 24,300단위}{562,500단위} = 8\%$

[*3] $(50 - 15) \times \dfrac{20,700단위}{20,700단위 + 24,300단위} + (40 - 15) \times \dfrac{24,300단위}{20,700단위 + 24,300단위} = ₩29.6$

[*4] 180,000단위(HP1 실제 시장규모) + 270,000단위(HP2 실제 시장규모) = 450,000단위

[*5] $\dfrac{15,300단위 + 22,950단위}{450,000단위} = 8.5\%$

3. 매출수량차이를 분석하면, 시장점유율차이와 시장규모차이로 나누어지는데, 시장점유율차이는 판매부문이 통제할 수 있는 차이로서 판매부문의 성과에 반영하는 것이 맞지만, 시장규모차이는 판매부문이 통제할 수 없는 차이이다. 따라서 판매부문의 성과에 반영하는 것은 옳지 않다. 따라서 매출수량차이로 판매부문을 평가하는 것보다는 시장점유율차이를 가지고 판매부분을 평가하는 것이 맞다.

4. 초변동원가계산 영업이익

제품	HP1	HP2
매 출 액	15,300개 × 50 = ₩765,000	22,950개 × 40 = ₩918,000
직접재료비 매출원가	15,300개 × 5 = 76,500	22,950개 × 5 = 114,750
처리량 공헌이익	₩688,500	₩803,250
변동가공비	17,300개[*1] × 10 = 173,000	24,950개[*2] × 10 = 249,500
고정가공비	20,700개 × 20 = 414,000	22,950개 × 13 = 315,900
영업이익	₩101,500	₩237,850

[*1] HP1 생산량 : HP1판매량 + HP1기말재고 = 15,300개 + 2,000개 = 17,300개

[*2] HP2 생산량 : HP2판매량 + HP2기말재고 = 22,950개 + 2,000개 = 24,950개

5. 변동원가계산 영업이익

제품	HP1	HP2
매 출 액 변 동 비	15,300개 × 50 = ₩765,000 15,300개 × 15*1 = 229,500	22,950개 × 40 = ₩918,000 22,950개 × 15*1 = 344,250
공 헌 이 익 고 정 비	₩535,500 20,700개 × 20 = 414,000	₩573,750 24,300개 × 13 = 315,900
영업이익	₩121,500	₩257,850

*1 직접재료비 + 단위당 변동가공원가 = 5 + 10 = ₩15

6. 영업이익 차이 조정

	HP1	HP2
초변동원가계산의 영업이익 (+) 기말재고자산에 포함된 변동가공비* (−) 기초재고자산에 포함된 변동가공비* (=) 변동원가계산의 영업이익	₩101,500 2,000개×10 = 20,000 0 ₩121,500	₩237,850 2,000개×10 = 20,000 0 ₩257,850

* 변동가공비는 직접노무비와 변동제조간접비의 합계이다.

연습문제 4   ABC와 투자수익률   Homgren

(주)카카오는 비디오게임을 소매상과 비디오게임업소에 공급한다. 사업모델은 간단하다. 비디오게임을 주문하고, 그 게임을 회사의 웹사이트에 목록을 올려놓아 게임을 배달하고 현장지원을 제공하고, 고객에게 대금을 청구하고 회수한다. 다음은 회사가 보고한 20x8년 4월 원가이다.

활 동	원가동인	수량	원가동인 단위당 원가
주 문	게임판매업체의 수	40	₩250
목록작성	새로운 게임표제의 수	20	₩100
배달과 지원	배달의 수	400	₩ 15
대금청구 및 회수	고객의 수	300	₩ 50

20x8년 4월 회사는 디스크당 평균원가 ₩15에 12,000개의 비디오게임 디스크를 구입하여 디스크당 평균가격 ₩22에 판매하였다. 웹사이트의 목록과 배달 중 발생하는 고객과의 대화가 회사의 주요한 마케팅 정보이다. 회사는 다른 원가는 없다.

요구사항

1. 20x8년 4월 (주)카카오의 영업이익을 계산하라. 만일 회사의 월간 투자액이 ₩300,000이라면, 투자수익률은 얼마인가?

2. 게임시스템의 공급시장이 현재 성숙해지고 있어, 게임의 가격이 하락하기 시작하고 있다. 회사는 5월부터는 매월 12,000개의 게임디스크를 디스크당 평균 ₩20에 판매할 수 있을 것으로 예측한다. 다른 원가가 4월과 같다고 가정하면, 회사는 15%의 목표투자수익률을 달성할 수 있는지 여부를 판단하시오. 만약 달성할 수 없다면, 어느 정도의 원가를 절감하여야 하는가?

3. 회사의 소수 직원들이 팀으로 모여 공정개선을 고려하였다. 그들은 관리는 많이 필요하나 게임표제가 별로 인기가 없는 한계판매업체들을 떼어 버릴 것을 제안하였다. 판매업체와의 관계증진과 목록작성에 사용하는 자원의 일부를 배달과 고객관계에 사용해야 한다는 데 동의하였다. 20x8년 5월 회사는 다음과 같은 지원원가를 보고하였다.

활 동	원가동인	수량	원가동인 단위당 원가
주 문	게임판매업체의 수	30	₩200
목록작성	새로운 게임표제의 수	15	₩100
배달과 지원	배달의 수	450	₩ 20
대금청구 및 회수	고객의 수	300	₩ 50

판매가격은 디스크당 ₩18이고, 원가는 ₩12인 상황에서, 회사는 20x8년 5월 투자수익률 15%를 얻기 위해서 몇 개의 게임디스크를 판매해야 하는가?

➡ 해설

1. 영업이익과 투자수익률 계산

(1) 영업이익

매 출 액 :	12,000개 × 22 =	₩264,000
매 출 원 가 :	12,000개 × 15 =	180,000
매출총이익 :		₩ 84,000
판매관리비 :		33,000[*]
영 업 이 익 :		₩ 51,000

[*]
주 문	: 40×250 =	₩10,000
목록작성	: 20×100 =	2,000
배달과 지원	: 400×15 =	6,000
대금청구 및 회수	: 300×50 =	15,000
합 계	:	₩33,000

(2) 투자수익률 계산

$$투자수익률 = \frac{51,000}{300,000} = 17\%$$

2. 가격 하락시 투자수익률 달성여부

(1) 영업이익

매 출 액 :	12,000개 × 20 =	₩240,000
매 출 원 가 :	12,000개 × 15 =	180,000
매출총이익 :		₩ 60,000
판매관리비 :		33,000
영 업 이 익 :		₩ 27,000

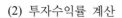

(2) 투자수익률 계산

$$투자수익률 = \frac{27,000}{300,000} = 9\%$$

회사는 목표투자수익률 15%를 달성할 수 없다. 목표투자수익률을 달성하기 위해서는 영업이익이 ₩45,000(=300,000×15%)이어야 한다. 따라서 회사는 ₩18,000(=45,000 − 27,000)의 원가를 절감하여야 한다.

3. 목표투자수익률을 달성하기 위한 제품 판매가격

  (1) 판매수량을 Q라고 할 경우 영업이익

매 출 액 : Q개 × 18 =		18Q
매출원가 : Q개 × 12 =		12Q
매출총이익 :		6Q
판매관리비 :		31,500*
영업이익 :		6Q −31,500

*		
주 문 :	30×200 =	₩ 6,000
목록작성 :	15×100 =	1,500
배달과 지원 :	450×20 =	9,000
대금청구 및 회수 :	300×50 =	15,000
합 계 :		₩31,500

  (2) 투자수익률 계산

$$투자수익률 = \frac{6Q-31,500}{300,000} = 15\% \rightarrow Q = 12,750개$$

즉, 목표투자수익률 15%를 얻기 위해서는 12,750개를 판매하여야 한다.

연습문제 5 　　사업부의 성과평가　　　　　　　　　Horngren

Media Group은 다음의 3개 주요 사업부를 가지고 있다.

1. 신문사업부 － 4개 대륙에서 선도적인 신문사를 소유하고 있다.
2. TV사업부 － 3개 대륙에서 주요 TV방송국을 소유하고 있다.
3. 영화촬영사업부 － 전세계에서 5대 영화촬영소 중 하나를 소유하고 있다.

다음은 각 사업부별 20x1년과 20x2년도 요약 재무자료이다.

사업부	20x1년			20x2년		
	영업이익	수익	총자산	영업이익	수익	총자산
신문	₩900,000	₩4,500,000	₩4,400,000	₩1,100,000	₩4,600,000	₩4,900,000
TV	1,300,000	6,000,000	2,700,000	160,000	6,400,000	3,000,000
영화촬영	2,200,000	1,600,000	2,500,000	200,000	1,650,000	2,600,000

각 사업부 경영자는 사업부별 투자수익률에 기초한 연간 보너스제도를 가지고 있다. 투자수익률은 영업이익을 총자산으로 나눈값으로서 전년도보다 사업부 투자수익률이 증가한 것으로 보고하는 사업부의 경영자는 자동적으로 상여금을 받을 자격이 있다. 사업부 투자수익률이 감소된 것으로 보고하는 사업부의 경영자들이 상여금을 받을 자격을 갖기 위해서는 감소된 원인에 대해 설득력 있게 설명을 해야만 한다. 또한 그들의 상여금은 투자수익률의 증가를 보고하는 사업부 경영자들에게 지급되는 상여금의 50%로 제한한다.

신문사업부의 경영자는 컬러프린터로 고속인쇄능력을 가진 기계에 대한 ₩200,000의 투자를 고려하고 있는데, 이 경우 새로운 기계의 컬러로 인한 효과와 뉴스를 신속하게 처리할 수 있는 능력으로 20x3년 영업이익은 ₩30,000만큼 증가할 것이다. Media Group의 세 사업부의 투자에 대한 요구수익률은 12%이다.

[요구사항]

1. Dupont 방법을 사용하여 20x2년 3개 사업부의 투자이익률에서의 차이를 설명하라. 20x2년도 자산총액을 분모로 사용하라.

2. 왜 신문사업부의 경영자는 고속인쇄기에 대한 투자를 탐탁치 않게 생각하는가?

3. Media Group의 회장은 각 사업부의 경영자 유인보상액을 사업부의 잔여이익을 토대로 하는 방안을 고려하고 있다. 20×2년 각 사업부의 잔여이익을 계산하라.

4. 잔여이익을 사용한다면 고속인쇄기 투자안 채택에 대한 신문사업부의 거부감이 감소되겠는가?

5. Media Group의 회장은 각 사업부 경영자들에 대한 현재의 보너스계획을 개정할 것을 계획하고, 다음의 세 가지 방안을 검토하고 있다. 사업부 경영자들은 위험을 감수하는 것을 좋아하지 않는다.

① 각 사업부 경영자의 보상액을 해당 사업부의 투자수익률에 따라 결정하는 방법
② 각 사업부 경영자의 보상액을 회사 전체의 투자수익률에 따라 결정하는 방법
③ 벤치마킹을 사용하여, 각 사업부 투자수익률에서 다른 두 사업부의 평균투자수익률을 차감한 비율에 따라 사업부 경영자 보상액을 결정하는 방법

(1) 위의 세 가지 방법을 평가하고, 각 방안들의 긍정적인 면과 부정적인 면을 기술하시오.
(2) Media Group의 회장은 단기성과에 대한 압박이 경영자로 하여금 안이한 방법을 채택하게 한다는 점을 우려하고 있다. 브론슨은 이러한 점을 피하기 위하여 어떠한 시스템을 도입할 것인가?
(3) Media Group의 회장은 단기성과에 대한 압박이 경영자로 하여금 다가오는 위협과 기회를 간과하게 한다는 점을 우려하고 있다. 브론슨은 이러한 점을 피하기 위하여 어떠한 시스템을 도입할 것인가? 간단히 설명하라.

→ 해설

1. 투자수익률 계산

	신문	TV	영화촬영
영업이익	₩ 1,100,000	₩ 160,000	₩ 200,000
총자산	4,900,000	3,000,000	2,600,000

(1) 신문사업부

$$ROI = \frac{1,100,000}{4,900,000} = 22.45\%$$

$$= \frac{1,100,000}{4,600,000} \times \frac{4,600,000}{4,900,000}$$

$$= \underset{\text{영업이익률}}{23.91\%} \times \underset{\text{자산회전율}}{0.94회}$$

(2) TV사업부

$$ROI = \frac{160,000}{3,000,000} = 5.33\%$$

$$= \frac{160,000}{6,400,000} \times \frac{6,400,000}{3,000,000}$$

$$= \underset{\text{영업이익률}}{2.5\%} \times \underset{\text{자산회전율}}{2.13회}$$

(3) 영화촬영사업부

$$ROI = \frac{200,000}{2,600,000} = 7.69\%$$

$$= \frac{200,000}{1,650,000} \times \frac{1,650,000}{2,600,000}$$

$$= \underset{\text{영업이익률}}{12.12\%} \times \underset{\text{자산회전율}}{0.63회}$$

2. 신문사업부 경영자 입장

20×2년 투자수익률이 22.45%인데 반해 고속인쇄기에 대한 투자수익률은 15%$(=\frac{30,000}{200,000})$로서 현재 신문사업부 투자수익률보다 낮으므로 신문사업부 경영자는 고속인쇄기에 대한 투자를 꺼려하게 된다.

3. 잔여이익 계산
(1) 신문사업부 잔여이익 = 1,100,000 − 4,900,000 × 12% = ₩ 512,000
(2) TV사업부 잔여이익 = 160,000 − 3,000,000 × 12% = (₩ 200,000)
(3) 영화촬영사업부 잔여이익 = 200,000 − 2,600,000 × 12% = (₩ 112,000)

4. 고속인쇄기의 잔여이익 = 30,000 − 200,000 × 12% = ₩ 6,000
고속인쇄기의 잔여이익이 0보다 크므로 잔여이익으로 성과평가시 신문사업부는 고속인쇄기의 투자를 긍정적으로 생각하게 될 것이다.

5. 경영자보상

보상제도를 설계할 때 중요한 것은 동기부여와 위험부담과의 상충관계를 잘 고려하는 것이다.

(1) 세가지 방법의 긍정적인 면과 부정적인 면
　① 해당 사업부의 투자수익률로 보상액을 결정하는 경우 각 사업부는 최고가 되기 위해 최선을 다하고 노력하게 만든다. 하지만, 각 사업부가 회사 전체 수익률만을 위하지 않고, 각 사업부의 수익률 최대화에만 신경을 쓰는 준최적화현상이 나타날 수 있다.
　② 회사 전체의 투자수익률에 따라 보상액을 결정하는 경우에는 각 사업부들이 공통의 목표를 달성하도록 노력하고 돕게 만든다. 하지만, 각 사업부들이 각자 최고가 되고자 하는 동기를 둔화시키고 이에 따라 회사 전체적인 성과에 나쁜 영향을 줄 수 있으며, 회사의 성공에 생산적이지 않으면서 회사의 보상만을 공유하려는 사업부를 어떻게 관리해야 하는지에 대한 문제도 발생할 수 있다.
　③ 벤치마킹을 사용하여, 각 사업부 투자수익률에서 다른 두 사업부의 평균투자수익률을 차감한 비율에 따라 사업부 경영자 보상액을 결정하는 방법은 각 사업부에 유사하게 영향을 미치는 통제불가능한 요인(위치, 인구추세, 경제여건 등)으로 인한 영향을 제거하고 비교 및 평가를 할 수 있다는 장점이 있다. 하지만, 이 방법은 다른 사업부와 협력을 하고자하는 유인은 감소하게 된다. 그 이유는 다른 사업부의 성과가 나빠질수록 보상액이 커지기 때문이다. 이는 조직전체적으로 좋지 않다.

(2) 단기 성과에 대한 압박이 경영자로 하여금 안이한 방법을 선택하게 만드는 경우는 준최적화현상이 나타나고 있는 경우이다. 즉, 이 경우에는 회사 전체 투자수익률에 따라 보상액을 결정함으로서 회사의 목표와 사업부의 목표를 일치시키도록 하여야 할 것이다.

(3) 단기 성과에 대한 압박이 각 사업부 경영자로부터 위협과 기회를 간과한다고 판단되는 경우에는 벤치마킹을 사용하여 보상액을 결정하는 방법을 통하여 각 사업부들이 벤치마킹 대상과의 비교를 통하여 위협과 기회를 파악할 수 있도록 하여야 할 것이다.

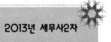
다음을 읽고 물음에 답하시오.

(주)영광은 새로운 스케이트 보드, X-star를 개발하여 제품 라인을 늘리고자 한다.

(주)영광은 X-stat의 독특한 디자인이 호평을 받을 것이므로 최대 생산능력 하에서 생산되는 전량을 판매할 수 있을 것이라고 예측한다. 이러한 예측 하에 X-star의 내년도 예상 손익계산서를 만들었다.

매출	? 원
매출원가	1,600,000원
매출총이익	? 원
판매비와관리비	1,130,000원
영업이익	? 원

< 자 료 >

1. X-star를 제조하기 위하여 투자되는 금액은 1,500,000원이다. (주)영광은 모든 신규 사업에 18%의 기대 투자수익율을 요구하고 있다.

2. X-star의 개당 표준 제조원가카드는 아래와 같이 부분적으로 작성되었다.

	표준투입량	표준단가	표준원가
직접재료원가	3m	₩ 9/m	₩27
직접노무원가	3시간	₩ ?/시간	?
제조간접원가			?
개당 제조원가			?

3. X-star 제조에 투입되는 인력은 20명이다. 이들의 인건비는 직접원가로 계상하며, 표준 작업시간은 연 50주, 주당 40시간이다.

4. 제조간접원가는 직접노동시간을 기준으로 배부한다.

5. X-star에 관계되는 기타 자료는 아래와 같다.

개당 변동 제조간접원가	₩5
개당 변동 판매비	₩10
연간 고정 제조간접원가	₩600,000
연간 고정 판매비와관리비	₩ ?

요구사항

1. 최대 생산능력 하에서 내년에 X−star를 몇 개 제조할 수 있는가?

2. 기대 투자수익율을 달성하기 위한 매출액은 얼마인가?

3. (주)영광은 제품을 생산하는데 발생하는 전부원가에 요구이익 또는 마크업(markup)을 가산하여 가격을 결정하는 원가가산 가격결정방법을 사용한다. 가산되는 마크업은 모든 판매비와 관리비를 회수하고, 나아가서 기대 투자수익을 획득할 수 있어야 한다. (주)영광의 마크업율은 몇 % 인가? (단, 마크업율은 제조원가를 모수로 한다.)

4. 표준제조원가 카드의 (a), (b), (c), (d)에 알맞은 답을 구하시오.

	표준투입량	표준단가	표준원가
직접재료원가	3m	₩ 9/m	₩ 27
직접노무원가	3시간	₩ (a)/시간	₩ (b)
제조간접원가			₩ (c)
개당 제조원가			₩ (d)

5. 변동원가계산에 의한 내년도 예상 손익계산서를 작성하시오.

➡ 해설

1. 생산량

총작업가능시간 = 20명×50주×40시간 = 40,000시간

$$총생산수량 = \frac{40,000시간}{3시간} = 13,333단위$$

2. 기대 투자수익률을 달성하기 위한 매출액

투자액이 ₩1,500,000이므로 18%의 투자수익률을 얻기 위해서는 영업이익이 ₩270,000 (=1,500,000×18%)이어야 한다. 따라서 매출액을 S라 하면,

S − 1,600,000 − 1,130,000 = 270,000   →   S = ₩3,000,000

3. 마크업율 계산

기대투자수익을 획득할 수 있는 매출액은 ₩3,000,000이므로,

$$마크업율 = \frac{3,000,000 - 1,600,000}{1,600,000} = 87.5\%$$

4. 표준제조원가

	표준투입량	표준단가	표준원가
직접재료원가	3m	₩ 9/m	₩ 27
직접노무원가	3시간	₩ 14.33/시간[*2]	₩ 43[*1]
제조간접원가			₩ 50[*3]
개당 제조원가			₩120

[*1] 단위당 변동제조원가 $= \dfrac{(1,600,000 - 600,000)}{13,333단위} = ₩75/단위$

단위당 직접노무비 = 75 − 27 − 5(단위당 변동제조간접원가) = ₩43/단위

[*2] 시간당 직접노무비 = 43 ÷ 3시간 = ₩14.33

[*3] 단위당 고정제조간접비 $= \dfrac{600,000}{13,333단위} = ₩45/단위$

단위당 제조간접비 = 45 + 5 = ₩50/단위

5. 변동원가계산 손익계산서

매 출 액		₩3,000,000
변 동 비		
변동매출원가	13,333단위×75 = 1,000,000	
변동판매관리비	13,333단위×10 = 133,330	1,133,330
공 헌 이 익		1,866,670
고 정 비		
고정제조간접비	600,000	
고정판매관리비	1,130,000 − 133,330 = 996,670	1,596,670
영 업 이 익		₩ 270,000

| 연습문제 7 | 판매가격결정 - 투자수익률 | Horngren 수정 |

(주)동양호텔은 객실 60개의 호텔 건설을 막 종료한 회사이다. 회사는 내년도에 이 객실들을 16,000회 임대할 것으로 기대하고 있다. 모든 객실은 유사하며 동일한 가격으로 임대한다. 회사는 내년도 영업원가가 다음과 같을 것으로 추정하고 있다.

변동영업원가	객실 1회 임대당 ₩3,000
고정원가	
급여와 임금	₩175,000,000
건물과 수영장의 정비	37,000,000
기타 영업 및 관리원가	140,000,000
총 고정원가	₩352,000,000

모텔에 투자된 자본은 ₩960,000,000이다. 회사가 예상하고 있는 목표투자수익률은 25%이다. 회사는 객실에 대한 수요가 연간 균등할 것으로 기대하며, 목표투자수익을 벌기 위해 총원가에 이윤을 가산하여 가격을 결정하려고 한다.

요구사항

1. 회사는 객실의 가격을 하루 얼마로 해야 하는가? 이 경우 객실의 총원가에 대한 이익률은 얼마인가?

2. 회사의 시장조사에 따르면 만일 (요구사항1)에 의해 결정된 객실의 가격을 10% 인하한다면 회사가 임대할 수 있는 기대임대횟수는 10% 증가할 것으로 판단된다. 회사는 가격을 10% 인하하여야 하는가?

3. 만약 (요구사항1)에 의해 결정된 객실의 가격을 10% 인상시킬 경우 회사가 임대할 수 있는 기대임대횟수는 10%감소할 것으로 판단된다. 회사는 가격을 10% 인상하여야 하는가?

➡ 해설

1. 목표투자수익률을 얻기 위한 객실 가격

    (1) 회사의 목표투자수익률이 25%이므로, 회사는 ₩240,000,000(= 960,000,000 × 0.25)의 영업이익을 얻어야 한다. 따라서 객실의 하루 가격을 P라고 하면, 다음을 만족하여야 한다.

$$16,000 \times (P - 3,000) - 352,000,000 = ₩240,000,000$$

    따라서 P = ₩40,000 이다. 즉, 회사가 25%의 투자수익률을 얻기 위해서는 객실의 하루 가격은 ₩40,000으로 하여야 한다.

    (2) 객실의 1회당 총원가는 변동원가 ₩3,000과 고정원가 ₩22,000(= 352,000,000 ÷ 16,000)의 합계 ₩25,000이다. 따라서 총원가에 대한 이익률은 (40,000 - 25,000) ÷ 25,000 = 60%이다.

2. 가격인하 여부 결정

    가격을 10% 인하할 경우 임대횟수가 10% 증가하므로 회사의 영업이익은 다음과 같다.

$$16,000회 \times 110\% \times (40,000 \times 90\% - 3,000) - 352,000,000 = ₩228,800,000$$

    따라서 가격 인하 후 회사의 투자수익률(ROI)는 다음과 같다.

$$ROI = \frac{228,800,000}{960,000,000} = 23.83\%$$

    가격을 인하할 경우 회사의 투자수익률이 25%에 미달하므로 가격을 인하하지 않는다.

3. 가격인상 여부 결정

    가격을 10% 인상할 경우 임대횟수가 10% 감소하므로 회사의 영업이익은 다음과 같다.

$$16,000회 \times 90\% \times (40,000 \times 110\% - 3,000) - 352,000,000 = ₩238,400,000$$

    따라서 가격 인상 후 회사의 투자수익률(ROI)는 다음과 같다.

$$ROI = \frac{238,400,000}{960,000,000} = 24.83\%$$

    가격을 인상할 경우 회사의 투자수익률이 25%에 미달하므로 가격을 인상하지 않는다.

연습문제 8   사업부의 성과평가 - 경제적부가가치

(주)기아는 두 개의 분권화된 사업부를 가지고 있으며, 회사의 당기 재무제표는 다음과 같다.

재 무 상 태 표

		갑사업부 유동부채	300,000
		을사업부 유동부채	150,000
갑사업부 자산	1,200,000	갑사업부 비유동부채	400,000
을사업부 자산	350,000	을사업부 비유동부채	200,000
		자 본 금	300,000
		이익잉여금	200,000
	1,550,000		1,550,000

손 익 계 산 서

갑사업부 매출액	10,000단위×100 =	₩1,000,000
을사업부 매출액	4,000단위× 80 =	320,000
갑사업부 변동비		500,000
을사업부 변동비		160,000
공 헌 이 익		660,000
갑사업부 고정비		350,000
을사업부 고정비		120,000
영 업 이 익		₩ 190,000

✓추가자료

1. 비유동부채는 장부가치와 시장가치가 일치하나 자기자본의 시장가치는 장부가치보다 ₩100,000 높게 형성되어 있다.

2. 회사의 유동부채는 전액 매입채무에 해당하며, 갑사업부의 비유동부채는 전액 이자율 9% 의 장기차입금이며, 을사업부의 비유동부채는 전액 이자율 12%의 장기차입금이다.

3. 주주들의 요구수익률은 14%라 가정한다.

4. 법인세율은 30%이다.

5. 회사는 각사업부에 대한 평가기준으로 경제적부가가치를 사용하고 있다.

요구사항

1. 총자산이 투자액이라는 가정하에 각 사업부의 잔여이익과 투자수익률을 계산하시오. 단, 회사의 최저필수수익률은 12%라 가정한다.

2. 각 사업부별 EVA를 계산하시오. 단, 영업이익은 손익계산서상의 이익을 그대로 이용하시오.

3. 을사업부의 경제적부가가치가 갑사업부의 경제적부가가치보다 크게 되기 위해서는 을사업부의 제품 판매량이 몇 단위 이상 증가하여야 하는가?

4. 주주들의 요구수익률이 일정한 수준이 되면, 갑사업부와 을사업부의 경제적 부가가치가 같아지게 되는 경우가 발생한다. 주주들의 요구수익률이 몇 퍼센트가 되었을 때, 갑사업부와 을사업부의 경제적 부가가치가 같아지겠는가?

5. 갑사업부는 최근 외부로부터 1,400단위를 ₩90씩에 특별주문을 받았다. 이러한 특별주문을 수락하기 위해서는 ₩400,000의 추가적인 투자가 필요하며, 고정비 등의 변화는 없다고 가정한다. 갑사업부는 특별주문을 수락하여야 하는가?

→ 해설

1. 잔여이익과 투자수익률 계산

(1) 각 사업부별 잔여이익 계산

갑사업부 : $150,000 - 1,200,000 \times 12\% = ₩6,000$

을사업부 : $40,000 - 350,000 \times 12\% = (₩2,000)$

(2) 각 사업부별 투자수익률 계산

갑사업부 : $\dfrac{150,000}{1,200,000} = 12.5\%$

을사업부 : $\dfrac{40,000}{350,000} = 11.4\%$

2. 경제적부가가치(EVA)

(1) 가중평균자본비용 계산

$$타인자본비용 \times \frac{타인자본}{타인자본 + 자기자본} + 자기자본비용 \times \frac{자기자본}{타인자본 + 자기자본}$$

$$= 10\%^{*} \times (1 - 0.3) \times \frac{600,000}{600,000 + 600,000} + 14\% \times \frac{600,000}{600,000 + 600,000} = 10.5\%$$

$$^{*} \; 9\% \times \frac{400,000}{400,000 + 200,000} + 12\% \times \frac{200,000}{400,000 + 200,000} = 10\%$$

(2) 경제적 부가가치 계산

① 갑사업부 : $150,000 \times (1 - 0.3) - (1,200,000 - 300,000) \times 10.5\% = ₩10,500$

② 을사업부 : $40,000 \times (1 - 0.3) - (350,000 - 150,000) \times 10.5\% = ₩7,000$

3. 을사업부의 EVA가 갑사업부의 EVA보다 커지기 위한 을사업부의 판매량

을사업부의 영업이익을 OI라고 하면, 을사업부의 EVA는 다음과 같다.

$$OI \times (1 - 0.3) - (350,000 - 150,000) \times 10.5\% = 0.7 \times OI - 21,000$$

따라서 을사업부의 EVA가 갑사업부의 EVA보다 크기 위해서는,

$0.7 \times OI - 21,000 \geqq ₩10,500$ 을 만족하여야 하므로

을사업부의 영업이익 OI 는 ₩45,000보다 커야 한다.

따라서, 을사업부의 판매량을 Q라고 할 때, 을사업부의 영업이익이 ₩45,000보다 커야 하므로 다음을 만족하여야 한다.

$$(80 - 40) \times Q - 120,000 \geqq 45,000$$
$$\rightarrow 40Q - 120,000 \geqq 45,000$$
$$\rightarrow Q \geqq 4,125단위$$

즉, 을사업부의 판매량이 ₩125단위이상 증가하면 을사업부의 EVA가 갑사업부의 EVA보다 크게 될 것이다.

4. 두 사업부 EVA가 같아지기 위한 가중평균자본비용

(1) 회사의 가중평균자본비용을 k 라고 할 때, 각 사업부의 EVA는 다음과 같다.

$$EVA(갑) = 150,000 \times (1 - 0.3) - (1,200,000 - 300,000) \times k$$
$$= 105,000 - 900,000 \times k$$

$$EVA(을) = 40,000 \times (1 - 0.3) - (350,000 - 150,000) \times k$$
$$= 28,000 - 200,000 \times k$$

두 사업부의 EVA가 같아지기 위해서는 EVA(갑) = EVA(을) 이 되어야 하므로,

$$105,000 - 900,000 \times k = 28,000 - 200,000 \times k$$
$$\rightarrow 105,000 - 28,000 = 900,000 \times k - 200,000 \times k$$
$$\rightarrow 77,000 = 700,000 \times k$$
$$\rightarrow k = 11\%$$

즉, 가중평균자본비용이 11%가 되면, 갑사업부와 을사업부의 EVA같아지게 되며, 그 때, 각 사업부의 EVA는 다음과 같이 ₩6,000이 된다.

$$EVA(갑) = 150,000 \times (1 - 0.3) - (1,200,000 - 300,000) \times 11\% = ₩6,000$$
$$EVA(을) = 40,000 \times (1 - 0.3) - (350,000 - 150,000) \times 11\% = ₩6,000$$

(2) 주주 요구수익률을 x라고 하면, 가중평균자본비용은 다음과 같다.

$$10\%^* \times (1 - 0.3) \times \frac{600,000}{600,000 + 600,000} + x\% \times \frac{600,000}{600,000 + 600,000} = 11\% \rightarrow x=15\%$$

* 해설 (요구사항2) (1) 참조

따라서 주주요구수익률(x)은 15%가 되면 갑사업부와 을사업부의 경제적 부가가치는 같아진다.

5. 특별주문을 수락 여부

특별주문을 수락할 경우 갑사업부의 경제적부가가치는 다음의 금액만큼 변화한다.

(1) 영업이익의 증가 : 1,400단위 × (90 – 50) = ₩56,000

(2) EVA의 증가(감소) : 56,000 × (1 – 0.3) – 400,000 × 10.5% = (₩2,800)

특별주문을 수락할 경우 갑사업부의 경제적부가가치가 감소하므로 특별주문을 수락하지 않는다.(회사의 평가기준이 경제적부가가치이므로 경제적부가가치를 기준으로 판단하여야 한다.

연습문제 9　　EVA와 자본예산

2016년 CPA 2차

㈜한국은 기업가치를 극대화하는 투자의사결정을 유인하기 위해 사내 사업부의 성과를 EVA (경제적 부가가치)로 평가하고 이에 비례하여 보너스를 지급하는 성과평가 및 보상시스템을 구축하여 실행하고 있다.

20x1년초 ㈜한국의 K사업부는 설비자산(취득원가 ₩5,400,000, 내용연수 3년, 잔존가치 ₩0)을 구입하여 가동하는 투자안을 검토하고 있다. 이 투자안의 실행을 통해 달성할 것으로 예상되는 연도별 EVA는 다음과 같다.

구분	20x1	20x2	20x3
EVA	₩464,000	₩446,000	₩388,000

〈기타 자료〉

· EVA는 연도별 영업이익에서 투자대상 설비자산의 기초장부금액에 요구수익률을 곱한 금액을 차감하여 계산한다.
· 20x1년초 설비자산 구입 이외의 모든 현금 흐름은 전액 연도말에 발생한다고 가정하고 모든 세금 효과는 무시한다.
· 연도말 발생하는 순현금흐름과 영업이익의 차이는 투자 대상 설비자산에 대한 감가상각비 외에는 없다. 감가상각방법은 정액법에 의한다.
· 요구수익률은 9%이며 현가계수는 다음과 같다.

기간	1	2	3
현가계수	0.9174	0.8417	0.7722

요구사항

1. 설비자산에 투자할 때 향후 3년간 달성할 수 있는 EVA의 현재가치를 구하시오.
   단, 십원 단위 미만은 절사한다. (예: ₩1,999은 ₩1,990으로 표시한다)

2. 주어진 자료에 의할 때 연도별 순현금흐름을 구하시오. 단, 20x1년초 설비자산 취득에 따른 현금유출액은 해당연도에 포함한다.

3. 설비자산 투자에 따른 현금흐름의 순현재가치(NPV)를 구하시오. 단, 십원 단위 미만은 절사한다.

4. 주어진 자료와 1 ~ 3의 결과를 이용하여 성과평가측정치로서 EVA의 장점 2가지를 제시하시오. (3줄 이내로 답하시오)

→ 해설

1. EVA의 현재가치

   $464,000 \times 0.9174 + 446,000 \times 0.8417 + 388,000 \times 0.7722 = 1,100,680$

2. 연도별 순현금흐름

   각 연도별 영업이익은 다음과 같다.

   20x1년 : $x - 5,400,000 \times 9\% = 464,000 \rightarrow x = 950,000$

   20x2년 : $x - 3,600,000 \times 9\% = 446,000 \rightarrow x = 770,000$

   20x3년 : $x - 1,800,000 \times 9\% = 388,000 \rightarrow x = 550,000$

   각 연도별 현금흐름은 영업이익에 감가상각비를 더해서 다음과 같이 계산된다.

   최초 투자시점 : $-5,400,000$

   20x1년 : $950,000 + 1,800,000 = 2,750,000$

   20x2년 : $770,000 + 1,800,000 = 2,570,000$

   20x3년 : $550,000 + 1,800,000 = 2,350,000$

3. 순현금흐름의 순현재가치

   $2,750,000 \times 0.9174 + 2,570,000 \times 0.8417 + 2,350,000 \times 0.7722 - 5,400,000 = 1,100,680$

4. EVA의 장점

   ① 주주가 투자한 자기자본에 대한 기회비용으로서의 자기자본비용을 감안한 재무상의 이익을 측정할 수 있게 한다.

   ② 다른 성과측정치보다 기업가치와 더 밀접한 상관관계를 갖기 때문에 투자의사결정에도 유용하다.

표준원가계산

원·가·회·계·관·리·연·습

13 chapter

1. 의의

즉, 표준원가계산(standard costing)은 제품원가 계산시 미리 설정해 놓은 표준원가를 이용하여 제품원가를 계산하는 원가계산방법으로서, 신속한 원가계산과 원가차이분석에 의한 성과평가에도 유용한 정보를 제공한다.

2. 표준원가계산의 유용성과 한계

(1) 유용성

① 예산 편성 및 제품 가격 결정에 유용
② 실제원가와 표준원가의 차이분석에 의한 성과평가에 유용
③ 예외에 의한 관리(management by exception)를 통해 효율적인 원가통제를 할 수 있다.
④ 원가흐름에 대한 가정이 불필요하게 되며, 제품원가계산과 회계처리가 신속, 간편해진다.

(2) 한계

① 객관적인 표준원가 설정이 어렵고, 표준원가 설정시에 시간과 비용이 많이 소요된다.
② 예외에 의한 관리를 하는 경우 어느 정도의 원가차이를 중요한 예외사항으로 볼 것인지에 대한 객관적인 기준의 설정이 매우 주관적이다.
③ 재무적 측정치만 강조하고, 제품의 품질이나 납기, 사후 서비스의 질과 같은 비재무적 측정치를 무시하는 경향이 있다.
④ 일반적으로 인정된 회계원칙에서는 인정해주지 않는다[5].

---

5) 한국채택국제회계기준(K-IFRS) 제1002호 문단 21 : 표준원가법 등의 원가측정방법은 그러한 방법으로

3 차이분석

(1) 직접재료비

< 가격차이를 사용시점에서 분리하는 경우 >

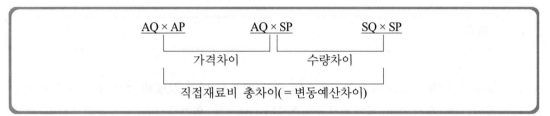

AQ : 직접재료 실제투입(사용)량
AP : 직접재료 단위당 실제가격
SQ : 실제생산량에 허용된 직접재료 표준수량
SP : 직접재료 단위당 표준가격

< 직접재료비 가격차이를 구입시점에서 분리하는 경우 >

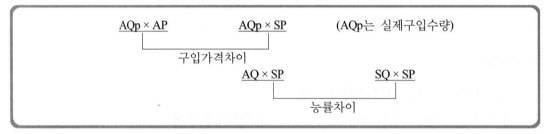

AQp : 직접재료 매입수량
AQ : 직접재료 실제투입(사용)량
AP : 직접재료 단위당 실제가격
SQ : 실제생산량에 허용된 직접재료 표준수량
SP : 직접재료 단위당 표준가격

직접재료 가격차이를 구입시점에 분리하는 이유는 ① 가격차이에 관한 정보를 가능한 한 빨리 확인하여 이에 대한 신속한 대응조치를 할 수 있고, ② 원재료계정을 표준원가로 기록하여 원재료의 원가흐름에 대한 가정과 상관없이 신속한 회계처리를 할 수 있기 때문이다.

평가한 결과가 실제원가와 유사한 경우에 편의상 사용할 수 있다. 표준원가는 정상적인 재료원가, 소모품원가, 노무원가 및 효율성과 생산능력 활용도를 반영한다. 표준원가는 정기적으로 검토하여야 하며 필요한 경우 현재 상황에 맞게 조정하여야 한다.

(2) 직접노무비

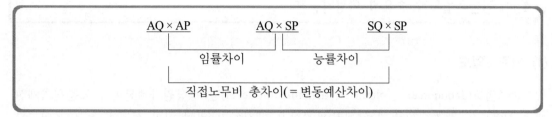

$$AQ \times AP \qquad AQ \times SP \qquad SQ \times SP$$

임률차이　　　　능률차이

직접노무비 총차이(= 변동예산차이)

AQ : 실제 직접노동시간
AP : 직접노동시간당 실제임률
SQ : 실제생산량에 허용된 표준직접노동시간
SP : 직접노동시간당 표준임률

(3) 변동제조간접비

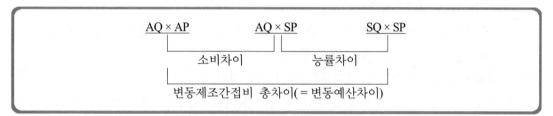

$$AQ \times AP \qquad AQ \times SP \qquad SQ \times SP$$

소비차이　　　　능률차이

변동제조간접비 총차이(= 변동예산차이)

AQ : 실제 조업도
AP : 조업도 단위당 실제배부율
SQ : 실제생산량에 허용된 표준조업도
SP : 조업도 단위당 표준배부율

(4) 고정제조간접비

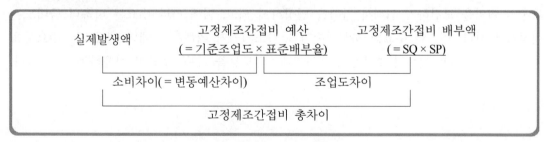

실제발생액　　고정제조간접비 예산　　고정제조간접비 배부액
　　　　　　(= 기준조업도 × 표준배부율)　　　(= SQ × SP)

소비차이(= 변동예산차이)　　　　조업도차이

고정제조간접비 총차이

SQ : 실제생산량에 허용된 표준조업도
SP : $\dfrac{\text{고정제조간접비 예산}}{\text{기준조업도}}$

　고정제조간접비의 차이 중 조업도차이(production volume variance)는 **기준조업도**와 실제산출량에 허용된 표준조업도의 차이 때문에 발행하는 것으로서 단기적으로는 통제불가능 요소이며, 이러한 조업도차이는 제조부문의 성과평가에 반영시키지 않는 것이 바람직하다.

4 기준조업도와 수요의 하향악순환

(1) 기준조업도

기준조업도(denominator volume or denominator level)란 정상원가계산이나 표준원가계산에서 사용되는 제조간접비 표준(예정)배부율을 계산하기 위해 미리 설정해 놓은 조업도를 말한다.

① 이상적 조업도 : 완전 효율적 생산으로 유휴설비의 발생이 전혀 발생하지 않는, 달성가능한 최대조업도
② 실제적 최대조업도 : 정상적인 여유시간(휴일, 작업준비, 기계수선등)을 허용하면서 달성할 수 있는 최대조업도
③ 정상조업도 : 수요의 계절적 또는 주기적변동 및 추세에 따른 변동을 평준화시키기에 충분히 긴 기간(보통 3~5년)에 걸친 평균 연간 조업도
④ 종합예산조업도 : 경영자가 이익계획을 반영한 연간 조업도
상기 4가지 조업도 중에서 ①과②는 공급측면(이용가능한 설비)에서의 기준조업도인 반면, ③과④는 수요측면(제품의 수요에 기초하여 기대하는 이용가능한 설비)에서의 기준조업도이다.

(2) 수요의 하향악순환

수요의 하향악순환(downward demand spiral)이란 불황으로 수요가 줄어드는 상황에서 기존의 이익을 보전하기 위해서 가격을 인상하게 되고, 이에 따라 수요는 더욱더 줄어드는 현상을 말한다. 이러한 수요의 하향악순환을 감소시키기 위해서는 매년 예상되는 수요량을 기준조업도로 사용하는 것 보다는 실제적최대조업도등을 기준조업도로 사용하는 것이 좋다.

5 제조간접비의 다양한 차이분석 방법

제조간접비를 변동제조간접비와 고정제조간접비로 구분하고, 다시 변동제조간접비 총차이를 소비차이와 능률차이로, 고정제조간접비를 소비차이와 조업도차이로 구분하였는데, 이렇게 분석하는 방법을 4분법이라 한다. 이를 다음과 같이 다양하게 분석해 볼 수 도 있다.

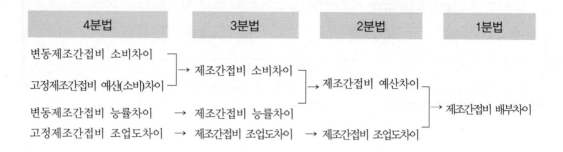

6 복수의 생산요소를 투입하는 경우의 원가차이분석

두 가지 이상의 생산요소를 투입하여 제품을 생산 하는 경우 능률차이를 배합차이와 수율차이로 나누어 볼 수 있다.

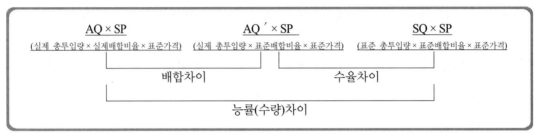

AQ′ : 실제 총투입량을 표준배합으로 구성한 수량

7 원가배부차이의 처리

(1) 매출원가조정법

모든 원가차이를 매출원가에서 조정하는 방법으로서 불리한 차이는 매출원가에 가산하고, 유리한 차이는 매출원가에서 차감하는 방식으로 조정한다. 이 경우 기말 재공품과 기말 제품은 모두 표준원가로 기록된 상태로 남게 된다.

(2) 총원가 비례조정법

총원가 비례조정법에서는 모든 원가차이를 기말재고자산 및 매출원가의 총원가에 비례하여 조정하는 방법이다. 다만, 재료가격차이를 **구입시점**에서 **분리**할 경우에는 **재료가격차이**를 **원재료 계정에서도 조정**하여야 한다는 점에 주의하여야 한다.

재료가격차이 분리시점	원가차이	재료	재공품	제품	매출원가
구입시점	재료가격차이	○	○	○	○
	그 외 원가차이	×	○	○	○
사용시점	재료가격차이	×	○	○	○
	그 외 원가차이	×	○	○	○

(3) 원가요소별 비례조정법

원가요소별 비례조정법에 의할 경우 기말재고자산과 매출원가에 포함되어 있는 각 원가
요소별로 상대적 비율을 반영하여 원가차이를 조정하여 주는 방법으로서 처음부터 실제원
가를 적용하여 회계처리가 이루어졌을 때와 동일한 결과를 가져온다. 이 경우 주의할 점은
재료가격차이를 구입시점에서 분리할 경우에는 **재료(구입)가격차이를 원재료 계정과 재료
수량차이**에서도 조정하여야 한다.

재료가격차이 분리시점	원가차이	재료	재료능률 차이	재공품	제품	매출원가
구입시점	재료가격차이	○	○	○	○	○
	그 외 원가차이	×	×	○	○	○
사용시점	재료가격차이	×	×	○	○	○
	그 외 원가차이	×	×	○	○	○

 8 표준종합원가계산

표준종합원가계산은 종합원가계산에 표준원가계산을 적용한 원가계산방법이다. 표준종합
원가계산은 물량의 흐름을 반드시 **선입선출법**에 의해서만 진행하여야 하는데, 이는 전년도
성과와 올해년도 성과를 명확하게 구분하여야 하기 때문이다. 또한 표준원가(SQ × SP)에서
표준수량(SQ)을 계산한때, 당기 실제 생산량이 아니라 **완성품환산량**을 이용하여야 한다는
점이 매우 중요하다.

〈 표준종합원가계산 절차 〉

1. [1단계] 물량의 흐름파악
2. [2단계] 완성품환산량 계산
3. [4단계] 완성품환산량 단위당원가 → 표준원가
4. [3단계] 총원가요약 → [2단계]와 [4단계]를 이용하여 계산
5. [5단계] 원가배분(완성품과 기말재공품 원가계산)

표준종합원가계산에서는 만약 공손수량이 정상공손수량 허용량에 미달할 경우에도 정상공손수량까지를 무조건 정상공손수량으로 파악하고, 정상공손수량 허용량과 실제 공손수량과의 차이 부분을 마이너스(−) 비정상공손수량으로 인식하고, 마이너스(−) 비정상공손원가를 영업외수익으로 처리한다.

또한, 표준종합원가계산에서는 정상공손수량이 무조건 정상공손수량의 허용량으로 결정되기 때문에, 정상공손원가가 배부된 후 최종 완성품의 단위당 원가를 다음과 같이 계산할 수 있다.

제품 1단위당 표준원가 + 정상공손 1단위당 표준원가 × 정상공손허용률

9. 활동기준원가계산하에서 제조간접비 차이분석

활동기준원가계산하에서 원가차이분석을 하는 경우에도, 위에서 살펴본 원가차이분석과 동일하다. 다만, 배취수준활동원가의 경우 실제생산량에 허용된 표준활동수량(SQ)를 구할 때, 실제생산량을 예산상의 배취크기로 나누어 계산된 배취수에 예산상의 배취당 활동수량을 곱하여 계산한다는 점에 주의하여야 한다.

연습문제 1   표준원가 기본, 정상원가와 비교

표준원가계산제도를 채택하고 있는 (주)우림의 제품을 생산 및 판매와 관련된 자료가 다음과 같을 때, 다음의 요구사항에 답하시오.

1. 예산자료

   (1) 제품 단위당 표준원가

	표준수량	표준가격	표준원가
직접재료비	4kg	₩11/kg	₩ 44
직접노무비	3시간	₩25/노동시간	₩ 75
제조간접비	2시간	₩55/기계시간	₩110
합 계			₩229

   (2) 회사의 목표예산상의 판매량은 8,000단위이며, 고정제조간접비예산은 ₩400,000이다. 회사는 고정제조간접비의 표준배부율을 산정하기 위한 기준조업도로 목표예산상의 판매량을 사용하고 있다.

2. 실제원가자료

   (1) 회사가 당기 중에 실제 생산 및 판매한 수량은 10,000단위이다.

   (2) 회사는 원재료를 kg당 ₩12에 구입하고 있으며, 4,000kg이 기말재고로 남아있다. 직접재료비 능률차이가 ₩44,000유리하다. 또한, 회사는 원재료 계정을 표준원가로 기록하고 있으며, 기초재고는 없는 것으로 가정한다.

   (3) 회사의 직접노동시간당 임률은 ₩27이며, 직접노무비 임률차이가 ₩62,400불리하다.

   (4) 변동제조간접비 소비차이는 ₩57,000(유리)이다.

   (5) 당기에 발생한 제조간접비는 ₩880,000이며, 이 중 40%는 고정제조간접비이다.

요구사항

1. 직접재료비 가격차이를 계산하시오.

2. 직접노무비 능률차이를 계산하시오.

3. 변동제조간접비 능률차이를 계산하시오.

4. 고정제조간접비 소비차이와 조업도차이를 계산하시오.

5. 예정조업도가 16,000시간이고, 변동제조간접비의 표준배부율이 예정배부율과 동일하다고
   가정하고 정상원가계산에 의한 제조간접비 배부차이를 계산하시오.

→ 해설

1. 직접재료비 차이 분석

$$\underset{\substack{40,000\text{kg} \times 12 \\ = \text{\textwon}480,000}}{\underline{AQ_P \times AP}} \qquad \underset{\substack{40,000\text{kg}^{*3} \times 11 \\ = \text{\textwon}440,000}}{\underline{AQ_P \times SP}}$$

(구입)가격차이 \textwon40,000(U)

$$\underset{\substack{36,000\text{kg}^{*2} \times 11 \\ = \text{\textwon}396,000^{*1}}}{\underline{AQ \times SP}} \qquad \underset{\substack{10,000\text{단위} \times 4\text{kg} \times 11 \\ = \text{\textwon}440,000}}{\underline{SQ \times SP}}$$

능률차이 \textwon44,000(F)

[*1] \textwon440,000 − 44,000 = 396,000

[*2] $\dfrac{396,000}{11} = 36,000\text{kg}$

[*3] 36,000kg(당기사용액) + 4,000kg(기말재고) = 40,000kg

2. 직접노무비 차이 분석

$$\underset{\substack{31,200\text{h}^{*} \times 27 \\ = \text{\textwon}842,400}}{\underline{AQ \times AP}} \qquad \underset{\substack{31,200\text{h} \times 25 \\ = \text{\textwon}780,000}}{\underline{AQ \times SP}} \qquad \underset{\substack{10,000\text{단위} \times 3\text{h} \times 25 \\ = \text{\textwon}750,000}}{\underline{SQ \times SP}}$$

임률차이 \textwon62,400(U)　　**능률차이 \textwon30,000(U)**

직접노무비 총차이 \textwon92,400(U)

[*] 실제직접노무시간을 x라고 하면 (\textwon27 − 25) × x = 62,400 이므로, x = 31,200시간이다.

3. 변동제조간접비 차이분석

$$\underset{\substack{\text{\textwon}880,000 \times 60\% \\ = \text{\textwon}528,000}}{\underline{AQ \times AP}} \qquad \underset{\substack{19,500\text{h}^{*3} \times 30 \\ = \text{\textwon}585,000}}{\underline{AQ \times SP}} \qquad \underset{\substack{10,000\text{단위} \times 2\text{h} \times 30^{*2} \\ = \text{\textwon}600,000}}{\underline{SQ \times SP}}$$

소비차이 \textwon57,000(F)　　**능률차이 \textwon15,000(F)**

변동제조간접비 총차이 \textwon72,000(F)

4. 고정제조간접비 차이분석

실 제	예 산	배 부(SQ × SP)
₩880,000 × 40%	8,000단위 × 2 × 25^{*1}	10,000단위 × 2h × 25
= ₩352,000	= ₩400,000	= ₩500,000

소비차이 **₩48,000(F)**　　조업도차이 **₩100,000(F)**

고정제조간접비 총차이 ₩148,000(F)

$$^{*1} \quad \frac{400,000}{8,000단위 \times 2시간} = ₩25/기계시간$$

$$^{*2} \quad ₩55/기계시간 - ₩25/기계시간 = ₩30/기계시간$$

$$^{*3} \quad 실제기계시간 = \frac{585,000}{30} = 19,500시간$$

5. 정상원가계산하 제조간접비 배부차이

(1) 제조간접비 예정배부율

$$\frac{제조간접비예산}{예정조업도} = \frac{880,000}{16,000시간} = ₩55$$

* 제조간접비 예산 = 16,000시간×30 + 400,000 = ₩880,000

(2) 제조간접비 배부차이

실제원가	예정배부액
	19,500h^{*1} × 55
= ₩880,000	= ₩1,072,500

제조간접비 배부차이 ₩192,500(과대배부)

$$^{*1} \quad \frac{585,000}{30} = 19,500시간(해설3 참고)$$

참고로 제조간접비 배부차이를 변동제조간접비 배부차이와 고정제조간접비 배부차이로 구분해서 각각 분석해 보면 다음과 같다.

	실제원가	예정배부액
변동제조간접비	₩880,000 × 60% = ₩528,000	$19,500h^{*1} \times 30^{*3}$ = ₩585,000

변동제조간접비 배부차이 ₩57,000(과대배부)

	실 제	배 부(SQ × SP)
고정제조간접비	₩880,000 × 40% = ₩352,000	$19,500h^{*1} \times 25^{*2}$ = ₩487,500

고정제조간접비 배부차이 ₩135,500(과대배부)

[*1] $\dfrac{585,000}{30} = 19,500$시간(해설4 참고)

[*2] $\dfrac{400,000}{16,000시간} = ₩25/기계시간$

[*3] ₩55/기계시간 − ₩25/기계시간 = ₩30/기계시간(해설4 참고)

연습문제 2 　원가차이분석 – 변동예산과 고정예산

다음은 표준원가계산제도를 채택하고 있는 갑회사와 을회사의 제조간접비 관련자료이다. 다음 자료의 빈칸을 채우시오. 단, 변동제조간접비는 노동시간에 비례하여 발생한다고 가정하며, 회사는 목표예산(고정예산)상의 조업도를 기준조업도로 사용하고 있다.

	갑회사	을회사
1. 고정제조간접비 고정예산	( )	₩12,500
2. 변동제조간접비 고정예산	( )	( )
3. 변동제조간접비 표준배부액(표준원가)	( )	₩49,600
4. 고정제조간접비 표준배부액(표준원가)	( )	( )
5. 실제 고정제조간접비 발생액	₩32,200	( )
6. 실제 변동제조간접비 발생액	( )	₩47,150
7. 기준조업도	2,300시간	1,250단위
8. 실제산출량에 허용된 표준노동시간	( )	( )
9. 변동제조간접비 소비차이	2,500(유리)	( )
10. 고정제조간접비 소비차이	( )	500(불리)
11. 변동제조간접비 능률차이	2,000(불리)	3,600(유리)
12. 고정제조간접비 조업도차이	1,500(유리)	( )
13. 실제 발생 노동시간	2,500시간	( )
14. 변동제조간접비 표준배부율	( )	₩20
15. 고정제조간접비 표준배부율	₩15	( )
16. 제품 1단위당 허용된 표준노동시간	1시간	2시간
17. 회사의 실제 제품생산량	( )	( )

→ 해설

1. 갑회사

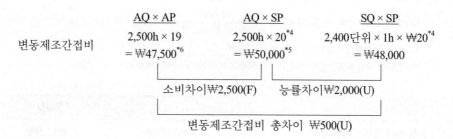

	AQ × AP	AQ × SP	SQ × SP
변동제조간접비	2,500h × 19 = ₩47,500*6	2,500h × 20*4 = ₩50,000*5	2,400단위 × 1h × ₩20*4 = ₩48,000

　　　　　소비차이₩2,500(F)　　　능률차이₩2,000(U)

　　　　　변동제조간접비 총차이 ₩500(U)

	실 제	예 산	배 부(SQ × SP)
고정제조간접비	= ₩32,200	2,300h × 15 = ₩34,500*1	2,400단위*3 × 1h × ₩15 = ₩36,000*2

　　　　　소비차이₩2,300(F)　　　조업도차이₩1,500(F)

　　　　　고정제조간접비 총차이 ₩3,800(F)

*1 2,300시간(기준조업도) × ₩15(고정제조간접비 표준배부율) = ₩34,500
*2 ₩34,500(고정제조간접비 예산) + ₩1,500(조업도차이) = ₩36,000
*3 Q×1h×₩15 = ₩36,000 → Q(실제생산량) = 2,400단위
*4 변동제조간접비 표준배부율을 x라하면, 2,500x − 2,400x = ₩2,000(능률차이) → x = ₩20
*5 2,500h×20 = ₩50,000
*6 ₩50,000 − ₩2,500(변동제조간접비 소비차이) = ₩47,500

2. 을회사

	AQ × AP	AQ × SP	SQ × SP
변동제조간접비	2,300h × 20.5*4 = ₩47,150	2,300h*3 × 20 = ₩46,000*2	1,240단위*1 × 2h × 20 = ₩49,600

　　　　　소비차이₩1,150(U)　　　능률차이₩3,600(F)

　　　　　변동제조간접비 총차이 ₩2,450(F)

	실 제	예 산	배 부(SQ × SP)
고정제조간접비	= ₩13,000*7	1,250단위 × 2h × 5*5 = ₩12,500	1,240단위 × 2h × 5 = ₩12,400*6

　　　　　소비차이₩500(U)　　　조업도차이₩100(U)

　　　　　고정제조간접비 총차이 ₩600(U)

*1 Q×2h×₩20 = ₩49,600 → Q(실제생산량) = 1,240단위

^{*2} ₩49,600 − ₩3,600 = ₩46,000

^{*3} AQ × ₩20 = ₩46,000 → AQ(실제조업도) = 2,300시간

^{*4} 2,300시간 × AP = ₩47,150 → AP = ₩20.5

^{*5} SP(고정제조간접비 표준배부율) = $\dfrac{12,500}{1,250단위 \times 2시간}$ = ₩5

^{*6} 1,240단위(실제생산량)×2h×₩5 = ₩12,400

^{*7} ₩12,500(고정제조간접비 예산) − ₩500(소비차이) = ₩13,000

	갑회사	을회사
1. 고정제조간접비 고정예산	₩34,500	₩12,500
2. 변동제조간접비 고정예산	₩46,000^{*1}	₩50,000^{*2}
3. 변동제조간접비 표준배부액(표준원가)	₩48,000	₩49,600
4. 고정제조간접비 표준배부액(표준원가)	₩36,000	₩12,400
5. 실제 고정제조간접비 발생액	₩32,200	₩13,000
6. 실제 변동제조간접비 발생액	₩47,500	₩47,150
7. 기준조업도	2,500시간	1,250단위
8. 실제산출량에 허용된 표준노동시간	2,400시간	2,480시간
9. 변동제조간접비 소비차이	2,500(유리)	1,150(불리)
10. 고정제조간접비 소비차이	2,300(유리)	500(불리)
11. 변동제조간접비 능률차이	2,000(불리)	2,000(유리)
12. 고정제조간접비 조업도차이	1,500(유리)	100(불리)
13. 실제 발생 노동시간	2,500시간	2,300시간
14. 변동제조간접비 표준배부율	₩20	₩20
15. 고정제조간접비 표준배부율	₩15	₩5
16. 제품 1단위당 허용된 표준노동시간	1시간	2시간
17. 회사의 실제 제품생산량	2,400단위	1,240단위

^{*1} 2,300단위 × 1h × 20 = ₩46,000

^{*2} 1,250단위 × 2h × 20 = ₩50,000

연습문제 3   원가차이분석 – **3분법**

표준원가계산제도를 사용하고 있는 (주)신촌의 당기 제조간접비 발생액은 ₩1,500,000이며 표준 변동제조간접비는 기계시간당 ₩13이다. 실제기계시간은 57,000시간이었으며, 제품단위당 표준기 계시간은 9시간이다. 고정제조간접비 기준조업도는 65,000기계시간이며, 당기 제품 실제생산량은 6,000단위이다. 기계시간당 제조간접비 표준배부율은 ₩25이다.

[요구사항]

상호독립적인 다음 물음에 답하시오.

1. 제조간접비 차이분석을 하시오.

2. 당기 발생 제조간접비 중 60%가 고정제조간접비라고 한다. 회사는 당기 고정제조간접비 원가차이를 그래프에 표시하고자 한다. 다음 그래프에 ①~⑦까지 알맞은 숫자를 넣으시오.

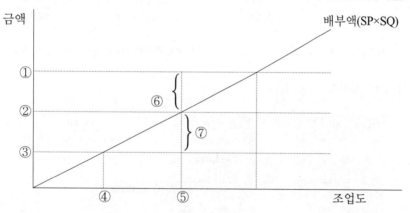

3. 표준원가계산제도의 유용성에 대해 설명하시오.

→ 해설

1. 3분법에 의한 제조간접비 차이분석

제조간접비 실제 발생액이 변동제조간접비와 고정제조간접비로 구분되지 않기 때문에, 제조간접비 차이분석은 4분법으로 할 수 없고, 3분법으로 분석할 수 밖에 없으며, 다음과 같이 분석한다.

	실제원가	실제투입량 기준 변동예산	실제산출량 기준 변동예산	표준원가
변동제조간접비	AQ × AP	AQ × SP	SQ × SP	SQ × SP
+	+	+	+	+
고정제조간접비	실제발생액	예 산	예 산	SQ × SP
		57,000h×13	6,000단위×9h×13	6,000단위×9h×13
		+	+	+
제조간접비합계		65,000h×12[1]	65,000h×12[1]	6,000단위×9h×12[1]
	= ₩1,500,000	= 1,521,000	= ₩1,482,000	= ₩1,350,000

< 3분법 >　　　　　　소비차이　　　　　　능률차이　　　　　　조업도차이
　　　　　　　　　　21,000(F)　　　　　39,000(U)　　　　132,000(U)

[1] 제조간접비 표준배부율(25) −변동제조간접비 표준배부율(13) = 고정제조간접비 표준배부율(12)

이는 다음과 같이 분석할 수도 있다.

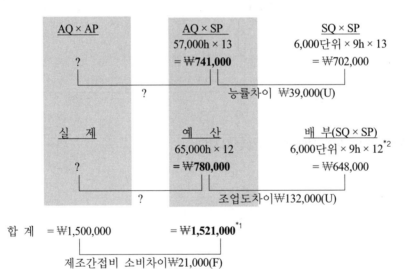

[1] 741,000 + 780,000 = 1,521,000

2. 고정제조간접비 배부차이

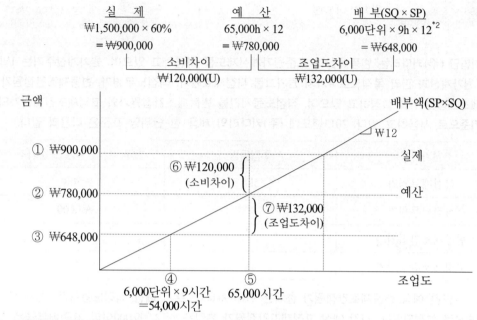

실 제	예 산	배 부(SQ × SP)
₩1,500,000 × 60%	65,000h × 12	6,000단위 × 9h × 12[*2]
= ₩900,000	= ₩780,000	= ₩648,000

소비차이 ₩120,000(U) 조업도차이 ₩132,000(U)

금액

배부액(SP×SQ)

₩12

① ₩900,000 ─── 실제

⑥ ₩120,000
(소비차이)

② ₩780,000 ─── 예산

⑦ ₩132,000
(조업도차이)

③ ₩648,000

④ 6,000단위 × 9시간 = 54,000시간   ⑤ 65,000시간   조업도

3. 표준원가계산의 유용성

① 예산 편성시 유용하게 이용될 수 있으며, 제품의 가격을 결정하는데도 용이하게 이용될 수 있다.

② 실제투입량과 실제원가가 사전에 설정된 표준원가의 범위내에서 발생하고 있는지 여부를 쉽게 파악할 수 있기 때문에 지속적인 통제가 가능하며 실제원가와 표준원가의 차이분석에 의한 성과평가에 유용하게 이용될 수 있다.

③ 실제원가와 표준원가를 비교하여 중요한 차이가 발생하는 부분에 대하여는 곧바로 수정조치를 할 수 있기 때문에 예외에 의한 관리(management by exception)를 통해 효율적인 원가통제에 유용한 정보 제공

④ 생산되는 제품의 원가는 제품수량에 단위당 표준원가를 곱하여 계산되기 때문에 생산된 제품의 수량만 파악되면 원가계산이 가능하기 때문에, 원가흐름에 대한 가정이 불필요하게 되며, 제품원가계산과 회계처리가 신속, 간편해진다.

연습문제 4 원가차이분석

제조기업인 (주)키다리는 변동예산과 표준원가계산제도를 사용하고 있으며, 원가계산주기는 1달이다. 원가계산과 관리 목적으로 4가지 원가그룹(직접재료원가, 직접노무원가, 변동제조간접원가, 고정제조간접원가)을 설정하고 있으며, 직접노동시간을 변동제조간접원가와 고정제조간접원가의 배부기준으로 사용하고 있다. 2013년도에 (주)키다리의 제품 한 단위당 표준은 다음과 같다.

원가그룹	투입물량	물량 한 단위당 표준가격
직접재료원가	5kg	₩300
직접노무원가	?	₩1,000
변동제조간접원가	?	?
고정제조간접원가	?	?

2013년도 연간 예상 변동제조간접원가 총액은 ₩6,000,000으로서 예상 직접노동시간 12,000시간을 기준으로 설정되었다. 연간 예상 고정제조간접원가 총액은 ₩12,000,000이며, 표준배부율은 기준조업도(생산량) 7,500개를 기초로 계산한다. 원가관리 목적상, 고정제조간접원가 예산은 월별로 균등하게 배분한다.

2013년도 5월초 직접재료와 재공품 재고는 없었으며, 5월말 재공품 재고도 없었다. 5월 중에 제품의 실제생산량은 500개이며, 원가그룹별로 발생한 구체적인 내역은 다음과 같다.

- 구매당시 직접재료원가 가격차이: ₩200,000(불리)
- 직접재료 kg당 가격차이: ₩50
- 직접재료원가 능률차이: ₩150,000(유리)
- 직접노무원가 발생액: ₩960,000
- 직접노무원가 임률차이: ₩160,000(불리)
- 변동제조간접원가 발생액: ₩450,000
- 변동제조간접원가 능률차이: ₩100,000(유리)
- 고정제조간접원가 소비차이: ₩100,000(불리)

요구사항

1. 다음 물음에 답하시오.

(1) 5월 중 직접재료 구매량과 직접재료 실제 사용량은?

(2) 직접재료원가 가격차이를 구매시점에서 분리할 경우, 5월 중 직접재료 사용시점에서의 분개는?

(3) 직접재료원가 가격차이를 사용시점에서 분리할 경우, 5월 중 직접재료 사용시점에서의 분개는?

2. 다음 물음에 답하시오.

(1) 5월 중 직접노동시간 실제투입시간은?

(2) 5월 중 직접노무원가 능률차이는?

3. 5월 중 변동제조간접원가와 관련된 분개는? (발생부터 단계별로 반드시 구분하여 작성하되, 변동제조간접원가 발생 분개 시 상대계정으로는 미지급비용을 사용할 것)

4. 5월 중 고정제조간접원가 실제발생액과 조업도차이는?

5. (주)키다리의 변동제조간접원가 항목 중 윤활유가 있는데, 5월 중에 윤활유를 리터당 표준가격보다 비싸게 구입한 결과, 수량은 예상(표준)보다 적게 투입되었으며, 이로 인해 직접노동시간(변동, 고정 제조간접원가의 배부기준)이 표준시간보다 적게 투입되었다고 하자. 이 경우, 다음 표에서 각 차이에 미치는 영향에 대해 적합한 란에 "O" 표시를 하고, 그 이유를 간략히 설명하시오. (각 차이별로 반드시 2줄 이내로 쓸 것!)

구 분	유 리	불 리	무 관	불확실
변동제조간접원가 소비차이				
변동제조간접원가 능률차이				
고정제조간접원가 소비차이				
고정제조간접원가 조업도차이				

→ 해설

1. 직접재료비

(1) 직접재료 구매량과 실제 사용량

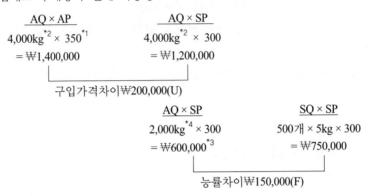

$$\underline{AQ \times AP}$$
$$4,000kg^{*2} \times 350^{*1}$$
$$= ₩1,400,000$$

$$\underline{AQ \times SP}$$
$$4,000kg^{*2} \times 300$$
$$= ₩1,200,000$$

구입가격차이 ₩200,000(U)

$$\underline{AQ \times SP}$$
$$2,000kg^{*4} \times 300$$
$$= ₩600,000^{*3}$$

$$\underline{SQ \times SP}$$
$$500개 \times 5kg \times 300$$
$$= ₩750,000$$

능률차이 ₩150,000(F)

^{*1} 300 + 50(kg당 불리한 가격차이) = 350

^{*2} $350x - 300x = 200,000 \rightarrow x = 4,000kg$

^{*3} 750,000 − 150,000 = ₩600,000

^{*4} 600,000÷300 = 2,000kg

5월 직접재료 구입량 : 4,000kg

5월 직접재료 사용량 : 2,000kg

(2) 가격차이를 구입시점 분리할 경우 사용시점 회계처리

(차) 재공품	750,000	(대) 직접재료	600,000
		직접재료능률차이	150,000

(3) 가격차이를 사용시점 분리할 경우 사용시점 회계처리

(차) 재공품	750,000	(대) 직접재료	700,000^{*1}
직접재료가격차이	100,000	직접재료능률차이	150,000

^{*1} 2,000kg×350 = 700,000

2. 직접노무비

$$\underline{AQ \times AP}$$
$$800h^{*2} \times 1,200^{*3}$$
$$= ₩960,000$$

$$\underline{AQ \times SP}$$
$$800h^{*2} \times 1,000$$
$$= ₩800,000^{*1}$$

$$\underline{SQ \times SP}$$
$$500개 \times 1.6h^{*4} \times 1,000$$
$$= ₩800,000$$

임률차이 ₩160,000(U)　　　능률차이 ₩0

^{*1} 960,000 − 160,000 = ₩800,000

^{*2} 800,000÷1,000 = 800h

^{*3} 960,000÷800h = 1,200

^{*4} 12,000h÷7,500단위 = 1.6h/개

5월 실제 투입 노동시간 : 800시간

5월 직접노무원가 능률차이 : ₩0

3. 변동제조간접비

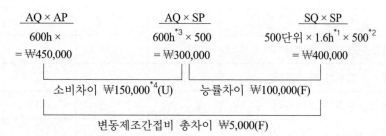

$\underline{\text{AQ} \times \text{AP}}$ $\underline{\text{AQ} \times \text{SP}}$ $\underline{\text{SQ} \times \text{SP}}$

600h ×   600h^{*3} × 500   500단위 × 1.6h^{*1} × 500^{*2}

= ₩450,000   = ₩300,000   = ₩400,000

소비차이 ₩150,000^{*4}(U)   능률차이 ₩100,000(F)

변동제조간접비 총차이 ₩5,000(F)

^{*1} 12,000h÷7,500단위 = 1.6h/개

^{*2} 6,000,000÷12,000시간 = 500/시간

^{*3} 300,000÷500 = 600시간

^{*4} 450,000 − 300,000 = ₩150,000

① 변동제조간접비 발생시 회계처리

(차) 변동제조간접비   450,000   (대) 미지급비용   450,000

② 변동제조간접비 재공품 대체시 회계처리

(차) 재 공 품   400,000   (대) 변동제조간접비   450,000

     소비차이   150,000   능률차이   100,000

4. 고정제조간접비

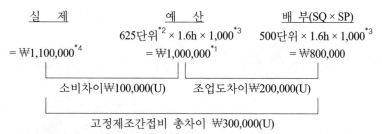

$\underline{\text{실 제}}$ $\underline{\text{예 산}}$ $\underline{\text{배 부(SQ} \times \text{SP)}}$

     625단위^{*2} × 1.6h × 1,000^{*3} 500단위 × 1.6h × 1,000^{*3}

= ₩1,100,000^{*4} = ₩1,000,000^{*1} = ₩800,000

소비차이₩100,000(U)   조업도차이₩200,000(U)

고정제조간접비 총차이 ₩300,000(U)

^{*1} 12,000,000 ÷ 12개월 = ₩1,000,000/월

^{*2} 7,500 ÷ 12개월 = 625단위/월

^{*3} 1,000,000 ÷ 1,000시간 = ₩1,000/시간

^{*4} 1,000,000 + 100,000 = ₩1,100,000

5월 고정제조간접비 실제발생액 : ₩1,100,000

5월 고정제조간접비 조업도차이 : ₩200,000(불리)

5. 비싸게 구입한 윤활유의 영향

구 분	유 리	불 리	무 관	불확실
변동제조간접원가 소비차이		○		
변동제조간접원가 능률차이	○			
고정제조간접원가 소비차이			○	
고정제조간접원가 조업도차이			○	

변동제조간접원가에 해당하는 윤활유를 비싸게 구입하면 소비차이는 불리해 지지만, 이로 인해 수량이 적게 투입되면 능률차이는 유리하게 작용한다. 그러나 고정제조간접비의 경우에는 실제 수량(AQ)이나 실제 가격(AP)의 영향을 받지 않기 때문에 고정제조간접비 소비차이나 조업도차이는 변화가 없을 것이다.

변동제조간접비와 고정제조간접비 차이분석   2009 CPA 2차

(주)파주는 1차년도 1월에 영업을 개시하였고, 기초에 재고자산은 없었으며, 1차년도에 투입된 원가는 모두 제품으로 완성되었다. 1차년도의 영업 및 회계에 관한 자료는 다음과 같다. 기초에 추정한 1차년도 예산 생산량은 5,100개였으며, 향후 3년간의 평균 생산량은 5,610개로 추정되었으며, 1차년도 실제 생산량은 5,000개이다. 1차년도 중에 생산량 5,000개가 모두 개당 ₩1,000에 판매되었다. 편의상 직접재료원가와 직접노무원가는 없다고 가정한다. 변동제조간접원가의 배부기준은 기계시간이며, 변동제조간접원가의 실제발생액은 ₩630,000이다. 고정제조간접원가의 실제발생액은 ₩560,000이다.

[요구사항]

1. 변동제조간접원가 차이분석 결과, 변동제조간접원가의 소비차이는 ₩90,000(불리), 능률차이는 ₩120,000(유리)로 분석되었다. 그러나 회계자료에 대한 감사 결과, 실제 기계시간은 차이분석시에 이용되었던 실제 기계시간보다 1,000시간 더 많은 것으로 판명되었다. 새로 알려진 기계시간을 토대로 계산해 보니, 소비차이는 ₩30,000(불리), 능률차이는 ₩60,000 (유리)인 것으로 밝혀졌다. 다음 질문에 대해 답하되, 차이분석 내용을 나타내시오.

   (1) 감사 결과 밝혀진 정확한 실제 기계시간은 몇 시간인가?

   (2) 제품 한 단위당 표준 기계시간은 몇 시간인가?

2. 고정제조간접원가 차이분석시 1차년도 예산 생산량 5,100개를 기준조업도로 사용하였다. 그러나 3개년 평균생산량 추정치인 5,610개가 기준조업도로 더 적합하다는 의견이 있어서, 이를 이용하여 재계산한 결과 고정제조간접원가 예정배부율은 제품 한 단위당 ₩100이었다. 다음 질문에 대해 답하되, 차이분석 내용을 나타내시오.

   (1) 1차년도 예산생산량을 기준조업도로 사용하여 계산한 조업도차이는 얼마인가?

   (2) 고정제조간접원가의 기준조업도로서 당년도 예산 생산량을 사용하는 경우 일반적인 문제점이 무엇인가? (반드시 3줄 이내로 답하시오)

3. 만약 제품 5,000개를 생산하여 모두 판매하는 대신, 총 8,000개를 생산하여 5,000개를 판매하고 기말에 제품 재고로 3,000개가 남는 경우 고정제조간접원가가 미치는 영향에 대한 다음 질문에 답하시오. (고정제조간접원가 실제 발생액은 변하지 않는다고 가정하고, 위의 (물음 2)의 자료를 활용할 것. 기준조업도는 3개년 평균생산량 추정치를 사용함)

   (1) (주)파주가 전부원가계산(absorption costing)과 표준원가계산(standard costing)을 함께 사용한다면, 5,000개 생산할 경우와 비교해서 8,000개 생산할 경우 고정제조간접원가는 1차년도 이익과 기말 제품재고에 각각 어떤 영향을 미치는가? 단, 모든 원가차이는 고려하지 마시오.

(2) (주)파주가 전부원가계산(absorption costing)과 실제원가계산(actual costing)을 함께 사용한다면, 5,000개 생산할 경우와 비교해서 8,000개 생산할 경우 고정제조간접원가는 1차년도 이익과 기말 제품재고에 각각 어떤 영향을 미치는가?

→ 해설

1. 실제 기계시간 및 단위당 표준 기계시간

회사분석결과와 새로 알려진 기계시간을 기준으로 변동제조간접원가를 분석하면 다음과 같다.

< 회사 분석 결과 >

AQ × AP	AQ × SP	SQ × SP
	$9,000\text{h}^{*7} \times 60^{*6}$	5,000단위 $\times 2.2\text{h}^{*9} \times 60$
= ₩630,000	= ₩540,000[*1]	= ₩660,000[*2]

소비차이 ₩90,000(U)　　　능률차이 ₩120,000(F)

[*1] 630,000 − 90,000 = ₩540,000
[*2] 540,000 + 120,000 = ₩660,000

< 새로 알려진 기계시간 기준 결과 >

AQ × AP	AQ × SP	SQ × SP
	$10,000\text{h}^{*8} \times 60^{*6}$	5,000단위 $\times 2.2\text{h}^{*9} \times 60$
= ₩630,000[*5]	= ₩600,000[*4]	= ₩660,000[*3]

소비차이 ₩30,000(U)　　　능률차이 ₩60,000(F)

[*1] 630,000 − 90,000 = ₩540,000
[*2] 540,000 + 120,000 = ₩660,000
[*3] 실제기계시간과 상관없이 표준원가는 변하지 않는다.
[*4] 660,000 − 60,000 = ₩600,000
[*5] 600,000 + 30,000 = ₩630,000
[*6] 1,000시간×표준배부율(SP) = 60,000(=600,000 − 540,000)　→　SP = ₩60
[*7] 540,000÷60 = 9,000h
[*8] 600,000÷60 = 10,000h
[*9] 5,000단위×x×60 = ₩660,000　→　x(단위당 표준기계시간) = 2.2시간

(1) 감사 결과 밝혀진 정확한 실제 기계시간 : 10,000시간
(2) 제품 한 단위당 표준기계시간 : 2.2시간

2. 고정제조간접비 차이분석

(1) 조업도 차이

실　제	예　산	배　부(SQ × SP)
	5,100개 × 110	5,000개 × 110
= ₩560,000	= ₩561,000*	= ₩550,000

조업도차이₩11,000(U)

* 5610개 × 100 = 561,000

(2) 수요의 하향악순환

당년도 예산 생산량을 사용함으로서 고정제조간접비 예정배부율이 커지고, 이에 따라 제품의 판매가격은 올리게 될 것이다. 이에 따라 수요가 줄어들면 예산 생산량도 감소할 것이고, 고정제조간접비 예정배부율은 더 커지기 때문에 판매가격은 더 올려야 하는 수요의 하향악순환이 발생하게 된다.

3. 고정제조간접비와 기말재고

$$\text{고정제조간접원가 예정배부율} = \frac{\text{고정제조간접비 예산}}{\text{기준조업도}} = \frac{561,000}{5,610개} = ₩100/개$$

(1) 표준원가계산을 사용하는 경우

① 기말재고자산에 포함된 고정제조간접비 = 3,000단위×100 = ₩300,000

② 모든 원가차이를 고려하지 않는 경우에는 5,000단위를 생산하든, 8,000단위를 생산하든, 제품 1단위당 고정제조간접비는 ₩100씩만 포함되어 있으므로, 5,000단위를 판매하는 경우 매출원가가 동일하기 때문에 영업이익에 미치는 영향은 없다. (그러나 고정제조간접비 조업도차이를 조정하는 경우에는 매출원가에 영향을 미치기 때문에 5,000단위를 생산하는 경우보다, 8,000단위를 생산하는 경우 영업이익이 더 크게 된다)

(2) 실제원가계산을 사용하는 경우

① 기말재고자산에 포함된 고정제조간접비 = 560,000 × $\frac{3,000개}{8,000개}$ = ₩210,000

② 5,000단위를 생산해서 5,000단위를 판매하는 경우에 비해서, 8,000단위를 생산해서 5,000단위를 판매하는 경우 고정제조간접비 중 ₩210,000이 기말재고자산에 포함되어 다음연도로 이월되므로, 영업이익이 ₩210,000만큼 더 크게 된다.

| 연습문제 6 | 기준조업도와 원가차이 조정 | 2012년 CPA 2차 |

청룡주식회사는 단일 제품을 생산하여 판매한다. 회사는 표준원가에 기초한 전부원가계산제도를 사용하며 2011년도 기준조업도로 사용가능한 생산능력별 연간 제품 생산량은 다음과 같다.

기준 조업도	연간 제품 생산량
이론적조업도(theoretical capacity)	5,000단위
실제최대조업도(practical capacity)	3,500단위
정상조업도(normal capacity)	2,800단위

2011년도 제품 생산 및 원가 정보는 다음과 같다.

기초 제품 재고	0단위
당기 제품 생산량	3,000단위
기말 제품 재고	500단위
단위당 변동제조원가	₩5
단위당 변동판매비와 관리비	₩1
제품 단위당 판매가격	₩20
총고정제조간접원가	₩17,500
총고정판매비와 관리비	₩5,000

기초 및 기말 재공품은 존재하지 않으며 조업도차이를 제외한 어떠한 원가차이도 발생하지 않았다.

요구사항

1. 이론적조업도, 실제최대조업도, 정상조업도를 기준조업도로 사용할 경우 각각의 조업도차이를 구하시오.

2. 회계연도말 회사는 표준원가에 기초한 전부원가계산에 의한 손익계산서를 외부 재무보고 목적용 실제원가 손익계산서로 전환하고자 한다. 이 경우 이론적조업도, 실제최대조업도, 정상조업도를 기준조업도로 사용할 경우 각각의 영업이익을 구하시오. 단, 조업도차이는 매출원가조정법을 사용하여 조정한다.

3. 위의 (요구사항 2)에서 조업도차이를 매출원가조정법을 사용하여 조정하지 않고 안분법(비례배분법)을 사용하여 조정한다면, 이론적조업도, 실제최대조업도, 정상조업도를 기준

조업도로 사용할 경우 각각의 영업이익을 구하시오(조업도차이 안분계산 시 소수점 첫째 자리에서 반올림하시오).

4. 2011년도부터 시작된 장기적인 수요량 감소에 대응하기 위해 회사는 생산능력 축소와 원가절감에 모든 노력을 집중하였다. 이에 따라 2012년도에는 2011년도와 상이한 수준의 생산능력을 기준조업도로 사용하였으며, 2012년도에 총고정제조간접원가가 ₩15,000 발생하였는데 이는 2012년도 예산과 동일한 금액이다. 2012년도 각 기준조업도별 조업도차이는 다음과 같다.

기준조업도	조업도차이
이론적조업도	₩5,000 U
실제최대조업도	₩2,500 U
정상조업도	₩3,750 F

- U : 불리한 차이
- F : 유리한 차이

2012년도 실제 제품 생산량이 2,500 단위라면 기준조업도(이론적조업도, 실제최대조업도, 정상조업도)별 생산량은 각각 몇 단위인가?

➡ 해설

1. 조업도차이

(1) 이론적조업도를 기준조업도로 사용하는 경우

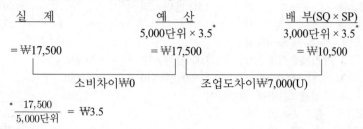

실 제	예 산	배 부(SQ × SP)
	5,000단위 × 3.5*	3,000단위 × 3.5*
= ₩17,500	= ₩17,500	= ₩10,500

소비차이₩0   조업도차이₩7,000(U)

$$^{*}\ \frac{17,500}{5,000단위} = ₩3.5$$

(2) 실제최대조업도를 기준조업도로 사용하는 경우

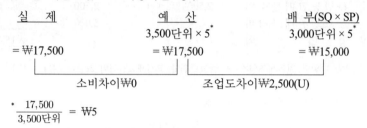

실 제	예 산	배 부(SQ × SP)
	3,500단위 × 5*	3,000단위 × 5*
= ₩17,500	= ₩17,500	= ₩15,000

소비차이₩0   조업도차이₩2,500(U)

$$^{*}\ \frac{17,500}{3,500단위} = ₩5$$

(3) 정상조업도를 기준조업도로 사용하는 경우

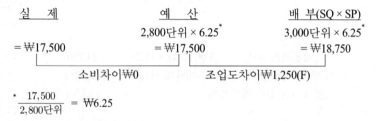

실 제	예 산	배 부(SQ × SP)
	2,800단위 × 6.25*	3,000단위 × 6.25*
= ₩17,500	= ₩17,500	= ₩18,750

소비차이₩0   조업도차이₩1,250(F)

$$^{*}\ \frac{17,500}{2,800단위} = ₩6.25$$

2. 전부원가계산 손익계산서(매출원가 조정법)

(1) 이론적조업도를 기준조업도 사용하는 경우

손익계산서

Ⅰ. 매 출 액	2,500단위 × 20 =		₩50,000
Ⅱ. 매 출 원 가			28,250
1. 기 초 제 품 재 고		0	
2. 당기제품제조원가	3,000단위 × 8.5*	= 25,500	
3. 기 말 제 품 재 고	500단위 ×8.5*	=(4,250)	
4. 고정제조간접비 배부차이		7,000	
Ⅲ. 매 출 총 이 익			21,750
Ⅳ. 판 매 관 리 비			7,500
1. 변 동 판 매 관 리 비	2,500단위 × 1 =	2,500	
2. 고 정 판 매 관 리 비		5,000	
Ⅴ. 영 업 이 익			₩14,250

* ₩5(단위당 변동제조원가) + ₩3.5(단위당 고정제조간접비 표준배부율) = ₩8.5

(2) 실제최대조업도를 기준조업도로 사용하는 경우

손익계산서

Ⅰ. 매　출　액	2,500단위 × 20 =		₩50,000
Ⅱ. 매　출　원　가			27,500
1. 기 초 제 품 재 고		0	
2. 당기제품제조원가	3,000단위 × 10*	= 30,000	
3. 기 말 제 품 재 고	500단위 ×10*	=(5,000)	
4. 고정제조간접비 배부차이		2,500	
Ⅲ. 매　출　총　이　익			22,500
Ⅳ. 판　매　관　리　비			7,500
1. 변 동 판 매 관 리 비	2,500단위 × 1 =	2,500	
2. 고 정 판 매 관 리 비		5,000	
Ⅴ. 영　업　이　익			₩15,000

* ₩5(단위당 변동제조원가) + ₩5(단위당 고정제조간접비 표준배부율) = ₩10

(3) 정상조업도를 기준조업도로 사용하는 경우

손익계산서

Ⅰ. 매　출　액	2,500단위 × 20 =		₩50,000
Ⅱ. 매　출　원　가			26,875
1. 기 초 제 품 재 고		0	
2. 당기제품제조원가	3,000단위 × 11.25*	= 33,750	
3. 기 말 제 품 재 고	500단위 ×11.25*	=(5,625)	
4. 고정제조간접비 배부차이		(1,250)	
Ⅲ. 매　출　총　이　익			23,125
Ⅳ. 판　매　관　리　비			7,500
1. 변 동 판 매 관 리 비	2,500단위 × 1 =	2,500	
2. 고 정 판 매 관 리 비		5,000	
Ⅴ. 영　업　이　익			₩15,625

* ₩5(단위당 변동제조원가) + ₩6.25(단위당 고정제조간접비 표준배부율) = ₩11.25

3. 전부원가계산 손익계산서(비례조정법)

(1) 이론적조업도를 기준조업도 사용하는 경우

손익계산서

I. 매 출 액	2,500단위 × 20 =		₩50,000
II. 매 출 원 가			27,083
1. 기 초 제 품 재 고		0	
2. 당기제품제조원가	3,000단위 × 8.5[*1]	= 25,500	
3. 기 말 제 품 재 고	500단위 ×8.5[*1]+ 1,167[*2]	= (5,417)	
4. 고정제조간접비 배부차이		7,000	
III. 매 출 총 이 익			22,917
IV. 판 매 관 리 비			7,500
1. 변 동 판 매 관 리 비	2,500단위 × 1 =	2,500	
2. 고 정 판 매 관 리 비		5,000	
V. 영 업 이 익			₩15,417

[*1] ₩5(단위당 변동제조원가) + ₩3.5(단위당 고정제조간접비 표준배부율) = ₩8.5

[*2] $₩7,000 \times \dfrac{500단위}{3,000단위} = ₩1,167$

(2) 실제최대조업도를 기준조업도로 사용하는 경우

손익계산서

I. 매 출 액	2,500단위 × 20 =		₩50,000
II. 매 출 원 가			27,083
1. 기 초 제 품 재 고		0	
2. 당기제품제조원가	3,000단위 × 10[*1]	= 30,000	
3. 기 말 제 품 재 고	500단위 ×10[*1]+ 417[*2]	= (5,417)	
4. 고정제조간접비 배부차이		2,500	
III. 매 출 총 이 익			22,917
IV. 판 매 관 리 비			7,500
1. 변 동 판 매 관 리 비	2,500단위 × 1 =	2,500	
2. 고 정 판 매 관 리 비		5,000	
V. 영 업 이 익			₩15,417

[*1] ₩5(단위당 변동제조원가) + ₩5(단위당 고정제조간접비 표준배부율) = ₩10

[*2] $₩2,500 \times \dfrac{500단위}{3,000단위} = ₩417$

(3) 정상조업도를 기준조업도로 사용하는 경우

손익계산서

Ⅰ. 매 출 액	2,500단위 × 20 =		₩50,000
Ⅱ. 매 출 원 가			27,083
1. 기 초 제 품 재 고		0	
2. 당기제품제조원가	3,000단위 × 11.25^{*1}	= 33,750	
3. 기 말 제 품 재 고	500단위 ×11.25^{*1} − 208^{*2} =	(5,417)	
4. 고정제조간접비 배부차이		(1,250)	
Ⅲ. 매 출 총 이 익			22,917
Ⅳ. 판 매 관 리 비			7,500
1. 변 동 판 매 관 리 비	2,500단위 × 1 =	2,500	
2. 고 정 판 매 관 리 비		5,000	
Ⅴ. 영 업 이 익			₩15,417

^{*1} ₩5(단위당 변동제조원가) + ₩6.25(단위당 고정제조간접비 표준배부율) = ₩11.25

^{*2} $\text{₩}1,250 \times \dfrac{500단위}{3,000단위}$ = ₩208

4. 기준조업도 계산

(1) 이론적조업도를 기준조업도로 사용하는 경우 : 3,750단위

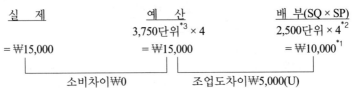

실 제	예 산	배 부(SQ × SP)
	3,750단위^{*3} × 4	2,500단위 × 4^{*2}
= ₩15,000	= ₩15,000	= ₩10,000^{*1}

소비차이 ₩0   조업도차이 ₩5,000(U)

^{*1} ₩15,000−₩5,000 = ₩10,000

^{*2} $\dfrac{10,000}{2,500단위}$ = ₩4

^{*3} $\dfrac{15,000}{4}$ = 3,750단위

(2) 실제최대조업도를 기준조업도로 사용하는 경우 : 3,000단위

실 제	예 산	배 부(SQ × SP)
	3,000단위^{*3} × 5	2,500단위 × 5^{*2}
= ₩15,000	= ₩15,000	= ₩12,500^{*1}

소비차이 ₩0   조업도차이 ₩2,500(U)

^{*1} ₩15,000−₩2,500 = ₩12,500

^{*2} $\dfrac{12,500}{2,500단위}$ = ₩5

^{*3} $\dfrac{15,000}{5}$ = 3,000단위

(3) 정상조업도를 기준조업도로 사용하는 경우 : 2,000단위

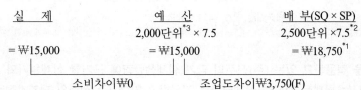

	실 제	예 산	배 부(SQ × SP)
		2,000단위[*3] × 7.5	2,500단위 ×7.5[*2]
	= ₩15,000	= ₩15,000	= ₩18,750[*1]

소비차이₩0   조업도차이₩3,750(F)

[*1] ₩15,000 + ₩3,750 = ₩18,750

[*2] $\dfrac{18,750}{2,500단위}$ = ₩7.5

[*3] $\dfrac{15,000}{7.5}$ = 2,000단위

연습문제 7 표준원가와 정상원가 비교

표준원가계산을 적용하고 있는 (주)진주의 당기 실제생산량에 근거한 실제원가와 표준원가는 다음과 같고, 회사는 원재료 계정을 실제원가로 기록하고 있다. (주)진주의 제조간접비에 대한 배부기준은 기계시간을 사용한다.

	실제원가	표준원가
기본(기초)원가	₩170,000	₩150,000
변동제조간접원가	₩?	₩400,000
고정제조간접원가	₩525,000	₩600,000
기계시간당 변동제조간접원가 배부율	₩23	₩20
제품단위당 기계시간	41시간	40시간

(주)진주의 기준조업도와 예정조업도는 모두 생산량 기준으로 600단위이며, 이는 회사의 고정예산과도 일치한다. 다음 요구사항에 답하시오.

요구사항

1. 당기 실제 생산량을 계산하시오.

2. 표준원가계산하에서 변동제조간접원가와 고정제조간접원가 차이를 분석하시오.

3. 변동제조간접원가의 표준배부율이 예정배부율과 같다고 할 때,
   (1) 정상원가계산에 의한 제조간접비 배부차이를 계산하시오.
   (2) 정상원가계산에 의한 당기총제조원가는 얼마인가?

4. 회사의 고정예산상의 총원가는 얼마인가?

➡ 해설

1. 변동제조간접원가 표준원가자료를 이용하여 실제 생산량을 계산한다.

	표준원가(배부액)
변동제조간접원가	₩400,000
기계시간당 변동제조간접원가 배부율	÷₩20
기계시간	= 20,000h
제품단위당 기계시간	÷40시간
생산량	500단위

2. 제조간접비 차이분석

   (1) 변동제조간접비 차이분석

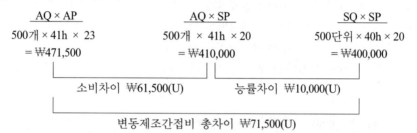

   (2) 고정제조간접비 차이분석

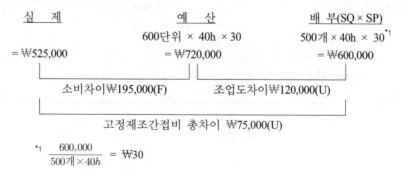

$$^{*1} \quad \frac{600,000}{500개 \times 40h} = ₩30$$

3. 정상원가계산하 제조간접비 배부차이

   정상원가계산은 기초원가(직접재료비, 직접노무비)는 실제원가, 제조간접비는 예정배부한다는 점과 제조간접비 예정배부율을 실제조업도를 기준으로 배부한다는 점에 주의하여야 한다.

(1) 제조간접비 배부차이

	실제원가	예정배부액
변동제조간접비 :	$20,500h^{*1} \times 23 = ₩471,500$	$20,500h^{*1} \times 20 = ₩410,000$
고정제조간접비 :	525,000	$20,500h^{*1} \times 30^{*2} = ₩615,000$
합 계	₩996,500	₩1,025,000

제조간접비 배부차이 ₩28,500(과대배부)

^{*1} 실제기계시간 = 500단위 × 41시간 = 20,500시간

^{*2} 고정제조간접비 예정배부율 $= \dfrac{720,000}{600개 \times 40h} = ₩30$

(2) 정상원가계산에 의한 당기 총제조원가

기 초 원 가 : ₩ 170,000 (실제원가)
변동제조간접비 : 410,000 (예정배부액)
고정제조간접비 : 615,000 (예정배부액)
당기총제조원가 : ₩ 1,195,000

4. 고정예산상의 총원가

기 초 원 가 : 600단위×300^{*1} = ₩ 180,000
변동제조간접비 : 600단위×40시간×20 = 480,000
고정제조간접비 : 720,000^{*2}
총 원 가 : ₩1,380,000

^{*1} 단위당 표준 기초원가 $= \dfrac{150,000}{500단위} = ₩300/단위$

^{*2} 고정제조간접비 예산 → (요구사항2) 해설 참조

연습문제 8	성과평가, CVP분석, 종합예산	2022 세무사 2차

특별한 가정이 없는 한 각 물음은 상호 독립적이다.

<기본 자료>

㈜세무는 제품 A를 생산·판매하고 있다. ㈜세무는 안정적인 시장환경을 가지고 있어 매년 4,500 단위의 제품 A 생산·판매량을 기준으로 예산을 편성하고 있으며, 매 연도에 실제 생산된 제품 A는 각 연도에 모두 판매된다. 다음은 ㈜세무의 20x1년 초 예산편성을 위한 기초자료이다.

단위당 판매가격	₩ 200
단위당 변동매출원가	
직접재료원가	40
직접노무원가	25
변동제조간접원가	15
단위당 변동판매비와관리비	50
고정제조간접원가(총액)	135,000
고정판매비와관리비(총액)	78,000

요구사항

1. 다음은 20x1년 변동원가계산을 기준으로 한 ㈜세무의 실제 공헌이익손익계산서 (일부)이 며, 동 기간 동안 제품 A 4,200단위를 생산·판매하였다. ① 매출조업도차이, ② 변동예산 차이는 각각 얼마인가? (단, 금액 뒤에 유리 또는 불리를 반드시 표시하시오.)

매출액	₩924,000
변동원가	
변동매출원가	344,400
변동판매비와관리비	201,600
공헌이익	378,000
고정원가	
고정제조간접원가	140,000
고정판매비와관리비	80,000
영업이익	158,000

2. <기본 자료>와 1.의 자료를 같이 이용했을 때, ① ㈜세무의 20x1년 변동원가계산과 전부 원가계산에 의한 실제 영업이익의 차이금액은 얼마이며, ② ㈜세무에서 그러한 차이금액 이 발생한 이유는 무엇인가? (단, 재공품은 없다.)

3. <기본 자료>와 1.의 자료를 같이 이용한다. ㈜세무는 표준원가를 이용하여 예산을 편성하며, 제조간접원가는 직접노무시간을 기준으로 배부한다. 20x1년 제품 A의 단위당 표준직접노무시간은 1시간이다. 20x1년 제조간접원가의 능률차이는 ₩1,500(불리), 소비차이는 ₩3,500(불리)으로 나타났다. 20x1년 ① 실제 발생한 직접노무시간, ② 변동제조간접원가 실제발생액은 각각 얼마인가?

4. <기본 자료>와 같은 상황에서 20x1년 초 ㈜세무는 기존 제품라인에 제품 B를 추가할 것을 고려하고 있다. 제품 B를 추가 생산·판매하더라도 제품 A의 단위당 예산판매가격과 예산변동원가는 동일하게 유지될 것으로 예측된다. 제품 B의 단위당 예산공헌이익은 ₩80이며, 제품 A와 B의 예산판매량 기준 배합비율은 7 : 3 이다. 이 경우 제품 A의 예산상 손익분기점 수량은 4,067단위이다. 제품 B의 추가 생산·판매로 인해 예산상 고정원가는 얼마나 증가하는가?

5. <기본 자료>와 같은 상황에서 제품 A의 직접재료 수량표준은 2kg이다. 20x1년 초 직접재료의 기초재고는 700kg이며, 기말재고는 차기연도 예산판매량의 10%를 생산할 수 있는 직접재료수량을 보유하고자 한다. 20x1년 초 ㈜세무의 기초재공품은 150단위(가공원가 완성도 30%)이다. 기말재공품은 100단위(가공원가 완성도 20%)를 보유하고자 한다. 직접재료는 공정초에 모두 투입되며, 가공원가는 전체 공정에 걸쳐 균등하게 발생한다. 20×1년 ㈜세무의 직접재료구입예산(금액)은 얼마인가?

➡ 해설

1.

	실제성과	변동예산 차이	변동예산	매출조업도 차이	고정예산
생 산, 판 매 량	4,200개	–	4,200개		4,500개
매 출 액	₩924,000(@220)		₩840,000(@200)		₩900,000(@200)
변 동 제 조 원 가 변 동 판 관 비	344,400 201,600		336,000(@ 80) 210,000(@ 50)		360,000(@ 80) 225,000(@ 50)
공 헌 이 익 고 정 비 고정제조간접비 고 정 판 관 비	₩378,000 140,000 80,000		₩294,000 135,000 78,000	₩21,000(U)	₩315,000 135,000 78,000
영 업 이 익	₩158,000	₩77,000(F)	₩ 81,000		₩102,000

2.

(1) 20x1년도 변동원가계산과 전부원가계산에 의한 실제 영업이익의 차이금액은 없다.

(2) 회사는 4,200단위를 생산하여 모두 판매하여 재고자산이 없기 때문에 영업이익의 차이는 발생하지 않는다. 즉, 변동원가계산과 전부원가계산 모두 당기에 발생한 고정제조간접비를 당기 비용으로 처리하기 때문에 양쪽 영업이익이 동일하게 된다.

3.

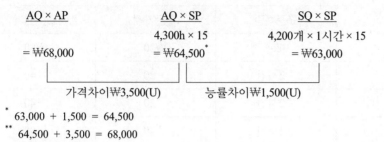

* 63,000 + 1,500 = 64,500
** 64,500 + 3,500 = 68,000

4.

1꾸러미를 제품 A 7단위와 제품 B 3단위라고 한다면, 손익분기점에서 A의 판매량이 4,061단위이므로 손익분기점 꾸러미수는 581꾸러미($= \dfrac{4067단위}{7단위}$) 이다.

1꾸러미당 공헌이익 : 70×7 + 80×3 = 730

고정원가 증가액을 x 라 하면,

BEP꾸러미 수 $= \dfrac{213,000 + x}{730} = 581$꾸러미 $\rightarrow x = 211,130$

5.

제품 판매량	4,500단위
+ 기말 재공품 재고	+ 100단위
− 기초 재공품 재고	− 150단위
제품 생산량	4,450단위
단위당 원재료 투입량	× 2kg
원재료 사용량	= 8,900kg
(+)기말원재료재고량	+ 900kg(=4,500개×2kg×10%)
(−)기초원재료재고량	− 700kg
원재료 구입량	= 9,100kg

∴ 직접재료구입예산 : 9,100kg × 20* = 182,000

* 40÷2kg = 20

단일공정을 통해 제품을 생산하는 ㈜세무는 표준원가를 이용한 종합원가계산제도를 사용하고 있다. 전기와 당기에 설정한 ㈜세무의 제품단위당 표준원가는 다음과 같다.

<전기의 제품단위당 표준원가>

	표준수량	표준가격	표준원가
직접재료원가	4kg	₩20	₩80
직접노무원가	2시간	20	40
변동제조간접원가	2시간	20	40
고정제조간접원가	2시간	40	80
			₩240

<당기의 제품단위당 표준원가>

	표준수량	표준가격	표준원가
직접재료원가	4kg	₩25	₩100
직접노무원가	2시간	20	40
변동제조간접원가	2시간	20	40
고정제조간접원가	2시간	50	100
			₩280

직접재료는 공정초기에 40%가 투입되고, 나머지는 공정전반에 걸쳐 균등하게 투입된다.

가공원가는 공정전반에 걸쳐서 균등하게 발생한다. ㈜세무는 선입선출법을 적용하며, 당기의 생산과 관련된 자료는 다음과 같다. 단, 괄호 안의 수치는 가공원가의 완성도를 의미한다.

	물량단위
기초재공품	2,000단위(50%)
당기투입	12,000단위
완성품	10,000단위
기말재공품	4,000단위(20%)

요구사항

1. 당기의 완성품원가와 기말재공품원가를 구하시오.

2. 당기에 실제발생한 직접재료와 관련된 원가자료 및 차이분석 결과가 다음과 같을 때, 당기의 직접재료 실제사용량과 단위당 실제구입가격을 구하시오. (단, 전기에 구입된 직접재료는 전기에 다 사용되어, 당기로 이월되지 않았음을 가정한다.)

- 직접재료 당기구입량: 당기 사용량의 1.2배
- 직접재료원가 수량차이(사용시점에서 분리): ₩82,000(불리한 차이)
- 직접재료원가 가격차이(구입시점에서 분리): ₩110,400(유리한차이)

3. ㈜세무는 당기 제조간접원가를 직접노무시간을 기준으로 배부한다. 당기의 기준조업도는 12,000개이며, 실제 제조간접원가 발생액은 ₩1,580,000이었다. 위의 자료를 이용하여 제조간접원가의 예산차이와 조업도 차이를 계산하시오. (단, 유리한 차이 또는 불리한 차이로 표시하시오)

→ 해설

1. 완성품과 기말재공품원가 계산

[1단계] 물량의 흐름				[2단계] 완성품 환산량	
		재 공 품		재료비	가공비
기 초	2,000	완 ┌ 기초	2,000	600*1	1,000
		성 └ 착수	8,000	8,000	8,000
당기착수	12,000	기 말	4,000	2,080*2	800
합 계	14,000	합 계	14,000	10,680	9,800

[3단계] 총원가 요약			합 계
기초재공품원가			₩272,000*3
당기 착수 원가	1,068,000	1,764,000	2,832,000
합 계			₩3,104,000

[4단계] 완성품환산량 단위당원가		
완성품 환산량	÷ 10,680	÷ 9,800
완성품환산량 단위당원가	@100	@180

[5단계] 원가 배분		합 계
완성품원가	272,000 + 8,600 × 100 + 9,000 × 180 =	₩2,752,000
기말재공품원가	2,080 × 100 + 800 × 180 =	352,000
합 계		₩3,104,000

*1 2,000단위×60%×50% = 600단위

*2 4,000단위×(40% + 60%×20%) = 2,080단위

*3 기초재공품은 전년도에 재료비가 70%(= 40% + 60%×50%) 완성되었고, 가공비가 50%완성되었기 때문에 재료비와 가공비 완성품환산량은 각각 1,400단위와 1,000단위 완성된 상태였다. 따라서 기초재공품의 표준원가는 다음과 같이 계산된다. 1,400 × 80 + 1,000 × 160 = ₩272,000

완성품과 기말재공품원가는 각각 ₩2,752,000 과 ₩352,000이다.

2. 당기 실제발생 직접재료

$$
\begin{array}{cc}
\underline{AQp \times AP} & \underline{AQp \times SP} \\
55,200kg^{*2} \times 23 & 55,200kg^{*2} \times 25 \\
= ₩1,269,600 & = ₩1,380,000
\end{array}
$$

구입가격차이₩110,400(F)

$$
\begin{array}{cc}
\underline{AQ \times SP} & \underline{SQ \times SP} \\
46,000kg \times 25 & 10,680단위^{*1} \times 4kg \times 25 \\
= ₩1,150,000 & = ₩1,068,000
\end{array}
$$

능률차이₩82,000(U)

*1 직접재료 완성품환산량

*2 직접재료 구입량 = 직접재료 사용량 × 1.2배 = 46,000kg × 1.2 = 55,200kg

직접재료 당기 실제 구입량 : 55,200kg

직접재료 당기 실제 구입가격 : ₩23

3. 제조간접비 차이분석

	실제원가	실제투입량 기준 변동예산	실제산출량 기준 변동예산	표준원가
변동제조간접비	AQ × AP	AQ × SP	SQ × SP	SQ × SP
+	+	+	+	+
고정제조간접비	실제발생액	예 산	예 산	SQ × SP
			392,000[*1]	392,000[*1]
			+	+
			1,200,000[*2]	980,000[*3]
제조간접비합계	= ₩1,580,000		= ₩1,592,000	= ₩1,372,000

예산차이
₩12,000(F)

조업도차이
₩220,000(U)

[*1] 9,800개 × 2h × 20 = ₩392,000

[*2] 고정제조간접비 예산 = 기준조업도× 50 = 12,000개× 2h × 50 = ₩1,200,000

[*3] 9,800개 × 2h × 50 = ₩980,000

참고로 다음과 같이 분석할 수 있다.

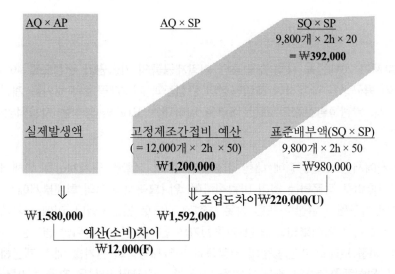

| 연습문제 10 | 오류수정 및 표준종합원가계산 | 2012 CPA 2차 |

㈜가을은 추출공정과 조립공정을 순차적으로 거쳐 제품을 생산하고 있으며, 종합원가계산제도를 채택하고 있다. 조립공정에서 직접재료는 공정이 80% 진행된 시점에서 전량 투입되며, 가공원가는 공정이 진행됨에 따라 균등하게 투입된다. 2011년도 11월, 실제원가계산(actual costing)제도 하에서 이 회사 조립공정의 원가계산을 위한 기초자료는 다음과 같이 조사되었다.

- 기초재공품 : 15,000 단위
- 전공정대체 : 35,000 단위
- 기말재공품 : 10,000 단위
- 공손 : 0 단위

	전공정 대체원가	직접재료원가	가공원가
기초재공품	₩ 25,000	?	₩ 66,000
당기투입	₩175,000	₩200,000	₩330,000

조립공정에서 기초재공품의 가공원가 완성도는 60%로 추정되었다.

요구사항

1. 이 회사의 회계부서가 2011년도 11월 조립공정 기말재공품의 가공원가 완성도를 40%로 추정했다고 할 때, 평균법을 적용하여 조립공정의 완성품과 기말재공품의 원가를 계산하시오. 답안 작성 시, 완성품환산량의 계산 내역을 나타내는 표(표의 양식은 자율적임)를 함께 제시하시오.

2. ㈜가을의 감사부서에서는 조립공정에 대한 현장실사 결과, 정확한 원가계산을 위해서는 평균법보다 선입선출법을 적용하는 것이 바람직하며, 위 (요구사항 1)의 회계부서에서 제시한 기말재공품의 가공원가 완성도 또한 잘못 추정된 것으로 판단하였다. 이에 원가계산을 새롭게 실시한 결과 선입선출법에 의한 가공원가의 완성품환산량단위당 원가는 ₩10으로 판명되었다. 이를 토대로 조립공정의 완성품과 기말재공품의 원가를 새로 계산하시오. 답안 작성 시, 완성품환산량의 계산 내역을 나타내는 표(표의 양식은 자율적임)를 함께 제시하시오.

3. ㈜가을은 관리목적으로 표준원가계산(standard costing)제도를 병행해서 사용하고 있다. ㈜가을은 직접재료원가의 가격차이를 사용시점에서 분리하고 있다. 2011년도 조립공정의 완성품 1단위당 표준원가는 다음과 같이 설정되어 있다(기말재공품의 가공원가 완성도는 40%로 가정한다).

	표준투입량	투입량 단위당 표준가격	원가요소별 표준원가
직접재료원가	2kg	₩3/kg	₩ 6
직접노무원가	직접노동 2시간	₩2.5/시간	₩ 5
변동제조간접원가	직접노동 2시간	₩0.5/시간	₩ 1
고정제조간접원가	기준조업도 제품 1단위당		₩ 2
합 계	−	−	₩14

(1) 2011년도 11월, ㈜가을 조립공정의 실제원가와 표준원가의 차이를 직접재료원가와 가공원가에 대해 각각 계산하시오.

(2) 직접재료의 kg당 실제구입가격이 ₩2이라고 하자. 첫째, 일반적으로 직접재료 구매부서와 제조부서(조립공정)에 각각 귀속될 원가차이를 계산하시오. 둘째, 이 경우 직접재료 구매부서에 귀속될 원가차이만으로 구매부서의 성과를 긍정적[또는 부정적]으로 판단하는 것에는 어떤 문제가 있는가? (둘째 요구사항의 해답은 4줄 이내로 쓸 것!)

4. (요구사항 3)에 있는 자료를 이용하되, 2011년도 11월에 조립공정에 투입된 가공원가의 완성품환산량을 34,000단위로 가정하고, 다음 물음에 답하시오. 조립공정의 고정제조간접원가 표준(예정)배부율은 기준조업도 30,000단위를 기준으로 계산하였다. 각종 원가차이에 대한 정보는 아래와 같다.

- 고정제조간접원가 예산(소비)차이: ₩0
- 변동제조간접원가 소비차이: ₩5,000(불리)
- 변동제조간접원가 능률차이: ?
- 직접노무원가 가격차이: ₩5,000(유리)
- 직접노무원가 능률차이: ? (불리)

(1) 위의 정보를 이용하여 2011년도 11월, 조립공정의 직접노무원가, 변동제조간접원가, 고정제조간접원가의 실제발생액과 표준원가를 계산하여 다음 표에 기입하시오.

(단위: ₩)

	직접노무원가	변동제조간접원가	고정제조간접원가	합 계
실제원가	?	?	?	330,000
표준원가	?	?	?	?

(2) ㈜가을의 조립공정의 변동제조간접원가 항목 중에는 전기료가 있다. 조립공정에 있는 기계들의 사용 년수가 길어져 2011년도 들어 기계효율이 급격히 떨어짐에 따라, 2011년도 11월에 예상보다 전기사용량이 급증하였다. 전기사용량의 비효율로 인해 발생하는 원가차이는 어떤 원가차이에 반영되는가? 이와 함께 해당하는 원가차이의 의미를 간단히 쓰시오(총 3줄 이내로 쓸 것!).

➡ 해설

1. 평균법

[1단계] 물량의 흐름   [2단계] 완성품 환산량

재공품					전공정비	재료비	가공비
기 초	15,000	완	성	40,000	40,000	40,000	40,000
당기착수	35,000	기	말	10,000	10,000	0	4,000
합 계	50,000	합	계	50,000	50,000	40,000	44,000

[3단계] 총원가 요약

	전공정비	재료비	가공비	합 계
기초재공품원가	25,000	0	66,000	₩91,000
당기 착수 원가	175,000	200,000	330,000	705,000
합 계	200,000	200,000	396,000	₩796,000

[4단계] 완성품환산량 단위당원가

	전공정비	재료비	가공비
완성품 환산량	÷ 50,000	÷ 40,000	÷ 44,000
완성품환산량 단위당원가	@4	@5	@9

[5단계] 원가 배분

		합 계
완성품원가	$40,000 \times 4 + 40,000 \times 5 + 40,000 \times 9 =$	₩720,000
기말재공품원가	$10,000 \times 4 + \quad 0 \times 5 + 4,000 \times 9 =$	76,000
합 계		₩796,000

평균법에 의할 경우 완성품과 기말재공품원가는 각각 ₩720,000과 ₩76,000이다.

2. 선입선출법(오류수정)

[1단계] 물량의 흐름   [2단계] 완성품 환산량

재공품						전공정비	재료비	가공비	
기 초	15,000	완	기 초	15,000		0	15,000	6,000	
		성	투 입	25,000		25,000	25,000	25,000	
당기착수	35,000	기	말	10,000		10,000	0	2,000	*2
합 계	50,000	합	계	50,000		35,000	40,000	33,000	*1

[3단계] 총원가 요약

	전공정비	재료비	가공비	합 계
기초재공품원가				₩91,000
당기 착수 원가	175,000	200,000	330,000	705,000
합 계				₩796,000

[4단계] 완성품환산량 단위당원가

	전공정비	재료비	가공비
완성품 환산량	÷ 35,000	÷ 40,000	÷ 33,000
완성품환산량 단위당원가	@5	@5	@10

[5단계] 원가 배분

		합 계
완성품원가	$91,000 + 25,000 \times 5 + 40,000 \times 5 + 31,000 \times 10 =$	₩726,000
기말재공품원가	$10,000 \times 5 + 0 \times 5 + 2,000 \times 10 =$	70,000
합 계		₩796,000

*1 $\dfrac{330,000}{\text{가공비완성품환산량}} = ₩10 \rightarrow$ 가공비완성품환산량 $= 33,000$단위

*2 $33,000$단위 $- 25,000$단위 $- 6,000$단위 $= 2,000$단위

선입선출법에 의할 경우 완성품과 기말재공품원가는 각각 ₩726,000과 ₩70,000이다.

3. 차이분석

(1) 완성품환산량

[1단계] 물량의 흐름　　　　　　　　　　　[2단계] 완성품 환산량

재공품				전공정비	재료비	가공비
기　초	15,000	완 기 초	15,000	0	15,000	6,000
		성 투 입	25,000	25,000	25,000	25,000
당기착수	35,000	기　말	10,000	10,000	0	4,000
합　계	50,000	합　계	50,000	35,000	40,000	35,000

① 직접재료원가

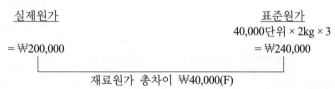

실제원가	표준원가
	40,000단위 × 2kg × 3
= ₩200,000	= ₩240,000

재료원가 총차이 ₩40,000(F)

② 가공원가

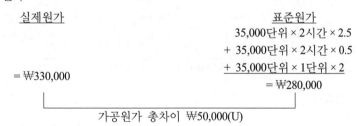

실제원가	표준원가
	35,000단위 × 2시간 × 2.5
	+ 35,000단위 × 2시간 × 0.5
	+ 35,000단위 × 1단위 × 2
= ₩330,000	= ₩280,000

가공원가 총차이 ₩50,000(U)

(2) 직접재료원가 차이 세부분석

AQ × AP	AQ × SP	SQ × SP
100,000kg* × 2	100,000kg × 3	40,000단위 × 2kg × 3
= ₩200,000	= ₩300,000	= ₩240,000

　　　가격차이 ₩100,000(F)　　　능률차이 ₩60,000(U)

직접재료비 총차이 ₩40,000(F)

* $\dfrac{₩200,000}{2} = 100,000$kg

① 구매부서에 귀속될 차이 : 가격차이 ₩100,000(유리)

　　제조부서에 귀속될 차이 : 능률차이 ₩ 60,000(불리)

② 구매부서에 귀속될 원가차이만으로 구매부서의 성과를 긍정적으로 판단할 경우 구매부서는 무조건 값싼 재료만 구입하려고 할 것이다. 따라서 품질이 떨어지는 재료를 싸게 구입하는 경우 구매부서를 긍정적으로 평가한다면, 제조부문은 이러한 품질이 떨어지는 재료 때문에 계속 부정적으로만 평가될 가능성이 높아진다.

4. 가공원가 차이분석

(1) 차이분석 표 완성

(단위: ₩)

	직접노무원가	변동제조간접원가	고정제조간접원가	합 계
실제원가	220,000	50,000	60,000	330,000
표준원가	170,000	34,000	68,000	272,000

① 직접노무비

$$
\begin{array}{ccc}
\underline{AQ \times AP} & \underline{AQ \times SP} & \underline{SQ \times SP} \\
& x \times 2.5 & 34{,}000단위 \times 2h \times 2.5 \\
= x \times 2.5 - 5{,}000 & = ? & = ₩170{,}000
\end{array}
$$

임률차이 ₩5,000(F)　　능률차이 ₩　　　(U)

② 변동제조간접비

$$
\begin{array}{ccc}
\underline{AQ \times AP} & \underline{AQ \times SP} & \underline{SQ \times SP} \\
& x \times 0.5 & 34{,}000단위 \times 2h \times 0.5 \\
= x \times 0.5 + 5{,}000 & = ? & = ₩34{,}000
\end{array}
$$

소비차이 ₩5,000(U)　　능률차이 ₩　　( )

③ 고정제조간접비

$$
\begin{array}{ccc}
\underline{실\ \ \ 제} & \underline{예\ \ \ 산} & \underline{배\ \ 부(SQ \times SP)} \\
& 30{,}000단위 \times 2 & 34{,}000단위 \times 1단위 \times 2 \\
= ₩60{,}000 & = ₩60{,}000 & = ₩68{,}000
\end{array}
$$

소비차이 ₩0　　조업도차이 ₩8,000(F)

직접노무비 실제발생액($x \times 2.5 - 5{,}000$)과 변동제조간접비 실제발생액($x \times 0.5 + 5{,}000$) 합계는 가공비 실제 발생액 합계에서 고정제조간접비 실제발생액을 차감한 값과 일치하므로, ₩270,000(= ₩330,000 − ₩60,000)이다. 따라서, ($x \times 2.5 - 5{,}000$) + ($x \times 0.5 + 5{,}000$) = ₩270,000에서, x = 90,000h이므로, 직접노무비와 변동제조간접비 실제 발생액은 각각 ₩220,000(= 90,000×2.5−5,000)과 ₩50,000(= 90,000× 0.5 + 5,000)이다.

(2) 원가차이의 의미

전기사용량의 비효율로 인해 전기사용량이 급증하였다면 이는 변동제조간접비 능률차이에 반영된다. 이런 원가차이는 실제생산량에 허용된 표준사용량보다 실제사용량이 더 많이 발생하였음을 의미하며 불리한 차이에 해당한다.

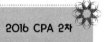

연습문제 11 　표준종합원가계산

㈜한라는 제품X를 생산·판매하고 있으며, 전부원가계산에 의한 표준종합원가계산시스템을 적용하고 있다.

(1) ㈜한라가 20x1년 6월에 설정한 제품 단위당 표준원가는 다음과 같다.

구분	제품X		
	표준수량	표준가격	표준원가
직접재료원가	2kg	₩20	₩40
직접노무원가	2시간	₩10	₩20
변동제조간접원가	2시간	₩3	₩6
고정제조간접원가	2시간	A	?
제품 단위당 표준원가			?
제품 단위당 정상공손허용액			B
정상품 단위당 표준원가			?

(2) 직접재료는 공정초에 전량 투입되며, 전환원가(conversion costs)는 공정전반에 걸쳐 균등하게 발생한다. 제품X에 대한 공손검사는 공정이 60% 진행된 시점에서 이루어지며, 검사를 통과한 합격품의 10%에 해당하는 공손수량은 정상적인 것으로 간주하며, 선입선출법을 가정한다.

(3) ㈜한라의 월간 실제최대조업도는 1,300단위이며, 정상조업도는 1,000단위이다.

(4) ㈜한라는 시장수요에 따라 정상조업도 수준의 생산을 유지하고 있으며, 제품X의 고정제조간접원가 예산은 ₩10,000이다. 정상조업도에서 허용된 표준직접노무시간을 기준으로 고정제조간접원가 표준배부율을 계산한다.

(5) ㈜한라의 제품X의 단위당 판매가격은 ₩100이다.

[요구사항]

1. <자료 1>의 빈칸에 들어갈 ① A의 금액, ② B의 금액과 ③ 제품X의 총완성품원가를 계산하여 다음 주어진 양식에 따라 답하시오.

구분	금액
① 고정제조간접원가 표준가격(A)	
② 제품 단위당 정상공손허용액(B)	
③ 총완성품원가	

2. 당월의 기초재공품 700단위는 65%, 기말재공품 500단위는 70%가 완성되었다. 공손수량은 150단위이고 당월중 제품X의 판매량은 1,000단위이다. 기초와 기말제품재고가 없다고 가정할 경우, 다음 물음에 답하시오.

(1) 당월중 비정상공손수량과 비정상공손원가는 각각 얼마인가?

(2) 당월말 재공품원가는 얼마인가?

(3) 당월중 직접재료원가와 전환원가의 완성품환산량은 각각 얼마인가?

(4) 당월중 재공품 계정의 차변에 기록되는 직접재료원가와 전환원가는 각각 얼마인가?

3. 아래의 각 물음에 답하시오

(1) 직접노무인력은 숙련공과 미숙련공으로 구성된다. 관련 자료는 다음과 같다.

<자료 2> 제품 1단위당 직접노무인력별 표준시간과 표준임률

	표준시간	시간당 표준임률
숙련공	1시간	₩12
미숙련공	1시간	₩ 8
합계	2시간	₩20

<자료 3> 직접노무인력별 실제시간과 실제직접노무원가

	실제시간	실제직접노무원가
숙련공	1,050시간	₩12,180
미숙련공	950시간	₩ 8,360
	2,000시간	₩20,540

㈜ 한라의 직접노무비 차이분석을 임률차이, 배합차이, 수율차이로 구분하여 분석하시오.

(2) ㈜한라의 실제변동제조간접원가는 ₩6,200이고, 실제고정제조간접원가는 ₩9,100이다. 변동제조간접원가의 소비차이와 능률차이 및 고정제조간접원가의 예산차이와 조업도차이를 분석하시오.

해설

(물음 1)

① A(고정제조간접비 표준가격) = $\dfrac{고정제조간접비 예산}{기준조업도}$ = $\dfrac{₩10,000}{1,000단위 \times 2시간}$ = ₩5

② B(제품 단위당 정상공손허용액) = (40 + 36×60%)×10% = ₩6.16

③ 총완성품원가 = 40 + 20 + 6 + 2시간×5 + 6.16 = ₩82.16

(물음 2)

(1) 비정상공손수량 및 비정상공손원가

정상공손수량 : (300단위 + 500단위)×10% = 80단위

비정상공손수량 : 150단위 − 80단위 = 70단위

비정상공손원가 : 70단위×(40 + 36×60%) = ₩4,312

(2) 기말재공품원가

기말재공품 1단위 표준원가 : 40 + 36×70% = 65.2

단위당 정상공손 허용액   :   6.16

기말재공품 단위당 원가   :   71.36

기말재공품 원가 : 500단위×71.36 = ₩35,680

(3) 완성품환산량

물량의 흐름			완성품 환산량	
재공품			재료비	가공비
기　초	완 ┌기　초	700	0	245
	성 └투　입	300	300	300
	정상공손	80	80	48
당기착수	비정상공손	70	70	42
	기　말	500	500	350
합　계	합　계	1,650	950	985

(4) 직접재료비, 전환원가

직접재료비 : 950단위×40 = ₩38,000

전환원가 : 985단위×36 = ₩35,460

3.

(1) 임률차이 배합차이 수율차이 계산

① 임률차이와 능률차이

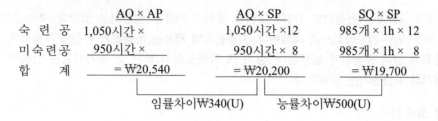

	AQ × AP	AQ × SP	SQ × SP
숙 련 공	1,050시간 ×	1,050시간 ×12	985개 × 1h × 12
미숙련공	950시간 ×	950시간 × 8	985개 × 1h × 8
합 계	= ₩20,540	= ₩20,200	= ₩19,700

임률차이₩340(U)   능률차이₩500(U)

② 배합차이와 수율차이

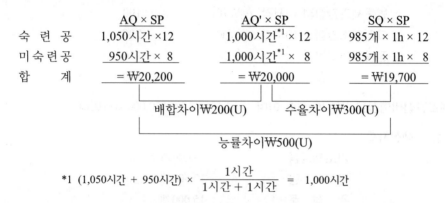

	AQ × SP	AQ' × SP	SQ × SP
숙 련 공	1,050시간 ×12	1,000시간^{*1} × 12	985개 × 1h × 12
미숙련공	950시간 × 8	1,000시간^{*1} × 8	985개 × 1h × 8
합 계	= ₩20,200	= ₩20,000	= ₩19,700

배합차이₩200(U)   수율차이₩300(U)

능률차이₩500(U)

*1 $(1,050시간 + 950시간) \times \dfrac{1시간}{1시간 + 1시간} = 1,000시간$

(2) 변동제조간접비, 고정제조간접비 차이분석

① 변동제조간접비

	AQ × AP	AQ × SP	SQ × SP
		2,000h × 3	985단위 × 2h × 3
	= ₩6,200	= ₩6,000	= ₩5,910

소비차이 ₩200(U)   능률차이 ₩90(U)

② 고정제조간접비

	실 제	예 산	배 부(SQ × SP)
			985단위 × 2h × 5
	= ₩9,100	= ₩10,000	= ₩9,850

소비차이₩900(F)   조업도차이₩150(U)

연습문제 12   표준종합원가계산  1998 CPA 2차

(주)SH는 조립공정과 가공공정의 2개의 공정을 통하여 제품을 생산하고 있으며, 조립공정에서 완성된 수량은 모두 가공공정으로 대체된다. 가공공정의 재료는 공정초기에 전량 투입되며, 가공비는 전공정에 걸쳐 균등하게 발생된다. 당기 중 가공공정의 생산 및 원가자료는 다음과 같고, 전기와 당기의 표준원가는 동일하다.

1. 단위당 표준원가

직 접 재 료 비(10kg, @₩25)	₩250
직 접 노 무 비(10시간, @₩10)	100
변동제조간접비(10시간, @₩10)	100
고정제조간접비(10시간, @₩20)	200
전공정대체원가	450
합 계	₩1,100

고정제조간접비예산은 ₩2,400,000 이며, 기준조업도는 120,000시간이다.

2. 제2공정의 생산자료

기초재공품	3,000개(50%)
당기착수량	17,500개
완 성 품	15,000개
기말재공품	5,000개(20%)

3. 당사는 검사를 통과한 물량의 2%를 정상공손으로 허용하고 있다.

요구사항

상호 독립적인 아래 물음에 답하시오.
1. 검사시점이 60%인 경우 다음을 계산하시오.
   ① 정상공손수량, 비정상공손수량
   ② 완성품환산량
   ③ 정상공손원가 배분 후 완성품 및 기말재공품 원가

2. 당기의 실제발생원가는 다음과 같을 때, 다음을 계산하시오.

직 접 재 료 비(182,000kg, @₩24)	₩4,368,000
변동제조간접비(169,000시간, @₩11)	1,859,000
고정제조간접비	3,025,000

① 직접재료비 가격차이, 수량차이

② 변동제조간접비 소비차이, 능률차이

③ 고정제조간접비 예산차이, 조업도차이

3. 회사는 숙련공과 비숙련공을 투입하여 제품을 생산하고 있다. 숙련공과 비숙련공과 관련된 자료가 다음과 같다고 가정할 때 임률차이와 능률차이를 계산하고, 능률차이를 다시 배합차이와 수율차이로 구분하시오.

	실제	단위당 표준
숙 련 공	67,600시간, @₩20/시간	5시간, @₩18/시간
미숙련공	101,400시간, @₩ 8/시간	5시간, @₩ 9/시간

➡ 해설

1. 검사시점이 60%인 경우

(1) 공손수량

기초재공품 3,000개와 당기착수 17,500개의 합계 20,500개와 당기 완성품 15,000개와 기말재공품 5,000개의 합계 20,000개의 차이 500개가 당기 공손 수량이다.

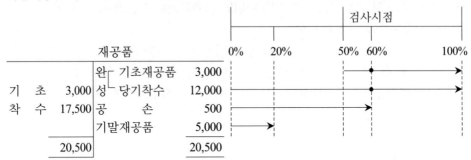

당기 중 검사 통과 수량 : 3,000단위 + 12,000단위 = 15,000단위

정상공손수량 : 15,000단위 × 2% = 300단위

비정상공손수량 : 500단위 − 300단위 = 200단위

(2) 완성품환산량 및 완성품과 기말재공품원가 계산

[1단계] 물량의 흐름			[2단계] 완성품 환산량		
재공품			전공정비	재료비	가공비
기 초	3,000	완 ┌ 기초 3,000	0	0	1,500
		성 └ 투입 12,000	12,000	12,000	12,000
당기착수	17,500	정 상 공 손 300	300	300	180
		비정상공손 200	200	200	120
		기 말 5,000	5,000	5,000	1,000
합 계	20,500	합 계 20,500	**17,500**	**17,500**	**14,800**

[3단계] 총원가 요약				합 계
기초재공품원가				₩2,700,000[*1]
당기 착수 원가[*2]	7,875,000	4,375,000	5,920,000	18,170,000
합 계				₩20,870,000

[4단계] 완성품환산량 단위당원가			
완성품 환산량	÷ 17,500	÷ 17,500	÷ 14,800
완성품환산량 단위당원가	@450	@250	@400

[5단계] 원가 배분   합 계

		합 계
완성품원가 $2,700,000 + 12,000 \times 450 + 12,000 \times 250 + 13,500 \times 400 =$		₩16,500,000
정상공손원가 $300 \times 450 + 300 \times 250 + 180 \times 400 =$		282,000
비정상공손원가 $200 \times 450 + 200 \times 250 + 120 \times 400 =$		188,000
기말재공품원가 $5,000 \times 450 + 5,000 \times 250 + 1,000 \times 400 =$		3,900,000
합 계		₩20,870,000

[6단계] 원가 2차 배분

	배분 전 원가	정상공손원가	배분 후 원가
완성품원가	₩16,500,000	282,000[*3]	**₩16,782,000**
정상공손원가	282,000	(282,000)	0
비정상공손원가	188,000	–	188,000
기말재공품	3,900,000	0[*3]	**3,900,000**
합 계	₩20,870,000	0	₩20,870,000

[*1] 기초재공품은 전년도에 전공정비와 재료비가 100% 투입되었고, 가공비가 50%투입되었기 때문에 완성품환산량이 전공정비와 재료비는 각각 3,000단위, 가공비는 1,500단위가 완성된 상태였다. 따라서 전년도에 투입된 표준원가는 다음과 같이 계산된다.

     $3,000 \times 450 + 3,000 \times 250 + 1,500 \times 400 = 2,700,000$

[*2] 당기 착수 원가는 [2단계]에서 계산된 완성품환산량에 [4단계]의 완성품환산량 단위당 원가를 곱하여 역으로 계산된 값으로 다음과 같이 계산된 값이다.

     전공정비 : 17,500단위 × 450 ＝ ₩7,875,000
     재료비 : 17,500단위 × 250 ＝ ₩4,375,000
     가공비 : 14,800단위 × 450 ＝ ₩5,920,000

[*3] 당기중에 완성품만 검사시점을 통과하였고, 기말재공품은 검사시점을 통과하지 못하였기 때문에 정상공손원가 전액을 완성품에만 배부하고 기말재공품에는 배부하지 않는 것이다.

따라서 정상공손원가 배분 후 완성품원가는 ₩16,782,000이며, 기말재공품원가는 ₩3,900,000이다.

별해

(1) 완성품의 원가는 다음과 같이 간단하게 계산할 수 있다.
우선 완성품 1단위당 원가는 다음과 같이 계산될 수 있다.

> 제품 1단위당 표준원가 + 정상공손 1단위당 표준원가 × 정상공손허용률
> $= 1,100 + (450 + 250 + 400 \times 60\%) \times 2\% = 1,118.8$

따라서 완성품 15,000단위의 원가는 다음과 같다.
         15,000단위 × 1,118.8 ＝ ₩16,782,000

(2) 기말재공품의 원가는 다음과 같이 계산될 수 있다.
기말재공품 1단위에는 전공정비와 재료비는 전량 투입되어 있으나 가공비는 20%만 투입되어 있을 것이므로 450 + 250 + 400 × 20% = 780 이다.
따라서 기말재공품 5,000단위의 원가는 다음과 같다.
         5,000단위 × 780 ＝ ₩3,900,000

2. 원가 차이 분석

표준종합원가계산의 경우에는 표준원가에 해당하는 산출량이 당기 생산량이 아닌 당기 완성품환산량임에 주의하여야 한다. 따라서 직접재료비 차이 분석할 때에는 당기 재료비 완성품환산량 17,500단위에 대한 표준원가와 실제원가를 비교하여야 하며, 직접노무비, 변동제조간접비, 고정제조간접비에 대한 차이를 분석할 때에는 마찬가지로 가공비 완성품환산량 14,800단위에 대한 표준원가와 실제원가를 비교하여야 하는 것이다.

① 직접재료비 가격차이, 수량(능률)차이

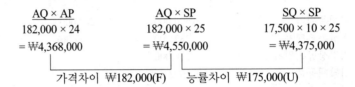

$$
\begin{array}{ccc}
\underline{AQ \times AP} & \underline{AQ \times SP} & \underline{SQ \times SP} \\
182,000 \times 24 & 182,000 \times 25 & 17,500 \times 10 \times 25 \\
= ₩4,368,000 & = ₩4,550,000 & = ₩4,375,000
\end{array}
$$

가격차이 ₩182,000(F)　　능률차이 ₩175,000(U)

② 변동제조간접비 소비차이, 능률차이

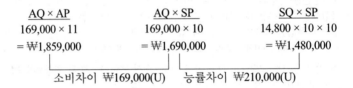

$$
\begin{array}{ccc}
\underline{AQ \times AP} & \underline{AQ \times SP} & \underline{SQ \times SP} \\
169,000 \times 11 & 169,000 \times 10 & 14,800 \times 10 \times 10 \\
= ₩1,859,000 & = ₩1,690,000 & = ₩1,480,000
\end{array}
$$

소비차이 ₩169,000(U)　　능률차이 ₩210,000(U)

③ 고정제조간접비 예산차이, 조업도차이

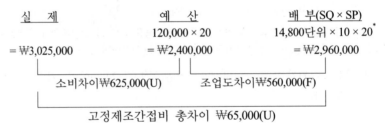

$$
\begin{array}{ccc}
\underline{실\ \ 제} & \underline{예\ \ 산} & \underline{배\ 부(SQ \times SP)} \\
& 120,000 \times 20 & 14,800단위 \times 10 \times 20^* \\
= ₩3,025,000 & = ₩2,400,000 & = ₩2,960,000
\end{array}
$$

소비차이 ₩625,000(U)　　조업도차이 ₩560,000(F)

고정제조간접비 총차이 ₩65,000(U)

* 고정제조간접비예산 ÷ 기준조업도 = ₩2,400,000 ÷ 120,000시간 = ₩20/h

3. 직접노무비 차이 분석

(1) 임률차이와 능률차이

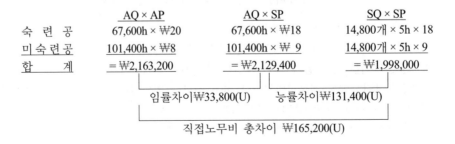

$$
\begin{array}{cccc}
& \underline{AQ \times AP} & \underline{AQ \times SP} & \underline{SQ \times SP} \\
숙\ 련\ 공 & 67,600h \times ₩20 & 67,600h \times ₩18 & 14,800개 \times 5h \times 18 \\
미숙련공 & 101,400h \times ₩8 & 101,400h \times ₩9 & 14,800개 \times 5h \times 9 \\
합\ \ \ 계 & = ₩2,163,200 & = ₩2,129,400 & = ₩1,998,000
\end{array}
$$

임률차이 ₩33,800(U)　　능률차이 ₩131,400(U)

직접노무비 총차이 ₩165,200(U)

(2) 배합차이와 수율차이

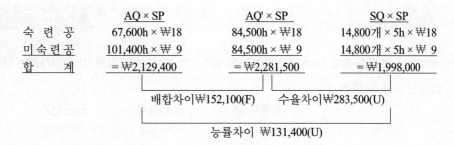

	AQ × SP	AQ' × SP	SQ × SP
숙 련 공	67,600h × ₩18	84,500h × ₩18	14,800개 × 5h × ₩18
미 숙 련 공	101,400h × ₩ 9	84,500h × ₩ 9	14,800개 × 5h × ₩ 9
합 계	= ₩2,129,400	= ₩2,281,500	= ₩1,998,000

배합차이₩152,100(F)   수율차이₩283,500(U)

능률차이 ₩131,400(U)

연습문제 13   표준종합원가계산 – 부(–)의 비정상공손이 발생하는 경우

(주)삼미는 표준종합원계산시스템을 채택하고 있다. 20×1년의 생산활동 및 원가자료는 다음과 같다.

1. 제품단위당 표준원가

	표준수량	표준가격	표준원가
직 접 재 료 비	10kg	₩500/kg	₩5,000
직 접 노 무 비	0.4시간	₩2,500/시간	₩1,000
변동제조간접비	0.4시간	₩1,500/시간	₩ 600
고정제조간접비	0.4시간	₩ 800/시간	₩ 320

기 준 조 업 도 : 1,500단위

2. 생산활동

기초재공품 :   200단위(완성도 40%)
당기착수량 :   1,400단위
완성품수량 :   1,200단위
기말재공품 :   300단위(완성도 80%)

3. 재료는 공정 초에 전량 투입되고 가공비는 전공정을 통하여 균등하게 발생된다. 또한 공정의 90%시점에서 검사를 하며, 정상품의 10%가 정상공손으로 인정된다.

요구사항

1. 공손수량을 파악하고 정상공손수량과 비정상공손수량을 계산하시오.

2. 완성품환산량을 계산하시오.

3. 종합원가계산 5단계에 의하여 완성품과 기말재공품원가를 계산하시오.

4. 위의 요구사항과는 관계없이 가공비의 완성품환산량이 1,400이라고 가정하고 다음 물음에 답하시오(단, 당기에 발생된 직접노동시간은 500시간이며, 변동제조간접비 소비차이와 고정제조간접비 예산차이는 각각 ₩1,500(불리), ₩2,000(유리)이다).

(1) 변동제조간접비 시간당 실제 배부율을 계산하시오.

(2) 변동제조간접비 배부차이(실제원가와 표준원가의 차이)를 계산하시오.

(3) 고정제조간접비의 배부차이를 계산하시오.

→ 해설

1. 공손수량 파악

기초재공품 200개와 당기착수 1,400개의 합계 1,600개와 당기 완성품 1,200개와 기말재공품 300개의 합계 1,500개의 차이 100개가 당기 공손 수량이다.

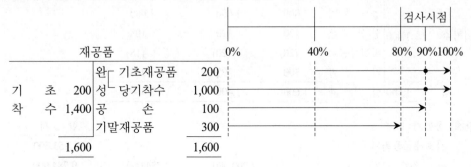

당기 중 검사 통과 수량 : 200단위 + 1,000단위 = 1,200단위

정상공손수량 : 1,200단위 × 10% = 120단위

비정상공손수량 : 100단위 − 120단위 = −20단위

표준종합원가계산의 경우 정상공손수량이 당기 정상공손허용량에 미달하면 정상공손허용량을 모두 정상공손으로 간주하며, 이 때 비정상공손수량이 마이너스가 나오게 된다.

2. 완성품 환산량 계산

물량의 흐름			완성품 환산량	
재공품			재료비	가공비
기　　초	200	완ㄱ 기　초　200	0	120
		성ㄴ 투　입　1,000	1,000	1,000
당기착수	1,400	정 상 공 손　120	120	108
		비정상공손　(20)	(20)	(18)
		기　　　말　300	300	240
합　　계	1,600	합　　　계　1,600	**1,400**	**1,450**

재료비 완성품 환산량은 1,400단위, 가공비 완성품 환산량은 1,450단위이다. 여기에서 비정상공손의 완성품 환산량이 마이너스로 계상되어 있는 것을 알 수 있다. 이는 당기 정상공손 허용량이 120단위인데, 당기에 발생한 공손이 100단위 밖에 되지 않기 때문에 당기 정상공손 허용량에 미달 수량이 마이너스 비정상공손 수량으로 되는 것이다. 이러한 마이너스 비정상공손도 종합원가계산 5단계의 모든 과정을 동일하게 진행하며, 단지 마이너스라는 차이만 있을 뿐이다. 그렇게 해서 계산된 **마이너스의 비정상공손원가는 영업외 수익으로** 처리된다.

3. 완성품과 기말재공품원가 계산

[1단계] 물량의 흐름   [2단계] 완성품 환산량

	재공품			재료비	가공비
기 초	200	완 ┌ 기 초	200	0	120
		성 └ 투 입	1,000	1,000	1,000
당기착수	1,400	정 상 공 손	120	120	108
		비정상공손	(20)	(20)	(18)
		기 말	300	300	240
합 계	1,600	합 계	1,600	1,400	1,450

[3단계] 총원가 요약

			합 계
기초재공품원가			₩1,153,600[*1]
당기 착수 원가	7,000,000	2,784,000	9,784,000
합 계			₩10,937,600

[4단계] 완성품환산량 단위당원가

	재료비	가공비
완성품 환산량	÷ 1,400	÷ 1,450
완성품환산량 단위당원가	@5,000	@1,920

[5단계] 원가 배분

		합 계
완성품원가	$1,153,600 + 1,000 \times 5,000 + 1,120 \times 1,920 =$	₩8,304,000
정상공손원가	$120 \times 5,000 + 108 \times 1,920 =$	807,360
비정상공손원가	$(20) \times 5,000 + (18) \times 1,920 =$	(134,560)
기말재공품원가	$300 \times 5,000 + 240 \times 1,920 =$	1,960,800
합 계		₩10,937,600

[6단계] 원가 2차배분

	배분 전 원가	정상공손원가	배분 후 원가
완성품원가	₩ 8,304,000	807,360[*2]	₩ 9,111,360
정상공손원가	807,360	(807,360)	0
비정상공손원가	(134,560)	–	(134,560)
기말재공품	1,960,800		1,960,800
합 계	₩10,937,600	0	₩10,937,600

[*1] $200 \times 100\% \times 5,000 + 200 \times 40\% \times 1,920 = 1,153,600$(기초재공품의 전기 진행분에 대한 표준원가)

[*2] 기말재공품이 검사시점을 통과하지 못하였기 때문에 정상공손원가를 전액 완성품에 배분한다.

4. 제조간접비 차이 분석

변동제조간접비 소비차이, 능률차이

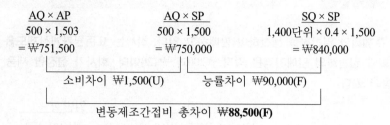

고정제조간접비 예산차이, 조업도차이

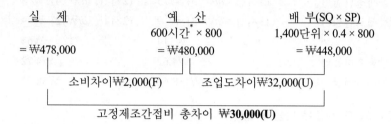

* 기준조업도 = 1,500단위 × 0.4시간 = 600시간

(1) 변동제조간접비 시간당 실제배부율 : ₩1,503

(2) 변동제조간접비 배부차이 : ₩88,500(유리)

(3) 고정제조간접비 배부차이 : ₩30,000(불리)

연습문제 14 표준원가와 특별주문수락여부

(주)금강은 수제화와 일반화를 생산하여 판매하고 있다. 회사는 표준원가계산제도를 채택하고 있으며, 수제화와 일반화의 판매가격은 각각 ₩200과 ₩120이다. 회사가 설정한 제품 단위당 표준원가는 다음과 같다.

	수제화	일반화
직 접 재 료 비	(4kg, @₩15) ₩60	(3kg, @₩12) ₩36
직 접 노 무 비	(3시간, @₩10) ₩30	(2시간, @₩ 8) ₩16
변동제조간접비	(3시간, @₩ 5) ₩15	(2시간, @₩ 4) ₩ 8
고정제조간접비	(3시간, @₩ 3) ₩ 9	(2시간, @₩ 2) ₩ 4
합　　　계	₩114	₩64
정상공손허용액	₩4.62	₩4.72
정상품단위당 표준원가	₩118.62	₩68.72

회사의 연간 조업도 수준은 다음과 같다.

	최대조업도	정상조업도
수 제 화	10,000단위	8,000단위
일 반 화	14,000단위	11,000단위

고정제조간접비는 연간 정상조업도를 기준으로 제품에 배부되고 있다. 재료는 공정초기에 전량 투입되며, 가공비는 공정 전반에 걸쳐 균등하게 발생된다. 수제화는 공정의 60%시점에서 검사가 이루어지며, 당기 중 검사를 통과한 정상품의 5%를 정상공손으로 허용하고 있다. 일반화는 공정의 40%시점에서 검사가 이루어지며, 당기 중 검사를 통과한 정상품의 10%를 정상공손으로 허용하고 있다. 회사는 현재 정상조업도 수준에서 생산, 판매하고 있다.

> [요구사항]

1. 수제화와 일반화의 정상공손 허용액 계산근거를 제시하시오.
   (hint 한 줄로 계산근거를 나타낼 수 있다.)

2. 수제화와 일반화의 정상공손 허용액이 반영된 정상품 단위당 표준변동원가를 계산하시오.
   (hint 한 줄로 계산근거를 나타낼 수 있다.)

3. (주)금강은 최근 기존에 거래가 없었던 거래처로부터 수제화를 단위당 ₩150에 4,000단위를 구입하겠다는 특별주문을 받았다. 회사는 특별주문을 수락하여야 하는가?

→ 해설

1. 정상공손 허용액 계산근거

수제화와 일반화 모두 재료는 공정초기에 투입되므로 공손품에 재료비는 모두 100% 투입이 될 것이다. 그러나 가공비의 경우에는 검사시점까지만 들어갔을 것으로 정상공손 허용액은 다음과 같이 계산될 수 있다.

$$\text{(1) 수제화}: (60 \times 100\% + 54 \times 60\%) \times \ 5\% = ₩4.62$$

$$\text{(2) 일반화}: (36 \times 100\% + 28 \times 40\%) \times 10\% = ₩4.72$$

2. 정상공손 허용액이 반영된 정상품 단위당 표준변동원가

여기에서 주의할 점은 단위당 표준원가가 아닌 표준변동원가를 계산하여야 한다는 것이다. 따라서 고정제조간접비는 제외한 상태에서의 표준원가를 계산하여야 하며, 다음과 같이 계산될 수 있을 것이다.

> 제품 1단위당 <u>표준변동원가</u> + 정상공손 1단위당 <u>표준변동원가</u> × 정상공손허용률
> (DM + DL + VOH)

따라서

$$\text{(1) 수제화}: 105 + (60 \times 100\% + 45 \times 60\%) \times \ 5\% = ₩109.35$$

$$\text{(2) 일반화}: \ \ 60 + (36 \times 100\% + 24 \times 40\%) \times 10\% = ₩ \ 64.56$$

3. 특별주문 수락 여부 결정

수제화의 경우 회사는 현재 8,000단위를 생산하고 있으며, 최대생산능력이 10,000단위이므로 유휴생산능력은 2,000단위 밖에 없다. 따라서 특별주문 4,000단위를 수락할 경우 2,000단위의 기존 판매를 포기하여야 한다.

회사가 수제화 4,000단위의 특별주문을 수락할 경우

매출증가(특별) :	4,000 × 150 =	₩600,000
변동비증가(특별) :	4,000 × 109.35 =	(437,400)
매출감소(기존) :	2,000 × 200 =	(400,000)
변동비감소(기존) :	2,000 × 109.35 =	218,700
증분이익(손실) :		(₩18,700)

회사는 수제화 4,000단위의 특별주문을 수락할 경우 영업이익이 ₩18,700만큼 감소하므로 특별주문을 수락하지 않는다.

연습문제 15   표준원가계산과 제한된자원   2006년 CPA 2차

(주)한국은 갑제품과 을제품 두 종류의 제품을 생산·판매하고 있다. 갑제품의 생산량을 A, 을제품의 생산량을 B라고 하자. 회사는 제조원가 요소별 표준원가를 다음과 같은 식에 의해 추정하였다.

직접재료비(DM)	DM = ₩30×A + ₩50×B
직접노무시간(DLH)	DLH = 2시간×A + 1시간×B
직접노무비(DL)	DL = ₩20×DLH
월간 제조간접비(OH)	OH = ₩200,000 + ₩2×DM + ₩0.8×DL

회사는 즉시재고관리(just−in−time) 시스템을 도입하여 실행하고 있으므로 원재료 재고는 매우 소량으로 무시할 수준이다.

요구사항

1. 표준변동원가계산에 의한 갑제품과 을제품의 단위당 제품원가를 각각 구하시오.

2. 정상조업도에서의 월 생산량은 갑제품 500단위, 을제품 500단위이다. ㈜한국은 정상조업도하에서의 월간 직접노무시간을 기초로 고정제조간접비를 제품원가에 배부하고 있다. 표준전부원가계산에 의해 갑제품과 을제품의 단위당 제품원가를 각각 구하시오. (소수점 둘째 자리까지 계산하시오)

3. ㈜한국은 갑제품 500단위를 매월 국방부에 납품하고 있다. 국방부와 체결한 장기계약의 납품 가격은 단위당 ₩400이다. 그런데 최근 매스컴에서 "제품생산량 또는 총변동제조간접비를 기초로 고정제조간접비를 배부할 경우 갑제품의 단위당 제품원가는 ₩400 미만으로 나타난다"는 모 경제연구소의 분석결과를 인용하면서 납품가격이 지나치게 높다고 문제를 제기했다. ㈜한국의 회계담당자는 (요구사항 2)에서 계산한 제품원가를 근거로 회사는 갑제품을 국방부에 납품함으로써 실질적으로 손실이 발생하고 있다고 반박하고 있다. ㈜한국의 회계담당자의 주장의 타당성을 4줄 이내로 간략하게 평가하시오.

※ 다음의 (요구사항 4)와 (요구사항 5)를 풀 때 월간 사용가능한 직접노무시간(DLH)을 최대 2,000시간으로 전제하시오.

4. 갑제품은 단위당 ₩400에 국방부뿐만 아니라 외부 시장에도 판매되고 있고 을제품은 단위당 ₩350에 외부 시장에 판매되고 있다.

(1) 이익극대화를 위한 갑제품과 을제품의 최적 제품배합을 결정하시오.

(2) (요구사항 4)의 (1)의 결과를 바탕으로 당신이 ㈜한국의 회계담당자라고 가정하고 (물음 3)에서 매스컴이 제기한 문제에 대해 다시 평가하시오.

5. ㈜한국이 (요구사항 4)의 1)에서 파악한 최적 제품배합에 따른 생산활동을 시작했다. 그러나 을제품 1단위를 생산하는데 실제 직접노무시간이 1시간이 아니라 2시간 소요되어, 생산 가능 수량까지만 생산했다. 직접노무시간을 제외하고는 그 외의 실제원가는 표준원가와 일치했다.

(1) ㈜한국의 표준원가시스템이 보고하는 직접재료비차이, 직접노무비차이, 변동제조간접비차이를 가격차이와 수량차이(또는 능률차이)로 구분하여 계산하고 유리한 차이인지 또는 불리한 차이인지를 표시하시오.

(2) 표준원가 분석자의 실수로 을제품의 표준 직접노무시간이 2시간이 되어야 하나 이를 1시간으로 잘못 설정하였다. 이러한 실수로 인해 ㈜한국이 입은 경제적 손실은 얼마인가?

→ 해설

1. 표준변동원가계산하의 제품 단위당 원가

	갑제품	을제품
직접재료비	₩30	₩50
직접노무비	2시간 × 20 = 40	1시간 × 20 = 20
변동제조간접비	2×30 + 0.8×40 = 92	2×50 + 0.8×20 = 116
합 계	₩162	₩186

2. 표준전부원가계산하의 제품 단위당 원가

(1) 고정제조간접비 배부율 = $\dfrac{200,000}{2시간 \times 500단위 + 1시간 \times 500단위}$ = ₩133.33/시간

(2) 단위당 원가

	갑제품	을제품
직접재료비	₩30	₩50
직접노무비	2시간 × 20 = 40	1시간 × 20 = 20
변동제조간접비	2×30 + 0.8×40 = 92	2×50 + 0.8×20 = 116
고정제조간접비	2시간 × 133.33 = 266.66	1시간 × 133.33 = 133.33
합 계	₩428.66	₩319.33

3. (요구사항2)의 경우에는 고정제조간접비를 직접노동시간에 비례하여 배분하였기 때문에 단위당 1시간의 노동시간이 투입되는 을제품보다 단위당 2시간의 노동시간이 투입되는 갑제품에 고정제조간접비가 더 많이 배부된다. 반면에 생산량을 기준으로 배부하는 방법이나 변동제조간접비를 기준으로 배부하는 방법을 사용하면 고정제조간접비가 을제품에 더 많이 배부되어 갑제품의 원가는 낮아지게 된다. 즉, 회계담당자의 주장대로 직접노동시간을 기준으로 배부할 경우 갑제품에서 손실이 발생하는 것으로 계산된다.

4. 제한된 자원하의 의사결정

(1) 이익극대화를 위한 제품배합

① 생산 우선순위 파악

	갑제품	을제품
단위당 판매가격	₩ 400	₩ 350
단위당 변 동 비	162	186
단위당 공헌이익	₩ 238	₩ 164
단위당 직접노동시간	÷2h	÷1h
노동시간당 공헌이익	₩ 119	₩ 164
생산 우선순위	②	①

② 제품별 생산량

제품	생산량	단위당 기계시간	총기계시간
① 갑제품(국방부)	500단위	2h	1,000h
② 을제품	1,000단위	1h	1,000h
합 계			2,000h

이익극대화를 위해서는 을제품을 우선적으로 생산하여야 하나 국방부와 장기계약에 따라 갑제품 500단위를 우선생산하여야 한다. 따라서, 다음과 같이 갑제품 500단위와 을제품 1,000단위를 생산하는 것이 최적이다. 만약 국방부에 우선 납품하지 않는 경우라면, 을제품만 2,000단위를 생산하는 경우 회사의 이익을 극대화할 수 있다.

(2) 회사의 이익을 극대화하기 위해서는 을제품 2,000단위를 판매하는 것이 최선이지만 국방부에 납품하기 위해서 을제품 1,000단위를 포기하여야 한다. 따라서 국방부에 납품하는 갑제품의 최소판매가격은 $\text{₩}490(=162 + \dfrac{1,000단위 \times (350-186)}{500단위})$이어야 하므로, ₩400은 너무 낮은 가격이다.

5. 원가차이 분석

(1) 을제품의 원가 차이분석

① 직접재료비 차이 분석

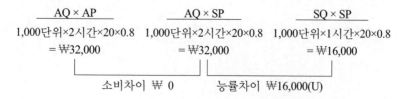

AQ × AP	AQ × SP	SQ × SP
1,000단위 × 50	1,000단위 × 50	1,000단위 × 50
= ₩50,000	= ₩50,000	= ₩50,000

가격차이 ₩ 0   능률차이 ₩ 0

② 직접노무비 차이 분석

AQ × AP	AQ × SP	SQ × SP
1,000단위×2시간×20	1,000단위×2시간×20	1,000단위×1시간×20
= ₩40,000	= ₩40,000	= ₩20,000

임률차이 ₩ 0   능률차이 ₩20,000(U)

③ 변동제조간접비 차이 분석

AQ × AP	AQ × SP	SQ × SP
1,000단위×2시간×20×0.8	1,000단위×2시간×20×0.8	1,000단위×1시간×20×0.8
= ₩32,000	= ₩32,000	= ₩16,000

소비차이 ₩ 0   능률차이 ₩16,000(U)

(2) (주)한국의 경제적손실

① 생산 우선순위 파악

	갑제품	을제품
단위당 판매가격	₩ 400	₩ 350
단위당 변동비	162	222[*1]
단위당 공헌이익	₩ 238	₩ 128
단위당 직접노동시간	÷2h	÷2h
노동시간당 공헌이익	₩ 119	₩ 64
생산 우선순위	①	②

[*1] 직접재료비 ₩50
    직접노무비   20×2시간 = 40
    변동제조간접비 2×50 + 0.8×40 = 132
    단위당 변동비 ₩222

② 최적의사결정

제품	생산량	단위당 기계시간	총기계시간
① 갑제품(국방부)	500단위	2h	1,000h
② 갑제품(외부판매)	500단위	2h	1,000h
합 계			2,000h

③ 경제적 손실

갑제품을 생산하는 경우에 비하여 을제품을 생산하는 경우 회사는 시간당 ₩55(119 - 64)만큼 손해다. 즉, 잘못된 의사결정으로 인하여 갑제품 생산에 투입하여야 하는 1,000시간을 을제품에 투입함으로서 회사는 1,000시간 × 55 = ₩55,000만큼 손실이 발생하였다.

연습문제 16 　원가차이 조정

표준회사는 20×7년에 영업을 개시하였다. 이 회사는 표준원가계산제도를 사용하고 있다. 20×7년 12월 31일 계정별 잔액은 다음과 같다.

- 표준원가 :

직접재료	₩ 10,000
재 공 품	30,000
제　품	90,000
매출원가	120,000

- 원가차이(모두 불리) :

직접재료 구입가격차이	₩80,000
직접재료 능률차이	10,000
직접노무비 가격차이	25,000
직접노무비 능률차이	15,000
제조간접비 소비차이	40,000
제조간접비 능률차이	50,000
제조간접비 조업도차이	60,000

회사는 직접재료비 가격차이를 재료의 구입시점에 분리하고 있다. 또한 회사는 실제원가와 표준원가와의 모든 차이를 원가요소별 비례조정법으로 조정하고자 한다. 단, 재공품, 제품, 매출원가의 모든 계정에서 직접재료비가 차지하는 비중 모두 1/3이다.

요구사항

1. 모든 원가 차이를 배분하는 표를 작성하시오.

2. 차이를 배분하는 분개를 하시오.

3. 실제원가와 표준원가의 배부차이를 전액 매출원가에서 조정하는 방법과 비례조정하는 경우 매출총이익의 차이는 얼마인가?

4. 만약 회사가 직접재료비 가격차이를 사용시점에서 분리한다고 가정할 경우 모든 원가차이를 배분하는 표를 작성하시오.

➡ **해설**

1. 원가차이 배분

(1) 배분비율 계산

	직접재료	직접재료비 능률차이	재 공 품	제 품	매출원가	합 계
직접재료 구입가격차이						
배분비율	₩10,000 10%	₩10,000 10%	₩10,000 10%	₩30,000 30%	₩40,000 40%	₩100,000 100%
직접재료비 능률차이						
배분비율			10,000 12.5%	₩30,000 37.5%	₩40,000 50%	₩80,000 100%
직접노무비 및 제조간접비 차이						
배분비율			20,000 12.5%	₩60,000 37.5%	₩80,000 50%	₩160,000 100%

(2) 원가차이 배분

	직접재료	직접재료비 능률차이	재 공 품	제 품	매출원가	합 계
직 접 재 료 구입가격차이	₩8,000	₩8,000	₩8,000	₩24,000	₩32,000	₩ 80,000
직 접 재 료 비 능 률 차 이		(₩8,000)*	2,250	6,750	9,000	10,000
직 접 노 무 비 가 격 차 이			3,125	9,375	12,500	25,000
직 접 노 무 비 능 률 차 이			1,875	5,625	7,500	15,000
제 조 간 접 비 소 비 차 이			5,000	15,000	20,000	40,000
제 조 간 접 비 능 률 차 이			6,250	18,750	25,000	50,000
제 조 간 접 비 조 업 도 차 이			7,500	22,500	30,000	60,000
합 계	₩8,000	₩0	₩34,000	₩102,000	₩136,000	₩280,000

* 직접재료비 가격차이에서 직접재료비 능률차이로 배분된 ₩8,000과 직접재료비 능률차이 ₩10,000과의 합계액 ₩18,000을 재공품, 제품, 매출원가로 배분한다.

2. 배부차이 조정 분개

(차) 직 접 재 료	8,000	(대) 직접재료 구입가격차이	80,000
재 공 품	34,000	직접재료비 능률차이	10,000
제 품	102,000	직접노무비 가격차이	25,000
매 출 원 가	136,000	직접노무비 능률차이	15,000
		제조간접비 소비차이	40,000
		제조간접비 능률차이	50,000
		제조간접비 조업도차이	60,000

3. 매출원가 조정법과 비례조정법의 차이

모든 배부차이를 매출원가에서 전액 조정하는 매출원가조정법의 경우에는 배부차이의 합계 ₩280,000을 전액 매출원가에서 조정하게 된다. 그러나 비례조정법의 경우에는 ₩136,000만 매출원가에서 조정되고 나머지는 직접재료와 재공품, 제품에서 조정되기 때문에 배부차이를 전액 매출원가에서 조정하는 경우와 ₩144,000만큼 차이가 나게 된다.

4. 직접재료비 가격차이를 사용시점에서 분리하는 경우

(1) 배분비율 계산

	재 공 품	제 품	매출원가	합 계
직접재료비 차이				
배분비율	10,000 12.5%	₩30,000 37.5%	₩40,000 50%	₩80,000 100%
직접노무비 및 제조간접비 차이				
배분비율	20,000 12.5%	₩60,000 37.5%	₩80,000 50%	₩160,000 100%

(2) 원가차이 배분

	재 공 품	제 품	매출원가	합 계
직접재료 구입가격차이	₩10,000	₩ 30,000	₩ 40,000	₩ 80,000
직접재료비 능률차이	1,250	3,750	5,000	10,000
직접노무비 가격차이	3,125	9,375	12,500	25,000
직접노무비 능률차이	1,875	5,625	7,500	15,000
제조간접비 소비차이	5,000	15,000	20,000	40,000
제조간접비 능률차이	6,250	18,750	25,000	50,000
제조간접비 조업도차이	7,500	22,500	30,000	60,000
합 계	₩35,000	₩105,000	₩140,000	₩280,000

연습문제 17   ABC와 표준원가계산

제품M을 생산, 판매하는 (주)LAN은 2002년도 1월에 영업활동을 개시했으며, 표준원가계산제도를 채택하고 있다. 표준은 연초에 수립되며 1년 동안 유지된다. 이 회사의 직접재료원가와 변동제조간접원가에 관한 자료는 아래와 같다.

<직접재료원가 자료>

이 회사의 2002년도 말 현재 표준원가로 기록된 각 계정별 직접재료원가 기말잔액은 다음과 같다.

	직접재료원가잔액
• 직접재료	₩ 19,500
• 재공품	13,000
• 제품	13,000
• 매출원가	78,000
합 계	₩123,500

2002년도 기초재고자산은 없으며, 직접재료원가 가격차이를 재료구입시점에서 분리하고, 능률차이는 재료투입시점에서 분리한다. 직접재료 가격차이는 ₩6,000(유리)이며, 능률차이는 ₩6,500(불리)이다.

<변동제조간접원가 자료>

(주)LAN은 활동기준원가계산을 이용하여 제조간접원가 예산을 설정하고 있다. 이 회사의 변동제조간접원가는 전부 기계작업준비(setup)로 인해 발생하는 원가로서, 기계작업준비에 투입되는 자원은 간접노무, 소모품, 전력 등이며, 기계작업준비시간이 원가동인이다. 기계작업준비는 생산의 최종 단계에서 이루어진다. 기계작업준비와 관련된 2002년도 연간 예산자료는 다음과 같다.

	연초설정예산	실제
1. 생산량(단위)	264,000단위	260,000단위
2. 뱃치규모(뱃치당 단위수)	110단위	100단위
3. 뱃치당 기계작업준비시간	3	4
4. 작업준비시간당 변동제조간접원가	₩4	₩5

1. 다음 질문에 답하시오.

   (1) (주)LAN이 당기에 구입한 직접재료는 얼마인가?

   (2) 이 회사가 실제원가계산제도를 택했을 경우 2002년도 말 현재 직접재료, 재공품, 제품, 매출원가 각 계정별 기말잔액에 포함될 직접재료원가는 얼마인가?

2. 변동제조간접원가 소비차이와 능률차이를 계산하시오.

3. 만약 (주)LAN이 변동제조간접원가 배부기준으로서 기계작업준비시간이 아닌 직접재료 물량(kg)을 사용하고, 다음의 관계가 성립하는 경우, 변동제조간접원가 능률차이는 얼마가 되는지를 계산하시오.

$$\frac{\text{직접재료}1kg\text{당표준변동제조간접원가}}{\text{직접재료}1kg\text{당표준직접재료원가}} = 0.5$$

4. 전통적으로 변동제조간접원가 예산은 일반적으로 배부기준(예: 기계시간)을 이용하여 설정하지만, (주)LAN은 활동기준접근법에 기초하여 원가동인(여기서, 기계작업준비시간)을 이용하였다. 활동기준접근법을 이용할 경우 원가동인이 해당 원가집합(cost pool)의 자원 소비량을 정확히 측정할 수 있다고 볼 때, 활동기준접근법에 의한 변동제조간접원가 소비차이의 의미가 전통적인 변동제조간접원가 소비차이와 비교하여 어떻게 달라지는지를 소비차이 발생원인을 통해서 설명하시오. 또 이 경우 변동제조간접원가 능률차이의 의미는 어떻게 달라지는지 간략히 설명하시오. 답안은 총 7줄 이내로 쓰되, 반드시 다음의 순서대로 쓰시오.

(1) 전통적인 변동제조간접원가 소비차이가 발생하는 원인

(2) 활동기준접근법 사용을 사용할 경우 소비차이의 의미 변화와 그 원인

(3) 능률차이의 의미 변화와 그 원인

→ 해설

1. 직접재료비

(1) 당기에 구입한 직접재료 : ₩124,000

AQp × AP	AQp × SP
₩124,000[*4]	= ₩130,000[*3]

구입가격차이 ₩6,000(F)

AQ × SP	SQ × SP
= ₩110,500[*2]	= ₩104,000[*1]

능률차이 ₩6,500(U)

[*1] 재공품, 제품, 매출원가에 포함된 직접재료 표준원가 : 123,500 − 19,500(기말원재료) = ₩104,000
[*2] 104,000 + 6,500(능률차이) = ₩110,500
[*3] 110,500 + 19,500(기말 원재료) = ₩130,000
[*4] 130,000 − 6,000(가격차이) = ₩124,000

(2) 실제원가계산에 의한 계정별 직접재료비 포함액

직접재료비 차이를 원가요소별 비례조정법으로 조정할 경우 실제원가로 전환되므로 다음과 같이 조정하면 실제원가가 된다.

① 배분비율계산

	직접재료	DM능률차이	재공품	제품	매출원가	합 계
DM구입 가격차이	₩19,500	₩6,500	₩13,000	₩13,000	₩78,000	₩130,000
	15%	5%	10%	10%	60%	100%
DM 능률차이	−	−	₩13,000	₩13,000	₩78,000	₩104,000
			12.5%	12.5%	75%	100%

② 직접재료비 원가차이배분

	직접재료	DM능률차이	재공품	제품	매출원가	합 계
배분전 금액	₩19,500	₩6,500	₩13,000	₩13,000	₩78,000	₩130,000
(구입)가격차이	(900)	(300)	(600)	(600)	(3,600)	(6,000)
능률차이		(6,200)	775	775	4,650	−
배분후 금액	₩18,600	−	₩13,175	₩13,175	₩79,050	₩124,000

2. 변동제조간접원가 차이분석

AQ × AP	AQ × SP	SQ × SP
2,600배취[*1] × 4h × 5	2,600배취[*1] × 4h × 4	2,364뱃취[*2] × 3h × 4
= ₩52,000	= ₩41,600	= ₩28,368

소비차이 ₩10,400(U) 능률차이 ₩13,232(U)

변동제조간접비 총차이 ₩23,632(F)

$$^{*1} \frac{260,000단위}{100단위} = 2,600배취$$

$$^{*2} \frac{260,000단위}{110단위} = 2,364배취(실제\ 생산량에\ 허용된\ 표준)$$

3. 변동제조간접비 능률차이

변동제조간접비 능률차이 = 직접재료비 능률차이×0.5 = 6,500×0.5 = ₩3,250(불리)
다음과 같이 분석할 수 있다.

$AQ \times SP$	$SQ \times SP$
110,500×0.5	= 104,000×0.5
= ₩55,250	= ₩52,000

능률차이 ₩3,250(U)

4. 변동제조간접비 차이원인과 의미

전통적 배부기준에서는 기계시간당 실제가격과 표준가격과의 차이이지만 활동기준접근법의
경우에는 개별활동별 실제가격과 표준가격과의 차이 때문에 발생한다. 이러한 소비차이는 개
별활동별 실제가격(₩5)이 표준가격(₩4)보다 더 크기 때문에 불리한 차이로 나타나게 된 것이
다. 반면 능률차이는 실제산출량에 허용된 표준시간과 실제 기계시간과의 차이 때문에 발생하
는 것으로서 활동기준접근법의 경우에는 실제 배취규모와 실제산출량에 허용된 배취규모의
차이 또는 배취당 예산 기계작업준비시간과 배취당 실제 기계작업준비시간의 차이 때문에 발
생한다.

대체가격결정

1 의의

분권화된 조직 내에서 각 사업부 간에 재화나 용역을 이전해야 하는 경우 사업부 간에 이루어지는 재화나 용역의 이전거래를 대체거래 또는 내부거래라 하며, 대체거래가 발생하는 경우에 이전되는 재화나 용역에 부여되는 가격을 대체가격(Transfer Price, TP)이라고 한다.

2 대체가격 결정시 고려할 기준

구 분	내 용
(1) 목표일치성기준	각 사업부 경영자가 조직전체의 이익이 극대화되는 범위 내에서 자기사업부의 성과가 극대화되도록 대체가격을 결정하는 기준
(2) 성과평가기준	각 사업부나 사업부경영자의 성과를 공정하게 평가할 수 있도록 대체가격이 결정되어야 한다는 기준
(3) 자율성기준	사업부 경영자는 자기사업부와 관련된 의사결정을 자율적으로 내릴 수 있도록 권한이 주어져야 한다는 기준
(4) 공기관에 대한 재정관리기준	국세청, 공정거래위원회, 물가당국 등과 같은 공기관이 기업에 미칠 수 있는 불리한 영향을 최소화하고, 유리한 영향을 최대화할 수 있도록 대체가격을 결정해야 한다는 기준

3 대체가격의 결정방법

고려요소	이전가격 결정방법		
	시장가격기준	원가기준	협상가격기준
목표일치성	경쟁시장에서 가능	항상 가능한 것은 아님	가능
성과평가의 유용성	경쟁시장에서 유용	주관적이고 자의적임	유용하나 협상력의 영향을 받음
자율성	경쟁시장에서 가능	불가능	가능
적용의 용이성	시장유무에 따라 상이	용이함	용이하지 않음 (많은 시간 소요)
동기부여	가능	예산원가에서는 가능(실제원가의 경우 유용하지 않음)	가능

4 대체가격의 결정

구 분	내 용
공급사업부의 최소대체가격	공급사업부가 내부대체할 경우와 대체하지 않을 경우 이익이 같아지는 대체가격으로서 다음과 같이 계산된다. 한 단위 대체시 **발생원가**(증분지출원가) + 한 단위 대체시 발생하는 **기회비용**
수요사업부의 최대대체가격	수요사업부가 대체받을 경우와 대체받지 않을 경우 이익이 같아지는 대체가격으로서 다음과 같이 계산된다. Min [① **외부구입가격** (+ 추가비용[*1]), ② **최종제품의 판매가격 − 추가비용**[*2]] 　　*1 내부대체시에는 발생하지 않으나 외부구입 하는 경우에만 발생하는 비용 　　*2 추가가공비와 추가판매비 등의 합계
회사전체관점	− 대체가격이 얼마로 결정되든 회사 전체 이익에는 아무런 영향이 없다. − 최대대체가격 > 최소대체가격 → 대체하는 것이 유리하며, 한 단위 대체할 때마다 (최대대체가격 − 최대대체가격)만큼씩 이익 증가. − 최대대체가격 < 최소대체가격 → 대체하지 않는 것이 유리하며, 한 단위 대체할 때마다 (최대대체가격 − 최대대체가격)만큼씩 손실 증가.

5 국제적 대체가격

국내기업의 사업부간 대체가격이 목표일치성과 동기부여에 초점을 맞추어서 결정된다면, 다국적 기업의 경우에는 법인세비용 및 수입관세의 최소화, 인플레이션과 환위험 및 과실송금 등을 더 중요하게 고려하여 대체가격을 결정하기도 하며, 수입관세를 낮추기 위해서 대체가격을 낮게 설정할 수도 있다. 또한 법인세율이 낮은 국가에서 생산한 부품을 법인세율이 높은 국가로 대체할 경우, 다국적기업 전체의 법인세를 절감하기 위하여 대체가격을 높게 설정하기도 한다. 이 경우 대체가격을 얼마로 결정하든지간에 다국적 기업 전체의 입장에서는 세금효과를 제외한 이익의 합계는 같다. 다만 다국적 기업 전체입장에서 부담하는 법인세와 관세 등의 총부담세액이 달라질 뿐이다.

연습문제 1   대체가격의 범위   2013년 세무사 2차

다음을 읽고 물음에 답하시오.

(주)관정은 밸브 제조업체로서 이제까지 밸브를 외부에 개당 ₩70에 판매하였으며, 최대생산능력은 연간 50,000개이다. 표준밸브의 개당 원가자료는 아래와 같으며, 고정원가는 최대 밸브 생산능력을 고려하여 계산하였다.

외부판매가격		70원
원가		
변동원가	42	
고정원가	18	<u>60원</u>
영업이익		<u>10원</u>

(주)관정은 최근에 펌프 제조 기업을 사들여서 밸브사업부와 펌프사업부로 조직을 개편하였다. 이 펌프 사업부는 이제까지 해외에서 밸프 5,000개를 개당 63원에 수입하여 펌프를 제조하고 있었다.

요구사항

1. 최근까지 밸브 사업부가 최대 생산량 전부를 판매하고 있었다고 가정하자.

[1-1] 본사의 요청에 의하여 밸브 사업부는 펌프 사업부에게 수입가격보다 4원이 싼 59원에 표준밸브 5,000개를 공급하기로 결정하였다. 이 결정이 밸브 사업부, 펌프 사업부, 본사의 총이익에 미치는 영향을 각각 계산하시오.

[1-2] 위의 [1-1]의 상황 하에서 펌프 사업부가 추가로 고압밸브 4,000개를 주문하고자 한다. 이 고압밸브를 생산할 경우 고정원가는 20,000원이 증가하며, 표준밸브 생산능력이 40,000개로 감소한다. 밸브 사업부가 받아들일 수 있는 고압밸브의 개당 최저 대체가격은 얼마인가?

[1-3] 펌프 사업부가 협상을 통하여 밸브 사업부로부터 표준밸브를 5,000개 구매하고자 할 때 협상이 가능한 개당 대체가격의 범위는 얼마인가?

2. 최근까지 밸브사업부가 43,000개를 판매하고 있었다고 가정하자.

[2-1] 본사의 요청에 의하여 밸브 사업부는 펌프 사업부에게 수입가격보다 4원이 싼 59원에 표준밸브 5,000개를 공급하기로 결정하였다. 이 결정이 밸브 사업부, 펌프 사업부, 본사의 총이익에 미치는 영향을 각각 계산하시오.

[2−2] 위의 [2−1]의 상황 하에서 펌프 사업부가 추가로 고압밸브 4,000개를 주문하고
자 한다. 이 고압밸브를 생산할 경우 고정원가는 변화가 없지만 변동원가가 4원
증가하며, 표준밸브 생산능력이 40,000개로 감소한다. 밸브사업부가 받아들일 수
있는 고압밸브의 개당 최저 대체가격은 얼마인가?

[2−3] 펌프 사업부가 협상을 통하여 밸브 사업부로부터 표준밸브를 5,000개 구매하고자
할 때 협상이 가능한 개당 대체가격의 최소값과 최대값은 얼마인가?

[2−4] 본사의 총이익 관점에서 볼 때, [2−1]의 본사 결정 대체가격과 [2−3]의 협상
대체가격 중에서 어떤 대체가격이 더 좋은가?

→ 해설

1. 밸브 사업부에 유휴생산능력이 존재하지 않는 경우

   [1-1]

   (1) 밸브사업부 최소대체가격 = 42 + (70 − 42) = ₩70

   (2) 펌프사업부 최대대체가격 = ₩63

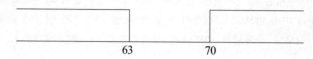

   대체하는 경우 회사는 단위당 ₩7(70 − 63)씩 총 ₩35,000만큼 손실이 발생하게 된다.

   [1-2]

   $$고압밸브\ 최소대체가격 = 42 + \frac{20,000}{4,000개} + \frac{(70-42) \times 10,000개}{4,000개} = ₩117$$

   [1-3]

   협상가능한 대체가격의 범위는 존재하지 않는다. 회사 전체적으로도 내부대체를 하지 않는 것이 유리하다.

2. 밸브사업부에 유휴생산능력이 7,000개(=50,000개 − 43,000개) 존재하는 경우

   [2-1]

   (1) 밸브사업부 최소대체가격 = ₩42

   (2) 펌프사업부 최대대체가격 = ₩63

   대체하는 경우 다음과 같이 영업이익이 증가한다.

   밸브사업부는 단위당 ₩17(=59 − 42)씩 총 ₩85,000(17×5,000단위)만큼 증가

   펌프사업부는 단위당 ₩4(=63 − 59)씩 총 ₩20,000(=4×5,000단위)만큼 증가

   회사전체적으로는 단위당 ₩21(=63 − 42)씩 총 ₩105,000(21×5,000단위)만큼 증가한다.

   [2-2]

   밸브사업부가 43,000단위의 밸브를 외부판매하고 있었으며, 펌프사업부에 표준밸브를 5,000단위 공급하고 있는 상황(2-1의 상황은 표준밸브를 총 48,000단위 공급하고 있는 상황임)에서 고압밸브 4,000단위를 추가 주문받을 경우 표준밸브 생산능력이 40,000단위로 감소하기 때문에, 표준밸브 외부판매를 8,000단위 포기하여야 한다. 따라서 고압밸브 최소대체가격은 다음과 같다.

   $$고압밸브\ 최소대체가격 = 42 + 4 + \frac{(70-42) \times 8,000개}{4,000개} = ₩102$$

[2-3]
협상가능한 대체가격의 최소값 : ₩42
협상가능한 대체가격의 최대값 : ₩63

[2-4]
회사 전체적인 관점에서는 대체가격을 얼마로 하는지와 상관없이 회사전체의 이익은 동일하다.
다만, 본사의 요청에 따라 ₩59으로 결정하는 것 보다 양 사업부가 협상에 의해 자율적으로 결정
하는 가격이 동기여부나 성과평가 측면에서 장기적으로 더 좋을 수 있다.

월드전자(주)는 전기면도기를 생산한다. 현재 모터생산부분이 제조한 전기 면도기용 모터를 면도기 생산부문에 대체하면 면도기 생산부문은 자체생산한 다른 부품과 함께 조립하여 면도기 완성품을 만든다. 2002년 두부서의 예상자료는 다음과 같다.(면도기부문의 변동 제조는 기초 모터 원가를 제외한 금액이다.)

	모터 생산부문	면도기 생산부문
단위당 변동제조원가	₩ 50,000	₩ 25,000
총고정제조간접비	₩8,000,000	₩12,000,000
생산량	800개	800개

월드전자는 적시 재고 생산 시스템을 사용하므로 부품재고를 유지하지 않는다. 따라서 매기말 모터 생산량과 전기 면도기 생산량이 같다. 2002년도의 생산량을 1,000개로 예상하였으며, 2001년말에 면도기 생산부분은 2002년도에 전기면도기용 모터를 단위당 ₩58,000에 원하는 수량만큼 납품하겠다는 협력업체사의 제의를 받았다. 협력업체 A의 모터 사용시, 면도기 생산부문은 면도기 내부구조변경을 위해 단위당 ₩1,000의 변동제조원가를 추가하여야 한다. 또한 2001년 말에 모터 생산부문은 모터 생산의 외부 가공공정을 협력업체 B에 모터 단위당 ₩10,000에 외주가공 할 수 있음을 알게 되었다. B에 외주가공을 주면, 모터생산부문의 변동제조원가가 단위당 ₩8,000씩 절감되고 고정제조원가는 총 ₩3,000,000이 절감된다. 이에 비해 생산부문을 전면 중단하는 경우, 모든 제조원가가 회피된다.

⟨요구사항⟩

1. 모터 생산부문이 2001년 B에 외주가공시 모터 생산부문의 총제조원가 변화액을 구하여서, 외주가공 여부를 결정하여라.

2. 협력업체 A와 B의 이용가능성을 고려하여 2002년의 면도기 생산을 위한 월드전자의 최소 총제조원가 구하여라.

3. (요구사항2)를 이용하여, 총 제조원가를 최소화시키는 사내 대체가격 범위를 구하여라.

→ 해설

1. 외주가공시 모터 생산부문의 총제조원가 변화

    외주가공비 증가 : 1,000단위×10,000 = (₩10,000,000)

    변동제조원가 감소 : 1,000단위× 8,000 =   8,000,000

    고정제조원가 감소 :   3,000,000

    증 분 이 익 :   ₩ 1,000,000

모터 생산부문은 외주가공할 경우 영업이익이 ₩1,000,000 증가하므로 외주가공하고자 한다.

2. 최소 총제조원가

(1) 내부대체하지 않고, 협력업체 A의 모터를 사용하는 경우

    협력업체 A의 모터 구입액 : 1,000개×58,000 = ₩58,000,000

    내부구조변경에 따른 변동비 : 1,000개× 1,000 =   1,000,000

    면도기 생산부문 변동비 : 1,000개×25,000 =   25,000,000

    면도시 생산부문 고정비 :   12,000,000

    총 제 조 원 가 :   ₩96,000,000

(2) 내부대체하는 경우(협력업체 B에 외주가공하지 않는 경우)

    모터 생산부문 변동비 : 1,000개×50,000 = ₩50,000,000

    모터 생산부문 고정비 :   8,000,000

    면도기 생산부문 변동비 : 1,000개×25,000 =   25,000,000

    면도시 생산부문 고정비 :   12,000,000

    총 제 조 원 가 :   ₩95,000,000

(3) 내부대체하는 경우(협력업체 B에 외주가공하는 경우)

    모터 생산부문 변동비 : 1,000개×42,000 = ₩42,000,000

    협력업체 B 외주가공비 : 1,000개×10,000 =   10,000,000

    모터 생산부문 고정비 :   5,000,000

    면도기 생산부문 변동비 : 1,000개×25,000 =   25,000,000

    면도시 생산부문 고정비 :   12,000,000

    총 제 조 원 가 :   ₩94,000,000

모터 생산부문이 협력업체 B에 외주가공을 하고, 내부 대체하는 경우 총제조원가는 ₩94,000,000 으로 최소가 된다.

3. 대체가격의 범위

(1) 모터 생산부문의 최소대체가격 = $42{,}000 + 10{,}000 + \dfrac{5{,}000{,}000}{1{,}000개} = ₩57{,}000$

　　(생산중단시 모든 제조원가가 회피가능하므로 고정제조간접비도 고려하여야 한다)

(2) 면도기 생산부문의 최대대체가격 = $58{,}000 + 1{,}000 = ₩59{,}000$

　　(면도기의 최종판매가격이 없기 때문에 외부구입가격만으로 결정한다)

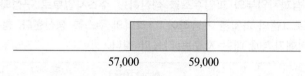

57,000　　　　　59,000

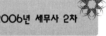

연습문제 3 　대체가격과 성과평가　　　2006년 세무사 2차

(주)국세는 다양한 종류의 과일을 수확하여 과일주스를 생산하여 판매한다. 회사는 다양한 종류의 과일을 수확하는 청과사업부와 과일주스를 생산하는 주스사업부로 구성되어 있다. 주스사업부는 평균적으로 1킬로그램의 과일을 가공하여 0.5리터의 주스를 생산한다. 청과사업부와 주스사업부의 생산원가와 판매가격에 대한 자료는 다음과 같다.

	청과사업부	주스사업부
단위당 변동원가	₩100	₩200
연간 총고정원가	₩125,000,000	₩100,000,000
단위당 외부판매가격(시장가격)	₩600(킬로그램당)	₩2,100(리터당)

요구사항

1. (주)국세가 연간 500,000킬로그램의 과일을 수확하여 이를 모두 주스로 만들어 판매하는 경우 회사 전체의 영업이익을 계산하시오.

2. (주)국세는 각 사업부 연간 영업이익의 5%를 각 사업부의 경영자에게 보너스로 지급하고 있다. 회사는 각 사업부의 영업이익을 결정하기 위해서 청과사업부로부터 주스사업부로 내부 대체되는 과일에 대하여 다음과 같은 방법으로 결정된 이전가격을 사용할 것을 고려하고 있다.

   (1) 전부원가의 200%

   (2) 시장가격

   각각의 경우 회사가 청과사업부와 주스사업부의 경영자에게 지급해야 하는 연간 보너스 금액을 계산하시오. 단, 이 경우 청과사업부의 연간 과일수확량은 500,000킬로그램이고 수확된 500,000킬로그램 과일 전량이 주스사업부로 내부 대체되어 주스로 가공되어 판매된다고 가정하시오.

3. 각 사업부의 경영자는 위의 (요구사항2)에서 제시된 두 가지의 이전가격 중에서 어느 것을 선호하겠는가? 만약 두 사업부의 경영자가 선호하는 이전가격이 상이한 경우 회사전체 입장에서 이에 대한 해결책에는 어떠한 방법이 있겠는가?

➡ 해설

1. 회사전체 영업이익

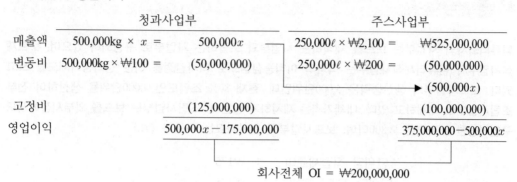

	청과사업부	주스사업부
매출액	500,000kg × x = 500,000x	250,000ℓ × ₩2,100 = ₩525,000,000
변동비	500,000kg × ₩100 = (50,000,000)	250,000ℓ × ₩200 = (50,000,000)
		(500,000x)
고정비	(125,000,000)	(100,000,000)
영업이익	500,000x − 175,000,000	375,000,000 − 500,000x

회사전체 OI = ₩200,000,000

2. (1) 대체가격이 전부원가의 200%

$$대체가격 = (100 + \frac{125,000,000}{500,000}) \times 2 = ₩700$$

	청과사업부	주스사업부
매출액	500,000kg × ₩700 = ₩350,000,000	250,000ℓ × ₩2,100 = ₩525,000,000
변동비	500,000kg × ₩100 = (50,000,000)	250,000ℓ × ₩ 200 = (50,000,000)
		(350,000,000)
고정비	(125,000,000)	(100,000,000)
영업이익	₩175,000,000	₩25,000,000

① 청과사업부 보너스 ₩175,000,000 × 5% = ₩8,750,000
② 주스사업부 보너스 ₩25,000,000 × 5% = ₩1,250,000

(2) 대체가격이 시장가격 = ₩600

	청과사업부	주스사업부
매출액	500,000kg × ₩600 = ₩300,000,000	250,000ℓ × ₩2,100 = ₩525,000,000
변동비	500,000kg × ₩100 = (50,000,000)	250,000ℓ × ₩200 = (50,000,000)
		(300,000,000)
고정비	(125,000,000)	(100,000,000)
영업이익	₩125,000,000	₩75,000,000

① 청과사업부 보너스 ₩125,000,000 × 5% = ₩6,250,000
② 주스사업부 보너스 ₩75,000,000 × 5% = ₩3,750,000

3. 두 사업부 모두 보너스를 많이 받는 이전가격을 선택할 것이므로, 청과사업부는 (1)의 이전가격을 주스사업부는 (2)의 이전가격을 선호한다.

컴퓨터회사의 사업부는 보드를 제작하는 사업부와 조립하는 사업부로 구성되어 있으며, 보드제작사업부와 컴퓨터제작사업부는 각각의 이익중심점으로 의사결정을 하는 성과평가제도를 쓰고 있다. 보드사업부의 생산능력은 5,000단위인데, 현재 80% 조업도인 4,000단위를 생산하여 전부 조립사업부로 대체하고 있다. 대체가격은 제시하지 않는다. 조립사업부는 보드를 외부시장에서도 구입가능한데 가격은 ₩800이며, 보드사업부의 원가자료는 다음과 같다.

단위당 직접재료비   :   ₩175

단위당 직접노무비   :   ₩125

단위당 변동제조간접비 :   ₩100

고정제조간접비   :   ₩750,000

보드부문의 생산량 4,000단위는 모두 조립부문에 대체되고 있으며 외부시장에는 판매하고 있지 않다.

> 요구사항

특별한 가정이 없는 한 각 상황은 독립적이다.

1. 보드를 생산할 때 발생하는 전부원가에 20%의 이익을 가산한 가액으로 대체가격을 결정하고자 한다. 대체가격은 얼마인가? 단, 보드사업부의 고정제조원가는 생산량에 기초하여 배부한다.

2. 기본자료와 달리 보드사업부가 외부시장에 ₩800에 2,000단위를 판매할 수 있는 상황이라면 4,000단위를 모두 조립부문으로 대체하는 경우의 최소대체가격은 얼마인가?

3. 최근에 보드부문은 외부 구매업체로부터 최대 생산능력의 50%에 해당하는 2,500단위를 단위당 ₩750에 공급해 달라는 주문을 받았다. 이 주문은 전량을 모두 수락하거나 거부해야 한다. 또한 주문된 엔진은 기존의 엔진과는 조금 다르나 동일한 작업시간이 소요된다. 주문된 엔진의 직접재료비는 단위당 ₩150이고 직접노무비는 단위당 ₩105이며 변동제조간접비는 단위당 ₩75이다. 4,000단위 대체와 관련된 대체가격의 범위를 계산하고, 회사전체관점에서 2,500단위의 특별주문 수락여부를 결정하시오. 단, 조립사업부도 보드사업부로부터 부분적인 구매는 하지 않는다고 가정한다.

4. (요구사항3)에서 만약 조립사업부가 보드사업부로부터 부분적인 대체가 가능하다고 가정할 경우 (즉, 2,500단위만 대체받고, 나머지는 외부구입할 수 있다고 가정할 경우) 내부대체와 관련된 대체가격의 범위를 계산하고, 회사전체적인 관점에서 2,500단위의 특별주문 수락여부를 결정하시오.

➡ 해설

1. 전부원가기준 대체가격

   (1) 단위당 전부원가

$$\begin{array}{ll} \text{단위당 직접재료비 :} & ₩175 \\ \text{단위당 직접노무비 :} & 125 \\ \text{단위당 변동제조간접비 :} & 100 \\ \text{단위당 고정제조간접비 :} & \underline{187.5^{*}} \\ \text{단위당 총제조원가 :} & ₩587.5 \end{array}$$

$$^{*} \quad \frac{750,000}{4,000단위} = ₩187.5$$

   (2) 단위당 대체가격 : 587.5×(1+20%) = ₩705

2. 최소대체가격

$$400^{*} + \frac{1,000단위 \times (800-400)}{4,000단위} = ₩500$$

$$\begin{array}{ll} ^{*} \text{ 단위당 직접재료비 :} & ₩175 \\ \text{단위당 직접노무비 :} & 125 \\ \text{단위당 변동제조간접비 :} & \underline{100} \\ \text{합 \quad 계 :} & ₩400 \end{array}$$

3. 부분적인 내부대체가 되지 않는 경우

   (1) 대체가격의 범위

     ① 공급사업부의 최소대체가격 = $400 + \dfrac{(750-150-105-75) \times 2,500단위}{4,000단위} = ₩662.5$

     ② 수요사업부의 최대대체가격 = ₩800

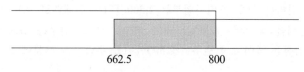

                    662.5   800

   (2) 회사전체 관점에서 특별주문 수락여부 결정

     대체가격의 범위는 ₩662.5~₩800이며, 회사 전체적인 관점에서 특별주문을 수락하지 않고 4,000단위를 내부대체할 경우 단위당 ₩137.5(=800−662.5)씩 유리하다. 따라서 4,000단위를 내부대체할 경우 회사전체적으로는 ₩550,000(=4,000단위×₩137.5)만큼 유리하다. 이는 다음과 같이 계산할 수도 있다.

     특별주문을 수락하는 경우 조립사업부는 4,000단위를 전량 외부에서 구입하여야 하며, 보드사업부는 4,000단위 내부대체를 줄이고 2,500단위의 특별주문을 수락하기 때문에 회사의 증분이익은 다음과 같다.

$$\begin{array}{lll} \text{특별주문 매출증가} & : \ 2,500단위 \times 750 = & ₩1,875,000 \\ \text{특별주문 변동비 증가} & : \ 2,500단위 \times 330^{*} = & (825,000) \\ \text{내부대체관련 변동비 감소} & : \ 4,000단위 \times 400 = & 1,600,000 \\ \text{조립사업부 보드 외부구입원가} & : \ 4,000단위 \times 800 = & \underline{(3,200,000\,)} \\ \text{증 분 이 익(손실)} & : & \underline{(₩\ 550,000)} \end{array}$$

* 단위당 직접재료비 : ₩150
  단위당 직접노무비 : 105
  단위당 변동제조간접비 : 75
  단위당 총제조원가 : ₩330

특별주문을 수락하는 경우 회사 전체 영업이익은 ₩550,000만큼 감소하므로 보드사업부는 특별주문을 수락하지 않고, 조립사업부로 대체하여야 한다.

4. 부분적인 대체가 가능할 경우

(1) 대체가격의 범위

① 공급사업부의 최소대체가격 ┌─ 2,500단위 : 400
    └─ 1,500단위 : $400 + \dfrac{(750-150-105-75)\times 2,500단위}{1,500단위} = ₩1,100$

② 수요사업부의 최대대체가격 = ₩800

800   1,100

(2) 회사전체 관점에서 특별주문 수락여부 결정

대체가격의 범위는 형성되지 않고, 회사 전체적인 관점에서 특별주문을 수락하지 않고 내부대체할 경우 단위당 ₩300(=1,100-800)씩 불리하다. 따라서 내부대체를 하는 경우 회사전체적으로는 ₩450,000(=1,500단위×₩300)만큼 불리하다. 이는 다음과 같이 계산할 수 있다.

특별주문을 수락하는 경우 조립사업부는 2,500단위는 원래대로 보드사업부로부터 대체를 받고, 1,500단위를 외부에서 구입하여야 하며, 보드사업부는 보드사업부에 대체하던 1,500단위의 생산을 줄이고 특별주문 2,500단위를 수락하기 때문에 회사의 증분이익은 다음과 같다.

특별주문 매출증가	: 2,500단위 × 750 =	₩1,875,000
특별주문 변동비 증가	: 2,500단위 × 330* =	(825,000)
내부대체관련 변동비 감소	: 1,500단위 × 400 =	600,000
조립사업부 보드 외부구입원가	: 1,500단위 × 800 =	(1,200,000)
증 분 이 익(손실)	:	₩ 450,000

* 단위당 직접재료비 : ₩150
  단위당 직접노무비 : 105
  단위당 변동제조간접비 : 75
  단위당 총제조원가 : ₩330

특별주문을 수락하는 경우 회사 전체 영업이익은 ₩450,000만큼 증가하므로 보드사업부는 특별주문을 수락하여야 하며 조립사업부는 1,500단위를 외부에서 구입하여야 한다.

연습문제 5   최소대체가격과 최대대체가격 결정(3)

(주)우림은 두 개의 사업부 갑과 을로 구성되어 있다. 갑사업부에서 중간부품 A를 생산하고 있으며, 을사업부는 중간부품 A를 이용하여 완제품을 생산하고 있다. 현재 을사업부는 중간부품 A를 외부에서 단위당 ₩1,050씩에 구입하여 생산하고 있다.

갑사업부와 을사업부는 전년도에 각각 10,000단위와 2,500단위를 판매하였으며, 이와 관련된 갑사업부와 을사업부의 손익계산서는 다음과 같다.

		갑사업부		을사업부
매 출 액		₩10,000,000		₩6,000,000
변 동 비		8,000,000		4,500,000
변동매출원가	6,000,000		3,250,000	
변동판매관리비*	2,000,000		1,250,000	
공헌이익		2,000,000		1,500,000
고 정 비		1,500,000		1,100,000
고정제조간접비	1,000,000		700,000	
고정판매관리비	500,000		400,000	
영업이익		₩ 500,000		₩ 400,000

* 내부대체시에는 50%가 절감된다.

[요구사항]

1. 갑사업부가 유휴생산설비를 이용하여 내부대체를 하는 경우 최소대체가격은 얼마인가?

2. 갑사업부가 현재 최대조업도로 생산하고 있는 경우라면, 내부대체시 최소대체가격은 얼마인가?

3. 을사업부의 최대대체가격을 계산하고, 갑사업부가 최대조업도로 작업중인 경우 회사전체 입장에서 대체여부를 결정하시오.

4. 갑사업부와 을사업부는 모두 최대조업도로 작업중이며, 을사업부는 중간부품A를 모두 외부에서 구입하여 사용하고 있다. 최근 을사업부가 생산시설을 임차하여 추가로 1,000단위를 생산하고자 한다. 을사업부는 추가 1,000단위와 관련해서 중간부품A를 갑사업부로부터 구입하고자 한다. 회사전체적인 입장에서 내부대체로 인한 손실이 발생하지 않도록 하기 위해 을사업부가 지불할 수 있는 최대임차료는 얼마인가? 단, 을사업부는 추가 1,000단위를 외부에서 구입할 수 없다고 가정한다.

5. 을사업부가 최근 제품의 기능을 향상시켜 고급화된 제품을 생산하고자 한다. 을사업부는 갑사업부가 고급화된 제품과 관련된 중간부품 B를 생산해 줄 것을 요청해 왔다. 갑사업부가 중간부품 B를 생산하기 위해서는 기존에 생산하던 중간부품 A보다 변동제조원가가 2배로 발생하며, 중간부품 B를 2,500단위 생산을 위해서는 중간부품 A 생산을 6,000단위를 감소시켜야 한다. 중간부품 B와 관련된 갑사업부의 최소대체가격을 계산하시오. 단, 갑사업부는 최대조업도로 작업 중이다.

➡ 해설

우선 손익계산서의 자료를 요약하면 다음과 같다.

	갑사업부	을사업부
생산량	10,000단위	2,500단위
판매가격	₩1,000	₩2,400
변동제조원가	600	1,300^{*2}
변동판매비	200^{*1}	500

^{*1} 내부대체시에는 단위당 ₩100이 된다.
^{*2} 중간제품A의 외부구입가격 ₩1,050이 포함되어 있음에 주의하여야 한다.

1. 유휴생산능력이 충분한 경우 갑사업부 최소대체가격

갑사업부의 유휴생산능력이 충분하다면, 을사업부에 대체시 기회비용이 발생하지 않는다. 따라서 최소대체가격은 다음과 같이 결정된다.

$$갑사업부\ 최소대체가격 = 발생원가 + 기회비용$$
$$= 700 + 0 = ₩700$$

즉, 갑사업부는 ₩700이상의 가격으로 을사업부에 대체하고자 할 것이다.

2. 유휴생산능력이 충분하지 않은 경우 갑사업부 최소대체가격

갑사업부의 유휴생산능력이 충분하지 않다면, 을사업부에 대체시 기회비용이 발생하기 때문에 최소대체가격은 다음과 같이 결정된다.

$$갑사업부\ 최소대체가격 = 발생원가 + 기회비용$$
$$= 700 + (1,000 - 800) = ₩900$$

즉, 갑사업부는 ₩900이상의 가격으로 을사업부에 대체하고자 할 것이다.

3. 을사업부 최대대체가격

을사업부의 변동매출원가 ₩1,300에는 중간제품A의 외부구입가격(단위당 ₩1,050)이 포함되어 있다는 점에 주의하여야 한다. 따라서

$$을사업부의\ 최대대체가격 = Min \begin{bmatrix} ① \ 1,050 \\ ② \ 2,400 - 250^* - 500 = 1,650 \end{bmatrix} = ₩1,050$$

$$^* \ 1,300 - 1,050 = ₩250$$

즉, 을사업부는 ₩1,050이하의 가격으로 갑사업부로부터 대체받고자 할 것이다.

회사 전체적인 측면에서는 갑사업부는 ₩900이상에 대체하고자 하며, 을사업부는 ₩1,050이하로 대체받고자 하기 때문에 대체가격의 범위가 존재한다. 즉, 을사업부의 최대대체가격이 갑사업부의 최소대체가격 보다 크기 때문에 대체하는 경우 회사는 단위당 ₩150씩 이익이 증가하게 된다. 따라서 회사전체적으로는 대체를 하여야 한다.

4. 최대임차료 계산

회사전체적인 측면에서 내부대체를 하는 것이 유리하기 위해서는 을사업부의 최대대체가격이 갑사업부의 최소대체가격보다 커야 한다.

(1) 갑사업부 최소대체가격

$$= 발생원가 + 기회비용$$
$$= 700 + (1,000 - 800) = ₩900$$

(2) 을사업부 최대대체가격

설비임차료를 A라고 하면, A도 제품 생산에 필요한 추가비용에 해당된다. 따라서 최대대체가격은 다음과 같이 계산된다.

$$= Min \begin{bmatrix} ① \\ ② \ 2,400 - 250^* - 500 - (A ÷ 1,000단위) \end{bmatrix} = 1,650 - 0.001A$$

$$^* \ 1,300 - 1,050 = ₩250$$

(3) 회사전체적으로 대체하는 것이 유리해지기 위해서는 최소대체가격보다 최대대체가격이 더 커야 한다. 따라서, 다음을 만족하여야 한다.

$$900 \leq 1,650 - 0.001A$$
$$\rightarrow \quad A \leq 750,000$$

즉, 임차료가 ₩750,000보다 작아야 회사전체적으로는 내부대체하는 것이 유리하게 된다.

5. 최소대체가격 결정

갑사업부가 현재 최대조업도로 작업중이기 때문에 유휴생산능력이 충분하지 않다. 따라서 을사업부에 대체시 기회비용이 발생하는데, 주의할 점은 중간제품B 2,500단위의 대체를 위해 중간부품A 6,000단위의 기회비용이 발생한다는 것이다. 따라서 갑사업부 최소대체가격은 다음과 같이 계산된다.

$$갑사업부 \ 최소대체가격 = 발생원가 + 기회비용$$

$$= 1,300^* + \frac{(1,000 - 800) \times 6,000단위}{2,500단위} = ₩1,780$$

$$^* \ 600 \times 2배 + 100 = ₩1,300(변동제조원가만 \ 2배로 \ 증가한다)$$

연습문제 6 대체가격과 제한된 자원(1)

horngren수정

(주)삼성은 독립적인 이익중심점으로 운영되는 반도체사업부와 공정통제사업부로 구성되어 있다. 반도체사업부는 첨단고품질의 super-chip과 normal-chip이라고 부르는 기존 제품 등 2종류의 전자 부품을 생산하는 기술진을 고용하고 있다. 이 두 제품의 원가자료는 다음과 같다.

	super-chip	normal-chip
직접재료비	₩20	₩10
직접노무비	₩280(= 2시간 × ₩140)	₩70(= 0.5시간 × ₩140)

기술진에게 요구되는 고도의 숙련도 때문에, 반도체사업부의 생산능력은 연간 50,000시간으로 제한되어 있다. 한 고객이 개당 ₩600의 가격으로 매년 최대한 15,000단위의 super-chip을 주문한다. 만일 회사가 이 수요를 전부 충족시키기 못하면 그 고객은 주문을 모두 취소한다. 반도체 사업부 생산능력 중 나머지는 normal-chip 생산에 할애된다. 이는 개당 ₩120의 가격으로 수요는 무한하다. 그리고 반도체사업부의 연간 간접원가는 ₩4,000,000으로 모두 고정비이다.

공정통제사업부는 공정통제장치 하나만 생산한다. 이의 원가구조는 다음과 같다.

	공정통제장치
직접재료비(회로판)	₩600
직접노무비	₩500(= 5시간 × ₩100)

공정통제사업부의 고정원가는 연간 ₩800,000이고, 통제장치당 시장가격은 ₩1,320이다.

최근 회사의 조사결과에 의하면 공정통제장치 1단위를 생산하는데 현재 사용 중인 회로판 1단위 대신 super-chip 1단위를 이용하여 생산이 가능하다고 한다. 회사가 회로판 대신 super-chip을 사용하면, 회로판을 사용하는 경우보다 2시간이 더 소요된다고 한다.

요구사항

1. super-chip과 normal-chip을 판매할 경우 시간당 공헌이익을 계산하라. 만약 공정통제사업부에 대체하지 않는다면, 반도체사업부는 몇 단위의 super-chip과 normal-chip를 판매하여야 하는가?

2. 공정통제사업부는 올해에 5,000단위의 통제장치를 판매할 것으로 예상된다. (주)삼성이 전체적으로 볼 때, 회로판을 대체하기 위해 5,000단위의 super-chip을 공정통제사업부에 대체하여야 하는가?

3. 공정통제사업부가 외부에서 구입하는 회로판의 구입가격이 ₩50 상승하여 ₩650이 되었다고 가정하자. 만일 공정통제장치의 수요가 12,000단위일 것으로 예상된다. 사업부 경영자의 행동이 회사 전체의 영업이익을 최대화되도록 하기 위하여 super-chip을 공정통제사업부에 대체하여야 하는가? 단, normal-chip의 수요량은 40,000단위라 가정한다.

➡ 해설

1. 반도체 사업부

(1) 노동시간당 공헌이익

	super-chip	normal-chip
단위당 판매가격	₩600	₩120
단위당 변 동 비	300	80
단위당 공헌이익	₩300	₩ 40
단위당 기계시간[*1]	÷ 2시간	÷ 0.5시간
기계시간당 공헌이익	₩150	₩ 80

(2) 제품별 생산량

제품	생산량	단위당 노동시간	총 노동시간
① super-chip	15,000단위	2시간	30,000시간
② normal-chip	40,000단위	0.5시간	20,000시간
합계			50,000시간

반도체 사업부가 내부대체하지 않을 경우에는 super-chip 15,000단위와 normal-chip 40,000단위를 생산하여야 한다.

2. 공정통제장치 수요량이 5,000단위인 경우

(1) 반도체사업부 최소대체가격

super-chip 1단위를 내부대체하고자 하는 경우 normal-chip 4단위의 생산을 줄이고, super-chip을 생산할 것이기 때문에 super-chip 1단위당 기회비용은 normal-chip 4단위의 공헌이익이다. 따라서 반도체 사업부의 최소대체가격은 다음과 같이 계산된다.

$$\text{super-chip 최소대체가격} = \text{발생원가} + \text{기회비용}$$
$$= 300 + (120 - 80) \times 4 = ₩460$$

(2) 공정통제사업부 최대대체가격

$$= \text{Min} \begin{bmatrix} ① \ 600(\text{회로판의 외부구입가격}) \\ ② \ 1,320 - 700(2\text{시간이 더 소요됨}) = 620 \end{bmatrix} = ₩600$$

(3) 대체가격의 범위

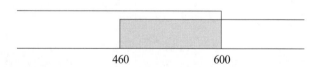

회사전체적인 관점에서는 1단위 내부대체시마다, ₩140(= 600 - 460)씩 공헌이익이 증가하기 때문에 내부대체하는 것이 유리하다.

3. 공정통제장치 수요량이 12,000단위인 경우

(1) 반도체사업부 최소대체가격

12,000단위(= 24,000시간)의 super-chip을 대체하기 위해서는 normal-chip 40,000단위(= 20,000시간) 판매를 모두 줄이고, super-chip 2,000단위(4,000시간)를 줄여야 한다. 그러나 super-chip의 경우 15,000단위를 충족하지 못할 경우 전량 취소하기 때문에 만약 내부대체를 하고자 한다면, super-chip 15,000단위(= 30,000시간)를 모두 포기하고, 12,000단위를 내부대체 하여야 한다. 따라서 반도체 사업부의 최소대체가격은 다음과 같이 계산된다.

$$\text{super-chip 최소대체가격} = \text{발생원가} + \text{기회비용}$$

$$= 300 + \frac{(600 - 300) \times 15{,}000\text{단위}}{12{,}000\text{단위}} = ₩675$$

(2) 공정통제사업부 최대대체가격

$$= \text{Min} \begin{bmatrix} ① & 650(\text{회로판의 외부구입가격}) \\ ② & 1{,}320 - 700(2\text{시간이 더 소요됨}) = 620 \end{bmatrix} = ₩620$$

(3) 대체가격의 범위

회사 전체적인 관점에서는 1단위 내부대체시마다 ₩55씩 손실이 증가하기 때문에 대체하지 않는 것이 유리하다.

(주)봉추는 두 개의 사업부 갑과 을로 구성되어 있으며, 각 사업부는 독립된 이익중심점으로 운영되고 있다. 갑사업부는 두 가지의 부품 A, B를 생산하고 있으며, 갑사업부와 을사업부의 생산 및 판매관련 자료는 다음과 같다.

	사업부 갑		사업부 을
	부품 A	부품 B	
판매가격	₩2,000	₩1,200	₩3,700
직접재료비	590	380	1,800[3]
직접노무비(직접노동시간당 ₩90)	360	180	500
변동제조간접비[1]	240	120	600
고정제조간접비[1]	320	160	300
변동판매관리비[2]	150	120	100
수　요　량	2,000단위	12,000단위	4,000단위

[1] 직접노동시간을 기준으로 배부
[2] 외부 판매 시에만 발생
[3] 부품C의 외부구입가격 ₩1,100 포함 금액

을사업부는 연간 4,000단위의 부품 C를 외부에서 단위당 구입하여 왔는데, 최근의 연구조사결과 부품 B로 부품 C를 대체할 수 있음이 밝혀졌다.

요구사항

다음의 각각의 독립적인 상황별로 갑사업부와 을사업부가 모두 수용 가능한 부품 B의 대체가격의 범위를 구하고, 회사전체의 관점에서 부품 B로 부품 C를 대체하여야 하는가를 결정하시오.

1. 갑사업부가 이용 가능한 직접노동시간이 연간 40,000시간인 경우

2. 갑사업부가 이용 가능한 직접노동시간이 연간 32,000시간인 경우

3. 갑사업부가 이용 가능한 직접노동시간이 연간 24,000시간인 경우로서, 을사업부가 판매하는 제품의 판매가격이 시장에서 20%하락한 경우

4. 갑사업부가 이용 가능한 직접노동시간이 연간 28,000시간인 경우로서, 을사업부가 판매하는 제품의 판매가격이 시장에서 20%하락한 경우

➡ 해설

우선 갑사업부와 관련된 자료를 요약하면 다음과 같다.

(1) 외부판매시 생산 우선순위

	부품 A	부품 B
단위당 판매가격	₩2,000	₩1,200
단위당 변 동 비	1,340	800
단위당 공헌이익	660	400
단위당 노동시간*	÷ 4h	÷ 2h
노동시간당 공헌이익	₩165	₩200
생산우선순위	2순위	1순위

(2) 제품별 생산량 및 소요 시간

제품	생산량	단위당 노동시간	총 노동시간
① 부품 B	12,000단위	2시간	24,000시간
② 부품 A	2,000단위	4시간	8,000시간
합계			32,000시간

따라서 회사가 부품A 와 부품B의 수요량을 모두 만족시키기 위해서는 32,000시간의 노동시간이 필요하다.

1. 이용 가능한 직접노동시간이 연간 40,000시간인 경우

부품 B 4,000단위의 생산을 위해서는 8,000시간의 노동시간이 필요하다. 현재 회사는 부품 A 2,000단위(8,000시간)와 부품 B 12,000단위(24,000시간)의 수요량을 모두 만족시키고도 8,000 시간이 남기 때문에 유휴생산능력은 충분하다.

(1) 갑사업부 최소대체가격 = 발생원가 + 기회비용 = 680 + 0 = ₩680

(2) 을사업부의 최대대체가격

$$= Min \begin{bmatrix} ① \ 1,100(외부구입가격) \\ ② \ 3,700 - 700^* - 500 - 600 - 100 = 1,800 \end{bmatrix} = ₩1,100$$

$$^* \ 1,800 - 1,100(부품C의 \ 외부구입가격) = 700$$

따라서 그래프로 대체가격의 범위를 나타내면 다음과 같다.

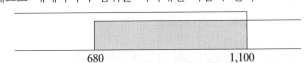

680　　　　　1,100

회사 전체적으로는 부품 1단위 대체시마다, ₩420(=1,100 - 680)씩 이익이 증가하므로 대체하여야 한다.

2. 이용가능한 직접노동시간이 32,000시간인 경우

부품 B 4,000단위의 생산을 위해서는 8,000시간의 노동시간이 필요하지만, 회사는 부품 A 2,000단위(8,000시간)와 부품 B 12,000단위(24,000시간)의 수요량을 모두 만족시키면 유휴생산능력은 없다. 따라서 내부대체를 위해서는 노동시간당 공헌이익이 작은 부품 A의 외부판매량을 줄이고 내부대체를 하여야 한다. 즉, 부품 B 4,000단위의 내부대체를 위해서 부품 A 2,000단위(8,000시간) 생산을 포기하여야 한다.

(1) 갑사업부 최소대체가격 = 발생원가 + 기회비용

$$= 680 + \frac{2{,}000개 \times (2{,}000 - 1{,}340)}{4{,}000단위} = ₩1{,}010$$

(2) 을사업부의 최대대체가격

$$= Min \left[\begin{array}{l} ① \ 1{,}100(외부구입가격) \\ ② \ 3{,}700 - 700^* - 500 - 600 - 100 = 1{,}800 \end{array} \right] = ₩1{,}100$$

$$^* \ 1{,}800 - 1{,}100(부품C의 \ 외부구입가격) = 700$$

따라서 그래프로 대체가격의 범위를 나타내면 다음과 같다.

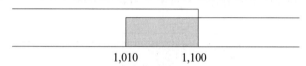

회사 전체적으로는 부품 1단위 대체시마다, ₩90(=1,100 − 1,010)씩 이익이 증가하므로 대체하여야 한다.

3. 이용가능한 직접노동시간이 24,000시간인 경우

부품 B 4,000단위의 생산을 위해서는 8,000시간의 노동시간이 필요하다. 하지만, 현재 24,000시간의 노동시간으로 부품 B 12,000단위를 생산, 판매하고 있기 때문에 부품 B를 내부대체하기 위해서는 부품 B의 외부판매를 포기하여야 한다.

(1) 갑사업부의 최소대체가격 = 발생원가 + 기회비용

$$= 680 + (1{,}200 - 800) = ₩1{,}080$$

(2) 을사업부의 최대대체가격

$$= Min \left[\begin{array}{l} ① \ 1{,}100(외부구입가격) \\ ② \ 2{,}960^* - 700 - 500 - 600 - 100 = 1{,}060 \end{array} \right] = ₩1{,}060$$

$$^* \ 기존 \ 판매가격 \ ₩3{,}700의 \ 80\%$$

따라서 그래프로 대체가격의 범위를 나타내면 다음과 같다.

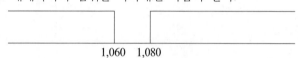

회사 전체적으로는 부품 1단위 대체시마다, ₩20(=1,080 − 1,060)씩 이익이 감소하므로 대체하여서는 안 된다.

4. 이용가능한 직접노동시간이 28,000시간인 경우

부품 B 4,000단위의 생산을 위해서는 8,000시간의 노동시간이 필요하지만, 현재 회사는 부품 B 12,000단위(24,000시간)와 부품 A 1,000단위(4,000시간)를 생산하고 있다. 따라서 부품 B를 내부대체하기 위해서는 부품 A 1,000단위(4,000시간)와 부품 B 2,000단위(4,000시간)의 외부판매를 포기하여야 한다.

(1) 갑사업부의 최소대체가격 = 발생원가 + 기회비용

$$= 680 + \frac{1{,}000개 \times (2{,}000 - 1{,}340) + 2{,}000개 \times (1{,}200 - 800)}{4{,}000단위} = ₩1{,}045$$

(2) 을사업부의 최대대체가격

$$= \text{Min} \begin{bmatrix} ① \ 1{,}100(외부구입가격) \\ ② \ 2{,}960^* - 700 - 500 - 600 - 100 = 1{,}060 \end{bmatrix} = ₩1{,}060$$

* 기존 판매가격 ₩3,700의 80%

따라서 그래프로 대체가격의 범위를 나타내면 다음과 같다.

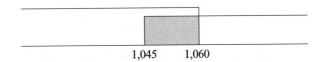

1,045   1,060

회사 전체적으로는 부품 1단위 대체시마다, ₩15(=1,060 - 1,045)씩 이익이 증가하므로 대체하여야 한다.

연습문제 8 　대체가격과 제한된 자원(3)

(주)한국의 사업부 P에서는 제품 甲과 제품 乙을 생산하여 각각 단위당 ₩10,000과 ₩15,000에 외부시장에 판매하고 있다. 다음 그림은 사업부 P의 생산 흐름을 요약한 것이다.

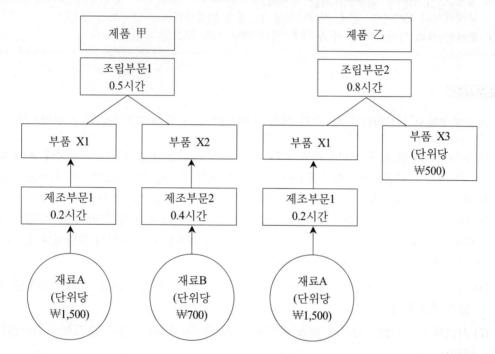

제품 甲을 한 단위 생산하기 위해서는 1단위의 부품 X1과 1단위의 부품 X2가 필요하다. 조립부문1에서는 이들을 조립하는데, 이에 소요되는 시간은 0.5노동시간이다. 부품 X1은 제조부문1에서 재료 A(단위당 ₩1,500) 한 단위를 구입하여 만드는데, 이에 소요되는 시간은 0.2노동시간이다. 부품 X2는 제조부문2에서 재료 B(단위당 ₩700) 한 단위를 구입하여 만드는데, 이에 소요되는 시간은 0.4노동시간이다.

한편, 제품 乙을 한 단위 생산하기 위해서는 2단위의 부품 X1과 1단위의 부품 X3가 필요하다. 조립부문2에서는 이들을 조립하는데, 이에 소요되는 시간은 0.8노동시간이다. 부품 X1은 제조부문1에서 생산되며, 부품 X3는 외부에서 단위당 ₩500에 구입하고 있다.

사업부 P의 생산 및 판매와 관련한 기타정보는 다음과 같다.

1. 모든 조립부문과 제조부문의 직접노동시간당 임률은 ₩3,000이다. 작업 재배치를 통해 조립부문1의 근로자는 조립부문2에서 작업할 수 있으나, 다른 생산부문에서는 작업 재배치가 불가능하다. 각 부문은 재고가 쌓이지 않도록 서로 유기적인 협조를 하고 있다.
2. 제조간접원가는 직접노동시간을 기준으로 배부하는데, 사업부 P의 변동제조간접원가 배부율은 직접노동시간당 ₩1,000이다.
3. 제품 甲의 단위당 변동판매비는 판매단가의 30%이며, 제품 乙의 단위당 변동판매비는 판매단가의 40%이다. 한편, 사내대체를 할 경우 변동판매비는 발생하지 않는다.
4. 주어진 가격 하에서 제품 甲과 제품 乙에 대한 시장 수요는 무한하다.

요구사항

1. 사업부 P에서 생산하는 제품 甲과 제품 乙의 단위당 변동제조원가를 각각 구하시오.

2. (요구사항1)의 답과 관계없이 제품 甲과 제품 乙의 단위당 변동제조원가가 각각 ₩6,600, ₩8,500이라고 가정하자. 최근에 (주)한국의 연구부서에서는 제조부문2에서 생산한 부품 X2를 이용하여 새로운 신제품을 개발하였다. 이 신제품을 생산하기 위하여 (주)한국에서는 사업부 Q를 신설하였다. 사업부 Q에서는 사업부 P에 대해 200단위의 부품 X2를 사내대체해 줄 것을 요구하고 있다. 현재, 사업부 P는 최대조업도 수준에서 운영되고 있으며, 각 사업부는 이익 극대화를 추구하고 있다.

   (1) 사내대체로 인해 제품 甲의 생산량이 감소할 경우, 이로 인해 제품 乙의 생산량은 몇 단위 증가하는가?

   (2) 사업부 P가 사업부 Q에게 200단위의 부품 X2를 사내대체할 경우, 총기회원가는 얼마인가?

   (3) 각 사업부가 자율적으로 합의하여 대체가격을 결정한다고 할 때, 사업부 P에서 요구하는 부품 X2의 단위당 최소대체가격은 얼마인가?

➡ 해설

1. 단위당 변동제조원가

	제품 갑	제품 을
직접재료비	$1,500 + 700 = ₩2,200$	$1,500 × 2 + 500 = ₩3,500$
직접노무비	$(0.2 + 0.4 + 0.5) × 3,000 = 3,300$	$(0.2 × 2 + 0.8) × 3,000 = 3,600$
변동제조간접비	$(0.2 + 0.4 + 0.5) × 1,000 = 1,100$	$(0.2 × 2 + 0.8) × 1,000 = 1,200$
합 계	₩6,600	₩8,300

2. (1) 부품 X2를 200단위 내부대체시 제품 "갑"의 생산을 200단위 감소시켜야 한다.

　　제품 "갑"의 생산을 200단위 감소시키는 경우

　　① 제조부문1의 부품 X1 생산량 200단위를 제품 "을" 100단위 생산에 이용 가능

　　② 조립부문1의 노동시간 100시간(200단위 × 0.5시간)을 조립부문2 에 투입할 경우 제품 "을"
　　　125단위(100시간 ÷ 0.8시간) 생산에 이용가능

　　①과 ② 중 작은 수량, 즉, 제품 "을" 100단위가 증가할 것이다.

(2) 부품 X2를 내부대체할 경우 기회비용

　　　제품 갑 공헌이익 : 200단위 $× (10,000 - 9,600^{*1}) = ₩80,000$

　　　제품 을 공헌이익 : 100단위 $× (15,000 - 14,500^{*2}) = (\underline{\quad 50,000})$

　　　기 회 비 용 : 　　　　　　　　　　　$\underline{₩30,000}$

　　　　^{*1} 6,600(변동제조원가) + 10,000 × 30%(변동판매비) = ₩ 9,600

　　　　^{*2} 8,500(변동제조원가) + 15,000 × 40%(변동판매비) = ₩14,500

(3) 내부대체시 최소대체가격

　　내부대체시에는 변동판매관리비는 발생하지 않는다고 하였기 때문에 최소대체가격은 다음과
　　같이 계산된다.

　　　　　　발생원가(변동제조원가) + 기회비용

　　　　　　$= 700 + 0.4h × (3,000 + 1,000) + 30,000 ÷ 200$단위 $= ₩2,450$

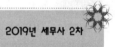

연습문제 9 　 EVA&해외사업부 대체가격 　 2019년 세무사 2차

㈜세무는 한국에 있는 사업부(국내사업부)와 말레이시아에 있는 사업부(해외사업부)로 구성되어 있으며, 국내사업부에서는 단일제품은 제품A를 생산하고 있다. 20x1년도 원가와 관련된 자료는 다음과 같으며, 재고의 변화는 없다고 가정한다.

1) 국내사업부는 제품A를 생산하여 국내에서 연간 20,000단위(단위당 판매가격 ₩10,000)를 안정적으로 판매하며, 해외사업부로 일정 단위를 대체하여 해외에서 판매할 수도 있다. 제품A와 관련된 원가자료는 다음과 같다.

단위당 변동제조원가	₩6,000
단위당 변동판매관리비	₩600
연간 고정제조원가	₩50,000,000
연간 최대조업도	25,000단위

2) 국내사업부는 제품A를 해외사업부로 대체하는 경우 단위당 변동판매관리비는 ₩600에서 ₩200으로 감소되는 것으로 파악하였다.

3) 해외사업부는 제품A를 한국에서 수입하여 현지에서 재가공 없이 연간 5,000단위(단위당 판매가격 ₩12,000)를 안정적으로 판매가능하다. 다만, 해외사업부는 제품A를 현지에서 판매하기 위해서 국내사업부로부터 대체받는 가격의 20%에 해당하는 관세를 말레이시아 정부에 납부하여야 하는데, 관세는 모두 해외사업부에서 부담한다.

4) 해외사업부는 제품A에 대한 재고를 보유하지 않기 때문에 고정원가는 발생하지 않는다. 한편, 해외사업부는 제품A를 국내사업부로부터 대체받아 판매하지 못할 경우 국내의 다른 공급업자로부터 단위당 ₩9,600(관세 포함)에 구입하여 판매할 수도 있다.

5) 국내사업부와 해외사업부의 책임자는 각 사업부 경영에 관해 자율적 의사결정을 할 수 있는 권한을 갖고 있으며, 사업부의 성과는 경제적부가가치(EVA: Economic Value Added)에 의해 평가하도록 규정되어 있다. 국내사업부의 투하자본은 ₩100,000,000이며, 경제적부가가치를 계산함에 있어서 적용하는 가중평균자본비용은 6%이라고 가정한다.

6) 국내사업부와 해외사업부의 법인세율은 각각 20%와 10%의 단일비례세율을 적용하며, 주어진 자료 이외에는 추가되는 수익과 비용은 없다고 가정한다.

요구사항

1. 국내사업부가 제품A를 국내에서만 판매할 경우 경제적부가가치 ₩2,960,000을 달성하기 위한 목표판매수량은 몇 단위인가?

2. 해외사업부의 책임자는 국내사업부의 책임자에게 외부에서 구입할 수 있는 가격인 단위 당 ₩8,000(관세 불포함)에 5,000단위를 해외사업부로 대체해 줄 것을 제안하였다. 다만, 국내사업부가 해외사업부의 제안을 받아들여 25,000단위(최대조업도)를 안정적으로 생산 하기 위해서는 현재 제조설비에 ₩20,000,000 추가 투자를 해야 하는 것으로 분석되었다. 추가 시설 투자로 인해 투하자본은 ₩120,000,000으로 변동되고, 투하자본 증가에 따라 제 품A를 해외사업부로 대체하는 기간에 국내사업부는 연간 ₩3,000,000의 고정제조원가가 추가 발생하는 것으로 분석되었다. 국내사업부의 책임자가 해외사업부로 5,000단위 대체 하기로 결정하는 경우 국내사업부의 세후 영업이익과 경제적 부가가치의 증감은 각각 얼 마인가?

3. 경제적 부가가치에 의해 사업부의 성과평가를 하는 경우 국내사업부의 입장에서 해외사 업부로 5,000단위를 대체함에 있어서 받고자 하는 단위당 최소대체가격은 얼마인가? (단, 국내외 판매환경에는 변화가 없으며, 투하자본의 증가액과 연간 고정제조원가의 증가액 은 "물음2)"의 자료와 동일하다고 가정한다.)

4. 한국과 말레이시아는 양국 협의에 의해 제품A에 대한 관세를 철폐하기로 하였다. (단, 국 내사업부는 해외사업부로 제품A를 대체하기로 결정한 상태이며, 투하자본의 증가액과 연 간 고정제조원가 증가액은 "물음2)"의 자료와 동일하다고 가정한다.)
   (1) 기업 전체의 세후영업이익을 극대화시키는 단위당 대체가격은 얼마인가?
   (2) 관세를 부과하는 시기에도 기업 전체의 세후영업이익을 극대화시키는 방향으로 대 체가격을 결정하였다면 관세 철폐 후 기업 전체의 세후영업이익은 얼마나 증감하였 는가?

→ 해설

(물음1) 세전영업이익을 x라 하면,

$x \times (1 - 0.2) - 100,000,000 \times 6\% = 2,960,000 \rightarrow x = 11,200,000$

따라서, 세전영업이익 ₩11,200,000을 얻기 위한 판매량을 Q라 하면,

$$Q = \frac{50,000,000 - 11,200,000}{10,000 - 6,600} = 18,000단위$$

(물음2)

1. 영업이익의 변화 : $\{(8,000 - 6,200) \times 5,000단위 - 3,000,000\} \times (1 - 0.2) = 4,800,000$
2. EVA의 변화 : $4,800,000 - 20,000,000 \times 6\% = 3,600,000$

(물음3) 최소대체가격을 p라 하면,

경제적부가가치가 0보다 커야 하므로 다음을 만족하여야 한다.

$\{(p - 6,200) \times 5,000단위 - 3,000,000\} \times (1 - 0.2) - 20,000,000 \times 6\% \geq 0 \rightarrow p \geq 7,100$

따라서 판매가격이 ₩7,100이어야 한다.

(물음4)

(1) 기업의 세후이익을 극대화 하는 대체가격

① 공급사업부의 최소대체가격 = 6,200

② 수요사업부의 최대대체가격 = 8,000

목표일치성 관점에서 6,200~8,000 사이에서 대체가 이루어지는 것이 가장 좋다.

만약 공급사업부가 현재 대체가격에서 ₩10 인하할 경우

국내 매출 감소 : (10)
국내 법인세 감소 : 2
해외 매출원가감소 : 10
해외 법인세 증가 : (1)
당기순이익의 증가 : 1

즉, 공부사업부가 대체가격을 ₩10 인하할 경우 당기순이익이 ₩1 증가하므로 대체가격은 대체가격의 범위 중에서 가장 작은 ₩6,200으로 하면, 회사 전체 당기순이익을 최대화 할 수 있다.

(2) 관세 철폐 후 세후이익의 변화금액

관세가 부과되는 시기에 공급사업부가 대체가격을 ₩10 인하한 경우

국내 매출 감소 : (10)
국내 법인세 감소 : 2
해외 매출원가감소 : 10
관세의 감소 : 2
해외 법인세 증가 : (1)
당기순이익의 증가 : 2.8

관세가 부과되는 시기에 비하여 관세가 철폐되는 시기에는 대체가격을 ₩10 인하할 때, 당기순이익이 ₩1.8(=2.8 − 1)만큼 더 적게 증가하게 된다. 따라서 대체가격을 ₩8,000에서 ₩6,200으로 ₩1,800만큼 인하하는 경우 관세가 철폐되는 시기에는 당기순이익이 $₩324\left(= 1800 \times \dfrac{1.8}{10}\right)$ 만큼 더 적게 증가한다. 즉, 관세 철폐로 인하여 당기순이익은 ₩324만큼 감소할 것이다.

연습문제 10 　다국적기업의 대체가격

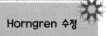

(주)국제는 한국에 있는 사업부에서 제품을 생산하고, 중국과 일본 사업부에서 이를 수입해서 단위당 ₩13,000(원화로 환산한 금액)씩에 판매하고 있다. 한국 사업부에서 중국과 일본 사업부로 수출하는 경우 한국에서 수출하는 수출품의 시장가격인 ₩13,000의 80%와 한국 사업부의 전부제조원가(총제조원가)와의 범위 내에서만 이전가격을 허용하고 있다. 한편 한국 사업부의 제품 생산과 관련된 자료는 다음과 같다.

생　산　량	:	1,000단위
단위당 변동비	:	₩5,000
한국사업부 총 고정비	:	₩3,000,000
한국의 법인세율	:	22%

단, 중국 사업부로 수출시 단위당 변동판매비 ₩1,000 추가 발생하며, 이는 중국 사업부가 부담한다. 중국과 일본에서는 수입되는 모든 물품에 대하여 각각 수입금액을 기준으로 8%씩의 관세를 부과하고 있으며, 관세는 모두 법인세를 계산할 때, 필요경비로 인정된다고 한다. 중국과 일본의 법인세율은 각각 25%와 30%라고 가정한다.

[요구사항]

1. 한국사업부가 500단위씩 중국과 일본 사업부로 수출한 경우 (1)단위당 전부원가로 대체한 경우와 (2)시장 가격의 80%(₩10,400)로 대체하였을 경우, 한국과 중국, 일본 사업부의 세후 이익을 계산하라.

2. (주)국제는 수입관세와 세금총액을 최소화시키기 위해 중국 사업부와 일본 사업부에 대한 대체가격을 얼마로 결정하여야 하는가?

➡ 해설

1. 사업부별 세후 이익

(1) 단위당 전부원가로 대체한 경우

한국 사업부의 단위당 전부원가 : $5,000 + \dfrac{3,000,000}{1,000단위} = ₩8,000$

	한국	중국	일본
총 수 익	₩8,000,000[*1]	₩6,500,000[*2]	₩6,500,000[*2]
총 비 용	8,000,000[*1]	4,500,000[*3]	4,000,000[*4]
관 세	–	320,000[*5]	320,000
세전 영업이익	–	₩1,680,000	₩2,180,000
법인세율	×22%	×25%	×30%
법 인 세	–	420,000	654,000
세후 영업이익	–	₩1,260,000	₩1,526,000

[*1] 판매수량 × 단위당 전부원가 = 1,000단위 × 8,000 = ₩8,000,000

[*2] 500단위 × 13,000 = ₩6,500,000

[*3] 500단위 × (8,000 + 1,000) = ₩4,500,000(단위당 ₩1,000은 변동 판매비 증가분)

[*4] 500단위 × 8,000 = ₩4,000,000

[*5] 500단위 × 8,000 × 8% = ₩320,000

(2) 시장가격의 80%로 대체하는 경우

	한국	중국	일본
총 수 익	₩10,400,000[*1]	₩6,500,000	₩6,500,000
총 비 용	8,000,000[*2]	5,700,000[*3]	5,200,000[*4]
관 세	–	416,000[*5]	416,000
세전 영업이익	₩2,400,000	₩384,000	₩884,000
법인세율	×22%	×25%	×30%
법 인 세	528,000	96,000	265,200
세후 영업이익	₩1,872,000	₩288,000	₩618,800

[*1] 판매수량 × 단위당 시장가격 × 80% = 1,000단위 × 10,400 = ₩10,400,000

[*2] 1,000단위 × 8,000 = ₩8,000,000

[*3] 500단위 × (10,400 + 1,000) = ₩5,700,000(단위당 ₩1,000은 변동 판매비 증가분)

[*4] 500단위 × 10,400 = ₩5,200,000

[*5] 500단위 × 10,400 × 8% = ₩416,000

2. 세금을 최소화 시키기 위한 대체가격
   (1) 한국 사업부에서 중국 사업부로 수출하는 제품의 대체가격을 ₩10 올릴 경우 회사가 추가로 부담하는 세액은 다음과 같다.

한국 법인세 증가 :	$10 \times 22\% =$	₩2.2
중국 관세 증가 :	$10 \times 8\% =$	0.8
중국 법인세 감소 :	$10 \times 108\% \times 25\% =$	(2.7)
세액 추가 부담액 :		₩0.3

   따라서 회사가 중국 사업부로 판매하는 대체가격을 ₩10씩 올릴 때마다 회사가 부담하는 총 세액은 0.3씩 증가한다. 따라서 회사가 부담하는 세액을 최소화하기 위해서는 대체가격을 최소화하여야 한다. 따라서 대체가격을 한국 사업부의 전부원가인 ₩8,000으로 할 경우 회사가 부담하는 세액은 최소가 될 것이다.

   (2) 한국 사업부에서 일본 사업부로 수출하는 제품의 대체가격을 ₩10 올릴 경우 회사가 추가로 부담하는 세액은 다음과 같다.

한국 법인세 증가 :	$10 \times 22\% =$	₩2.2
일본 관세 증가 :	$10 \times 8\% =$	0.8
일본 법인세 감소 :	$10 \times 108\% \times 30\% =$	(3.24)
세액 추가 부담액 :		(₩0.24)

   따라서 회사가 일본 사업부로 판매하는 대체가격을 ₩10 씩 올릴 때마다 회사가 부담하는 총 세액은 0.24씩 감소한다. 따라서 회사가 부담하는 세액을 최소화하기 위해서는 일본사업부에 대한 대체가격을 최대화하여야 한다. 따라서 대체가격을 한국 사업부의 시장가격의 80%인 ₩10,400으로 할 경우 회사가 부담하는 세액은 최소가 될 것이다.

불확실성하의 의사결정

chapter 15

1 의의

불확실성하의 의사결정(decision making under uncertainty)은 의사결정과 관련된 성과는 명확하게 확정되어 있지만, 미래의 상황이 불확실한 경우[6]의 의사결정문제를 말하며, 다음과 같은 절차에 따라 이루어진다.

① 의사결정의 목적과 최적행동대안의 선택기준을 설정한다.
② 의사결정목적을 달성하게 해주는 선택 가능한 행동대안과 의사결정대안을 파악한다.
③ 의사결정과 관련된 미래의 발생 가능한 모든 상황을 파악한다.
④ 미래의 발생 가능한 모든 상황에 대한 확률을 부여한다.
⑤ 각 상황별로 의사결정대안들의 성과를 나타내는 성과표(pay-off table)를 작성한다
⑥ 선택기준에 따른 최적행동대안을 선택한다.
⑦ 선택된 최적행동대안을 실행하고, 의사결정 결과에 대한 성과평가와 피드백(feedback)을 실시한다.

2 불확실성하의 의사결정시 최적행동대안의 선택

(1) 기대가치기준

기대가치기준(expected value criterion)이란 불확실성하의 의사결정에서 의사결정의 결과에 대한 기대값을 구하여 이를 최대화(최소화)시켜 주는 최적행동대안을 선택하는 방법이다.

---

6) 미래의 상황이 불확실하다는 것은 미래에 발생할 상황별로 각 상황이 나타날 수 있는 확률(probability) 값으로 주어진다는 것을 말한다.

(2) 기대효용[7]기준

기대효용기준(expected utility criterion)이란 각 행동대안의 기대값 이외에 위험요소를 동시에 고려하여 기대효용을 극대화 시켜 주는 최적행동대안을 선택하는 방법을 말한다.

 3 성과표

불확실성하의 의사결정시에는 각 상황과 대안별로 성과를 나타내는 성과표를 먼저 작성하여야 하며, 다음과 같이 작성한다.

상 황 대 안	상 황(발생확률)	
	S_1 (60%)	S_2 (40%)
A_1	E_{11}	E_{12}
A_2	E_{21}	E_{22}

E_{ij} : 행동대안 A_i 와 상황 S_j의 결합에 의하여 나타나는 성과

4 완전정보의 기대가치

완전정보의 기대가치(Expected Value of Perfect Information, EVPI)란 기존정보에 비하여 완전정보를 이용함으로써 증가되는 추가기대이익으로서 의사결정자들이 100%완전한 정보를 얻기 위해 지불할 수 있는 최대금액을 말한다.

> 완전정보하의 기대가치
> (−) 기존정보하의 기대가치
> = 완전정보의 기대가치(EVPI)

---

7) 효용(utility)이란 의사결정자가 재화나 용역을 획득함으로써 얻는 정신적인 만족도를 의미하며, 기대효용은 효용함수를 이용하여 계산된다.

5 불완전정보의 기대가치

불완전정보의 기대가치(Expected Value of Sample Information, EVSI)는 불완전정보를 이용함으로서 증가되는 추가기대이익으로서 불완전정보를 얻기 위하여 지불할 수 있는 최대금액을 의미한다.

> 불완전정보하의 기대가치
> (−) 기존정보하의 기대가치
> = 불완전정보의 기대가치(EVSI)

불완전정보의 기대가치는 다음의 단계를 거치서 계산한다.

① 특정의 추가정보가 주어질 확률을 구한다.
② 베이지안정리(Baysial theorem)를 이용하여 사전확률을 사후확률로 수정한다.
③ 수정된 사후확률을 기초로 각 대안별 기대가치를 구하고 최적대안을 선택한다.
④ 최적대안의 기대가치와 추가정보를 보고 받을 확률을 이용하여 불완전정보하의 기대가치를 구한다.
⑤ 불완전정보하의 기대가치에서 기존정보하의 기대가치를 차감하여 불완전정보의 기대가치를 구한다.

 6 예측오차의 원가(costs of prediction error)

예측오차의 원가란 의사결정에 이용되는 변수값을 잘못 예측한 결과, 최적행동대안을 선택하지 못함으로 인하여 발생하는 기회손실(opportunity loss)을 의미하며 조건부손실(conditional loss)이라고도 한다.

> 정확하게 예측하였을 경우 최적행동대안의 결과   ×××
> 실제 의사결정의 결과   (−) ×××
> 예측오차의 원가   ×××

7 불확실성하의 CVP분석

불확실성하의 CVP분석은 판매가격, 단위당 변동비, 고정비 등이 불확실하여 어떤 변수의 값을 정확하게 예측할 수 없다는 가정하에서 CVP분석을 한다. 어떠한 변수가 불확실한 경우에는 민감도 분석이나 통계적 분석, 의사결정수를 이용한 방법, 통계적 시뮬레이션을 이용하여 CVP분석을 하여야 한다.

$$
\underset{\text{E}(\pi)}{\underline{\text{기대이익}}} = \underset{\text{E}(x)}{\underline{\text{기대판매량}}} \times \text{단위당 공헌이익} - \text{고정비}
$$

$$
\underset{\sigma(\pi)}{\underline{\text{기대이익의 표준편차}}} = \text{단위당 공헌이익} \times \underset{\sigma(x)}{\underline{\text{판매량의 표준편차}}}
$$

(1) 정규분포

정규분포(normal distribution)는 두 개의 모수, 즉 평균(μ)과 분산(σ^2)에 의해 그 형태가 결정되는 분포이다. 정규분포는 평균과 분산에 따라 무수히 많은 형태가 존재할 수 있는데, 이를 평균과 분산을 0과 1로 표준화시킨 것이 표준정규분포(standard normal distribution)이다. 정규분포의 표준화는 정규분포를 이루는 확률변수 x를 표준정규변수 Z로 변환함으로서 이루어진다.

$$
\text{Z} = \frac{x - \mu(x)}{\sigma(x)}
$$

$\mu(x) = \text{E}(x)$, 즉, 기대판매량 또는 평균판매량

$\sigma(x)$: 표준편차

정규분포가 표준정규분포로 표준화되면, 표준정규분포표상의 Z값을 이용하여 확률값을 계산한다.

(2) 균등분포

균등분포(uniform distribution)는 특정 구간 내에서 확률변수 x가 갖는 확률이 모두 동일한 확률분포를 의미하며, 모든 확률분포 중에서 가장 단순한 형태이기도 하다. 균등분포의 경우 기댓값은 중앙값이며, 확률계산은 전체구간에서 특정구간이 차지하는 비율로 계산한다.

EVPI, 예측오차의 원가

(주)자갈치는 신선도를 생명으로 하는 고등어를 판매하는 회사이다. 회사가 판매하는 모든 고등어는 거래처로부터 한 마리당 ₩1,000씩에 구입하여, ₩1,500씩에 판매하고 있다. 하지만, 회사가 1,000마리 이상 대량 구매하는 경우 한 마리당 ₩800씩에 구입할 수 있다. 회사는 매일 당일 판매량을 예측하고 가능하면 할인을 받고 구매하고자 한다. 회사의 상품수요량과 관련된 정보가 다음과 같을 때, 요구사항에 답하시오. 다만, 당일에 판매되지 못하는 상품은 다음 날 ₩400씩에 처분하여야 하므로 적정량을 구입하는 것이 관건이다.

매일 수요량	발생확률
800마리	25%
1,000마리	30%
1,300마리	45%

요구사항

1. 매일 수요량과 회사의 구입량을 기준으로 성과표를 작성하시오.

2. 기대가치기준으로 의사결정하는 경우 최적의 구입량을 계산하시오.

3. 최근 수요량을 정확히 예측해주는 조사기관으로부터 수요량의 정확한 예측과 관련하여 정보를 구입하고자 한다. 회사가 동 조사기관에 지불할 수 있는 최대금액은 얼마인가?

4. 1,000마리가 판매될 확률은 항상 30%이나, 800마리가 판매될 확률과 1,300마리가 판매될 확률은 변한다고 한다. 800마리 판매될 확률이 얼마일 때, 1,000마리 구입하는 경우와 1,300마리를 구입하는 경우를 동일하다고 평가하겠는가?

5. 회사는 수요량을 1,000단위로 예측하고 1,000단위를 구입하였으나, 실제 수요량이 1,300단위인 경우 예측오차의 원가를 계산하시오.

6. 회사는 기대가치기준에 따라서 의사결정을 하였다. 그러나 실제 수요량이 800단위인 경우 예측오차의 원가를 계산하시오.

→ 해설

1. 성과표 작성

상 황 대 안	수 요 량(발생확률)		
	S₁ : 800마리(25%)	S₂ : 1,000마리(30%)	S₃ : 1,300마리(45%)
A₁ : 800마리 구입	₩400,000[*1]	₩400,000[*1]	₩400,000[*1]
A₂ : 1,000마리 구입	480,000[*2]	700,000[*3]	700,000[*3]
A₃ : 1,300마리 구입	360,000[*4]	580,000[*5]	910,000[*6]

[*1] 800마리 × (1,500 − 1,000) = ₩400,000

[*2] 800마리 × (1,500 − 800) + 200마리 × (400 − 800) = ₩480,000

[*3] 1,000마리 × (1,500 − 800) = ₩700,000

[*4] 800마리 × (1,500 − 800) + 500마리 × (400 − 800) = ₩360,000

[*5] 1,000마리 × (1,500 − 800) + 300마리 × (400 − 800) = ₩580,000

[*6] 1,300마리 × (1,500 − 800) = ₩910,000

2. 기대가치 기준

800마리 구입 : 400,000 × 25% + 400,000 × 30% + 400,000 × 45% = ₩400,000

1,000마리 구입 : 480,000 × 25% + 700,000 × 30% + 700,000 × 45% = ₩645,000

1,300마리 구입 : 360,000 × 25% + 580,000 × 30% + 910,000 × 45% = ₩673,500

회사는 1,300마리를 구입하는 경우 기대가치가 가장 크기 때문에 1,300마리를 구입한다.

3. 완정정보의 기대가치

완전정보의 기대가치(EVPI)는 완전정보하의 기대가치에서 기존정보하의 기대가치를 차감한 값으로서 회사가 완전정보를 구입하고자 할 때, 지불할 수 있는 최대값을 의미하기도 한다.

완전정보하의 기대가치 : ₩739,500[*]

기존정보하의 기대가치 :   673,500

완전정보의 기대가치   : ₩ 66,000

[*] 480,000 × 25% + 700,000 × 30% + 910,000 × 45% = ₩739,500

4. 임계확률 계산

두 가지 대안을 동일하게 평가하도록 하는 확률을 임계확률이라고 한다. 따라서 800마리 판매될 확률을 p라고 하고 1,300마리가 판매될 확률을 0.7 − p라고 가정할 경우, 1,000마리 구입한 경우와 1,300마리 구입한 경우의 기대가치가 같아지도록 만드는 p값을 계산하면 되며, 다음과 같이 계산한다. 단, 주의할 점은 800단위 판매될 확률을 p라고 하면, 1,300단위가 판매될 확률은 0.7 − p라는 것이다. 즉, 800단위가 판매될 확률과 1,300단위가 판매될 확률의 합은 0.7이며, 1,000단위 판매될 확률이 0.3이라는 것이다.

$$1,000마리 : 480,000 \times p + 700,000 \times 30\% + 700,000 \times (0.7 - p) = 700,000 - 220,000p$$

$$1,300마리 : 360,000 \times p + 580,000 \times 30\% + 910,000 \times (0.7 - p) = 811,000 - 550,000p$$

1,000마리 구입하는 경우와 1,300마리 구입하는 경우 기대가치가 같아야 하므로,

$$700,000 - 220,000p = 811,000 - 550,000p$$
$$\rightarrow 330,000p = 111,000$$

따라서 p = 33.64% 이다. 따라서 800마리 판매될 확률은 33.64%이다. 즉, 800마리 판매될 확률이 33.64%이고, 1,300마리 판매될 확률이 36.36%(= 0.7 − 0.3364)이면, 회사는 1,000마리 판매하는 것과 1,300마리 판매하는 것을 동일하게 평가할 것이다.

5. 예측오차의 원가

실제 수요량이 1,300단위이므로 회사는 1,300단위를 구입하여 판매하는 것이 최적의 행동대안 이었을 것이다. 그러나 회사가 1,000단위만 구입하여 판매하였기 때문에 예측오차의 원가는 다음과 같다.

정확하게 예측하였을 경우 최적행동대안의 결과 : ₩910,000[*]

실제 의사결정 결과 : 700,000

예측오차의 원가 : ₩210,000

[*] 회사는 1,300단위로 정확하게 예측하였더라면, 1,300단위를 구입하여 판매하였어야 하며, 이 경우 영업이익은 ₩910,000이었을 것이다.

6. 예측오차의 원가

회사가 기대가치 기준에 의하여 의사결정을 하였다는 것은, 기대가치가 제일 큰 1,300단위를 선택하였다는 것이며, 회사는 1,300단위를 구입하였다는 것이다. 그런데, 실제 판매는 800단위만 판매된 경우이므로 예측오차의 원가는 다음과 같이 계산된다.

정확하게 예측하였을 경우 최적행동대안의 결과 : ₩400,000[*1]

실제 의사결정 결과 : 360,000[*2]

예측오차의 원가 : ₩ 40,000

[*1] 회사는 800단위로 정확하게 예측하였더라면, 800단위만 구입하였어야 하며, 이 경우 영업이익은 ₩400,000 이었을 것이다.

[*2] 회사는 1,300단위를 구입하여 800단위만 제대로 판매하고 나머지는 다음날 단위당 ₩400에 판매하였을 것이므로 실제 영업이익은 ₩360,000(= 800마리 × (1,500 − 800) + 500마리 × (400 − 800))이다.

연습문제 2　　EVPI와 예측오차의 원가

매년 1,600단위의 제품을 판매해 온 (주)설악은 최근 회사가 보유하고 있던 설비의 노후화로 인해 이를 교체하고자 한다. 회사는 두 종류의 설비를 검토하고 있으며, 이와 관련된 자료는 다음과 같다.

	자동형설비	수동형설비
단위당 판매가격	₩10,000	₩10,000
단위당 변 동 비	5,500	8,000
총 고정비	5,200,000	1,200,000

내년도에는 불확실성이 클 것으로 예상하고 있다. 또한 여러 가지 요인으로 인해 수요량이 10% 증가 하거나 20%감소할 것으로 예상하고 있다. 다만, 내년도 수요량이 10% 증가할 확률이 60%이고, 수요량이 20% 감소할 확률이 40%로 예상된다. 회사는 모든 성과를 영업이익에 의하여 평가하고 있다. 다음 요구사항에 답하시오.

요구사항

1. 현재 판매량을 기준으로 각 설비별로 공헌이익 손익계산서를 작성하시오.

2. 각 설비별로 영업레버리지도를 계산하시오.

3. 성과표를 작성하시오(참고 : 영업레버리지도를 이용하시오).

4. 기대가치 기준에 의하여 의사결정을 하시오.

5. 내년도 수요량의 증감율을 정확하게 예측해주는 어떤 사람으로부터 정보를 얻고자 할 때, 해당 정보의 기대가치를 계산하시오.

6. 내년도 수요량이 증가할 것으로 기대하고 의사결정을 하였는데, 내년도 수요량이 감소한 경우 예측오차의 원가를 계산하시오.

7. 내년도 수요량이 감소할 확률은 40%로 동일하나, 얼마나 감소할지를 알 수 없다고 가정한다. 즉, 수요량이 10% 증가할 확률은 60%이지만, 몇 퍼센트 감소할지는 모르지만, 감소할 확률은 40%라고 가정한다. 이 경우 회사는 자동형설비와 수동형설비를 선택하는 것이 무차별하다고 판단하기 위해서는 내년도 수요량이 감소할 경우에는 몇 퍼센트 감소하여야 하는가? 단, 회사는 기대가치 기준에 의하여 의사결정을 하고 있다.

➡ 해설

1. 손익계산서 작성

	자동형 설비	수동형 설비
매 출 액 변 동 비	1,600단위 × 10,000 = ₩16,000,000 1,600단위 × 5,500 = 8,800,000	1,600단위 × 10,000 = ₩16,000,000 1,600단위 × 8,000 = 12,800,000
공헌이익 고 정 비	₩7,200,000 5,200,000	₩3,200,000 1,200,000
영업이익	₩2,000,000	₩2,000,000

2. 영업레버리지도(DOL) 계산

$$\text{자동형설비 DOL} = \frac{\text{공헌이익}}{\text{영업이익}} = \frac{7,200,000}{2,000,000} = 3.6$$

$$\text{수동형설비 DOL} = \frac{\text{공헌이익}}{\text{영업이익}} = \frac{3,200,000}{2,000,000} = 1.6$$

3. 성과표 작성

매출액이 변화할 때, 영업이익은 영업레버리지도에 비례하여 증가(감소)하므로 각 상황과 행동 대안별 영업이익은 다음과 같다.

상 황 대 안	상 황(발생확률)	
	S_1 : 수요량 10%증가 (60%)	S_2 : 수요량 20%감소 (40%)
자동형 설비 수동형 설비	₩2,720,000[*1] 2,320,000[*3]	₩560,000[*2] 1,360,000[*4]

[*1] 2,000,000 × (1 + 10% × 3.6) = ₩2,720,000

[*2] 2,000,000 × (1 − 20% × 3.6) = ₩560,000

[*3] 2,000,000 × (1 + 10% × 1.6) = ₩2,320,000

[*4] 2,000,000 × (1 − 20% × 1.6) = ₩1,360,000

4. 기대가치 기준에 의한 의사결정

$$E(\text{자동형}) : 2,720,000 × 0.6 + 560,000 × 0.4 = ₩1,856,000$$
$$E(\text{수동형}) : 2,320,000 × 0.6 + 1,360,000 × 0.4 = ₩1,936,000$$

수동형 설비의 기대영업이익이 자동형 설비보다 더 크기 때문에 수동형 설비를 선택한다.

5. 완전정보의 기대가치

완전정보하의 기대가치 : ₩2,176,000[*]

기존정보하의 기대가치 : 1,936,000

완전정보의 기대가치 : ₩ 240,000

[*] $2,720,000 \times 60\% + 1,360,000 \times 40\% = 2,176,000$

6. 예측오차의 원가

정확하게 예측하였을 경우 최적행동대안의 결과 : ₩1,360,000[*1]

(−)실제 의사결정 결과 : 560,000[*2]

예측오차의 원가 : ₩ 800,000

[*1] 만약, 수요량이 감소할 것으로 정확하게 예측하였더라면, 수동형 설비를 선택해서 ₩1,360,000의 영업이익을 달성하였을 것이다.

[*2] 회사는 실제로 자동형 설비를 선택하였고, 수요가 감소하였기 때문에 ₩560,000의 영업이익을 달성하였다.

7. 수요량의 감소율

수요량이 감소할 경우 감소하는 비율을 x 라고 하면 성과표는 다음과 같이 작성될 수 있다.

상 황 \ 대 안	상 황(발생확률)	
	S_1 : 수요량 10% 증가 (60%)	S_2 : 수요량 x% 감소 (40%)
자동형 설비	₩2,720,000	₩2,000,000 × (1 − x × 3.6)
수동형 설비	2,320,000	2,000,000 × (1 − x × 1.6)

자동형 설비와 수동형 설비를 무차별하게 느끼기 위해서는 두 대안의 기댓값이 동일해야 한다.

E(자동형) : $2,720,000 \times 0.6 + 2,000,000 \times (1 - x \times 3.6) \times 0.4 = 2,432,000 - 2,880,000x$

E(수동형) : $2,320,000 \times 0.6 + 2,000,000 \times (1 - x \times 1.6) \times 0.4 = 2,192,000 - 1,280,000x$

두 대안의 값이 같아지는 x 값은 15%이다.

즉, 내년도 수요량이 감소할 경우 15% 감소할 것으로 예상되는 경우에는 자동형 설비와 수동형 설비의 기댓값이 동일해지므로 두 대안을 무차별하게 느끼게 된다.

연습문제 3　　차이조사 의사결정

(주)대동은 지난 달 작업에서 ₩100,000의 재료능률차이가 보고되었다. 공정관리자는 공정에 대한 조사여부를 결정하려고 한다. 만일 조사하지 않았는데 공정이 제대로 통제되지 않고 있다면 미래 발생할 손실의 현재가치가 ₩530,000으로 예상되며, 공정의 조사비용은 ₩80,000이다. 만일 공정이 통제되지 않는 것을 발견한다면 공정의 수정비용은 ₩130,000이다. 공정관리자는 공정이 제대로 통제될 확률을 75%로 평가하고 있다.

요구사항

1. 공정관리자는 공정을 조사하여야 하는가?

2. 공정을 조사하는 경우와 조사하지 않는 경우가 무차별해지기 위해서는 공정이 제대로 통제되지 <u>않을</u> 확률이 얼마가 되어야 하는가?

3. 공정이 제대로 통제되고 있는지 여부에 대한 완전한 정보를 제공해 줄 수 있는 전문기관이 있다면, 이 정보를 얻기 위하여 지불할 수 있는 최대금액은 얼마인가?

➡ **해설**

1. 조사 여부 판단

일반적으로 확률로 주어지는 것이 상황이므로 공정이 통제되는 상황(75%)과 공정이 통제되지 않는 상황(25%)으로 구분하여, 공정이 통제되고 있는 상황을 S_1, 공정이 통제되고 있지 않는 상황을 S_2라고 한다. 그리고 회사가 조사를 할지 여부가 행동 대안이기 때문에 조사하는 경우를 A_1, 조사를 하지 않는 경우를 A_2라고 하자. 그러면 성과표가 다음과 같다.

상 황 대 안	통제상황(발생확률)	
	S_1 : 통제되는 상황(75%)	S_2 : 통제되지 않는 상황(25%)
A_1 : 조사하는 경우	₩80,000[*1]	₩210,000[*2]
A_2 : 조사하지 않는 경우	0[*3]	530,000[*4]

[*1] 조사를 하였는데 공정이 제대로 통제되고 있다면, 조사비용 ₩80,000만 발생할 것이다.

[*2] 조사를 하였는데 공정이 제대로 통제되고 있지 않다면, 조사비용 ₩80,000과 공정을 수정하는데 ₩130,000이 추가로 발생할 것이므로 총 비용은 ₩210,000이 발생할 것이다.

[*3] 조사를 하지 않았는데 공정이 제대로 통제되고 있는 경우에는 아무런 비용도 발생하지 않을 것이다.

[*4] 조사를 하지 않는데 공정이 제대로 통제되고 있지 않는 경우에는 미래에 손실이 발생할 것인 바, 그러한 미래 손실의 현재가치가 ₩530,000이라고 하였으므로, 이 경우에는 ₩530,000의 비용이 발생하는 것으로 보면 된다.

각 대안별 기댓값을 계산하면 다음과 같다.

$$\text{조사하는 경우}(A_1) : 80,000 \times 0.75 + 210,000 \times 0.25 = ₩112,500$$
$$\text{조사하지 않는 경우}(A_2) : 0 \times 0.75 + 530,000 \times 0.25 = ₩132,500$$

위에 계산된 기댓값들은 모두 비용의 기댓값이기 때문에 작은 쪽을 선택하여야 한다. 따라서 기댓값이 작은 A_1을 선택한다. 즉, 조사를 하여야 한다.

2. 임계확률의 계산

임계확률이란, 선택가능한 행동대안들 중 어떠한 대안을 선택하더라고 동일하다고 판단하게 만드는 확률을 말한다. 공정이 통제될 확률이 현재는 75%라고 주어져 있으나, 이 확률을 모른다고 가정하고, 이 확률을 p라고 하면, 통제되지 않는 상황의 확률은 $1-p$가 된다.

상 황 대 안	통제상황(발생확률)	
	S_1 : 통제되는 상황(p)	S_2 : 통제되지 않는 상황($1-p$)
A_1 : 조사하는 경우	₩80,000[*1]	₩210,000[*2]
A_2 : 조사하지 않는 경우	0[*3]	530,000[*4]

각 행동 대안별 기댓값은 다음과 같다.

$$E(A_1) = 80,000 \times p + 210,000 \times (1-p)$$
$$E(A_2) = 0 \times p + 530,000 \times (1-p)$$

상기 두 기댓값이 같아지는 p가 바로 임계확률이다.

따라서, 다음을 만족하는 p를 계산하여야 하며,

$$80,000 \times p + 210,000 \times (1-p) = 0 \times p + 530,000 \times (1-p)$$

이 때 p = 0.8 이다. 따라서 공정이 통제될 확률이 80%이면, 조사를 하는 경우와 조사를 하지 않는 경우의 기댓값이 같아진다. 이러한 임계확률이 계산되면, 의사결정과정에서, 공정이 통제되고 있을 확률이 임계확률보다 높을 경우에는 조사하지 않는다고 결정을 하게 되며, 공정이 통제되고 있을 확률이 임계확률보다 낮을 경우에는 조사하여야 한다고 결정을 하게 된다.

별해

위의 풀이에서는 공정이 통제되는 상황의 확률을 p라고 하고, 공정이 통제되고 있지 않는 상황의 확률을 1 - p라고 하였는데, 이와 달리 공정이 통제되고 있지 않는 상황의 확률을 p라고 하고, 공정이 통제되는 상황의 확률을 1 - p라고 하여도 된다. 이 경우 주의할 점은 이렇게 해서 계산된 p는 공정이 통제되고 있지 않을 확률임에 주의하여야 하며, 다음과 같이 풀이 된다.

상 황 대 안	통제상황(발생확률)	
	S_1 : 통제되는 상황$(1-p)$	S_2 : 통제되지 않는 상황(p)
A_1 : 조사하는 경우	₩80,000[*1]	₩210,000[*2]
A_2 : 조사하지 않는 경우	0[*3]	530,000[*4]

각 행동 대안별 기댓값은 다음과 같다.

$$E(A_1) = 80,000 \times (1-p) + 210,000 \times p$$
$$E(A_2) = 0 \times (1-p) + 530,000 \times p$$

따라서 두 행동대안의 기댓값이 같아지는 p는 다음을 만족하여야 하며,

$$80,000 \times (1-p) + 210,000 \times p = 0 \times (1-p) + 530,000 \times p$$

이 때 p = 20% 이다. 즉, 공정이 통제되고 있지 않을 확률이 20%이면, 조사하는 경우와 조사하지 않는 경우의 기댓값이 같아진다.

3. 완전정보의 기대가치(EVPI)계산

우선 완전정보하의 기대가치는 100% 완벽한 정보가 주어지는 것을 가정하여 각 상황별로 최적의 대안을 선택한다고 가정할 경우의 기대가치를 계산하는 것을 말한다. 즉, 공정이 통제되고 있다는 정보가 주어지면 조사를 하지 않는 선택을 하고, 공정이 통제되지 않고 있다는 정보가 주어지면, 조사를 해서 수정하는 선택을 한다. 따라서 이러한 완전정보하에서의 기대가치는 다음과 같이 계산된다.

$$완전정보하의\ 기대가치 = 0 \times 0.75 + 210,000 \times 0.25 = ₩52,500$$

완전정보의 기대가치는 완전정보하의 기대가치에서 기존정보하의 기대가치를 차감한 값으로서 다음과 같이 계산된다.

완전정보하의 기대가치 : ₩ 52,500
기존정보하의 기대가치 :   112,500
완전정보의 기대가치   : (₩60,000)

여기에서 계산된 완전정보의 기대가치는 ₩60,000은 100%완벽한 정보를 얻기 위하여 지불할 수 있는 최대금액이다. 즉, ₩60,000까지 지불하고서라도 해당 정보를 얻게 되면 좋다는 것이다. 따라서 정보의 가치가 ₩60,000보다 비싸다면 그 정보는 구입하지 않아야 하며, 정보의 가치가 ₩60,000보다 싸다면 그러한 정보는 구입하는 좋다는 것이다. 위에서 한 가지 해석상의 주의점이 있다. 지금까지의 다른 문제들과 달리 완전정보하의 기대가치가 기존정보하의 기대가치보다 더 작기 때문에 완전정보하의 기대가치에서 기존정보하의 기대가치를 차감하면 마이너스가 나오는데, 이는 모든 데이터가 비용정보이기 때문이다. 즉, 지금까지의 다른 문제들은 모두 기댓값이 수익에 대한 기댓값이지만, 여기에서는 비용에 대한 기댓값이며, 비용은 적게 발생 할수록 좋은 것이기 때문에 마이너스를 완전정보의 기대가치가 마이너스라고 생각하면 안 되는 것이다.

연습문제 4   차이조사 의사결정(2)   Morse 수정

(주)한양은 자동화된 설비로 빈 병을 세척하는 회사이다. 설비가 적절하게 조정되어 있는 경우에
는 세척되는 병의 평균파손율이 3%이고, 조정이 제대로 되어 있지 않는 경우에는 평균파손율이
5%이다. 이 설비는 매일 오후 빈 병 200,000개를 세척하고 있으며, 빈 병의 원가는 단위당 ₩7이
다. 설비의 관리자는 매일 정오에 오전의 파손율을 측정한 다음, 설비를 가동하기 전에 통제 상태
에 있는지 알기 위하여 조사할 것인지를 결정한다. 만약 설비를 조사하게 되면 ₩6,000이 소요되
며, 조사결과 설비의 조정이 제대로 되어 있지 않다고 밝혀지면 ₩4,000의 비용을 들여 즉시 조정
한다.

경험에 의하면 어느 날 정오에 이 설비가 통제상태에 있을 확률은 70%이다. 각 상황에서 파손율
의 확률분포는 다음과 같다.

통제상태		비통제상태	
파손율	확률	파손율	확률
5.0%	0.05	7.0%	0.04
4.0%	0.10	6.5%	0.06
3.5%	0.20	6.0%	0.25
3.0%	0.30	5.0%	0.30
2.5%	0.20	4.0%	0.22
2.0%	0.12	3.5%	0.10
1.0%	0.03	3.0%	0.03

요구사항

1. 관리자가 매일 정오에 오전의 파손율을 측정한 후 설비가 통제 상태일 확률이 얼마 미만
   이면 조사를 하여야 하는가?

2. 오전의 파손율을 측정한 결과 3.5%였다. 설비가 통제상태에 있을 확률은 얼마인가? 이
   때, 조사를 실시하여야 하는가?

→ 해설

1. 조사를 하여야 하는 통제 상태일 확률

(1) 성과표 작성

설비가 통제 상태일 확률을 p라고 하면, 비통제상태일 확률은 $1 - p$이다. 따라서 성과표는 다음과 같이 작성된다.

상 황 대 안	통제상황(발생확률)	
	S_1 : 통제되는 상황(p)	S_2 : 통제되지 않는 상황($1 - p$)
A_1 : 조사하는 경우	₩6,000	₩10,000[*1]
A_2 : 조사하지 않는 경우	0	28,000[*2]

[*1] $6,000 + 4,000 = ₩10,000$

[*2] $200,000개 \times (5\% - 3\%) \times 7 = ₩28,000$

(2) 각 대안별 기댓값 계산

$$E(A_1) : 6,000 \times p + 10,000 \times (1 - p)$$
$$E(A_2) : 0 \times p + 28,000 \times (1 - p)$$

조사하는 경우의 기댓값 $E(A_2)$가 조사하지 않는 경우의 기댓값 $E(A_1)$ 보다 더 커야 회사가 조사는 하는 것이 더 유리해진다.

따라서,

$$6,000 \times p + 10,000 \times (1 - p) < 0 \times p + 28,000 \times (1 - p)$$
$$\rightarrow 10,000 - 4,000p < 28,000 - 28,000p$$
$$\rightarrow p < 0.75$$

즉, 통제상태일 확률이 75%보다 작을 경우 회사는 조사하는 것이 더 유리하게 된다.

2. 파손율이 3.5%일 경우 설비가 통제상태에 있을 확률

(1) 파손율이 3.5%라는 정보가 주어질 확률

$$E(I_1) : 0.2 \times 0.7 + 0.1 \times 0.3 = 0.17$$

(2) 사후확률 계산

상 황 대 안	상 황	
	S_1 : 통제되는 상황(70%)	S_2 : 통제되지 않는 상황(30%)
I_1 : 파손율 3.5%	$\dfrac{0.2 \times 0.7}{0.17} = 0.824$	$\dfrac{0.1 \times 0.3}{0.17} = 0.176$

따라서 파손율이 3.5%인 경우에는 설비가 통제되고 있을 확률이 82.4%이다. 이 경우 설비가 통제되고 있을 확률이 75%보다 크기 때문에 조사하지 않는 것이 유리하다.

연습문제 5 · 불확실성하의 CVP분석

(주)국세는 생산능력의 제약으로 갑과 을 두 제품 중에서 한 제품을 선택하여 생산하여야 한다. 각 제품의 생산에는 고정비용 ₩400,000,000이 발생하며 갑과 을 각 제품의 단위당 판매가격과 단위당 변동원가는 각각 ₩10,000과 ₩8,000이다. 경영진은 과거 유사제품의 판매실적에 근거하여 다음과 같이 판매수량을 예측하였다.

판매수량	확률	
	갑제품	을제품
50,000	0.0	0.1
100,000	0.1	0.1
200,000	0.2	0.1
300,000	0.4	0.2
400,000	0.2	0.4
500,000	0.1	0.1
합 계	1.0	1.0

요구사항

1. 갑제품과 을제품의 손익분기점판매량을 각각 계산하시오.

2. 기대영업이익을 극대화하는 것이 회사의 목적인 경우, 어느 제품을 선택하는 것이 합리적인지를 그 근거와 함께 제시하시오.

3. 갑제품은 위 확률에 따라 판매가 예상되고 을제품은 300,000단위가 확실하게 팔릴 것이라고 예측되는 경우, 회사는 어느 제품을 선택하여야 하는지를 그 이유와 함께 설명하시오.

4. 의사결정과 관련하여 회사가 판매수량(또는 매출액)의 기댓값만을 알고 있는 경우에 비하여 판매수량에 대한 확률분포를 갖고 있는 경우 어떠한 추가적인 장점이 있는가?

→ 해설

1. 손익분기점 판매량(Q)

　　두 제품 모두 판매가격과 변동비, 고정비가 동일하므로 손익분기점은 동일하게 다음과 같이 계산된다.

$$Q = \frac{400,000,000}{10,000 - 8,000} = 200,000단위$$

2. 기대영업이익 극대화

　　(1) 각 제품별 기대 판매량

　　　① 갑제품 기대 판매량 : 300,000단위[*]

　　　　[*]100,000개×0.1+200,000개×0.2+300,000개×0.4+400,000개×0.2+500,000개×0.1

　　　② 을제품 기대 판매량 : 305,000단위[*]

　　　　[*]50,000개×0.1+100,000개×0.1+200,000개×0.2+300,000개×0.4+400,000개×0.2+500,000개×0.1

　　(2) 각 제품별 기대영업이익

　　　① 갑제품 : $(10,000 - 8,000)×300,000단위 - 400,000,000 = ₩200,000,000$

　　　② 을제품 : $(10,000 - 8,000)×305,000단위 - 400,000,000 = ₩210,000,000$

　　　기대영업이익을 극대화하기 위해서 회사는 을제품을 선택하여야 한다.

3. 갑제품의 기대 판매량은 300,000단위로서 을제품의 확실한 판매량 300,000단위와 일치한다. 하지만, 을제품은 확실하게 300,000단위가 팔린다고 하였기 때문에 위험이 존재하지 않지만, 갑제품의 경우에는 기대판매량으로서 위험을 부담하여야 한다. 따라서 회사는 을 제품을 선택하여야 한다.

4. 판매수량의 기댓값만을 알고 있는 경우에는 단순히 기대 판매량에서의 영업이익만을 알 수 있지만, 확률분포를 알고 있는 경우에는 기대 판매량 뿐만 아니라, 손익분기점 이상이 될 확률, 목표영업이익을 달성할 확률 등 다양한 정보를 얻을 수 있다. 또한 기대효용기준으로 평가하는 경우에도, 기댓값만을 알고 있는 경우에는 해당 기댓값에서의 효용만을 알 수 있지만, 확률분포를 알고 있는 경우에는 효용의 기댓값을 계산할 수 있기 때문에 위험을 반영한 평가가 가능하게 되는 것이다.

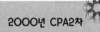

 연습문제 6 | **불확실성하의 CVP분석과 EVSI** | 2000년 CPA2차

불완전(주)는 제품을 생산하는데 반자동기계(A기계)와 완전자동기계(B기계)를 사용할 수 있다.

	A기계	B기계
단위당 변동제조원가	₩150	₩50
단위당 변동판관비	50	50
고정제조간접비	100,000	350,000
고정판관비	50,000	50,000

마케팅부서의 조사에 의하면, 호경기일 확률은 70%이고 이때는 3,000단위가 판매될 것이고, 불경기일 확률은 30%이며 이때는 1,000단위가 팔릴 것이라고 한다.

요구사항

다음의 독립적인 요구사항에 답하시오.

1. 마케팅부서의 조사에 의하면 반자동기계의 제품품질이 완전자동기계의 제품품질보다 열악하여 시장에서의 제품단위당 판매가는 반자동기계로 만든 제품은 단위당 ₩400, 완전자동기계로 만든 제품은 단위당 ₩500으로 판매할 예정이다. 반자동기계로 만든 제품의 표준편차는 125개, 평균판매량은 1,000개이며 완전자동기계로 만든 제품은 표준편차가 200개, 평균판매량은 1,200개이다. 회사의 판매량이 정규분포를 따른다고 가정할 때, 다음 물음에 답하시오.

   (1) 두 대안 중에서 손익분기점이 넘을 확률이 큰 대안은 어느 대안인가?

   (2) 영업이익 ₩100,000이상을 낼 확률이 큰 것은 어느 대안인가?

2. 회사는 어떠한 기계로 생산하더라도 모든 제품은 단위당 ₩500에 판매하기로 하였다.

   (1) 미래의 상황이 위의 자료와 같다면 어느 대안을 선택하겠는가? 단 회사는 기대영업이익을 기준으로 선택한다.

   (2) 만약 미래 판매량에 대하여 확실한 정보를 제공한다고 할 경우, 그러한 정보에 대하여 회사가 지급할 수 있는 최대 수수료는 얼마인가?

   (3) 만약 미래 판매량에 대하여 다음과 같이 불완전한 정보를 제공한다고 하면 회사가 지급할 수 있는 최대 수수료는 얼마인가? 단, 주어진 정보는 호경기일 때는 정확도가 90%이고 불경기일 때는 정확도가 80%이다(확률계산 시 소수점아래 셋째자리에서 반올림 하시오).

➡ 해설

1. (1) 손익분기점 이상일 확률이 높은 대안

① A기계

㉠ 손익분기점 판매량

$$Q = \frac{150,000}{400 - 200} = 750단위$$

㉡ 손익분기점 이상일 확률

$$P(Q \geq 750) = P(Z \geq \frac{750 - 1,000}{125})$$
$$= P(Z \geq -2)$$
$$= 0.5 + P(0 \leq Z \leq 2)$$

② B기계

㉠ 손익분기점 판매량

$$Q = \frac{400,000}{500 - 100} = 1,000단위$$

㉡ 손익분기점 이상일 확률

$$P(Q \geq 1,000) = P(Z \geq \frac{1,000 - 1,200}{200})$$
$$= P(Z \geq -1)$$
$$= 0.5 + P(0 \leq Z \leq 1)$$

따라서 손익분기점 이상일 확률은 A기계가 더 높다.

(2) 영업이익 ₩100,000이상일 확률이 높은 대안

① A기계

㉠ 영업이익 ₩100,000인 판매량

$$Q = \frac{150,000 + 100,000}{400 - 200} = 1,250단위$$

㉡ 손익분기점 이상일 확률

$$P(Q \geq 1,250) = P(Z \geq \frac{1,250 - 1,000}{125})$$
$$= P(Z \geq 2)$$

② B기계

㉠ 영업이익 ₩100,000인 판매량

$$Q = \frac{400,000 + 100,000}{500 - 100} = 1,250단위$$

㉡ 손익분기점 이상일 확률

$$P(Q \geq 1,250) = P(Z \geq \frac{1,250 - 1,200}{200})$$
$$= P(Z \geq 0.25)$$

따라서 영업이익이 ₩100,000 이상일 확률은 B기계가 더 높다.

2. (1) 기대가치 기준

① 성과표 작성

상 황 대 안	상 황(발생확률)	
	S_1 : 호경기 3,000개(70%)	S_2 : 불경기 1,000개(30%)
A기계(반자동) B기계(완전자동)	₩750,000[*1] 800,000[*3]	₩150,000[*2] 0[*4]

[*1] $(500 - 200) \times 3,000개 - 150,000 = ₩750,000$

[*2] $(500 - 200) \times 1,000개 - 150,000 = ₩150,000$

[*3] $(500 - 100) \times 3,000개 - 400,000 = ₩800,000$

[*4] $(500 - 100) \times 1,000개 - 400,000 = 0$

② 각 대안별 기댓값 계산

A기계(반자동) : $750,000 \times 0.7 + 150,000 \times 0.3 = ₩570,000$

B기계(완전자동) : $800,000 \times 0.7 + 0 \times 0.3 = ₩560,000$

A기계(반자동)의 기댓값이 더 크기 때문에 회사는 A기계를 선택한다.

(2) 완전정보의 기대가치

완전정보의 기대가치(EVPI)는 완전정보하의 기대가치에서 기존정보하의 기대가치를 차감한 값으로서 회사가 완전정보를 구입하고자 할 때, 지불할 수 있는 최대값을 의미하므로, 완전정보의 기대가치를 계산하면 된다.

완전정보하의 기대가치 :	₩605,000[*]
기존정보하의 기대가치 :	570,000
완전정보의 기대가치 :	₩ 35,000

[*] $800,000 \times 70\% + 150,000 \times 30\% = ₩605,000$

(3) 불완전정보의 기대가치

불완전정보의 기대가치(EVSI)는 불완전한 정보에 대하여 지불할 수 있는 최대값을 의미한다. 따라서 불완전정보의 기대가치를 계산하면 된다.

① 성과표

상 황 / 대 안	상 황(발생확률)	
	S_1 : 호경기 3,000개(70%)	S_2 : 불경기 1,000개(30%)
A기계(반자동)	₩750,000	₩150,000
B기계(완전자동)	800,000	0

② 각 상활별 정보가 주어질 확률

상 황 / 정 보	상 황(발생확률)	
	S_1 : 호경기 3,000개(70%)	S_2 : 불경기 1,000개(30%)
I_1 : 3,000개라는 정보	0.9	0.2
I_2 : 1,000개라는 정보	0.1	0.8

S_1(수요량 3,000개)이라는 정보가 주어질 확률 : $0.7 \times 0.9 + 0.3 \times 0.2 = 0.69$

S_2(수요량 1,000개)라는 정보가 주어질 확률 : $0.7 \times 0.1 + 0.3 \times 0.8 = 0.31$

③ 사후확률 계산

상 황 / 정 보	수 요 량(발생확률)	
	S_1 : 호경기 3,000개(70%)	S_2 : 불경기 1,000개(30%)
I_1 : 3,000개라는 정보	$\dfrac{(0.7 \times 0.9)}{0.69} = 0.913$	$\dfrac{(0.3 \times 0.2)}{0.69} = 0.087$
I_2 : 1,000개라는 정보	$\dfrac{(0.7 \times 0.1)}{0.31} = 0.226$	$\dfrac{(0.3 \times 0.8)}{0.31} = 0.774$

④ 각 정보가 주어졌을 때, 최적행동대안의 선택

1) I_1(3,000개라는 정보)가 주어졌을 때

A기계(반자동) 구입시 : $750,000 \times 0.913 + 150,000 \times 0.087 = ₩697,800$

B기계(완전자동) 구입시 : $800,000 \times 0.913 + 0 \times 0.087 = ₩730,400$

따라서 I_1정보(3,000단위)가 주어졌을 때에는 B기계(완전자동)를 구입하여야 한다.

2) I_2(1,000개라는 정보)가 주어졌을 때

A기계(반자동) 구입시 : $750,000 \times 0.226 + 150,000 \times 0.774 = ₩285,600$

B기계(완전자동) 구입시 : $800,000 \times 0.226 + 0 \times 0.774 = ₩180,800$

따라서 I_2정보(1,000단위)가 주어졌을 때에는 A기계(반자동)를 구입하여야 한다.

⑤ 불완전정보하에서의 기대가치

$730,400^{*1} \times 0.69^{*2} + 285,600^{*3} \times 0.31^{*4} = ₩592,512$

      [*1] I_1정보가 주어졌을 때 최적행동대안의 기대가치
      [*2] I_1정보가 주어질 확률
      [*3] I_2정보가 주어졌을 때 최적행동대안의 기대가치
      [*4] I_2정보가 주어질 확률

⑥ 불완전정보의 기대가치(EVSI) 계산

불완전정보하에서의 기대가치	₩592,512
기존정보하에서의 기대가치	570,000
불완전정보의 기대가치(EVSI)	₩ 22,512

불완전정보의 기대가치(EVSI)가 ₩22,512이므로 불완전정보를 구입하기 위하여 지불할 수 있는 최대금액은 ₩22,512이다.

연습문제 7 　불확실성하의 CVP분석

(주)영신기계는 3가지 제품 A, B, C를 생산, 판매하고 있다. 3가지 제품들과 관련된 사항은 아래 표와 같다. 각 제품의 판매량은 확률변수이며, 정규분포를 이룬다고 가정한다.

항　목	A	B	C
단위당 판매가격	₩15	₩20	₩17
생산, 판매단위당 변동원가	₩ 6	₩15	₩ 7
판매량	x_1개	x_2개	x_3개
판매량 평균값	30개	40개	10개
판매량 표준편차	4개	5개	2개
총 고정원가	₩270		

요구사항

1. 각 제품의 단위당 공헌이익을 계산하여 보시오.

2. 3가지 제품들을 생산, 판매하여 획득하는 이익을 판매량의 함수식으로 나타내어 보시오.

3. 이익의 기대값과 표준편차를 계산하여 보시오.(소수점 이하는 무조건 버린다) 단, A와 B 제품의 판매량 간의 상관계수는 0.8, A와 C 제품의 판매량 간의 상관계수는 0.4, B와 C 제품의 판매량 간의 상관계수는 0.6이다.

4. 3가지 제품들의 생산과 관련된 자료는 아래 표와 같다. 3가지 제품들의 판매량은 상호 연관되어 있으며, 따라서 어느 한두 가지 종류의 제품만 생산, 판매할 수 없다. 이러한 상호 관련성을 고려할 때, 두 번째로 많이 생산, 판매하는 제품의 수량과 가장 적게 생산, 판매하는 제품의 수량은 가장 많이 생산, 판매하는 제품 수량의 70%와 30%가 각각 되어야 한다((물음 3)에서의 제품들 간의 상관계수는 고려하지 말 것).
이와 같은 조건 하에서 이익을 극대화시키는 A, B, C 각 제품의 생산, 판매 수량은 얼마인가? 그리고 극대화된 이익은 얼마인가? 단, 생산한 제품들에 대한 수요는 무한하다.

항목	A	B	C
1단위 생산시 기계가동시간	3시간	2시간	5시간
기계가동 가능시간	236시간		

5. (요구사항 4)에서와 같은 극대화된 이익을 획득하지 못할 확률은 얼마인가? (물음 3)에서 구한 이익의 기대값과 표준편차를 이용하시오 (계산된 Z값은 소수점 이하 셋째 자리에서 반올림한다). 확률을 구하기 위해 다음 표를 참조하시오.

y	Pr(Z≥y)
0.82	0.206
0.81	0.209
0.72	0.235
0.71	0.238
0.62	0.267
0.61	0.270
0.52	0.301
0.51	0.305
0.42	0.337
0.41	0.340

6. 제품 C를 제품 D로 대체하려고 한다. 제품 D와 관련된 사항은 아래 표와 같다. 제품 D로 대체할 경우 기계가동 가능시간은 설비 추가도입으로 260시간이 되며, 총 고정원가는 371원이 된다. A, B, D 3가지 제품들의 판매량 간에도 상호관련성이 있으므로 두 번째로 많이 생산, 판매하는 제품의 수량과 가장 적게 생산, 판매하는 제품의 수량은 가장 많이 생산, 판매하는 제품 수량의 80%와 40%가 각각 되어야 한다.

제품 D	단위당 판매가격	단위당 변동원가	판매량	1단위 생산시 기계가동시간
항목	₩16	₩6	x_4개	2시간

A, B, C 제품의 매출액 배합과 A, B, D 제품의 매출액 배합은 이익을 극대화시키는 A, B, C 제품의 매출액 배합과 이익을 극대화시키는 A, B, D 제품의 매출액 배합을 항상 그대로 유지한다고 가정한다. 이러한 가정 하에서 제품 C를 제품 D로 대체할 경우 손익분기점 매출액이 얼마에서 얼마로 변동 되는가? (모든 계산 값은 소수점 이하 셋째 자리에서 반올림한다) 단, 생산한 제품들에 대한 수요는 무한하다.

> **해설**

1. 제품의 단위당 공헌이익

	A	B	C
단위당 판매가격	₩15	₩20	₩17
단위당 변동원가	6	15	7
단위당 공헌이익	₩9	₩5	₩10

2. 제품 판매이익의 함수식

이익 $= ₩9 \times x_1 + ₩5 \times x_2 + ₩10 \times x_3 - ₩270$

3. 이익의 기댓값과 표준편차

(1) 이익의 기댓값

$9 \times 30개 + 5 \times 40개 + 10 \times 10개 - ₩270 = ₩300$

(2) 이익의 표준편차

① 분산 $= 9^2 \times 4^2 + 5^2 \times 5^2 + 10^2 \times 2^2 + 2 \times 9 \times 5 \times 0.8 \times 4 \times 5 + 2 \times 9 \times 10 \times 0.4 \times 4 \times 2$

$+ 2 \times 5 \times 10 \times 0.6 \times 5 \times 2 = 4,937$

② 표준편차 $= \sqrt{4,937} = 70$

4. 이익 극대화 판매수량, 최대이익

(1) 판매수량

	A	B	C	
단위당 공헌이익	₩9	₩5	₩10	
1단위당 기계가동시간	÷3h	÷2h	÷5h	
기계가동시간당 공헌이익	₩3/h	₩2.5/h	₩2/h	
생산순위	①	②	③	
생산수량	x	$0.7x$	$0.3x$	합 계
총 기계 가용시간	$3x$	$1.4x$	$1.5x$	$5.9x$

$\rightarrow 5.9x = 236$시간 $\rightarrow x = 40$단위

	A	B	C
제품별 생산 수량	1×40단위 = 40단위	0.7×40단위 = 28단위	0.3×40단위 = 12단위

(2) 최대이익

40단위 $\times$ ₩9 + 28단위 $\times$ ₩5 + 12단위 $\times$ ₩10 $-$ ₩270 = ₩350

5. 극대화된 이익을 획득하지 못할 확률

회사의 이익이 ₩350(극대화된 이익) 보다 작을 확률은 다음과 같다.

$P(\text{이익} < ₩350) = P(Z < \dfrac{₩350 - ₩300}{₩70}) = P(Z < 0.71) = 1 - P(Z \geq 0.71) = 1 - 0.238 = 0.762$

6. 손익분기점 매출액의 변화

(1) 생산수량계산

	A	B	D	
단위당 판매가격	₩15	₩20	₩16	
단위당 변동비	6	15	6	
단위당 공헌이익	₩9	₩5	₩10	
단위당 기계가동시간	÷3h	÷2h	÷2h	
기계시간당 공헌이익	₩3/h	₩2.5/h	₩5/h	
생산 순위	②	③	①	
생산 수량	$0.8x$	$0.4x$	x	합 계
총 기계가동시간	$2.4x$	$0.8x$	$2x$	$5.2x$

$$\rightarrow \quad 5.2x = 260시간 \rightarrow x = 50단위$$

	A	B	D
제품별 생산 수량	0.8×50단위 = 40단위	0.4×50단위 = 20단위	1×50단위 = 50단위

(2) A, B, D 생산시 손익분기점, 매출액

	A	B	D
매출액	40단위 × ₩15 = ₩600	20단위 × ₩20 = ₩400	50단위 × ₩16 = ₩800
공헌이익률	$\dfrac{9}{15} = 0.6$	$\dfrac{5}{20} = 0.25$	$\dfrac{10}{16} = 0.63$

$$가중평균공헌이익률 \quad 0.6 \times \frac{600}{1,800} + 0.25 \times \frac{400}{1,800} + 0.63 \times \frac{800}{1,800} = 0.54$$

$$A : 687 \times \frac{600}{1,800} = ₩229$$

$$손익분기점\ 매출액 \quad \frac{371}{0.54} = ₩687 \qquad B : 687 \times \frac{400}{1,800} = ₩153$$

$$D : 687 \times \frac{800}{1,800} = ₩305$$

(3) A, B, C 생산시 손익분기점, 매출액

	A	B	C
매출액	40단위 × ₩15 = ₩600	28단위 × ₩20 = ₩560	12단위 × ₩17 = ₩204
공헌이익률	$\dfrac{9}{15} = 0.6$	$\dfrac{5}{20} = 0.25$	$\dfrac{10}{17} = 0.59$

$$가중평균공헌이익률 \quad 0.6 \times \frac{600}{1,364} + 0.25 \times \frac{560}{1,364} + 0.59 \times \frac{204}{1,364} = 0.45$$

$$A : 600 \times \frac{600}{1,364} = ₩264$$

$$손익분기점\ 매출액 \quad \frac{270}{0.45} = ₩600 \qquad B : 600 \times \frac{560}{1,364} = ₩246$$

$$C : 600 \times \frac{204}{1,364} = ₩90$$

(4) C → D 대체시 손익분기점 매출액 변동

C를 D로 대체하면 손익분기점 매출액은 ₩600에서 ₩687으로 ₩87 높아진다.

16 chapter

원·가·회·계·관·리·연·습

기타 이론과 새로운 개념들

1 수명주기원가계산

제품수명주기 원가계산(product life cycle costing)이란 각 제품의 수명주기 동안, 즉 제품의 연구개발부터 설계, 제조, 마케팅, 유통, 판매후 서비스에 이르기까지 발생한 모든 원가를 추적하여 집계하는 것을 말한다.

제품수명주기원가계산은 각 제품의 제품수명주기 동안 발생한 수익과 비용을 추적하여 보고함으로써, 정확한 의사결정과 성과평가를 요구하는 전략적 차원의 제품원가계산을 위해서는 단순한 제조원가만이 아닌 제품의 수명주기에 걸쳐 발생하는 모든 원가를 종합적으로 고려하여야 한다는 것을 보여주며, 특히 **거의 대부분의 원가가 제조이전단계에서 고착되기 때문에 제조이전단계에서의 원가절감 노력이 중요하다는 것을 보여준다.**

그림 1 제품수명주기원가와 고착원가

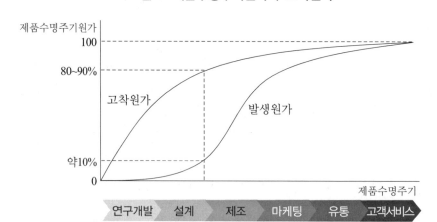

※ 고착원가(locked−in costs) : 아직은 발생하지 않았으나 이미 행해진 의사결정에 기초하여 미래에 발생할 원가로서 이를 구속원가(committed cost), 또는 설계된원가(disined−in costs)라고도 한다. 원가가 한번 고착되면 변경하거나 감소시키기가 어렵기 때문에 원가가 고착되었을 때와 원가가 발생하

였을 때를 구별하는 것이 중요하다.

(2) 수명주기원가계산의 유용성

수명주기원가계산은 제품의 연구개발부터 설계, 제조, 마케팅, 유통, 판매후 서비스에 이르기까지의 각 단계별 모든 원가를 파악할 수 있기 때문에 ①제품의 실질적인 수익성 분석에도 유용하며, ②각 단계별 원가간의 상호관계를 파악하여 원가관리에 매우 도움이 된다. 또한 ③장기적 관점에서 원가절감을 할 수 있도록 동기부여할 수 있으며, ④제품의 올바른 가격 결정 및 기타 의사결정에도 매우 유용하다.

> **참고**
>
> ### 가치사슬과 공급사슬
>
> **가치사슬**(value chain)이란 연구개발부터 설계, 제조, 마케팅, 유통, 고객서비스에 이르기까지 제품이 서비스에 직, 간접적으로 고객가치를 부여해 나가는 일련의 고객가치창출활동을 말한다. 반면에, **공급사슬**(supply chain)은 원재료의 공급부터 최종소비자에 대한 제품인도에 이르기까지(공급업자 → 생산자 → 물류업자 → 도소매업자 → 최종소비자) 고객가치를 창출해 나가는 일련의 가치창출활동을 말한다. 공급사슬관리는 공급사슬 내의 기업들 간의 활동을 조정하고 정보를 공유함으로써 원가절감 및 품질개선, 시간단축 등을 하여 경쟁우위를 확보할 수 있도록 공급사슬을 관리하고자 하는 것이다.

2 가격결정과 원가관리

(1) 경제학적 가격결정

경제학에서 이야기 하는 가격은 기업이 이익을 극대화하기 위하여 한계수익(가격)과 한계비용이 일치하도록 하는 가격을 말한다. 이러한 경제학적 가격결정방법은 이론적으로는 타당하지만, 현실적으로 적용하기에는 상당히 어렵다.

(2) 원가가산 가격결정

원가가산 가격결정은 원가에 일정한 이익을 가산한 가격으로 판매가격을 결정하는 방법을 말하며, 원가의 정의를 어떻게 하느냐에 따라서 공헌이익 접근법, 전부원가 접근법, 총원가접근법으로 나누어진다.

구 분	판매가격	이익가산율
공헌이익접근법 (변동원가접근법)	단위당 변동비 + 단위당 변동비 × 이익가산율	$\dfrac{\text{고정비} + \text{목표이익}}{\text{변동비}}$
전부원가접근법	단위당 전부원가 + 단위당 전부원가 × 이익가산율	$\dfrac{\text{판매관리비} + \text{목표이익}}{\text{전부원가}}$
총원가접근법	단위당 총원가 + 단위당총원가 × 이익가산율 (전부원가 + 판매관리비)	$\dfrac{\text{목표이익}}{\text{총원가}}$

3 목표원가계산

(1) 목표원가계산의 의의

목표가격(Target price)이란 고객이 제품이나 서비스에 대하여 기꺼이 지불하고자 하는 가격, 즉 목표가격에서 목표이익을 차감하여 목표원가를 결정하고, 이러한 목표원가를 달성하고자 하는 원가관리기법을 말한다.

$$\text{목표원가} = \text{목표가격} - \text{목표이익}$$

(2) 목표원가계산(Target costing) 절차

절차(단계)	내 용
① 제품의 기획	시장조사 등을 통해 잠재고객의 욕구를 만족시킬 수 있는 제품 개발
② 목표가격 결정	고객이 회사의 품질이나 기능, A/S 등에 대한 대가로서 기꺼이 지불하고자 하는 가격(목표가격)을 결정
③ 목표원가 결정	목표가격에서 목표이익을 차감하여 목표원가를 결정
④ 가치공학 등의 수행	목표원가를 달성하기 위한 가치공학[1]등을 수행한다.

---

1) 가치공학(value engineering, VE)이란 고객의 욕구를 충족시키면서 원가를 감소시킨다는 목표를 위해 가치사슬의 모든 측면을 체계적으로 평가하는 것으로서 제품설계의 변경, 재료명세의 변화, 공정변경 등과 같은 공학적 방법을 이용하여 원가절감을 시도한다.

(3) 목표원가계산의 한계점

① 목표원가관리에는 전사적으로 다양한 부서와 당사자들이 협업을 하여야 하기 때문에 목표원가의 달성 과정에서 여러 **당사자들 간에 갈등**이 발생할 소지가 많다.

② 제품 설계 및 생산 단계에서의 지속적으로 목표원가를 달성하여야 한다는 **과중한 압박** 때문에 종업원들의 피로가 누적되고, 고통을 경험하게 된다. 특히 설계엔지니어들이 가장 심한 압박을 받게 될 것이다.

③ 제품 설계 및 개발 단계에서의 목표원가관리에 초점을 맞추기 때문에 해당 단계가 연장되어 **신제품의 출시가 늦어질 수 있다.**

④ 목표원가(원가기획) 과정과 운영모델을 확립하여 체계화시키지 않을 경우 일회성으로 그치기 쉽다.

목표원가계산은 위와 같은 한계점에도 불구하고, 경영자들이 제품수명주기에서 **연구개발 및 설계 단계에서 제품원가를 절감**하는데 결정적인 실마리를 제공할 수 있다는 장점도 있다.

 4 ─ 카이젠[2] 원가계산

제품개발 및 설계단계를 지나면 본격적으로 제품을 생산하는데 제조단계에서의 원가절감에 중점을 두는 것이 카이젠원가계산(kaizen costing)이다. 카이젠원가계산은 **지속적이고 소규모의 개선**을 통하여 조금씩 원가를 절감해 나가는데, **공정 작업자들**이 원가절감 노하우를 가지고 있다고 보아 목표원가절감률(target‐reduction rate)만큼씩을 모든 변동비에서 지속적으로 절감해 가는 방법이다.

표준원가와 카이젠원가의 차이점

	표준원가	카이젠원가
원가절감 책임자	경영자나 공학자	공정 작업자
공정에 대한 가정	생산공정을 안정적으로 가정	생산활동의 지속적인 개선을 가정
원가의 수립횟수	1년에 1~2회 정도	원가절감을 목표로 매달 수립
관 리 방 식	매년 또는 매월 단속적(discrete improvement) 개선	매월 조금씩 연속적(continuous improvement) 개선
시스템 운영 목적	원가통제 목적	원가절감 목적

2) 카이젠이란 한자어 개선(改善)의 일본식 발음을 영어로 표현한 것으로서, 커다란 혁신을 통해서가 아니라 프로세스에 대한 개선을 조금씩 조끔씩 이룬다는 일본용어이다.

카이젠 원가계산은 효율적인 작업준비, 제조공정에서의 낭비요인제거, 생산수율의 증대, 작업시간을 줄이려는 노력 등을 통하여 원가를 절감해 나가기 때문에 공정의 지속적 개선과 원가절감을 기대할 수는 있지만, 종업원들이 원가절감에 대한 중압감에 시달리게 된다.

5 품질원가(Cost Of Quality, COQ)

품질원가란 저품질의 제품을 생산함으로써 야기되는 원가 또는 이를 예방하고, 통제하는 과정에서 발생하는 원가를 말한다. 품질원가는 통제원가와 실패원가로 분류할 수 있다.

(1) 통제원가

① 예방원가(prevention costs) : 표준제품의 품질에 못미치는 제품의 생산을 예방하기 위해 발생하는 원가.

② 평가원가(appraisal costs) : 품질이 떨어지는, 결함있는 제품을 적발하기 위해 검사하고 평가하는 과정에서 발생하는 원가.

(2) 실패원가

① 내부실패원가(internal failure costs) : 고객에게 제품을 인도하기 전에 결함있는 제품이 발견됨으로 인해 발생하는 원가.

② 외부실패원가(external failure costs) : 고객에게 제품이 인도된 후에 제품의 결함이 발견되어 발생하는 원가.

품질원가의 분류

품질원가	통제원가	예방원가	설계엔지니어링, 프로세서엔지니어링, 품질엔지니어링, **납품업체 평가**, 예방설비유지, 고객요구사항 조사, 품질교육훈련, 제품생산용 신재료개발
		평가원가	원재료 및 제품의 시험·검사, 입고재료의 검사, 공정 검사, 검사장비 유지 및 보수
	실패원가	내부실패원가	공손품, 재작업, 재검사, 작업폐물 작업중단 유지원가
		외부실패원가	고객지원, 수선 보증비용, 손해배상, recall비용, 반품제품, 미래 판매기회상실에 따른 기회비용

기업입장에서 가장 바람직한 방향은 외부실패원가 < 내부실패원가 < 평가원가 < 예방원가 순서로 많이 발생하는 것이다.

(3) 품질원가 상호관계

전통적인 관점에서는 총품질원가를 최소화하도록 하기 위해 통제원가와 실패원가의 합이 최소가 되도록 한다는 것인데, 일반적으로 통제원가와 실패원가가 반비례한다고 보기 때문에 실패원가와 통제원가의 합이 최소가 되는 적정불량률, 즉, 허용가능품질수준(Acceptable Quality Level, AQL)이 존재한다고 보았다.

반면에 무결점(zero-defects)을 추구하는 **현대적인 관점**에서는 통제원가가 불량률이 "0"에 가까워질수록 원가가 무한대로 증가하는 것이 아니라 오히려 통제원가가 감소한다고 본다. 따라서 이러한 **무결점주의(현대적 관점)**에서는 통제원가와 평가원가의 합이 최소가 되는 점이 불량률이 "0"이 되는 점이 되는 것이다.

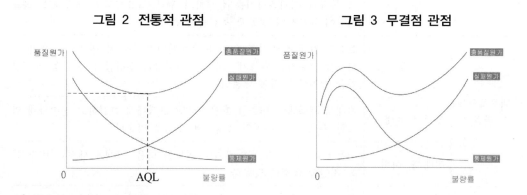

그림 2 전통적 관점   그림 3 무결점 관점

(4) 품질원가계산의 단점

품질원가계산은 경영자에게 품질과 관련된 인식을 잘 할 수 있도록 하는 장점이 있지만, 품질원가를 분석하고 집계하는 것이 어렵고, 품질원가계산을 위한 전문 인력을 확보하는 것도 어려운 일이다. 또한 각 품질원가를 네 가지 범주별로 구분하는 것도 쉬운 일은 아니다. 또한 품질원가를 계산한 이후에 이를 활용하는 데에도 한계가 있다.

6 균형성과표

Kaplan과 Norton에 의해 개발된 균형성과표(Balanced ScoredCard, BSC)는 기업이 전략목표 및 주요 성공요인을 달성하는데 공헌 할 수 있도록 다양한 관점에서 균형 있게 성과평가가 이루어질 수 있도록 만들어진 종합 관리시스템이다.

(1) 균형성과표의 네가지 관점

관 점		측정 지표
① 재무적 관점		재무적 관점은 전략의 수익성을 측정하는 관점으로서 원가절감과 보다 많은 판매에서 얼마나 영업이익과 자본회수를 할 수 있는냐에 초점을 맞춘다.
② 고객 관점		기업의 재무적 성과는 고객으로부터 창출되기 때문에 고객의 관점에서 목표와 성과측정치를 설정하기 위해 목표시장을 규명하고, 목표시장에서 회사의 성공에 초점을 맞춘다.
③ 내부프로세스 관점	혁신 프로세스	고객의 욕구를 파악하고 이를 충족시키기 위하여 새로운 제품과 서비스를 창출하는 프로세스로서 원가절감과 성장률 증대를 통한 생산기술 증진에 초점을 맞춘다.
	운영 프로세스	현재의 제품과 서비스를 효율적으로 고객에게 확실하고 신속하게 인도할 수 있도록 운영의 효율성에 초점을 맞춘다.
	판매 후 서비스	제품이나 서비스를 판매하거나 인도한 다음, 고객에 대한 서비스 등의 지원에 초점을 맞춘다.
④ 학습과 성장 관점		조직이 고객과 주주를 위한 가치창조를 위해 더 나은 내부프로세스를 달성하기 위해 갖추어야 할 능력 등에 초점을 맞춘다.

비재무적 성과측정치는 재무적 성과를 달성하기 위한 선행지표의 역할을 하며, 학습과 성장관점, 내부 프로세스관점, 고객관점의 측정치는 궁극적으로 재무적 관점의 성과측정치로 귀결된다.

7 영업이익의 전략적 분석

전략(strategy)은 조직이 그 목적을 달성하기 위하여 시장에서의 기회에 조직이 역량을 어떻게 펼칠 것인가를 표현한 것이다.

- **원가우위(cost leadership)전략** : 생산성과 효율성을 증대시키고 작업폐기물을 최소화하며, 엄격한 원가통제를 통하여 경쟁회사들보다 더 낮은 원가를 유지할 수 있도록 하는 전략이다.
- **제품차별화(product differentiation)전략**은 경쟁회사들 보다 특별하고, 더 좋은 기능이나 특징의 제품을 제공하는 전략으로서 고객들로 하여금 회사 제품에 대한 브랜드충성도 등을 통해 높은 가격을 기꺼이 지불하도록 만드는 전략이다.

(1) 영업이익의 전략적 분석

① 영업이익 변동의 성장요소(growth component) : 두 기간 동안에 판매된 수량 변동에 의한 영업이익의 변화
② 영업이익 변동의 가격보상요소(price-recovery component) : 영업이익의 변화 중에서 두 기간의 투입과 산출 가격의 차이에 의한 영업이익의 변화
③ 영업이익 변동의 생산성요소(productivity component) : 두 기간 동안의 투입수량 대비 산출(생산성)의 변화에 의한 영업이익의 변화를 측정한다.
④ 성장요소, 가격보상요소, 생산성요소에 대한 추가적 분석 : 성장요소, 가격보상요소, 생산성요소를 추가적으로 분석하여, 각 요소들을 원가우위전략으로 인한 부분, 제품차별화전략으로 인한 부분, 시장의 성장으로 인한 부분으로 나누어서 추가적으로 분석한다.

〈영업이익 분석의 요약〉

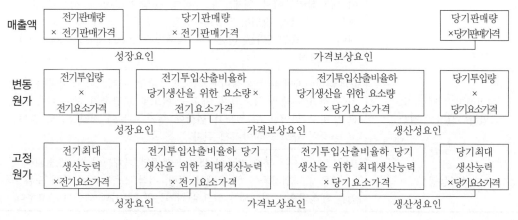

(2) 다운사이징

다운사이징(Downsizing, rightsizing)이란 프로세스, 제품, 사람에 대한 종합적인 접근으로서 회사의 미사용 생산능력(unused capacity)을 줄임으로서 효율성을 증가시키고, 원가를 줄이며, 품질을 향상시키는 조직변화를 말하며, 적정규모화(rightsizing)라고도 한다. 다운사이징은 조직의 전반적 전략의 관점에서 수행되어야 하며, 핵심경영, 리더쉽, 기술능력을 가진 개인들을 유지함으로써 이루어져야 한다.

8) 적시생산시스템과 역류원가계산

적시생산시스템(just‒in‒time production system, JIT)이란 후속작업공정에서 필요로 하는 물량을 적시에 조달하여 적시에 생산해 냄으로써 재고를 최소화하는 방식의 시스템이다. JIT시스템은 수요에 의한 당기기식 접근법으로서 JIT시스템을 풀시스템(pull system)이라고 하는 이유이기도 하다.

(1) JIT시스템의 특징 및 성공요인

구 분	내 용
공급업체	JIT의 성공요인인 높은 품질의 원료나 부품을 적시에 제공받을 수 있는 능력은 공급자들과의 관계에 의해 좌우되기 때문에 높은 유대관계를 유지하는 소수의 공급업체를 필요로 한다.
칸반시스템	JIT시스템에서는 원재료나 부품의 이동과 생산을 칸반(kanban)을 통해 지시하고 전달하기 때문에 이를 칸반시스템이라고 한다.
전사적 품질관리	어떠한 작업장에서 원재료나 부품의 불량으로 인해 생산이 중단될 경우 그 전단계 작업장도 모두 생산이 중단이 되기 때문에 모든 단계에 걸쳐 품질관리는 하는 전사적품질관리(total quality control)시스템이 필요하다.
설비배치의 개선 및 작업준비시간의 감소	JIT에서는 제품라인별 설비배치를 함으로서 원재료나 부분품들을 옮기는 시간이 대폭 축소되며, 재고를 별도로 보관하지 않고 다음 작업으로 바로 넘어갈 수 있도록 현장에 두기 때문에 저장공간도 줄어들고 공장의 규모도 작아지게 된다.
다기능공	JIT시스템에서는 특정 제품의 생산과 관련된 기계들이 한 곳에 모여 있기 때문에 작업자들이 한 곳에서 밀링, 절삭, 드릴, 조립 등의 모든 작업을 계속적으로 진행해야 하므로 다기능공으로서의 역할이 필요하다.

(2) 제조주기효율성

JIT시스템에서는 품질이 매우 중요하기 때문에 적시에 필요한 양을 무결점으로 생산하는 것을 높게 평가한다.

① 스루풋시간(throughput time)은 제조사이클시간(manufacturing cycle time)이라고도 하는데, 원재료가 투입되어서 완제품으로 전환되기 까지의 소요 시간을 의미하며, **공정시간**(process time), 검사시간(inspection time), 이동시간(move time), 대기시간(queue time)으로 구성된다. 이 중 **검사시간, 이동시간, 대기시간을 비부가가치시간**(non-value added time)이라고 하며, **공정시간을 부가가치시간**(value added time)이라고 한다.

② 제조주기효율성(manufacturing cycle efficiency, MCE)은 부가가치시간인 가공시간을 제조사이클시간으로 나누어 계산된 값으로서 0에서 1사이의 값을 갖게 되는데, 그 값이 클수록 그 만큼 제조사이클시간 가운데 부가가치를 창출하지 않는 낭비시간이 적다는 것을 의미한다.

$$제조주기효율성(MCE) = \frac{공정시간}{공정시간 + 검사시간 + 이동시간 + 대기시간}$$

(3) 역류원가계산

역류원가계산(backflush costing) 또는 지연원가계산(delayed costing)은 산출물에 초점을 맞추고 역순으로 판매된 제품과 기말재고단위에 원가를 할당하는 작업을 하는 **표준원가계산제도**이다. 역류원가계산은 회계처리하는 시점에 따라서 다음의 세 가지 방법이 있다.

① 원재료의 구입과 제품생산완료시점에서 회계처리 하는 방법
② 원재료의 구입과 제품의 판매시점에서 회계처리 하는 방법
③ 제품생산의 완료시점에 회계처리 하는 방법

역류원가계산제도는 지속적으로 재고를 추적하지 않기 때문에 JIT의 개념과 잘 어울리는 회계제도이지만, 역류원가계산제도하에서는 결과에 대한 성과평가 등에 사용할 수 없으며, 가격결정이나 그 밖의 특수의사결정에서 사용될 수 없다. 또한, 역류원가계산제도를 이용하기 위해서는 제품별로 표준원가나 예정원가가 설정되어 있어야 사용이 가능하며, 일반적으로 인정된 회계원칙에서 인정하지 않기 때문에 외부 공시목적으로는 사용할 수 없다는 단점이 있다.

9 **활동기준경영**

    활동기준경영(Activity Based Management, ABM)은 활동분석과 원가동인분석을 통하여 파악된 정보를 가지고 활동과 프로세스의 효율성을 지속적으로 개선하여 원가절감을 함으로써 기업전체의 성과를 개선하려는 경영관리시스템을 말하며, ABC를 활용한 경영정보시스템이라 할 수 있다. 원가동인을 분석하여, 활동을 유발시키는 근본원인을 파악하여 원가절감을 위한 개선방안을 탐색하고, 활동분석을 통하여 불필요한 활동은 제거하고 필요한 활동은 효율적으로 수행되도록 하여 원가절감을 달성하고자 한다.

(1) 부가가치원가, 비부가가치원가

  ① **부가가치원가**(value-added costs) : 부가가치활동[3])을 효율적으로 수행할 경우에 발생될 원가를 부가가치원가라고 한다. 이 경우 고정활동원가의 경우에는 원가동인단위당 표준가격을 계산할 때, 고정활동원가예산을 획득된 활동능력 또는 사용가능활동량으로 나누어 계산하며, 비부가가치원가계산의 경우에도 동일하게 적용한다.

> 부가가치원가 = 부가가치표준수량(SQ) × 원가동인단위당 표준가격(SP)

  ② **비부가가치원가**(non-value-added costs) : 비부가가치활동[4])에서 발생되는 원가와 부가가치활동이 비효율적으로 수행됨에 따라 추가로 발생되는 원가를 합하여 비부가가치원가라 한다.

> 비부가가치원가 = (실제사용량(AQ)[*] - 부가가치표준수량(SQ)) × 원가동인단위당 표준가격

[*]고정활동원가의 경우에는 획득된 활동능력 또는 사용가능활동량을 이용한다.

    활동기준경영에서 중요한 부분은 기업의 경쟁력 강화를 위해서 비부가가치활동과 부가가치활동 중 비효율적인 부분을 제거하여 비부가가치원가를 제거하는 것이다. 활동기준경영에서 원가를 절감하는 방법은 비부가가치활동을 제거하는 것 뿐만 아니라 (부가가치)활동을 선택, 감축, 공유하는 방법도 포함한다.

---

3) 부가가치활동은 기업에 반드시 필요한 활동으로서 고객가치를 증가시키는 활동을 말하며, 절삭, 조립 등의 활동이 이에 해당된다.

4) 비부가가치활동은 고객가치를 증가시키지 못하고 자원의 낭비만을 초래하는 활동을 말하며 생산계획, 검사, 이동, 대기, 재작업, 보증, 고객불만처리, 고장수리 등의 활동이 이에 해당된다.

(2) 활동원가차이분석

① 변동활동원가차이

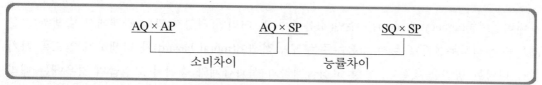

AQ : 실제사용(활동)수량,   SQ : 부가가치(활동)표준수량
AP : 실제(활동)원가,   SP : (부가가치활동)표준원가

② 고정활동원가차이

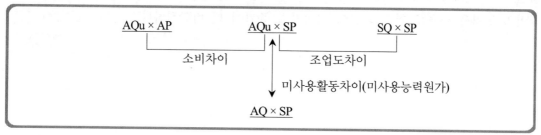

AQ_u : 실제사용가능(활동)수량,   SQ : 부가가치(활동)표준수량
AQ : 실제사용(활동)수량,   SP : (부가가치활동)표준원가(= 고정활동원가예산 ÷ 사용가능활동수량)
AP : 실제(활동)원가

미사용활동차이(unused capacity variance)는 활동의 실제사용량과 사용가능활동수량과의 차이에 부가가치표준원가를 곱하여 계산하며, 고정활동원가를 감소시키려는 노력이 어느 정도 진행되었는지를 나타내기 때문에 유리한 차이로 보는 것이 일반적이다.

③ 변동활동원가와 고정활동원가 차이를 요약하면 다음과 같다.

변동활동원가	소비차이 = 실제사용수량 × (실제원가 − 표준원가) 능률차이 = (실제사용수량 − 부가가치표준수량) × 표준원가
고정활동원가	소비차이 = 실제사용가능수량 × (실제원가 − 표준원가) 활동수량차이 = (실제사용가능수량 − 부가가치표준수량) × 표준원가 미사용활동차이(미사용능력원가) = 미사용능력 × 표준원가 　　　　　　　　 = (실제사용가능수량 − 실제사용수량) × 표준원가

10 대리인 이론

대리인이론(agency theory)은 주인(소유주주)과 대리인(경영자)과의 관계에서 발생하는 문제들을 분석하는 이론으로서 소유주주는 도덕적해이(moral hazard)가 발생하지 않도록 하기 위해 다양한 방안을 찾는다. 통상 고정급계약과 성과급계약 중에서 고정급의 경우에는 대리인이 부담하는 위험이 줄어들고 소유주주가 부담하는 위험이 커진다. 반면에 성과급계약은 소유주주의 위험이 줄어들고 대리인이 부담하는 위험이 커진다. 일반적으로 대리인의 동기부여 측면에서는 고정급보다는 성과급이 더 바람직하며, 대리인의 노력수준에 대하여 객관적인 관찰이 가능한 경우에는 회사의 이익과 같은 최종성과를 기초로 한 성과급보다는 대리인의 노력을 기초로 한 성과급이 기업가치 증가에 더 바람직하다.

(주)명일전자는 2011년 초 A － type전자제품을 개발하였다. 제품의 판매 가격은 단위당 ₩1,000, 제조원가는 단위당 ₩320으로 예상하고 있다. 회사의 경영자는 수명주기원가계산이 제품의 수익성분석과 의사결정에 도움이 된다는 판단 하에 3년 동안 예상 수명주기원가자료를 다음과 같이 파악하였다.

	2011년	2012년	2013년	합 계
판매량	－	5,000단위	10,000단위	15,000단위
연구개발	₩1,320,000	₩360,000	₩ 0	₩1,680,000
제품설계	980,000	340,000	0	1,320,000
마케팅	100,000	700,000	400,000	1,200,000
유 통	0	680,000	880,000	1,560,000
고객서비스	0	500,000	940,000	1,440,000
합 계	₩2,400,000	₩2,580,000	₩2,220,000	₩7,200,000

요구사항

1. 새로운 전자제품의 제품수명주기 손익계산서를 작성하시오(단, 화폐의 시간가치는 무시한다).

2. 회사가 현재 개발 중인 B － type의 전자제품의 제품수명주기 손익계산서가 다음과 같을 때, A － type과 B － type의 원가구조를 비교하고 차이의 원인을 제품수명주기와 관련지어 설명하시오.

수명주기 손익계산서(B － type)

매출액		₩12,000,000
비 용		10,200,000
연구개발	₩693,600	
제품설계	530,400	
제 조	3,876,000	
마 케 팅	1,020,000	
유 통	1,530,000	
고객서비스	2,550,000	
영업이익(손실)		₩ 1,800,000
영업이익률		15%

3. 수명주기원가계산의 유용성을 설명하시오.

➡ 해설

1. 제품수명주기 손익계산서

수명주기 손익계산서(A – type)

매출액		₩15,000,000
비 용		₩12,000,000
연구개발	₩1,680,000	
제품설계	1,320,000	
제 조	4,800,000	
마 케 팅	1,200,000	
유 통	1,560,000	
고객서비스	1,440,000	
영업이익(손실)		₩ 3,000,000
영업이익률		20%

2. 두 제품의 원가구조 비교

	A – type	B – type
연구개발	₩1,680,000(14%)	₩693,600(6.8%)
제품설계	1,320,000(11%)	530,400(5.2%)
제 조	4,800,000(40%)	3,876,000(38%)
마 케 팅	1,200,000(10%)	1,020,000(10%)
유 통	1,560,000(13%)	1,530,000(15%)
고객서비스	1,440,000(12%)	2,550,000(25%)
합 계	₩12,000,000(100%)	₩10,200,000(100%)

A – type의 경우 연구개발과 제품설계 즉, 제조 이전단계에서 발생하는 원가가 차지하는 비율이 25%로 B – type에 비해 상당히 높은 반면, B – type의 경우에는 연구개발과 제품설계 단계에서 발생하는 원가가 12%로 상대적으로 낮은 편이다. 이에 대한 결과로서 A – type의 경우에는 고객서비스원가가 12%로 B – type(25%)에 비해 상대적으로 낮다는 것을 알 수 있다. 즉, A – type의 경우에는 연구개발과 제품설계원가에 많은 비용을 투입함으로서 품질이나 성능이 매우 높은 제품이 생산되었을 가능성이 높다. 하지만, B – type의 경우에는 연구개발이나 제품설계에 상대적으로 소홀히 하다보니 결과적으로 A – type에 비해 기능이나 성능, 디자인 등이 다소 떨어지는 제품이 생산될 가능성이 높고, 고객에 대한 서비스 요구의 증가로 인해 고객서비스원가가 증가한 것으로 볼 수 있다.

3. 수명주기원가계산의 유용성(장점)

수명주기원가계산은 제품의 연구개발부터 설계, 제조, 마케팅, 유통, 판매후 서비스에 이르기까지의 각 단계별 모든 원가를 파악할 수 있기 때문에 제품의 실질적인 수익성 분석에도 유용하며 가격 및 기타 의사결정에도 매우 유용하다. 특히 제조 이전단계의 활동에 따라서 제조원가가 거의 대부분 결정되기 때문에 이에 대한 준비와 노력을 기울여야 한다는 것도 보여준다.

연습문제 2 수명주기원가와 의사결정 2003년 세무사 2차

(주)한국전자는 핸드폰을 생산 · 판매하고 있다. (주)한국전자는 신제품개발담당 경영자인 김천재 이사의 주도하에 디지털카메라의 기능이 부가된 카메라폰에 새로운 통역기능이 추가된 통역카메라폰(일명 A제품)의 개발을 고려하고 있다. 김 이사는 20x1년도에 연구개발을 시작하여 20x5년도에 시장에서 쇠퇴하는 A제품의 수명주기예산자료를 다음과 같이 작성하였다.

A제품의 수명주기예산자료

	20x1년	20x2년	20x3년	20x4년	20x5년
생산 · 판매량		5,000단위	15,000단위	25,000단위	10,000단위
단위당 판매가격		₩100	₩80	₩60	₩50
연구개발 · 설계원가	₩170,000				
단위당 제조원가		₩40	₩30	₩20	₩16
단위당 마케팅 · 고객 서비스원가		₩45	₩41	₩34	₩27

모든 현금유입과 유출은 연중 계속하여 발생하지만 계산의 편의를 위해 매년 기말시점에 발생하는 것으로 가정한다. 또한 위의 모든 수익과 비용은 현금수익과 현금비용이며, 화폐의 시간가치, 세금 및 인플레이션효과는 무시한다.

요구사항

1. (주)한국전자의 A제품에 대한 20x5년까지 년도별 예산누적현금흐름을 보이시오.

2. 신제품 개발팀에서는 A제품 이외에 또다른 방안으로 B제품의 개발도 함께 고려하고 있다. B제품의 요약된 수명주기예산자료가 다음과 같다고 하자.

B제품의 수명주기예산자료

(단위 : 원)

구 분	20x1년	20x2년	20x3년	20x4년	20x5년
현금수입		773,000	1,570,000	947,000	570,000
현금비용	187,000	703,000	1,450,000	730,000	490,000

(1) 한편 (주)한국전자와 김 이사의 고용계약만기는 20x3년 말이며, 20x0년말 현재로서는 계약연장계획이 없다. 김 이사의 성과보상은 매년 순현금흐름(= 현금수입 − 현금비용)의 일정비율에 의해 결정된다고 하자. 이러한 상황하에서 자신의 성과보상을 극대화하려는 김 이사는 두 가지 대안 중에서 어떤 제품을 개발해야한다고 주장하겠는가?

(2) 20x0년도에 CPA자격증을 취득하고 입사한 정회계사는 회사입장에서 보다 유리한 투자안을 선택하려고 한다. 정회계사의 선택이 김 이사의 선택과 일치하는지의 여부를 보이시오.

(3) 만일 두 사람의 의견이 일치한다면 그 원인은 무엇이며, 서로 의견이 다르다면 그 원인은 무엇인가?

➡ 해설

1. A제품의 예산누적현금흐름

구 분	20x1년	20x2년	20x3년	20x4년	20x5년
매출액	—	₩500,000	₩1,200,000	₩1,500,000	₩500,000
R&D원가 제조원가 마케팅,서비스원가	₩170,000	— 200,000 225,000	— 450,000 615,000	— 500,000 850,000	— 160,000 270,000
순현금흐름	(170,000)	75,000	135,000	150,000	70,000
누적현금흐름	(₩170,000)	(₩95,000)	₩40,000	₩190,000	₩260,000

2. 성과보상과 의사결정

< B제품의 누적현금흐름 >

구 분	20x1년	20x2년	20x3년	20x4년	20x5년
현금수입	—	₩773,000	₩1,570,000	₩947,000	₩570,000
현금비용	187,000	703,000	1,450,000	730,000	490,000
순현금흐름	(187,000)	70,000	120,000	217,000	80,000
누적현금흐름	(₩187,000)	(₩117,000)	₩3,000	₩220,000	₩300,000

(1) 20x3년말로 고용계약이 종료되는 김이사의 경우에는 20x3년말까지의 누적현금흐름이 더 큰 A제품을 선택해서 자신의 성과보상을 극대화하고자 할 것이다. 따라서 김이사는 A제품을 개발해야 한다고 주장할 것이다.

(2) 정회계사는 전체 수명주기동안의 누적현금흐름이 더 큰 B제품의 개발을 주장할 것이다.

(3) 두 사람의 의견을 일치하지 않는다. 김이사는 자신의 고용계약이 만료되는 20x3년말까지의 현금흐름을 이용하여 의사결정하고자 하며, 정회계사는 전체수명주기동안의 총 누적현금흐름을 이용하여 의사결정하고자 할 것이다. 따라서 두 사람의 의견이 일치하지 않게 된다.

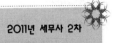

(주)서울은 20×1년 1월 초에 창업한 회사로 제품 A와 제품 B를 생산, 판매한다. 20×1년 12월 말까지 발생된 제조간접원가는 ₩4,000,000이었다. (주)서울은 활동기준원가계산을 적용하기 위하여 제조활동을 4가지로 구분하고 활동별로 제조간접원가를 집계하였다. (주)서울은 무재고 정책을 시행하고 있으며, 전수조사를 통해 품질검사를 실시한다. 제품 A는 1회 생산에 1,000단위씩 생산하며, 제품 B는 1회 생산에 500단위씩 생산한다. 또한 각 제품은 1회 생산을 위하여 1회의 작업준비를 실시한다.

1. 생산량, 판매가격 및 직접원가 내역

	제품 A	제품 B
생산량	10,000단위	5,000단위
판매가격	₩1,000/단위	₩1,500/단위
직접재료원가	3,000,000	4,000,000
직접노무원가	1,000,000	1,000,000

2. 활동원가 및 원가동인 내역

활 동	활동원가	원가동인	원가동인 소비량	
			제품 A	제품 B
작업준비	₩1,500,000	작업준비시간	15분/작업준비 1회	10분/작업준비 1회
품질검사	1,200,000	검사시간	2분/제품 1단위	4분/제품 1단위
공정수리	700,000	수리횟수	5회	2회
포 장	?	생산량	?	?

3. 제품 A 시장의 경쟁이 심화되어, 20×2년도에 (주)서울은 제품 A의 대체품인 제품 C를 10,000단위 생산하고자 한다. (주)서울은 가격 경쟁력을 확보하기 위하여 제품 C의 판매가격을 제품 A보다 낮출 것을 고려하고 있다. 제품 C는 1회 생산에 1,000단위씩 생산하며, 제품 C를 생산할 경우 제품 A보다 절감되는 원가 및 원가동인은 다음과 같다. 각 활동별 원가동인당 활동원가를 20×2년에도 20×1년과 동일할 것으로 예상된다.

항 목	절감되는 원가 및 원가동인
직접재료원가	제품 1단위당 ₩20 감소
직접노무원가	제품 1단위당 ₩10 감소
작업준비시간	작업준비 1회당 5분 감소
품질검사시간	제품 1단위당 1분 감소
공정수리횟수	1회 감소

요구사항

1. 20×1년도에 활동기준원가계산을 적용하여 각 제품의 단위당 제조원가와 매출총이익률을 구하시오.

2. 20×2년도에 제품 C를 생산하면서 달성할 수 있는 단위당 최대 원가절감액을 구하시오.

3. 제품 C의 목표매출총이익률을 제품 A의 20×1년도 매출총이익률의 1.2배가 되도록 설정한 경우, 제품 C의 단위당 제조원가를 구하시오. 단, 제품 C의 판매가격은 제품 A 판매가격의 80%로 책정된다.

→ 해설

1. 제품별 단위당 원가와 매출총이익률

(1) 제품별 단위당 원가

① 활동별 제조간접비 배부율

활 동	활동별 원가	원가동인수 총계	활동별 제조간접비 배부율
작업준비	₩ 1,500,000	250분[*1]	₩ 6,000/분
품질검사	1,200,000	40,000분[*2]	₩ 30/분
공정수리	700,000	7회	₩100,000/회
포 장	600,000	15,000단위	₩ 40/단위
합 계	₩4,000,000		

[*1] 작업준비 원가동인 수

		제품A	제품B	합계
1	제품별 생산량	10,000단위	5,000단위	
2	배취당 생산된 제품수량	1,000단위	500단위	
3 = (1) ÷ (2)	배취수량	10배취	10배취	
4	배취당 품질검사시간	15 분	10 분	
5 = (3) × (4)	**총 검사시간**	**150 분**	**100 분**	**250분**

[*2] 품질검사 원가동인 수

10,000단위 × 2분 + 5,000단위 × 4분 = 20,000분 + 20,000분 = 40,000분

② 제품별 제조간접비 배부

	제품A	제품B
작업준비	₩900,000 (= 150분 × 6,000)	₩600,000 (= 100분 × 6,000)
품질검사	600,000 (= 20,000분 × 30)	600,000 (= 20,000분 × 30)
공정수리	500,000 (= 5회 × 100,000)	200,000 (= 2회 × 100,000)
포 장	400,000 (= 10,000단위 × 40)	200,000 (= 5,000단위 × 40)
합 계	₩2,400,000	₩1,600,000

③ 제품별 단위당 원가

	제품A	제품B
직접재료비	₩3,000,000	₩4,000,000
직접노무비	1,000,000	1,000,000
제조간접비	2,400,000	1,600,000
합 계	₩6,400,000	₩6,600,000
생산량	÷10,000단위	÷5,000단위
단위당 원가	₩640	₩1,320

(2) 제품별 매출총이익률

	제품A	제품B
판매가격	₩1,000	₩1,500
단위당 원가	640	1,320
단위당 매출총이익	₩360	₩180
매출총이익률	36%	12%

2. 제품 C 단위당 원가절감액

	원가절감액
직접재료비	10,000단위 × 20 = ₩200,000
직접노무비	10,000단위 × 10 = ₩100,000
작업준비활동	10배취 × 5분 × 6,000 = ₩300,000
품질검사활동	10,000단위 × 1분 × 30 = ₩300,000
공정수리활동	1회 × 100,000 = ₩100,000
합 계	₩1,000,000
생산량	÷ 10,000단위
단위당 원가절감액	₩ 100

3. 목표원가

$$목표가격 : 1,000 × 80\% = ₩800$$
$$(-) 목표이익 : 800 × (36\% × 1.2) = \underline{345.6}$$
$$= 목표원가 : 800 - 345.6 = \underline{₩454.4}$$

활동기준원가계산을 적용하고 있는 (주)비발디는 최근 업계 경쟁 심화에 따른 원가절감 방안 및 가격 인하를 노력중이다. 현재 회사가 생산한 500단위 제품 생산과 관련된 원가정보가 다음과 같을 때 요구사항에 답하시오.

	원　가		원가동인	원가동인 단위당 배부율
직접재료비	￦12,000			
직접노무비	10,000			
제조간접비	32,000			
기계작업원가		4,000	고정원가	
작업준비원가		6,000	작업준비시간	단위당 작업준비시간 2시간
검사활동원가		7,760	검사시간	검사시간당 ￦194
부품처리원가		5,240	부품처리횟수	부품처리횟수 80회
재 작 업 원 가		9,000	총생산량	총 생산량(재작업수량 포함)의 10%
총　원　가	￦54,000			

회사는 총원가의 23%정도의 원가절감을 위하여 제품설계를 변경하는 경우에는 다음과 같은 변화가 예상된다.

(1) 기계작업원가 : 단위당 기계작업시간이 25% 절감

(2) 단위당 작업준비시간이 1시간 감소

(3) 총 검사시간이 10시간 절감

(4) 부품처리횟수가 50회로 감소

(5) 재작업수량을 총생산량(재작업수량 포함)의 5%로 감소

요구사항

1. 활동기준원가계산을 이용하여 제품의 설계 변경 후 단위당 제조원가를 구하시오.

2. 설계 변경 후 원가절감액이 회사의 목표인 23%이하로 달성되었는가?

3. 제조단계에서의 원가절감 노력보다 설계단계에서의 원가절감 노력이 더 효과적인 이유는 무엇인가?

→ 해설

1. 설계 변경 후 단위당 제조원가

(1) 원가동인의 변화

활동	변경 전 원가동인	변경 전 원가동인당 배부율	비 고
기계작업	—	—	
작업준비	500단위 × 2h = 1,000h	6,000 ÷ 1,000h = ₩6	
검사활동	7,760 ÷ 194 = 40h	₩194	전액 고정비
부품처리	80회	5,240 ÷ 80회 = ₩65.5	
재 작 업	500단위 × 10% = 50단위	9,000 ÷ 50단위 = ₩180	

(2) 변경 후 제조간접비

활동	변경 후 원가	비 고
기계작업	₩4,000	
작업준비	500단위 × 1h × 6 = 3,000	
검사활동	(40h − 10h) × 194 = 5,820	전액 고정비
부품처리	50회 × 65.5 = 3,275	
재 작 업	500단위 × 5% × 180 = 4,500	
합 계	₩20,595	

(3) 설계 변경 후 단위당 원가

직접재료비	₩12,000
직접노무비	10,000
제조간접비	20,595
총 원 가	₩ 42,595
생 산 량	÷ 500단위
단위당원가	₩85.19

2. 변경 전에는 제품의 단위당 원가가 ₩108(= ₩54,000 ÷ 500단위)였으나, 변경 후에는 단위당 원가가 ₩85.19으로 원가절감액이 21% 이상 절감되지만 회사의 목표인 23%의 원가절감은 달성하지 못한다.

3. 제조이전단계인 연구개발과 설계단계에서 대부분의 원가가 고착되기 때문에 제조단계와 제조 이후단계에서의 원가절감 노력보다 제조이전단계의 원가절감 노력이 더욱 효과적이다. 즉, 원 가가 고착되기 전에 원가절감 노력을 함으로서 원가가 고착된 이후의 원가절감 노력보다 더 효과적으로 원가절감을 할 수 있는 것이다.

연습문제 5 목표원가(2)

하남전자(주)는 100개의 부품을 조립하여 에어컨 OAC를 생산하여 단위당 판매가격 ₩530으로 매월 5,000단위씩 중국 바이어에게 수출하고 있다. OAC(old air conditioner)의 단위당 제조원가는 ₩485이며 매월 제조원가는 ₩2,425,000이고, 이에 대한 자료는 다음과 같다.

직접재료원가	₩1,500,000
직접노무원가	300,000
기계가공원가	250,000
검사원가	100,000
재작업원가	15,000
엔지니어링원가	260,000
총제조원가	₩2,425,000

하남전자(주)의 경영진이 확인한 결과 활동원가집합, 각 활동별 원가동인 및 각 간접원가 집합별 원가동인 단위당 원가는 다음과 같다.

제조활동 원가집합	내 용	원가 동인	원가동인의 단위원가
기계가공원가	부품기계조립	기계 시간	기계시간당 ₩50
검사원가	부품과 제품검사	검사 시간	검사시간당 ₩10
재작업원가	불합격품의 수리	OAC의 재작업량	단위당 ₩30
엔지니어링원가	제품과 공정의 설계·관리	엔지니어링시간	엔지니어링시간당 ₩400

위에서 설명한 바와 같이 각 활동원가는 해당 원가동인에 따라 변화한다. 또한 OAC의 설계에 관한 추가정보는 아래와 같다.

① 단위당 검사시간은 2시간, 단위당 기계가공시간은 1시간이다. 이때 부품과 제품검사는 모든 단위에 대한 전수검사가 실시된다.

② 기존 제조공정 하에서는 OAC 생산량의 10%가 재작업대상이다.

최근 중국산 경쟁제품이 저가격 파상공세로 대량 출하되면서 가격경쟁이 치열해지고 있다. 경영진은 이에 대한 대응방안을 모색한 결과 가격경쟁력을 유지하기 위해서는 단위당 판매가격을 ₩480 수준으로 인하할 필요가 있다고 판단하였다. 그러나 가격인하조치에도 불구하고 판매증가는 없을 것이며, 만일 현행가격을 그대로 유지한다면 엄청난 수출 감소의 충격이 발생할 것으로 예상된다. 이러한 위기상황에서 경영진은 원가관리회계팀장에게 단위당 제조원가를 ₩50만큼 절감할 수 있는 구체적인 방안을 강구하라고 요구하였다. 원가회계팀장이 판단하기에는 충분하지 않지만 제조공정의 혁신이나 표준원가방식에 의해 기존 제조공정의 효율성을 개선한다면 단위당

₩30 정도를 절감할 수 있을 것으로 예상된다. 이와 달리 엔지니어링팀장은 가치공학과 목표원가 방식을 도입하여 기존 OAC의 부품을 10% 수준으로 줄여 검사를 단순화시켜줄 설계변경을 제안하였다. 즉 설계변경을 통하여 기존 OAC를 대체할 신형 NAC(new air conditioner)를 내놓는 일이다. 설계변경에 따른 NAC의 구체적인 원가절감의 기대효과는 아래와 같다.

① NAC의 직접재료원가 절감액 : 단위당 ₩30

② NAC의 직접노무원가 절감액 : 단위당 ₩10

③ NAC 기계가공시간은 10% 감소되며, 미사용 기계가공 생산능력(capacity)은 선풍기의 제조용으로 활용된다.

④ NAC의 검사 소요시간 감소 : 10%

⑤ NAC의 재작업 감소 : 10%수준에서 5%수준으로 대폭 감소

⑥ 엔지니어링 생산능력은 설계변경전과 동일한 수준으로 유지

OAC의 원가동인 단위당 원가는 그대로 NAC에도 적용되는 것으로 가정한다.

요구사항

1. NAC의 단위당 제조원가를 계산하라.

2. 설계변경에 따른 NAC에 대해 책정된 단위당 원가절감목표를 달성할 것으로 보는가? (계산과정을 제시할 것)

3. 위의 상황에서는 원가절감을 위한 전략으로 ① 기존 제조공정의 효율성을 개선하는 방안과 ② 설계변경에 따른 대체품 NAC를 개발하는 방안이 제안되고 있다. ①과 ②중에서 원가절감의 효과가 보다 큰 전략은 어느 것인가? 그 이유에 대해서 설명하라(5줄 내외).

➡ 해설

1. NAC의 단위당 제조원가

(1) 원가동인과 배부율

활동	원가동인	원가동인수	배부율
기계가공	기계시간	5,000단위 × 1h = 5,000h	₩ 50
검사	검사시간	5,000단위 × 2h = 10,000h	₩ 10
재작업	재작업량	5,000단위 × 10% = 500단위	₩ 30
엔지니어링	엔지니어링시간	$\dfrac{₩26,000}{₩400}$ = 650h	₩400

(2) NAC 원가계산

직접재료비	5,000단위 × (₩300−₩30) =	₩1,350,000
직접노무비	5,000단위 × (₩ 60−₩10) =	250,000
제조간접비		582,500*
총제조원가		₩2,182,500
생산량		÷ 5,000단위
단위당 제조원가		₩436.5

*		
기계가공원가	5,000h × 90% × ₩50 =	225,000
검사원가	10,000h × 90% × ₩10 =	90,000
재작업원가	5,000단위 × 5% × ₩30 =	7,500
엔지니어링원가		260,000
합계		₩582,500

2. 원가절감

설계변경전 단위당원가	$\dfrac{2,425,000}{5,000단위}$ =	₩485
설계변경후 단위당원가		(436.5)
단위당 원가절감액		₩ 48.5

∴ 단위당 원가절감목표 ₩50을 달성하지 못한다.

3. 원가절감 효과가 보다 큰 전략은 설계변경이다. 왜냐하면, 일단 설계가 완료되면 수명주기원가의 대부분이 확정되므로 제조공정의 효율성 개선으로 원가를 절감할 수 있는 여지가 크지 않기 때문이다. 반면에 설계변경을 하면 원재료 소요량의 절감, 검사시간의 감소, 재작업수량의 감소 등을 통하여 상당한 원가절감효과를 기대할 수 있다.

연습문제 6   품질원가(1)

다음은 규모가 비슷한 갑회사와 을회사의 품질원가와 관련된 자료이다. 두 회사의 매출액은 각각 ₩140,000,000과 ₩150,000,000이라고 가정할 때, 아래 요구사항에 답하시오.

	갑회사	을회사
공 정 검 사	₩1,250,000	₩1,430,000
작 업 폐 물	1,967,000	1,564,000
설계엔지니어링	1,220,000	3,250,000
리 콜 비 용	2,490,000	837,000
검 사 장 비 보 수	1,570,000	2,120,000
고 객 지 원	1,865,000	1,540,000
재 작 업	3,970,000	1,080,000
품 질 교 육 훈 련	386,000	1,230,000
손 해 배 상	4,192,000	1,206,000
원 재 료 검 사	458,000	636,000
공 손 품	2,323,000	1,256,000
제 품 검 사	642,000	914,000
예 방 설 비 유 지	665,000	1,462,000
반 품 제 품	4,893,000	1,217,000
납 품 업 체 평 가	809,000	1,558,000
합 계	₩28,700,000	₩21,300,000

요구사항

1. 갑회사와 을회사의 예방원가, 평가원가, 내부실패원가, 외부실패원가의 원가범주로 구분하고, 원가범주별로 매출액 대비 비율을 나타낸 품질원가보고서를 작성하시오.

2. 갑회사와 을회사의 품질원가를 비교 설명하시오.

➡ 해설

1. 품질원가보고서

품질원가보고서란 예방원가, 평가원가, 내부실패원가, 외부실패원가의 네 가지 품질원가의 각 범주별 품질원가간의 관계를 이해하고, 각 범주별 안배를 통해 바람직한 품질원가의 지출이 이루어지도록 작성되는 보고서로서, 경영자에게 품질원가에 대한 올바른 의식을 갖도록 할 수 있다. 품질원가보고서는 다음과 같이 기업에서 발생한 품질원가를 네 가지 범주별로 나누어서 발생한 금액과 각 범주별로 매출액에 비해서 차지하는 비율로 나타내는 것이 일반적이다.

	갑회사		을회사	
	금액	비율	금액	비율
예방원가				
설계엔지니어링	₩1,220,000		₩3,250,000	
품질교육훈련	386,000		1,230,000	
예방설비유지	665,000		1,462,000	
납품업체평가	809,000		1,558,000	
	₩3,080,000	2.2%	₩7,500,000	5.0%
평가원가				
원재료 검사	₩458,000		₩636,000	
제품검사	642,000		914,000	
공정검사	1,250,000		1,430,000	
검사장비 보수	1,570,000		2,120,000	
	₩3,920,000	2.8%	₩5,100,000	3.4%
내부실패원가				
작업폐물	₩1,967,000		₩1,564,000	
재 작 업	3,970,000		1,080,000	
공 손 품	2,323,000		1,256,000	
	₩8,260,000	5.9%	₩3,900,000	2.6%
외부실패원가				
리콜비용	₩2,490,000		₩837,000	
손해배상	4,192,000		1,206,000	
고객지원	1,865,000		1,540,000	
반품제품	4,893,000		1,217,000	
	₩13,440,000	9.6%	₩4,800,000	3.2%
합 계	₩28,700,000	20.5%	₩21,300,000	14.2%

2. 갑회사의 품질원가는 20.5%로서 을회사의 14.2%보다 많이 발생하고 있음을 알 수 있다. 이는 갑회사의 예방원가와 평가원가에 대한 지출액이 을회사의 예방원가 및 평가원가 지출액에 비하여 매우 적은 것에 기인한다 할 수 있다. 즉, 을회사의 경우에는 예방원가와 평가원가에 대한 지출액이 갑회사에 비해 상대적으로 많은데, 이 때문에 갑회사에 비하여 상대적으로 실패원가(내부실패원가 및 외부실패원가)가 감소한 것으로 볼 수 있다. 그러나 갑회사의 경우에는 상대적으로 예방원가와 평가원가에 대한 지출을 적계함으로서, 실패원가(내부실패원가와 외부실패원가)가 상대적으로 많이 발생한 것으로 판단된다.

연습문제 7 품질원가(2)

최근 우리나라는 20×2년 7월 1일부터 본격 시행되는 제조물책임(PRODUCT LIABILITIES)법에 대하여 국내기업들은 제품결함관련 손해배상의 부담을 떠 앉게 되었다. 그 결과 경영자들은 품질경쟁력을 높이기 위한 방안을 신중히 검토하고, 품질관리와 신제품개발에 총력을 기울여야하는 상황에 직면하게 되었다. 두 가지 형태의 제품을 생산·판매하고 있는 (주)품질전자도 이러한 상황을 고려하여 품질 관리에 대한 전면적인 검토를 하게 되었다. 품질 원가에 대한 전반적인 자료를 수집한 결과 일반적으로 품질원가는 네 가지 범주로 구분된다는 것을 파악하고, 품질 원가를 요약하여 품질 원가 보고서를 작성하기로 하였다. (주)품질전자의 각 제품과 관련된 품질관리 자료를 요약하면 다음과 같다.

구 분	A형	B형
생산 및 판매수량	10,000단위	5,000단위
단위당 판매가격	₩200	₩160
단위당 변동 원가	₩120	₩100
설계개선에 소요된 시간	6,000시간	1,000시간
단위당 품질검사시간	1시간	0.5시간
재작업수량 비율	4%	10%
제품당 재작업원가	₩50	₩40
고객의 요구에 따른 수선비율	3%	8%
제품당 수선비용	₩30	₩25
불량품으로 인하여 상실된 추정매출수량	─	300단위
손해배상추정액	₩9,000	₩8,000

회사의 품질관리와 관련하여 설계 개선에 참가한 직원과 품질검사원의 임률은 각각 다음과 같다.

(1) 설계 개선에 참가한 직원 : 시간당 ₩8

(2) 품질 검사원 　　　　　　 : 시간당 ₩4

1. (주)품질전자의 품질 원가를 네 가지 범주로 구분하여 A형과 B형 제품에 대한 품질원가와 매출액 대비 범주별 원가비율을 나타내는 품질 원가 보고서를 작성하시오.
   (비율은 %로 나타내고, 소숫점 셋째자리에서 반올림하시오.)

2. (주)품질전자의 매출액 대비 각 범주별 품질 원가의 비율에 기초하여 제품 A형과 B형에 대한 품질 원가를 비교 설명하시오.

3. 무결점(zero defects)을 추구하는 현대기업의 품질 원가 형태를 품질 원가와 품질 수준 (quality of conformanace)의 관계를 이용하여 도표로 나타내시오.

➡ **해설**

1. 품질원가 보고서

	A형	B형
매 출 액	10,000 × 200 = ₩2,000,000	5,000 × 160 = ₩800,000
(1) 예 방 원 가		
설계개선비	6,000h × 8 = ₩48,000(2.4%)	1,000h × 8 = ₩8,000(1%)
(2) 평 가 원 가		
품질검사비	10,000 × 1h × 4 = 40,000(2%)	5,000 × 0.5h × 4 = 10,000(1.25%)
(3) 내부실패원가		
재작업원가	10,000 × 4% × 50 = 20,000(1%)	5,000 × 10% × 40 = 20,000(2.5%)
(4) 외부실패원가		
수선비	10,000 × 3% × 30 = 9,000	5,000 × 8% × 25 = 10,000
기회비용	—	300 × (160 − 100) = 18,000
손해배상비용	9,000	8,000
외부실패원가소계	18,000(0.9%)	36,000(4.5%)
총 품 질 원 가	₩126,000(6.3%)	₩74,000(9.25%)

2. 제품별 품질원가의 비교

A형 제품은 B형 제품에 비해 예방원가와 평가원가에 대한 지출액이 매출액에서 차지하는 비율이 높다. 즉, A형 제품은 예방원가와 평가원가에 대한 지출을 늘림으로서 내부실패와 외부실패원가가 감소 또는 적게 발생한 것으로 볼 수 있다. 반면 B형 제품은 에방원가와 평가원가가 매출액에서 차지하는 비율이 상대적으로 낮다. 따라서 예방과 평가원가에 대한 지출을 감소시킴으로서, 내부실패와 외부실패 원가가 높게 발생하는 것을 알 수 있다.

3. 무결점주의 품질원가 그래프

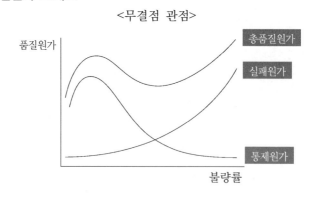

<무결점 관점>

연습문제 8 **품질원가(3)** **2008년 CPA 2차**

※ 각 물음은 서로 독립적임

요구사항

1. 다음은 R제품을 생산하는 ㈜백양의 품질활동에 대한 재무적 정보이다. 아래의 자료를 이용하여 물음에 답하시오.

매 출	₩1,000,000	재작업	₩12,500
작업폐물	35,000	공급업체평가	5,000
고객지원	4,000	제품시험	10,000
반품제품원가	6,000	보증수리	50,000
품질교육	5,000	입고재료검사	5,000
설계엔지니어링	10,000	작업중단 복구	2,500
제품검사설비 보수	25,000		

(1) 품질원가 보고서를 작성하시오. (단, 원가항목들을 예방원가, 평가원가, 내부실패원가, 외부실패원가로 분류하여 각 범주별로 소계를 표시하고 각 소계 옆에는 매출액에 대한 비율을 표시한다.)

(2) R제품과 같은 종류의 제품을 생산하는 경쟁업체인 ㈜낙동의 매출액에 대한 각 품질원가 범주의 비율이 다음과 같다. ㈜백양의 품질원가 보고서를 이와 비교하고 시사점을 제시하시오. (3줄 이내)

예방원가	평가원가	내부실패원가	외부실패원가	합계
4.0%	2.0%	3.0%	4.0%	13.0%

2. ㈜새한의 X제품에 대한 연간 수요는 500,000단위이다. ㈜새한은 110,000기계시간의 생산능력을 가지고 있고, 기계시간당 X제품 4단위씩 생산할 수 있다. ㈜새한은 X제품을 400,000단위 판매하는데, 그 이유는 40,000단위(생산량의 10%)가 재작업 되어야 하기 때문이다. 재작업을 위해서는 4단위당 1기계시간이 필요하므로 생산능력 중 10,000기계시간이 재작업을 위해 사용된다. 재작업이 필요 없는 X제품의 단위당 공헌이익은 ₩8이다. ㈜새한의 재작업원가(재작업 이전에 발생한 원가는 포함되지 않음)는 ₩280,000으로서 세부내역은 다음과 같다.

① 직접재료원가, 직접노무원가 등의 변동원가
    : 단위당 ₩3

② 설비감가상각비, 임차료 등의 고정원가 배부액
    : 단위당 ₩4

㈜새한의 공정설계자는 현재의 공정속도를 유지하면서도 재작업을 근본적으로 없애는 공정개선안을 개발했다. 새로운 공정을 실행하기 위해서는 연간 ₩250,000의 원가가 추가로 소요된다.

(1) ㈜새한이 새로운 공정을 채택하는 것이 좋은지 기존 공정을 유지하는 것이 좋은지 계산과정을 통해 밝혀 보시오.

(2) ㈜새한이 새로운 공정을 채택했다고 가정하자. ㈜새한은 ㈜삼정으로부터 X제품과 유사한 Y제품을 330,000단위 공급해 달라는 요청을 받았고 Y제품은 재작업 없이 기계시간당 3단위씩 생산할 수 있다. Y제품의 단위당 공헌이익은 ₩10이다. ㈜새한은 ㈜삼정의 요청을 수락해야 하는지 거절해야 하는지 계산과정을 통해 밝혀 보시오.

➡ 해설

1. 품질원가

(1) 품질원가보고서

	금 액	소 계(비율)
매　출　액	₩1,000,000	
(1) 예 방 원 가		
품 질 교 육	₩5,000	
설 계 엔 지 니 어 링	10,000	
공 급 업 체 평 가	5,000	₩20,000(2%)
(2) 평 가 원 가		
제 품 검 사 설 비 보 수	₩25,000	
제 품 시 험	10,000	
입 고 재 료 검 사	5,000	₩40,000(4%)
(3) 내부실패원가		
작 업 폐 물	₩35,000	
재 작 업	12,500	
작 업 중 단 복 구	2,500	₩50,000(5%)
(4) 외부실패원가		
고 객 지 원	₩4,000	
반 품 제 품 원 가	6,000	
보 증 수 리	50,000	₩60,000(6%)
총 품 질 원 가		₩170,000

(2) (주)낙동은 (주)백양에 비하여 상대적으로 예방원가에 대한 지출(매출액의 4%)이 크기 때문에 평가원가와 실패원가 등에 대한 지출이 상대적으로 적다는 것을 알 수 있다. 반면에 (주)백양은 예방원가에 대한 지출이 매출액 대비 2%밖에 되지 않기 때문에 상대적으로 평가원가나 실패원가에 대한 지출이 많다는 것을 알 수 있다. 즉, 총 품질원가를 감소시키기 위해서는 예방원가에 대한 지출을 늘리는 것이 효과적이라는 것을 알 수 있다.

2. 새로운 공정의 채택여부

(1) 새로운 공정을 채택하는 경우

공헌이익 증가 :	40,000단위 × 8 =	₩320,000
변동비 감소 :	40,000단위 × 3 =	120,000
공정실행비 증가 :		(250,000)
증분이익 :		₩190,000

증분이익이 0보다 크므로 새로운 공정을 채택하는 것이 좋다.

(2) 특별주문 수락여부

	제품 X	제품 Y
단위당 공헌이익	₩8	₩10
단위당 기계시간	÷ 1/4	÷ 1/3
기계시간당 공헌이익	₩32	₩30

X제품의 기계시간당 공헌이익이 더 크기 때문에 제품 Y의 특별주문을 수락하지 않는다.
(현재 X제품의 수요가 충분하기 때문에 제품 Y보다 제품 X를 판매하는 것이 더 유리하다)

연습문제 **9** 생산대기시간과 관련원가분석 **2010년 세무사 2차**

고객의 주문을 접수하여 생산한 제품을 고객에게 제공하기까지 소요된 전체 시간을 고객대응시간(customer-response time)이라고 한다. 고객대응시간은 크게 세 단계로 구분할 수 있다. 첫 번째 단계는 영업부서가 주문을 접수하여 생산부서에 전달하는데 소요되는 접수시간(receipt time)이다. 두 번째 단계는 생산부서가 영업부서로부터 주문을 전달받아 생산을 완료하는데 소요되는 생산소요시간(manufacturing lead-time)은 생산대기시간(manufaturing waiting time)과 생산시간(manufacturing time)으로 세분할 수 있다. 세 번째 단계는 생산부서에서 생산을 완료한 제품을 고객에게 전달하는데 소요되는 배송시간(delivery time)이다. (주)AIFA는 1대의 기계를 이용하여 고객의 주문을 받으며 수요가 공급을 초과함에 따라 생산이 완료된 제품을 주문한 고객이 공장에서 직접 인도해 가기 때문에 고객대응시간에서 접수시간과 배송시간은 없다고 가정한다. 회사의 제품A의 평균수요량은 3,000단위였으며, 제품A에 대해 1회 주문량은 100개이며, 1회 주문량을 생산하는데 소요되는 평균생산시간은 80시간이다. 기계의 연간 최대가동시간은 3,000시간이다. (주)AIFA의 연간 생산시간은 기계의 연간 최대가동시간보다 적지만, 고객들의 주문이 언제 발생할지 모르며 다른 주문을 처리하고 있는 동안 새로운 주문이 접수될 수도 있기 때문에 생산대기현상이 발생할 수 있다. (주)AIFA는 신제품 B를 제품 A와 마찬가지로 주문을 통해 생산할 것을 계획하고 있다. 연간주문횟수는 10회이며, 1회 주문량은 80개로 예상된다. 제품 B의 1회 주문량을 생산하기 위해서는 평균적으로 40시간이 소요되며, 제품 A와 동일하게 접수시간과 배송시간은 없다고 가정한다. 고객주문이 포아송(poisson)분포를 따르며 주문물량이 선입선출법(FIFO)으로 처리된다고 가정하며, (주)AIFA의 관리부서는 주문별 평균 생산대기시간을 계산할 수 있는 다음 산식을 도출하였다.

$$주문별평균생산대기시간 = \frac{(AO \times AMT^2) + (BO \times BMT^2)}{2 \times [MCT - (AO \times AMT) - (BO \times BMT)]}$$

AO : 제품 A의 연간주문횟수
BO : 제품 B의 연간주문횟수
AMT : 제품 A의 1회 주문량 평균생산시간
BMT : 제품 B의 1회 주문량 평균생산시간
MCT : 기계의 연간최대가동시간

요구사항

1. (주)AIFA가 제품 A만 생산하는 경우와 비교하여 제품 A와 제품 B를 함께 생산한 경우의 주문별 평균생산대기시간 증감률(%)를 계산하시오.

2. (주)AIFA가 제품 A와 제품B를 함께 생산하는 경우에 두 번째 단계에서 소요되는 생산소요시간(manufacturing lead-time)에서 평균생산대기시간(manufacturing waiting time)이 차지하는 비중(%)을 제품별로 각각 계산하시오. 단, 소수점 이하 셋째 자리에서 반올림하시오.

3. 제품 A를 생산하는데 100시간이 소요되고, 제품 B를 생산하는데 50시간이 소요되며, 제품 A만 생산 시에는 150시간의 생산대기시간이 소요되나, 제품 A와 제품 B를 함께 생산할 때에는 제품 A와 제품B에 공통으로 적용되는 주문별 평균대기시간은 320시간이라고 가정하자. A제품만 생산하는 상황에서 B제품 생산을 추가할 경우 직접재료비와 재고유지원가만 변동하고, 기타 비용은 고정되어 있어 변하지 않는다고 가정한다. 직접재료의 구입은 제조부문의 주문접수와 동시에 이루어지며, 재고유지원가는 재고에 투입되는 자금의 기회비용과 창고임차료, 보험료, 도난, 감손 등에 대한 비용으로 구성된다. 일반적으로 기업들은 재고유지원가를 제품단위당 연간기준으로 표현하지만, (주)AIFA는 주문별 시간기준으로 표현한다. 다음의 각 제품별 예상정보를 이용하여 아래 물음에 답하시오.

제품	평균 주문횟수	주문별 평균판매가격		주문별 직접재료원가	주문별 시간당 재고유지원가
		$MLT^* \leqq 300$	$MLT > 300$		
A	30	₩4,500	₩4,300	₩2,000	₩2
B	10	₩3,000	₩2,850	₩1,000	₩1

* MLT : 주문별 평균생산소요시간

(1) B제품의 재료처리량 공헌이익을 계산하시오.

(2) 회사가 B제품을 당기에 추가로 생산할 경우 증분손익은 얼마인가? 이를 근거로 B제품의 주문생산 여부를 판단하시오.

➡ 해설

1. AO = 3,000단위 ÷ 100단위 = 30회

   AMT = 80시간

   BO = 10회

   BMT = 40시간

   MCT = 3,000시간

   A만 생산시 주문별생산대기시간 $= \dfrac{(30 \times 80^2)}{2 \times (3,000 - 30 \times 80)} = 160$시간

   A, B모두 생산시 주문별생산대기시간 $= \dfrac{(30 \times 80^2 + 10 \times 40^2)}{2 \times (3,000 - 30 \times 80 - 10 \times 40)} = 520$시간

   A만 생산할 경우에 비하여 A, B를 모두 생산하는 경우 주문별생산대기시간은 225% 증가한다((520 − 160) ÷ 160 = 225%).

2. 제품별 평균생산대기시간이 평균생산소요시간의 합계에서 차지하는 비율은 다음과 같이 계산될 수 있다.

   $$\text{산 식} = \dfrac{\text{평균생산대기시간}}{\text{평균생산대기시간} + \text{제품별생산시간}}$$

   따라서

   $$\text{A제품} = \dfrac{520}{520 + 80} = 86.67\%$$

   $$\text{B제품} = \dfrac{520}{520 + 40} = 92.86\%$$

3. 생산소요시간(MLT)은 평균대기시간과 생산시간의 합계를 말한다.

   따라서, A제품만 생산할 경우 제품 A의 생산소요시간 = 생산시간 + 평균대기시간

   $= 100$시간 $+ 150$시간 $= 250$시간

   이 경우에는 생산소요시간(MLT)이 300시간 이하이므로 A의 판매가격은 ₩4,500이다.

   A제품과 B제품을 모두 생산할 경우 A의 생산소요시간 = 생산시간 + 평균대기시간

   $= 100$시간 $+ 320$시간 $= 420$시간

   이 경우에는 생산소요시간(MLT)이 300시간 초과이므로 A의 판매가격은 ₩4,300이다.

   제품 B의 생산소요시간 = 생산시간 + 평균대기시간

   $= 50$시간 $+ 320$시간 $= 370$시간

   따라서 B제품의 생산소요시간(MLT)이 300시간 초과이므로 B의 판매가격은 ₩2,850이다.

   (1) 제품 B의 재료처리량 공헌이익은

   제품 B의 매출액 : 10회 × ₩2,850 = ₩28,500

   제품 B의 재료비 : 10회 × ₩1,000 = ___10,000___

   재료처리량공헌이익 : ₩18,500

(2) 제품 B의 주문 수락 여부

	제품 A만 판매시	제품 A, B를 모두 판매시
매 출 액 재 료 비	30회 × ₩4,500 30회 × ₩2,000	30회 × ₩4,300 + 10회 × ₩2,850 30회 × ₩2,000 + 10회 × ₩1,000
처리량공헌이익 재고유지원가	30회 × ₩2,500 30회 × 250시간 × ₩2	30회 × ₩2,300 + 10회 × ₩1,850 30회 × 420시간 × ₩2 + 10회 × 370시간 × ₩1
영업이익	₩60,000	₩43,800 + ₩14,800

제품 A만 생산할 경우 공헌이익은 ₩60,000이지만, 제품 B를 추가할 경우 회사의 영업이익은 ₩58,600(=₩43,800 + ₩14,800)이 되어, 제품 B를 추가할 경우 증분손실 ₩1,400 발생하므로 제품 B를 추가해서는 안 된다.

(주)애플은 고성능컴퓨터 H를 제조하여 판매하고 있다. 모든 생산은 lot단위로 이루어지며 500개가 1lot가 된다. H의 예상판매량은 연간 25,000개이다. H를 생산하는데 소요되는 제조시간은 lot당 150시간이며, 대기시간은 lot당 100시간이다. 당사는 최근 소비자 욕구의 변화와 컴퓨터 판매시장의 변화에 맞추어 기능이 향상된 차세대 컴퓨터 N의 개발을 고려하고 있다. 회사가 H와 함께 N을 생산할 경우 대기시간은 두 제품 모두 lot당 250시간이 걸린다. N은 15,000개의 판매가 예상되며, 제조시간은 lot당 250시간이다. N의 판매는 H의 판매량에 전혀 영향을 미치지 않는다. 회사의 고정제조간접비 예산액은 총 ₩200,000이며, 변동제조간접비는 두 제품 모두 lot당 ₩4,000과 제조주기시간당 H는 ₩40, N은 ₩30이 발생될 것으로 예상된다. 제조주기는 대기시간과 제조시간의 합이다. 예를 들어 lot당 대기시간이 200시간이고 제조시간이 200시간 소요될 때 2lot를 생산하면 누적제조주기는 800시간이 된다. 또한, lot당 제조주기가 증가하게 되면 소비자 수요에 영향을 주게 되어 단위당 판매가격은 다음과 같이 하락한다.

	제품단위당 판매가격		제품 단위당 기초원가
	lot당 제조주기가 300시간 이하일때	lot당 제조주기가 300시간 초과할 때	
H	₩85	₩80	₩20
N	70	65	22

요구사항

1. H만 생산할 때에 비해서 두 제품을 동시에 생산하는 경우 회사의 매출액은 얼마나 증가 또는 감소하는가?

2. H만 생산할 때에 비해서 두 제품을 동시에 생산하는 경우 원가는 얼마나 증가 또는 감소하는가? 단, 판매량만큼 생산한다고 가정한다.

3. 위의 결과에 의할 경우 회사는 N을 생산하여야 하는가?

➡ 해설

1. 두 제품을 동시에 생산할 경우 회사 매출액의 증감

(1) 제조주기 계산

H만 생산할 경우	H, N을 모두 생산할 경우
H : 150h + 100h = 250h ≦ 300h	H : 150h + 250h = 400h > 300h N : 250h + 250h = 500h > 300h

(2) 매출액 계산

H만 생산할 경우	H, N을 모두 생산할 경우
H : 25,000개×85 = ₩2,125,000	H : 25,000개×80 = ₩2,000,000 N : 15,000개×65 = 975,000 ₩2,975,000

두 제품을 동시에 생산할 경우 매출액이 ₩850,000 증가한다.

2. 두 제품을 동시에 생산할 경우 원가의 증감

H만 생산할 경우	H, N을 모두 생산할 경우
기초원가 : 25,000개×20 = ₩ 500,000 변동제조간접비 : 50lot×₩4,000 = 200,000 50lot×250h×₩40 = 500,000 ₩1,200,000	기초원가 H: 25,000개×20 = ₩500,000 N: 15,000개×22 = 330,000 변동제조간접비 : (50+30)lot×₩4,000 = 320,000 50lot×400h×₩40 = 800,000 30lot×500h×₩30 = 450,000 ₩2,400,000

두 제품을 동시에 생산할 경우 원가가 ₩1,200,000 증가한다.

3. 두 제품을 동시에 생산할 경우

매출증가 : ₩ 850,000
원가증가 : 1,200,000
증분이익 : (₩ 350,000)

두 제품을 동시에 생산할 경우 영업이익이 ₩350,000만큼 감소하므로 N제품을 생산하지 않는다.

㈜한국은 균형성과표(BSC; balanced scorecard)를 활용하여 경영진을 평가하여 보상한다. 이를 위해 각 경영자에게 지급할 보너스는 다음 네 가지 성과측정치와 연계하여 최종적으로 결정한다.

        ① 고객만족도지수(CSI)
        ② 종업원만족도지수(ESI)
        ③ 지역사회기여도지수(CCI)
        ④ 재무성과지수(FPI)

이 회사는 매년 여론조사기관에 의뢰하여 고객, 종업원 및 지역주민을 대상으로 설문조사를 실시한 결과에 입각하여 고객만족도지수(CSI), 종업원만족도지수(ESI), 지역사회기여도지수(CCI)를 산출하게 되며, 이들은 모두 %지수이다. 재무성과는 해당 회계연도의 영업현금흐름(CFFO)을 활용하며, 이를 %지수인 재무성과지수(FPI)로 전환하기 위해 다음 산식을 이용한다.

$$FPI = -300 + 0.075 \times CFFO$$

경영진은 고객만족도, 종업원만족도 및 지역사회기여도의 개선을 위해 각 영역별로 매년 추가로 지출할 금액을 결정한다. 경영진은 각 영역(고객, 종업원 및 지역사회)에 대해 추가적 지출을 전혀 하지 않는 경우 2012 회계연도의 영업현금흐름(CFFO)을 ₩4,800으로 예상하고 있다. 각 영역별 추가 지출액은 해당 영역의 지수를 개선할 뿐만 아니라 회사의 영업현금흐름(CFFO)을 증가시킬 것으로 기대된다.

이 회사가 2012 회계연도 중 각 영역별로 ₩100, ₩200, ₩300, ₩400, ₩500, ₩600 중 하나의 금액을 추가로 지출할 경우, 해당 영역에서 (i) 예상되는 달성가능한 지수와 (ii) 당기 영업현금흐름(CFFO)의 증가액은 다음 표와 같다.

지출액	고객		종업원		지역사회	
	CSI	CFFO	ESI	CFFO	CCI	CFFO
₩100	60%	₩240	75%	₩140	40%	₩150
₩200	75%	₩320	80%	₩260	50%	₩300
₩300	80%	₩420	85%	₩300	60%	₩450
₩400	85%	₩500	90%	₩360	70%	₩600
₩500	90%	₩580	95%	₩400	80%	₩800
₩600	95%	₩660	100%	₩420	90%	₩800

예를 들어, 이 회사가 2012 회계연도 중 종업원관련활동에 ₩600을 추가로 지출하게 되면 종업원 만족도지수(ESI)는 100%를 달성할 수 있으며, 영업현금흐름은 ₩420만큼 증가하지만 순영업현금 흐름은 ₩180(=600 − 420)만큼 감소할 것으로 예상된다.

2012 회계연도 중 각 영역에 지출 가능한 금액은 최대 ₩600이며, 세 영역에 대해 지출 가능한 총 금액은 ₩1,800이다.

㈜한국은 각 경영자의 보너스를 결정하기 위한 최종 BSC점수로 네 가지 지수인 고객만족도지수 (CSI), 종업원만족도지수(ESI), 지역사회기여도지수(CCI) 및 재무성과지수(FPI)를 산술평균한 값을 이용한다.

요구사항

1. ㈜한국의 경영진은 2012 회계연도 재무성과지수를 극대화하고자 한다고 가정하자.

   (1) 이 경우 경영진이 각 영역(고객, 종업원 및 지역사회)별로 추가로 지출하여야 하는 금액을 결정하시오.

   (2) 이 경우 예상되는 BSC점수를 계산하시오.

2. ㈜한국의 경영진은 자신들이 수령하게 될 2012 회계연도 보너스를 극대화하고자 한다고 가정하자.

   (1) 이 경우 경영진이 각 영역(고객, 종업원 및 지역사회)별로 추가로 지출하여야 하는 금액을 결정하시오.

   (2) 이 경우 예상되는 BSC점수를 계산하시오.

3. 일반적으로 균형성과표는 재무 관점, 고객 관점, 기업내부프로세스 관점, 조직학습 및 성장 관점을 모두 고려하고 있다. 그러나 기업의 전략에 따라 이 네 가지 관점 중 보다 중요하게 여겨 보다 강조해야 할 관점이 다를 수 있다. 기업이 추구하는 전략의 유형에 따라 균형성과표를 개발함에 있어서 어떻게 다를 수 있는지에 대해 설명하시오.

➡ 해설

1. 재무성과지수 극대화

(1) 지출액별 각 영역별 순영업현금흐름

지출액	고객	종업원	지역사회
₩100	**140**	40	50
₩200	120	**60**	100
₩300	120	0	150
₩400	100	(40)	200
₩500	80	(100)	**300**
₩600	60	(180)	200

순영업현금흐름이 극대화되기 위해서는 고객, 종업원, 지역사회에 각각 ₩100, ₩200, ₩500이 지출되어야 한다.

(2) BSC 점수

지출액	고객(CSI)	종업원(ESI)	지역사회(CCI)	재무(FPI)
₩100	60%	80%	80%	97.5%[1]

[1] $FPI = -300 + 0.075 \times (4,800 + 140 + 60 + 300) = 97.5$

따라서, 예상되는 BSC 점수는 $79.375\% \left(= \dfrac{(60\% + 80\% + 80\% + 97.5\%)}{4} \right)$ 이다.

2. 보너스 극대화

(1)
특정 영역의 지수가 5%이상 증가할 때, 재무성과지수가 5% 미만 감소한다면, 특정영역의 지수를 높이기 위해 지출을 증가시켜야 할 것이다. 따라서 특정 영역의 지수가 5%이상 증가할 때, 영업현금흐름이 약 ₩66.67(=5%÷0.075)미만 감소한다면, 특정 영역의 지수를 증가시켜야 한다는 것이다.

따라서, 고객만족도지수(CSI)를 60%에서 95%로 35%증가시키기 위해 고객에 대한 지출액을 ₩100에서 ₩600으로 증가시킬 경우, 순영업현금흐름이 ₩80(=140-60) 감소하게 되는데, 이는 재무성과지수를 6%(=80×0.075)만큼 감소시키므로, 고객에 대한 지출은 ₩600으로 하여야 한다.

또, 종업원만족도지수(ESI)를 80%에서 95%로 15%증가시키기 위해 종업원에 대한 지출액을 ₩200에서 ₩500으로 증가시킬 경우, 순영업현금흐름이 ₩160(60+100) 감소하게 되는데, 이는 재무성과지수를 12%(=160×0.075)만큼 감소시키므로, 고객에 대한 지출은 ₩500으로 하여야 한다. 그러나 종업원만족도지수(ESI)를 95%에서 100%로 5%만큼 증가시킬 경우 영업현금흐름은 ₩80감소하게 되어 재무성과지수가 6%(=80×0.075)만큼 감소하므로 종업원만족도지수는 95%에서 더 이상 증가시키지 않는 것이 좋다.

마지막으로 지역사회기여도지수(CCI)를 80%에서 90%로 10%증가시키기 위해 지역사회에 대한 지출액을 ₩500에서 ₩600으로 증가시킬 경우, 순영업현금흐름이 ₩100(300 − 200) 감소하게 되는데, 이는 재무성과지수를 7.5%(100×0.075)만큼 감소시키므로, 고객에 대한 지출은 ₩600으로 하여야 한다.

따라서 보너스를 극대화하기 위해서는 고객에 대한 지출은 ₩600, 종업원에 대한 지출은 ₩500, 지역사회에 대한 지출은 ₩600으로 하여야 한다.

(2) 보너스를 극대화하는 경우 BSC 점수

지출액	고객(CSI)	종업원(ESI)	지역사회(CCI)	재무(FPI)
₩100	95%	95%	90%	72%[*]

> [*] FPI = − 300 + 0.075 × (4,800 + 60 − 100 + 200) = 72

따라서, 예상되는 BSC 점수는 $88\% \left(= \dfrac{(95\% + 95\% + 90\% + 72\%)}{4} \right)$ 이다.

3. 전략과 균형성과표의 연계성

기업이 제품차별화전략을 추구하는 경우 재무적관점에서 단순히 영업이익보다는 회사가 판매하는 프리미엄 제품에서 영업이익이 얼마나 발생하는지를 평가하여야 하며, 고객관점에서는 프리미엄고객의 증가율, 프리미엄 제품에 대한 고객들의 만족도 등을 측정지표로 고려하여야 할 것이다. 또한 내부경영프로세스관점에서는 새로운 프리미엄제품의 개발기간, 학습과 성장관점에서는 프리미엄제품을 생산하기 위한 진보된 기술력과 종업원들의 이러한 기술력의 습득정도 등을 측정하도록 함으로서 균형성과표의 네 가지 관점이 회사의 제품차별화전략과 연계될 수 있도록 하여야 할 것이다.

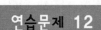

연습문제 12 활동기준경영과 균형성과표 2001년 CPA 2차

(주)진주는 전자회로기판 HIC를 제조판매하는 회사이며, 회사의 제품생산과 관련된 원가정보는 다음과 같다.

> 직접재료비 : 단위당 ₩10
>
> 직접노무비 : 단위당 0.5시간, 직접노무비 임률은 시간당 ₩20이다.

생산부서 담당 허이사는 지난 수개월간의 제조간접비에 대한 회귀추정 결과 다음과 같은 제조간접비 회귀추정식을 도출해 내었다.

> 제조간접비 = ₩50,000 + ₩12,000×lot + ₩40×직접노동시간

이 중 원가동인에 비례하지 않는 원가는 고정비로 간주하며, 1,000단위를 1lot로 생산하고 있다. 단, 회사의 유휴생산능력은 충분하다고 가정한다.

[요구사항]

1. 당사는 외부로부터 제품 1,000단위를 단위당 ₩50에 납품해 달라는 특별주문을 받았다. 허이사의 회귀추정식에 의할 경우 회사는 특별주문을 수락할 것인가? 만일 수락한다면 회사의 영업이익은 얼마나 증가 또는 감소하는가?

2. 한편, 회사의 정상무는 허이사와는 달리 회사의 제조간접비가 직접노동시간에만 비례한다고 보아 다음과 같은 단순한 회귀추정식을 도출해 내었다.

> 제조간접비 = ₩80,000 + ₩50 × 직접노동시간

정상무의 회귀추정식을 이용하여 (요구사항 1)의 의사결정을 다시 할 경우 특별주문을 수락할 것인가? 회사의 실제 영업이익은 얼마나 증가 또는 감소하는가?

3. 특별주문을 수락하여 실제로 발생한 제조간접비는 허이사가 추정한 회귀추정식에 의해 산출된 결과와 같았으며, 이외의 직접원가 발생액은 다음과 같았다고 할 때, 회사가 특별주문을 수락하면 실제 영업이익은 얼마나 증가 또는 감소하는가?

> 직접재료비 : 단위당 ₩12
>
> 직접노무비 : 단위당 0.55시간, 직접노무비 임률은 시간당 ₩20이다.

4. 회사는 생산부서 담당 이사의 상여금을 수년간 아래와 같은 함수에 의하여 지급해 왔다.

> 상여금 = ₩50,000 × 0.5% + 직접노무비 절감액 × 0.2% + 제조간접비 절감액

그러나 당해연도부터는 고객만족도, 품질향상, 종업원 성취도 등과 같은 다양한 목표를 설정하고 이를 반영하여 상여금을 지급하고자 한다. 이에 따라 회사는 상여금 지급방법을 다음과 같이 변경하였다.

> · 제품배달시간이 감소할 경우 상여금을 추가지급한다.
> · 불량품 수량 감소시 이를 상여금 지급액에 반영한다.
> · 종업원의 업무만족도 향상을 상여금에 반영한다.
> · 시장점유율이 증가하면 상여금을 추가지급한다.

(1) 위 성과측정 지표가 균형성과표의 네 가지 관점(perspective) 중 어떠한 관점과 관련이 있는가?(구체적인 설명은 불필요함)

(2) 위 성과표를 반영할 경우의 장점이 무엇인지 설명하시오.

➡ 해설

1. 특별주문 수락여부

매 출 증 가	: 1,000단위 × 50	=	₩50,000
직접재료비 증가	: 1,000단위 × 10	=	(10,000)
직접노무비 증가	: 1,000단위 × 0.5h×20	=	(10,000)
변동제조간접비 증가	:		(32,000)[*1]
증 분 이 익	:		(₩ 2,000)

　　[*1] 12,000×1lot + 40×(1,000단위×0.5h) = ₩32,000

허이사의 추정식에 따를 경우, 특별주문을 수락하면 영업이익이 ₩2,000 감소하므로 수락하지 않는다.

2. 특별주문 수락여부

매 출 증 가	: 1,000단위 × 50	=	₩50,000
직접재료비 증가	: 1,000단위 × 10	=	(10,000)
직접노무비 증가	: 1,000단위 × 0.5h×20	=	(10,000)
변동제조간접비 증가	: 1,000단위 × 0.5h×50	=	(25,000)
증 분 이 익	:		₩ 5,000

정상무의 추정식에 따를 경우, 특별주문을 수락하면 영업이익이 ₩5,000 증가하므로 수락한다.

3. 특별주문 수락시 영업이익의 증감

매 출 증 가	: 1,000단위 × 50	=	₩50,000
직접재료비 증가	: 1,000단위 × 12	=	(12,000)
직접노무비 증가	: 1,000단위 × 0.55h×20	=	(11,000)
변동제조간접비 증가	:		(34,000)[*1]
증 분 이 익	:		(₩ 7,000)

　　[*1] 12,000×1lot + 40×(1,000단위×0.55h) = ₩34,000

회사는 특별주문을 수락할 경우 영업이익이 ₩7,000 감소한다.

4. 균형성과표

(1) 균형성과표의 네 가지 관점

- 제품배달시간이 감소할 경우 상여금을 추가지급한다. → 내부프로세스 관점
- 불량품 수량 감소시 이를 상여금 지급액에 반영한다. → 내부프로세스 관점
- 종업원의 업무만족도 향상을 상여금에 반영한다. → 학습과성장 관점
- 시장점유율이 증가하면 상여금을 추가지급한다. → 고객 관점

(2) 균형성과표의 장점
- 재무적 측정치(원가절감)와 비재무적 측정치(고객만족, 품질향상, 종업원 성취도)간의 균형 있는 성과평가를 할 수 있다.
- 재무적 관점에 의한 단기적 성과와 나머지 세 가지 관점에 의한 장기적 성과간의 균형을 이룰 수 있다.
- 재무적 관점, 고객관점에 의한 외부적 측정치와 기업내부 프로세스 관점, 학습과 성장 관점에 의한 내부적 측정치간의 균형을 이룰 수 있다.

연습문제 13   대리인이론   2006년 CPA 2차

㈜코리아는 전자 부품을 생산·판매하는 회사이다. ㈜코리아는 소유지분이 분산되어 지배주주는 없으며 전문경영인을 고용하여 운영되고 있다. 전문경영인이 경영활동에 투입하는 노력은 높은 수준의 노력 H와 낮은 수준의 노력 L 두 가지만 가능하다.

㈜코리아의 최종 성과(outcome)는 전문경영인의 노력 여하에 따라 ₩10 혹은 ₩30 둘 중 하나로만 나타난다. 전문경영인이 높은 수준의 노력 H를 기울일 경우 최종 성과가 ₩10이 될 확률은 0.1, ₩30이 될 확률은 0.9이다. 그리고, 전문경영인이 낮은 수준의 노력 L을 기울일 경우 최종 성과가 ₩10이 될 확률은 0.8, ₩30이 될 확률은 0.2이다.

㈜코리아의 위험행태는 위험중립적이며, 전문경영인은 위험회피적이다. 전문경영인의 효용은 급여와 노력의 함수이다. 그 구체적인 내용은 아래의 효용함수 u(w,e)와 같다. 효용함수의 첫째 항은 급여에 대한 효용, 둘째 항은 노력으로 인한 비효용을 나타낸다.

$$u(w,\ e) = \sqrt{w} - v(e)$$

여기에서,

     w = 회사가 전문경영인에게 지급하는 급여
     e = 전문경영인의 노력 H 혹은 L
     v(·) = 노력으로 인한 비효용함수로서,
         v(L)=1, v(H)=2 라고 가정한다.

※ 전문경영인이 외부 노동시장에서 받을 수 있는 기회 임금의 효용은 1이라고 가정한다.

요구사항

1. 전문경영인의 노력 수준 H 또는 L이 객관적으로 관찰가능하고 가정하자.

   (1) ㈜코리아는 전문경영인의 도덕적 해이를 완화하는 데 있어서 '전문경영인의 노력' 또는 '최종 성과' 중 어느 변수를 기초로 전문경영인과 고용계약을 체결하는 것이 보다 효과적인가?

   (2) 전문경영인이 높은 수준의 노력(H)을 투입했을 때 회사가 일정액의 고정급을 지급하기로 하는 고용계약을 체결하고자 한다면, ㈜코리아는 최소 얼마 이상의 고정급을 지급해야 하는가? ㈜코리아는 최소한 전문경영인이 외부 노동시장에서 받을 수 있는 기회 임금의 효용 이상을 보장하는 금액을 지급해야한다.

(3) 전문경영인이 낮은 수준의 노력(L)을 투입했을 때 회사가 일정액의 고정급을 지급하기로 하는 고용계약을 체결하고자 한다면, ㈜코리아는 최소 얼마 이상의 고정급을 지급해야 하는가? ㈜코리아는 최소한 전문경영인이 외부 노동시장에서 받을 수 있는 기회 임금의 효용 이상을 보장하는 금액을 지급해야한다.

2. 전문경영인의 노력 수준에 대해서는 객관적인 관찰이 불가능 하지만, 최종 성과는 객관적으로 관찰 가능하다고 가정하자. ㈜코리아는 최종 성과에 기초해 성과급을 지급하는 고용계약을 전문경영인과 체결하려고 한다. 전문경영인으로 하여금 높은 수준의 노력(H)을 투입하도록 동기부여하기 위해서는 최종 성과가 ₩10일 경우에는 성과급 ₩3을, 그리고 최종 성과가 ₩30일 경우에는 성과급 ₩10을 지급하는 것이 최적으로 분석되었다고 하자.

(1) 이 때 전문경영인이 높은 수준의 노력(H)을 투입했을 때의 기대 급여를 계산하고, (요구사항 1)의 (2)에서 계산한 고정급보다 큰 이유를 4줄 이내로 간략히 설명하시오.

(2) ① 회사가 전문경영인으로 하여금 높은 수준의 노력(H)을 투입하도록 성과급을 지급하는 경우 회사의 기대 이익(최종성과 − 급여)이, ② 최소 고정급을 지급함으로써 전문경영인이 낮은 수준의 노력(L)을 투입했을 경우 기대 이익(최종성과 − 급여)에 비해 ③ 기대 이익이 얼마나 증가하는가?

➡ 해설

1. 전문경영인의 노력수준이 객관적으로 관찰가능한 경우

(1) 전문경영인의 노력수준이 관찰가능하다면 도덕적 해이를 완화하는데 "전문경영인의 노력"을 기초로 전문경영인과 고용계약을 체결하는 것이 보다 효과적이다.

(2) 높은수준의 노력을 투입한 경우 기대효용 $u(w,e) = \sqrt{w} - v(e) = \sqrt{w} - 2$ 이 외부 노동시장에서 받을 수 있는 기회 임금의 효용은 1 보다 커야 하므로, 다음을 만족하여야 한다.

$$\sqrt{w} - 2 \geqq 1 \quad \rightarrow \quad w \geqq 9$$

따라서 높은수준의 노력(H)을 투입하도록 하기 위해서 회사는 전문경영인에게 고정급 9 이상을 지급하여야 한다.

(3) 낮은수준의 노력을 투입한 경우 기대효용 $u(w,e) = \sqrt{w} - v(e) = \sqrt{w} - 1$ 이 외부 노동시장에서 받을 수 있는 기회 임금의 효용은 1 보다 커야 하므로, 다음을 만족하여야 한다.

$$\sqrt{w} - 1 \geqq 1 \quad \rightarrow \quad w \geqq 4$$

따라서 낮은수준의 노력(L)을 투입하도록 하기 위해서 회사는 전문경영인에게 고정급 4 이상을 지급하여야 한다.

2. 전문경영인의 노력수준이 객관적으로 관찰 불가능한 경우

(1) 높은 수준의 노력을 투입했을 때의 기대 성과급

$3 \times 10\% + 10 \times 90\% = 9.3$

(2) 회사의 기대이익

① 전문경영인으로 하여금 높은 수준의 노력(H)을 투입하도록 성과급을 지급하는 경우 회사의 기대 이익 $= 10 \times 10\% + 30 \times 90\% - 9.3 = 18.7$

② 최소 고정급을 지급함으로써 전문경영인이 낮은 수준의 노력(L)을 투입했을 경우 기대 이익 $= 10 \times 80\% + 30 \times 20\% - 4 = 10$

③ 기대이익의 증가 $= 18.7 - 10 = 8.7$

부 록

표 1 복리이자요소

(n : 기간, i : 이자율)

n/i	1%	2%	3%	4%	5%	6%	7%	8%	9%	10%
1	1.01000	1.02000	1.03000	1.04000	1.05000	1.06000	1.07000	1.08000	1.09000	1.10000
2	1.02010	1.04040	1.06090	1.08160	1.10250	1.12360	1.14490	1.16640	1.18810	1.21000
3	1.03030	1.06121	1.09273	1.12486	1.15763	1.19102	1.22504	1.25971	1.29503	1.33100
4	1.04060	1.08243	1.12551	1.16986	1.21551	1.26248	1.31080	1.36049	1.41158	1.46410
5	1.05101	1.10408	1.15927	1.21665	1.27628	1.33823	1.40255	1.46933	1.53862	1.61051
6	1.06152	1.12616	1.19405	1.26532	1.34010	1.41852	1.50073	1.58687	1.67710	1.77156
7	1.07214	1.14869	1.22987	1.31593	1.40710	1.50363	1.60578	1.71382	1.82804	1.94872
8	1.08286	1.17166	1.26677	1.36857	1.47746	1.59385	1.71819	1.85093	1.99256	2.14359
9	1.09369	1.19509	1.30477	1.42331	1.55133	1.68948	1.83846	1.99900	2.17189	2.35795
10	1.10462	1.21899	1.34392	1.48024	1.62889	1.79085	1.96715	2.15892	2.36736	2.59374
11	1.11567	1.24337	1.38423	1.53945	1.71034	1.89830	2.10485	2.33164	2.58043	2.85312
12	1.12683	1.26824	1.42576	1.60103	1.79586	2.01220	2.25219	2.51817	2.81266	3.13843
13	1.13809	1.29361	1.46853	1.66507	1.88565	2.13293	2.40985	2.71962	3.06580	3.45227
14	1.14947	1.31948	1.51259	1.73168	1.97993	2.26090	2.57853	2.93719	3.34173	3.79750
15	1.16097	1.34587	1.55797	1.80094	2.07893	2.39656	2.75903	3.17217	3.64248	4.17725
16	1.17258	1.37279	1.60471	1.87298	2.18287	2.54035	2.95216	3.42594	3.97031	4.59497
17	1.18430	1.40024	1.65285	1.94790	2.29202	2.69277	3.15882	3.70002	4.32763	5.05447
18	1.19615	1.42825	1.70243	2.02582	2.40662	2.85434	3.37993	3.99602	4.71712	5.55992
19	1.20811	1.45681	1.75351	2.10685	2.52695	3.02560	3.61653	4.31570	5.14166	6.11591
20	1.22019	1.48595	1.80611	2.19112	2.65330	3.20714	3.86968	4.66096	5.60441	6.72750

n/i	11%	12%	13%	14%	15%	16%	17%	18%	19%	20%
1	1.11000	1.12000	1.13000	1.14000	1.15000	1.16000	1.17000	1.18000	1.19000	1.20000
2	1.23210	1.25440	1.27690	1.29960	1.32250	1.34560	1.36890	1.39240	1.41610	1.44000
3	1.36763	1.40493	1.44290	1.48154	1.52088	1.56090	1.60161	1.64303	1.68516	1.72800
4	1.51807	1.57352	1.63047	1.68896	1.74901	1.81064	1.87389	1.93878	2.00534	2.07360
5	1.68506	1.76234	1.84244	1.92541	2.01136	2.10034	2.19245	2.28776	2.38635	2.48832
6	1.87041	1.97382	2.08195	2.19497	2.31306	2.43640	2.56516	2.69955	2.83976	2.98598
7	2.07616	2.21068	2.35261	2.50227	2.66002	2.82622	3.00124	3.18547	3.37932	3.58318
8	2.30454	2.47596	2.65844	2.85259	3.05902	3.27841	3.51145	3.75886	4.02139	4.29982
9	2.55804	2.77308	3.00404	3.25195	3.51788	3.80296	4.10840	4.43545	4.78545	5.15978
10	2.83942	3.10585	3.39457	3.70722	4.04556	4.41144	4.80683	5.23384	5.69468	6.19174
11	3.15176	3.47855	3.83586	4.22623	4.65239	5.11726	5.62399	6.17593	6.77667	7.43008
12	3.49845	3.89598	4.33452	4.81790	5.35025	5.93603	6.58007	7.28759	8.06424	8.91610
13	3.88328	4.36349	4.89801	5.49241	6.15279	6.88579	7.69868	8.59936	9.59645	10.69932
14	4.31044	4.88711	5.53475	6.26135	7.07571	7.98752	9.00745	10.14724	11.41977	12.83918
15	4.78459	5.47357	6.25427	7.13794	8.13706	9.26552	10.53872	11.97375	13.58953	15.40702
16	5.31089	6.13039	7.06733	8.13725	9.35762	10.74800	12.33030	14.12902	16.17154	18.48843
17	5.89509	6.86604	7.98608	9.27646	10.76126	12.46768	14.42646	16.67225	19.24413	22.18611
18	6.54355	7.68997	9.02427	10.57517	12.37545	14.46251	16.87895	19.67325	22.90052	26.62333
19	7.26334	8.61276	10.19742	12.05569	14.23177	16.77652	19.74838	23.21444	27.25162	31.94800
20	8.06231	9.64629	11.52309	13.74349	16.36654	19.46076	23.10560	27.39303	32.42942	38.33760

표 2 연금의 복리이자요소

(n : 기간, i : 이자율)

n/i	1%	2%	3%	4%	5%	6%	7%	8%	9%	10%
1	1.00000	1.00000	1.00000	1.00000	1.00000	1.00000	1.00000	1.00000	1.00000	1.00000
2	2.01000	2.02000	2.03000	2.04000	2.05000	2.06000	2.07000	2.08000	2.09000	2.10000
3	3.03010	3.06040	3.09090	3.12160	3.15250	3.18360	3.21490	3.24640	3.27810	3.31000
4	4.06040	4.12161	4.18363	4.24646	4.31013	4.37462	4.43994	4.50611	4.57313	4.64100
5	5.10101	5.20404	5.30914	5.41632	5.52563	5.63709	5.75074	5.86660	5.98471	6.10510
6	6.15202	6.30812	6.46841	6.63298	6.80191	6.97532	7.15329	7.33593	7.52333	7.71561
7	7.21354	7.43428	7.66246	7.89829	8.14201	8.39384	8.65402	8.92280	9.20043	9.48717
8	8.28567	8.58297	8.89234	9.21423	9.54911	9.89747	10.25980	10.63663	11.02847	11.43589
9	9.36853	9.75463	10.15911	10.58280	11.02656	11.49132	11.97799	12.48756	13.02104	13.57948
10	10.46221	10.94972	11.46388	12.00611	12.57789	13.18079	13.81645	14.48656	15.19293	15.93742
11	11.56683	12.16872	12.80780	13.48635	14.20679	14.97164	15.78360	16.64549	17.56029	18.53117
12	12.68250	13.41209	14.19203	15.02581	15.91713	16.86994	17.88845	18.97713	20.14072	21.38428
13	13.80933	14.68033	15.61779	16.62684	17.71298	18.88214	20.14064	21.49530	22.95338	24.52271
14	14.94742	15.97394	17.08632	18.29191	19.59863	21.01507	22.55049	24.21492	26.01919	27.97498
15	16.09690	17.29342	18.59891	20.02359	21.57856	23.27597	25.12902	27.15211	29.36092	31.77248
16	17.25786	18.63929	20.15688	21.82453	23.65749	25.67253	27.88805	30.32428	33.00340	35.94973
17	18.43044	20.01207	21.76159	23.69751	25.84037	28.21288	30.84022	33.75023	36.97370	40.54470
18	19.61475	21.41231	23.41444	25.64541	28.13238	30.90565	33.99903	37.45024	41.30134	45.59917
19	20.81090	22.84056	25.11687	27.67123	30.53900	33.75999	37.37896	41.44626	46.01846	51.15909
20	22.01900	24.29737	26.87037	29.77808	33.06595	36.78559	40.99549	45.76196	51.16012	57.27500

n/i	11%	12%	13%	14%	15%	16%	17%	18%	19%	20%
1	1.00000	1.00000	1.00000	1.00000	1.00000	1.00000	1.00000	1.00000	1.00000	1.00000
2	2.11000	2.12000	2.13000	2.14000	2.15000	2.16000	2.17000	2.18000	2.19000	2.20000
3	3.34210	3.37440	3.40690	3.43960	3.47250	3.50560	3.53890	3.57240	3.60610	3.64000
4	4.70973	4.77933	4.84980	4.92114	4.99338	5.06650	5.14051	5.21543	5.29126	5.36800
5	6.22780	6.35285	6.48027	6.61010	6.74238	6.87714	7.01440	7.15421	7.29660	7.44160
6	7.91286	8.11519	8.32271	8.53552	8.75374	8.97748	9.20685	9.44197	9.68295	9.92992
7	9.78327	10.08901	10.40466	10.73049	11.06680	11.41387	11.77201	12.14152	12.52271	12.91590
8	11.85943	12.29969	12.75726	13.23276	13.72682	14.24009	14.77325	15.32700	15.90203	16.49908
9	14.16397	14.77566	15.41571	16.08535	16.78584	17.51851	18.28471	19.08585	19.92341	20.79890
10	16.72201	17.54874	18.41975	19.33730	20.30372	21.32147	22.39311	23.52131	24.70886	25.95868
11	19.56143	20.65458	21.81432	23.04452	24.34928	25.73290	27.19994	28.75514	30.40355	32.15042
12	22.71319	24.13313	25.65018	27.27075	29.00167	30.85017	32.82393	34.93107	37.18022	39.58050
13	26.21164	28.02911	29.98470	32.08865	34.35192	36.78620	39.40399	42.21866	45.24446	48.49660
14	30.09492	32.39260	34.88271	37.58107	40.50471	43.67199	47.10267	50.81802	54.84091	59.19592
15	34.40536	37.27971	40.41746	43.84241	47.58041	51.65951	56.11013	60.96527	66.26068	72.03511
16	39.18995	42.75328	46.67173	50.98035	55.71747	60.92503	66.64885	72.93901	79.85021	87.44213
17	44.50084	48.88367	53.73906	59.11760	65.07509	71.67303	78.97915	87.06804	96.02175	105.93056
18	50.39594	55.74971	61.72514	68.39407	75.83636	84.14072	93.40561	103.74028	115.26588	128.11667
19	56.93949	63.43968	70.74941	78.96923	88.21181	98.60323	110.28456	123.41353	138.16640	154.74000
20	64.20283	72.05244	80.94683	91.02493	102.44358	115.37975	130.03294	146.62797	165.41802	186.68800

표 3 현가이자요소

(n : 기간, i : 이자율)

n/i	1%	2%	3%	4%	5%	6%	7%	8%	9%	10%
1	0.99010	0.98039	0.97087	0.96154	0.95238	0.94340	0.93458	0.92593	0.91743	0.90909
2	0.98030	0.96117	0.94260	0.92456	0.90703	0.89000	0.87344	0.85734	0.84168	0.82645
3	0.97059	0.94232	0.91514	0.88900	0.86384	0.83962	0.81630	0.79383	0.77218	0.75131
4	0.96098	0.92385	0.88849	0.85480	0.82270	0.79209	0.76290	0.73503	0.70843	0.68301
5	0.95147	0.90573	0.86261	0.82193	0.78353	0.74726	0.71299	0.68058	0.64993	0.62092
6	0.94205	0.88797	0.83748	0.79031	0.74622	0.70496	0.66634	0.63017	0.59627	0.56447
7	0.93272	0.87056	0.81309	0.75992	0.71068	0.66506	0.62275	0.58349	0.54703	0.51316
8	0.92348	0.85349	0.78941	0.73069	0.67684	0.62741	0.58201	0.54027	0.50187	0.46651
9	0.91434	0.83676	0.76642	0.70259	0.64461	0.59190	0.54393	0.50025	0.46043	0.42410
10	0.90529	0.82035	0.74409	0.67556	0.61391	0.55839	0.50835	0.46319	0.42241	0.38554
11	0.89632	0.80426	0.72242	0.64958	0.58468	0.52679	0.47509	0.42888	0.38753	0.35049
12	0.88745	0.78849	0.70138	0.62460	0.55684	0.49697	0.44401	0.39711	0.35553	0.31863
13	0.87866	0.77303	0.68095	0.60057	0.53032	0.46884	0.41496	0.36770	0.32618	0.28966
14	0.86996	0.75788	0.66112	0.57748	0.50507	0.44230	0.38782	0.34046	0.29925	0.26333
15	0.86135	0.74301	0.64186	0.55526	0.48102	0.41727	0.36245	0.31524	0.27454	0.23939
16	0.85282	0.72845	0.62317	0.53391	0.45811	0.39365	0.33873	0.29189	0.25187	0.21763
17	0.84438	0.71416	0.60502	0.51337	0.43630	0.37136	0.31657	0.27027	0.23107	0.19784
18	0.83602	0.70016	0.58739	0.49363	0.41552	0.35034	0.29586	0.25025	0.21199	0.17986
19	0.82774	0.68643	0.57029	0.47464	0.39573	0.33051	0.27651	0.23171	0.19449	0.16351
20	0.81954	0.67297	0.55368	0.45639	0.37689	0.31180	0.25842	0.21455	0.17843	0.14864

n/i	11%	12%	13%	14%	15%	16%	17%	18%	19%	20%
1	0.90090	0.89286	0.88496	0.87719	0.86957	0.86207	0.85470	0.84746	0.84034	0.83333
2	0.81162	0.79719	0.78315	0.76947	0.75614	0.74316	0.73051	0.71818	0.70616	0.69444
3	0.73119	0.71178	0.69305	0.67497	0.65752	0.64066	0.62437	0.60863	0.59342	0.57870
4	0.65873	0.63552	0.61332	0.59208	0.57175	0.55229	0.53365	0.51579	0.49867	0.48225
5	0.59345	0.56743	0.54276	0.51937	0.49718	0.47611	0.45611	0.43711	0.41905	0.40188
6	0.53464	0.50663	0.48032	0.45559	0.43233	0.41044	0.38984	0.37043	0.35214	0.33490
7	0.48166	0.45235	0.42506	0.39964	0.37594	0.35383	0.33320	0.31393	0.29592	0.27908
8	0.43393	0.40388	0.37616	0.35056	0.32690	0.30503	0.28478	0.26604	0.24867	0.23257
9	0.39092	0.36061	0.33288	0.30751	0.28426	0.26295	0.24340	0.22546	0.20897	0.19381
10	0.35218	0.32197	0.29459	0.26974	0.24718	0.22668	0.20804	0.19106	0.17560	0.16151
11	0.31728	0.28748	0.26070	0.23662	0.21494	0.19542	0.17781	0.16192	0.14757	0.13459
12	0.28584	0.25668	0.23071	0.20756	0.18691	0.16846	0.15197	0.13722	0.12400	0.11216
13	0.25751	0.22917	0.20416	0.18207	0.16253	0.14523	0.12989	0.11629	0.10421	0.09346
14	0.23199	0.20462	0.18068	0.15971	0.14133	0.12520	0.11102	0.09855	0.08757	0.07789
15	0.20900	0.18270	0.15989	0.14010	0.12289	0.10793	0.09489	0.08352	0.07359	0.06491
16	0.18829	0.16312	0.14150	0.12289	0.10686	0.09304	0.08110	0.07078	0.06184	0.05409
17	0.16963	0.14564	0.12522	0.10780	0.09293	0.08021	0.06932	0.05998	0.05196	0.04507
18	0.15282	0.13004	0.11081	0.09456	0.08081	0.06914	0.05925	0.05083	0.04367	0.03756
19	0.13768	0.11611	0.09806	0.08295	0.07027	0.05961	0.05064	0.04308	0.03670	0.03130
20	0.12403	0.10367	0.08678	0.07276	0.06110	0.05139	0.04328	0.03651	0.03084	0.02608

표 4 연금의 현가이자요소

(n : 기간, i : 이자율)

n/i	1%	2%	3%	4%	5%	6%	7%	8%	9%	10%
1	0.99010	0.98039	0.97087	0.96154	0.95238	0.94340	0.93458	0.92593	0.91743	0.90909
2	1.97040	1.94156	1.91347	1.88609	1.85941	1.83339	1.80802	1.78326	1.75911	1.73554
3	2.94099	2.88388	2.82861	2.77509	2.72325	2.67301	2.62432	2.57710	2.53129	2.48685
4	3.90197	3.80773	3.71710	3.62990	3.54595	3.46511	3.38721	3.31213	3.23972	3.16987
5	4.85343	4.71346	4.57971	4.45182	4.32948	4.21236	4.10020	3.99271	3.88965	3.79079
6	5.79548	5.60143	5.41719	5.24214	5.07569	4.91732	4.76654	4.62288	4.48592	4.35526
7	6.72819	6.47199	6.23028	6.00205	5.78637	5.58238	5.38929	5.20637	5.03295	4.86842
8	7.65168	7.32548	7.01969	6.73274	6.46321	6.20979	5.97130	5.74664	5.53482	5.33493
9	8.56602	8.16224	7.78611	7.43533	7.10782	6.80169	6.51523	6.24689	5.99525	5.75902
10	9.47130	8.98259	8.53020	8.11090	7.72173	7.36009	7.02358	6.71008	6.41766	6.14457
11	10.36763	9.78685	9.25262	8.76048	8.30641	7.88687	7.49867	7.13896	6.80519	6.49506
12	11.25508	10.57534	9.95400	9.38507	8.86325	8.38384	7.94269	7.53608	7.16073	6.81369
13	12.13374	11.34837	10.63496	9.98565	9.39357	8.85268	8.35765	7.90378	7.48690	7.10336
14	13.00370	12.10625	11.29607	10.56312	9.89864	9.29498	8.74547	8.24424	7.78615	7.36669
15	13.86505	12.84926	11.93794	11.11839	10.37966	9.71225	9.10791	8.55948	8.06069	7.60608
16	14.71787	13.57771	12.56110	11.65230	10.83777	10.10590	9.44665	8.85137	8.31256	7.82371
17	15.56225	14.29187	13.16612	12.16567	11.27407	10.47726	9.76322	9.12164	8.54363	8.02155
18	16.39827	14.99203	13.75351	12.65930	11.68959	10.82760	10.05909	9.37189	8.75563	8.20141
19	17.22601	15.67846	14.32380	13.13394	12.08532	11.15812	10.33560	9.60360	8.95011	8.36492
20	18.04555	16.35143	14.87747	13.59033	12.46221	11.46992	10.59401	9.81815	9.12855	8.51356

n/i	11%	12%	13%	14%	15%	16%	17%	18%	19%	20%
1	0.90090	0.89286	0.88496	0.87719	0.86957	0.86207	0.85470	0.84746	0.84034	0.83333
2	1.71252	1.69005	1.66810	1.64666	1.62571	1.60523	1.58521	1.56564	1.54650	1.52778
3	2.44371	2.40183	2.36115	2.32163	2.28323	2.24589	2.20958	2.17427	2.13992	2.10648
4	3.10245	3.03735	2.97447	2.91371	2.85498	2.79818	2.74324	2.69006	2.63859	2.58873
5	3.69590	3.60478	3.51723	3.43308	3.35216	3.27429	3.19935	3.12717	3.05763	2.99061
6	4.23054	4.11141	3.99755	3.88867	3.78448	3.68474	3.58918	3.49760	3.40978	3.32551
7	4.71220	4.56376	4.42261	4.28830	4.16042	4.03857	3.92238	3.81153	3.70570	3.60459
8	5.14612	4.96764	4.79877	4.63886	4.48732	4.34359	4.20716	4.07757	3.95437	3.83716
9	5.53705	5.32825	5.13166	4.94637	4.77158	4.60654	4.45057	4.30302	4.16333	4.03097
10	5.88923	5.65022	5.42624	5.21612	5.01877	4.83323	4.65860	4.49409	4.33893	4.19247
11	6.20652	5.93770	5.68694	5.45273	5.23371	5.02864	4.83641	4.65601	4.48650	4.32706
12	6.49236	6.19437	5.91765	5.66029	5.42062	5.19711	4.98839	4.79322	4.61050	4.43922
13	6.74987	6.42355	6.12181	5.84236	5.58315	5.34233	5.11828	4.90951	4.71471	4.53268
14	6.98187	6.62817	6.30249	6.00207	5.72448	5.46753	5.22930	5.00806	4.80228	4.61057
15	7.19087	6.81086	6.46238	6.14217	5.84737	5.57546	5.32419	5.09158	4.87586	4.67547
16	7.37916	6.97399	6.60388	6.26506	5.95423	5.66850	5.40529	5.16235	4.93770	4.72956
17	7.54879	7.11963	6.72909	6.37286	6.04716	5.74870	5.47461	5.22233	4.98966	4.77463
18	7.70162	7.24967	6.83991	6.46742	6.12797	5.81785	5.53385	5.27316	5.03333	4.81219
19	7.83929	7.36578	6.93797	6.55037	6.19823	5.87746	5.58449	5.31624	5.07003	4.84350
20	7.96333	7.46944	7.02475	6.62313	6.25933	5.92884	5.62777	5.35275	5.10086	4.86958

표 5 표준정규분포표
Standard Normal Distribution Table

NORMSDIST(행 + 열) − 0.5

Z값	0	0.01	0.02	0.03	0.04	0.05	0.06	0.07	0.08	0.09
0	0.0000	0.0040	0.0080	0.0120	0.0160	0.0199	0.0239	0.0279	0.0319	0.0359
0.1	0.0398	0.0438	0.0478	0.0517	0.0557	0.0596	0.0636	0.0675	0.0714	0.0753
0.2	0.0793	0.0832	0.0871	0.0910	0.0948	0.0987	0.1026	0.1064	0.1103	0.1141
0.3	0.1179	0.1217	0.1255	0.1293	0.1331	0.1368	0.1406	0.1443	0.1480	0.1517
0.4	0.1554	0.1591	0.1628	0.1664	0.1700	0.1736	0.1772	0.1808	0.1844	0.1879
0.5	0.1915	0.1950	0.1985	0.2019	0.2054	0.2088	0.2123	0.2157	0.2190	0.2224
0.6	0.2257	0.2291	0.2324	0.2357	0.2389	0.2422	0.2454	0.2486	0.2517	0.2549
0.7	0.2580	0.2611	0.2642	0.2673	0.2704	0.2734	0.2764	0.2794	0.2823	0.2852
0.8	0.2881	0.2910	0.2939	0.2967	0.2995	0.3023	0.3051	0.3078	0.3106	0.3133
0.9	0.3159	0.3186	0.3212	0.3238	0.3264	0.3289	0.3315	0.3340	0.3365	0.3389
1	0.3413	0.3438	0.3461	0.3485	0.3508	0.3531	0.3554	0.3577	0.3599	0.3621
1.1	0.3643	0.3665	0.3686	0.3708	0.3729	0.3749	0.3770	0.3790	0.3810	0.3830
1.2	0.3849	0.3869	0.3888	0.3907	0.3925	0.3944	0.3962	0.3980	0.3997	0.4015
1.3	0.4032	0.4049	0.4066	0.4082	0.4099	0.4115	0.4131	0.4147	0.4162	0.4177
1.4	0.4192	0.4207	0.4222	0.4236	0.4251	0.4265	0.4279	0.4292	0.4306	0.4319
1.5	0.4332	0.4345	0.4357	0.4370	0.4382	0.4394	0.4406	0.4418	0.4429	0.4441
1.6	0.4452	0.4463	0.4474	0.4484	0.4495	0.4505	0.4515	0.4525	0.4535	0.4545
1.7	0.4554	0.4564	0.4573	0.4582	0.4591	0.4599	0.4608	0.4616	0.4625	0.4633
1.8	0.4641	0.4649	0.4656	0.4664	0.4671	0.4678	0.4686	0.4693	0.4699	0.4706
1.9	0.4713	0.4719	0.4726	0.4732	0.4738	0.4744	0.4750	0.4756	0.4761	0.4767
2	0.4772	0.4778	0.4783	0.4788	0.4793	0.4798	0.4803	0.4808	0.4812	0.4817
2.1	0.4821	0.4826	0.4830	0.4834	0.4838	0.4842	0.4846	0.4850	0.4854	0.4857
2.2	0.4861	0.4864	0.4868	0.4871	0.4875	0.4878	0.4881	0.4884	0.4887	0.4890
2.3	0.4893	0.4896	0.4898	0.4901	0.4904	0.4906	0.4909	0.4911	0.4913	0.4916
2.4	0.4918	0.4920	0.4922	0.4925	0.4927	0.4929	0.4931	0.4932	0.4934	0.4936
2.5	0.4938	0.4940	0.4941	0.4943	0.4945	0.4946	0.4948	0.4949	0.4951	0.4952
2.6	0.4953	0.4955	0.4956	0.4957	0.4959	0.4960	0.4961	0.4962	0.4963	0.4964
2.7	0.4965	0.4966	0.4967	0.4968	0.4969	0.4970	0.4971	0.4972	0.4973	0.4974
2.8	0.4974	0.4975	0.4976	0.4977	0.4977	0.4978	0.4979	0.4979	0.4980	0.4981
2.9	0.4981	0.4982	0.4982	0.4983	0.4984	0.4984	0.4985	0.4985	0.4986	0.4986
3	0.4987	0.4987	0.4987	0.4988	0.4988	0.4989	0.4989	0.4989	0.4990	0.4990
3.1	0.4990	0.4991	0.4991	0.4991	0.4992	0.4992	0.4992	0.4992	0.4993	0.4993
3.2	0.4993	0.4993	0.4994	0.4994	0.4994	0.4994	0.4994	0.4995	0.4995	0.4995
3.3	0.4995	0.4995	0.4995	0.4996	0.4996	0.4996	0.4996	0.4996	0.4996	0.4997
3.4	0.4997	0.4997	0.4997	0.4997	0.4997	0.4997	0.4997	0.4997	0.4997	0.4998
3.5	0.4998	0.4998	0.4998	0.4998	0.4998	0.4998	0.4998	0.4998	0.4998	0.4998
3.6	0.4998	0.4998	0.4999	0.4999	0.4999	0.4999	0.4999	0.4999	0.4999	0.4999
3.7	0.4999	0.4999	0.4999	0.4999	0.4999	0.4999	0.4999	0.4999	0.4999	0.4999
3.8	0.4999	0.4999	0.4999	0.4999	0.4999	0.4999	0.4999	0.4999	0.4999	0.4999
3.9	0.5000	0.5000	0.5000	0.5000	0.5000	0.5000	0.5000	0.5000	0.5000	0.5000

저 | 자 | 약 | 력

❖ 구 순 서

- 덕성여자대학교 회계학과 수석졸업
- 고려대학교 대학원 경영학석사
- 고려대학교 대학원 경영학박사
- 웅지경영아카데미 KICPA 전임교수 역임
- 대한상공회의소 회계학 전임교수
- 성균관대학교 대학원 회계학 강사
- 한국증권금융연구소 CFA 회계학 전임교수
- AIFA ; (주)국제금융회계아카데미 대표이사(CEO)
   (주)아이파경영아카데미 대표이사(CEO)
   (주)우리경영아카데미 대표이사(CEO)

📖 주요 저서

- 원가관리회계(도서출판 어울림)
- 원가관리회계연습(도서출판 어울림)
- 객관식 원가관리회계(도서출판 어울림)
- 회계학 세무사 기출문제집(도서출판 어울림)
- 혁신 원가회계(형설출판사)
- 혁신 관리회계(형설출판사)

❖ 이 남 재

- 공인회계사, 세무사
- 성균관대학교 회계학 석사
- (現)안세회계법인 이사
- (現)아이파경영아카데미 교수
- (現)한국생산성본부 전문위원
   2013´ 한국생산성본부 최우수강사
- (現)한국표준협회 지속가능경영 검증심사위원
- (現)대한상공회의소 회계, 세무 실무 강사
- NAVER, 하이닉스반도체, 한국타이어, 신세계그룹, 삼성코닝정밀소재, KT, LG U+, 대우건설, 방위사업청 등 다수기업 실무연수강사
- (前)대주회계법인 근무
- (前)지식경제부 우정사업본부 금융조세실무 강사
- (前)중소기업연수원 회계, 세무 실무 강사
- (前)사학진흥재단 연수위원
- (前)덕성여대 원가회계 강사

📖 주요 저서

- 원가관리회계(도서출판 어울림)
- 원가관리회계연습(도서출판 어울림)
- 객관식 원가관리회계(도서출판 어울림)
- 회계학 세무사 기출문제집(도서출판 어울림)

원가관리회계연습

5 판 발 행 : 2024년 4월 25일
저　　　자 : 구순서 · 이남재
발 행 인 : 허병관
발 행 처 : 도서출판 어울림
편　　　집 : 권아정
주　　　소 : 서울시 영등포구 양산로 57-5, 1301호(양평동3가, 이노플렉스)
전　　　화 : 02) 2232-8607, 8602
팩　　　스 : 02) 2232-8608
등　　　록 : 제2-4071호
홈 페 이 지 : www.aubook.co.kr
I S B N : 978-89-6239-947-9 13320
정　　　가 : 35,000원

저자와의
협의하에
인지생략